Programmieren mit C#

2. AUFLAGE

Programmieren mit C#

Jesse Liberty

Deutsche Übersetzung von Jörg Staudemeyer &
Dorothea Heymann-Reder

O'REILLY®
Beijing · Cambridge · Farnham · Köln · Paris · Sebastopol · Taipei · Tokyo

Kommentare und Fragen können Sie gerne an uns richten:
O'Reilly Verlag
Balthasarstr. 81
50670 Köln
Tel.: 0221/9731600
Fax: 0221/9731608
E-Mail: kommentar@oreilly.de

1. Auflage 2002
2. Auflage 2005

Die Originalausgabe erschien 2005 unter dem Titel
Programming C#, 4thEdition bei O'Reilly Media, Inc.

Bibliografische Information Der Deutschen Bibliothek
Die Deutsche Bibliothek verzeichnet diese Publikation in der
Deutschen Nationalbibliografie; detaillierte bibliografische Daten
sind im Internet über *http://dnb.ddb.de* abrufbar.

Übersetzung und deutsche Bearbeitung: Jörg Staudemeyer, Berlin & Dorothea Heymann-Reder, Bornheim
Lektorat: Alexandra Follenius, Köln
Korrektorat: Sibylle Feldmann, Düsseldorf
Satz: Tung Huynh, reemers publishing services gmbh, Krefeld; www.reemers.de
Umschlaggestaltung: Ellie Volckhausen, Boston & Marcia Friedman, Sebastopol
Produktion: Harriet Gehring & Karin Driesen, Köln
Belichtung, Druck und buchbinderische Verarbeitung:
Druckerei Kösel, Krugzell; www.koeselbuch.de

ISBN 3-89721-415-6

Dieses Buch ist auf 100% chlorfrei gebleichtem Papier gedruckt.

Inhalt

Teil II: Mit C# programmieren

Teil III: Die CLR und das .NET Framework

Vorwort

Ungefähr alle zehn Jahre kommt ein neuer Ansatz in der Programmierung auf und verändert die Art und Weise, wie wir über die Anwendungsentwicklung denken. Anfang der Achtzigerjahre waren die neuen Technologien zum einen Unix, das auf einem Desktop lief, sowie eine mächtige neue Sprache namens C, die von AT&T entwickelt worden war. Die frühen Neunzigerjahre brachten uns Windows und C++. Jede Entwicklung stellte einen gewaltigen Sprung in der Art und Weise dar, wie die Programmierung in Angriff genommen wurde. Die nächste Welle in Form von .NET and C# erreichte uns im Jahr 2000, und .NET 2.0 vollendet diesen Wechsel.

Microsoft hat alles auf eine Karte gesetzt: .NET. Wenn ein Unternehmen dieser Größe und Marktmacht Milliarden von Dollar investiert und seine gesamte Firmenstruktur umgestaltet, um eine neue Plattform zu unterstützen, sollten Programmierer aufhorchen. Wie sich herausstellt, eröffnet .NET eine völlig neue Sichtweise auf die Programmierung. Kurz gesagt ist es eine neue Entwicklungsplattform, die geschaffen wurde, um die objektorientierte Internetprogrammierung zu erleichtern. Die beste Programmiersprache für diese objektorientierte, auf das Internet ausgerichtete Plattform ist C#. C# profitiert von den Erfahrungen mit C (hohe Leistung), C++ (objektorientierte Struktur), Java™ (Garbage Collection und hohe Sicherheit) und Visual Basic (schnelle Entwicklung), um eine neue Sprache zu kreieren, die sich ideal für die Entwicklung komponentenbasierter, *n*-schichtiger, verteilter Web-Anwendungen eignet.

C# 2.0 ist die bevorzugte Sprache für .NET 2005. Mit ihr zusammen gibt es aktualisierte Tools und eine neue, leistungsstarke Entwicklungsumgebung. Beides ist das krönende Ergebnis von Microsofts Investitionen in Forschung und Entwicklung. Und es ist eine verdammt coole Angelegenheit.

Über dieses Buch

Dieses Buch beschreibt sowohl C# als auch die Entwicklung von .NET-Anwendungen mit C#.

Wenn Sie ein geübter C# 1.1-Programmierer sind und nur wissen wollen, was es in C# Neues gibt, sollten Sie dieses Buch lieber beiseite legen und stattdessen *Visual C# 2005: A Developer's Notebook* (O'Reilly Media, Inc.) kaufen.

Möchten Sie jedoch Ihre C#-Kenntnisse auffrischen, oder sind Sie bereits erfolgreicher Anwender einer anderen Programmiersprache wie C++ oder Java – ja sogar wenn dies Ihre erste Programmiersprache ist, dann ist dies ein Buch für Sie.

Was Sie für dieses Buch benötigen

Seit dem Beta-Release von Visual Studio Whidbey (2005) hat Microsoft den Zugang zu Beta-Versionen grundsätzlich sehr erleichtert. Ihnen stehen verschiedene Optionen zur Verfügung: Genau wie Visual Studio in verschiedenen Varianten herauskommt, so gibt es auch die Pre-Release-Versionen von .NET 2.0 und Visual Studio 2005 in vielerlei Formen:

Das SDK herunterladen
: Das Beta-SDK, zu dem ein Befehlszeilen-Compiler, eine Dokumentation und weitere Werkzeuge gehören, kann kostenlos unter *http://msdn.microsoft.com/netframework/downloads/updates/default.aspx* heruntergeladen werden. Dieser Download ist recht klein, aber Sie müssen Ihren eigenen Code-Editor mitbringen (wobei ein beliebiger Editor, sei es Notepad oder SharpDevelop, ausreicht).

Express-Editions
: Microsoft hat abgespeckte Versionen von Visual Studio herausgegeben, die kleine Downloads darstellen und mit denen Sie schnell in Gang kommen können. Diese Express-Editionen können Sie unter *http://lab.msdn.microsoft.com/vs2005/* herunterladen. Für die meisten Beispiele in diesem Buch sollten Sie Visual C# Express verwenden. Für einige Beispiele benötigen Sie jedoch Visual Web Developer Express, und für ein paar ADO.NET-Beispiele müssen Sie SQL Server Express oder MSDE (Microsoft Data Engine) installieren.

Beta und Community Tech Preview
: Darüber hinaus stellt Microsoft auch vollständige Versionen von Visual Studio 2005 zum Herunterladen zur Verfügung. Diese gibt es in zwei Formen: Community Technology Previews (CTP), die noch etwas raue Kanten haben, und vollwertige Beta-Releases. Momentan sind CTPs verfügbar für MSDS-Abonnenten von Visual Studio Professional, Standard und Team System. Die Beta-1 von Visual Studio Professional ist außerdem verfügbar für MSDN-Abonnenten sowie für Nicht-Abonnenten zu den Versandkosten. Weitere Informationen finden Sie unter *http://lab.msdn.microsoft.com/vs2005/get/default.aspx*.

Mono
: Das Mono-Projekt ist eine Open Source-Entwicklungsplattform, die auf .NET basiert. Sie wird von Novell gesponsert und läuft auf Linux, Mac OS X sowie auch auf anderen Betriebssystemen. Obwohl sich die aktuelle Version an .NET 1.1 orien-

tiert, können Sie sie auch einschließlich Unterstützung für einige .NET 2.0-Features installieren. Weitere Informationen hierzu gibt es unter *http://www.mono-project.com/about/index.html*.

Programmieren mit C#, 2. Auflage, sollte mit all diesen Umgebungen zusammen verwendbar sein. Allerdings können sich die Screenshots infolge der unterschiedlichen Versionen etwas von dem unterscheiden, was Sie auf dem Bildschirm sehen.[1]

Der Aufbau dieses Buchs

Teil I konzentriert sich auf die Einzelheiten der Programmiersprache, Teil II auf das Schreiben von .NET-Programmen und Teil III auf die Verwendung von C# mit der .NET Common Language Runtime und der Framework Class Library.

Teil I, Die Sprache C#

Kapitel 1, *C# und das .NET Framework*, ist eine Einführung in die Sprache C# und die .NET-Plattform.

Kapitel 2, *Erste Schritte: »Hello World«*, stellt ein einfaches Programm vor, um die folgenden Kapitel in einen Zusammenhang stellen zu können, und gibt eine Einführung in die Visual Studio IDE und einige Konzepte der Programmiersprache C#.

Kapitel 3, *Grundlagen von C#*, beschreibt die Grundlagen der Sprache, von eingebauten Datentypen bis hin zu Schlüsselwörtern.

Klassen definieren neue Typen und ermöglichen es dem Programmierer, die Sprache so auszubauen, dass er das zu lösende Problem besser modellieren kann. Kapitel 4, *Klassen und Objekte*, erklärt die Komponenten, die das Herzstück von C# bilden.

Klassen können komplexe Darstellungen und Abstraktionen von realen Dingen sein. Kapitel 5, *Vererbung und Polymorphismus*, beschreibt, wie Klassen zusammenhängen und interagieren.

In Kapitel 6, *Operatoren überladen*, erfahren Sie, wie Sie selbst definierten Typen Operatoren hinzufügen können.

Kapitel 7 und 8 sind Einführungen in *Structs* und *Interfaces*. Beide Konzepte sind mit den Klassen eng verwandt: Structs sind leichtgewichtige Objekte, die stärker beschränkt sind als Klassen und weniger Anforderungen an das Betriebssystem und den Arbeitsspeicher stellen. Interfaces sind Kontakte: Sie beschreiben, wie eine Klasse arbeiten wird, damit andere Programmierer in wohldefinierter Form mit Ihren Objekten arbeiten können.

1 Die im Buch abgebildeten Screenshots (und dementsprechend auch die begleitenden Erläuterungen) beruhen größtenteils auf englischsprachigen Beta-Versionen der Visual-Studio-Varianten, da lokalisierte Versionen erst nach der Freigabe der endgültigen Versionen verfügbar sein werden. Es sollte aber kein Problem sein, die Erläuterungen im Buchs auch mit einer deutschen Version von Visual Studio nachzuvollziehen. (Anm. d.Übers.)

Objektorientierte Programme können zu einer Vielzahl von Objekten führen. Häufig ist es praktisch, diese Objekte in Gruppen zusammenzufassen und gemeinsam zu bearbeiten. C# bietet eine umfassende Unterstützung für Collections. Kapitel 9, *Arrays, Indexer und Collections*, untersucht die von der Framework Class Library zur Verfügung gestellten Collection-Klassen sowie die neuen generischen Collections. Es zeigt auch, wie Sie mit Hilfe der Generics eigene Collection-Typen anlegen können.

Kapitel 10, *Strings und reguläre Ausdrücke*, erläutert, wie Sie mit C# Text-Strings und reguläre Ausdrücke schreiben können. Die meisten Windows- und Web-Programme interagieren mit dem Benutzer, und Strings spielen eine entscheidende Rolle für die Benutzeroberfläche.

Kapitel 11, *Mit Exceptions arbeiten*, erklärt, wie Sie mit Exceptions umgehen. Diese bieten einen objektorientierten Mechanismus, um mit den Wechselfällen des Lebens fertig zu werden.

Windows- und Web-Anwendungen sind ereignisgesteuert. In C# sind Events (Ereignisse) wichtige Bestandteile der Sprache. Kapitel 12, *Delegates und Events*, erläutert, wie Events verwaltet und wie *Delegates* (objektorientierte, typsichere Callback-Mechanismen) genutzt werden, um das Event-Handling zu unterstützen.

Teil II, Mit C# programmieren

Teil II beschreibt, wie Sie .NET-Programme schreiben, und zwar sowohl Desktop-Anwendungen mit Windows Forms als auch Web-Anwendungen mit Web Forms. Außerdem erklärt Teil II, wie Sie mit einer Datenbank interaktiv arbeiten und wie Sie Webservices erstellen können.

Auf dieser .NET-Infrastruktur baut eine Abstraktion des Betriebssystems auf hoher Ebene auf. Sie wurde dazu geschaffen, die objektorientierte Software-Entwicklung zu erleichtern. Zu dieser obersten Schicht gehören ASP.NET und Windows Forms. ASP.NET umfasst Web Forms für die schnelle Entwicklung von Web-Anwendungen und Webservices für die Anlage von Web-Objekten ohne Benutzeroberfläche. Ein Webservice ist eine verteilte Anwendung, die ihre Funktionalität über Standard-Webprotokolle (meistens XML und HTTP) zur Verfügung stellt.

C# stellt ein ähnliches Modell für die schnelle Anwendungsentwicklung (Rapid Application Development – RAD) zur Verfügung, das es zuvor nur für Visual Basic gab. Kapitel 13, *Windows-Anwendungen erstellen*, beschreibt, wie Sie das RAD-Modell zur Erstellung professioneller Windows-Programme in der Windows Forms-Entwicklungsumgebung nutzen können.

Egal ob sie nun für das Web oder den Desktop geschrieben wurden – die meisten Anwendungen verarbeiten und verwalten große Mengen von Daten. Kapitel 14, *Datenzugriff mit ADO.NET*, erklärt die ADO.NET-Schicht des .NET Framework und behandelt die Frage, wie Sie mit Microsoft SQL Server und anderen Datenquellen interagieren können.

Kapitel 15, *ASP.NET-Anwendungen und Webservices programmieren*, beschäftigt sich mit den zwei Teilen der ASP.NET-Technologie: Web Forms und Webservices.

In Kapitel 16, *Alles im Zusammenhang*, kombinieren wir verschiedene Aspekte aus Teil II, um Ihnen zu zeigen, wie Sie eine Gruppe integrierter Anwendungen erstellen.

Teil III, Die CLR und das .NET Framework

Eine Laufzeitumgebung ist eine Umgebung, in der Programme ausgeführt werden. Die *Common Language Runtime* (CLR) ist das Herzstück von .NET. Sie enthält ein Datentypensystem, das über die ganze Plattform hinweg vorgeschrieben und allen .NET-Sprachen gemeinsam ist. Die CLR ist für Prozesse wie z.B. die Speicherverwaltung und das Zählen von Objektreferenzen zuständig.

Eine weitere wichtige Funktion der .NET-CLR ist die *Garbage Collection*. Anders als bei der traditionellen C/C++-Programmierung ist der C#-Entwickler nicht mehr dafür zuständig, unbenutzte Objekte zu zerstören. Die vielen Stunden, die Sie bisher mit der Suche nach Speicherlecks verbracht haben, gehören der Vergangenheit an: Jetzt räumt die CLR hinter Ihnen auf, wenn Ihre Objekte nicht mehr genutzt werden. Der Garbage Collector der CLR sucht im Heap nach dereferenzierten Objekten und gibt deren Speicherplatz wieder frei.

Die .NET-Plattform und die .NET-Klassenbibliothek reichen bis zur mittleren Ebene hinauf, wo Sie eine Infrastruktur von Unterstützungsklassen finden. Dazu gehören Typen für die Kommunikation zwischen Prozessen, XML, Threading, I/O, Sicherheit, Diagnose usw. Auf dieser mittleren Ebene befinden sich auch die Komponenten für den Datenzugriff, die unter dem Begriff ADO.NET zusammengefasst werden.

Teil III dieses Buchs behandelt den Zusammenhang zwischen C#, der CLR und der Framework Class Library.

Kapitel 17, *Assemblies und Versionierung*, erklärt den Unterschied zwischen privaten und öffentlichen Assemblies und beschreibt, wie Sie Assemblies anlegen und verwalten. In .NET versteht man unter einer Assembly eine Sammlung von Dateien, ähnlich einer Baugruppe oder Montageeinheit, die für den Benutzer wie eine einzige Dynamic Link-Library (DLL) oder eine einzige ausführbare Datei aussieht. Eine Assembly ist die Grundeinheit für die Wiederverwendung, Versionierung, Sicherheit und Implementierung beim Endbenutzer.

Zu den Assemblies von .NET gehören auch umfangreiche Metadaten über Klassen, Methoden, Eigenschaften, Events usw. Diese Metadaten werden in das Programm kompiliert und mittels Reflection programmiertechnisch abgerufen. In Kapitel 18, *Attribute und Reflection*, erfahren Sie, wie Sie Ihrem Code Metadaten hinzufügen, wie Sie benutzerdefinierte Attribute erzeugen und wie Sie mit Reflection auf diese Metadaten zugreifen. Danach wird erläutert, wie Sie Methoden mit spätem Binden (zur Laufzeit), also dynamisch, aufrufen.

Das .NET Framework wurde für die Unterstützung webbasierter und verteilter Anwendungen entworfen. In C# geschriebene Komponenten können in anderen Prozessen auf demselben Computer oder auf anderen Computern im Netzwerk oder im Internet angesiedelt sein. Die Technik, mit Objekten zu interagieren, die eigentlich nicht vorhanden sind, bezeichnet man als *Marshaling*, und die Techniken zur Kommunikation mit solchen Objekten als *Remoting*. Informationen darüber finden Sie in Kapitel 19, *Marshaling und Remoting*.

Die Framework Class Library bietet eine umfassende Unterstützung für asynchronen I/O und andere Klassen, mit denen eine explizite Thread-Verarbeitung überflüssig wird. Doch auch *Threads und Synchronisation* werden von C#, wie in Kapitel 20 beschrieben, umfassend unterstützt.

Kapitel 21 erläutert *Streams*, einen Mechanismus, der nicht nur der Interaktion mit dem Benutzer dient, sondern auch zum Abruf von Daten aus dem gesamten Internet. Hier wird die C#-Unterstützung für *Serialisierung* ausführlich beschrieben: die Fähigkeit, einen Objektgraphen auf die Festplatte zu schreiben und dann wieder auszulesen.

Kapitel 22, *Programmieren mit .NET und COM*, erklärt die Interoperabilität – die Fähigkeit, mit COM-Komponenten zu interagieren, die außerhalb der .NET-Umgebung erstellt wurden. Sie können nämlich Komponenten aus C# in COM und von COM in C# aufrufen. Wie Sie dies tun, wird in diesem Kapitel beschrieben.

Am Ende des Buchs finden Sie einen Anhang mit den *C#*-Schlüsselwörtern.

Die Codebeispiele zu diesem Buch

Es gibt eine deutsche und eine amerikanische Website von O'Reilly, auf der Sie Beispiele, Errata und weitere Informationen zu diesem Buch finden:

http://www.oreilly.de/catalog/progcsharp4ger/
http://www.oreilly.com/catalog/progcsharp4/

Die in diesem Buch abgedruckten Codebeispiele stehen dort in englischsprachiger Version zum Herunterladen zur Verfügung. Bitte klicken Sie auf den Beispiel-Link auf der Katalogseite zum Buch.

Leserkreis

Die zweite Auflage von *Programmieren mit C#* wurde für Programmierer geschrieben, die Anwendungen für die .NET-Plattform entwickeln möchten. Zweifellos haben bereits viele Leser Erfahrungen mit C++, Java oder Visual Basic (VB) gesammelt. Andere kennen vielleicht noch andere Programmiersprachen, und manch einer hat möglicherweise nicht direkt Programmiererfahrung, kennt sich aber mit HTML und anderen Web-Technologien aus. Dieses Buch ist für alle diese Leser geschrieben. Haben Sie jedoch noch überhaupt keine Programmiererfahrung, wird Ihnen das ein oder andere schwierig vorkommen.

Wenn Sie von C, C++, VB6 oder Java migrieren, können Ihnen die folgenden Abschnitte einige grundlegende Vergleichsmöglichkeiten mit C# bieten. Wichtiger noch: Achten Sie auf die Anmerkungen, die extra für Sie über das ganze Buch hinweg eingefügt wurden.

C# 2.0 kontra C# 1.1

Es gibt viele Änderungen bezüglich C#, der Entwicklungsumgebung und dem .NET-Framework seit der Version 1.1. Alle dienen dazu, den Umfang des von Ihnen zu schreibenden technischen Beiwerks zu minimieren und Sie darin zu unterstützen, robuste Anwendungen zu bauen.

In diesem Buch sind die Veränderungen integriert, und es ist nicht als Leitfaden für geübte C# 1.1-Programmierer gedacht, denen es nur auf die Besonderheiten von C# 2.0 ankommt. Trotzdem versuche ich, auf Neuerungen in C# 2.0 hinzuweisen, wenn wir auf sie stoßen.

C# kontra Visual Basic.NET

Die Grundvoraussetzung des .NET Framework ist: Alle Programmiersprachen sind gleich. Doch, um es mit den Worten von George Orwell zu sagen: Manche sind gleicher als andere. C# ist eine hervorragende Sprache für die .NET-Entwicklung. Sie ist extrem flexibel, robust und gut entworfen und überdies zurzeit die in Fachzeitschriften und Lehrbüchern über die .NET-Programmierung am meisten behandelte Sprache.

Wahrscheinlich werden viele VB6-Programmierer eher auf C# umsteigen, anstatt sich auf VB.NET umzustellen. Der Wechsel von VB6 zu VB.NET ist beinahe so schwierig wie der von VB6 zu C# – und, so unfair es ist: Programmierer von C und seinen Verwandten hatten schon immer bessere Verdienstaussichten als VB-Programmierer. VB-Programmierer bekamen praktisch noch nie die Anerkennung oder Entlohnung, die ihnen eigentlich zusteht, und C# bietet ihnen nun die Chance, auf eine potenziell lukrativere Sprache umzusatteln.

Jedenfalls sind Sie herzlich willkommen, wenn Sie bisher mit VB programmiert haben. Dieses Buch ist auch für Sie geschrieben, und ich habe mich bemüht, Ihnen den Umstieg leicht zu machen.

C# kontra Java

Java-Programmierer betrachten C# vielleicht mit Beklommenheit, Freude und Ärger zugleich. Es wurde auch schon die Meinung geäußert, C# habe Java »geplündert«. Auf den Glaubenskrieg zwischen Microsoft und dem Rest der Welt werde ich nicht weiter eingehen. Natürlich hat C# viel von Java gelernt. Aber schließlich hat Java ja auch von C++ gelernt, das wiederum die Syntax von C hatte, das wiederum auf den Erfahrungen mit anderen Programmiersprachen aufbaute. Wir alle stehen auf den Schultern von Riesen.

Für Java-Programmierer ist der Umstieg auf C# leicht: Die Syntax ist sehr ähnlich, und auch die Semantik ist vertraut und angenehm. Java-Programmierer sollten sich auf die Unterschiede zwischen Java und C# konzentrieren, um C# wirkungsvoll einsetzen zu können. Ich habe eine Reihe von Markierungen in das Buch eingestreut (achten Sie auf die Hinweise für Java-Programmierer, die in den einzelnen Kapiteln stehen).

C# kontra C und C++

Sie können zwar in .NET auch mit C oder C++ programmieren, aber das ist weder leicht noch natürlich. Mal ehrlich: Ich selbst habe zehn Jahre als C++-Programmierer gearbeitet und ein Dutzend Bücher über das Thema geschrieben, und dennoch gehe ich lieber zum Zahnarzt, als mit Managed C++ zu arbeiten. Wahrscheinlich, weil C# einfach freundlicher ist. Jedenfalls habe ich der Vergangenheit nicht mehr nachgetrauert, nachdem ich auf C# aufmerksam geworden bin.

Sie sollten dennoch vorsichtig sein: Es gibt ein paar kleine Fallen, in die Sie stolpern könnten. Diese habe ich sorgfältig markiert.

Schriftkonventionen

In diesem Buch werden folgende Konventionen verwendet:

Kursiv wird verwendet für:

- Pfad-, Datei- und Programmnamen
- Internetadressen wie z.B. Domainnamen und URLs
- neue Begriffe, wenn sie definiert werden

Fett wird verwendet, um Elemente der Benutzeroberfläche wie z.B. Fenstertitel, Buttons oder Menüpunkte zu kennzeichnen.

`Nichtproportionalschrift` wird verwendet für:

- Kommandozeilen und Optionen, die wie angegeben eingetippt werden
- Namen und Schlüsselwörter in Programmbeispielen, einschließlich der Namen von Methoden, Variablen und Klassen

`Nichtproportionalschrift kursiv` wird verwendet für:

- Elemente innerhalb von Syntaxzeilen oder Code, die ersetzt werden sollen, z.B. für Variablen und optionale Elemente

`Nichtproportionalschrift fett` dient zu Hervorhebungen im Programmcode.

Bitte achten Sie besonders auf die Hinweise, die durch die folgenden Symbole aus dem Text herausgehoben werden:

Dies ist ein Tipp mit nützlichen Zusatzinformationen zum Thema.

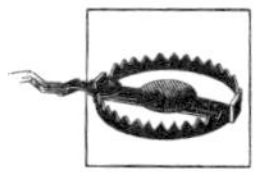

Dies ist eine Warnung, die Ihnen hilft, lästige Probleme zu lösen oder zu vermeiden.

Support

Als Autor biete ich den Lesern über meine Website auch Support zu meinen Büchern an:

http://www.LibertyAssociates.com

Hier können Sie auch den Quellcode zu sämtlichen Beispielen in *Programmieren mit C#* bekommen. Außerdem gibt es eine Diskussionsgruppe mit einer speziellen Unterabteilung für Fragen zu C#. Ehe Sie dort eine Frage stellen, sollten Sie jedoch in die FAQ-Rubrik (häufig gestellte Fragen) und in die Errata-Dateien schauen. Wenn danach immer noch Fragen offen sind, können Sie diese gern im Diskussionsforum stellen.

Die wirkungsvollste Art, Hilfe zu bekommen, besteht darin, eine ganz präzise Frage zu stellen oder sogar ein kleines Programm zu schreiben, das das Problem verdeutlicht, das Sie bewegt. Sie können auch in die diversen Newsgroups und Diskussionsforen im Internet schauen. Microsoft bietet eine Vielzahl von Newsgroups, und DevelopMentor (*http://discuss.develop.com*) hat wunderbare E-Mail-Diskussionslisten zu .NET.

Danksagungen

Bevor ich irgendetwas anderes sage, muss ich Ian Griffith meinen besonderen Dank aussprechen. Er half mit extensiven technischen Redaktionsarbeiten und mit Fachwissen, und er gehört zu den netteren und pfiffigeren Menschen in meiner Umgebung.

Dies ist bereits die vierte (englischsprachige) Auflage von *Programmieren mit C#*, und zu viele Freunde und Leser haben mir bei der Verbesserung des Buchs geholfen, als dass ich sie alle beim Namen nennen könnte. Aber ich muss einige besonders erwähnen: Donald Xie, Dan Hurwitz, Seth Weiss, Sue Lynch, Cliff Gerald, Tom Petr, Jim Culbert, Mike Woodring, Eric Gunnerson, Rob Howard, Piet Obermeyer, Jonathan Hawkins, Peter Drayton, Brad Merrill, Ben Albahari, Susan Warren, Brian Bischof und Kent Quirk.

John Osborn nahm mich für O'Reilly unter Vertrag, wofür ich ihm ewig dankbar sein werde. Valerie Quercia, Claire Cloutier und Tatiana Diaz leisteten Enormes bei früheren Versionen, und das Upgrade auf C# 2.0 wurde von Brian Jepson fürsorglich begleitet.

Rob Romano erstellte diverse Abbildungen und verbesserte den Rest der Bilder. Tim O'Reilly half mir mit Rat und Tat, und ich danke ihm dafür.

Viele Leser haben mir geschrieben, um auf Druckfehler und kleinere Unstimmigkeiten in den ersten drei (englischsprachigen) Ausgaben hinzuweisen. Ihre Bemühungen sind sehr geschätzt, und spezieller Dank gebührt Peter Adams, Sol Bick, Brian Cassel, Steve Charbonneau, Ronald Chu, John Corner, Duane Corpe, Kevin Coupland, Randy Eastwood, Glen Fischer, Larry Fix, Andy Gaskall, Dave Fowler, Vojimir Golem, David Kindred, Steve Kirk, Bob Kline, Theron LaBounty, Aron Landy, Jeremy Lin, Chris Linton, Mark Melhado, Harry Martyrossian, Jason Mauss, Stephen Nelson, Harold Norris, Tim Noll, Mark Phillips, Marcus Rahilly, Paul Reed, Christian Rodriguez, David Solum, Paul Schwartzburg, Erwing Steininger, Fred Talmadge, Steve Thomson, Greg Torrance, Ted Volk, John Watson, Walt White und Seen Sai Yang.

Wir haben hart gearbeitet, um in der vierten amerikanischen Auflage[2] alle diese Fehler zu bereinigen. Außerdem haben wir das Buch gründlich nach neuen Fehlern durchsucht und uns vergewissert, dass der Code mit Visual Studio 2005 kompilierbar ist und gut läuft. Sollten Sie dennoch Fehler finden, schauen Sie bitte in die Errata-Liste auf meiner Website (*http://www.LibertyAssociates.com*), und wenn der entdeckte Fehler neu ist, senden Sie mir eine E-Mail an *jliberty@libertyassociates.com*.

2 Die vorliegende Übersetzung ist in Deutschland die 2. Auflage von *Programmieren mit C#*, ist aber eine Übersetzung der vierten amerikanischen Auflage.

TEIL I

Die Sprache C#

KAPITEL 1

C# und das .NET Framework

C# 2.0 soll eine einfache, sichere, moderne, objektorientierte, internetbasierte und leistungsfähige Sprache für die .NET-Entwicklung sein. C# ist eine voll ausgereifte Sprache und profitiert von den Erfahrungen der letzten dreißig Jahre. Wie Sie auch in Kindern die Eigenheiten und Persönlichkeitsmerkmale ihrer Eltern und Großeltern sehen können, so sehen Sie in C# den Einfluss von Java, C++, Visual Basic (VB) und anderen Programmiersprachen, aber Sie sehen auch die Ergebnisse aus den Erfahrungen, seit C# erstmals vorgestellt wurde.

Dieses Buch handelt von C# und seinem Einsatz als Programmiertool auf der .NET-Plattform, insbesondere und speziell in Zusammenhang mit Visual Studio .NET 2005 (Vollversion oder Express Edition).

> Viele der Programme in diesem Buch sind als Konsolenanwendungen (und nicht als Windows- oder Web-Anwendungen) geschrieben worden, um Ihnen die Konzentration auf die Möglichkeiten der Sprache zu erleichtern und Sie nicht durch die Einzelheiten der Benutzerschnittstelle abzulenken.
>
> Auch wenn Sie Mono oder eine andere, nicht von Microsoft stammende C#-Version verwenden, sollten alle Programme in diesem Buch ordentlich funktionieren. Allerdings haben wir auf keiner anderen als der von Microsoft autorisierten Version getestet.

Dieses Kapitel ist eine Einführung in C# und die .NET-Plattform einschließlich des .NET Framework.

Die .NET-Plattform

Als Microsoft im Juli 2000 C# ankündigte, geschah dies im Zusammenhang mit einem sehr viel größeren Ereignis: der Ankündigung der .NET-Plattform. C# 2.0 repräsentiert die Reife dieser Sprache und fällt mit der Herausgabe der nächsten Generation von Tools für .NET zusammen.

Dabei handelt es sich im Wesentlichen um eine neue Entwicklungsarchitektur, die eine neue Schnittstelle für die Anwendungsentwicklung (Application Programming Interface,

API) für die Dienste und APIs der klassischen Windows-Betriebssysteme zur Verfügung stellt und zugleich mehrere getrennte Technologien zusammenführt, die in den späten Neunzigerjahren von Microsoft herausgebracht wurden. Zu diesen Technologien gehören die COM+-Komponentendienste, die Unterstützung für XML und objektorientiertes Design, die Unterstützung für neue Webservice-Protokolle wie SOAP, WSDL und UDDI sowie die Ausrichtung auf das Internet – und all dies integriert in einer Architektur, genannt Distributed interNet Application (DNA).

Microsoft hat enorme Ressourcen in die Entwicklung von .NET und verwandter Technologien investiert. Diese Anstrengung hat bis heute schon eindrucksvolle Erfolge erzielt: Der Umfang von .NET ist unglaublich. Die Plattform besteht aus drei Produktgruppen:

- Mehrere Programmiersprachen, darunter C# und VB, mehrere Entwicklungswerkzeuge, darunter Visual Studio .NET, eine umfangreiche Klassenbibliothek für die Erstellung von Webservices sowie Web- und Windows-Anwendungen und die *Common Language Runtime* (CLR) zur Ausführung von Objekten, die innerhalb dieses Framework erschaffen wurden.
- Zwei Generationen von .NET Enterprise Server-Systemen: diejenigen, die bereits herausgekommen sind, und jene, die in den nächsten 24 bis 36 Monaten freigegeben werden.
- Neue .NET-fähige Geräte aus dem Nicht-Computer-Sektor, von Mobiltelefonen bis hin zu Gamestations.

Das .NET Framework

Microsoft .NET fördert nicht nur die Sprachenunabhängigkeit, sondern auch die Sprachenintegration. Das bedeutet, dass Sie über mehrere Programmiersprachen hinweg von Klassen erben, Exceptions abfangen und Polymorphie nutzen können. Das .NET Framework ermöglicht dies mit einer Spezifikation namens *Common Type System* (CTS), nach der sich alle .NET-Komponenten richten müssen. So ist z.B. in .NET alles und jedes ein Objekt einer bestimmten Klasse, die von der Wurzelklasse `System.Object` abgeleitet ist. Das CTS unterstützt das allgemeine Konzept von Klassen, Interfaces und Delegates (zur Unterstützung von Callbacks).

Außerdem bietet .NET eine *Common Language Specification* (CLS), die eine Reihe von Grundregeln für die Sprachenintegration definiert. Die CLS legt die Mindestanforderungen an eine .NET-Sprache fest. CLS-konforme Compiler erzeugen Objekte, die miteinander arbeiten können. Die gesamte *Framework Class Library* (FCL) kann auch von jeder anderen CLS-konformen Sprache genutzt werden.

Das .NET Framework setzt auf dem Betriebssystem auf, das eine beliebige Windows[1]-Variante sein kann, und besteht gegenwärtig aus mehreren Komponenten:

1 Wegen der Architektur der CLR könnte das Betriebssystem auch eine Unix-Variante oder irgendein anderes Betriebssystem sein.

- den fünf offiziellen Sprachen C#, VB, Visual C++, Visual J# und JScript .NET,
- der CLR, einer objektorientierten Plattform für die Windows- und Web-Entwicklung, die von allen diesen Sprachen genutzt wird, sowie
- mehreren zusammenhängenden Klassenbibliotheken, die kollektiv als Framework Class Library bezeichnet werden.

Abbildung 1-1 zeigt die Komponenten der Systemarchitektur des .NET Framework.

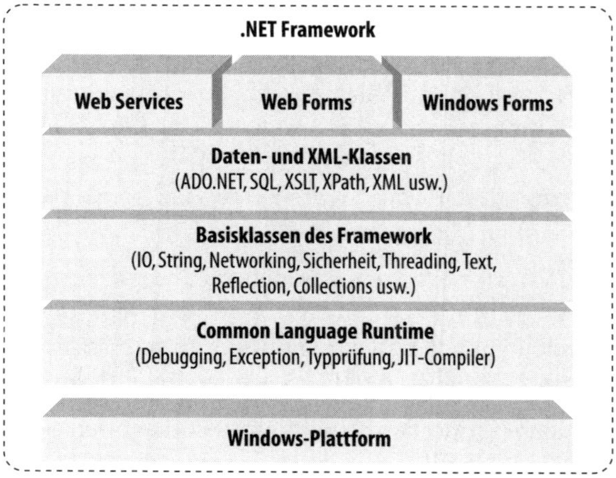

Abbildung 1-1: .NET Framework-Architektur

Die wichtigste Komponente des .NET-Framework ist die CLR: Sie stellt die Umgebung zur Verfügung, in der die Programme ausgeführt werden. Zur CLR gehört eine virtuelle Maschine, die in vielerlei Hinsicht der Java Virtual Machine ähnelt. Auf der höheren Ebene aktiviert die CLR Objekte, überprüft sie auf ihre Sicherheit, ordnet sie im Speicher an, führt sie aus und bereinigt sie mittels Garbage Collection. Auch das Common Type System gehört zur CLR.

In Abbildung 1-1 besteht die oberste Schicht der CLR aus einer Reihe von Klassen des Framework, gefolgt von einer zusätzlichen Schicht mit Daten- und XML-Klassen sowie einer weiteren Schicht mit Klassen für Webservices, Web Forms und Windows Forms. Diese Klassen bilden zusammen die FCL, eine der größten Klassenbibliotheken, die es je gab. Die FCL stellt eine objektorientierte API zu all der Funktionalität zur Verfügung, die in der .NET-Plattform gekapselt ist. Mit ihren mehr als 4.000 Klassen erleichtert die FCL eine schnelle Entwicklung von Desktop-, Client/Server-Anwendungen, Webservices und anderen Anwendungen.

Die Basisklassen des Framework, die die unterste Ebene der FCL bilden, ähneln den entsprechenden Klassen von Java. Sie stellen einfache Funktionen für Ein- und Ausgabe, String-Verarbeitung, Sicherheitsmanagement, Netzwerkkommunikation, Thread-Management, Textverarbeitung, Reflection und Collections usw. zur Verfügung.

Oberhalb dieser Ebene befindet sich eine Schicht von Klassen, die die Basisklassen erweitern, um Datenverwaltung und XML-Verarbeitung zu ermöglichen. Die Datenklassen unterstützen ein Management von Daten, die in Backend-Datenbanken gespeichert sind. Dazu gehören die Klassen für die Structured Query Language (SQL), mit denen Sie persistent gespeicherte Daten über eine Standard-SQL-Schnittstelle bearbeiten können. Das .NET Framework unterstützt überdies Klassen, mit denen Sie XML-Daten bearbeiten und XML-Such- und -Übersetzungsfunktionen ausführen können.

Die Basisklassen des Framework sowie die Daten- und XML-Klassen werden wiederum von einer Schicht von Klassen erweitert, die darauf ausgerichtet sind, Anwendungen mit drei verschiedenen Technologien zu entwickeln: Webservices, Web Forms und Windows Forms. Für Webservices gibt es Klassen, die die Entwicklung leichtgewichtiger, verteilter Komponenten unterstützen, die sogar mit Firewalls und NAT-Software funktionieren. Da Webservices Standard-HTTP und -SOAP als Kommunikationsprotokolle nutzen, unterstützen diese Komponenten einen Plug-and-Play-Einsatz im gesamten Internet.

Mit Web Forms und Windows Forms können Sie Rapid Application Development-(RAD-)Techniken einsetzen, um Web- und Windows-Anwendungen zu erstellen. Sie ziehen einfach die Steuerelemente mittels Drag-and-Drop auf ein Formular, doppelklicken auf ein Steuerelement und schreiben den Code für das zugehörige Event.

Eine ausführlichere Beschreibung des .NET Framework finden Sie in *.NET Framework Essentials* (O'Reilly & Associates).

Kompilieren und die MSIL

Unter .NET werden Programme nicht zu ausführbaren Dateien kompiliert, sondern zu Assemblies, die aus Anweisungen der *Microsoft Intermediate Language* (MSIL) bestehen. Diese wiederum werden von der CLR in ein Maschinenprogramm konvertiert und ausgeführt. Die von C# generierten MSIL-Dateien (auch kurz IL-Dateien genannt) sind fast identisch mit den von anderen .NET-Sprachen hergestellten IL-Dateien; die Plattform ist sprachneutral. Ein ganz wesentliches Merkmal der CLR ist, dass sie *gemeinsam* genutzt wird: Dieselbe Laufzeitumgebung unterstützt sowohl die Entwicklung in C# als auch die in VB.NET.

Beim Build Ihres Projekts wird der C#-Code zu einer IL-Datei kompiliert und auf der Festplatte gespeichert. Wenn Sie dann das Programm ausführen, wird die IL erneut kompiliert, diesmal jedoch mit dem *Just In Time*-Compiler (JIT; dieser Vorgang wird im Englischen auch als *JITing* bezeichnet). Das Ergebnis ist Maschinencode, der vom Computerprozessor ausgeführt wird.

Der Standard-JIT-Compiler wird bei Bedarf (*on demand*) ausgeführt. Bei jedem Aufruf einer Methode analysiert der JIT-Compiler die IL und erstellt hocheffizienten Maschinencode, der sehr schnell läuft. Bei der Ausführung eines Programms wird nur so viel wie nötig kompiliert, und was einmal JIT-kompiliert ist, wird für die zukünftige Verwendung im Cache gehalten. Wenn .NET-Anwendungen erst einmal laufen, werden sie immer schneller, weil der bereits kompilierte Code wieder verwendet wird.

Die CLS bringt es mit sich, dass alle .NET-Sprachen sehr ähnlichen IL-Code ergeben. Dadurch kann man ohne weiteres Objekte, die in der einen Sprache angelegt wurden, aus einer anderen Sprache heraus aufrufen oder Ableitungen von ihnen vornehmen. Beispielsweise können Sie eine Basisklasse in VB.NET erzeugen und in C# erweitern.

Die Programmiersprache C#

Die Sprache C# ist von einer geradezu entwaffnenden Einfachheit: Sie hat nur rund 80 Schlüsselwörter und ein Dutzend eingebauter Datentypen. Sie ist jedoch äußerst ausdrucksfähig, wenn es um die Implementierung moderner Programmierkonzepte geht. C# bietet für die strukturierte, komponentenbasierte, objektorientierte Programmierung jede Unterstützung, die man von einer modernen, auf C++ und Java aufbauenden Sprache erwarten kann. Und mit der Version 2.0 sind nun viele der wichtigsten noch fehlenden Zutaten wie generische Typen (Generics) und anonyme Methoden hinzugefügt worden.

> Hinweis für C++-Programmierer: Generische Typen entsprechen den Templates in C#, allerdings zeigt sich, dass die C#-Generics ein wenig einfacher und effizienter als die C++-Templates sind. Sie helfen, aufgeblähten Code zu vermeiden, bieten aber etwas weniger Flexibilität als die C++-Templates.

C# wurde von einem kleinen Team unter der Führung der beiden herausragenden Microsoft-Ingenieure Anders Hejlsberg und Scott Wiltamuth entwickelt. Hejlsberg hatte sich bereits Meriten als Schöpfer von Turbo Pascal erworben, einer beliebten Sprache für die PC-Programmierung, sowie als Chef des Entwicklungteams von Borland Delphi, einer der ersten erfolgreichen integrierten Entwicklungsumgebungen für die Client/Server-Programmierung.

Im Zentrum jeder objektorientierten Programmiersprache steht die Unterstützung für die Definition und den Einsatz von Klassen. Klassen definieren neue Typen, mit denen Sie die Sprache erweitern können, um das Problem, das Sie lösen wollen, besser zu modellieren. In C# gibt es Schlüsselwörter, mit denen Sie neue Klassen sowie deren Methoden und Eigenschaften deklarieren und mit denen Sie Kapselung, Vererbung und Polymorphismus – die drei Säulen der objektorientierten Programmierung – implementieren können.

In C# steht alles, was zu einer Klassendeklaration dazugehört, in der Deklaration selbst. Für C#-Klassendateien sind keine separaten Header-Dateien oder Interface Definition Language-(IDL-)Dateien notwendig. Überdies unterstützt C# einen neuen XML-Stil der Inline-Dokumentation, der die Erstellung von Online-Dokumentationen und gedruckten Referenzdokumentationen zu einer Anwendung vereinfacht.

C# unterstützt auch *Interfaces*, ein Mittel, um mit einer Klasse einen Vertrag über Dienste abzuschließen, die durch das Interface festgelegt werden. In C# kann eine Klasse zwar nur von einer einzigen Oberklasse erben, aber mehrere Interfaces implementieren. Wenn eine C#-Klasse ein Interface implementiert, gibt sie das Versprechen ab, die in diesem Interface definierte Funktionalität zu liefern.

Darüber hinaus bietet C# Unterstützung für *Structs*, ein Konzept, dessen Bedeutung sich gegenüber C++ massiv gewandelt hat. In C# ist ein Struct ein eingeschränkter, leichtgewichtiger Typ, der, wenn man ihn instantiiert, an Betriebssystem und Speicher geringere Anforderungen stellt als eine konventionelle Klasse. Ein Struct kann nicht erben oder geerbt werden, aber es kann ein Interface implementieren.

C# bietet umfassende Unterstützung für *Delegates*, mit denen der Aufruf von Methoden über Verweise ermöglicht wird. In anderen Sprachen wie etwa C++ gibt es ähnliche Funktionalitäten (zum Beispiel Zeiger auf Member-Funktionen), aber Delegates sind typsichere Referenztypen, die Methoden mit ihrer jeweiligen Signatur und ihrem Rückgabetyp kapseln.

C# hat auch komponentenorientierte Features wie z.B. Eigenschaften, Events und deklarative Konstrukte (wie *Attribute*). Die komponentenorientierte Programmierung wird durch die Speicherung von Metadaten mit dem Klassencode ermöglicht. Die Metadaten beschreiben die Klasse einschließlich ihrer Methoden und Eigenschaften, ihrer Sicherheitsanforderungen und anderer Attribute wie z.B. ihrer Serialisierbarkeit; der Code enthält die notwendige Logik, um ihre Funktionen auszuführen. Somit ist eine kompilierte Klasse eine abgeschlossene Einheit, und eine Host-Umgebung, die die Metadaten und den Code einer Klasse lesen kann, braucht keine weiteren Informationen, um diese Klasse zu nutzen. Mit C# und der CLR können Sie einer Klasse benutzerdefinierte Metadaten hinzufügen, indem Sie eigene Attribute definieren. In ähnlicher Weise können Sie mit Hilfe der CLR-Typen, die Reflection unterstützen, die Metadaten einer Klasse lesen.

Wenn Sie Ihren Code kompilieren, entsteht dabei eine Assembly. Eine *Assembly* ist eine Sammlung von Dateien, die dem Programmierer als eine einzige Dynamic Link Library (DLL) oder ausführbare Datei (EXE) erscheinen. In .NET ist eine Assembly die Grundeinheit für die Wiederverwendung, Versionierung, Sicherheit und Verbreitung. Die CLR stellt auch einige Klassen zur Bearbeitung von Assemblies zur Verfügung.

Abschließend sei angemerkt, dass C# auch Folgendes unterstützt:

- den direkten Zugriff auf den Arbeitsspeicher mit Zeigern im Stil von C++,
- Schlüsselwörter, mit denen solche Operationen als unsicher gekennzeichnet werden, sowie
- den Hinweis an den Garbage Collector der CLR, dass Objekte, die von Zeigern referenziert werden, bis zu ihrer Freigabe nicht beseitigt werden dürfen.

KAPITEL 2

Erste Schritte: »Hello World«

Es gibt eine alte Tradition, der zufolge jedes Programmierbuch mit einem »Hello World«-Programm beginnt. Deshalb werden wir auch in diesem Kapitel ein in C# geschriebenes »Hello World«-Programm erstellen, kompilieren und ausführen. Und mit der Analyse dieses kurzen Programms werden wir einige wichtige Features von C# vorstellen.

Beispiel 2-1 zeigt die Grundelemente eines ganz einfachen C#-Programms.

Beispiel 2-1: Ein einfaches »Hello World«-Programm in C#

```
class Hello
{
    static void Main( )
    {
        // Verwende das Console-Objekt aus System
        System.Console.WriteLine("Hello World");
    }
}
```

Wenn Sie diesen Code kompilieren und ausführen, erscheinen die Worte »Hello World« im Konsolenfenster. Bevor wir es kompilieren und ausführen, wollen wir uns jedoch dieses einfache Programm etwas näher ansehen.

Klassen, Objekte und Typen

Das Wesen der objektorientierten Programmierung ist es, neue Typen zu erstellen. Ein *Typ* stellt eine Sache dar. Manchmal ist es eine abstrakte Sache wie z.B. eine Tabelle oder ein Thread und manchmal auch etwas Greifbareres wie z.B. ein Button in einem Fenster. Der Typ definiert die allgemeinen Eigenschaften und Verhaltensweisen dieser Sache.

Wenn Ihr Programm drei Instanzen (Exemplare) eines Button-Typs in einem Fenster verwendet – vielleicht einen OK-, einen Abbrechen- und einen Hilfe-Button –, hat jeder Button eine Größe, wobei allerdings die Größe der einzelnen Buttons unterschiedlich sein kann. Ebenso haben alle Buttons das gleiche Verhalten (zeichnen, klicken), obwohl sich die spezifische Implementierung dieses Verhaltens unterscheiden kann. So können also die Details bei den Buttons unterschiedlich sein, aber der Typ ist der gleiche.

Wie in anderen objektorientierten Programmiersprachen wird auch in C# ein Typ durch eine *Klasse* definiert, während die einzelnen Instanzen dieser Klasse *Objekte* heißen. In späteren Kapiteln wird erklärt, dass es in C# neben den Klassen auch noch andere Typen gibt, darunter Enums, Structs und Delegates, aber vorläufig konzentrieren wir uns auf die Klassen.

Das »Hello World«-Programm deklariert einen einzigen Typ, nämlich die Klasse `Hello`. Um einen C#-Typ zu definieren, deklarieren Sie ihn mit dem Schlüsselwort `class` als Klasse, geben ihm einen Namen – in diesem Fall `Hello` – und definieren dann seine Eigenschaften und Verhaltensweisen. Die Definition der Eigenschaften und Verhaltensweisen einer C#-Klasse muss in geschweiften Klammern ({}) stehen.

> *Hinweis für C++-Programmierer:* Hinter der schließenden Klammer steht kein Semikolon.

Methoden

Eine Klasse hat sowohl Eigenschaften als auch Verhaltensweisen. Verhaltensweisen werden durch Member-Methoden definiert; die Eigenschaften werden in Kapitel 3 behandelt.

Eine *Methode* ist eine *Funktion*, die zu Ihrer Klasse gehört. Manchmal werden Member-Methoden auch als *Member-Funktionen* bezeichnet. Diese Methoden definieren, was Ihre Klasse tun kann oder wie sie sich verhält. In der Regel erhalten Methoden die Namen von Aktionen wie z.B. `WriteLine( )` oder `AddNumbers( )`. Im hier gezeigten Fall hat die Klassenmethode jedoch den speziellen Namen `Main( )`, der keine Aktion beschreibt, sondern CLR mitteilt, dass dies die Hauptmethode, die erste Methode Ihrer Klasse ist.

> *Hinweis für C++-Programmierer:* `Main()` wird in C# großgeschrieben und ist kein globaler Member, sondern Member einer Klasse. `Main()` kann auch `int` oder `void` zurückgeben.

Immer wenn Ihr Programm startet, ruft die CLR `Main( )` auf. `Main( )` ist der Eintrittspunkt in Ihr Programm, und jedes C#-Programm muss eine solche `Main( )`-Methode haben.[1]

Methodendeklarationen sind ein Vertrag zwischen dem Schöpfer der Methode und ihrem Konsumenten (Benutzer). Diese beiden sind oft ein und derselbe Programmierer, aber nicht immer: Es ist z.B. möglich, dass ein Mitglied eines Entwicklungsteams eine Methode schreibt und ein anderes sie benutzt.

1 Technisch kann es in C# auch mehrere `Main( )`-Methoden geben. In diesem Fall müssen Sie C# mit dem Kommandozeilen-Schalter `/main` mitteilen, in welcher Klasse sich die `Main( )`-Methode befindet, die als Einstieg in das Programm dienen soll.

Hinweis für Java-Programmierer: `Main()` ist der Einstiegspunkt in jedes C#-Programm, in gewisser Weise ähnlich der `run()`-Methode eines Java-Applets oder der `main()`-Methode eines Java-Programms.

Um eine Methode zu deklarieren, müssen Sie einen Rückgabetyp, gefolgt von einem Namen, angeben. Außerdem gehören zu einer Methodendeklaration Klammern, egal ob die Methode Parameter entgegennimmt oder nicht. Ein Beispiel:

```
int myMethod(int size)
```

Dies deklariert eine Methode namens `myMethod( )`, die einen Parameter entgegennimmt: einen Integer, der innerhalb der Methode als `size` angesprochen wird. Diese Methode gibt einen Integer-Wert zurück. Der Typ des Rückgabewerts verrät dem Benutzer der Methode, welche Art von Daten sie zurückliefert, wenn ihre Ausführung abgeschlossen ist.

Manche Methoden geben gar keinen Wert zurück. Man sagt dann, sie geben `void` (ungültig) zurück, was durch das Schlüsselwort `void` definiert ist. Ein Beispiel:

```
void myVoidMethod( );
```

Hier wird eine Methode deklariert, die `void` zurückgibt und keine Parameter entgegennimmt. In C# müssen Sie immer einen Rückgabetyp oder `void` deklarieren.

Kommentare

Ein C#-Programm kann auch Kommentare enthalten. Betrachten Sie im obigen Programm die erste Zeile hinter der öffnenden Klammer in der weiter oben gezeigten Main-Methode:

```
// Verwende das Systemkonsolen-Objekt
```

Der Text beginnt mit zwei vorwärts gerichteten Schrägstrichen (//). Diese kennzeichnen einen *Kommentar*. Ein Kommentar ist ein Hinweis für den Programmierer und wirkt sich nicht auf das Programm aus. C# unterstützt drei Kommentartypen.

Der erste hier gezeigte Typ zeigt an, dass aller Text rechts vom Kommentarzeichen bis zum Zeilenende als Kommentar betrachtet wird. Man nennt ihn auch einen *Kommentar im C++-Stil*.

Der zweite Kommentartyp ist ein *Kommentar im C-Stil*. Er beginnt mit einem öffnenden Kommentarzeichen (/*) und endet mit einem schließenden Kommentarzeichen (*/). So können sich Kommentare über mehr als eine Zeile erstrecken, ohne dass am Anfang jeder Zeile die Zeichen // stehen müssten. Betrachten Sie hierzu Beispiel 2-2.

Beispiel 2-2: Mehrzeilige Kommentare

```
namespace HelloWorld
{
   class HelloWorld)
   {
```

Beispiel 2-2: Mehrzeilige Kommentare (Fortsetzung)

```
      static void Main()
      {
         /* Verwende das Systemkonsolen-Objekt
            wie im Text beschrieben */
         System.Console.WriteLine("Hello World");
      }
   }
}
```

Kommentare im C++-Stil können zwar nicht geschachtelt werden, sie können aber von C-Stil-Kommentaren umschlossen werden. Es ist daher üblich, möglichst immer Kommentare im C++-Stil zu benutzen und die C-Stil-Kommentare für das »Auskommentieren« von Codeblöcken zu reservieren.

Der dritte und letzte Kommentartyp von C# dient dazu, externe XML-basierte Dokumentationen mit dem Code zu verknüpfen. Er wird in Kapitel 13 beschrieben.

Konsolenanwendungen

»Hello World« ist ein Beispiel für ein *Konsolenprogramm*. Ein solches Programm hat typischerweise keine grafische Benutzeroberfläche (Graphical User Interface, GUI), keine Listenfelder, Buttons, Fenster usw. Die Textein- und -ausgabe wird über die Standardkonsole abgewickelt, in der Regel über ein Kommando- oder DOS-Fenster des PCs. Wenn wir uns vorläufig auf Konsolenanwendungen beschränken, werden die ersten Beispiele in diesem Buch einfacher, und der Schwerpunkt liegt auf der Sprache selbst. In späteren Kapiteln werden wir uns Windows- und Web-Anwendungen zuwenden. Dann ist der Punkt erreicht, an dem wir uns auf die Oberflächenentwurfs-Tools von Visual Studio .NET konzentrieren.

Die `Main( )`-Methode in diesem einfachen Beispiel schreibt lediglich »Hello World« auf den *standard output* (Standardausgabe, in der Regel ein Befehlszeilenfenster). Die Standardausgabe wird mit einem Objekt namens `Console` verwaltet. Das `Console`-Objekt hat eine `WriteLine( )`-Methode, die einen *String* (eine Zeichenfolge) entgegennimmt und in die Standardausgabe schreibt. Wenn Sie dieses Programm ausführen, erscheint auf Ihrem Computerbildschirm ein DOS-Fenster und zeigt die Worte »Hello World« an.

Eine Methode rufen Sie mit dem Punkt-Operator (.) auf. Somit rufen Sie die `WriteLine( )`-Methode des `Console`-Objekts auf, indem Sie `Console.WriteLine(...)` eingeben und den String einfügen, der ausgegeben werden soll.

Namensräume

`Console` ist nur ein einziger aus einer gewaltigen Anzahl nützlicher Typen, die die .NET FCL für Sie bereithält. Jede Klasse hat einen Namen, und die FCL enthält tausende von ihnen, z.B. `ArrayList`, `Hashtable`, `FileDialog`, `DataException`, `EventArgs` usw. Es gibt tausende oder sogar zehntausende solcher Namen.

Dies stellt ein Problem dar. Kein Entwickler kann sich alle Namen merken, die das .NET Framework verwendet, und früher oder später erzeugen Sie bestimmt ein Objekt und geben ihm einen Namen, der bereits vergeben worden ist. Was geschieht nun, wenn Sie eine `Hashtable`-Klasse von einem anderen Anbieter kaufen, nur um festzustellen, dass diese nicht mit der zu .NET gehörenden Klasse `Hashtable` vereinbar ist? Denken Sie daran: Jede Klasse in C# muss einen eindeutigen Namen haben, und normalerweise können Sie Klassen in fremdem Code nicht umbenennen!

Die Lösung für dieses Problem ist die Verwendung von *Namensräumen*. Ein Namensraum schränkt den Bereich eines Namens ein, so dass dieser Name nur in seinem definierten Namensraum von Bedeutung ist.

> *Hinweis für C++-Programmierer:* In C++ werden Namensräume durch den Operator für die Auflösung von Namensräumen (`::`) abgegrenzt, in C# verwenden Sie den Punkt-Operator (`.`).
> *Hinweis für Java-Programmierer:* Namensräume bieten viele der Vorteile von Packages.

Angenommen, ich sage Ihnen, dass Jochen ein Ingenieur ist. Das Wort »Ingenieur« wird für viele Dinge verwendet und kann Verwirrung stiften. Baut der Mann Häuser? Schreibt er Software? Entwirft er Eisenbahnstrecken?

Dies könnte ich klären, indem ich z.B. sage: »Er ist Wissenschaftler.« oder »Er ist Verkehrstechniker.« Ein C#-Programmierer könnte Ihnen sagen, dass Jochen ein `wissenschaft.ingenieur` ist und kein `verkehrstechnik.ingenieur`. Der Namensraum (in diesem Fall `wissenschaft` oder `verkehrstechnik`) schränkt den Bereich des auf ihn folgenden Worts ein. Er erzeugt einen »Raum«, in dem der betreffende Name eine Bedeutung hat.

Außerdem könnte es der Fall sein, dass Jochen nicht irgendein x-beliebiger `wissenschaft.ingenieur` ist. Vielleicht hat er ein MIT-Diplom in Software-Engineering und nicht in Bauingenieurwesen. Somit könnte man das Objekt `Jochen` konkreter als `wissenschaft.software.ingenieur` definieren. Das setzt voraus, dass der Namensraum `software` innerhalb des Namensraums `wissenschaft` von Bedeutung ist und `ingenieur` innerhalb des Namensraums `software`. Wenn Sie nun später erfahren, dass Charlotte `transport.verkehrstechnik.ingenieur` ist, besteht kein Zweifel mehr über ihre Fachrichtung. Die beiden Verwendungen von `ingenieur` können friedlich koexistieren, jede innerhalb ihres eigenen Namensraums.

Wenn nun .NET eine `Hashtable`-Klasse im Namensraum `System.Collections` hat und ich eine eigene `Hashtable`-Klasse im Namensraum `ProgCSharp.DataStructures` angelegt habe, gibt es ebenfalls keinen Konflikt, da jede Klasse in einem eigenen Namensraum definiert ist.

In Beispiel 2-1 wird der Name der Klasse `Console` durch den folgenden Code als zum Namensraum `System` gehörig identifiziert:

```
System.Console.WriteLine( );
```

Der Punkt-Operator (.)

In Beispiel 2-1 dient der Punkt-Operator sowohl dem Zugriff auf eine Methode (und auf Daten) in einer Klasse (hier ist es die Methode `WriteLine()`) als auch dazu, den Klassennamen auf einen konkreten Namensraum zu beschränken (hier handelt es sich darum, `Console` im Namensraum `System` zu finden). Das funktioniert deshalb so gut, weil wir immer tiefer nach unten gehen, um genau das zu finden, was wir benötigen. Die oberste Ebene ist der Namensraum `System` (der alle `System`-Objekte des FCL enthält). Innerhalb dieses Namensraums existiert der Typ `Console` mit der Member-Funktion `WriteLine()`.

Namensräume werden oft in Teilräume aufgeteilt. So enthält z.B. der Namensraum `System` mehrere Teilnamensräume, darunter `Data`, `Configuration`, `Collections` usw., und der Namensraum `Collections` ist auch seinerseits in mehrere Teilnamensräume aufgeteilt.

Mit Namensräumen können Sie Ihre Typen organisieren und in Gruppen aufteilen. Wenn Sie ein komplexes C#-Programm schreiben, sollten Sie eine eigene Namensraumhierarchie anlegen. Diese kann beliebig tief sein. Der Zweck von Namensräumen ist es, die »Teile und herrsche«-Strategie auf eine eigene, komplexe Objekthierarchie anzuwenden.

Das Schlüsselwort using

Anstatt vor `Console` das Wort `System` zu setzen, könnten Sie mit der folgenden Direktive auch angeben, dass Sie Typen aus dem Namensraum `System` verwenden möchten:

```
using System;
```

Diese Direktive setzen Sie wie in Beispiel 2-3 ganz oben in das Listing.

Beispiel 2-3: Das Schlüsselwort using

```
using System;
class Hello
{
    static void Main()
    {
        //Console im Namensraum System
        Console.WriteLine("Hello World");
    }
}
```

Beachten Sie, dass die Direktive `using System` noch vor der Klassendefinition von `Hello` steht. Visual Studio .NET 2005 trägt bei Konsolenanwendungen standardmäßig bereits drei `using`-Anweisungen ein (`System`, `System.Collections.Generic`, `System.Text`).

Sie können zwar angeben, dass Sie den Namensraum `System` benutzen, aber Sie können hier nicht wie bei manchen anderen Sprachen festlegen, dass Sie das Objekt `System.Console` verwenden. Beispiel 2-4 lässt sich nicht kompilieren.

Beispiel 2-4: Dieser Code wird nicht kompiliert (kein gültiges C#)

```
using System.Console;
class Hello
{
    static void Main( )
    {
        //Console im Namensraum System
        WriteLine("Hello World");
    }
}
```

Dies verursacht die folgende Compiler-Fehlermeldung:

```
error CS0138: A using namespace directive can only be applied to namespaces;
'System.Console' is a type not a namespace
```

> Wenn Sie Visual Studio verwenden, bemerken Sie den Fehler sofort: Schreiben Sie `using System` und anschließend den Punkt, bietet Ihnen Visual Studio .NET 2005 eine Liste aller gültigen Namensräume an, und `Console` befindet sich nicht darunter.

Das Schlüsselwort `using` spart zwar eine Menge Tipparbeit, kann aber die Vorteile von Namensräumen dadurch unterminieren, dass viele undifferenzierte Namen den Geltungsbereich unübersichtlich machen. Das können Sie verhindern, indem Sie das Schlüsselwort `using` mit den eingebauten und mit Ihren eigenen unternehmensspezifischen Namensräumen verwenden, nicht jedoch mit den Komponenten von Fremdanbietern.

> Manche Entwicklergruppen pflegen zu Dokumentationszwecken immer den kompletten Namensraum-Pfad zum Objekt zu schreiben (z.B. `System.Console.WriteLine()` anstatt `Console.WriteLine()`). Dies kann jedoch bei tief verschachtelten Namensräumen recht schnell unübersichtlich werden.

Groß- und Kleinschreibung

C# unterscheidet zwischen Groß- und Kleinschreibung. Das bedeutet, dass `writeLine` nicht dasselbe ist wie `WriteLine` und `WriteLine` nicht dasselbe wie `WRITELINE`. Anders als VB korrigiert C# leider keine Groß- und Kleinschreibungsfehler: Wenn Sie das gleiche Wort zweimal in unterschiedlicher Weise schreiben, bauen Sie möglicherweise einen schwer zu findenden Fehler in Ihr Programm ein.

> Ein praktischer Trick: Wenn ein Name bis auf die Groß-/Kleinschreibung korrekt ist, fahren Sie mit dem Mauszeiger darüber und drücken Strg-Leertaste. Daraufhin korrigiert die automatische Wortvervollständigung von Intellisense (Autocomplete) die Schreibweise für Sie.

Solche Zeit und Kraft raubenden Fehler vermeiden Sie, indem Sie Namenskonventionen für Ihre Variablen, Funktionen, Konstanten usw. entwickeln. In diesem Buch gilt die Regel, dass Variablen in der Kamel-Notation[2] (z.B. `einVariablenName`) und Funktionen, Konstanten und Eigenschaften in der Pascal-Notation (z.B. `EineFunktion`) geschrieben werden.

> Der einzige Unterschied zwischen der Kamel- und der Pascal-Notation besteht darin, dass die Wörter in der Pascal-Notation mit einem Großbuchstaben beginnen.
>
> Microsoft hat Richtlinien für den Programmierstil entwickelt, die ein sehr guter erster Anhaltspunkt sind (und mehr benötigen Sie auch häufig nicht). Sie können von folgender Adresse heruntergeladen werden:
>
> *http://msdn.microsoft.com/library/default.asp?url=/library/en-us/cpgenref/html/cpconNETFrameworkDesignGuidelines.asp*

Das Schlüsselwort static

Die in Beispiel 2-1 gezeigte `Main( )`-Methode hat eine weitere Kennzeichnung. Unmittelbar vor der Deklaration des Rückgabetyps `void` (die bekanntlich anzeigt, dass die betreffende Methode keinen Wert zurückliefert) steht das Schlüsselwort `static`:

```
static void Main( )
```

Das Schlüsselwort `static` zeigt an, dass Sie `Main( )` aufrufen können, ohne zuvor ein Objekt vom Typ `Hello` erzeugen zu müssen. Dieses etwas komplexe Thema wird in den nachfolgenden Kapiteln genauer erörtert. Ein Problem beim Lernen von Programmiersprachen besteht darin, dass Sie einige fortgeschrittene Features bereits anwenden müssen, ehe Sie sie voll und ganz verstehen. Vorläufig können Sie die Deklaration der `Main( )`-Methode als Zaubertrick betrachten.

Entwicklung von »Hello World«

Es gibt mindestens zwei Möglichkeiten, die Programme dieses Buchs einzugeben, sie zu kompilieren und auszuführen: Sie können die Visual Studio .NET Integrated Development Environment (IDE) oder einen Kommandozeilen-Compiler (zusammen mit ein paar weiter unten beschriebenen Kommandozeilen-Tools) verwenden.

Obwohl Sie Software auch außerhalb von Visual Studio .NET entwickeln *können*, bietet diese IDE doch enorme Vorteile. Dazu gehören automatische Einrückungen, die Vervollständigung von Wörtern mittels Intellisense, farbige Hervorhebungen im Code und integrierte Hilfedateien. Noch wichtiger sind der mächtige Debugger und die vielen anderen Tools der IDE.

2 Die Kamel-Notation wird wegen der »Höcker« im Wort, die sich durch die eingestreuten Großbuchstaben ergeben, so bezeichnet. (Anm. d. Übers.)

In diesem Buch wird stillschweigend vorausgesetzt, dass Sie Visual Studio .NET verwenden. Dennoch liegt der Schwerpunkt mehr auf der Sprache und der Plattform als auf den Tools. Sie können auch alle Beispiele in einen Editor wie Windows Notepad oder Emacs kopieren, als Textdateien mit der Erweiterung *.cs* speichern und dann mit dem C#-Kommandozeilen-Compiler kompilieren, der mit dem .NET Framework SDK ausgeliefert wird. Alternativ können Sie .NET-kompatible Werkzeuge wie Mono oder das Shared Source CLI von Microsoft verwenden. Beachten Sie, dass einige Beispiele in den späteren Kapiteln die Tools von Visual Studio .NET zur Erstellung von Windows Forms und Web Forms nutzen, aber selbst diese Beispiele können Sie auch manuell in Notepad eingeben, wenn Sie die Dinge lieber auf die harte Tour erledigen.

Bearbeitung von »Hello World«

Um das »Hello World«-Programm in der IDE zu bearbeiten, wählen Sie im Startmenü Visual Studio .NET oder klicken auf ein entsprechendes Arbeitsplatzsymbol und wählen dann in der Menüleiste **File → New → Project**. Dadurch wird das Fenster **New Project** aufgerufen (eventuell auch unaufgefordert, wenn Sie Visual Studio zum ersten Mal benutzen). Abbildung 2-1 zeigt das Fenster **New Project**.

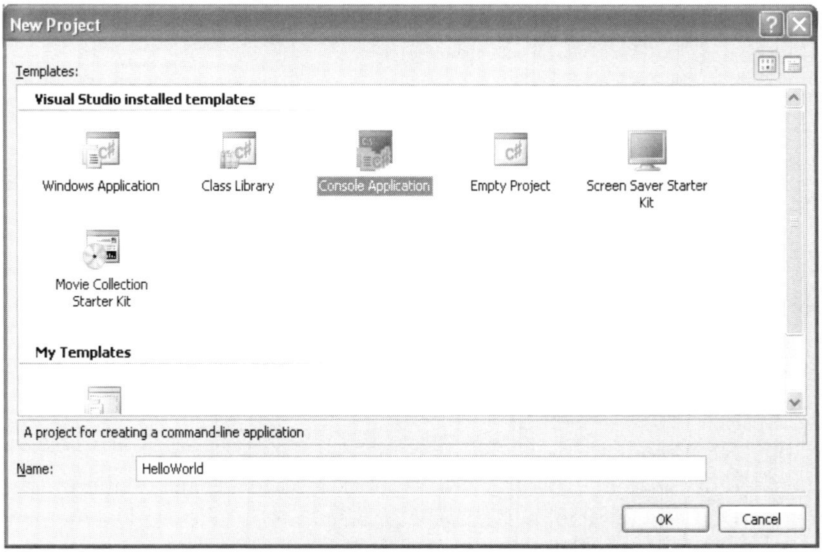

Abbildung 2-1: Erzeugen einer C#-Konsolenanwendung in Visual Studio .NET

Um Ihre Anwendung zu öffnen, wählen Sie im **Project Types**-Fenster **Visual C#** und im Vorlagenfenster **Console Application** (wenn Sie die Express Edition für Visual C# verwenden, ist dieser erste Schritt nicht erforderlich; gehen Sie in diesem Fall direkt zur **Console Application**).

Nun können Sie einen Namen für das Projekt eingeben und ein Verzeichnis wählen, in das Sie Ihre Dateien speichern. Wenn Sie jetzt auf **OK** klicken, erscheint ein neues Fenster, in das Sie den Code von Beispiel 2-1 eingeben können, wie Sie es in Abbildung 2-2 sehen.

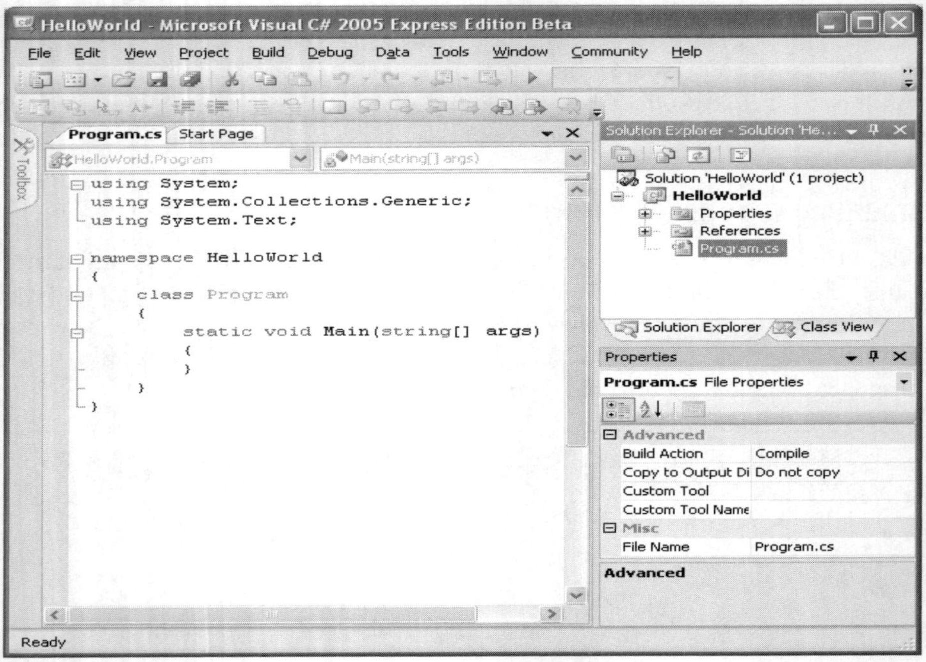

Abbildung 2-2: Der Editor für Ihr neues Projekt

Beachten Sie, dass Visual Studio .NET einen Namensraum mit dem Namen Ihres Projekts anlegt (`HelloWorld`) und eine `using`-Direktive für `System`, `System.Collections.Generic` und `System.Text` hinzufügt, da fast jedes Programm, das Sie schreiben, Typen aus jenen Namensräumen benötigt.

Visual Studio .NET erzeugt eine Klasse namens `Program`, die Sie nach Belieben umbenennen können. Wenn Sie den Namen der Klasse ändern möchten, ist es allerdings eine gute Idee, auch die Datei umzubenennen (*Class1.cs*). Denn wenn Sie der Datei einen anderen Namen geben, ändert Visual Studio automatisch den Namen der Klasse für Sie. Um beispielsweise Beispiel 2-1 zu reproduzieren, ändern Sie die (im Solution Explorer aufgeführte) Datei *Program.cs* in *hello.cs* um und anschließend den Namen von `Program` in `HelloWorld` (wenn Sie es umgekehrt machen, benennt Visual Studio die Klasse in `hello` um).

Anschließend erzeugt Visual Studio 2005 ein Programmgerüst, mit dem Sie beginnen können. Um Beispiel 2-1 zu reproduzieren, entfernen Sie die Argumente (`string[] args`) aus der Methode `Main( )`. Danach kopieren Sie die folgenden Zeilen in den Rumpf der Methode `Main( )`:

```
// Verwende das Objekt System Console
System.Console.WriteLine("Hello World");
```

Wenn Sie nicht Visual Studio .NET verwenden, müssen Sie Notepad öffnen, den Code von Beispiel 2-1 eingeben und die Datei als Textdatei unter dem Namen *hello.cs* speichern.

»Hello World« kompilieren und ausführen

Es gibt verschiedene Möglichkeiten, das Programm »HelloWorld« in Visual Studio zu kompilieren und auszuführen. Normalerweise können Sie jede Aufgabe ausführen, indem Sie Befehle aus der Menüleiste von Visual Studio einsetzen, die Buttons verwenden und die Tastaturkürzel nutzen.

> Sie können eigene Tastenfunktionen definieren, indem Sie zu **Tools → Options → Keyboard** gehen. In diesem Buch gehen wir davon aus, dass Sie die Standardeinstellungen beibehalten haben.

Sie können z.B. das Programm »Hello World« kompilieren, indem Sie auf **Strg-Umschalt-B** drücken oder **Build → Build Solution** wählen. Alternativ haben Sie aber auch die Möglichkeit, den **Build**-Button in der gleichnamigen Toolbar anzuklicken (möglicherweise müssen Sie zuvor rechts auf die Werkzeugleisten klicken, um die **Build**-Werkzeugleiste sichtbar zu machen). Die **Build**-Leiste wird in Abbildung 2-3 dargestellt; darin befindet sich der **Build**-Button ganz links und ist hervorgehoben.

Abbildung 2-3: Build-Werkzeugleiste

Um das Programm »Hello World« ohne den Debugger auszuführen, können Sie auf der Tastatur **Strg-F5** drücken, in der IDE-Menüleiste **Debug → Start without Debugging** wählen oder auf den Button für das Starten ohne Debuggen in der **Build**-Symbolleiste der IDE klicken. Den Button sehen Sie in Abbildung 2-4; eventuell müssen Sie Ihre Symbolleiste anpassen, um ihn verfügbar zu machen. Sie können das Programm ausführen, ohne es zuerst explizit zu erstellen. Je nachdem, wie Ihre Optionen gesetzt sind (**Tools → Options**), wird die IDE die Datei speichern, erstellen und ausführen und dabei gegebenenfalls für jeden Schritt um Erlaubnis nachfragen.

Abbildung 2-4: Starten ohne Debuggen-Button

Ich empfehle Ihnen nachdrücklich, die Entwicklungsumgebung Visual Studio 2005 ausführlich zu erforschen. Da sie bei der Entwicklung mit .NET Ihr wichtigstes Werkzeug ist, sollten Sie den Umgang mit ihr gründlich erlernen. Die Zeit, die Sie damit verbringen, sich mit Visual Studio vertraut zu machen, wird sich in den nachfolgenden Monaten mehr als auszahlen. Legen Sie das Buch nun beiseite und experimentieren Sie mit der IDE herum. Lesen können Sie später noch.

Mit den folgenden Schritten kompilieren Sie das »Hello World«-Programm mit dem C#-Befehlszeilen-Compiler, der mit dem .NET Framework SDK, mit Mono (*http://www.mono-project.com*) oder mit dem Shared Source CLI (*http://msdn.microsoft.com/net/sscli/*) geliefert wird:

1. Speichern Sie Beispiel 2-1 unter dem Dateinamen *hello.cs*.
2. Öffnen Sie ein .NET-Befehlszeilenfenster (**Start → Programs → Microsoft .NET Framework SDK v2.0 → .NET Framework SDK Command Prompt**). Unter Unix starten Sie am besten eine Textkonsole, *xterm* oder etwas anderes, das Ihnen einen Shell-Prompt liefert.
3. In der Befehlszeile nehmen Sie den folgenden Befehl, wenn Sie den C#-Compiler von .NET-Compiler oder den des Shared Source CLI verwenden:

   ```
   csc /debug hello.cs
   ```

   Haben Sie Mono, geben Sie diesen Befehl ein:

   ```
   mcs -debug hello.cs
   ```

   In diesem Schritt wird die EXE-Datei erstellt. Wenn das Programm Fehler enthält, werden sie vom Compiler im Befehlszeilenfenster gemeldet. Der Befehlszeilenschalter `/debug` fügt in den Code Symbole ein, damit Sie die EXE-Datei mit einem Debugger ausführen oder Zeilennummern in Stacktraces sehen können. (Einen Stacktrace erhalten Sie, wenn Ihr Programm einen Fehler auslöst, den es nicht behandeln kann.)
4. Um das Programm unter .NET auszuführen, geben Sie Folgendes ein:

   ```
   hello
   ```

   Beim Shared Source CLI verwenden Sie diesen Befehl:

   ```
   clix hello.exe
   ```

   Und diesen Befehl geben Sie für Mono ein:

   ```
   mono hello.exe
   ```

Nun sollten die wunderbaren Worte »Hello World« in Ihrem Befehlszeilenfenster erscheinen.

Verwendung des Visual Studio .NET-Debuggers

Der Debugger ist vielleicht der wichtigste Teil jeder Entwicklungsumgebung. Der Debugger von Visual Studio ist sehr mächtig, und jede Minute, die Sie in das Erlernen seiner

Just-in-Time-Kompilierung

Wenn Sie *hello.cs* mit *csc* kompilieren, wird eine EXE-Datei erstellt. Vergessen Sie jedoch nicht, dass die *.exe*-Datei Opcodes in der MSIL enthält, die in Kapitel 1 eingeführt wurde.

Interessanterweise hätten Sie diese Anwendung mehr oder weniger in dieselbe MSIL kompiliert, wenn Sie sie in VB.NET oder einer anderen Sprache aus dem Umfeld der .NET CLS geschrieben hätten. Vom Entwurf her ist der Intermediate Language-(IL-)Code, der aus den verschiedenen Sprachen erzeugt wird, praktisch gleich.

Der Compiler erzeugt nicht nur den IL-Code (der dasselbe wie der Bytecode von Java bezweckt), sondern auch ein schreibgeschütztes Segment der *.exe*-Datei, in das er einen standardmäßigen Win32-Executable-Header einfügt. Der Compiler gibt in diesem schreibgeschützten Segment einen Eintrittspunkt an, zu dem der Programm-Loader des Betriebssystems beim Ausführen des Programms springt, so wie es bei jedem Windows-Programm der Fall ist.

Das Betriebssystem kann den IL-Code jedoch nicht ausführen, und dieser Eintrittspunkt springt lediglich zu dem (ebenfalls in Kapitel 1 erwähnten) .NET JIT. Der JIT stellt native CPU-Befehle her, wie Sie sie auch in einer normalen *.exe*-Datei finden. Doch das wichtigste Feature eines JIT-Compilers ist, dass Funktionen erst dann kompiliert werden, wenn sie gebraucht werden – eben *just in time* für die Ausführung.

Funktion investieren, zahlt sich aus. Doch die Grundlagen des Debugging sind einfach. Sie müssen im Wesentlichen dreierlei wissen:

- wie Sie einen Haltepunkt setzen und zu diesem Haltepunkt kommen
- wie Sie in Methodenaufrufe hinein- oder über sie hinweggehen
- wie Sie die Werte von Variablen, Member-Daten usw. untersuchen

In diesem Kapitel wird nicht die gesamte Dokumentation des Debuggers wiederholt. Doch die oben aufgeführten Fähigkeiten sind wichtig genug, um einen Crash-Kurs zu machen.

Der Debugger bietet mehrere Möglichkeiten, um ein und dasselbe zu machen: in der Regel über Menübefehle, Buttons usw. Am einfachsten setzen Sie einen Haltepunkt, indem Sie auf den linken Rand klicken. Dann markiert die IDE den Haltepunkt mit einem roten Punkt, wie Sie es in Abbildung 2-5 sehen.

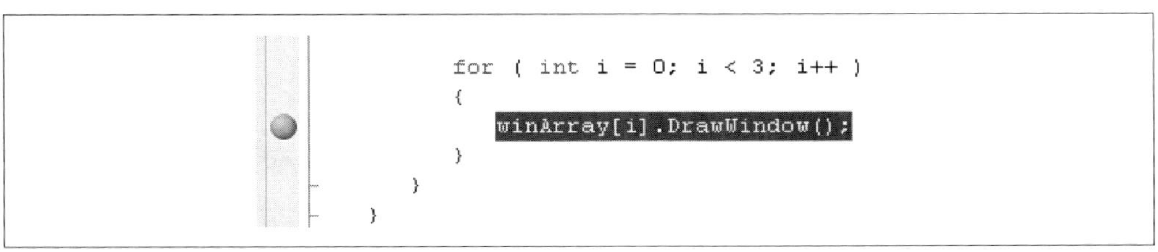

Abbildung 2-5: Ein Haltepunkt

Den Debugger muss man anhand von Codebeispielen erklären. Der hier gezeigte Code stammt aus Kapitel 5. Sie brauchen ihn vorläufig noch nicht zu verstehen (aber wenn Sie bereits in C++ oder Java programmiert haben, werden Sie wahrscheinlich schon sehen, worum es sich handelt).

Um den Debugger auszuführen, wählen Sie **Debug → Start** oder drücken einfach **F5**. Dann wird das Programm kompiliert und bis zum Haltepunkt ausgeführt. Dort hält es an, und ein gelber Pfeil weist auf die nächste auszuführende Anweisung hin, wie Sie es in Abbildung 2-6 sehen:

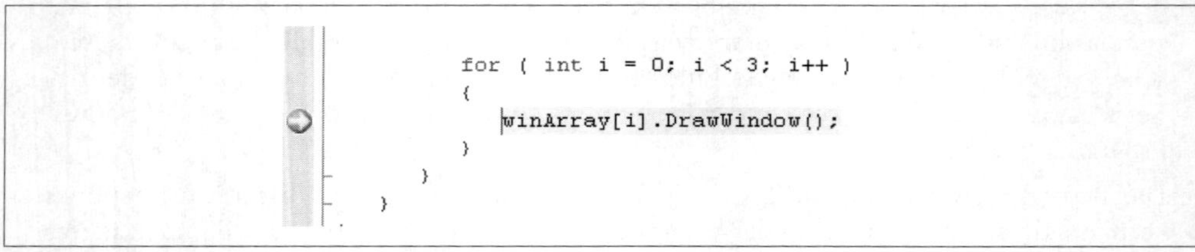

Abbildung 2-6: Der Haltepunkt wurde erreicht

Nachdem Sie den Haltepunkt erreicht haben, können Sie leicht die Werte der diversen Objekte ermitteln. Sie können z.B. den Wert der Variablen `i` sehen, indem Sie einfach den Mauszeiger auf sie bewegen und einen Moment warten, wie es in Abbildung 2-7 gezeigt wird.

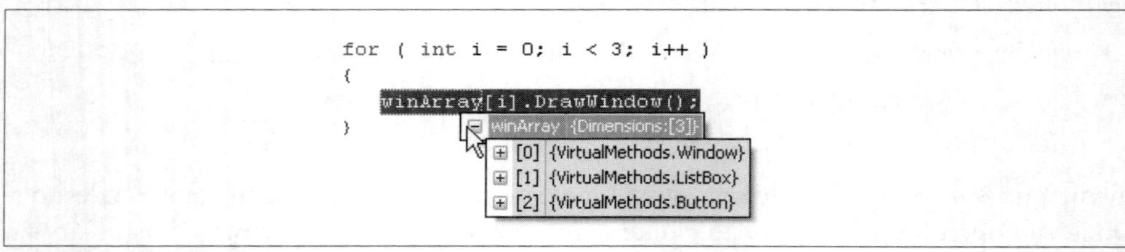

Abbildung 2-7: Einen Wert anzeigen

Die Debugger-IDE hat auch einige nützliche Fenster, darunter eines namens **Locals**, das die Werte aller lokalen Variablen anzeigt (siehe Abbildung 2-8).

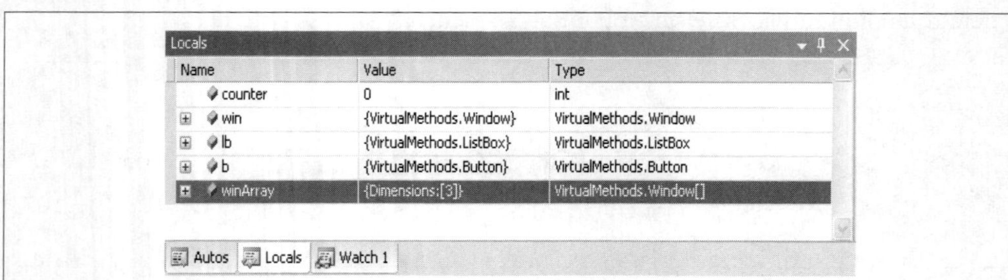

Abbildung 2-8: Das Fenster für lokale Variablen

Intrinsische Typen wie Integer zeigen einfach ihren Wert an (wie die Variable i weiter oben), aber Objekte zeigen ihren Typ an und haben ein Pluszeichen (+). Sie können diese Objekte wie in Abbildung 2-9 expandieren, um ihre Daten zu sehen. In späteren Kapiteln werden Sie mehr über Objekte und ihre internen Daten erfahren.

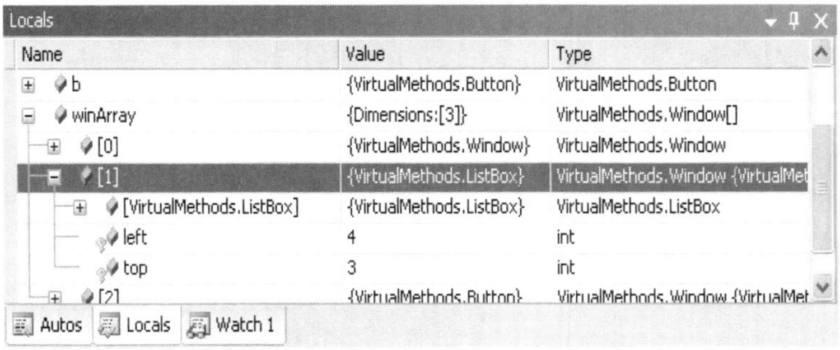

Abbildung 2-9: Ein Objekt im Locals-Fenster wird expandiert

Wenn Sie **F11** drücken, kommen Sie zur nächsten Methode. Hier gelangen Sie in die Methode DrawWindow( ) der Klasse Window, wie es in Abbildung 2-10 gezeigt wird.

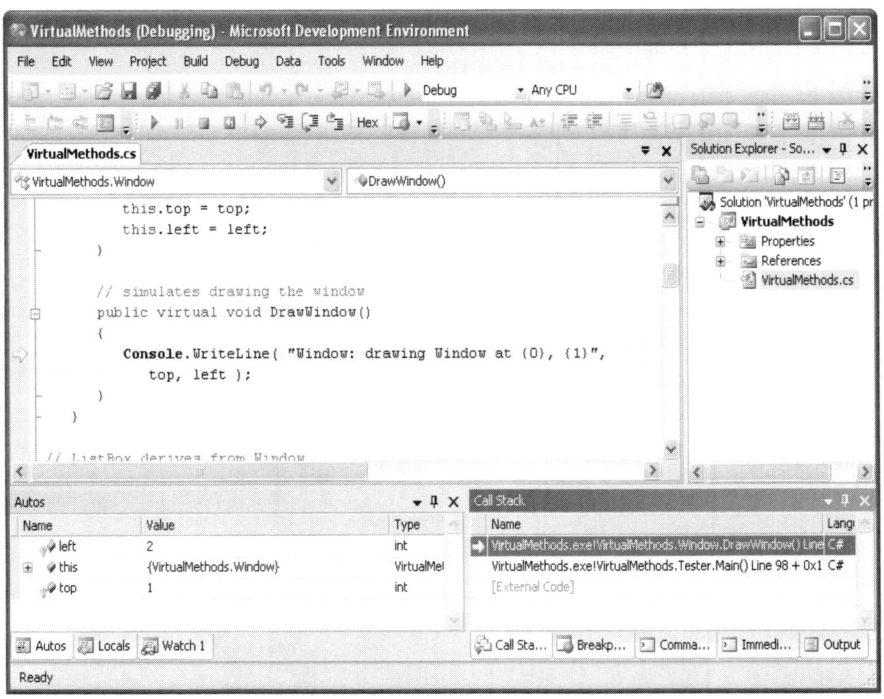

Abbildung 2-10: In eine Methode eintreten

Sie können sehen, dass nun `WriteLine()` in `DrawWindow()` als nächste Anweisung zur Ausführung ansteht. Das Fenster **Autos** ist aktualisiert worden und stellt nun den aktuellen Zustand der Objekte dar.

Es gäbe noch vieles über den Debugger zu sagen, aber diese kurze Einführung sollte für den Anfang genügen. Sie können viele Fragen bezüglich der Programmierung beantworten, indem Sie kurze Demoprogramme schreiben und sie im Debugger untersuchen. In mancher Hinsicht ist ein guter Debugger der beste Lehrer für eine Programmiersprache.

KAPITEL 3

Grundlagen der Sprache C#

In Kapitel 2 haben wir ein ganz einfaches C#-Programm behandelt. Doch auch dies war schon komplex genug, um verschiedene mit ihm zusammenhängende Einzelheiten noch nicht zur Sprache kommen zu lassen. Zur Erklärung dieser Einzelheiten steigen Sie in diesem Kapitel tiefer in die Syntax und Struktur von C# ein.

In diesem Kapitel wird das Typensystem von C# behandelt. Dabei werden die eingebauten Typen (`int`, `bool` usw.) von den benutzerdefinierten Typen (die Sie als Klassen und Interfaces selbst anlegen) abgegrenzt. Außerdem werden Grundlagen der Programmierung behandelt, z.B. die Frage, wie Sie Variablen und Konstanten erzeugen und verwenden. Außerdem werden Enumerationen, Strings, Bezeichner, Ausdrücke und Anweisungen eingeführt.

Der zweite Teil des Kapitels erklärt und demonstriert die Möglichkeiten der Ablaufsteuerung mit Hilfe der Anweisungen `if`, `switch`, `while`, `do...while`, `for` und `foreach`. Danach werden Operatoren erläutert: Zuweisungsoperatoren sowie logische, relationale und mathematische Operatoren. Es folgt eine Einführung in Namensräume und ein kurzes Tutorial über den C#-Precompiler.

Obwohl eigentlich die Erzeugung und Bearbeitung von Objekten im Mittelpunkt von C# steht, beginnen Sie am besten mit den Grundbausteinen: den Elementen, aus denen Objekte erzeugt werden. Dazu gehören die eingebauten Typen, die ein Teil von C# sind, sowie die Syntaxelemente von C#.

Typen

C# ist eine streng typisierte Sprache. In einer solchen Sprache müssen Sie den Typ jedes erzeugten Objekts deklarieren (z.B. Integer-, Float-, String-, Fenster-, Button- und andere Objekte). Dann hilft Ihnen der Compiler bei der Fehlervermeidung, indem er erzwingt, dass den Objekten nur Daten des richtigen Typs zugewiesen werden. Der Typ eines Objekts signalisiert dem Compiler, wie groß dieses Objekt ist (ein `int`-Objekt ist beispielsweise 4 Byte groß) und welche Fähigkeiten es hat (ein Button-Objekt kann beispielsweise gezogen oder angeklickt usw. werden).

Hinweis für C# 1.1-Programmierer: Vor der Version 2 war .NET in jeder Hinsicht streng typisiert, nicht aber bezüglich Collections. Durch die neuen generischen Typen ist es nun auch möglich, streng typisierte Collection-Klassen zu erzeugen. In Kapitel 9 wird dies dargestellt.

Wie C++ und Java teilt auch C# die Typen in zwei Kategorien ein: in *intrinsische* (eingebaute) Typen, die in der Sprache bereits vorhanden sind, und in *benutzerdefinierte* Typen, die der Programmierer definiert.

Außerdem teilt C# die Menge aller Typen in zwei weitere Kategorien ein: in *Werttypen* und *Referenztypen*.[1] Der Hauptunterschied zwischen diesen beiden ist die Art und Weise, wie sie gespeichert werden. Ein Werttyp speichert seinen tatsächlichen Wert in dem Speicher, der ihm im Stack zugewiesen ist (oder als Teil eines größeren Referenztyp-Objekts reserviert wird). Bei einer Referenztyp-Variablen steht zwar die Adresse im Stack, aber das eigentliche Objekt ist im Heap gespeichert.

Hinweis für C- und C++-Programmierer: Bei C# gibt es keinen expliziten Hinweis darauf, dass es sich bei einem Objekt um einen Referenztyp handelt (d.h., es gibt keinen &-Operator). Außerdem werden normalerweise keine Zeiger vewendet (beachten Sie dazu aber Kapitel 22, in dem eine Ausnahme zu dieser Regel behandelt wird).

Wenn ein Objekt sehr groß ist, ist es von Vorteil, es im Heap zu speichern. Kapitel 4 behandelt die verschiedenen Vor- und Nachteile von Referenztypen. Hier befassen wir uns jedoch zunächst mit den intrinsischen Werttypen von C#.

Bei C# sind Größe und Format der Speicherung für verschiedene intrinsische Typen (z.B. `int`) plattformunabhängig und über alle .NET-Sprachen konsistent.

C# unterstützt auch *Zeigertypen* im Stil von C++, doch diese werden nur mit unmanaged Code eingesetzt. Unmanaged Code – z.B. COM-Objekte – wird außerhalb der .NET-Plattform erzeugt. Die Arbeit mit COM-Objekten wird in Kapitel 22 erläutert.

Eingebaute Typen

C# bietet die übliche Auswahl an intrinsischen (eingebauten) Typen, die man von einer modernen Programmiersprache erwarten kann. Jeder dieser Typen wird einem zu Grunde liegenden Typ zugeordnet, den die .NET CLS unterstützt. Durch Zuordnung der Grundtypen von C# zu den .NET-Typen wird gewährleistet, dass die in C# erzeug-

1 Alle intrinsischen Typen sind Werttypen, ausgenommen `Object` (siehe Kapitel 5) und `String` (siehe Kapitel 10). Alle benutzerdefinierten Typen sind Referenztypen, ausgenommen Structs (siehe Kapitel 7) und enumerierte Typen (die in Kapitel 3 dargestellt werden).

ten Objekte frei gegen die Objekte ausgetauscht werden können, die in einer anderen .NET CLS-konformen Sprache wie z.B. VB.NET angelegt wurden.

Hinweis für Java-Programmierer: C# hat einen breiteren Vorrat an Basistypen als Java. Beachten Sie etwa den C#-Typ `decimal`, der besonders nützlich für Berechnungen im Finanzbereich ist.

Jeder Typ hat eine spezifische gleich bleibende Größe. Anders als bei C++ hat ein `int` in C# immer 4 Bytes, da er in der .NET CLS auf einen `Int32` abgebildet wird. In Tabelle 3-1 finden Sie die eingebauten Werttypen von C#.

Tabelle 3-1: Eingebaute Werttypen von C#

Typ	Größe (in Bytes)	.NET-Typ	Beschreibung
`byte`	1	`Byte`	Ohne Vorzeichen (Werte 0 bis 255)
`char`	2	`Char`	Unicode-Zeichen
`bool`	1	`Boolean`	`true` oder `false`
`sbyte`	1	`SByte`	Mit Vorzeichen (Werte –128 bis 127).
`short`	2	`Int16`	Mit Vorzeichen (short) (Werte –32.768 bis 32.767)
`ushort`	2	`UInt16`	Ohne Vorzeichen (short) (Werte 0 bis 65.535)
`int`	4	`Int32`	Integer-Werte mit Vorzeichen zwischen –2.147.483.648 und 2.147.483.647
`uint`	4	`UInt32`	Integer-Werte ohne Vorzeichen zwischen 0 und 4.294.967.295
`float`	4	`Single`	Gleitkommazahl; speichert Werte zwischen etwa +/–1,5 * 10^{-45} und etwa +/–3,4 * 10^{38} mit 7 signifikanten Ziffern
`double`	8	`Double`	Gleitkommazahl mit doppelter Genauigkeit; speichert Werte zwischen etwa +/–5,0 * 10^{-324} und etwa +/–1,8 * 10^{308} mit 15 bis 16 signifikanten Ziffern
`decimal`	16	`Decimal`	Dezimalzahl mit bis zu 28 Stellen und festgelegtem Dezimalkomma; wird vorwiegend für die Währungsrechnung eingesetzt; erfordert das Suffix »m« oder »M«
`long`	8	`Int64`	Integer mit Vorzeichen zwischen –9.223.372.036.854.775.808 und 9.223.372.036.854.775.807
`ulong`	8	`UInt64`	Integer ohne Vorzeichen zwischen 0 und 0xffffffffffffffff

Hinweis für C- und C++-Programmierer: Boolesche Variablen können in C# nur die Werte `true` oder `false` haben. Integer-Werte können in C# nicht mit Booleschen Werten gleichgesetzt werden. Es gibt keine implizite Konvertierung.

Zusätzlich zu diesen Grundtypen hat C# noch zwei weitere Werttypen: `enum` (wird weiter unten in diesem Kapitel behandelt) und `struct` (siehe Kapitel 4). Kapitel 4 beschreibt überdies weitere Feinheiten im Zusammenhang mit Werttypen, darunter die Frage, wie Sie Werttypen mit einem Vorgang namens *Boxing* zwingen können, sich wie Referenztypen zu verhalten, und die Tatsache, dass Werttypen nicht »erben«.

Der Stack und der Heap

Ein *Stack* (Stapel) ist eine Datenstruktur zur Speicherung von Elementen nach dem Last-in-First-out-Verfahren (was zuletzt hineingeht, wird zuerst entnommen; denken Sie an einen Tellerstapel in einem Selbstbedienungsrestaurant). *Der* Stack ist ein vom Prozessor unterstützter Speicherbereich, in dem lokale Variablen gespeichert werden.

In C# werden Werttypen (z.B. Integer) dem Stack zugewiesen. Dort ist ein Speicherbereich für sie reserviert, den Sie mit dem Namen der Variablen referenzieren.

Referenztypen (z.B. Objekte) werden im *Heap* abgelegt. Der Heap (die Halde) ist ein Speicherbereich, der für die Allokation von Raum für Objekte genutzt wird. Beim Ablegen eines Objekts auf dem Heap erhält man seine Adresse, und diese Adresse wird einer Referenz zugewiesen.

Die Objekte auf dem Stack werden zerstört, sobald sie nicht mehr sichtbar sind. Typischerweise wird ein Stackframe durch eine Funktion definiert. Wenn Sie also innerhalb einer Funktion eine lokale Variable deklarieren (was wir später in diesem Kapitel noch erklären), werden die Objekte, die innerhalb dieser Funktion auf den Stack gelegt werden, beim Beenden der Funktion abgeräumt.

Objekte auf dem Heap werden dagegen von der Garbage Collection abgeräumt, nachdem die letzte Referenz auf sie zerstört ist.

Hinweis für C- und C++-Programmierer: C# verwaltet den gesamten Arbeitsspeicher mit einem Garbage Collection-System (Speicherbereinigung). Daher gibt es keinen Delete-Operator.

Einen eingebauten Typ wählen

Die Entscheidung darüber, welche Integer-Größe Sie wählen (`short`, `int` oder `long`), hängt von der Größe des Werts ab, den Sie darin speichern möchten. So kann z.B. ein `ushort` nur Werte zwischen 0 und 65.535 speichern, während ein `uint` Werte zwischen 0 und 4.294.967.295 aufnimmt.

Da jedoch Speicherplatz relativ billig ist und die Arbeitszeit eines Programmierers immer teurer wird, werden Sie zumeist Ihre Variablen mit dem Typ `int` deklarieren, sofern keine guten Gründe für einen anderen Typ sprechen.

Normalerweise sind Integer-Zahlen schneller als kleinere Typen, da moderne CPUs für den Umgang mit ihnen optimiert sind. Darüber hinaus gibt es häufig auch keinen Gewinn an Speicherplatz, da zum Zweck der Ausrichtung Speicherplatz aufgefüllt werden muss.

`Float`, `double` und `decimal` sind unterschiedlich groß und genau. Für die meisten kleinen Bruchzahlen ist `float` gut geeignet. Beachten Sie, dass der Compiler jede Zahl mit einem Dezimalpunkt für einen `double`-Wert hält, sofern Sie ihm nichts anderes mitteilen. Um einen `float` als Literalwert zuzuweisen, schreiben Sie ein `f` hinter die Zahl. (Wie Sie Literalwerten Werte zuweisen, wird weiter unten in diesem Kapitel genauer erläutert.)

```
float someFloat = 57f;
```

Der Typ `char` stellt ein Unicode-Zeichen dar. `char`-Literale können einfache Zeichen, Unicode-Zeichen oder Escape-Zeichen in einfachen Anführungszeichen sein. So ist z.B. `A` ein einfaches Zeichen und `\u0041` ein Unicode-Zeichen. Escape-Zeichen sind spezielle, aus zwei Zeichen bestehende Token, wobei das erste Zeichen ein Backslash ist. So ist z.B. `\t` ein horizontaler Tabulatorschritt. Die gebräuchlichen Escape-Zeichen finden Sie in Tabelle 3-2.

Tabelle 3-2: Gebräuchliche Escape-Zeichen

Zeichen	Bedeutung
`\'`	Einfaches Anführungszeichen
`\"`	Doppeltes Anführungszeichen
`\\`	Backslash
`\0`	Null
`\a`	Alert
`\b`	Rücktaste
`\f`	Seitenvorschub
`\n`	Newline
`\r`	Carriage Return
`\t`	Horizontaler Tabulatorschritt
`\v`	Vertikaler Tabulatorschritt

Konvertierung eingebauter Typen

Objekte eines Typs lassen sich implizit oder explizit in Objekte eines anderen Typs konvertieren. Implizite Konvertierungen finden automatisch statt: Der Compiler übernimmt das für Sie. Explizite Konvertierungen finden statt, wenn Sie einen Wert in einen anderen Typ umwandeln. Die Semantik einer expliziten Konvertierung ist: »Hallo Compiler, ich weiß schon, was ich tue.« Man kann auch sagen, es ist eine Konvertierung »mit dem Brecheisen«, die nützlich oder schmerzhaft geraten kann, je nachdem, ob Sie sich dabei die Finger einquetschen oder nicht.

Hinweis für VB6-Programmierer: Bei VB6 können Sie Strings und einzelne Zeichen ohne weiteres vermischen; ein Zeichen wird hier einfach als ein String der Länge eins behandelt. C# ist jedoch typsicher. Um einer `char`-Variablen ein literales Zeichen zuzuweisen, müssen Sie es in einfache Anführungszeichen einschließen.

Beachten Sie auch, dass die VB6-Funktionen für die Konvertierung zwischen einem Zeichen und seinem ASCII-Äquivalent (`Chr()` und `Asc()`) in C# nicht vorkommen. Um einen `char`-Wert in sein ASCII-Äquivalent umzuwandeln, müssen Sie den Abbildungs-(Cast-)Operator für `int` (Integer-Zahl) anwenden:

```
(int)'A'
```

Zur Umwandlung einer Zahl in einen `char`-Wert bilden Sie die Zahl auf `char` ab:

```
(char)65
```

Bei den automatisch vorgenommenen impliziten Konvertierungen verlieren Sie unter Garantie keine Informationen. Sie können z.B. implizit einen `short int` (2 Bytes) in einen `int` (4 Bytes) umwandeln. Egal, welchen Wert der `short` speichert, bei der Konvertierung in einen `int` geht nichts verloren:

```
short x = 5;
int y = x; // implizite Konvertierung
```

Versuchen Sie jedoch eine Konvertierung in die andere Richtung, können Sie Informationen verlieren. Wenn der Wert des `int` größer als 32.767 ist, wird er bei der Umwandlung abgeschnitten. Der Compiler führt keine implizite Konvertierung von `int` nach `short` durch:

```
short x;
int y = 500;
x = y;  // wird nicht kompiliert
```

Sie müssen eine explizite Konvertierung mit dem Typumwandlungsoperator vornehmen:

```
short x;
int y = 500;
x = (short) y;  // okay
```

Alle intrinsischen Typen definieren eigene Konvertierungsregeln. Manchmal ist es ganz praktisch, auch für benutzerdefinierte Typen solche Konvertierungsregeln zu definieren. Dies wird in Kapitel 5 erklärt.

Variablen und Konstanten

Eine *Variable* ist eine Speicherstelle mit einem Typ. In den obigen Beispielen sind `x` und `y` Variablen. Den Variablen können Werte zugewiesen werden, und diese Werte können vom Programm auch geändert werden.

WriteLine( )

Das .NET Framework bietet eine nützliche Methode, mit der Sie eine Ausgabe auf den Bildschirm schreiben können. Die Einzelheiten dieser Methode, `System.Console.WriteLine( )`, werden im Laufe des Buchs klarer, aber die Grundlagen sind ganz einfach. Sie rufen die Methode wie in Beispiel 3-1 auf und übergeben ihr den String, der auf der Konsole (der Eingabeaufforderung oder dem Shell-Fenster) ausgegeben werden soll, sowie optionale Parameter, die ersetzt werden können. Betrachten Sie folgendes Beispiel:

```
System.Console.WriteLine("Nach der Zuweisung ist myInt: {0}", myInt);
```

Hier wird der String "`Nach der Zuweisung ist myInt:`" so ausgegeben, wie er ist, und dahinter steht der Wert der Variablen `myInt`. Die Stelle, an der der *Substitutionsparameter* `{0}` steht, ist die Stelle, an der der Wert der ersten Ausgabevariablen `myInt` angezeigt wird – in diesem Fall am Ende des Strings. In den nachfolgenden Kapiteln erfahren Sie noch mehr über die Methode `WriteLine( )`.

Erzeugen Sie eine Variable, indem Sie ihren Typ deklarieren und ihr dann einen Namen geben. Sie können die Variable bei der Deklaration gleich initialisieren und ihr dann jederzeit einen neuen Wert zuweisen, indem Sie den in ihr gespeicherten Wert ändern. Dies sehen Sie in Beispiel 3-1.

Beispiel 3-1: Initialisierung und Wertzuweisung einer Variablen

```
#region Using directives

using System;
using System.Collections.Generic;
using System.Text;

#endregion

namespace InitializingVariables
{
   class Values
   {
      static void Main( )
      {

         int myInt = 7;
         System.Console.WriteLine("Initialisierter myInt: {0}",
            myInt);

         myInt = 5;
         System.Console.WriteLine("Nach der Zuweisung ist myInt: {0}",
            myInt);

      }
   }
}
```

Beispiel 3-1: Initialisierung und Wertzuweisung einer Variablen (Fortsetzung)

```
Ausgabe:
Initialisierter myInt: 7
Nach der Zuweisung ist myInt: 5
```

Visual Studio 2005 generiert für jedes Programm automatisch `namespace`- und `using`-Direktiven (sowie auch eine Using-Region). Um Platz zu sparen, wurden sie in den meisten Codebeispielen weggelassen. In den Beispielprogrammen, die Sie bei O'Reilly oder LibertyAssociates.com herunterladen können, sind sie jedoch enthalten.

Hier initialisieren wir die Variable `myInt` mit dem Wert `7`, zeigen diesen Wert an, weisen der Variablen dann den Wert `5` zu und zeigen sie erneut an.

Hinweis für VB6-Programmierer: Bei C# steht der Datentyp vor dem Variablennamen.

Definitive Zuweisung

C# erfordert eine definitive Zuweisung. Das bedeutet, dass Sie Variablen vor ihrer Verwendung initialisieren – ihnen einen Wert zuweisen – müssen. Um diese Regel zu testen, ändern Sie die Zeile, in der `myInt` in Beispiel 3-1 initialisiert wurde, wie folgt:

```
int myInt;
```

Nun speichern Sie das überarbeitete Programm, das Sie in Beispiel 3-2 sehen.

Hinweis für C- und C++-Programmierer: C# erwartet, dass jeder Variablen ein definierter Wert zugewiesen wird, bevor sie verwendet wird. Dies wird vom Compiler überprüft.

Beispiel 3-2: Verwendung einer nicht-initialisierten Variablen

```
#region Using directives

using System;
using System.Collections.Generic;
using System.Text;

#endregion

namespace UninitializedVariable
{
   class UninitializedVariable
   {
      static void Main(string[] args)
      {
         int myInt;
```

Beispiel 3-2: Verwendung einer nicht-initialisierten Variablen (Fortsetzung)

```
         System.Console.WriteLine
         ("Nicht-initialisiert ist myInt: {0}",myInt);
         myInt = 5;
         System.Console.WriteLine("Nach der Zuweisung ist myInt: {0}", myInt);

      }
   }
}
```

Wenn Sie versuchen, dies zu kompilieren, gibt der C#-Compiler eine Fehlermeldung aus, wie in Abbildung 3-1 dargestellt.

Abbildung 3-1: Fehlermeldung infolge der Verwendung einer nicht-initialisierten Variablen

Ein Doppelklick auf die Fehlermeldung führt Sie direkt zu dem Problem im Code.

Die Verwendung einer nicht-initialisierten Variablen ist in C# unzulässig. Dies bedeutet jedoch nicht, dass Sie jede Variable in einem Programm initialisieren müssen. Auf die Initialisierung können Sie auch verzichten, aber Sie müssen ihr unbedingt vor der ersten Verwendung einen Wert zuweisen. Beispiel 3-3 ist ein korrektes Programm.

Beispiel 3-3: Wertzuweisung ohne Initialisierung

```
#region Using directives

using System;
using System.Collections.Generic;
using System.Text;

#endregion

namespace AssigningWithoutInitializing
{
   class AssigningWithoutInitializing
   {
      static void Main(string[] args)
      {
         int myInt;
         myInt = 7;
         System.Console.WriteLine("Nach der Zuweisung ist myInt: {0}", myInt);
         myInt = 5;
         System.Console.WriteLine("Nach erneuter Zuweisung ist myInt: {0}", myInt);

      }
   }
}
```

Konstanten

Eine *Konstante* ist eine Variable, deren Wert nicht geändert werden kann. Variablen sind zwar mächtig, aber manchmal möchten Sie auch mit einem definierten Wert arbeiten, der immer konstant sein soll. Eventuell müssen Sie einmal in einem Programm, das ein chemisches Experiment simuliert, mit den Fahrenheit-Temperaturen arbeiten, bei denen Wasser seinen Gefrier- oder seinen Siedepunkt erreicht. Ihr Programm wird zwar bereits klarer, wenn Sie die Variablen, in denen Sie die Temperaturwerte speichern, `FreezingPoint` und `BoilingPoint` nennen, aber eigentlich möchten Sie nicht gestatten, dass den Variablen neue Werte zugewiesen werden. Eine solche Neuzuweisung verhindern Sie mit Konstanten.

Es gibt drei Arten von Konstanten: *Literale* und *symbolische Konstanten* sowie *Enumerationen*. Betrachten Sie folgende Zuweisung:

```
x = 32;
```

Hier ist der Wert `32` ein Konstanten-Literal. Der Wert `32` bleibt immer 32. Sie können `32` keinen anderen Wert zuweisen: Egal was Sie tun, Sie erreichen nie, dass `32` den Wert `99` darstellt.

Symbolische Konstanten weisen einem konstanten Wert einen Namen zu. Eine symbolische Konstante deklarieren Sie mit dem Schlüsselwort `const` und der folgenden Syntax:

```
const Typbezeichner = Wert;
```

Eine Konstante muss bei ihrer Deklaration initialisiert werden und kann danach nicht mehr geändert werden. Ein Beispiel:

```
const int FreezingPoint = 32;
```

In dieser Deklaration ist `32` ein Konstanten-Literal und `FreezingPoint` eine symbolische Konstante vom Typ `int`. Beispiel 3-4 zeigt den Einsatz symbolischer Konstanten.

Beispiel 3-4: Verwendung symbolischer Konstanten

```
#region Using directives

using System;
using System.Collections.Generic;
using System.Text;

#endregion

namespace SymbolicConstants
{
   class SymbolicConstants
   {
      static void Main( string[] args)
      {
         const int FreezingPoint = 32;   // Grad Fahrenheit
         const int BoilingPoint = 212;
```

Beispiel 3-4: Verwendung symbolischer Konstanten (Fortsetzung)

```
            System.Console.WriteLine("Gefrierpunkt von Wasser: {0}",
                 FreezingPoint );
            System.Console.WriteLine("Siedepunkt von Wasser: {0}",
                 BoilingPoint );

            BoilingPoint = 21;

        }
    }
}
```

Beispiel 3-4 erzeugt zwei symbolische Integer-Konstanten: `FreezingPoint` und `BoilingPoint`. Es gilt als guter Programmierstil, Konstantennamen mit der Pascal-Notation zu schreiben, aber eine entsprechende Vorschrift gibt es in der Sprache nicht.

Diese Konstanten dienen demselben Zweck: immer den *Literal*-Wert `32` für den Gefrierpunkt und `212` für den Siedepunkt zu verwenden, wenn Ausdrücke diese Werte benötigen. Da die Konstanten jedoch sprechende Namen haben, ist ihre Bedeutung viel klarer. Außerdem können Sie, möchten Sie das Programm auf Grad Celsius umstellen, einfach die Konstanten mit den Werten `0` und `100` neu initialisieren. Der gesamte Rest des Codes müsste dann weiterhin funktionieren.

Um zu beweisen, dass die Konstante nicht erneut zugewiesen werden kann, versuchen Sie einmal, von der letzten (fett gedruckten) Zeile des Programms die Kommentarzeichen zu entfernen. Wenn Sie dann neu kompilieren, erhalten Sie den in Abbildung 3-2 dargestellten Fehler.

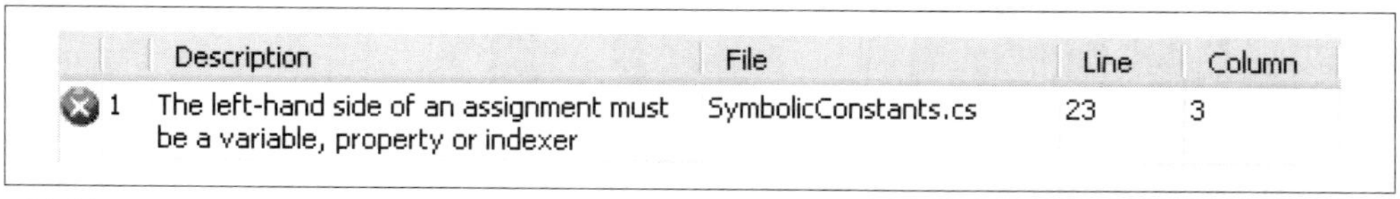

Abbildung 3-2: Warnung bei dem Versuch, einer Konstanten einen Wert zuzuweisen

Enumerationen

Enumerationen sind eine mächtige Alternative zu Konstanten. Eine Enumeration ist ein eigener Werttyp, der aus einer Menge von benannten Konstanten (der *Enumeratorenliste* besteht).

In Beispiel 3-4 haben Sie zwei verwandte Konstanten erzeugt:

```
const int FreezingPoint = 32;
const int BoilingPoint = 212;
```

Vielleicht möchten Sie dieser Liste noch andere nützliche Konstanten hinzufügen:

```
const int LightJacketWeather = 60;
const int SwimmingWeather = 72;
const int WickedCold = 0;
```

Diese Vorgehensweise ist etwas umständlich, und es gibt keinen logischen Zusammenhang zwischen diesen Konstanten. Für solche Probleme stellt C# die *Enumeration* zur Verfügung.

```
enum Temperatures
{
   WickedCold = 0,
   FreezingPoint = 32,
   LightJacketWeather = 60,
   SwimmingWeather = 72,
   BoilingPoint = 212,
}
```

Jeder Enumeration liegt ein Typ zu Grunde. Dieser kann jeder beliebige ganzzahlige Typ (`integer`, `short`, `long` usw.) sein, allerdings nicht `char`. Technisch ist eine Enumeration folgendermaßen definiert:

```
[Attribute] [Modifikatoren] enum Identifikator
     [:Basistyp] {Enumeratorenliste};
```

Die optionalen Attribute und Modifikatoren werden später in diesem Buch betrachtet. Vorläufig konzentrieren wir uns auf die anderen Bestandteile dieser Deklaration. Eine Enumeration beginnt mit dem Schlüsselwort `enum`. Dahinter steht normalerweise ein Bezeichner wie z.B. der folgende:

```
enum Temperatures
```

Der Basistyp liegt der Enumeration zu Grunde. Wenn Sie diesen optionalen Wert auslassen (was oft vorkommen wird), wird `int` als Standardwert gesetzt, aber Sie können nach Belieben einen anderen ganzzahligen Typ (z.B. `ushort`, `long`) einsetzen, mit Ausnahme von `char`. Das folgende Codefragment deklariert beispielsweise eine Enumeration von Integern ohne Vorzeichen (`uint`):

```
enum ServingSizes :uint
{
    Small = 1,
    Regular = 2,
    Large = 3
}
```

Beachten Sie, dass eine `enum`-Deklaration mit der Enumeratorenliste endet. Darin stehen, jeweils durch ein Komma getrennt, die Konstantenzuweisungen für die Enumeration.

Beispiel 3-5 ist eine Überarbeitung von Beispiel 3-4 und verwendet eine Enumeration.

Beispiel 3-5: Den Code mit Enumerationen vereinfachen

```
#region Using directives

using System;
using System.Collections.Generic;
using System.Text;

#endregion
```

Beispiel 3-5: Den Code mit Enumerationen vereinfachen (Fortsetzung)

```
namespace EnumeratedConstants
{
   class EnumeratedConstants
   {

      enum Temperatures
      {
         WickedCold = 0,
         FreezingPoint = 32,
         LightJacketWeather = 60,
         SwimmingWeather = 72,
         BoilingPoint = 212,
      }

      static void Main( string[] args)
      {
         System.Console.WriteLine("Gefrierpunkt von Wasser: {0}",
            (int) Temperatures.FreezingPoint );
         System.Console.WriteLine("Siedepunkt von Wasser: {0}",
            (int) Temperatures.BoilingPoint );
      }
   }
}
```

Wie Sie sehen, muss eine `enum` durch einen Enum-Typ (z.B. `Temperatures.WickedCold`) qualifiziert sein. Ein Enumerationswert wird per Default mit seinem symbolischen Namen (z.B. `BoilingPoint` oder `FreezingPoint`) angezeigt. Wenn Sie den Wert einer in einer Enumeration aufgezählten Konstanten anzeigen möchten, müssen Sie die Konstante in den zu Grunde liegenden Typ (`int`) umwandeln. Der Integer-Wert wird an `WriteLine` übergeben und dadurch auf dem Bildschirm angezeigt.

Jede Konstante in einer Enumeration entspricht einem numerischen Wert: in diesem Fall einem Integer. Wenn Sie nichts anderes angeben, fängt die Enumeration mit 0 an, und jeder folgende Wert ist um eins höher als der vorhergehende.

Erzeugen Sie die folgende Enumeration:

```
enum SomeValues
{
   First,
   Second,
   Third = 20,
   Fourth
}
```

Hier hat `First` den Wert `0`, `Second` den Wert `1`, `Third` den Wert `20` und `Fourth` den Wert `21`.

Da Enums formal als Typen gelten, müssen Sie eine explizite Konvertierung vornehmen, um zwischen einem Enum-Typ und einem integralen Typ hin- und herzukonvertieren.

Hinweis für C++-Programmierer: C# verwendet Enums ein wenig anders als C++. C++ beschränkt die Zuweisung von einem Integer in einen Enum-Typ, erlaubt aber, dass ein Enum-Typ automatisch in einen Integer-Wert umgewandelt wird, um die Zuweisung eines Enums zu einem Integer zu ermöglichen.

Strings

Es ist fast unmöglich, ein C#-Programm zu schreiben, ohne Strings zu verwenden. Ein String-Objekt speichert eine Zeichenfolge.

Eine String-Variable deklarieren Sie mit dem Schlüsselwort `string`, so wie Sie auch jede andere Instanz anlegen:

```
string myString;
```

Ein String-Literal erstellen Sie, indem Sie eine Folge von Zeichen in doppelte Anführungszeichen setzen:

```
"Hello World"
```

Häufig wird eine String-Variable mit einem String-Literal initialisiert:

```
string myString = "Hello World";
```

Strings werden in Kapitel 10 genauer erklärt.

Bezeichner

Bezeichner sind die Namen, die die Programmierer für ihre Typen, Methoden, Variablen, Konstanten, Objekte usw. auswählen. Ein Bezeichner muss mit einem Buchstaben oder einem Unterstrich beginnen.

Die Namenskonventionen von Microsoft sehen die *Kamel-Notation* (am Anfang ein Kleinbuchstabe, z.B. `someName`) für Variablennamen und die *Pascal-Notation* (am Anfang ein Großbuchstabe, z.B. `SomeOtherName`) für Methodennamen und die meisten anderen Bezeichner vor.

Die ungarische Notation (z.B. `iSomeInteger`) oder Unterstriche (z.B. `Some_Value`) werden heute von Microsoft nicht mehr empfohlen.

Bezeichner unterscheiden zwischen Groß- und Kleinschreibung. C# behandelt folglich `MyVariable` und `myVariable` als zwei unterschiedliche Variablennamen.

Ausdrücke

Anweisungen, die einen Wert ergeben, nennt man *Ausdrücke*. Sie werden erstaunt sein, wie viele Anweisungen als Wert ausgewertet werden, denn auch eine Anweisung wie die folgende ist ein Ausdruck:

```
myVariable = 57;
```

Sie ergibt nämlich den Zuweisungswert, in diesem Fall also 57.

Beachten Sie, dass die obige Anweisung den Wert 57 der Variablen `myVariable` zuweist. Der Zuweisungsoperator (=) testet nicht die Gleichheit, sondern weist das, was rechts von ihm steht (57), dem zu, was links von ihm steht (`myVariable`). Sämtliche C#-Operatoren (einschließlich des Zuweisungs- und des Gleichheitsoperators) werden weiter unten in diesem Kapitel (im Abschnitt »Operatoren«) erläutert.

Da `myVariable = 57` ein Ausdruck ist, der als 57 ausgewertet wird, kann er mit einem weiteren Zuweisungsoperator verwendet werden:

```
mySecondVariable = myVariable = 57;
```

Hier wird der Literalwert 57 der Variablen `myVariable` zugewiesen, und der Wert dieser Zuweisung (57) wird dann der zweiten Variablen namens `mySecondVariable` zugewiesen. Somit wird beiden Variablen der Wert 57 zugewiesen. Sie können also beliebig viele Variablen des gleichen Werts mit einer einzigen Anweisung initialisieren:

```
a = b = c = d = e = 20;
```

Whitespace

In C# werden Leerschritte, Tabulatoren und Newline-Zeichen als »Whitespace« (weißer Raum) betrachtet. (Der Name rührt daher, dass Sie nur das Weiß der darunter liegenden Seite sehen.) Zusätzlicher Whitespace wird in C#-Anweisungen generell übergangen. Sie können

```
myVariable = 5;
```

oder

```
myVariable    =                    5;
```

schreiben. Der Compiler behandelt diese beiden Anweisungen gleich.

Nur innerhalb von Strings wird Whitespace nicht ignoriert. Wenn Sie Folgendes schreiben:

```
Console.WriteLine("Hello World")
```

wird jedes Leerzeichen zwischen »Hello« und »World« als ein weiteres Zeichen im String behandelt.

Die Verwendung von Whitespace ist fast immer intuitiv. Sie setzen ihn ein, um ein Programm für Menschen leichter lesbar zu machen. Dem Compiler ist es egal.

Es gibt jedoch auch Situationen, in denen Whitespace sehr wohl eine Bedeutung hat. Die folgenden beiden Ausdrücke sind zwar gleich:

```
int x = 5;
int x=5;
```

aber sie sind nicht dasselbe wie dieser Ausdruck:

```
intx=5;
```

Der Compiler weiß, dass der Whitespace auf den beiden Seiten des Zuweisungsoperators nichts zu sagen hat, aber Whitespace zwischen der Typdeklaration `int` und dem Variablennamen hat sehr wohl eine Bedeutung und ist absolut notwendig. Das ist kein Wunder: Schließlich gestattet dieser Whitespace es dem Compiler, das Schlüsselwort `int` und nicht den obskuren Begriff `intx` zu parsen. Zwischen `int` und `x` können Sie wiederum so viele Leerzeichen einfügen, wie Sie möchten, aber zumindest ein Whitespace-Zeichen müssen Sie setzen (in der Regel ein Leerzeichen oder einen Tabulator).

> *Hinweis für VB-Programmierer:* In C# hat das Zeilenende keine Sonderbedeutung. Anweisungen enden mit einem Semikolon und nicht mit einer neuen Zeile. Ein Zeilenfortsetzungszeichen gibt es nicht, weil es überflüssig wäre.

Anweisungen

In C# bezeichnet man eine vollständige Programminstruktion als *Anweisung*. Programme bestehen aus Folgen von C#-Anweisungen. Jede Anweisung endet mit einem Semikolon (;). Ein Beispiel:

```
int x;      // Eine Anweisung,
x = 23;     // noch eine Anweisung
int y = x; // ... und noch eine Anweisung
```

C#-Anweisungen werden der Reihe nach ausgewertet. Der Compiler beginnt am Anfang der Anweisungsliste und arbeitet sie von oben nach unten durch. Das wäre ganz einfach und schrecklich unflexibel, wenn es keine Verzweigungsanweisungen gäbe. In einem C#-Programm treten zwei Arten von Verzweigungen auf: *unbedingte* und *bedingte*.

Der Programmfluss wird auch durch Schleifen und Iterationsanweisungen beeinflusst, die durch die Schlüsselwörter `for`, `while`, `do`, `in` und `foreach` angezeigt werden. Doch zunächst werden wir die einfachen Verfahren der bedingten und der unbedingten Verzweigungen betrachten.

Unbedingte Verzweigungsanweisungen

Es gibt zwei Möglichkeiten, eine unbedingte Verzweigung anzulegen. Wenn der Compiler den Namen einer Methode findet, hält er die Ausführung der laufenden Methode an und verzweigt zur neu »aufgerufenen« Methode. Nachdem diese Methode einen Wert zurückgegeben hat, setzt der Compiler die Verarbeitung der Ursprungsmethode auf der Zeile fort, die unmittelbar auf den neuen Methodenaufruf folgt. Betrachten Sie hierzu Beispiel 3-6.

Beispiel 3-6: Eine Methode aufrufen

```
#region Using directives

using System;
using System.Collections.Generic;
```

Beispiel 3-6: Eine Methode aufrufen (Fortsetzung)

```
using System.Text;

#endregion

namespace CallingAMethod
{
   class CallingAMethod
   {
       static void Main( )
       {
           Console.WriteLine("In Main! Aufruf von SomeMethod( )...");
           SomeMethod( );
           Console.WriteLine("Wieder zurück in Main( ).");
       }
       static void SomeMethod( )
       {
           Console.WriteLine("Grüße von SomeMethod!");
       }
   }
}

Ausgabe:
In Main! Aufruf von SomeMethod( )...
Grüße von SomeMethod!
Wieder zurück in Main( ).
```

Der Programmfluss beginnt in `Main( )` und geht weiter, bis `SomeMethod( )` aufgerufen wird. Dann verzweigt er in die neue Methode hinein. Ist sie abgeschlossen, nimmt er die Verarbeitung in der ersten Zeile hinter dem Methodenaufruf wieder auf.

Die zweite Möglichkeit, eine unbedingte Verzweigung anzulegen, besteht in der Verwendung der entsprechenden Schlüsselwörter `goto`, `break`, `continue`, `return` oder `throw`. Informationen über die ersten drei Sprunganweisungen finden Sie weiter unten in diesem Kapitel; die `return`-Anweisung gibt die Kontrolle zurück an die aufrufende Methode; die abschließende Anweisung `throw` wird in Kapitel 11 behandelt.

Bedingte Verzweigungsanweisungen

Eine bedingte Verzweigung wird mit einer Verzweigungsanweisung erzeugt, die durch Schlüsselwörter wie `if`, `else` oder `switch` angezeigt wird. Eine bedingte Anweisung wird nur ausgeführt, wenn der Bedingungsausdruck als wahr ausgewertet wird.

> *Hinweis für C- und C++-Programmierer:* Anders als in C und C++, die in einer Bedingung jeden beliebigen Ausdruck zulassen, fordert C#, dass die Auswertung eines Bedingungsausdrucks immer einen Booleschen Wert ergibt.

If...else-Anweisungen

If...else-Anweisungen sind auf einer Bedingung beruhende Verzweigungen. Die Bedingung ist ein Ausdruck, der oben in der if-Anweisung geprüft wird. Ist er wahr, wird die Anweisung (oder der Anweisungsblock) im Rumpf der if-Anweisung ausgeführt.

If-Anweisungen können optional eine else-Anweisung enthalten, die nur ausgeführt wird, wenn der Ausdruck im Kopf der if-Anweisung als falsch ausgewertet wird:

```
if (Ausdruck)
   Anweisung1
[else
   Anweisung2]
```

Diese Beschreibung der if-Anweisung finden Sie wahrscheinlich auch in Ihrer Compiler-Dokumentation. Sie zeigt Ihnen, dass die if-Anweisung einen *Booleschen Ausdruck* in Klammern entgegennimmt (also einen Ausdruck, der als wahr oder falsch ausgewertet werden kann) und Anweisung1 ausführt, wenn der Ausdruck wahr ergibt. Beachten Sie, dass Anweisung1 auch ein Anweisungsblock in geschweiften Klammern sein kann.

Außerdem sehen Sie, dass die else-Anweisung optional ist, da sie in eckigen Klammern steht. Damit haben Sie zwar schon die Syntax einer if-Anweisung, aber durch Beispiel 3-7 wird sie noch deutlicher werden.

Beispiel 3-7: If … else-Anweisungen

```
using System;
class Values
{
   static void Main( )
   {
      int valueOne = 10;
      int valueTwo = 20;

      if ( valueOne > valueTwo )
      {
         Console.WriteLine(
           "Wert Eins: {0} ist größer als Wert Zwei: {1}",
                valueOne, valueTwo);
      }
      else
      {
         Console.WriteLine(
          "Wert Zwei: {0} ist größer als Wert Eins: {1}",
                valueTwo,valueOne);
      }

      valueOne = 30; // Setze valueOne herauf

      if ( valueOne > valueTwo )
      {
         valueTwo = valueOne++;
         Console.WriteLine("\nSetze Wert Zwei auf den Wert von Wert Eins ");
         Console.WriteLine("und inkrementiere Wert Eins.\n");
```

Beispiel 3-7: If … else-Anweisungen (Fortsetzung)

```
            Console.WriteLine("Wert Eins: {0}  Wert Zwei: {1}",
                valueOne, valueTwo);
      }
      else
      {
         valueOne = valueTwo;
         Console.WriteLine("Setze die Werte gleich. ");
            Console.WriteLine("Wert Eins: {0}  Wert Zwei: {1}",
                valueOne, valueTwo);
      }
   }
}
```

In Beispiel 3-7 prüft die erste if-Anweisung, ob valueOne größer als valueTwo ist. Die relationalen Operatoren wie z.B. größer als (>), kleiner als (<) und gleich (==) lassen sich ganz intuitiv einsetzen.

Die Überprüfung, ob valueOne größer als valueTwo ist, wird als falsch ausgewertet (da valueOne 10 und valueTwo 20 ist – also ist valueOne *nicht* größer als valueTwo). Die else-Anweisung wird aufgerufen und gibt die folgende Warnung aus:

```
Wert Zwei: 20 ist größer als Wert Eins: 10
```

Die zweite if-Anweisung ergibt wahr. Daher werden alle Anweisungen im if-Block ausgewertet und zwei Zeilen ausgegeben:

```
Setze Wert Zwei auf den Wert von Wert Eins
und inkrementiere Wert Eins.

Wert Eins: 31  Wert Zwei: 30
```

Anweisungsblöcke

Überall dort, wo C# eine Anweisung erwartet, können Sie auch einen Anweisungsblock setzen. Ein *Anweisungsblock* besteht aus einer Menge von Anweisungen, die in geschweiften Klammern steht.

Sie können also Folgendes schreiben:

```
if (eineBedingung)
    eineAnweisung;
```

Sie können aber stattdessen auch dieses schreiben:

```
if(eineBedingung)
{
    AnweisungEins;
    AnweisungZwei;
    AnweisungDrei;
}
```

Geschachtelte if-Anweisungen

Es ist möglich – und gar nicht so selten –, für komplexe Bedingungen geschachtelte `if`-Anweisungen zu verwenden. Nehmen wir z.B. an, Sie müssen ein Programm schreiben, das die Temperatur auswertet und die folgenden spezifischen Informationen zurückgibt:

- Wenn die Temperatur null Grad Celsius oder weniger beträgt, sollte eine Warnung vor Eisglätte ausgegeben werden.
- Beträgt die Temperatur genau null Grad, sollte das Programm vor überfrierender Nässe warnen.

Es gibt viele gute Möglichkeiten, dieses Programm zu schreiben. Beispiel 3-8 zeigt einen Ansatz, der geschachtelte `if`-Anweisungen verwendet.

Beispiel 3-8: Geschachtelte if-Anweisungen

```
#region Using directives

using System;
using System.Collections.Generic;
using System.Text;

#endregion

namespace NestedIf
{
   class NestedIf
   {
      static void Main( )
      {
         int temp = 0;

         if (temp <= 0)
         {
            Console.WriteLine("Warnung vor Eisglätte!");
            if (temp == 0)
            {
               Console.WriteLine(
                  "Warnung vor Nässe.");
            }
            else
            {
               Console.WriteLine("Warnung vor Glatteis! Temp: {0}", temp);
            }        // end else
         }           // end if (temp <= 32)
      }              // end main
   }                 // end class
}                    // end namespace
```

Beispiel 3-8 testet, ob die Temperatur kleiner oder gleich null ist. Wenn ja, gibt es eine Warnung aus:

```
if (temp <= 0)
{
   Console.WriteLine("Warnung vor Eisglätte!");
```

Danach prüft das Programm, ob die Temperatur gleich null Grad ist. Wenn ja, gibt es eine Nachricht aus. Wenn nein, muss die Temperatur unter null Grad liegen, und die zweite Nachricht wird ausgegeben. Beachten Sie, dass diese zweite `if`-Anweisung in die erste eingeschachtelt wurde. Die Logik von `else` ist also: »Da klar ist, dass die Temperatur null Grad oder weniger beträgt, und da sie nicht genau null Grad beträgt, muss sie folglich unter null Grad liegen.«

Nicht alle Operatoren sind gleich

Wenn Sie die zweite `if`-Anweisung aus Beispiel 3-8 genauer betrachten, stellen Sie ein Problem fest, das häufig auftreten kann: Die `if`-Anweisung prüft, ob die Temperatur gleich 0 ist:

```
if (temp == 0)
```

In C und C++ birgt diese Art von Anweisung eine Gefahr. Häufig verwenden Programmieranfänger statt des Gleichheitsoperators den Zuweisungsoperator und geben somit folgende Anweisung:

```
if (temp = 0)
```

Dieser Fehler ist kaum zu merken, hat aber zur Folge, dass `0` der `temp` zugewiesen und auch als Wert der Zuweisungsanweisung zurückgegeben wird. Da in C und C++ jeder Wert außer null als wahr ausgewertet wird, würde die `if`-Anweisung falsch ergeben. Dies hätte den Nebeneffekt, dass `temp` immer der Wert `0` zugewiesen würde, egal ob `temp` diesen Wert ursprünglich hatte oder nicht. Dieser häufig vorkommende Fehler könnte leicht übersehen werden, wenn nicht die Entwickler von C# schon im Voraus daran gedacht hätten.

C# erfordert, dass `if`-Anweisungen nur Boolesche Werte entgegennehmen können. Der Wert `0`, den die obige Zuweisung zurückgibt, ist kein Boolean (sondern ein Integer), und in C# gibt es keine automatische Konvertierung von `0` in `false`. Somit würde dieser Fehler beim Kompilieren auffallen. Das ist sehr gut und bedeutet einen großen Fortschritt gegenüber C++, allerdings muss man dafür in Kauf nehmen, dass implizite Konvertierungen von Integern in Boolesche Werte in C# unzulässig sind.

Switch-Anweisungen als Alternative zu geschachtelten ifs

Geschachtelte `if`-Anweisungen sind schwer zu lesen und zu debuggen. Wenn Sie komplexe Entscheidungen treffen müssen, bietet die `switch`-Anweisung eine lesbarere Alternative. Ihre Logik besteht darin, einen passenden Wert herauszufiltern und sich entsprechend zu verhalten.

```
switch (Ausdruck)
{
   case Konstantenausdruck:
      Anweisung
      Sprunganweisung
   [default: Anweisung]
}
```

Wie Sie sehen, wird der Ausdruck genau wie eine if-Anweisung im Kopf der switch-Anweisung in Klammern gesetzt. Jede case-Anweisung erfordert dann einen Konstantenausdruck, also eine literale oder symbolische Konstante oder eine Enumeration.

Wenn eine case-Alternative mit dem Wert des Ausdrucks übereinstimmt, wird die damit zusammenhängende Anweisung ausgeführt. Die Sprunganweisung ist in der Regel ein break, womit die Ausführung wieder aus der switch-Anweisung heraus verlagert wird. Alternativ können Sie auch eine goto-Anweisung einsetzen, um zu einem anderen Fall (case) zu springen, wie es Beispiel 3-9 zeigt, das sich auf die amerikanische Parteienlandschaft bezieht:

Beispiel 3-9: Die switch-Anweisung

```
#region Using directives

using System;
using System.Collections.Generic;
using System.Text;

#endregion

namespace SwitchStatement
{
   class SwitchStatement
   {
      static void Main( string[] args )
      {
         const int Democrat = 0;
         const int LiberalRepublican = 1;
         const int Republican = 2;
         const int Libertarian = 3;
         const int NewLeft = 4;
         const int Progressive = 5;

         int myChoice = Libertarian;

         switch (myChoice)
         {
            case Democrat:
               Console.WriteLine("Sie haben Democrat gewählt.\n");
               break;
            case LiberalRepublican:  // fällt durch
            //Console.WriteLine(
            //"LiberalRepublican-Anhänger wählen Republican.\n");
            case Republican:
               Console.WriteLine("Sie haben Republican gewählt.\n");
               break;
            case NewLeft:
               Console.WriteLine("NewLeft ist nun die Progressive.");
               goto case Progressive;
            case Progressive:
               Console.WriteLine("Sie haben Progressive gewählt.\n");
               break;
```

Beispiel 3-9: Die switch-Anweisung (Fortsetzung)

```
            case Libertarian:
               Console.WriteLine("Libertarians wählen jetzt Republican.");
               goto case Republican;
            default:
               Console.WriteLine("Sie haben keine gültige Wahl getroffen.\n");
               break;
         }

         Console.WriteLine("Danke, dass Sie gewählt haben.");
      }
   }
}
```

In diesem nicht ganz ernst gemeinten Beispiel werden Konstanten für diverse politische Parteien angelegt. Danach wird der Variablen myChoice ein Wert (Libertarian) zugewiesen und dieser Wert eingeschaltet. Ist myChoice gleich Democrat, wird eine entsprechende Nachricht ausgegeben. Beachten Sie, dass dieser Fall mit einem break endet, einer Sprunganweisung, die uns aus der switch-Anweisung heraus und zur ersten Zeile hinter dem switch führt, auf der »Danke, dass Sie gewählt haben.« ausgegeben wird.

Hinweis für VB6-Programmierer: Das Gegenstück zur switch-Anweisung in C# ist in VB6 das Select Case-Statement. Während Sie bei VB6 in einer einzigen Case-Anweisung auf einen ganzen Bereich von Werten testen können, hat die C#-Syntax für diesen Fall nichts zu bieten. Die folgenden beiden Case-Anweisungen sind in VB6 korrekt:

```
Case Is > 100
Case 50 to 60
```

In C# sind diese Anweisungen jedoch nicht gültig. Sie können in C# nur gegen einen einzelnen konstanten Ausdruck testen. Um gegen einen Bereich zu testen, müssen Sie auf jeden einzelnen Wert testen und dann in einen gemeinsamen case-Block »durchfallen«.

Unter dem Wert LiberalRepublican steht keine auszugebende Nachricht: Er fällt zur nächsten Anweisung, Republican, durch. Wenn der Wert LiberalRepublican oder Republican lautet, werden die Anweisungen zu Republican ausgeführt. Es ist nur möglich, auf diese Weise nach unten durchzufallen, wenn die Anweisung leer ist. Und wenn Sie die Kommentarzeichen zu WriteLine() unterhalb von LiberalRepublican entfernen, wird dieses Programm nicht kompiliert.

Hinweis für C- und C++-Programmierer: Sie können nur zum nächsten Fall durchfallen, wenn die case-Anweisung leer ist. Folgendes können Sie also schreiben:

```
case 1: // Durchfallen geht
case 2:
```

In diesem Beispiel ist case 1 leer. Folgendes dürfen Sie jedoch nicht schreiben:

```
case 1:
    TakeSomeAction( );
        // Durchfallen geht nicht
case 2:
```

Hier enthält case 1 eine Anweisung, was das Durchfallen unmöglich macht. Wenn Sie möchten, dass case 1 zu case 2 durchfällt, müssen Sie explizit goto benutzen:

```
case 1:
   TuWas( );
   goto case 2; // explizites Durchfallen
case 2:
```

Wenn Sie zwar eine Anweisung benötigen, aber einen anderen Fall ausführen möchten, verwenden Sie die goto-Anweisung wie im Fall NewLeft:

```
goto case Progressive;
```

Das goto muss nicht auf den unmittelbar folgenden Fall verweisen. Im nächsten Beispiel hat auch die Libertarian ein goto, aber dieses Mal springt es wieder ganz nach oben zum Fall Republican. Da unser Wert auf Libertarian gesetzt war, tritt auch genau dies ein. Wir geben die Nachricht zum Fall Libertarian aus, gehen zum Fall Republican, geben die dortige Nachricht aus und treffen dann auf das break, das uns aus dem switch heraus zur letzten Anweisung bringt. Die Ausgabe ist:

```
Libertarians wählen jetzt Republican.
Sie haben Republican gewählt.

Danke, dass Sie gewählt haben.
```

Betrachten Sie nun den Fall default aus Beispiel 3-9:

```
default:
    Console.WriteLine(
     "Sie haben keine gültige Wahl getroffen.\n");
```

Trifft keine der Fallanweisungen zu, wird der default-Fall aufgerufen, der den Benutzer auf Fehler hinweist.

Switch für String-Anweisungen

Im obigen Beispiel war der Switch-Wert eine integrale Konstante. C# bietet die Möglichkeit, auf einen string umzustellen, so dass Sie auch Folgendes schreiben dürfen:

```
case "Libertarian":
```

Wenn die Strings übereinstimmen, wird die case-Anweisung ausgeführt.

Iterationsanweisungen

C# bietet eine große Auswahl an Iterationsanweisungen, darunter for-, while- und do...while-Schleifen sowie auch foreach-Schleifen (die in der C-Familie neu, aber für VB-Programmierer alte Bekannte sind). Außerdem unterstützt C# Sprunganweisungen mit goto, break, continue und return.

Die goto-Anweisung

Die goto-Anweisung ist die Mutter aller Iterationsanweisungen. Doch leider ist sie eine Rabenmutter, die den Code durcheinander bringt und endlose Verwirrung stiftet. Die meisten erfahrenen Programmierer meiden die goto-Anweisung, aber der Vollständigkeit halber wird ihre Verwendung hier gezeigt:

1. Lege ein Label an.
2. Gehe mit goto zu diesem Label.

Das Label (Etikett) ist ein Bezeichner mit einem Doppelpunkt dahinter. Der goto-Befehl wird normalerweise an eine Bedingung gebunden, wie Sie es in Beispiel 3-10 sehen.

Beispiel 3-10: Verwendung von goto

```
#region Using directives

using System;
using System.Collections.Generic;
using System.Text;

#endregion

namespace UsingGoTo
{
   class UsingGoTo
   {
      static void Main( string[] args )
      {
         int i = 0;
      repeat:            // das Label
         Console.WriteLine( "i: {0}", i );
         i++;
         if ( i < 10 )
            goto repeat;  // die schändliche Tat
         return;
      }
   }
}
```

Wenn Sie den Kontrollfluss eines Programms nachzeichnen müssten, das viele goto-Anweisungen verwendet, könnte das Ergebnis der einander überschneidenden und überlappenden Linien wie ein Knäuel Nudeln aussehen; daher spricht man auch von »Spaghetti-Code«. Dieses Phänomen gab daher Anlass dazu, nach Alternativen wie z.B. der while-Schleife zu suchen. Viele Programmierer sind der Ansicht, dass goto in einem Programm, das mehr als nur ein triviales Beispiel ist, zu Verwirrung und wartungsunfreundlichem Code führt.

Die while-Schleife

Die Semantik der while-Schleife besagt: »Solange diese und jene Bedingung wahr ist, machst du diese und jene Arbeit.« Sie hat folgende Syntax:

```
while (Ausdruck) Anweisung
```

Wie immer ist ein Ausdruck jedwede Anweisung, die einen Wert zurückgibt. While-Anweisungen erfordern einen Ausdruck, der als Boolescher (true/false-)Wert ausgewertet wird. Diese Anweisung kann natürlich auch ein Anweisungsblock sein. Beispiel 3-11 versieht Beispiel 3-10 mit einer while-Schleife.

Beispiel 3-11: Verwendung einer while-Schleife

```
#region Using directives

using System;
using System.Collections.Generic;
using System.Text;

#endregion

namespace WhileLoop
{
   class WhileLoop
   {
      static void Main( string[] args )
      {
         int i = 0;
         while ( i < 10 )
         {
            Console.WriteLine( "i: {0}", i );
            i++;
         }
         return;
      }
   }
}
```

Der Code in Beispiel 3-11 hat die gleichen Ergebnisse wie der Code in Beispiel 3-10, aber seine Logik ist klarer. Die while-Anweisung ist hübsch abgeschlossen und lässt sich in folgenden deutschen Satz übersetzen: »Solange (while) i kleiner als 10 ist, gibst du diese Nachricht aus und inkrementierst i.«

Beachten Sie, dass die while-Schleife den Wert von i *vor* der Schleifenanweisung testet. So gewährleisten Sie, dass die Schleife nicht ausgeführt wird, wenn die Bedingung als falsch ausgewertet wird. Wenn i mit 11 initialisiert wird, wird die Schleife nie ausgeführt.

Die do … while-Schleife

Es kann passieren, dass eine while-Anweisung niemals ausgeführt wird, wenn die getestete Bedingung false liefert. Möchten Sie jedoch sicher sein, dass Ihre Anweisung mindestens einmal durchlaufen wird, verwenden Sie eine do…while-Schleife:

```
do Anweisung while Ausdruck
```

Ein Ausdruck ist jede Anweisung, die einen Wert zurückgibt. Beispiel 3-12 zeigt die do...while-Schleife.

Beispiel 3-12: Die do...while-Schleife

```
#region Using directives

using System;
using System.Collections.Generic;
using System.Text;

#endregion

namespace DoWhile
{
   class DoWhile
   {
      static void Main( string[] args )
      {
         int i = 11;
         do
         {
            Console.WriteLine( "i: {0}", i );
            i++;
         } while ( i < 10 );
         return 0;
      }
   }
}
```

Hier wird `i` mit `11` initialisiert, und der `while`-Test schlägt fehl. Das geschieht allerdings erst, nachdem der Rumpf der Schleife einmal ausgeführt wurde.

Die for-Schleife

Betrachten Sie die `while`-Schleife in Beispiel 3-11 einmal gründlich, erkennen Sie ein Muster, das oft in Iterationsanweisungen auftritt: Sie initialisieren eine Variable (`i = 0`), testen sie (`i < 10`), führen eine Reihe von Anweisungen aus und inkrementieren dann die Variable (`i++`). Die `for`-Schleife ermöglicht es Ihnen, alle diese Schritte in einer einzigen Schleifenanweisung zusammenzufassen:

```
for ([Initialisierer]; [Ausdruck]; [Iteratoren]) Anweisung
```

Die `for`-Schleife sehen Sie in Beispiel 3-13.

Beispiel 3-13: Die for-Schleife

```
#region Using directives

using System;
using System.Collections.Generic;
using System.Text;

#endregion

namespace ForLoop
```

Beispiel 3-13: Die for-Schleife (Fortsetzung)

```
{
   class ForLoop
   {
      static void Main( string[] args )
      {
         for ( int i = 0; i < 100; i++ )
         {
            Console.Write( "{0} ", i );

            if ( i % 10 == 0 )
            {
               Console.WriteLine( "\t{0}", i );
            }
         }
         return ;
      }
   }
}
```

```
Ausgabe:
0       0
1 2 3 4 5 6 7 8 9 10      10
11 12 13 14 15 16 17 18 19 20    20
21 22 23 24 25 26 27 28 29 30    30
31 32 33 34 35 36 37 38 39 40    40
41 42 43 44 45 46 47 48 49 50    50
51 52 53 54 55 56 57 58 59 60    60
61 62 63 64 65 66 67 68 69 70    70
71 72 73 74 75 76 77 78 79 80    80
81 82 83 84 85 86 87 88 89 90    90
91 92 93 94 95 96 97 98 99
```

Diese `for`-Schleife verwendet den weiter unten in diesem Kapitel beschriebenen Modulo-Operator. Der Wert von `i` wird so lange ausgegeben, bis `i` ein Vielfaches von `10` ist.

```
if (i%10 == 0)
```

Danach wird ein Tabulator mit einem Wert dahinter ausgegeben. Also werden die Zehner (20, 30, 40 usw.) auf der rechten Seite der Ausgabe aufgeführt.

> *Hinweis für VB6-Programmierer:* Bei C# werden die Schleifenvariablen innerhalb des Kopfes der `for`- oder der `foreach`-Anweisung (und nicht vor dem Beginn der Anweisung) deklariert. Dies bedeutet, dass sich ihr Geltungsbereich innerhalb des Blocks befindet und Sie außerhalb der Schleife nicht auf sie zugreifen können. Die `foreach`-Anweisung wird in Kapitel 9 detailliert behandelt.

Die einzelnen Werte werden mit `Console.Write()` ausgegeben, einer Anweisung, die `WriteLine()` ähnelt, aber kein Newline-Zeichen einfügt, wodurch die nachfolgenden Schreibvorgänge auf derselben Zeile stattfinden können.

Noch einige weitere Punkte gibt es anzumerken. In einer for-Schleife wird die Bedingung geprüft, bevor die Anweisungen ausgeführt werden. So wird in diesem Beispiel i mit null initialisiert und dann daraufhin geprüft, ob es kleiner als 100 ist. Da i < 100 den Wert true zurückgibt, werden die Anweisungen in der for-Schleife ausgeführt. Nach der Ausführung wird i inkrementiert (i++).

Beachten Sie, dass die Variable i nur innerhalb der for-Schleife gültig (sichtbar) ist. Beispiel 3-14 lässt sich daher nicht kompilieren.

Beispiel 3-14: Geltungsbereich von Variablen, die in einer for-Schleife deklariert sind

```
#region Using directives

using System;
using System.Collections.Generic;
using System.Text;

#endregion

namespace ForLoopScope
{
   class ForLoopScope
   {
      static void Main( string[] args )
      {
         for ( int i = 0; i < 100; i++ )
         {
            Console.Write( "{0} ", i );

            if ( i % 10 == 0 )
            {
               Console.WriteLine( "\t{0}", i );
            }
         }

         Console.WriteLine( "\n Endwert von i: {0}", i );
      }
   }
}
```

Die fett gedruckte Zeile scheitert, da die Variable i außerhalb der for-Schleife nicht sichtbar ist.

Die foreach-Anweisung

Die foreach-Anweisung ist neu in der Familie der C-Sprachen. Sie dient dazu, die Elemente eines Arrays oder einer Collection zu durchlaufen. Diese ungemein nützliche Anweisung wird in Kapitel 9 genauer erklärt.

Leerzeichen und Klammern

Über Leerzeichen im Programmcode gibt es oft Meinungsverschiedenheiten. So kann man folgende `for`-Schleife:

```
for (int i=0;i<100;i++)
{
   if (i%10 == 0)
   {
      Console.WriteLine("\t{0}", i);
   }
}
```

ganz gut auch mit etwas mehr Platz zwischen den Operatoren schreiben:

```
for ( int i = 0; i < 100; i++ )
{
   if ( i % 10 == 0 )
   {
      Console.WriteLine("\t{0}", i);
   }
}
```

Das ist im Wesentlichen Geschmackssache. Bei Visual Studio 2005 können Sie unter **Tools → Options → TextEditor → C# → Formatting → Spacing** diverse Optionen setzen, um die Verwendung von Leerzeichen entsprechend Ihren persönlichen Vorlieben einzustellen.

Die Anweisungen continue und break

Es kann vorkommen, dass Sie zum Beginn einer Schleife zurückkehren möchten, ohne dass die restlichen Anweisungen der Schleife ausgeführt werden. Die Anweisung `continue` tut genau dies: Sie überspringt die übrigen Schritte innerhalb einer Schleife.

Es gibt aber auch den Fall, dass Sie ganz aus der Schleife ausbrechen und die weitere Verarbeitung der Schleifenanweisungen sofort beenden möchten. Dafür gibt es die `break`-Anweisung.

> `Break` und `continue` erzeugen mehrere Austrittspunkte und können dadurch den Code schwer verständlich und wartungsunfreundlich machen. Verwenden Sie sie daher mit Vorsicht.

Beispiel 3-15 zeigt, wie `continue` und `break` funktionieren. Das Programm stammt von Donald Xie, einem meiner technischen Gutachter, und stellt ein System zur Verarbeitung von Verkehrssignalen dar. Die Signale werden durch Eingabe von Zahlen und Großbuchstaben auf einer Tastatur erzeugt. Dazu verwenden wir die Methode `Console.ReadLine()`, die eine Textzeile aus der Tastatur liest.

Der Algorithmus ist einfach: Wird eine 0 (null) empfangen, bedeutet dies, dass die Bedingungen normal sind. Lediglich das Event wird aufgezeichnet, andere Aktionen erübrigen sich. (In diesem Fall schreibt das Programm nur eine Nachricht auf die Konsole, während eine echte Anwendung eher einen Datenbankeintrag mit einem Zeitstempel erzeugen würde.) Wird das Signal »Abbrechen« empfangen (hier mit einem großen »A« simuliert), wird das Problem aufgezeichnet und der Prozess beendet. Für jedes andere Event wird eine Warnung ausgegeben und eventuell die Polizei benachrichtigt. (Natürlich alarmiert dieses Beispiel die Polizei – trotz der alarmierenden Nachricht auf der Konsole – nicht wirklich.) Wenn das Signal »X« auftritt, wird Alarm gegeben und außerdem die `while`-Schleife beendet.

Beispiel 3-15: Verwendung von continue und break

```
#region Using directives

using System;
using System.Collections.Generic;
using System.Text;

#endregion

namespace ContinueBreak
{
   class ContinueBreak
   {
      static void Main( string[] args )
      {
         string signal = "0";       // Initialisiere als neutral
         while (signal != "X")      // X bedeutet anhalten
         {
            Console.Write("Geben Sie ein Signal ein: ");
            signal = Console.ReadLine( );

            // Hier wird etwas getan, ganz gleich welches Signal
            // empfangen wurde
            Console.WriteLine("Empfangen: {0}", signal);

            if (signal == "A")
            {
                // Fehlerhaft - Signalverarbeitung abbrechen
               // Protokolliere das Problem und brich ab
               Console.WriteLine("Fehler! Abbruch\n");
               break;
            }

            if (signal == "0")
            {
               // Verkehr läuft normal
               // Protokolliere und mach weiter
               Console.WriteLine("Alles in Ordnung.\n");
               continue;
            }

            // Problem. Unternimm etwas, protokolliere dann das Problem
```

Beispiel 3-15: Verwendung von continue und break (Fortsetzung)

```
            // und mach weiter
            Console.WriteLine("{0} -- Alarm geben!\n",
               signal);
         } // end while
      }     // end main
   }        // end class
}           // end namespace
```

```
Ausgabe:
Geben Sie ein Signal ein: 0
Empfangen: 0
Alles in Ordnung.

Geben Sie ein Signal ein: B
Empfangen: B
B -- Alarm geben!

Geben Sie ein Signal ein: A
Empfangen: A
Fehler! Abbruch
```

Daran sehen Sie Folgendes: Wird das Signal `A` empfangen, wird die Aktion in der `if`-Anweisung ausgeführt, und dann bricht das Programm mit *break* aus der Schleife aus, ohne Alarm zu geben. Ist das Signal `0`, so ist ein Alarm ebenfalls nicht wünschenswert, und daher fährt das Programm mit *continue* am Schleifenanfang fort.

Operatoren

Ein *Operator* ist ein Symbol, das C# zu einer Aktion veranlasst. Die Grundtypen von C# (z.B. `int`) unterstützen einige Operatoren, darunter die Zuweisung, die Inkrementierung und einige mehr.

Der Zuweisungsoperator (=)

Der Abschnitt mit der Überschrift »Ausdrücke« weiter oben in diesem Kapitel zeigt, wie der Zuweisungsoperator verwendet wird. Er veranlasst, dass dem Operand links von dem Operator der Wert dessen zugewiesen wird, was rechts von dem Operator steht.

Mathematische Operatoren

C# verwendet fünf mathematische Operatoren, vier für die Grundrechenarten und den fünften, um den Rest einer ganzzahligen Division zurückzugeben. Die folgenden Abschnitte beschreiben, wie diese Operatoren verwendet werden.

Einfache arithmetische Operatoren (+, -, *, /)

C# hat Operatoren für die Grundrechenarten Addition (+), Subtraktion (-), Multiplikation (*) und Division (/). Diese Operatoren arbeiten so, wie Sie es erwarten, ausgenommen vielleicht bei der ganzzahligen Division.

Wenn Sie zwei ganze Zahlen dividieren, werden eventuell vorhandene Bruchteile verworfen. Das bedeutet, dass eine Division von 17 durch 4 den Wert 4 ergibt (`17/4 = 4`, Rest `1`). C# hat den Modulo-Operator (`%`), um den Divisionsrest abzurufen. Dieser Operator wird im nächsten Abschnitt beschrieben.

Beachten Sie jedoch, dass C# sehr wohl die Bruchteile zurückgibt, wenn Sie `float`-, `double`- und `decimal`-Werte teilen.

Der Modulo-Operator (%) für Divisionsreste

Den Rest einer ganzzahligen Division rufen Sie mit dem Modulo-Operator (`%`) ab. Die Anweisung `17%4` gibt z.B. `1` zurück, den Rest, der bei der Integer-Division hinter dem Komma steht.

Der Modulo-Operator ist nützlicher, als Sie anfangs vielleicht denken. Wenn Sie mit einer Zahl, die ein Vielfaches von *n* ist, Modulo `n` ausführen, ist das Ergebnis null. Daher gilt `80%10 = 0`, denn 80 ist glatt durch 10 teilbar. Dank dieser Tatsache sind Schleifen möglich, in denen eine Aktion bei jedem *n*-ten Schleifendurchlauf stattfindet. Dazu fragen Sie einen Zähler ab, um zu schauen, ob `%n` gleich null ist. Diese Strategie ist ganz praktisch für die weiter oben in diesem Kapitel beschriebene `for`-Schleife. Die Auswirkungen einer Division von Integern, Floats, Doubles und Decimals sehen Sie in Beispiel 3-16.

Beispiel 3-16: Division und Divisionsrest

```
#region Using directives

using System;
using System.Collections.Generic;
using System.Text;

#endregion

namespace DivisionModulus
{
   class DivisionModulus
   {
      static void Main( string[] args )
      {
         int i1, i2;
         float f1, f2;
         double d1, d2;
         decimal dec1, dec2;
```

Beispiel 3-16: Division und Divisionsrest (Fortsetzung)

```
            i1 = 17;
            i2 = 4;
            f1 = 17f;
            f2 = 4f;
            d1 = 17;
            d2 = 4;
            dec1 = 17;
            dec2 = 4;
            Console.WriteLine("Integer:\t{0}\nfloat:\t\t{1}",
                i1/i2, f1/f2);
            Console.WriteLine("double:\t\t{0}\ndecimal:\t{1}",
                d1/d2, dec1/dec2);
            Console.WriteLine("\nModulo:\t{0}", i1%i2);

        }
    }
}

Ausgabe:
Integer:        4
float:          4.25
double:         4.25
decimal:        4.25

Modulo:        1
```

Betrachten Sie nun die folgende Zeile aus Beispiel 3-16:

```
Console.WriteLine("Integer:\t{0}\nfloat:\t\t{1}\n",
    i1/i2, f1/f2);
```

Am Anfang steht ein Aufruf von `Console.Writeline()`, bei dem der folgende Teil-String übergeben wird:

```
"Integer:\t{0}\n
```

Dies gibt die Zeichen `Integer:` aus, gefolgt von einem Tabulator (`\t`), gefolgt von dem ersten Parameter (`{0}`), gefolgt von einem Newline-Zeichen (`\n`). Der nächste Teil-String ist ganz ähnlich:

```
float:\t\t{1}\n
```

Dies gibt `float:` aus, gefolgt von zwei Tabulatoren (wegen der Ausrichtung), dem Inhalt des zweiten Parameters (`{1}`) und einem weiteren Newline-Zeichen. Beachten Sie auch die nachfolgende Zeile:

```
Console.WriteLine("\nModulo:\t{0}", i1%i2);
```

Diesmal beginnt der String mit einem Newline-Zeichen. Dadurch wird eine Zeile übersprungen, ehe der String `Modulo:` ausgegeben wird. Die Ausgabe zeigt, wie sich dies auswirkt.

Inkrementierungs- und Dekrementierungsoperatoren

Oft müssen Sie den Wert einer Variablen durch Addition oder Subtraktion oder eine andere mathematische Operation verändern und ihr dann den neuen Wert wieder zuweisen. Eventuell weisen Sie das Ergebnis auch einer ganz anderen Variablen zu. Die folgenden beiden Abschnitte beschreiben diese Fälle.

Operatoren zur Berechnung und Neuzuweisung

Angenommen, Sie möchten die Variable `mySalary` um 5.000 erhöhen. Das tun Sie wie folgt:

```
mySalary = mySalary + 5000;
```

Die Addition findet vor der Zuweisung statt. Es ist absolut zulässig, ihr Ergebnis der Originalvariablen wieder zuzuweisen. Also haben Sie, wenn diese Operation abgeschlossen ist, die Variable `mySalary` um 5.000 erhöht. Diese Art von Zuweisung können Sie mit jedem beliebigen mathematischen Operator vornehmen:

```
mySalary = mySalary * 5000;
mySalary = mySalary - 5000;
```

und so weiter.

Die Notwendigkeit, Variablen zu inkrementieren oder zu dekrementieren, ergibt sich so häufig, dass es in C# spezielle Operatoren für die Selbstzuweisung gibt. Darunter sind die Operatoren `+=`, `-=`, `*=`, `/=` und `%=`, die eine Addition, Subtraktion, Multiplikation, Division oder Modulo-Operation jeweils mit einer Selbstzuweisung kombinieren. Sie können die obigen Beispiele also alternativ auch folgendermaßen schreiben:

```
mySalary += 5000;
mySalary *= 5000;
mySalary -= 5000;
```

Dadurch wird im ersten Fall `mySalary` um 5.000 erhöht, im zweiten Fall mit 5.000 multipliziert, und im dritten Fall wird 5.000 von `mySalary` abgezogen.

Da das Inkrementieren und Dekrementieren um 1 sehr oft benötigt wird, bietet C# (ebenso wie C und C++ vor ihm) zwei Spezialoperatoren dafür. Für das Inkrementieren um 1 verwenden Sie `++`, und für das Dekrementieren um 1 verwenden Sie `--`.

Wenn Sie also die Variable `myAge` um 1 inkrementieren möchten, schreiben Sie:

```
myAge++;
```

Die Präfix- und Postfix-Operatoren

Um die Dinge noch ein wenig komplizierter zu machen, inkrementieren Sie nun eine Variable und weisen das Ergebnis einer anderen Variablen zu:

```
firstValue = secondValue++;
```

Hier stellt sich die Frage: Soll die Zuweisung vor oder nach der Inkrementierung stattfinden? Mit anderen Worten: Wenn `secondValue` den Anfangswert 10 hat, möchten Sie dann, dass `firstValue` und `secondValue` am Ende beide gleich 11 sind, oder möchten Sie, dass `firstValue` gleich 10 (dem Originalwert) und `secondValue` gleich 11 ist?

C# hat (wie C und C++) zwei Arten Inkrementierungs- und Dekrementierungsoperator: *präfix* und *postfix*. Sie schreiben also entweder Folgendes:

```
firstValue = secondValue++;  // Postfix
```

Hier findet zuerst die Zuweisung und dann die Inkrementierung statt (`firstValue=10`, `secondValue=11`). Oder Sie schreiben:

```
firstValue = ++secondValue;  // Präfix
```

Hier findet zuerst die Inkrementierung und dann die Zuweisung statt (`firstValue=11`, `secondValue=11`).

Es ist wichtig, die unterschiedlichen Auswirkungen von *präfix* und *postfix* zu verstehen, die in Beispiel 3-17 dargestellt sind.

Beispiel 3-17: Präfix- versus Postfix-Inkrementierung

```
#region Using directives

using System;
using System.Collections.Generic;
using System.Text;

#endregion

namespace PrefixPostfix
{
   class PrefixPostfix
   {
      static void Main( string[] args )
      {
         int valueOne = 10;
         int valueTwo;
         valueTwo = valueOne++;
         Console.WriteLine("Nach Postfix: {0}, {1}", valueOne,
         valueTwo);
         valueOne = 20;
         valueTwo = ++valueOne;
         Console.WriteLine("Nach Präfix: {0}, {1}", valueOne,
         valueTwo);

      }
   }
}

Ausgabe:
Nach Postfix: 11, 10
Nach Präfix: 21, 21
```

Relationale Operatoren

Relationale Operatoren vergleichen zwei Werte und geben dann einen Booleschen Wert (`true` oder `false`) zurück. Der Größer-als-Operator gibt z.B. `true` zurück, wenn der Wert links von ihm größer als der Wert rechts von ihm ist. So gibt `5 > 2` den Wert `true` zurück, aber `2 > 5` den Wert `false`.

Die relationalen Operatoren für C# finden Sie in Tabelle 3-3. Diese Tabelle geht von zwei Variablen aus: `bigValue` und `smallValue`, wobei `bigValue` den Wert `100` und `smallValue` den Wert `50` zugewiesen bekam.

Tabelle 3-3: Relationale Operatoren in C# (bigValue = 100 und smallValue = 50)

Name	Operator	Bei dieser Anweisung	ergibt der Ausdruck
Gleichheit	`==`	`bigValue == 100` `bigValue == 80`	`true` `false`
Ungleichheit	`!=`	`bigValue != 100` `bigValue != 80`	`false` `true`
Größer als	`>`	`bigValue > smallValue`	`true`
Größer oder gleich	`>=`	`bigValue >= smallValue` `smallValue >= bigValue`	`true` `false`
Kleiner als	`<`	`bigValue < smallValue`	`false`
Kleiner oder gleich	`<=`	`smallValue <= bigValue` `bigValue <= smallValue`	`true` `false`

Jeder relationale Operator verhält sich erwartungsgemäß. Dennoch sollten Sie auf den Gleichheitsoperator (`==`) achten, der aus zwei aufeinander folgenden Gleichheitszeichen (`=`) in einer Zeile (ohne Zwischenraum dazwischen) besteht. Dieses Paar wird vom C#-Compiler als nur ein Operator betrachtet.

Der Gleichheitsoperator von C# (`==`) testet, ob die Objekte beiderseits des Operators gleich sind. Er gibt einen Booleschen Wert (`true` oder `false`) aus. Somit wird die folgende Anweisung

```
myX == 5;
```

genau dann als `true` ausgewertet, wenn `myX` eine Variable mit dem Wert `5` ist.

> Oft wird der Zuweisungsoperator (`=`) mit dem Gleichheitsoperator (`==`) verwechselt. Der Erstere besteht aus einem Gleichheitszeichen, der Letztere aus zweien.

Logische Operatoren mit Bedingungen verwenden

`If`-Anweisungen (siehe weiter oben in diesem Kapitel) prüfen, ob eine Bedingung wahr ist. Oft möchten Sie jedoch wissen, ob zwei Bedingungen beide wahr sind oder nur eine von beiden oder gar keine. C# stellt dafür die in Tabelle 3-4 aufgeführten logischen Operatoren zur Verfügung. Die Tabelle geht von den beiden Werten x und y aus, wobei x den Wert 5 und y den Wert 7 hat.

Tabelle 3-4: Logische Operatoren von C# (wenn x = 5, y = 7)

Name	Operator	Bei dieser Anweisung	ergibt der Ausdruck
und	`&&`	`(x == 3) && (y == 7)`	`false`
oder	`||`	`(x == 3) || (y == 7)`	`true`
nicht	`!`	`! (x == 3)`	`true`

Der Und-Operator prüft, ob beide Anweisungen wahr ergeben. Die erste Zeile in Tabelle 3-4 enthält ein Beispiel zur Veranschaulichung des Und-Operators:

```
(x == 3) && (y == 7)
```

Da die eine Seite (`x == 3`) falsch ist, wird der gesamte Ausdruck als falsch ausgewertet.

Bei dem Oder-Operator muss eine von beiden oder beide Seiten wahr sein. Der Ausdruck ist nur dann falsch, wenn beide Seiten falsch sind. Im Beispiel aus Tabelle 3-4

```
(x == 3) || (y == 7)
```

ist also der Ausdruck insgesamt wahr, da eine Seite (`y==7`) wahr ist.

Bei einem Nicht-Operator ist die Anweisung wahr, wenn der Ausdruck falsch ist und umgekehrt. In unserem Beispiel

```
! (x == 3)
```

ist folglich der gesamte Ausdruck wahr, da der geprüfte Ausdruck (`x==3`) falsch ist. (Die Logik lautet: »Es ist wahr, dass es nicht wahr ist, dass x gleich 3 ist.«)

Operatorpräzedenz

Der Compiler muss wissen, in welcher Reihenfolge er eine Reihe von Operatoren auswerten soll. Wenn ich z.B.

```
myVariable = 5 + 7 * 3;
```

schreibe, muss der Compiler drei Operatoren auswerten (=, + und *). Er könnte z.B. von links nach rechts vorgehen und `myVariable` den Wert 5 zuweisen, dann 7 zu den 5 addieren (ergibt 12) und dies mit 3 multiplizieren (ergibt 36) – doch dann würde er natürlich die 36 verwerfen, was gewiss nicht von Ihnen beabsichtigt ist.

Die Präzedenzregeln sagen dem Compiler, welche Operatoren er zuerst auswerten soll. Wie es auch in der Algebra der Fall ist, gilt »Punktrechnung vor Strichrechnung«. So hat die Multiplikation eine höhere Präzedenz als die Addition (5 + 7 * 3 ergibt 26 und nicht 36). Sowohl Addition als auch Multiplikation haben eine höhere Präzedenz als die Zuweisung, so dass der Compiler zuerst die mathematischen Operationen erledigt und danach erst das Ergebnis der Variablen `myVariable` zuweist.

Abgekürzte Auswertung

Betrachten Sie folgenden Codeausschnitt:

```
int x = 8;
if ((x == 8) || (y == 12))
```

Die `if`-Anweisung ist hier ein wenig kompliziert. Da die gesamte `if`-Anweisung, wie alle `if`-Anweisungen in C#, in Klammern steht, muss alles, was im äußeren Klammernpaar steht, als wahr ausgewertet werden, damit auch die `if`-Anweisung wahr ist.

Im äußeren Klammernpaar stehen die beiden Ausdrücke `(x==8)` und `(y==12)`, und dazwischen steht ein Oder-Operator (`||`). Da `x` den Wert 8 hat, ist der erste Term `(x==8)` wahr. Es gibt keine Notwendigkeit, auch den zweiten Term auszuwerten `(y==12)`. Es spielt keine Rolle, ob y den Wert 12 hat, da der gesamte Ausdruck ohnehin wahr ist. Betrachten Sie auch folgenden Codeauszug:

```
int x = 8;
if ((x == 5) && (y == 12))
```

Auch hier braucht der zweite Term nicht ausgewertet zu werden. Da der erste Term falsch ist, schlägt das `and` auf jeden Fall fehl. (Damit eine Und-Anweisung als wahr ausgewertet wird, müssen ihre beide Ausdrücke wahr sein.)

In solchen Fällen kürzt der C#-Compiler die Auswertung ab, indem er den zweiten Test gar nicht erst durchführt.

In C# ändern Sie wie in der Algebra die Präzedenz mit Hilfe von Klammern. Sie können das Ergebnis also ändern, indem Sie Folgendes schreiben:

```
myVariable = (5+7) * 3;
```

Wenn Sie die Elemente der Zuweisung auf diese Weise zusammenfassen, addiert der Compiler als Erstes 5 + 7, multipliziert das Ergebnis dann mit 3 und weist den Ergebniswert (36) `myVariable` zu. Tabelle 3-5 fasst die Operatorpräzedenz in C# zusammen.

Tabelle 3-5: Operatorpräzedenz

Kategorie	Operatoren

Primäre	`(x) x.y x->y f(x) a[x] x++ x--`
	`new typeof sizeof`
	`checked unchecked stackalloc`

Unäre	`+ - ! ~ ++x --x (T)x *x &x`
Multiplikative	`* / %`
Additive	`+ -`
Shift-Operatoren	`<< >>`
Relationale	`< > <= >= is as`
Gleichheit	`== !=`
Logisches UND	`&`

Tabelle 3-5: Operatorpräzedenz (Fortsetzung)

Kategorie	Operatoren
Logisches XODER	^
Logisches ODER	|
Bedingungs-UND	&&
Bedingungs-ODER	||
Bedingungsoperator	?:
Zuweisung	= *= /= %= += -= <<= >>= &= ^= |=

Bei manchen komplexen Gleichungen müssen Sie die Klammern schachteln, um die richtige Reihenfolge der Operationen zu gewährleisten. Angenommen, ich möchte wissen, wie viel Zeit meine Familie jeden Morgen benötigt. Die Erwachsenen brauchen allmorgendlich 20 Minuten zum Kaffeetrinken und 10 Minuten zum Zeitunglesen. Die Kinder brauchen 30 Minuten zum Herumtrödeln und 10 Minuten zum Streiten. Mein Algorithmus sieht wie folgt aus:

```
(((minKaffeeTrinken + minZeitungLesen )* anzErwachsene ) +
((minTroedeln + minStreiten) * anzKinder)) * sekundenProMinute.
```

Das funktioniert zwar, ist aber schwer zu lesen und zu durchschauen. Viel einfacher geht es mit Zwischenvariablen:

```
verbrachtVonJedemErwachsenen = minKaffeeTrinken  +  minZeitungLesen;
verbrachtVonAllenErwachsenen =  verbrachtVonJedemErwachsenen * anzErwachsene;
verbrachtVonJedemKind =  minTroedeln  + minStreiten;
verbrachtVonAllenKindern =  verbrachtVonJedemKind * anzKinder;
verbrachtVonFamilie = verbrachtVonAllenErwachsenen + verbrachtVonAllenKindern;
gesamtSekunden =  verbrachtVonFamilie * 60;
```

Das zweite Beispiel benötigt zwar viel mehr Zwischenvariablen, ist aber auch viel leichter zu lesen, zu verstehen und (wichtiger noch) zu debuggen. Wenn Sie dieses Programm in Ihrem Debugger durcharbeiten, können Sie die Zwischenwerte sehen und dafür sorgen, dass sie richtig sind.

Der ternäre Operator

Die meisten Operatoren benötigen zwar nur einen Term (z.B. `meinWert++`) oder zwei Terme (z.B. `a+b`), aber es gibt auch einen Operator, der auf drei Werten arbeitet: den ternären (dreiteiligen) Operator (`?:`).

```
Bedingungsausdruck ? Ausdruck1 : Ausdruck2
```

Dieser Operator wertet einen *Bedingungsausdruck* aus (der den Typ `bool` hat) und ruft dann entweder `Ausdruck1` oder `Ausdruck2` auf, je nachdem, ob der Rückgabewert des Bedingungsausdrucks `true` oder `false` war. Dies folgt der Logik: »Wenn es wahr ist, tue das eine, wenn es falsch ist, tue das andere.« Dies sehen Sie in Beispiel 3-18.

Beispiel 3-18: Der ternäre Operator

```
#region Using directives

using System;
using System.Collections.Generic;
using System.Text;

#endregion

namespace TernaryOperator
{
   class TernaryOperator
   {
      static void Main( string[] args )
      {
         int valueOne = 10;
         int valueTwo = 20;

          int maxValue = valueOne > valueTwo ?  valueOne : valueTwo;

          Console.WriteLine("Wert Eins: {0}, Wert Zwei: {1}, Maximalwert: {2}",
              valueOne, valueTwo, maxValue);

      }
   }
}
```

```
Ausgabe:
Wert Eins: 10, Wert Zwei: 20, Maximalwert: 20
```

In Beispiel 3-18 wird mit dem ternären Operator getestet, ob `valueOne` größer als `valueTwo` ist. Ist dies der Fall, wird der Wert von `valueOne` der Integer-Variablen `maxValue` zugewiesen, andernfalls wird `maxValue` der Wert von `valueTwo` zugewiesen.

Präprozessordirektiven

In den bisherigen Beispielen haben Sie jedes Mal, wenn Sie irgendeinen Programmteil kompilierten, gleich das gesamte Programm kompiliert. Gelegentlich ist es aber besser, nur einen Teil des Programms zu kompilieren, z.B. je nachdem, ob Sie gerade debuggen oder Ihren Produktionscode erstellen.

Bevor Ihr Code kompiliert wird, läuft ein anderes Programm namens *Präprozessor* ab und bereitet Ihr Programm für den Compiler vor. Der Präprozessor untersucht Ihren Code nach speziellen Präprozessordirektiven, die alle mit dem Rautezeichen (#) beginnen. Diese Direktiven ermöglichen es Ihnen, Bezeichner zu definieren und dann zu testen, ob sie bereits vorhanden sind.

Bezeichner definieren

`#define DEBUG` definiert einen Präprozessorbezeichner namens `DEBUG`. Während andere Präprozessordirektiven an beliebigen Stellen Ihres Codes stehen dürfen, müssen die Bezeichner vor jeglichem weiteren Code, also auch vor den `using`-Anweisungen, definiert werden.

> *Hinweis für C- und C++-Programmierer:* Der C#-Präprozesser implementiert nur eine Teilmenge der Fähigkeiten des C++-Präprozessors und unterstützt keine Makros.

Ob `DEBUG` definiert wurde, testen Sie mit der `#if`-Anweisung. Sie können also Folgendes schreiben:

```
#define DEBUG

//... normaler Code, wird vom Präprozessor nicht beeinflusst

#if DEBUG
   // Dieser Code wird beim Debugging eingebunden
#else
  // Dieser Code wird eingebunden, wenn kein Debugging erfolgt
#endif

//... normaler Code, wird vom Präprozessor nicht beeinflusst
```

Wenn der Präprozessor läuft, sucht er die `#define`-Anweisung und merkt sich den Bezeichner `DEBUG`. Er überspringt den normalen C#-Code und findet dann den `#if` - `#else` - `#endif`-Block.

Die `#if`-Anweisung testet auf den Bezeichner `DEBUG`. Da dieser vorhanden ist, wird der Code zwischen `#if` und `#else` in Ihr Programm kompiliert, der Code zwischen `#else` und `#endif` hingegen *nicht*. Letzterer Code taucht in Ihrer Assembly überhaupt nicht auf: Es ist, als sei er in Ihrem Quellcode gar nicht vorhanden.

Wenn die `#if`-Anweisung gescheitert wäre, d.h., wenn Sie auf einen nicht vorhandenen Bezeichner getestet hätten, würde der Code zwischen `#else` und `#endif` kompiliert und der Code zwischen `#if` und `#else` nicht.

> Code, der nicht zwischen `#if` und `#endif` steht, bleibt vom Präprozessor unberührt und wird in Ihr Programm kompiliert.

Bezeichnerdefinitionen aufheben

Mit `#undef` heben Sie die Definition eines Bezeichners auf. Da der Präprozessor den Code von oben nach unten durcharbeitet, bleibt der Bezeichner ab der `#define`-Anweisung so lange definiert, bis entweder eine `#undef`-Anweisung auftritt oder das Programm endet. Wenn Sie also Folgendes schreiben:

```
#define DEBUG

#if DEBUG
   // Dieser Code wird kompiliert
#endif

#undef DEBUG

#if DEBUG
   // Dieser Code wird nicht kompiliert
#endif
```

hat das erste #if Erfolg (DEBUG ist definiert), aber das zweite scheitert (DEBUG wurde zwischenzeitlich wieder aufgehoben).

#if, #elif, #else und #endif

Für den Präprozessor gibt es zwar keine switch-Anweisung, aber die Direktiven #elif und #else bieten ebenfalls eine große Flexibilität. Die #elif-Direktive ermöglicht eine Else-if-Logik in der Art: »Wenn DEBUG, dann Aktion eins, ansonsten, wenn TEST, Aktion zwei, ansonsten Aktion drei.«

```
#if DEBUG
   // Kompiliere diesen Code, wenn DEBUG definiert ist
#elif TEST
   // Kompiliere diesen Code, wenn zwar DEBUG nicht definiert ist,
   // aber TEST definiert ist
#else
  // Kompiliere diesen Code, wenn weder DEBUG noch TEST
  // definiert ist
#endif
```

In diesem Beispiel testet der Präprozessor zuerst, ob der Bezeichner DEBUG definiert ist. Wenn ja, wird der Code zwischen #if und #elif kompiliert, der Rest des Codes bis #endif jedoch nicht.

Wenn (und zwar genau dann, wenn) DEBUG nicht definiert ist, schaut der Präprozessor als Nächstes nach, ob TEST definiert ist. Beachten Sie, dass der Präprozessor nur dann nach TEST schaut, wenn DEBUG nicht definiert ist. Ist TEST definiert, wird der Code zwischen den Direktiven #elif und #else kompiliert. Stellt sich heraus, dass weder DEBUG noch TEST definiert ist, wird der Code zwischen den Anweisungen #else und #endif kompiliert.

#region

Die Präprozessordirektive #region markiert eine Textregion mit einem Kommentar. Der Haupteinsatzzweck dieser Präprozessordirektive ist es, Tools wie Visual Studio .NET zu ermöglichen, Codeabschnitte zu markieren und dann im Editor »einzuklappen«, so dass nur der Kommentar zu dem Bereich zu sehen ist.

Wenn Sie z.B. eine Windows-Anwendung schreiben (vergleiche Kapitel 13), erzeugt Visual Studio für den vom Designer generierten Code eine Region. Wird diese expandiert, sieht sie wie in Abbildung 3-3 aus. (Hinweis: Das Rechteck und die Hervorhebung habe ich hinzugefügt, damit Sie die Region leichter erkennen können.)

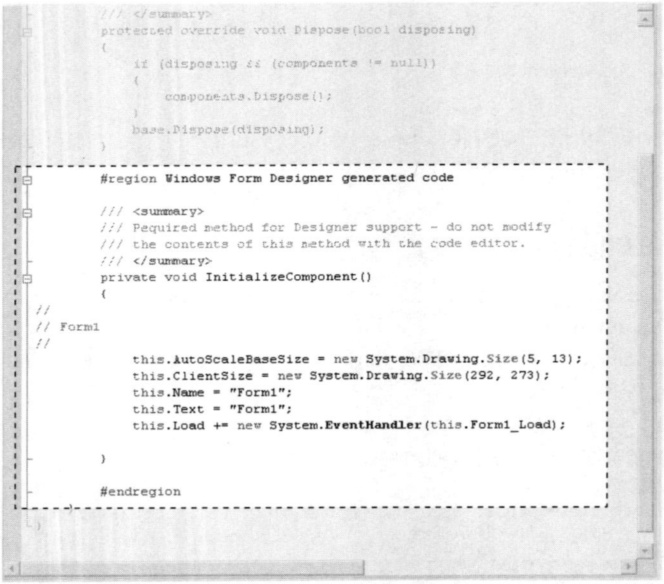

Abbildung 3-3: Die Coderegion wird in Visual Studio expandiert

Sie sehen die von den Präprozessordirektiven `#region` und `#endregion` markierte Region. Wird die Region jedoch »eingeklappt«, sehen Sie nur noch den Regionskommentar (`Windows Form Designer generated code`), wie in Abbildung 3-4 gezeigt.

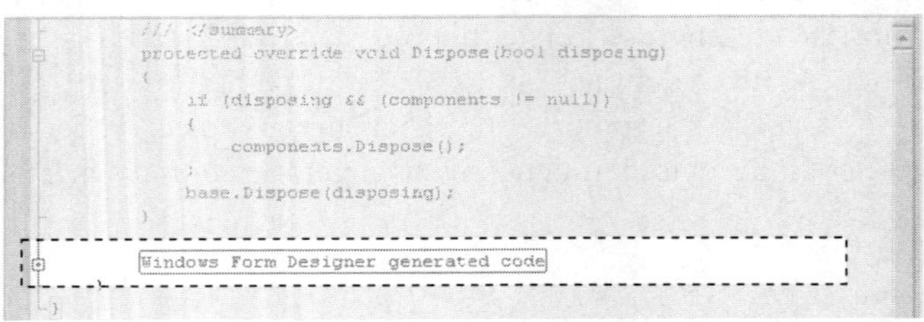

Abbildung 3-4: Die Coderegion wurde eingeklappt

KAPITEL 4

Klassen und Objekte

In Kapitel 3 haben wir die Vielzahl elementarer Typen wie `int`, `long` und `char` erläutert, die fester Bestandteil der Programmiersprache C# sind. Das eigentlich Interessante an C# ist aber die Möglichkeit, neue, komplexe, vom Programmierer definierte Typen zu bilden, die sich klar denjenigen Objekten zuordnen lassen, die das zu lösende Problem ausmachen.

Genau diese Fähigkeit, neue Typen zu erstellen, ist charakteristisch für eine objektorientierte Programmiersprache. In C# geben Sie neue Typen an, indem Sie Klassen deklarieren und definieren. Sie können Typen auch mit Interfaces definieren, wie Sie in Kapitel 8 sehen werden. Instanzen einer Klasse werden *Objekte* genannt. Objekte werden im Speicher erzeugt, wenn Ihr Programm ausgeführt wird.

Der Unterschied zwischen einer Klasse und einem Objekt ist der gleiche wie zwischen dem Konzept eines Hundes und dem ganz bestimmten Hund, der gerade neben Ihnen liegt, während Sie dieses Buch lesen. Sie können mit dem Begriff des Hundes nicht Holdas-Stöckchen spielen, sondern nur mit einem konkreten Hund (einer Hund-Instanz).

Die Klasse `Hund` beschreibt, wie Hunde aussehen: Sie haben ein Gewicht, eine Größe, Augenfarbe, Fellfarbe, Wesenszüge usw. Sie können auch Aktionen ausführen, z.B. fressen, laufen, bellen und schlafen. Ein ganz bestimmter Hund (mein Hund Milo) hat ein bestimmtes Gewicht (62 Pfund), eine bestimmte Größe (58 Zentimeter), eine Augenfarbe (schwarz), eine Fellfarbe (gelb), ein Wesen (sanft) usw. Er kann zwar die gleichen Aktionen wie jeder Hund ausführen, aber kennt man ihn, könnte man glauben, Fressen sei die einzige Methode, die er implementiert.

Der große Vorteil von Klassen in der objektorientierten Programmierung besteht darin, dass sie die Charakteristika und Möglichkeiten einer Entity in eine einzige unabhängige, in sich geschlossene *Codeeinheit* einkapseln. Wenn Sie z.B. den Inhalt der Instanz eines Listenfeld-Steuerelements in Windows sortieren möchten, weisen Sie das Listenfeld an, sich selbst zu sortieren. Wie es das macht, ist nicht wichtig; dass es das macht, ist alles, was Sie wissen müssen. Die Kapselung ist neben dem Polymorphismus und der Vererbung eines der drei Grundprinzipien der objektorientierten Programmierung.

Ein alter Programmiererwitz lautet: Wie viele objektorientierte Programmierer braucht man, um eine Glühbirne zu wechseln? Keinen, man sagt einfach der Glühbirne, sie solle sich selbst auswechseln. (Alternativantwort: Keinen, Microsoft hat den Standard in Dunkelheit umgeändert.)

Dieses Kapitel erläutert die Features der Programmiersprache C#, mit denen neue Klassen spezifiziert werden. Die Elemente einer Klasse – ihr Verhalten und ihre Eigenschaften – bezeichnet man kollektiv als *Klassen-Member*. In diesem Kapitel wird gezeigt, wie mit Methoden das Verhalten von Klassen definiert wird und wie der Zustand der Klasse in Member-Variablen (die häufig auch *Felder* genannt werden) bewahrt wird. Außerdem werden in diesem Kapitel *Eigenschaften* eingeführt, die sich für den Entwickler der Klasse wie Methoden verhalten, für Clients der Klasse aber wie Felder aussehen.

Klassen definieren

Um einen neuen Typ oder eine neue Klasse zu definieren, deklarieren Sie sie zuerst und definieren dann ihre Methoden und Felder. Sie deklarieren eine Klasse mit dem Schlüsselwort `class`. Sie vollständige Syntax sieht folgendermaßen aus:

```
[Attribute] [Zugriffsmodifikatoren] class Bezeichner [:Basisklasse[,Interface(s)]]
{Klassenrumpf}
```

Attribute werden in Kapitel 8 erläutert; Zugriffsmodifikatoren im nächsten Abschnitt. (Normalerweise verwendet Ihre Klasse das Schlüsselwort `public` als Zugriffsmodifikator.) Der `Bezeichner` ist der Name der Klasse, den Sie angeben. Die optionale `Basisklasse` wird in Kapitel 5 erläutert. Die Member-Definitionen, die den `Klassenrumpf` bilden, werden von öffnenden und schließenden geschweiften Klammern eingeschlossen ({}).

> *Anmerkung für C- und C++-Programmierer:* Eine C#-Klassendefinition endet *nicht* mit einem Semikolon. Wenn Sie aber dennoch eines einfügen, wird das Programm trotzdem kompiliert.

In C# geschieht alles innerhalb einer Klasse. Dennoch haben wir bisher noch keine Objekte dieser Klasse *instantiiert*, d.h., wir haben keine Objekte erzeugt. Was ist der Unterschied zwischen einer Klasse und einer Instanz dieser Klasse? Um diese Frage zu beantworten, beginnen wir mit dem Unterschied zwischen dem *Typ* `int` und einer *Variablen* vom Typ `int`. Sie schreiben also:

```
int myInteger = 5;
```

Sie schreiben aber nicht:

```
int = 5;
```

Einem Typ kann man keinen Wert zuweisen. Stattdessen weisen Sie den Typ einem Objekt dieses Typs zu (in diesem Fall einer Variablen des Typs `int`).

Wenn Sie eine neue Klasse deklarieren, definieren Sie die Eigenschaften und das Verhalten aller Objekte dieser Klasse. Sind Sie z.B. gerade dabei, eine Windowing-Umgebung zu erzeugen, möchten Sie vielleicht auch Bildschirm-Widgets zur Verfügung stellen – in der Windows-Programmierung bekannter unter der Bezeichnung Steuerelemente –, um die Benutzerinteraktion mit Ihrer Anwendung zu vereinfachen. Ein interessantes Steuerelement könnte z.B. das Listenfeld sein, das für die Präsentation einer Liste mit Auswahlmöglichkeiten sehr nützlich ist und es dem Anwender ermöglicht, etwas aus der Liste auszuwählen.

Listenfelder haben zahlreiche Charakteristika – z.B. Höhe, Breite, Position und Textfarbe. Programmierer erwarten auch ein bestimmtes Verhalten von einem Listenfeld: Es kann geöffnet werden, geschlossen, sortiert usw.

Die objektorientierte Programmierung ermöglicht es Ihnen, einen neuen Typ mit dem Namen `ListBox` zu erzeugen, der diese Charakteristika und Fähigkeiten umfasst. Solch eine Klasse könnte Member-Variablen wie `height`, `width`, `location` und `text_colcr` sowie Member-Methoden wie `sort( )`, `add( )`, `remove( )` usw. haben.

Sie können dem Typ `ListBox` keine Daten zuweisen. Zunächst müssen Sie ein Objekt dieses Typs erzeugen:

```
ListBox myListBox;
```

Wenn Sie eine Instanz von `ListBox` erzeugt haben, können Sie ihren Feldern Daten zuweisen.

Stellen Sie sich nun eine Klasse vor, die die Tageszeit verfolgt und anzeigt. Der interne Zustand der Klasse muss in der Lage sein, das aktuelle Jahr, den Monat, den Tag, die Stunde, die Minute und die Sekunde anzuzeigen. Sie möchten vielleicht auch, dass die Klasse die Zeit in verschiedenen Formaten anzeigt. Sie könnten eine solche Klasse implementieren, indem Sie eine einzelne Methode und sechs Variablen definieren, wie Sie es in Beispiel 4-1 sehen.

Beispiel 4-1: Eine einfache Zeitklasse

```
#region Using directives

using System;
using System.Collections.Generic;
using System.Text;

#endregion

namespace TimeClass
{
   public class Time
   {
      // Private Variablen
      int Year;
      int Month;
      int Date;
      int Hour;
      int Minute;
      int Second;
```

Beispiel 4-1: Eine einfache Zeitklasse (Fortsetzung)

```
      // Öffentliche Methoden
      public void DisplayCurrentTime()
      {
         Console.WriteLine(
            "Stub für DisplayCurrentTime" );
      }
   }

   public class Tester
   {
      static void Main()
      {
         Time t = new Time();
         t.DisplayCurrentTime();
      }
   }
}
```

> Wenn Sie diese Klasse kompilieren, erhalten Sie die Warnung, dass die Member-Variablen von `Time` (`Year`, `Month` usw.) nie verwendet werden. Ignorieren Sie diese Warnungen bitte erst einmal (obwohl es im Allgemeinen keine gute Idee ist, Warnungen zu ignorieren, wenn Sie nicht sicher sind, was sie bedeuten und warum sie ignoriert werden können). In diesem Fall benutzen wir die Klasse `Time` nur als Beispiel; wenn es eine wirkliche Klasse wäre, würden wir in anderen Methoden von den Member-Variablen Gebrauch machen.

Die einzige Methode, die in der Klassendefinition `Time` deklariert ist, ist `DisplayCurrentTime( )`. Der Rumpf der Methode ist in der Klassendefinition selbst definiert. Im Gegensatz zu anderen Programmiersprachen (wie C++) ist es in C# nicht erforderlich, Methoden zu deklarieren, bevor sie definiert werden. Die Sprache unterstützt auch nicht das Platzieren der Deklarationen in einer Datei und des Codes in einer anderen. (C# hat keine Header-Dateien.) Alle C#-Methoden sind inline definiert, wie Sie es in Beispiel 4-1 bei `DisplayCurrentTime( )` sehen.

Die Methode `DisplayCurrentTime( )` ist so definiert, dass sie `void` zurückgibt, d.h., sie wird einer aufrufenden Methode keinen Wert zurückgeben. Der Rumpf der Methode wurde vorerst ausgeblendet.

Die `Time`-Klassendefinition endet mit der Deklaration einer Reihe von Member-Variablen: `Year`, `Month`, `Date`, `Hour`, `Minute` und `Second`.

Hinter der schließenden Klammer ist eine zweite Klasse namens `Tester` definiert. `Tester` enthält die mittlerweile bekannte Methode `Main( )`. In `Main( )` wird eine Instanz von `Time` erzeugt und ihre Adresse dem Objekt `t` zugewiesen. Da `t` eine Instanz von `Time` ist, kann `Main( )` die Methode `DisplayCurrentTime( )` nutzen, die den Objekten dieses Typs zur Verfügung steht, und sie aufrufen, um die Zeit anzuzeigen:

```
t.DisplayCurrentTime( );
```

Zugriffsmodifikatoren

Ein Zugriffsmodifikator bestimmt, welche Klassenmethoden anderer Klassen eine Member-Variable oder Methode innerhalb dieser Klasse sehen und verwenden kann. Tabelle 4-1 fasst die Zugriffsmodifikatoren von C# zusammen.

Tabelle 4-1: Zugriffsmodifikatoren

Zugriffsmodifikator	Beschränkung
`public`	Keine Beschränkungen. Member, die mit `public` gekennzeichnet sind, sind für alle Methoden aller Klassen sichtbar.
`private`	Auf die Member in der Klasse A, die als `private` gekennzeichnet sind, können nur Methoden der Klasse A zugreifen.
`protected`	Auf die Member der Klasse A, die als `protected` gekennzeichnet sind, können nur Methoden der Klasse A und Methoden von Klassen zugreifen, die von der Klasse A *abgeleitet* sind.
`internal`	Auf die Member der Klasse A, die mit `internal` gekennzeichnet sind, können Methoden jeder Klasse der Assembly von A zugreifen.
`protected internal`	Auf die Member der Klasse A, die als `protected internal` gekennzeichnet sind, können Methoden der Klasse A sowie Methoden der von A abgeleiteten Klassen und Klassen der Assembly von A zugreifen. Das bedeutet im Grunde `protected` ODER `internal`. (Das Konzept `protected` UND `internal` existiert nicht.)

Im Allgemeinen ist es wünschenswert, die Member-Variablen einer Klasse als `private` zu kennzeichnen. Das bedeutet, dass nur Member-Methoden dieser Klasse auf ihren Wert zugreifen können. Da `private` die Standardzugriffsebene ist, müssen Sie es nicht explizit angeben, aber ich empfehle es Ihnen trotzdem. Daher hätten die Deklarationen der Member-Variablen in Beispiel 4-1 so geschrieben werden sollen:

```
// Private Variablen
private int Year;
private int Month;
private int Date;
private int Hour;
private int Minute;
private int Second;
```

Die Klasse `Tester` und die Methode `DisplayCurrentTime( )` sind beide als `public` deklariert, so dass jede andere Klasse sie nutzen kann.

> Es ist guter Programmierstil, den Zugriff auf alle Methoden und Member Ihrer Klasse explizit festzulegen. Sie können sich zwar darauf verlassen, dass Klassen-Member standardmäßig als `private` deklariert sind, die explizite Angabe des Zugriffsmodifikators zeigt aber eine bewusste Entscheidung an und ist selbstdokumentierend.

Argumente zu Methoden

Methoden können beliebig viele Parameter[1] entgegennehmen. Die Parameterliste folgt dem Methodennamen und steht in Klammern, wobei jedem Parameter sein Typ vorausgeht. Die folgende Deklaration definiert z.B. eine Methode mit dem Namen `MyMethod()`, die `void` zurückgibt (d.h. die keinen Wert zurückgibt) und zwei Parameter entgegennimmt: einen Integer und einen Button:

```
void MyMethod (int firstParam, button secondParam)
{
  // ...
}
```

Innerhalb des Methodenrumpfs fungieren die Parameter als lokale Variablen, als ob Sie sie im Methodenrumpf deklariert und mit den Werten initialisiert hätten, die der Methode übergeben wurden. Beispiel 4-2 zeigt, wie Sie Werte an eine Methode übergeben – in diesem Fall Werte des Typs `int` und `float`.

Beispiel 4-2: Werte an SomeMethod( ) übergeben

```
#region Using directives

using System;
using System.Collections.Generic;
using System.Text;

#endregion

namespace PassingValues
{
   public class MyClass
   {
      public void SomeMethod(int firstParam, float secondParam)
      {
         Console.WriteLine(
            "Hier sind die empfangenen Parameter: {0}, {1}",
            firstParam, secondParam);
      }
   }

   public class Tester
   {
      static void Main( )
      {
         int howManyPeople = 5;
         float pi = 3.14f;
         MyClass mc = new MyClass( );
         mc.SomeMethod(howManyPeople, pi);
```

1 Die Begriffe »Argument« und »Parameter« werden häufig synonym verwendet, obwohl einige Programmierer auf einer Unterscheidung zwischen der Parameterdeklaration und den Argumenten bestehen, die übergeben werden, wenn die Methode aufgerufen wird.

Beispiel 4-2: Werte an SomeMethod( ) übergeben (Fortsetzung)

```
        }
    }
}
```

Die Methode `SomeMethod( )` nimmt einen `int` und einen `float` entgegen und zeigt sie mit `Console.WriteLine( )` an. Die Parameter, die `firstParam` und `secondParam` heißen, werden innerhalb von `SomeMethod( )` als lokale Variablen behandelt.

> *Anmerkung für VB6-Programmierer:* Man kann zu C#-Methoden keine optionalen Argumente deklarieren. Stattdessen können Sie mittels Methodenüberladung Methoden anlegen, in denen unterschiedliche Kombinationen von Argumenten deklariert sind. Mehr dazu finden Sie unter »Methoden und Konstruktoren überladen« weiter unten in diesem Kapitel.

In der aufrufenden Methode (`Main`) werden zwei Variablen (`howManyPeople` und `pi`) erzeugt und initialisiert. Diese Variablen werden als Parameter an `SomeMethod` übergeben. Der Compiler ordnet `howManyPeople` `firstParam` zu und `pi` `secondParam`. Er orientiert sich dabei an ihren relativen Positionen in der Parameterliste.

Objekte erzeugen

In Kapitel 3 wurde zwischen Werttypen und Referenztypen unterschieden. Die elementaren C#-Typen (`int`, `char` usw.) sind Werttypen und werden im Stack erzeugt; Objekte hingegen sind Referenztypen und werden im Heap erzeugt. Dies funktioniert mit dem Schlüsselwort `new`, wie in dem folgenden Befehl gezeigt:

```
Time t = new Time( );
```

`t` enthält nicht wirklich den Wert des Objekts `Time`; es enthält die Adresse dieses (unbenannten) Objekts, das im Heap erzeugt wurde. `t` selbst ist einfach eine Referenz auf das Objekt.

> *Hinweis für VB6-Programmierer:* Der Performance-Nachteil, den es in VB6 bei der Verwendung der Schlüsselwörter `Dim` und `New` in derselben Zeile gab, wurde in C# überwunden. Es ist also kein Nachteil damit verbunden, wenn Sie das Schlüsselwort `new` bei der Deklaration einer Objektvariablen verwenden.

Konstruktoren

Beachten Sie in Beispiel 4-1, dass die Anweisung, die das `Time`-Objekt erzeugt, aussieht, als würde sie eine Methode aufrufen:

```
Time t = new Time( );
```

Im Grunde *wird* immer dann eine Methode aufgerufen, wenn Sie ein Objekt instantiieren. Diese Methode wird *Konstruktor* genannt, und Sie müssen einen solchen Konstruktor entweder als Teil Ihrer Klassendefinition definieren oder die CLR einen für Sie angeben lassen. Ein Konstruktor soll das Objekt erzeugen, das von einer Klasse angegeben wurde, und es in einen *gültigen* Zustand versetzen. Bevor der Konstruktor ausgeführt wird, ist das Objekt nur undifferenzierter Speicherplatz, doch nachdem der Konstruktor abgeschlossen ist, enthält der Speicher eine gültige Instanz der Klasse `type`.

Die Klasse `Time` aus Beispiel 4-1 definiert keinen Konstruktor. Wenn kein Konstruktor deklariert ist, stellt der Compiler einen für Sie zur Verfügung. Der Standardkonstruktor erzeugt das Objekt, führt aber keine andere Aktion durch. Member-Variablen werden mit harmlosen Werten initialisiert (Integer mit 0, Strings mit dem leeren String usw.).[2] Tabelle 4-2 listet die Standardwerte auf, die den elementaren Typen zugewiesen sind.

Tabelle 4-2: Elementare Typen und ihre Standardwerte

Typ	**Standardwert**
`numeric (int, long` usw.)	`0`
`bool`	`false`
`char`	`'\0' (null)`
`enum`	`0`
`reference`	`null`

Normalerweise sollten Sie Ihre eigenen Konstruktoren definieren und sie mit Argumenten beliefern, damit der Konstruktor den Anfangszustand für Ihr Objekt setzen kann. Gehen Sie in Beispiel 4-1 davon aus, dass Sie das aktuelle Jahr, den Monat, den Tag usw. übergeben möchten, um das Objekt mit sinnvollen Daten zu erzeugen.

Um einen Konstruktor zu definieren, deklarieren Sie eine Methode, die genauso heißt wie die Klasse, in der er deklariert ist. Konstruktoren haben keinen Rückgabetyp und sind normalerweise als `public` deklariert. Wenn Argumente zu übergeben sind, definieren Sie eine Argumenteliste, wie Sie es für jede andere Methode tun würden. Beispiel 4-3 deklariert einen Konstruktor für die Klasse `Time`, der ein einzelnes Argument entgegennimmt, nämlich ein Objekt des Typs `DateTime`.

Beispiel 4-3: Einen Konstruktor deklarieren

```
#region Using directives

using System;
using System.Collections.Generic;
using System.Text;

#endregion
```

2 Wenn Sie einen eigenen Konstruktor schreiben, werden Sie feststellen, dass diese Werte vor der Ausführung des Konstruktors initialisiert werden. Es gibt gewissermaßen zwei Schritte bei der Erzeugung neuer Objekte – etwas Zauberei auf der CLR-Ebene, die alle Felder mit Nullen füllt und auch alles ansonsten Notwendige ausführt, um das Ding zu einem gültigen Objekt zu machen, und dann die Ausführung des von Ihnen geschriebenen Konstruktors (sofern Sie einen geschrieben haben).

Beispiel 4-3: Einen Konstruktor deklarieren (Fortsetzung)

```
namespace DeclaringConstructor
{
   public class Time
   {

      // Private Member-Variablen
      int Year;
      int Month;
      int Date;
      int Hour;
      int Minute;
      int Second;

      // Öffentliche Zugriffsmethoden
      public void DisplayCurrentTime( )
      {
         System.Console.WriteLine("{0}.{1}.{2} {3}:{4}:{5}",
            Date, Month, Year, Hour, Minute, Second);
      }

      // Konstruktor
      public Time(System.DateTime dt)
      {

         Year =    dt.Year;
         Month =   dt.Month;
         Date =    dt.Day;
         Hour =    dt.Hour;
         Minute =  dt.Minute;
         Second =  dt.Second;
      }
   }

   public class Tester
   {
      static void Main( )
      {
         System.DateTime currentTime = System.DateTime.Now;
         Time t = new Time(currentTime);
         t.DisplayCurrentTime( );
      }
   }
}
```

```
Ausgabe:
16.11.2005 16:21:40
```

In diesem Beispiel nimmt der Konstruktor ein `DateTime`-Objekt entgegen und initialisiert alle Member-Variablen auf Grundlage der Werte in diesem Objekt. Wenn der Konstruktor fertig ist, existiert das `Time`-Objekt, und die Werte wurden initialisiert. Wird `DisplayCurrentTime()` in `Main()` aufgerufen, werden die Werte angezeigt.

Kommentieren Sie eine der Zuweisungen aus und lassen Sie das Programm erneut laufen. Sie werden feststellen, dass die Member-Variable vom Compiler mit dem Wert `0` initialisiert wurde. Integer-Member-Variablen werden auf `0` gesetzt, wenn Sie sie nicht zuweisen. Denken Sie daran, dass Werttypen (z.B. Integer) nicht *uninitialisiert* sein können; wenn Sie dem Konstruktor nicht sagen, was zu tun ist, wird er irgendetwas Harmloses versuchen.

In Beispiel 4-3 wird das `DateTime`-Objekt in der `Main()`-Methode von `Tester` erzeugt. Dieses Objekt, das von der `System`-Bibliothek geliefert wird, bietet eine Reihe von öffentlichen Werten – `Year`, `Month`, `Date`, `Hour`, `Minute` und `Second` –, die direkt den privaten Member-Variablen des `Time`-Objekts entsprechen. Außerdem bietet das `DateTime`-Objekt eine statische Member-Eigenschaft namens `Now`, die eine Referenz auf eine Instanz eines `DateTime`-Objekts ist und mit der aktuellen Zeit initialisiert wurde.

Sehen Sie sich die hervorgehobene Zeile in `Main()` an, in der das `DateTime`-Objekt durch das Aufrufen der statischen Property `Now` erzeugt wird. `Now` erzeugt einen `DateTime`-Wert, der in diesem Fall in die `currentTime`-Variable auf dem Stack kopiert wird.

Die `currentTime`-Variable wird als Parameter an den `Time`-Konstruktor übergeben. Der `Time`-Konstruktorparameter `dt` ist eine Kopie eines `DateTime`-Objekts.

Initialisierer

Man kann Member-Variablen mit einem *Initialisierer* einen Anfangswert zuweisen; dann muss man dies nicht in jedem Konstuktur tun. Sie erzeugen einen Initialisierer, indem Sie einem Klassen-Member einen Anfangswert zuweisen:

```
private int Second  = 30;  // Initialisierer
```

Angenommen, die Semantik unseres `Time`-Objekts ist so ausgelegt, dass die Sekunden immer mit `30` initialisiert werden, egal wie spät es ist. Wir könnten die `Time`-Klasse so überarbeiten, dass sie einen Initialisierer verwendet, damit der Wert von `Second` unabhängig von dem aufgerufenen Konstruktor immer initialisiert wird, entweder explizit vom Konstruktor oder implizit vom Initialisierer. Sehen Sie sich Beispiel 4-4 an.

> Beispiel 4-4 verwendet einen *überladenen* Konstruktor. Dies bedeutet, dass es zwei Versionen dieses Kontruktors gibt, die sich bei Anzahl und Typ der Parameter unterscheiden. Das Überladen von Konstruktoren wird später in diesem Kapitel detailliert erklärt.

Beispiel 4-4: Einen Initialisierer verwenden

```
#region Using directives

using System;
using System.Collections.Generic;
using System.Text;

#endregion

namespace Initializer
```

Beispiel 4-4: Einen Initialisierer verwenden (Fortsetzung)

```
{
   public class Time
   {
      // Private Member-Variablen
      private int Year;
      private int Month;
      private int Date;
      private int Hour;
      private int Minute;
      private int Second  = 30;  // Initialisierer

      // Öffentliche Zugriffsmethoden
      public void DisplayCurrentTime( )
      {
         System.DateTime now = System.DateTime.Now;
         System.Console.WriteLine(
         "\nDebug\t: {0}/{1}/{2} {3}:{4}:{5}",
         now.Month, now.Date , now.Year, now.Hour,
            now.Minute, now.Second);

         System.Console.WriteLine("Zeit\t: {0}/{1}/{2} {3}:{4}:{5}",
            Month, Date, Year, Hour, Minute, Second);
      }

      // Konstruktoren
      public Time(System.DateTime dt)
      {

         Year =      dt.Year;
         Month =     dt.Month;
         Date =      dt.Day;
         Hour =     dt.Hour;
         Minute =  dt.Minute;
         Second =  dt.Second;   //Explizite Zuweisung

      }

      public Time(int Year, int Month, int Date,
           int Hour, int Minute)
      {
         this.Year =   Year;
         this.Month =  Month;
         this.Date =   Date;
         this.Hour =   Hour;
         this.Minute = Minute;
      }

   }

   public class Tester
   {
      static void Main( )
      {
```

Beispiel 4-4: Einen Initialisierer verwenden (Fortsetzung)

```
            System.DateTime currentTime = System.DateTime.Now;
            Time t = new Time(currentTime);
            t.DisplayCurrentTime( );

            Time t2 = new Time(2005,11,18,11,45);
            t2.DisplayCurrentTime( );
        }
    }
}

Ausgabe:
Debug   : 27.11.2005 7:52:54
Zeit    : 27.11.2005 7:52:54

Debug   : 27.11.2005 7:52:54
Zeit    : 18.11.2005 11:45:30
```

Wenn Sie keinen bestimmten Initialisierer angeben, wird der Konstruktor jede Integer-Member-Variable mit null (0) initialisieren. In dem gezeigten Fall wird der Member Second aber mit 30 initialisiert:

```
private int Second  = 30;  // Initialisierer
```

Wurde für Second kein Wert übergeben, wird ihr Wert auf 30 gesetzt, wenn t2 erzeugt wird:

```
Time t2 = new Time(2005,11,18,11,45);
t2.DisplayCurrentTime( );
```

Wird Second aber ein Wert zugewiesen, wie es im Konstruktor der Fall ist (dieser nimmt ein DateTime-Objekt entgegen, das hier in fetter Schrift dargestellt ist), überschreibt dieser Wert den initialisierten Wert.

Beim ersten Aufruf von DisplayCurrentTime() rufen wir den Konstruktor auf, der ein DateTime-Objekt entgegennimmt, und die Sekunden werden mit 54 initialisiert. Wenn wir die Methode zum zweiten Mal aufrufen, setzen wir die Zeit explizit auf 11:45 (ohne Sekundenangabe), und dann tritt der Initialisierer in Aktion.

Hätte das Programm keinen Initialisierer und würde Second auch anderweitig keinen Wert zuweisen, würde der Wert vom CLR mit null initialisiert.

> *Anmerkung für C++-Programmierer:* C# kennt keinen Copy-Konstruktor, und die Semantik des Kopierens wird mit Hilfe des Interface ICloneable bewerkstelligt.

Das Interface ICloneable

Das .NET Framework definiert ein Interface namens ICloneable, mit dem das Konzept des Copy-Konstruktors unterstützt wird. (Interfaces werden in Kapitel 8 ausführlich behandelt.) Das Interface enthält eine einzige Methode: Clone(). Wenn Klassen so etwas wie einen Copy-Konstruktor unterstützen sollen, müssen sie ICloneable implementieren, und zwar entweder in Form einer flachen Kopie (durch einen Aufruf von MemberwiseClone) oder als tiefe Kopie (d.h. durch Aufruf des Copy-Konstruktors und manuelles Kopieren aller Member).

```
class SomeType: ICloneable
{
   public Object Clone()
   {
       return MemberwiseClone(); // Flache Kopie
   }
}
```

Das Schlüsselwort this

Das Schlüsselwort this bezieht sich auf die aktuelle Instanz eines Objekts. Die this-Referenz (manchmal auch als *this-Zeiger*[3] bezeichnet) ist ein verborgener Zeiger, der jeder nicht-statischen Methode einer Klasse übergeben wird. Jede Methode kann durch die this-Referenz auf die anderen Methoden und Variablen des Objekts verweisen.

Die this-Referenz wird üblicherweise auf verschiedene Arten verwendet. Die erste besteht darin, Instanzen-Member zu qualifizieren, die andernfalls von Parametern verborgen sind:

```
public void SomeMethod (int Hour)
{
   this.Hour = Hour;
}
```

In diesem Beispiel nimmt SomeMethod() einen Parameter (Hour) entgegen, der genauso heißt wie eine Member-Variable der Klasse. Die this-Referenz wird verwendet, um die Namenszweideutigkeit aufzulösen. Während this.Hour auf die Member-Variable verweist, verweist Hour auf den Parameter.

Für diesen Stil spricht, dass Sie den richtigen Variablennamen auswählen und ihn sowohl für den Parameter als auch für die Member-Variable verwenden. Dagegen spricht, dass es verwirrend sein kann, den gleichen Namen für den Parameter und die Member-Variable zu verwenden.

Die zweite Verwendungsmöglichkeit der this-Referenz besteht darin, das aktuelle Objekt als Parameter an eine andere Methode zu übergeben, zum Beispiel:

```
class myClass
{
   public void Foo(OtherClass otherObject)
   {
      otherObject.Bar(this);
   }
}
```

3 Ein Zeiger ist eine Variable, die die Adresse eines Objekts im Speicher enthält. C# verwendet bei managed Objekten keine Zeiger. Manche C++-Programmierer haben sich so daran gewöhnt, von einem this-Zeiger zu sprechen, dass sie diesen Begriff (unkorrekterweise) auch auf C# übertragen haben. Wir benutzen lieber den Ausdruck this-Referenz und zahlen jedes Mal, wenn wir es vergessen, 25 Cent Bußgeld für wohltätige Zwecke.

Wir wollen dieses Beispiel etwas auseinander nehmen. Es gibt hier eine Methode namens `myClass.Foo`. Im Rumpf dieser Methode wird die Methode `Bar` der Instanz `OtherClass` aufgerufen, wobei ihr eine Referenz auf die aktuelle Instanz von `myClass` übergeben wird. Dies ermöglicht der `Bar`-Methode, auf die öffentlichen Methoden und Member der aktuellen Instanz `myClass` zuzugreifen.

Die dritte Verwendung von `this` nutzt Indexer, die in Kapitel 9 behandelt werden.

Die vierte Verwendung der `this`-Referenz besteht darin, einen überladenen Konstruktor aus einem anderen heraus aufzurufen, zum Beispiel:

```
class myClass
{
   public myClass(int i) { //... }
   public myClass() : this(42) { //... }
}
```

In diesem Beispiel ruft der Default-Konstruktor mit Hilfe des Schlüsselworts `this` den überladenen Konstruktor auf, der einen Integer-Wert erwartet.

Eine letzte Möglichkeit der Benutzung des Schlüssworts `this` dient dazu, als eine Form der Dokumentation die Methoden und Member einer Klasse explizit aufzurufen:

```
public void MyMethod(int y)
{
   int x = 0;
   x = 7;        // einer lokalen Variablen zuweisen
   y = 8;        // einem Parameter zuweisen
   this.z = 5;  // einer Member-Variablen zuweisen
   this.Draw(); // Member-Methode aufrufen
}
```

In dem dargestellten Fall ist die Verwendung der `this`-Referenz zwar überflüssig, macht aber die Absicht des Programmierers klarer und schadet nicht (wenn man von dem möglicherweise etwas unübersichtlicheren Programmcode absieht).

Statische Member verwenden

Die Member einer Klasse (Variablen, Methoden, Events, Indexer usw.) können entweder *Instanz-Member* oder *statische Member* sein. Instanz-Member sind mit Instanzen eines Typs assoziiert, während statische Member als Teil einer Klasse angesehen werden. Sie greifen auf ein statisches Member über den Namen der Klasse zu, in der es deklariert ist. Angenommen, Sie haben eine Klasse namens `Button` und haben Objekte dieser Klasse mit den Namen `btnUpdate` und `btnDelete` instantiiert.[4] Nehmen wir weiterhin an, dass die

4 Wie bereits erwähnt, sind `btnUpdate` und `btnDelete` in Wirklichkeit Variablen, die auf unbenannte Instanzen auf dem Heap verweisen. Der Einfachheit halber tun wir hier so, als wären es die Namen der Objekte, behalten aber im Kopf, dass es nur Abkürzungen für »Namen von Variablen, die auf unbenannte Instanzen auf dem Heap verweisen« sind.

Klasse `Button` über eine statische Methode namens `SomeMethod()` verfügt. Um auf die statische Methode zuzugreifen, schreiben Sie

```
Button.SomeMethod( );
```

statt

```
btnUpdate.SomeMethod( );
```

In C# ist es nicht zulässig, über eine Instanz auf eine statische Methode oder Member-Variable zuzugreifen. Der Versuch führt zu einem Compiler-Fehler (C++-Programmierer, aufgepasst!).

Einige Programmiersprachen unterscheiden zwischen Klassenmethoden und anderen (globalen) Methoden, die außerhalb des Kontexts jeder Klasse zur Verfügung stehen. In C# gibt es keine globalen Methoden, nur Klassenmethoden, aber Sie können ein entsprechendes Ergebnis erzielen, indem Sie statische Methoden innerhalb Ihrer Klasse definieren.

> *Anmerkung für VB6-Programmierer:* Verwechseln Sie nicht das C#-Schlüsselwort `static` mit dem Schlüsselwort `Static` in VB6 und VB.NET. In VB wird mit `Static` eine Variable deklariert, die nur in der Methode verfügbar ist, in der sie deklariert ist. Mit anderen Worten, eine `Static`-Variable wird nicht von zwei Objekten ihrer Klasse gemeinsam genutzt (d.h., jede `Static`-Variable hat ihren eigenen Wert). Allerdings bleibt diese Variable für die Lebenszeit des Programms bestehen; dies ermöglicht es, Werte von einem Methodenaufruf zum nächsten zwischenzuspeichern.
>
> In C# bezeichnet das Schlüsselwort `static` einen Klassen-Member; das dazu äquivalente Schlüsselwort in VB ist `Shared`.

Statische Methoden funktionieren mehr oder weniger wie globale Methoden. Sie können sie aufrufen, ohne tatsächlich eine Instanz des Objekts zur Hand zu haben. Der Vorteil von statischen Methoden gegenüber den globalen ist aber, dass ihr Name auf den Bereich ihrer Klasse beschränkt ist und daher der globale Namensraum nicht mit Unmengen von Funktionsnamen vollgestopft wird. Das kann bei der Verwaltung von höchst komplexen Programmen helfen. Der Name der Klasse ist für die statischen Methoden darin so etwas wie ein Namensraum.

Außerdem können statische Methoden Instanz-Member als Parameter erhalten (oder solche Instanzen selbst innerhalb der statischen Methode erzeugen). Da sich ihr Geltungsbereich auf die Klasse bezieht und nicht global ist, haben sie auch Zugriff auf die privaten Member dieser Instanzen.

> Widerstehen Sie der Versuchung, eine einzelne Klasse zu erzeugen, in die Sie Ihre diversen Methoden stopfen. Es ist möglich, aber nicht wünschenswert und untergräbt die Kapselung eines objektorientierten Entwurfs.

Statische Methoden aufrufen

Die Methode `Main( )` ist statisch. Statische Methoden operieren auf einer Klasse statt auf einer Instanz der Klasse. Sie haben keine `this`-Referenz, da es keine Instanz gibt, auf die sie zeigen könnten.

> *Hinweis für Java-Programmierer:* In C# ist es nicht erlaubt, statische Methoden durch Instanzvariablen aufzurufen.

Statische Methoden können nicht direkt auf nicht-statische Member zugreifen. Damit `Main()` eine nicht-statische Methode aufrufen kann, muss es ein Objekt instantiieren. Sehen Sie sich noch einmal Beispiel 4-2 an.

`SomeMethod( )` ist eine nicht-statische Methode von `MyClass`. Damit `Main()` auf diese Methode zugreifen kann, muss es zuerst ein Objekt des Typs `MyClass` instantiieren und dann die Methode durch dieses Objekt aufrufen.

Statische Konstruktoren verwenden

Wenn Ihre Klasse einen statischen Konstruktor deklariert, ist garantiert, dass der statische Konstruktor läuft, ehe irgendeine Instanz Ihrer Klasse erzeugt wird.[5]

> Sie können nicht genau steuern, wann ein statischer Konstruktor laufen wird, aber Sie wissen, dass es nach dem Start Ihres Programms und vor der Erzeugung der ersten Instanz sein wird. Daher können Sie nicht annehmen (oder festlegen), dass eine Instanz erzeugt wird.

Sie könnten z.B. den folgenden statischen Konstruktor aus Beispiel 4-4 zur `Time`-Klasse hinzufügen:

```
static Time( )
{
    Name = "Zeit";
}
```

Beachten Sie, dass es vor dem statischen Konstruktor keinen Zugriffsmodifikator (z.B. `public`) gibt. Zugriffsmodifikatoren sind bei statischen Konstruktoren nicht zulässig. Außerdem können Sie, da dies eine statische Member-Methode ist, nicht auf nicht-statische Member-Variablen zugreifen. Daher muss `Name` als statische Member-Variable deklariert werden:

```
private static string Name;
```

5 Tatsächlich garantiert die CLR, dass der statische Konstruktor gestartet wird, bevor *irgendetwas* anderes mit Ihrer Klasse geschieht. Es wird allerdings nur garantiert, dass der statische Konstruktor *gestartet* wird, nicht aber, dass er auch *beendet* wird. Man kann durchaus einen pathologischen Fall konstruieren, bei dem zwei Klassen zirkulär voneinander abhängig sind. Anstatt in einen Deadlock zu geraten, kann die CLR die Konstruktoren in unterschiedlichen Threads laufen lassen. Damit wird die minimale Garantie erfüllt, dass die beiden Konstruktoren wenigstens in der richtigen Reihenfolge gestartet werden.

Als letzte Veränderung wird eine Zeile wie die folgende zu `DisplayCurrentTime()` hinzugefügt:

```
public void DisplayCurrentTime( )
{
   System.Console.WriteLine("Name: {0}", Name);
   System.Console.WriteLine("{0}/{1}/{2} {3}:{4}:{5}",
      Month, Date, Year, Hour, Minute, Second);
}
```

Sind all diese Veränderungen vorgenommen, sieht die Ausgabe so aus:

```
Name: Zeit
27.11.2005 7:52:54
Name: Zeit
18.11.2005 11:45:30
```

(Ihre Ausgabe wird abhängig davon, wann Sie diesen Code ausführen, variieren.)

Dieser Code läuft zwar, aber es ist nicht notwendig, einen statischen Konstruktor zu erzeugen, um dieses Ziel zu erreichen. Sie können stattdessen einen Initialisierer benutzen:

```
private static string Name = "Zeit";
```

Dieser erreicht das gleiche Ziel. Statische Konstruktoren sind allerdings für Setup-Aufgaben nützlich, die mit einem Initialisierer nicht erledigt werden können und nur einmal durchgeführt werden müssen.

Hinweis für Java-Programmierer: In C# tut ein statischer Konstruktor das, wofür man in Java einen statischen Initialisierer verwenden würde.

Nehmen Sie z.B. an, Sie haben ein Stück unmanaged Code in einer älteren DLL. Sie möchten für diesen Code einen Klassen-Wrapper anbieten. Sie können die Bibliothek in Ihren statischen Konstruktor laden und die Sprungtabelle im statischen Konstruktor initialisieren. Die Einbindung von Legacy-Code (»Altlasten«) und der Umgang mit unmanaged Code wird in Kapitel 22 erläutert.

Statische Klassen

In C# gibt es keine globalen Methoden oder Konstanten. Sie werden irgendwann merken, dass Sie kleine Hilfsklassen erstellen, die nur zum Speichern statischer Member dienen. Einmal abgesehen davon, ob dies ein gutes Design ist: Wenn Sie eine solche Klasse anlegen, sollen von ihr keine Instanzen erzeugt werden. Indem Sie Ihre Klasse als `Static` kennzeichnen, stellen Sie sicher, dass keine Instanz von der Klasse angelegt werden kann. Statische Klassen sind versiegelt, daher können Sie von einer `Static`-Klasse auch keine abgeleiteten Typen bilden. Beachten Sie auch, dass statische Klassen weder nicht-statische Member noch Konstruktoren haben können.

Statische Felder verwenden

Häufig werden statische Member-Variablen dazu verwendet, die Anzahl der aktuell existierenden Instanzen einer Klasse zu verfolgen. Beispiel 4-5 veranschaulicht dies.

Beispiel 4-5: Die Verwendung von statischen Feldern für das Zählen von Instanzen

```
#region Using directives

using System;
using System.Collections.Generic;
using System.Text;

#endregion

namespace StaticFields
{
   public class Cat
   {

      private static int instances = 0;

      public Cat( )
      {
         instances++;
      }

      public static void HowManyCats( )
      {
         Console.WriteLine("{0} Katzen adoptiert",
               instances);
      }
   }

   public class Tester
   {
      static void Main( )
      {
         Cat.HowManyCats( );
         Cat frisky = new Cat( );
         Cat.HowManyCats( );
         Cat whiskers = new Cat( );
         Cat.HowManyCats( );
      }
   }
}

Ausgabe:
0 Katzen adoptiert
1 Katzen adoptiert
2 Katzen adoptiert
```

Wir haben die Klasse `Cat` hier auf das absolute Minimum reduziert. In ihr wird eine statische Member-Variable namens `instances` erzeugt und mit null initialisiert. Beachten Sie, dass statische Member als Teil der Klasse angesehen werden und nicht als Member einer Instanz. Daher müssen Sie, wenn Sie einen statischen Member initialisieren wollen, einen expliziten Initialisierer angeben. Jedes Mal, wenn eine weitere Instanz von `Cat` (in einem Konstruktor) erzeugt wird, erhöht sich der Zähler.

Statische Methoden zum Zugriff auf statische Felder

Member-Daten sollten nicht `public` sein, auch keine statischen Member-Variablen. Eine Lösungsmöglichkeit besteht darin, den statischen Member als `private` zu deklarieren, wie wir es hier mit `instances` getan haben. Wir haben eine öffentliche Zugriffsmethode namens `HowManyCats()` erzeugt, um den Zugriff auf diesen privaten Member zu ermöglichen.

Objekte zerstören

Da C# eine Garbage Collection bietet, müssen Sie Ihre Objekte niemals explizit zerstören. Wenn Ihr Objekt aber unmanaged Ressourcen steuert, müssen Sie diese Ressourcen explizit freigeben, wenn Sie sie nicht mehr benötigen. Eine implizite Kontrolle über unmanaged Objekte bietet ein *Destruktor*, der vom Garbage Collector aufgerufen wird, wenn Ihr Objekt zerstört wird.

Hinweis für C- und C++-Programmierer: Ein Destruktor wird nicht unbedingt dann aufgerufen, wenn das zugehörige Objekt den Geltungsbereich verlässt, sondern wenn es vom Garbage Collector beseitigt wird (was viel später geschehen kann). Man bezeichnet dies als *nicht-deterministische Finalisierung*.

Der Destruktor sollte nur die von dem jeweiligen Objekt verwendeten Ressourcen freigeben und nicht auf andere Objekte verweisen. Beachten Sie, dass Sie keinen Destruktor benötigen und auch keinen implementieren sollten, wenn Sie nur managed Referenzen haben; Sie sollten ihn nur für die Behandlung von unmanaged Ressourcen verwenden. Da ein Destruktor auch Speicher beansprucht, sollten Sie ihn lediglich für solche Methoden implementieren, für die er erforderlich ist (d.h. für Methoden, die wertvolle unmanaged Ressourcen belegen).

Sie können den Destruktor eines Objekts nicht direkt aufrufen. Der Garbage Collector wird ihn für Sie aufrufen.

> **Wie Destruktoren funktionieren**
>
> Der Garbage Collector pflegt einen Liste von Objekten, die einen Destruktor haben. Diese Liste wird jedes Mal aktualisiert, wenn ein solches Objekt erzeugt oder zerstört wird.
>
> Wird ein Objekt auf dieser Liste zum ersten Mal eingesammelt, wird es zusammen mit anderen Objekten, die zerstört werden sollen, in eine Queue gestellt. Nachdem der Destruktor ausgeführt wurde, sammelt der Garbage Collector das Objekt ein und aktualisiert die Queue sowie seine Liste zu zerstörender Objekte.

Der C#-Destruktor

Der Destruktor von C# sieht syntaktisch einem C++-Destruktor sehr ähnlich, aber er verhält sich ganz anders. Sie deklarieren einen C#-Destruktor mit einer Tilde:

```
~MyClass( ){}
```

In C# ist diese Syntax einfach eine Abkürzung für die Deklaration der Methode `Finalize()`, die eine Verkettung bis zur Basisklasse herstellt. Wenn Sie also

```
~MyClass( )
{
   // Arbeit hier ausführen
}
```

schreiben, übersetzt es der C#-Compiler in:

```
protected override void Finalize( )
{
   try
   {
      // Arbeit hier ausführen
   }
   finally
   {
      base.Finalize( );
   }
}
```

Destruktoren und Dispose

Es ist nicht zulässig, einen Destruktor explizit aufzurufen. Der Destruktor wird vom Garbage Collector aufgerufen. Wenn Sie mit wertvollen unmanaged Ressourcen arbeiten (wie z.B. Datei-Handles), die Sie schließen und so schnell wie möglich verwerfen möchten, sollten Sie das Interface `IDisposable` implementieren.[6] (Sie werden in Kapitel 8 mehr

6 Normalerweise werden Sie keine Klassen schreiben, die unmittelbar mit unmanaged Ressourcen wie Raw Handles arbeiten. Allerdings können Sie Wrapper-Klassen wie `FileStream` und `Socket` verwenden. Diese Klassen implementieren allerdings `IDisposable`, und in diesem Fall sollten auch Sie Ihre Klasse `IDisposable` implementieren lassen (aber keinen Finalizer). Ihre `Dispose`-Methode muss dann bei allen verwendeten, zum Wegwerfen vorgesehenen Ressourcen `Dispose` aufrufen.

über dieses Interface erfahren.) Das Interface IDisposable fordert von seinen Implementierern die Definition einer Methode namens Dispose(), um die Aufräumarbeiten vorzunehmen, die Sie für wichtig erachten. Dispose() bietet die Möglichkeit, Ihrem Client zu sagen: »Warte nicht darauf, dass der Destruktor aufgerufen wird, sondern tue es direkt.«

Wenn Sie eine Dispose()-Methode anbieten, sollten Sie den Garbage Collector davon abhalten, den Destruktor Ihres Objekts aufzurufen. Dafür rufen Sie die statische Methode GC.SuppressFinalize( ) auf und übergeben ihr den this-Zeiger auf Ihr Objekt. Ihr Destruktor kann dann Ihre Dispose()-Methode aufrufen. Sie können also Folgendes schreiben:

```
using System;
class Testing : IDisposable
{
  bool is_disposed = false;
  protected virtual void Dispose(bool disposing)
  {
    if (!is_disposed) // Nur einmal verwerfen!
    {
      if (disposing)
      {
        Console.WriteLine("Nicht im Destruktor, Referenz auf andere Objekte ist okay");
      }
      // Räume dieses Objekt auf
      Console.WriteLine("Verwirf Objekt ...");
    }
    this.is_disposed = true;
  }

  public void Dispose( )
  {
    Dispose(true);
    // Weise den GC an, nichts zu finalisieren
    GC.SuppressFinalize(this);
  }

  ~Testing( )
  {
    Dispose(false);
    Console.WriteLine("Im Destruktor.");
  }
}
```

Die Methode Close() implementieren

Bei einigen Objekten sollten Sie Ihre Clients lieber die Methode Close( ) aufrufen lassen. (Bei Datei-Objekten ist Close() z.B. sinnvoller als Dispose().) Sie können dies implementieren, indem Sie eine private Dispose()-Methode und eine öffentliche Close()-Methode anlegen und Ihre Close()-Methode Dispose() aufrufen lassen.

Die using-Anweisung

Um den Benutzern Ihrer Klasse das Wegwerfen Ihrer Objekte zu erleichtern, bietet C# eine `using`-Anweisung, die sicherstellt, dass `Dispose()` zum frühestmöglichen Zeitpunkt aufgerufen wird. Die Vorgehensweise besteht darin, die verwendeten Objekte zu deklarieren und dann mit geschweiften Klammern einen Geltungsbereich für diese Objekte zu definieren. Wenn die schließende Klammer erreicht ist, wird automatisch die `Dispose()`-Methode auf dem Objekt aufgerufen, wie Sie in Beispiel 4-6 sehen.

Beispiel 4-6: Das using-Konstrukt

```
#region Using directives

using System;
using System.Collections.Generic;
using System.Drawing;
using System.Text;

#endregion

namespace usingStatement
{

   class Tester
   {
      public static void Main()
      {
         using (Font theFont = new Font("Arial", 10.0f))
         {
            // theFont benutzen

         }  // Hier ruft der Compiler Dispose bei theFont auf

         Font anotherFont = new Font("Courier",12.0f);

         using (anotherFont)
         {
            // anotherFont benutzen

         }  // Hier ruft der Compiler Dispose bei anotherFont auf
      }
   }
}
```

Im ersten Teil dieses Beispiels wird das `Font`-Objekt in der `using`-Anweisung erzeugt. Wenn die `using`-Anweisung endet, wird `Dispose()` auf dem `Font`-Objekt aufgerufen.

Im zweiten Teil des Beispiels wird ein `Font`-Objekt außerhalb der `using`-Anweisung erzeugt. Wenn wir uns dafür entscheiden, diese Schrift zu verwenden, setzen wir sie in die `using`-Anweisung; endet diese Anweisung, wird `Dispose()` erneut aufgerufen.

Das zweite Vorgehen ist voller Gefahren. Wenn nach der Erzeugung des Objekts, aber bevor der using-Block begonnen worden ist, eine Exception ausgelöst wird, wird das Objekt nicht weggeworfen. Außerdem bleibt die Variable nach dem Ende des using-Blocks noch im Geltungsbereich, aber wenn auf sie zugegriffen wird, führt dies zu einem Fehler.

Die using-Anweisung schützt Sie auch vor unerwarteten Exceptions. Dispose() wird immer aufgerufen, egal wie die Ablaufsteuerung die using-Anweisung verlässt. Ein impliziter try-catch-finally-Block wird für Sie erzeugt. (Einzelheiten finden Sie in Kapitel 11.)

Parameter übergeben

Standardmäßig werden Werttypen *by value* (als Wert) an Methoden übergeben (siehe den Abschnitt »Methodenparameter« weiter oben in diesem Kapitel). Das bedeutet, dass eine temporäre Kopie des Objekts in der Methode erzeugt wird, wenn ein Wertobjekt an eine Methode übergeben wird. Ist die Methode einmal abgeschlossen, wird die Kopie verworfen. Die Übergabe by value ist zwar der Normalfall, aber es kommt auch vor, dass Sie Wertobjekte by reference übergeben möchten. C# bietet den Parametermodifikator ref für die Übergabe von Wertobjekten an Methoden by reference und den Modifikator out für die Fälle, in denen Sie eine ref-Variable übergeben möchten, ohne sie vorher zu initialisieren. C# unterstützt auch den Modifikator params, der es einer Methode erlaubt, eine beliebige Anzahl von Parametern entgegenzunehmen. Das Schlüsselwort params wird in Kapitel 9 erläutert.

Übergabe by reference

Methoden können nur einen einzigen Wert zurückgeben (der allerdings auch eine Werte-Collection sein kann). Kehren wir zur Klasse Time zurück und fügen wir eine GetTime()-Methode hinzu, die die Stunde, Minuten und Sekunden zurückgibt.

> *Anmerkung für Java-Programmierer:* In C# werden keine Wrapper-Klassen für Basistypen wie int (integer) benötigt. Verwenden Sie stattdessen Referenzparameter.

Da wir nicht drei Werte zurückgeben lassen können, können wir vielleicht drei Parameter übergeben, die Methode die Parameter modifizieren lassen und das Ergebnis in der aufrufenden Methode untersuchen. Das Beispiel 4-7 zeigt einen ersten Versuch.

Beispiel 4-7: Werte in Parametern zurückgeben

```
#region Using directives

using System;
using System.Collections.Generic;
using System.Text;
```

Beispiel 4-7: Werte in Parametern zurückgeben (Fortsetzung)

```
#endregion

namespace ReturningValuesInParams
{
   public class Time
   {
      // Private Member-Variablen
      private int Year;
      private int Month;
      private int Date;
      private int Hour;
      private int Minute;
      private int Second;

      // Öffentliche Zugriffsmethoden
      public void DisplayCurrentTime( )
      {
         System.Console.WriteLine("{0}/{1}/{2} {3}:{4}:{5}",
            Month, Date, Year, Hour, Minute, Second);
      }

      public int GetHour( )
      {
         return Hour;
      }

      public void GetTime(int h, int m, int s)
      {
         h = Hour;
         m = Minute;
         s = Second;
      }

      // Konstruktor
      public Time(System.DateTime dt)
      {

         Year = dt.Year;
         Month = dt.Month;
         Date = dt.Day;
         Hour = dt.Hour;
         Minute = dt.Minute;
         Second = dt.Second;
      }
   }

   public class Tester
   {
      static void Main( )
      {
         System.DateTime currentTime = System.DateTime.Now;
```

Beispiel 4-7: Werte in Parametern zurückgeben (Fortsetzung)

```
            Time t = new Time(currentTime);
            t.DisplayCurrentTime( );

            int theHour = 0;
            int theMinute = 0;
            int theSecond = 0;
            t.GetTime(theHour, theMinute, theSecond);
            System.Console.WriteLine("Aktuelle Zeit: {0}:{1}:{2}",
                      theHour, theMinute, theSecond);
        }
    }
}
```

```
Ausgabe:
17.11.2005 13:41:18
Aktuelle Zeit: 0:0:0
```

Beachten Sie, dass die `Aktuelle Zeit` in der Ausgabe `0:0:0` ist. Offensichtlich hat dieser erste Versuch nicht funktioniert. Das Problem liegt bei den Parametern. Wir übergeben drei Integer-Parameter an `GetTime()` und modifizieren die Parameter in `GetTime()`, aber wenn in `Main( )` wieder auf die Werte zugegriffen wird, sind sie unverändert. Das liegt daran, dass Integer Werttypen sind und daher by value übergeben werden; in `GetTime()` wird nur eine Kopie erstellt. Wir müssen diese Werte by reference übergeben.

Es sind zwei kleine Veränderungen erforderlich. Zuerst ändern Sie die Parameter der Methode `GetTime`, um anzuzeigen, dass die Parameter `ref`-(Referenz-)Parameter sind:

```
public void GetTime(ref int h, ref int m, ref int s)
{
     h = Hour;
     m = Minute;
     s = Second;
}
```

Dann ändern Sie den Aufruf von `GetTime()`, um auch die Argumente by reference zu übergeben:

```
t.GetTime(ref theHour, ref theMinute, ref theSecond);
```

Wenn Sie den zweiten Schritt der Kennzeichnung der Argumente mit dem Schlüsselwort `ref` auslassen, wird der Compiler melden, dass das Argument nicht von einer `int` in eine `ref int` umgewandelt werden kann.

Nun zeigt das Ergebnis die korrekte Zeit. Durch die Deklaration dieser Parameter als `ref`-Parameter instruieren Sie den Compiler, sie by reference zu übergeben. Der Parameter in `GetTime()` ist keine Kopie, sondern eine Referenz auf die gleiche Variable (`theHour`), die in `Main()` erzeugt wird. Wenn Sie diese Werte in `GetTime()` ändern, spiegelt sich die Veränderung in `Main()` wider.

Denken Sie daran, dass ref-Parameter Referenzen auf die tatsächlichen Werte sind – es ist, als würden Sie sagen: »Hier, arbeite damit.« Umgekehrt sind Wertparameter Kopien – so als würden Sie sagen: »Hier, arbeite mit einem, *der genau wie dieser ist.*«

Definitive Zuweisungen durch out-Parameter vermeiden

C# verlangt *definitive Zuweisungen*: Sie müssen allen Variablen einen Wert zuweisen, ehe sie verwendet werden. In Beispiel 4-7 wird sich der Compiler beschweren, wenn Sie theHour, theMinute und theSecond nicht initialisieren, ehe Sie sie als Parameter an GetTime() übergeben. Die Initialisierung setzt diese Werte aber nur auf 0, ehe sie an die Methode übergeben werden:

```
int theHour = 0;
int theMinute = 0;
int theSecond = 0;
t.GetTime( ref theHour, ref theMinute, ref theSecond);
```

Das Initialisieren dieser Werte erscheint überflüssig, denn sie werden ja unmittelbar als Referenzen an GetTime übergeben und dort verändert. Wenn Sie es aber nicht tun, meldet der Compiler folgende Fehler:

```
Verwendung von möglicherweise nicht zugewiesenen lokalen Variablen 'theHour'
Verwendung von möglicherweise nicht zugewiesenen lokalen Variablen 'theMinute'
Verwendung von möglicherweise nicht zugewiesenen lokalen Variablen 'theSecond'
```

C# bietet für diese Situation den Parametermodifikator out. Der out-Modifikator hebt die Regel auf, dass ein Referenzparameter initialisiert sein muss. Die Parameter von GetTime() liefern z.B. keine Informationen an die Methode, sondern sind einfach ein Mechanismus, um Informationen aus ihr herauszuholen. Wenn Sie alle drei als out-Parameter kennzeichnen, eliminieren Sie damit die Notwendigkeit, sie außerhalb der Methode zu initialisieren. Innerhalb der aufgerufenen Methode müssen die out-Parameter einem Wert zugewiesen werden, ehe die Methode zurückkehrt. Hier sehen Sie die veränderten Parameterdeklarationen für GetTime():

```
public void GetTime(out int h, out int m, out int s)
{
    h = Hour;
    m = Minute;
    s = Second;
}
```

Und dies ist der neue Aufruf der Methode in Main():

```
t.GetTime(out theHour, out theMinute, out theSecond);
```

Zusammenfassend kann man sagen, dass Werttypen an Methoden by value übergeben werden. Ref-Parameter werden benutzt, um Werttypen by reference an eine Methode zu übergeben. Dies ermöglicht Ihnen, ihren veränderten Wert in der Aufrufmethode abzurufen. out-Parameter werden nur benutzt, um Informationen von einer Methode zurückzugeben. Beispiel 4-8 wandelt Beispiel 4-7 so ab, dass alle drei Möglichkeiten genutzt werden.

Beispiel 4-8: Die Verwendung von in-, out- und ref-Parametern

```
#region Using directives

using System;
using System.Collections.Generic;
using System.Text;

#endregion

namespace InOutRef
{
   public class Time
   {
      // Private Member-Variablen
      private int Year;
      private int Month;
      private int Date;
      private int Hour;
      private int Minute;
      private int Second;

      // Öffentliche Zugriffsmethoden
      public void DisplayCurrentTime( )
      {
         System.Console.WriteLine("{0}/{1}/{2} {3}:{4}:{5}",
            Month, Date, Year, Hour, Minute, Second);
      }

      public int GetHour( )
      {
         return Hour;
      }

      public void SetTime(int hr, out int min, ref int sec)
      {
         // Wenn die übergebene Zeit >= 30 ist,
         // erhöhe Minute und setze Second auf 0.
         // Lasse sie andernfalls beide unverändert.
         if (sec >= 30)
         {
            Minute++;
            Second = 0;
         }
         Hour = hr; // Setze auf den übergebenen Wert.

         // Gib die Minute und Sekunde wieder zurück.
         min = Minute;
         sec = Second;
      }

      // Konstruktor
      public Time(System.DateTime dt)
      {
```

Beispiel 4-8: Die Verwendung von in-, out- und ref-Parametern (Fortsetzung)

```
        Year = dt.Year;
        Month = dt.Month;
        Date = dt.Day;
        Hour = dt.Hour;
        Minute = dt.Minute;
        Second = dt.Second;
      }
   }

   public class Tester
   {
      static void Main( )
      {
         System.DateTime currentTime = System.DateTime.Now;
         Time t = new Time(currentTime);
         t.DisplayCurrentTime( );

         int theHour = 3;
         int theMinute;
         int theSecond = 20;

         t.SetTime(theHour, out theMinute, ref theSecond);
         System.Console.WriteLine(
             "Wir haben jetzt: {0} Minuten und {1} Sekunden",
                theMinute, theSecond);

         theSecond = 40;
         t.SetTime(theHour, out theMinute, ref theSecond);
         System.Console.WriteLine("Wir haben jetzt " +
             "{0} Minuten und {1} Sekunden",
                theMinute, theSecond);
      }
   }
}

Ausgabe:
17.11.2005 14:6:24
Wir haben jetzt 6 Minuten und 24 Sekunden
Wir haben jetzt 7 Minuten und 0 Sekunden
```

`SetTime` ist zwar ein wenig an den Haaren herbeigezogen, aber es veranschaulicht die drei Parametertypen. `theHour` wird als Wertparameter übergeben; seine Aufgabe ist nur, die Member-Variable `Hour` zu setzen. Er gibt keinen Wert zurück.

Der `ref`-Parameter `theSecond` wird benutzt, um einen Wert in der Methode zu setzen. Wenn `theSecond` größer oder gleich `30` ist, wird die Member-Variable `Second` auf `0` zurückgesetzt und die Member-Variable `Minute` erhöht.

Wenn Sie Referenzparameter verwenden, müssen Sie `ref` sowohl beim Aufruf als auch am Ziel angeben.

Schließlich wird `theMinute` nur an die Methode übergeben, um den Wert der Member-Variablen `Minute` zurückzugeben. Daher wird sie als `out`-Parameter gekennzeichnet.

Es ist unbedingt sinnvoll, dass `theHour` und `theSecond` initialisiert werden müssen, denn ihre Werte werden benötigt und auch verwendet. Es ist jedoch nicht notwendig, `theMinute` zu initialisieren, da sie ein `out`-Parameter ist, der nur dazu dient, einen Wert zurückzugeben. Werte müssen nur initialisiert werden, wenn ihr Anfangswert von Bedeutung ist.

Methoden und Konstruktoren überladen

Häufig möchten Sie mehr als eine Funktion mit dem gleichen Namen verwenden. Das gängigste Beispiel dafür haben Sie, wenn Sie mehr als einen Konstruktor verwenden. In den bisher gezeigten Beispielen hat der Konstruktor einen einzelnen Parameter verwendet: ein `DateTime`-Objekt. Angenehm wäre natürlich die Möglichkeit, neue `Time`-Objekte auf eine beliebige Uhrzeit zu setzen, indem ihnen Werte für Jahr, Monat, Tag, Stunde, Minute und Sekunde übergeben werden. Und es wäre sogar noch angenehmer, wenn einige Clients einen Konstruktor verwenden könnten und andere Clients einen anderen Konstruktor. Für genau diese Eventualitäten ist das Überladen von Funktionen gedacht.

Die *Signatur* einer Methode ist durch ihren Namen und ihre Parameterliste definiert. Zwei Methoden unterscheiden sich in ihren Signaturen, wenn sie unterschiedliche Namen oder unterschiedliche Parameterlisten haben. Parameterlisten können sich hinsichtlich der Anzahl oder der Typen der Parameter unterscheiden. In dem folgenden Code unterscheidet sich z.B. die erste Methode von der zweiten durch die Anzahl der Parameter, und die zweite unterscheidet sich von der dritten durch die Typen der Parameter:

```
void myMethod(int p1);
void myMethod(int p1, int p2);
void myMethod(int p1, string s1);
```

Eine Klasse kann beliebig viele Methoden haben, solange sich jede Signatur von allen anderen unterscheidet.

Beispiel 4-9 stellt unsere `Time`-Klasse mit zwei Konstruktoren dar: Der eine nimmt ein `DateTime`-Objekt entgegen und der andere sechs Integer.

Beispiel 4-9: Den Konstruktor überladen

```
#region Using directives

using System;
using System.Collections.Generic;
```

Beispiel 4-9: Den Konstruktor überladen (Fortsetzung)

```
using System.Text;

#endregion

namespace OverloadedConstructor
{
   public class Time
   {
      // Private Member-Variablen
      private int Year;
      private int Month;
      private int Date;
      private int Hour;
      private int Minute;
      private int Second;

      // Öffentliche Zugriffsmethoden
      public void DisplayCurrentTime( )
      {
         System.Console.WriteLine("{0}/{1}/{2} {3}:{4}:{5}",
            Month, Date, Year, Hour, Minute, Second);
      }

      // Konstruktoren
      public Time(System.DateTime dt)
      {
         Year =    dt.Year;
         Month =   dt.Month;
         Date =    dt.Day;
         Hour =    dt.Hour;
         Minute =  dt.Minute;
         Second =  dt.Second;
      }

      public Time(int Year, int Month, int Date,
            int Hour, int Minute, int Second)
      {
         this.Year =   Year;
         this.Month =  Month;
         this.Date =   Date;
         this.Hour =   Hour;
         this.Minute = Minute;
         this.Second = Second;
      }
   }

   public class Tester
   {
      static void Main( )
      {
         System.DateTime currentTime = System.DateTime.Now;
```

Beispiel 4-9: Den Konstruktor überladen (Fortsetzung)

```
            Time t1 = new Time(currentTime);
            t.DisplayCurrentTime( );

            Time t2 = new Time(2005,11,18,11,03,30);
            t2.DisplayCurrentTime( );

        }
    }
}
```

Wie Sie sehen, verfügt die Klasse `Time` in Beispiel 4-9 über zwei Konstruktoren. Bestände die Signatur einer Funktion nur aus dem Funktionsnamen, würde der Compiler nicht wissen, welche Konstruktoren aufgerufen werden sollen, wenn `t1` und `t2` konstruiert werden. Da die Signatur aber die Funktionsargumenttypen enthält, ist der Compiler in der Lage, den Konstruktoraufruf für `t1` dem Konstruktor zuzuordnen, dessen Signatur ein `DateTime`-Objekt erfordert. Entsprechend kann der Compiler den `t2`-Konstruktoraufruf mit der Konstruktormethode in Verbindung bringen, deren Signatur sechs Integer-Argumente angibt.

Wenn Sie eine Methode überladen, müssen Sie die Signatur ändern (d.h. Namen, Anzahl oder Typ der Parameter). Sie können auch den Rückgabetyp ändern, aber das ist optional. Das Ändern des Rückgabetyps allein überlädt die Methode nicht. Wenn Sie zwei Methoden mit der gleichen Signatur, aber unterschiedlichen Rückgabetypen schreiben, wird ein Compiler-Fehler ausgelöst (siehe Beispiel 4-10):

Beispiel 4-10: Den Rückgabetyp von überladenen Methoden ändern

```
#region Using directives

using System;
using System.Collections.Generic;
using System.Text;

#endregion

namespace VaryingReturnType
{
   public class Tester
   {
      private int Triple(int val)
      {
         return 3 * val;
      }

      private long Triple (long val)
      {
         return 3 * val;
      }

      public void Test( )
```

Beispiel 4-10: Den Rückgabetyp von überladenen Methoden ändern (Fortsetzung)

```
        {
            int x = 5;
            int y = Triple(x);
            System.Console.WriteLine("x: {0}  y: {1}", x, y);

            long lx = 10;
            long ly = Triple(lx);
            System.Console.WriteLine("lx: {0}  ly: {1}", lx, ly);

        }
        static void Main( )
        {
            Tester t = new Tester( );
            t.Test( );
        }
    }
}
```

In diesem Beispiel überlädt die Tester-Klasse die Methode Triple(). Eine Überladung nimmt einen Integer entgegen und die andere einen Long. Der Rückgabetyp für die beiden Triples()-Methoden variiert. Das ist zwar nicht erforderlich, aber in diesem Fall sehr bequem.

Daten durch Eigenschaften kapseln

Durch Eigenschaften können Clients auf den Klassenzustand zugreifen. Es sieht aus, als würden sie unmittelbar auf Member-Felder zugreifen, aber in Wirklichkeit implementieren sie diesen Zugriff über eine Klassenmethode.

Das ist ideal. Der Client will direkten Zugriff auf den Status des Objekts und möchte nicht mit Methoden arbeiten. Der Klassendesigner möchte aber den internen Status seiner Klasse in Klassen-Membern verbergen und einen indirekten Zugriff über eine Methode zur Verfügung stellen.

Durch das Trennen des Klassenzustands von der Methode, die auf diesen Zustand zugreift, kann der Designer den internen Zustand des Objekts bei Bedarf ändern. Wenn die Klasse Time zum ersten Mal erzeugt wird, kann der Wert Hour als Member-Variable gespeichert werden. Wird die Klasse neu entworfen, wird der Wert Hour vielleicht berechnet oder von einer Datenbank abgerufen. Hätte der Client einen direkten Zugriff auf die ursprüngliche Member-Variable Hour, würde er durch die Veränderung, die entsteht, weil der Wert nun berechnet ist, unbrauchbar. Da Zustand und Methode getrennt sind und der Client gezwungen wird, über eine Methode (oder Eigenschaft) zuzugreifen, kann die Time-Klasse die Weise ändern, wie sie ihren internen Zustand verwaltet, ohne den Client-Code zu beeinträchtigen.

Eigenschaften werden beiden Zielen gerecht: Sie bieten dem Client ein einfaches Interface in der Art einer Member-Variablen. Sie sind aber als Methoden implementiert und unterstützen das Verbergen von Daten, wie es sich für ein gutes objektorientiertes Design gehört. Dies sehen Sie in Beispiel 4-11.

Beispiel 4-11: Eine Eigenschaft verwenden

```
#region Using directives

using System;
using System.Collections.Generic;
using System.Text;

#endregion

namespace UsingAProperty
{
   public class Time
   {
      // Private Member-Variablen
      private int Year;
      private int Month;
      private int Date;
      private int Hour;
      private int Minute;
      private int Second;

      // Öffentliche Zugriffsmethoden
      public void DisplayCurrentTime( )
      {

         System.Console.WriteLine(
            "Zeit\t: {0}/{1}/{2} {3}:{4}:{5}",
            Month, Date, Year, Hour, Minute, Second);
      }

      // Konstruktoren
      public Time(System.DateTime dt)
      {
         Year =    dt.Year;
         Month =   dt.Month;
         Date =    dt.Day;
         Hour =    dt.Hour;
         Minute =  dt.Minute;
         Second =  dt.Second;
      }

      // Erzeuge eine Eigenschaft

      public int Hour
      {
         get
         {
             return Hour;
         }
```

Beispiel 4-11: Eine Eigenschaft verwenden (Fortsetzung)

```
            set
            {
                Hour = value;
            }
        }
    }

    public class Tester
    {
        static void Main( )
        {
            System.DateTime currentTime = System.DateTime.Now;
            Time t = new Time(currentTime);
            t.DisplayCurrentTime( );

            int theHour = t.Hour;
            System.Console.WriteLine("\nDie Stunde wurde abgerufen: {0}\n",
               theHour);
            theHour++;
            t.Hour = theHour;
            System.Console.WriteLine("Die Stunde wurde aktualisiert: {0}\n", theHour);
        }
    }
}
```

Um eine Eigenschaft zu deklarieren, schreiben Sie den Eigenschaftstyp und den Namen, gefolgt von einem Paar Klammern. Innerhalb der Klammern können Sie get- und set-Zugriffsmethoden deklarieren. Keine von beiden verfügt über explizite Parameter, allerdings hat die Methode `set()` den impliziten Parameter `value`, wie Sie im Folgenden sehen.

In Beispiel 4-11 ist `Hour` eine Eigenschaft. Ihre Deklaration erzeugt zwei Zugriffsmethoden: get und set.

```
public int Hour
{
    get
    {
        return Hour;
    }

    set
    {
        Hour = value;
    }
}
```

Jede Zugriffsmethode hat einen Zugriffsmethodenrumpf, der den Eigenschaftswert abruft und setzt. Der Eigenschaftswert kann in einer Datenbank gespeichert werden (in diesem Fall würde der Zugriffsmethodenrumpf alles Notwendige tun, um mit der Datenbank zu interagieren), oder er kann einfach in einer privaten Member-Variablen gespeichert werden:

```
private int Hour;
```

Die Zugriffsmethode get

Der Rumpf der Zugriffsmethode get ähnelt einer Klassenmethode, die ein Objekt vom Typ der Eigenschaft zurückgibt. In dem Beispiel ähnelt die Zugriffsmethode für Hour einer Methode, die einen int-Wert zurückgibt. Sie liefert den Wert der privaten Member-Variablen, in der der Wert der Eigenschaft gespeichert wurde:

```
get
{
    return Hour;
}
```

In diesem Beispiel wird eine lokale int-Member-Variable zurückgegeben, aber Sie könnten genauso gut einen Integer-Wert aus einer Datenbank abrufen oder ihn nebenbei berechnen.

Immer wenn Sie eine Eigenschaft lesen, wird die Zugriffsmethode get aufgerufen:

```
Time t = new Time(currentTime);
int theHour = t.Hour;
```

In diesem Beispiel wird der Wert der Eigenschaft Hour des Time-Objekts abgerufen. Dazu wird die Zugriffsmethode get aufgerufen, um die Eigenschaft zu extrahieren, die dann einer lokalen Variablen zugewiesen wird.

Die Zugriffsmethode set

Die Zugriffsmethode set setzt den Wert einer Eigenschaft und ähnelt einer Methode, die void zurückgibt. Wenn Sie eine set-Zugriffsmethode definieren, müssen Sie das Schlüsselwort value verwenden, um das Argument darzustellen, dessen Wert an die Eigenschaft übergeben und von ihr gespeichert wird.

```
set
{
    Hour = value;
}
```

Hier wird wiederum eine private Member-Variable verwendet, um den Wert der Eigenschaft zu speichern, aber die Zugriffsmethode set könnte auch in eine Datenbank schreiben oder bei Bedarf andere Member-Variablen aktualisieren.

Wenn Sie der Eigenschaft einen Wert zuweisen, wird die set-Zugriffsmethode automatisch aufgerufen, und der implizierte Parameter value wird auf den Wert gesetzt, den Sie zuweisen:

```
theHour++;
t.Hour = theHour;
```

Dieses Verfahren hat zwei entscheidende Vorteile: Der Client kann mit den Eigenschaften direkt interagieren, ohne dass das Verbergen von Daten und die Kapselung geopfert werden müssen, die einem guten objektorientierten Entwurf heilig sind. Außerdem kann derjenige, der die Eigenschaft festlegt, sicherstellen, dass der eingegebene Wert gültig ist.

Modifikatoren für den Zugriff auf Eigenschaften

Es ist möglich, einen Zugriffsmodifikator zu setzen (`protected`, `internal`, `private`) und damit die Zugriffsmöglichkeit auf `get` oder `set` zu verändern. Wenn Sie dies tun möchten, muss die Eigenschaft beide Zugriffsmethoden (`set` und `get`) haben, und Sie können nur den einen oder den anderen verändern. Außerdem muss der Modifikator restriktiver sein als die Zugriffsebene, die bereits für die Eigenschaft oder den Indexer definiert ist (Sie können also `protected` neben die `get`- oder `set`-Zugriffsmethode einer Eigenschaft schreiben, wenn sie öffentlich ist, aber nicht, wenn sie privat ist):

```
public string MyString
{
   protected get { return myString; }
             set { myString = value; }
}
```

In diesem Beispiel ist der Zugriff auf die `get`-Zugriffsmethode auf die Methoden dieser Klasse und der von dieser Klasse abgeleiteten Klassen beschränkt, während die `set`-Zugriffsmethode öffentlich sichtbar ist.

> Beachten Sie, dass Sie in einem Interface (siehe Kapitel 8) oder in der expliziten Implementierung eines Interface-Members keinen Zugriffsmodifikator setzen können. Außerdem muss, wenn Sie eine virtuelle Eigenschaft oder einen Index überschreiben (worauf wir weiter unten eingehen), der Zugriffsmodifikator mit dem Zugriffsmodifikator der Basiseigenschaft übereinstimmen.

Schreibgeschützte Felder

Sie möchten vielleicht eine Version der `Time`-Klasse erzeugen, die öffentliche statische Werte liefert, um die aktuelle Zeit und das Datum darzustellen. Beispiel 4-12 veranschaulicht ein einfaches Verfahren für dieses Problem.

Beispiel 4-12: Die Verwendung von statischen öffentlichen Konstanten

```
#region Using directives

using System;
using System.Collections.Generic;
using System.Text;

#endregion

namespace StaticPublicConstants
```

Beispiel 4-12: Die Verwendung von statischen öffentlichen Konstanten (Fortsetzung)

```
{
   public class RightNow
   {
      // Öffentliche Member-Variablen
      public static int Year;
      public static int Month;
      public static int Date;
      public static int Hour;
      public static int Minute;
      public static int Second

      static RightNow( )
      {
         System.DateTime dt = System.DateTime.Now;
         Year =    dt.Year;
         Month =   dt.Month;
         Date =    dt.Day;
         Hour =    dt.Hour;
         Minute =  dt.Minute;
         Second =  dt.Second;
      }
   }

   public class Tester
   {
      static void Main( )
      {
         System.Console.WriteLine ("Dieses Jahr: {0}",
               RightNow.Year.ToString( ));
         RightNow.Year = 2006;
         System.Console.WriteLine ("Dieses Jahr: {0}",
               RightNow.Year.ToString( ));
      }
   }
}

Ausgabe:
Dieses Jahr: 2005
Dieses Jahr: 2006
```

Das geht so lange gut, bis jemand daherkommt und einen dieser Werte ändert. Wie das Beispiel zeigt, kann der Wert `RightNow.Year` z.B. in 2006 geändert werden. Das ist absolut nicht das, was wir möchten.

Wir möchten die statischen Werte als konstant kennzeichnen, aber das ist nicht möglich, da wir sie erst initialisieren, wenn der statische Konstrukor ausgeführt wird. C# bietet für genau diesen Zweck das Schlüsselwort `readonly`. Wenn Sie die Klassen-Member-Variablendeklaration wie folgt ändern:

```
public static readonly int Year;
public static readonly int Month;
public static readonly int Date;
```

```
public static readonly int Hour;
public static readonly int Minute;
public static readonly int Second;
```

und dann die Neuzuweisung in `Main()` auskommentieren:

```
// RightNow.Year = 2006; // Fehler!
```

wird das Programm wie erwartet kompiliert und ausgeführt.

KAPITEL 5

Vererbung und Polymorphie

Nachdem wir im vorigen Kapitel gezeigt haben, wie man durch die Deklaration von Klassen neue Typen erzeugt, untersuchen wir in diesem Kapitel die Beziehungen zwischen Objekten in der realen Welt und wie diese Beziehungen im Programm nachgebildet werden. Dabei konzentrieren wir uns auf die *Spezialisierung*, die in C# durch *Vererbung* implementiert ist. Außerdem erläutert dieses Kapitel, wie Instanzen von spezialisierteren Klassen so behandelt werden können, als wären sie Instanzen von allgemeineren Klassen. Diesen Prozess nennt man *Polymorphie* (Vielgestaltigkeit). Das Kapitel endet mit der Beschreibung von *versiegelten* Klassen, bei denen eine Spezialisierung nicht möglich ist, und *abstrakten* Klassen, die nur für den Zweck der Spezialisierung existieren, sowie mit einer Erläuterung der Wurzel aller Klassen, der Klasse `Object`.

> *Hinweis für VB6-Programmierer:* C# ist wie auch VB.NET eine vollständig objektorientierte Technologie mit Vererbung, Polymorphie und Kapselung. Für VB6-Programmierer sind dies relativ neue Themen. Da sich diese auf das gesamte Klassen- und Anwendungsdesign auswirken, sollten Sie sich gründlich mit ihnen auseinander setzen.

Spezialisierung und Verallgemeinerung

Klassen und ihre Instanzen (Objekte) existieren nicht im luftleeren Raum, sondern vielmehr in einem Netzwerk aus gegenseitigen Abhängigkeiten und Beziehungen, so wie auch wir als soziale Wesen in einer Welt der Beziehungen und Kategorien leben.

Die *Ist-ein*-Beziehung bedeutet eine *Spezialisierung*. Wenn wir sagen, dass ein Hund *ein* Säugetier *ist*, dann meinen wir damit, dass der Hund eine spezielle Art von Säugetier ist. Er hat alle Merkmale jedes Säugetiers (bringt lebende Junge zur Welt, säugt sie mit Milch, hat Fell), aber er hat darüber hinaus spezifische Merkmale, die ihn zu einem *Canis domesticus* machen. Eine Katze ist ebenfalls ein Säugetier. Als solches erwarten wir von ihr, dass sie bestimmte Merkmale, die für Säugetiere allgemein gelten, mit dem Hund gemeinsam hat, sich aber durch solche Merkmale von ihm unterscheidet, die speziell Katzen kennzeichnen.

Die Spezialisierungs- und Verallgemeinerungsbeziehungen sind beide wechselseitig und hierarchisch. Sie sind wechselseitig, da die Spezialisierung das Gegenstück zur Verallgemeinerung ist. Daher sind Hund und Katze eine Spezialisierung von Säugetier, und Säugetier ist eine Verallgemeinerung von Hund und Katze.

Die Beziehungen sind hierarchisch, da sie einen Beziehungsbaum bilden, wobei spezialisiertere Typen von allgemeineren abzweigen. Je weiter Sie in der Hierarchie nach oben kommen, desto stärker ist die *Verallgemeinerung*. Sie bewegen sich nach oben in Richtung Säugetier, um zu verallgemeinern, dass Hunde, Katzen und Pferde lebende Junge gebären. Wenn Sie sich in der Hierarchie nach unten bewegen, spezialisieren Sie. Die Katze ist insofern eine Spezialisierung des Säugetiers, als sie Tatzen hat (ein Merkmal) und schnurrt (ein Verhalten).

Wenn Sie analog dazu sagen, dass `ListBox` und `Button` `Controls` sind, zeigen Sie an, dass es Merkmale und Verhaltensweisen von `Controls` gibt, die Sie von diesen beiden Typen erwarten. `Control` verallgemeinert mit anderen Worten die gemeinsamen Merkmale von `ListBox` und `Button`, während jedes von beiden seine eigenen speziellen Merkmale und Verhaltensweisen aufweist.

Über die Unified Modeling Language

Die Unified Modeling Language (UML) ist eine standardisierte »Sprache« für die Beschreibung eines Systems oder Geschäfts. In diesem Kapitel verwenden wir einen Teil der UML, der es ermöglicht, Beziehungen zwischen Klassen durch Diagramme zu dokumentieren.

In der UML werden Klassen als Kästen dargestellt. Oben im Kasten erscheint der Name der Klasse, und (optional) können in separaten Abschnitten Methoden und Member aufgelistet werden. Abbildung 5-1 zeigt beispielsweise, wie man in der UML Spezialisierungsbeziehungen nachbildet. Beachten Sie, dass die Pfeilspitzen von den spezialisierteren Klassen hinauf zu den allgemeineren Klassen zeigen.

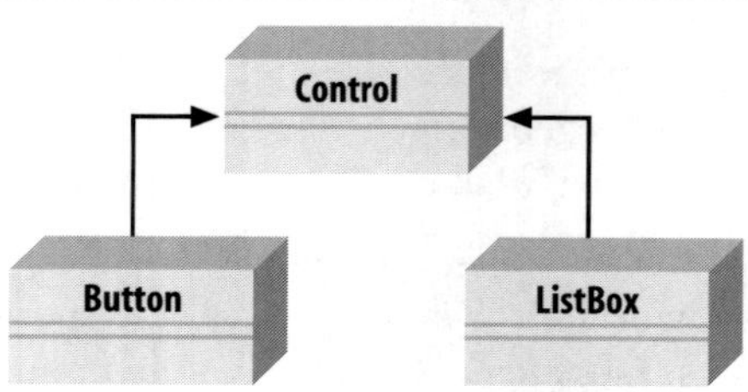

Abbildung 5-1: Eine Ist-ein-Beziehung

Häufig teilen sich zwei Klassen eine Funktionalität und lagern ihre Gemeinsamkeiten in eine gemeinsame Basisklasse aus. Dies erhöht die Wartungsfreundlichkeit und Wiederverwendbarkeit von allgemeinem Code.

Nehmen Sie z.B. an, Sie hätten eine Reihe von Objekten erstellt, wie in Abbildung 5-2 dargestellt.

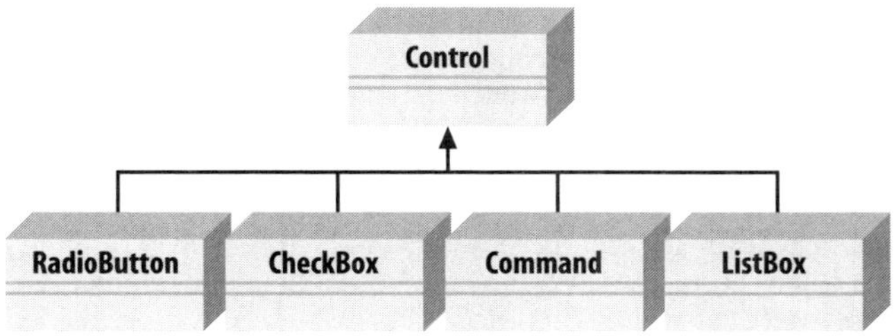

Abbildung 5-2: Von Control ableiten

Wenn Sie einige Zeit mit `RadioButtons`, `CheckBoxes` und `Command`-Schaltflächen gearbeitet haben, erkennen Sie, dass diese Steuerelemente bestimmte Merkmale und Verhaltensweisen gemeinsam haben, die spezieller sind als `Control`, aber allgemeiner als irgendeines der Einzelelemente. Sie könnten diese gemeinsamen Merkmale und Verhaltensweisen in eine allgemeine Basisklasse namens `Button` auslagern (man spricht auch von »faktorisieren«) und Ihre Vererbungshierarchie neu anordnen, wie Sie es in Abbildung 5-3 sehen. Dies ist ein Praxisbeispiel dafür, wie die Verallgemeinerung in der objektorientierten Entwicklung verwendet wird.

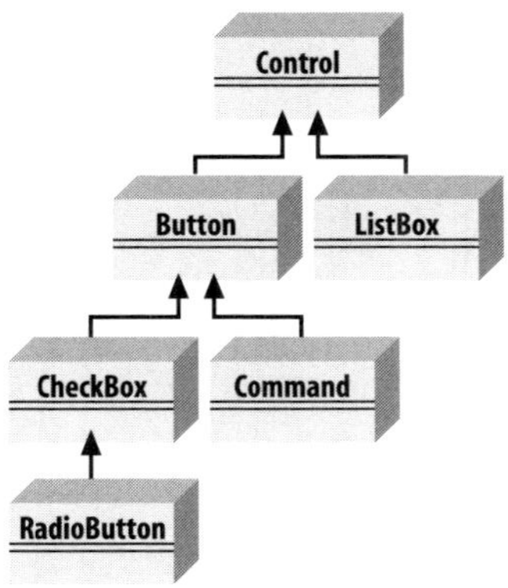

Abbildung 5-3: Eine faktorisierte Hierarchie

Dieses UML-Diagramm stellt die Beziehung zwischen den faktorisierten Klassen dar und zeigt, dass sowohl `ListBox` als auch `Button` von `Control` abstammen und dass `Button` wiederum in `CheckBox` und `Command` spezialisiert werden kann. `RadioButton` schließlich ist von `CheckBox` abgeleitet. Sie können daher sagen, dass ein `RadioButton` eine `CheckBox` ist, die wiederum ein `Button` ist, und dass `Buttons` wiederum `Controls` sind.

Dies ist nicht die einzige und auch nicht die beste Organisation dieser Objekte, aber es ist ein guter Anfang, um zu verstehen, wie diese Typen (Klassen) sich aufeinander beziehen.

> Dies mag zwar die Organisation von einigen Widget-Hierarchien wiedergeben, aber ich bin skeptisch gegenüber jedem System, in dem das Modell nicht meine Wirklichkeitswahrnehmung widerspiegelt. Wenn ich sage, dass ein `RadioButton` eine `CheckBox` ist, muss ich lange und angestrengt darüber nachdenken, ob das auch sinnvoll ist. Ich nehme an, dass ein `RadioButton` eine Art von Kontrollkästchen *ist*. Es ist ein Kontrollkästchen, das die Darstellung von sich gegenseitig ausschließenden Wahlmöglichkeiten unterstützt. So gesehen, ist dies eine Verrenkung und kann ein Zeichen für einen zweifelhaften Entwurf sein.

Vererbung

In C# wird die Spezialisierungsbeziehung normalerweise mit Vererbung implementiert. Das ist nicht die einzige, aber die gängigste und natürlichste Möglichkeit, die Spezialisierung zu implementieren.

Wenn man sagt, dass `ListBox` von `Control` erbt (oder von ihm abstammt), zeigt das, dass es sich bei `ListBox` um eine Spezialisierung von `Control` handelt. `Control` wird als *Basisklasse* bezeichnet und `ListBox` als *abgeleitete Klasse*. Das bedeutet, dass `ListBox` seine Merkmale und Verhaltensweisen von `Control` ableitet und dann für seine eigenen Bedürfnisse spezieller definiert.

Vererbung implementieren

In C# erzeugen Sie eine abgeleitete Klasse, indem Sie hinter dem Namen der abgeleiteten Klasse einen Doppelpunkt angeben, gefolgt vom Namen der Basisklasse:

```
public class ListBox : Control
```

Dieser Code deklariert die neue Klasse `ListBox`, die von `Control` abgeleitet ist. Sie können den Doppelpunkt als »ist abgeleitet von« lesen.

> *Hinweis für C++-Programmierer:* In C# kann Vererbung nicht privat oder protected sein.

Die abgeleitete Klasse erbt alle Member der Basisklasse, sowohl die Member-Variablen als auch die Methoden.

Polymorphie

Die Vererbung bietet zwei mächtige Funktionalitäten; eine von ihnen ist die Wiederverwendung von Code. Wenn Sie eine `ListBox`-Klasse erzeugen, können Sie einen Teil der Logik in der Basis-(`Control`-)Klasse wiederverwenden.

Was aber zweifellos viel mächtiger ist, ist der Aspekt der Vererbung, der *Polymorphie*. *Poly* bedeutet viel und *morph* Form. Polymorphie bedeutet also, dass man in der Lage ist, viele Formen eines Typs zu verwenden, ohne sich um die Einzelheiten kümmern zu müssen.

Wenn die Telekom ein Klingelsignal an Ihr Telefon sendet, weiß sie nicht, welche Art Telefon am anderen Ende der Leitung steht. Vielleicht haben Sie noch ein altes Telefon, bei dem ein Motor die Klingel läutet, oder Sie haben ein elektronisches Telefon, das eine digitale Melodie spielt.

Soweit es die Telekom betrifft, weiß sie nur von dem »Basistyp« `Telefon` und erwartet, dass jede »Instanz« dieses Typs weiß, wie geklingelt wird. Wenn die Telekom Ihr Telefon anweist zu *klingeln*, erwartet sie vom Telefon einfach, »die Sache mit dem Klingeln auszuführen«. Die Telekom behandelt Ihr Telefon also polymorph.

Polymorphe Typen erzeugen

Da `ListBox` *ein* `Control` *ist* und `Button` *ein* `Control` *ist*, erwarten wir, dass wir in der Lage sind, einen von beiden Typen in Situationen zu verwenden, in denen ein `Window` aufgerufen wird. Unter Umständen muss z.B. ein Formular eine Sammlung aller Instanzen von `Control` speichern, die es verwendet, damit es jedes seiner `Controls` anweisen kann, sich selbst zu zeichnen, wenn das Formular geöffnet wird. Für diese Operation möchte das Formular nicht wissen, welche Elemente Listenfelder sind und welche Schaltflächen; es möchte nur seine Sammlung durchgehen und jedes Element anweisen, sich zu »zeichnen«. Das Formular möchte also alle seine `Control`-Objekte polymorph behandeln.

Polymorphe Methoden erzeugen

Um eine Methode zu erzeugen, die Polymorphie unterstützt, müssen Sie sie in ihrer Basisklasse nur als `virtual` kennzeichnen. Um z.B. anzuzeigen, dass die Methode `DrawControl()` der Klasse `Window` in Beispiel 5-1 polymorph ist, fügen Sie einfach das Schlüsselwort `virtual` zu ihrer Deklaration hinzu, wie Sie es hier sehen:

```
public virtual void DrawWindow( )
```

Nun ist es jeder abgeleiteten Klasse überlassen, ihre eigene Version von `DrawWindow()` zu implementieren. Um dies zu tun, überschreiben Sie einfach die `virtual`-Methode der Basisklasse, indem Sie das Schlüsselwort `override` in der abgeleiteten Klassenmethodendefinition verwenden, und fügen dann den neuen Code für diese überschriebene Methode hinzu.

In den folgenden Auszügen aus Beispiel 5-1 (das Sie weiter unten in diesem Abschnitt finden) stammt `ListBox` von `Control` ab und implementiert seine eigene Version von `DrawWindow()`:

```
public override void DrawWindow( )
{
   base.DrawWindow( );  // Rufe die Basismethode auf
```

```
    Console.WriteLine ("Schreibe String in das Listenfeld: {0}",
       listBoxContents);
}
```

Das Schlüsselwort override teilt dem Compiler mit, dass diese Klasse absichtlich die Arbeitsweise von DrawWindow() überschrieben hat. Ähnlich überschreiben Sie die Methode in einer anderen Klasse, Button, die ebenfalls von Control abgeleitet ist.

Im Rumpf von Beispiel 5-1 werden Sie zuerst drei Objekte erzeugen: ein Control, eine ListBox und einen Button. Dann rufen Sie auf jedem Objekt DrawWindow() auf:

```
Control win = new Control(1,2);
ListBox lb = new ListBox(3,4,"Selbstständiges Listenfeld");
Button b = new Button(5,6);
win.DrawWindow( );
lb.DrawWindow( );
b.DrawWindow( );
```

Das funktioniert eigentlich so, wie Sie es erwarten. Für jedes Element wird das richtige DrawWindow()-Objekt aufgerufen. Bisher wurde nichts Polymorphes gemacht. Die wahre Kunst beginnt, wenn Sie ein Array von Control-Objekten erzeugen. Da eine ListBox *ein* Control *ist*, können Sie eine ListBox in ein Control-Array setzen. Sie können auch einen Button in ein Array von Control-Objekten setzen, da ein Button ebenfalls ein Control ist:

```
Control[] winArray = new Control[3];
winArray[0] = new Control(1,2);
winArray[1] = new ListBox(3,4,"Listenfeld im Array");
winArray[2] = new Button(5,6);
```

Was geschieht, wenn Sie DrawWindow() auf jedem Objekt aufrufen?

```
for (int i = 0;i < 3; i++)
{
   winArray[i].DrawWindow( );
}
```

Der Compiler weiß nur, dass er drei Control-Objekte hat und dass Sie auf jedem dieser Objekte DrawWindow() aufgerufen haben. Wenn Sie DrawWindow nicht als virtual gekennzeichnet hätten, würde dreimal die Methode DrawWindow() von Control aufgerufen. Da Sie aber DrawWindow() als virtual gekennzeichnet haben und da die abgeleitete Klasse diese Methode überschreibt, wenn Sie DrawWindow() auf dem Array aufrufen, bestimmt der Compiler den Laufzeittyp der tatsächlichen Objekte (ein Control, eine ListBox und ein Button) und ruft auf jedem die richtige Methode auf. Dies ist das Wesen der Polymorphie. Den vollständigen Code für dieses Beispiel finden Sie in Beispiel 5-1.

Dieses Listing verwendet ein Array, das eine Sammlung von Objekten des gleichen Typs ist. Sie greifen auf die Elemente des Arrays mit dem Indexoperator zu:

```
// Setze den Wert des Elements
// bei Offset 5
MyArray[5] = 7;
```

Das erste Element in jedem Array hat den Index 0. Die Verwendung des Arrays in diesem Beispiel sollte recht intuitiv sein. Arrays werden ausführlich in Kapitel 9 erläutert.

Beispiel 5-1: Die Verwendung von virtuellen Methoden

```
#region Using directives

using System;
using System.Collections.Generic;
using System.Text;

#endregion

namespace VirtualMethods
{
   public class Control
   {
      // Diese Member sind protected und daher für abgeleitete
      // Klassenmethoden sichtbar. Wir werden weiter unten in
      // diesem Kapitel darauf eingehen.
      protected int top;
      protected int left;

      // Konstruktor nimmt zwei Integer entgegen, um
      // den Ort auf der Konsole festzulegen
      public Control(int top, int left)
      {
         this.top = top;
         this.left = left;
      }

      // Simuliert das Zeichnen des Fensters
      public virtual void DrawWindow( )
      {
         Console.WriteLine("Control: zeichne Control bei {0}, {1}",
            top, left);
      }
   }

// ListBox stammt von Control ab
   public class ListBox : Control
   {
      private string listBoxContents;  // Neue Member-Variable

      // Konstruktor fügt einen Parameter hinzu
      public ListBox(
         int top,
         int left,
         string contents):
      base(top, left)  // Rufe Basiskonstruktor auf
      {

         listBoxContents = contents;
```

Beispiel 5-1: Die Verwendung von virtuellen Methoden (Fortsetzung)

```
      }

// Überschriebene Version (beachten Sie das Schlüsselwort override),
      // da wir in der abgeleiteten Methode das Verhalten ändern
      public override void DrawWindow( )
      {
         base.DrawWindow( );  // Rufe die Basismethode auf
         Console.WriteLine ("Schreibe String in das Listenfeld: {0}",
            listBoxContents);
      }
   }

   public class Button : Control
   {
      public Button(
         int top,
         int left):
      base(top, left)
      {
      }

// Überschriebene Version (beachten Sie das Schlüsselwort override),
      // da wir in der abgeleiteten Methode das Verhalten ändern
      public override void DrawWindow( )
      {
         Console.WriteLine("Zeichne Schaltfläche bei {0}, {1}\n",
            top, left);
      }
   }

   public class Tester
   {
      static void Main( )
      {
         Control win = new Control(1,2);
         ListBox lb = new ListBox(3,4,"Selbstständiges Listenfeld");
         Button b = new Button(5,6);
         win.DrawWindow( );
         lb.DrawWindow( );
         b.DrawWindow( );

         Control[] winArray = new Control[3];
         winArray[0] = new Control(1,2);
         winArray[1] = new ListBox(3,4,"Listenfeld im Array");
         winArray[2] = new Button(5,6);

         for (int i = 0;i < 3; i++)
         {
            winArray[i].DrawWindow( );
         }
      }
   }
```

Beispiel 5-1: Die Verwendung von virtuellen Methoden (Fortsetzung)

```
}

Ausgabe:
Control: zeichne Control bei 1, 2
Control: zeichne Control bei 3, 4
Schreibe String in das Listenfeld: Selbstständiges Listenfeld
Zeichne Schaltfläche bei 5, 6

Control: zeichne Control bei 1, 2
Control: zeichne Control bei 3, 4
Schreibe String in das Listenfeld: Listenfeld im Array
Zeichne Schaltfläche bei 5, 6
```

Beachten Sie, dass wir im ganzen Beispiel die neu überschriebenen Methoden mit dem Schlüsselwort `override` gekennzeichnet haben:

```
public override void DrawWindow( )
```

Der Compiler weiß nun, dass er die überschriebene Methode verwenden soll, wenn er diese Objekte polymorph behandelt. Er ist dafür verantwortlich, den wahren Typ des Objekts zu verfolgen und die »späte Bindung« zu behandeln, so dass `ListBox.DrawWindow()` aufgerufen wird, wenn die `Control`-Referenz wirklich auf ein `ListBox`-Objekt verweist.

> *Hinweis für C++-Programmierer:* Sie müssen die Deklaration einer jeden Methode, die eine virtuelle Methode überschreibt, explizit mit dem Schlüsselwort `override` kennzeichnen.

Konstruktoren von Basisklassen aufrufen

In Beispiel 5-1 wird die neue Klasse `ListBox` von `Control` abgeleitet und hat einen eigenen Konstruktor mit drei Parametern. Dadurch, dass hinter dessen Parameterliste ein Doppelpunkt (:) und das Schlüsselwort `base` folgen, wird der Konstruktor des Elternobjekts aus dem Konstruktor von `ListBox` heraus aufgerufen:

```
public ListBox(
    int theTop,
    int theLeft,
    string theContents):
        base(theTop, theLeft)  // Rufe Basiskonstruktor auf
```

Da die Konstruktoren von Klassen nicht vererbt werden, muss eine abgeleitete Klasse ihren eigenen Konstruktor implementieren und kann den Konstruktor ihrer Basisklasse nur nutzen, indem sie ihn explizit aufruft.

Wenn die Basisklasse einen erreichbaren Default-Konstruktor hat, muss der Konstruktor der abgeleiteten Klasse den Konstruktor der Basisklasse nicht explizit aufrufen; stattdessen wird der Default-Konstruktor implizit aufgerufen. Verfügt die Basisklasse jedoch nicht über einen Default-Konstruktor, *muss* jeder Konstruktor einer abgeleiteten Klasse mit Hilfe des Schlüsselworts `base` explizit einen der Basisklassen-Konstruktoren aufrufen.

> In Kapitel 4 haben wir darauf hingewiesen, dass der Compiler, wenn Sie selbst keinerlei eigenen Konstruktor schreiben, einen Default-Konstruktor für Sie erzeugt. Unabhängig davon, ob Sie ihn selbst schreiben oder den »defaultmäßig« vom Compiler zur Verfügung gestellten Konstruktor verwenden, ist der Default-Konstruktor immer derjenige, der keine Parameter hat. Beachten Sie jedoch, dass der Compiler keinen Default-Konstruktor mehr für Sie erzeugt, sobald Sie selbst irgendeinen Konstruktor (egal ob mit oder ohne Parameter) erstellen.

Den Zugang kontrollieren

Die Sichtbarkeit einer Klasse und ihrer Member kann mit Hilfe von Zugriffsmodifikatoren wie `public`, `private`, `protected`, `internal` und `protected internal` beschränkt werden. (Siehe Kapitel 4 bezüglich der Behandlung von Zugriffsmodifikatoren.)

Wie Sie gesehen haben, erlaubt `public`, dass ein Member von den Member-Methoden anderer Klassen erreicht werden kann, während `private` anzeigt, dass ein Member nur für die Member-Methoden der eigenen Klasse sichtbar ist. Das Schlüsselwort `protected` erweitert die Sichtbarkeit auf die Methoden von abgeleiteten Klassen und `internal` auf die Methoden aller Klassen in derselben *Assembly*.[1]

Das Schlüsselwortpaar `internal protected` ermöglicht den Zugriff auf Member derselben Assembly (`internal`) *und* abgeleiteten Klassen (`protected`). Sie können diese Kennzeichnung als `internal` *oder* `protected` betrachten.

Mit allen diesen Zugriffsebenen können sowohl Klassen als auch deren Member gekennzeichnet werden. Hat ein Klassen-Member eine Zugriffskennzeichnung, die von der Kennzeichnung der Klasse abweicht, wird die engere Zugriffsbeschränkung angewendet. Wenn Sie also folgendermaßen eine Klasse `myClass` definieren:

```
public class myClass
{
   // ...
   protected int myValue;
}
```

ist der Zugriff auf `myValue` `protected`, obwohl die Klasse selbst öffentlich (`public`) ist. Als *öffentliche Klasse* wird eine Klasse bezeichnet, die für alle anderen Klassen sichtbar ist, die mit ihr interagieren wollen. Häufig werden Klassen nur für den Zweck angelegt, dass sie andere Klassen innerhalb einer Assembly unterstützen. Solche Klassen sollten als `internal` und nicht als `public` gekennzeichnet werden.

---

1 Eine Assembly ist (wie in Kapitel 1 behandelt) eine Einheit für die gemeinsame Verwendung und Wiederverwendung in der CLR (eine logische DLL). Typischerweise wird sie aus einer Sammlung von physischen Dateien erzeugt, die sich in einem einzigen Verzeichnis befinden. Dazu gehören alle Ressourcen (Bitmaps, GIF-Dateien usw.), die zusammen mit der IL und den Metadaten für das Programm benötigt werden.

Versionierung mit den Schlüsselwörtern new und override

In C# wird die Entscheidung des Programmierers, eine virtuelle Methode zu überschreiben, mit dem Schlüsselwort override explizit ausgedrückt. Das hilft Ihnen, neue Versionen Ihres Codes zu veröffentlichen; Veränderungen an der Basisklasse werden bestehenden Code in den abgeleiteten Klassen nicht beeinträchtigen. Der Zwang, das Schlüsselwort override zu verwenden, hilft bei der Vermeidung dieses Problems.

Das funktioniert so: Nehmen Sie für einen Moment an, dass die Control-Basisklasse aus dem vorherigen Beispiel von Unternehmen A geschrieben wurde. Nehmen Sie weiterhin an, dass die Klassen ListBox und RadioButton von Programmierern des Unternehmens B geschrieben wurden, die dafür eine Kopie der Control-Klasse von Unternehmen A als Basis verwendeten. Die Programmierer in Unternehmen B haben nur wenig oder gar keine Kontrolle über das Design der Control-Klasse, einschließlich zukünftiger Änderungen, die Unternehmen A vornehmen möchte.

Unter diesen Voraussetzungen entscheidet sich nun einer der Programmierer von Unternehmen B, zu ListBox eine Sort()-Methode hinzuzufügen:

```
public class ListBox : Control
{
   public virtual void Sort( ) {...}
}
```

Dies stellt so lange kein Problem dar, bis Unternehmen A als Autor von Control die Version 2 der Control-Klasse veröffentlicht und sich herausstellt, dass die Programmierer in Unternehmen B ebenfalls eine Sort()-Methode zu ihrer öffentlichen Control-Klasse hinzugefügt haben:

```
public class Control
{
   // ...
   public virtual void Sort( ) {...}
}
```

In anderen objektorientierten Sprachen (wie z.B. C++) würde die neue virtuelle Sort()-Methode in Control nun als Basisklasse für die virtuelle Sort()-Methode in ListBox agieren. Der Compiler würde die Sort()-Methode in ListBox aufrufen, wenn Sie Sort() in Control aufrufen möchten. In Java würde der Klassen-Loader Sort() in ListBox als ungültige Überschreibung ansehen und den Ladevorgang abbrechen, wenn Sort() in Control einen anderen Rückgabetyp hat.

C# verhindert so ein Chaos. In C# wird eine virtuelle Funktion immer als Wurzel der virtuellen Weitergabe angesehen; das heißt, wenn C# einmal eine virtuelle Methode findet, dann sucht es in der Vererbungshierarchie nicht noch weiter oben danach. Wird eine neue virtuelle Sort()-Funktion in Control eingeführt, bleibt das Laufzeitverhalten von ListBox unverändert.

Wenn `ListBox` erneut kompiliert wird, erzeugt der Compiler aber eine Warnung:

```
...\class1.cs(54,24): warning CS0114: 'ListBox.Sort( )' hides
inherited member 'Control.Sort( )'.
To make the current member override that implementation,
add the override keyword. Otherwise add the new keyword.
```

Um diese Warnung zu eliminieren, muss der Programmierer sagen, was er vorhat. Er kann die `Sort()`-Methode von `ListBox` als `new` kennzeichnen, um anzuzeigen, dass es sich *nicht* um eine Überschreibung der virtuellen Methode in `Control` handelt:

```
public class ListBox : Control
{
   public new virtual void Sort( ) {...}
```

Durch diese Aktion wird die Warnung eliminiert. Wenn der Programmierer andererseits die Methode in `Control` überschreiben möchte, muss er nur das Schlüsselwort `override` benutzen, um diese Absicht kenntlich zu machen:

```
public class ListBox : Control
{
   public override void Sort( ) {...}
```

Zur Vermeidung einer solchen Warnung mag es verlockend sein, allen Ihren virtuellen Methoden das Schlüsselwort `new` hinzuzufügen. Das ist keine gute Idee. Wenn `new` im Code erscheint, sollte es die Versionierung von Code dokumentieren. Es verweist einen potenziellen Client auf die Basisklasse, damit er sieht, was Sie nicht überschreiben. Die unkontrollierte Verwendung von `new` untergräbt diese Dokumentation. Außerdem ist die Warnung dazu da, ein wirkliches Problem zu identifizieren.

Abstrakte Klassen

Jede Unterklasse von `Control` *sollte* ihre eigene `DrawWindow()`-Methode implementieren – aber es ist nicht unbedingt erforderlich. Um Unterklassen vorzuschreiben, eine Methode ihrer eigenen Basis zu implementieren, müssen Sie diese Methode als `abstract` kennzeichnen.

Eine abstrakte Methode verfügt über keine Implementierung. Sie erzeugt einen Methodennamen und eine Signatur, die in allen abgeleiteten Klassen implementiert werden müssen. Außerdem wird die Klasse abstrakt, wenn eine oder mehrere Methoden einer Klasse abstrakt gemacht werden.

Abstrakte Klassen sind eine Basis für abgeleitete Klassen, dürfen aber nicht selbst instantiiert werden. Deklarieren Sie einmal eine Methode als abstrakt, verhindern Sie die Erzeugung jeder Instanz dieser Klasse.

Wenn Sie also `DrawWindow()` in der `Control`-Klasse als `abstract` kennzeichnen würden, könnten Sie zwar von `Control` ableiten, aber Sie könnten keine `Control`-Objekte erzeugen. Jede abgeleitete Klasse müsste `DrawWindow()` implementieren. Würde die abgeleitete

Klasse die abstrakte Methode nicht implementieren, wäre auch diese Klasse abstrakt, und es wären wiederum keine Instanzen möglich.

Sie kennzeichnen eine Methode als `abstract`, indem Sie das Schlüsselwort `abstract` an den Anfang der Methodendefinition setzen:

```
abstract public void DrawWindow( );
```

(Da die Methode keine Implementierungen haben kann, gibt es keine Klammern, sondern nur ein Semikolon.)

Wenn eine oder mehrere Methoden abstrakt sind, muss auch die Klassendefinition als `abstract` gekennzeichnet sein:

```
abstract public class Control
```

Beispiel 5-2 veranschaulicht die Erzeugung einer abstrakten `Control`-Klasse und einer abstrakten `DrawWindow()`-Methode.

Beispiel 5-2: Die Verwendung einer abstrakten Methode und Klasse

```
#region Using directives

using System;
using System.Collections.Generic;
using System.Text;

#endregion

namespace abstractmethods
{
   using System;

   abstract public class Control
   {
      protected int top;
      protected int left;

      // Konstruktor nimmt zwei Integer entgegen, um
      // den Ort auf der Konsole festzulegen
      public Control(int top, int left)
      {
         this.top = top;
         this.left = left;
      }

      // Simuliert das Zeichnen des Fensters
      // Hinweis: keine Implementierung

      abstract public void DrawWindow( );

   }

// ListBox stammt von Control ab
   public class ListBox : Control
```

Beispiel 5-2: Die Verwendung einer abstrakten Methode und Klasse (Fortsetzung)

```
{
   private string listBoxContents;  // Neue Member-Variable

   // Konstruktor fügt einen Parameter hinzu
   public ListBox(
      int top,
      int left,
      string contents):
   base(top, left)  // Rufe Basiskonstruktor auf
   {

      listBoxContents = contents;
   }

   // Eine überschriebene Version, die die abstrakte Methode
   // implementiert

   public override void DrawWindow( )
   {

      Console.WriteLine ("Schreibe String in das Listenfeld: {0}",
         listBoxContents);
   }

}

public class Button : Control
{
   public Button(
      int top,
      int left):
      base(top, left)
   {
   }

   // Implementiere die abstrakte Methode

   public override void DrawWindow( )
   {
      Console.WriteLine("Zeichne eine Schaltfläche bei {0}, {1}\n",
         top, left);
   }

}

public class Tester
{
   static void Main( )
   {
      Control[] winArray = new Control[3];
      winArray[0] = new ListBox(1,2,"Erstes Listenfeld");
      winArray[1] = new ListBox(3,4,"Zweites Listenfeld");
      winArray[2] = new Button(5,6);
```

Beispiel 5-2: Die Verwendung einer abstrakten Methode und Klasse (Fortsetzung)

```
            for (int i = 0;i < 3; i++)
            {
               winArray[i].DrawWindow( );
            }
        }
    }
}
```

In Beispiel 5-2 wurde die `Control`-Klasse als `abstract` deklariert, und daher kann sie nicht instantiiert werden. Wenn Sie den ersten Array-Member

```
winArray[0] = new ListBox(1,2,"Erstes Listenfeld");
```

durch den Code

```
winArray[0] = new Control(1,2);
```

ersetzen, meldet das Programm den folgenden Fehler:

```
Eine Instanz der abstrakten Klasse oder Schnittstelle 'abstractmethods.Control' konnte
nicht erstellt werden.
```

Sie können die `ListBox`- und `Button`-Objekte instantiieren, da diese Klassen die abstrakte Methode überschreiben, und so die Klassen *konkret* machen (d.h. nicht abstrakt).

Beschränkungen für abstract

Obwohl die Kennzeichnung von `DrawWindow()` als abstrakt alle abgeleiteten Klassen dazu zwingt, die Methode zu implementieren, ist dies eine sehr eingeschränkte Lösung für das Problem. Wenn wir eine Klasse von `ListBox` ableiten (z.B. `DropDownListBox`), zwingt nichts diese abgeleitete Klasse dazu, ihre eigene `DrawWindow()`-Methode zu implementieren.

> *Hinweis für C++-Programmierer:* In C# kann `Control.DrawWindow( )` keine Implementierung liefern, so dass wir nicht die allgemeinen `DrawWindow()`-Routinen nutzen können, die sonst von den abgeleiteten Klassen gemeinsam genutzt werden könnten.

Außerdem sollen abstrakte Klassen nicht nur ein Implementierungstrick sein, sondern die Idee einer Abstraktion darstellen, die einen »Vertrag« für alle abgeleiteten Klassen definiert. Mit anderen Worten: Abstrakte Klassen beschreiben die öffentlichen Methoden der Klassen, die die Abstraktion implementieren.

Die Vorstellung einer abstrakten `Control`-Klasse sollte die allgemeinen Merkmale und Verhaltensweisen von allen `Controls` enthalten, auch wenn wir niemals vorhaben, die Abstraktion `Control` selbst zu instantiieren.

Auf den Zweck einer abstrakten Klasse deutet schon das Wort »abstrakt« hin. Sie dient dazu, die Abstraktion »control« zu implementieren, die sich in den unterschiedlichen konkreten Instanzen von `Control` manifestiert, wie z.B. Browserfenster, Frame, Schaltfläche, Listenfeld oder Drop-down-Menü. Die abstrakte Klasse bestimmt, was ein `Control` ist, auch wenn wir niemals vorhaben, ein solches generisches Control zu erzeugen. Eine Alternative zur Verwendung von `abstract` ist es, ein Interface zu definieren, wie es in Kapitel 8 beschrieben wird.

Versiegelte Klassen

Im Entwurf ist *versiegelt* (sealed) das Gegenteil von abstrakt. Von einer abstrakten Klasse soll abgeleitet werden; sie soll eine Vorlage für die ihr folgenden Unterklassen sein. Demgegenüber gestattet eine versiegelte Klasse nicht, dass von ihr Klassen abgeleitet werden. Das Schlüsselwort `sealed` wird vor die Klassendeklaration gesetzt und schließt eine Ableitung aus. Klassen sind meist als `sealed` gekennzeichnet, um eine versehentliche Vererbung zu verhindern.

> *Hinweis für Java-Programmierer:* Eine *sealed*-Klasse in C# entspricht einer *final*-Klasse in Java.

Wenn die Deklaration von `Control` im obigen Beispiel von `abstract` in `sealed` geändert wird (und auch das Schlüsselwort `abstract` aus der `DrawWindow()`-Deklaration entfernt wird), dann wird das Programm nicht kompiliert. Versuchen Sie, dieses Projekt zu erstellen, wird der Compiler die Fehlermeldung

```
'ListBox' : von der versiegelten Klasse 'Control' kann nicht geerbt werden
```

neben vielen anderen Beschwerden zurückgeben (z.B. dass Sie nicht einen neuen geschützten Member in einer versiegelten Klasse erzeugen können).

Die Wurzel aller Klassen: Object

Alle C#-Klassen eines jeden Typs werden behandelt, als würden sie im Endeffekt von `System.Object` abstammen. Interessanterweise gehören dazu auch Werttypen.

Eine Basisklasse ist der direkte »Elternteil« einer abgeleiteten Klasse. Eine abgeleitete Klasse kann die Basis zu einer weiteren abgeleiteten Klasse sein und einen Vererbungs-»Baum« oder eine Hierarchie erzeugen. Eine Wurzelklasse ist die oberste Klasse in einer Vererbungshierarchie. In C# ist die Wurzelklasse `Object`. Die Nomenklatur ist so lange ein wenig verwirrend, bis Sie sich einen umgekehrten Baum vorstellen, dessen Wurzel nach oben zeigt, mit den abgeleiteten Klassen darunter. Daher wird die Basisklasse als »über« der abgeleiteten Klasse stehend angesehen.

> *Hinweis für C++-Programmierer:* In C# gibt es nur einfache Vererbung mit einer monolithischen Klassenhierarchie: Alle Klassen sind von der Basisklasse `Object` abgeleitet, und Mehrfachvererbung ist nicht möglich. Allerdings bieten die C#-Interfaces viele der Vorteile einer Mehrfachvererbung. (Mehr Informationen dazu in Kapitel 8.)

`Object` bietet eine Reihe von virtuellen Methoden, die Unterklassen überschreiben können und das auch tun. Zu diesen gehören `Equals()`, um die Gleichheit zweier Objekte zu ermitteln, `GetType()`, um den Typ des Objekts zurückzugeben (die Methode wird in Kapitel 8 erläutert), und `ToString()`, um einen String zurückzugeben, der das aktuelle Objekt darstellt (diese Methode wird in Kapitel 10 erläutert). Tabelle 5-1 fasst die Methoden von `Object` zusammen.

Tabelle 5-1: Die Methoden von Object

Methode	Was sie tut
`Equals( )`	Wertet aus, ob zwei Objekte äquivalent sind.
`GetHashCode( )`	Ermöglicht es Objekten, ihre eigene Hash-Funktion für die Verwendung in Collections zu liefern (siehe Kapitel 9).
`GetType( )`	Bietet Zugriff auf das Typ-Objekt (siehe Kapitel 18).
`ToString( )`	Bietet eine String-Darstellung des Objekts.
`Finalize( )`	Bereinigt Nicht-Speicherressourcen; wird von einem Destruktor implementiert (siehe Kapitel 4).
`MemberwiseClone( )`	Erzeugt Kopien des Objekts, sollte niemals von Ihrem Typ implementiert werden.
`ReferenceEquals( )`	Ermittelt, ob zwei Objekte auf dieselbe Instanz verweisen.

Beispiel 5-3 veranschaulicht die Verwendung der Methode `ToString( )`, die von `Object` geerbt wurde, sowie die Tatsache, dass elementare Datentypen wie z.B. `int` so behandelt werden können, als ob sie von `Object` erbten. Beachten Sie, dass die Methode `DisplayValue` zwar ein Objekt erwartet, aber auch mit einem Integer-Wert perfekt funktioniert.

Beispiel 5-3: Von Object erben

```
#region Using directives

using System;
using System.Collections.Generic;
using System.Text;

#endregion

namespace InheritingFromObject
{
   public class SomeClass
   {
      private int val;

      public SomeClass( int someVal )
      {
         val = someVal;
      }

      public override string ToString()
      {
         return val.ToString();
      }
```

Beispiel 5-3: Von Object erben (Fortsetzung)

```
    }

    public class Tester
    {
        static void DisplayValue( object o )
        {
            Console.WriteLine(
              "Der Wert des übergebenen Objekts ist {0}", o.ToString() );
        }

        static void Main()
        {
            int i = 5;
            Console.WriteLine( "Der Wert von i ist {0}", i.ToString() );
            DisplayValue( i );

            SomeClass s = new SomeClass( 7 );
            Console.WriteLine( "Der Wert von s ist {0}", s.ToString() );
            DisplayValue( s );
        }
    }
}

Ausgabe:
Der Wert von i ist 5
Der Wert des übergebenen Objekts ist 5
Der Wert von s ist 7
Der Wert des übergebenen Objekts ist 7
```

Die Dokumentation der Methode `Object.ToString()` enthüllt ihre Signatur:

```
public virtual string ToString( );
```

Es ist eine öffentliche virtuelle Methode, die einen String zurückgibt und keine Parameter entgegennimmt. Alle eingebauten Typen, wie z.B. `int`, sind von `Object` abgeleitet und können daher die Methoden von `Object` aufrufen.

Beispiel 5-3 überschreibt die virtuelle Funktion für `SomeClass`, was der Normalfall ist, damit die `ToString()`-Methode der betreffenden Klasse einen sinnvollen Wert zurückgeben kann. Wenn Sie die überschriebene Funktion auskommentieren, wird die Basismethode aufgerufen, was die Ausgabe wie folgt ändern wird:

```
Der Wert von s ist SomeClass
```

Das Standardverhalten besteht also darin, einen String mit dem Namen der Klasse selbst zurückzugeben.

Klassen müssen nicht explizit deklarieren, dass sie von `Object` abstammen; die Vererbung ist implizit.

Boxing und Unboxing von Typen

Boxing und *Unboxing* sind Prozesse, die es ermöglichen, dass Werttypen (z.B. Integer) als Referenztypen (Objekte) behandelt werden. Der Wert wird in ein Objekt (wie in einer Box) »verpackt« und nachfolgend wieder »entpackt«, so dass man seinen Werttyp erkennen kann.

Hinweis für Java-Programmierer: In Java erfordert das Einhüllen von Basistypen in Objekte den expliziten Gebrauch von Wrapper-Typen wie `Integer` und `Float`. In C# übernimmt der Boxing-Mechanismus dies alles automatisch; Wrapper-Typen werden daher nicht benötigt.

Boxing erfolgt implizit

Boxing ist eine implizite Umwandlung eines Werttyps in den Typ `Object`. Das Boxing eines Werts alloziert eine Instanz des eingehüllten Typs und kopiert den Wert in die neue Objektinstanz, wie Sie es in Abbildung 5-4 sehen.

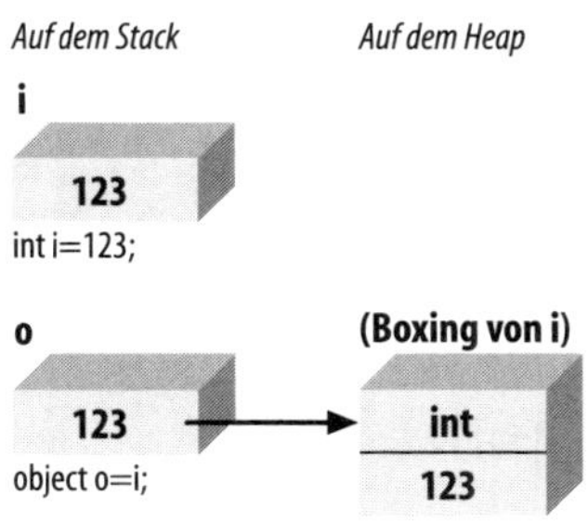

Abbildung 5-4: Boxing von Referenztypen

Das Boxing geschieht implizit, wenn Sie einen Werttyp an einer Stelle angeben, an der eine Referenz erwartet wird. Wenn Sie einen elementaren Typ wie z.B. einen Integer einer Variablen des Typs `Object` zuweisen (was zulässig ist, da `int` von `Object` abgeleitet ist), wird der Wert eingepackt, wie Sie hier sehen:

```
using System;
class Boxing
{
   public static void Main()
   {
      int i = 123;
      Console.WriteLine("Der Objektwert = {0}", i);
   }
}
```

`Console.WriteLine()` erwartet ein Objekt und keinen Integer. Um die Methode anzupassen, wird der Integer-Typ automatisch von der CLR eingepackt und `ToString()` auf dem resultierenden Objekt aufgerufen. Diese Funktion ermöglicht es Ihnen, Methoden zu schreiben, die ein Objekt als Parameter entgegennehmen. Was auch immer übergeben wird (Referenz- oder Werttyp), die Methode wird funktionieren.

Unboxing muss explizit erfolgen

Um das mit dem Boxing-Verfahren eingepackte Objekt zurück an einen Werttyp zu übergeben, müssen Sie es explizit mit Unboxing entpacken. Sie können das in zwei Schritten erreichen:

1. Stellen Sie sicher, dass die Objektinstanz ein eingepackter Wert des gegebenen Werttyps ist.
2. Kopieren Sie den Wert aus dem Objekt in die Werttyp-Variable.

Abbildung 5-5 veranschaulicht dies.

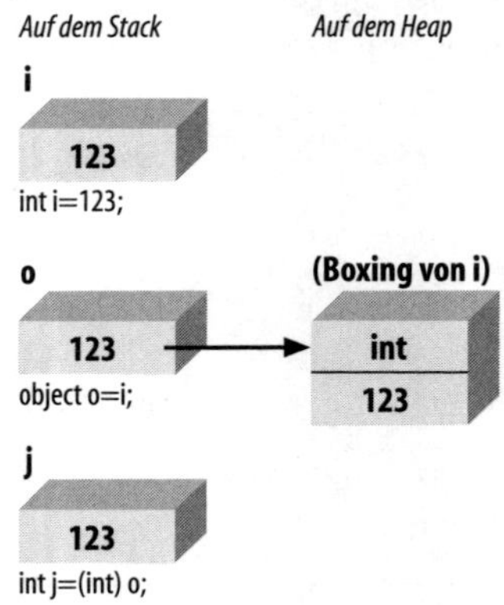

Abbildung 5-5: Boxing und Unboxing

Damit das Unboxing funktioniert, muss der Typ des Objekts, bei dem das Unboxing vorgenommen werden soll, der Variablen entsprechen, dem es zugewiesen werden soll. Boxing und Unboxing werden in Beispiel 5-4 veranschaulicht.

Beispiel 5-4: Boxing und Unboxing

```
#region Using directives

using System;
using System.Collections.Generic;
using System.Text;

#endregion

namespace boxing
{
```

Beispiel 5-4: Boxing und Unboxing (Fortsetzung)

```
   public class UnboxingTest
   {
      public static void Main( )
      {
         int i = 123;

         //Boxing
         object o = i;

         // Unboxing (muss explizit erfolgen)
         int j = (int) o;
         Console.WriteLine("j: {0}", j);
      }
   }
}
```

Beispiel 5-4 erzeugt einen Integer `i` und umhüllt ihn implizit, wenn er dem Objekt `o` zugewiesen wird. Der Wert wird dann explizit entpackt und einem neuen `int` zugewiesen, dessen Wert angezeigt wird.

Normalerweise werden Sie eine Unboxing-Operation in einen `try`-Block setzen, wie es in Kapitel 11 erläutert wird. Wenn das Objekt, das entpackt werden soll, null oder eine Referenz auf ein Objekt eines anderen Typs ist, wird eine `InvalidCastException` ausgelöst.

Geschachtelte Klassen

Klassen haben Member, und es ist ohne weiteres möglich, dass der Member einer Klasse ebenfalls von einem benutzerdefinierten Typ ist. So kann eine `Button`-Klasse einen Member des Typs `Location` und eine `Location`-Klasse einen Member des Typs `Point` enthalten. Außerdem kann `Point` Member des Typs `int` enthalten.

Gelegentlich ist die enthaltene Klasse nur dazu da, die äußere Klasse zu unterstützen, und es gibt keinen Grund, aus dem sie anderweitig sichtbar sein sollte. (Die enthaltene Klasse dient als Hilfsklasse.) Sie können die Hilfsklasse in der Definition der äußeren Klasse definieren. Die enthaltene, innere Klasse wird *geschachtelte* (nested) Klasse genannt, und die Klasse, die sie enthält, wird einfach *äußere* (outer) Klasse genannt.

Geschachtelte Klassen haben den Vorteil, dass sie Zugriff auf alle Member der äußeren Klasse haben. Eine Methode einer geschachtelten Klasse kann also auch auf private Member der äußeren Klasse zugreifen.

> Außerdem kann eine geschachtelte Klasse vor allen anderen Klassen verborgen werden – das heißt, sie kann für die äußere Klasse privat sein.

Auf eine geschachtelte Klasse, die öffentlich ist, wird im Geltungsbereich der äußeren Klasse zugegriffen. Wenn `Outer` die äußere Klasse ist und `Nested` die (öffentliche) innere

Klasse, dann verweisen Sie auf Nested als Outer.Nested, wobei die äußere Klasse (mehr oder weniger) als Namensraum oder Geltungsbereich agiert.

> *Hinweis für Java-Programmierer:* Geschachtelte Klassen sind in etwa äquivalent zu statischen inneren Klassen; es gibt aber kein C#-Äquivalent zu den nicht-statischen inneren Klassen von Java.

Beispiel 5-5 zeigt eine geschachtelte Klasse von Fraction mit dem Namen FractionArtist auf. Die Aufgabe von FractionArtist ist es, den Bruch auf der Konsole darzustellen. In diesem Beispiel wird die Darstellung von einem Paar einfacher WriteLine( )-Anweisungen übernommen.

Beispiel 5-5: Verwendung einer geschachtelten Klasse

```
#region Using directives

using System;
using System.Collections.Generic;
using System.Text;

#endregion

namespace NestedClasses
{
   public class Fraction
   {
      private int numerator;
      private int denominator;

      public Fraction(int numerator, int denominator)
      {
         this.numerator=numerator;
         this.denominator=denominator;
      }

      public override string ToString( )
      {
         return String.Format("{0}/{1}",
            numerator, denominator);
      }

      internal class FractionArtist
      {
         public void Draw(Fraction f)
         {
            Console.WriteLine("Zeichne den Zähler: {0}",
               f.numerator);
            Console.WriteLine("Zeichne den Nenner: {0}",
               f.denominator);
         }
      }
   }
```

Beispiel 5-5: Verwendung einer geschachtelten Klasse (Fortsetzung)

```
   public class Tester
   {
      static void Main( )
      {
         Fraction f1 = new Fraction(3,4);
         Console.WriteLine("f1: {0}", f1.ToString( ));

         Fraction.FractionArtist fa = new Fraction.FractionArtist( );
         fa.Draw(f1);
      }
   }
}
```

Die geschachtelte Klasse wird in fetter Schrift dargestellt. Die Klasse `FractionArtist` liefert nur einen einzelnen Member, die Methode `Draw()`. Besonders interessant ist, dass `Draw()` Zugriff auf die privaten Daten-Member `f.numerator` und `f.denominator` hat, auf die sie keinen Zugriff hätte, wenn es sich nicht um eine geschachtelte Klasse handeln würde.

Beachten Sie in `Main()`, dass der Typname der äußeren Klassen angegeben werden muss, um eine Instanz dieser geschachtelten Klasse zu deklarieren:

```
Fraction.FractionArtist fa = new Fraction.FractionArtist( );
```

Der Geltungsbereich von `FractionArtist` liegt innerhalb der Klasse `Fraction`.

KAPITEL 6
Operatoren überladen

Ein Entwurfsziel von C# lautet: Benutzerdefinierte Klassen können die gesamte Funktionalität der eingebauten Typen haben. Angenommen, Sie haben einen Typ zur Darstellung von Brüchen definiert. Wenn diese Klasse die Funktionalität der eingebauten Typen haben soll, müssen Sie auch in der Lage sein, auf Instanzen Ihrer Brüche arithmetische Operationen durchzuführen (z.B. zwei Brüche addieren, multiplizieren usw.) und die Brüche in und aus eingebauten Typen wie z.B. Integer (`int`) zu konvertieren. Sie könnten natürlich auch für jede Operation Methoden implementieren und diese beispielsweise folgendermaßen aufrufen:

```
Fraction theSum = firstFraction.Add(secondFraction);
```

Das funktioniert zwar, ist aber hässlich und weicht vom Gebrauch der eingebauten Typen ab. Besser wäre es, Folgendes zu schreiben:

```
Fraction theSum = firstFraction + secondFraction;
```

Solche Anweisungen sind intuitiv und entsprechen der Weise, wie eingebaute Typen – etwa `int` – addiert werden.

In diesem Kapitel lernen Sie Techniken kennen, mit denen Sie Ihren benutzerdefinierten Typen Standardoperatoren hinzufügen können. Außerdem werden Sie lernen, wie Sie Konvertierungsoperatoren hinzufügen, um Ihre benutzerdefinierten Typen implizit und explizit in andere Typen umwandeln zu können.

Das Schlüsselwort operator

In C# implementieren Sie Operatoren durch statische Methoden, deren Rückgabewerte das Ergebnis der Operation darstellen und deren Parameter die Operanden sind. Wenn Sie einen Operator für eine Klasse erzeugen, spricht man von einem »überladenen« Operator. Jede Member-Methode kann überladen werden. Um den Additionsoperator (+) zu überladen, schreiben Sie Folgendes:

```
public static Fraction operator+(Fraction lhs, Fraction rhs)
```

Meine Konvention ist es, die Parameter `lhs` und `rhs` zu nennen, wobei `lhs` für »Linker-Hand-Seite« steht und mich daran erinnert, dass der erste Parameter die linke Seite der Operation darstellt. `rhs` bedeutet entsprechend »Rechter-Hand-Seite«.

Die C#-Syntax für das Überladen von Operatoren besteht aus dem Schlüsselwort `operator`, gefolgt von dem zu überladenden Operator. Das Schlüsselwort `operator` ist ein Methodenmodifikator. Folglich schreiben Sie, wenn Sie den Additionsoperator überladen möchten, `operator+`.

Wenn Sie dieses schreiben:

```
Fraction theSum = firstFraction + secondFraction;
```

wird der +-Operator mit dem ersten `Fraction`-Objekt als erstem und dem zweiten `Fraction`-Objekt als zweitem Argument aufgerufen. Trifft der Compiler auf folgenden Ausdruck:

```
firstFraction + secondFraction
```

übersetzt er ihn in:

```
Fraction.operator+(firstFraction, secondFraction)
```

Als Ergebnis wird der neue Bruch zurückgegeben, also in diesem Fall dem `Fraction`-Objekt namens `theSum` zugewiesen.

> *Hinweis für C++-Programmierer:* Da Sie in C# keine nicht-statischen Operatoren erstellen können, müssen binäre Operatoren immer zwei Operanden entgegennehmen.

Andere .NET-Sprachen unterstützen

C# bietet die Fähigkeit, Operatoren für Klassen zu überladen, obwohl dies im eigentlichen Sinne nicht zur CLS gehört. Andere .NET-Sprachen wie z.B. VB.NET unterstützen das Überladen von Operatoren vielleicht nicht, und Sie müssen unbedingt sicherstellen, dass Ihre Klasse die Methoden unterstützt, die diese anderen Sprachen eventuell alternativ aufrufen, um die gleiche Wirkung zu erzielen.

Wenn Sie den Additionsoperator (+) überladen, sollten Sie daher auch eine `add( )`-Methode zur Verfügung stellen, die die gleiche Arbeit tut. Das Überladen von Operatoren ermöglicht nur eine kürzere Syntax, sollte aber nicht die einzige Möglichkeit sein, mit der Ihre Objekte eine gegebene Aufgabe erledigen.

Nützliche Operatoren erstellen

Durch das Überladen von Operatoren kann Ihr Code intuitiver werden und sich besser gemäß den eingebauten Typen verhalten. Außerdem kann Ihr Code schwer verwaltbar, komplex und sperrig werden, wenn Sie sich nicht an die gebräuchlichen Verfahren zur

Verwendung von Operatoren halten. Sie sollten der Versuchung widerstehen, Operatoren in neuer und völlig unüblicher Form einzusetzen.

So könnte man z.B. versucht sein, den Inkrementierungsoperator (++) für eine Angestellten-Klasse zu überladen, um eine Methode aufzurufen, die das Gehalt eines Angestellten erhöht. Doch dies kann unter den Clients Ihrer Klasse ungeheure Verwirrung stiften. Am besten setzen Sie das Überladen von Operatoren sparsam ein und nutzen es nur dann, wenn die Bedeutung klar und mit der Funktionsweise der eingebauten Klassen konsistent ist.

Logische Paare

Es ist recht üblich, den Gleichheitsoperator (==) zu überladen, um zu testen, ob zwei Objekte gleich sind (wie auch immer eine Gleichheit für Ihr Objekt definiert sein mag). In C# ist es erforderlich, dass Sie dann nicht nur den Gleichheitsoperator, sondern auch den Ungleichheitsoperator (`!=`) überladen. Ebenso können Sie die Operatoren kleiner als (<) und größer als (>) sowie kleiner gleich (<=) und größer gleich (>=) immer paarweise überladen.

Hinweis für C- und C++-Programmierer: Viele C++-Bibliotheken erfordern nur die Implementierung eines der Operatoren `<` oder `=`, und die anderen Operationen werden daraus abgeleitet. In C# müssen dagegen immer beide Hälften dieser paarweisen Operatoren implementiert sein.

Der Gleichheitsoperator

Wenn Sie den Gleichheitsoperator (==) überladen, ist es ratsam, auch die virtuelle `Equals()`-Methode von `object` zu überschreiben und ihre Funktionalität an den Gleichheitsoperator zu verweisen. Dann kann Ihre Klasse polymorph und mit anderen .NET-Sprachen, die keine Operatoren überladen (wohl aber die Methodenüberladung unterstützen) kompatibel sein. Die FCL-Klassen verwenden zwar keine überladenen Operatoren, erwarten aber von Ihren Klassen, dass sie die zu Grunde liegenden Methoden implementieren. Die Objektklasse implementiert die Methode `Equals()` mit folgender Signatur:

```
public virtual bool Equals(object o)
```

Indem Sie diese Methode überschreiben, ermöglichen Sie es Ihrer `Fraction`-Klasse, mit allen anderen Objekten polymorph zu verfahren. Im Rumpf von `Equals()` müssen Sie sich vergewissern, dass Sie einen Vergleich mit einem anderen `Fraction`-Objekt durchführen. Ist dies der Fall, können Sie die Implementierung an Ihre selbst geschriebene Definition des Gleichheitsoperators weiterleiten.

```
public override bool Equals(object o)
{
    if (! (o is Fraction) )
```

```
        {
            return false;
        }
        return this == (Fraction) o;
    }
```

Der Operator `is` prüft, ob der Laufzeittyp eines Objekts mit dem Operanden (in diesem Fall `Fraction`) kompatibel ist. Also wird `o is Fraction` als wahr ausgewertet, wenn der Typ von o tatsächlich kompatibel zu `Fraction` ist.

> Der Compiler erwartet außerdem, dass Sie `GetHashCode` überschreiben. Dies wird im Folgenden erläutert.

Konvertierungsoperatoren

C# konvertiert `int` implizit in `long` und ermöglicht es Ihnen, `long` explizit in `int` zu konvertieren. Die Konvertierung von `int` in `long` ist *implizit* (sie geschieht ohne besondere Syntax). Sie ist auch sicher, weil klar ist, dass jeder `int` in die Speicherdarstellung eines `long` hineinpasst. Die umgekehrte Konvertierung von `long` in `int` muss *explizit* (mit einem Typumwandlungsoperator) geschehen, da dabei Informationen verloren gehen können:

```
int myInt = 5;
long myLong;
myLong = myInt;          // implizit
myInt = (int) myLong;    // explizit
```

Für Ihre Brüche müssen Sie die gleiche Funktionalität bieten. Wenn ein `int` gegeben ist, können Sie die implizite Konvertierung dieses Werts in ein `Fraction`-Objekt unterstützen, da jede ganze Zahl gleich dem gleichen Wert geteilt durch 1 ist (z.B. `15==15/1`).

Wenn Sie ein `Fraction`-Objekt haben, können Sie dessen explizite Rückkonvertierung in einen Integer unterstützen. Dabei versteht es sich jedoch, dass von dem Wert etwas verloren gehen kann. Sie könnten beispielsweise `9/4` in den Integer-Wert `2` konvertieren.

Bei der Implementierung eigener Konvertierungen müssen Sie das Schlüsselwort `implicit` benutzen, wenn die Konvertierung garantiert keinen Informationsverlust mit sich bringt. Ansonsten verwenden Sie `explicit`.

> Achten Sie darauf, dass Sie immer `implicit` schreiben, wenn Sie nicht `explicit` verwenden!

Beispiel 6-1 zeigt, wie Sie implizite und explizite Konvertierungen implementieren, und veranschaulicht einige Operatoren der Klasse `Fraction`. (Ich habe zwar Meldungen, die zeigen, welche Methode gerade betreten wird, mit `Console.WriteLine()` ausgegeben, aber der Debugger ist eigentlich besser für diese Art von Trace-Operationen geeignet. Sie können an jede zu prüfende Anweisung einen Haltepunkt setzen, damit in den Code hineingehen und dann die Konstruktoraufrufe beobachten, wenn sie stattfinden.) Wenn Sie dieses Beispiel kompilieren, generiert es einige Warnungen, da GetHashCode( ) nicht implementiert ist (siehe Kapitel 9).

Beispiel 6-1: Konvertierungen und Operatoren für die Fraction-Klasse definieren

```
public class Fraction
{
    private int numerator;
    private int denominator;

    public Fraction(int numerator, int denominator)
    {
        Console.WriteLine("Im Fraction-Konstruktor(int, int)");
        this.numerator=numerator;
        this.denominator=denominator;
    }

    public Fraction(int wholeNumber)
    {
        Console.WriteLine("Im Fraction-Konstruktor(int)");
        numerator = wholeNumber;
        denominator = 1;
    }

    public static implicit operator Fraction(int theInt)
    {
        Console.WriteLine("In impliziter Konvertierung zu Fraction");
        return new Fraction(theInt);
    }

    public static explicit operator int(Fraction theFraction)
    {
        Console.WriteLine("In expliziter Konvertierung zu int");
        return theFraction.numerator /
            theFraction.denominator;
    }

    public static bool operator==(Fraction lhs, Fraction rhs)
    {
        Console.WriteLine("Im Operator ==");
        if (lhs.denominator == rhs.denominator &&
            lhs.numerator == rhs.numerator)
        {
            return true;
        }
        // Dieser Code behandelt ungleiche Brüche
       return false;
    }

    public static bool operator !=(Fraction lhs, Fraction rhs)
    {
        Console.WriteLine("Im Operator !=");
```

Beispiel 6-1: Konvertierungen und Operatoren für die Fraction-Klasse definieren (Fortsetzung)

```
        return !(lhs==rhs);
    }

    public override bool Equals(object o)
    {
        Console.WriteLine("In der Methode Equals");
        if (! (o is Fraction) )
        {
            return false;
        }
        return this == (Fraction) o;
    }

    public static Fraction operator+(Fraction lhs, Fraction rhs)
    {
        Console.WriteLine("Im operator+");
        if (lhs.denominator == rhs.denominator)
        {
            return new Fraction(lhs.numerator+rhs.numerator,
                lhs.denominator);
        }

        // Vereinfachte Lösung für ungleiche Brüche
        // 1/2 + 3/4 == (1*4) + (3*2) / (2*4) == 10/8
        int firstProduct = lhs.numerator * rhs.denominator;
        int secondProduct = rhs.numerator * lhs.denominator;
        return new Fraction(
            firstProduct + secondProduct,
            lhs.denominator * rhs.denominator
        );

    }

    public override string ToString( )
    {
        String s = numerator.ToString( ) + "/" +
            denominator.ToString( );
        return s;
    }
}


public class Tester
{
    static void Main( )
    {
        Fraction f1 = new Fraction(3,4);
        Console.WriteLine("f1: {0}", f1.ToString( ));

        Fraction f2 = new Fraction(2,4);
        Console.WriteLine("f2: {0}", f2.ToString( ));
```

Beispiel 6-1: Konvertierungen und Operatoren für die Fraction-Klasse definieren (Fortsetzung)

```
            Fraction f3 = f1 + f2;
            Console.WriteLine("f1 + f2 = f3: {0}", f3.ToString( ));

            Fraction f4 = f3 + 5;
            Console.WriteLine("f3 + 5 = f4: {0}", f4.ToString( ));

            Fraction f5 = new Fraction(2,4);
            if (f5 == f2)
            {
                Console.WriteLine("f5: {0} == f2: {1}",
                    f5.ToString( ),
                    f2.ToString( ));
            }
        }
    }
```

Die Klasse `Fraction` beginnt mit zwei Konstruktoren. Der eine nimmt den Zähler (*numerator*) und den Nenner (*denominator*) und der andere eine ganze Zahl entgegen. Auf die Konstruktoren folgt die Deklaration der beiden Konvertierungsoperatoren. Der erste Konvertierungsoperator wandelt einen Integer in ein `Fraction`-Objekt um:

```
public static implicit operator Fraction(int theInt)
{
   return new Fraction(theInt);
}
```

Diese Konvertierung ist als `implicit` gekennzeichnet, da jede ganze Zahl (`int`) in ein `Fraction`-Objekt konvertiert werden kann, indem man den Zähler auf den `int` und den Nenner auf `0` setzt. Diese Aufgabe wird an den Konstruktor delegiert, der einen `int` erwartet.

Der zweite Konvertierungsoperator dient zur expliziten Konvertierung von Brüchen in Integer:

```
public static explicit operator int(Fraction theFraction)
{
   return theFraction.numerator /
       theFraction.denominator;
}
```

Da dieses Beispiel eine ganzzahlige Division verwendet, wird der Wert abgeschnitten. Wenn der Bruch `15/16` ist, ist der ganzzahlige Ergebniswert `1`. Ein besserer Konvertierungsoperator könnte eine Rundung durchführen.

Hinter den Konvertierungsoperatoren stehen der Gleichheitsoperator und der Ungleichheitsoperator. Vergessen Sie nicht, dass Sie diese Operatoren paarweise implementieren müssen.

Sie haben die Wertgleichheit für ein `Fraction`-Objekt so definiert, dass sowohl Zähler als auch Nenner übereinstimmen müssen. Für diese Übung werden `3/4` und `6/8` nicht als gleich betrachtet. Auch hier würde eine bessere Implementierung solche Brüche kürzen und die Gleichheit feststellen.

Überschreiben Sie nun die Equals( )-Methode der Objektklasse, damit Ihre Fraction-Objekte mit jedem anderen Objekt polymorph verwendet werden können. Die Implementierung der Methode delegiert die Gleichheitsauswertung an den Gleichheitsoperator.

Zweifellos würde eine Fraction-Klasse alle arithmetischen Operatoren (Addition, Subtraktion, Multiplikation und Division) implementieren. Der Einfachheit halber implementieren wir nur die Addition, und auch dies nur in einer vereinfachten Fassung. Prüfen Sie, ob die Nenner gleich sind, und fügen Sie, wenn dies der Fall ist, die folgenden Zähler hinzu:

```
public static Fraction operator+(Fraction lhs, Fraction rhs)
{
    if (lhs.denominator == rhs.denominator)
    {
        return new Fraction(lhs.numerator+rhs.numerator,
            lhs.denominator);
    }
```

Wenn die Nenner ungleich sind, multiplizieren Sie über Kreuz:

```
int firstProduct = lhs.numerator * rhs.denominator;
int secondProduct = rhs.numerator * lhs.denominator;
return new Fraction(
    firstProduct + secondProduct,
    lhs.denominator * rhs.denominator
);
```

Diesen Code erläutert man am besten anhand eines Beispiels. Wenn Sie 1/2 und 3/4 addieren, können Sie den ersten Zähler (1) mit dem zweiten Nenner (4) multiplizieren und das Ergebnis (4) in firstProduct speichern. Dann multiplizieren Sie den zweiten Zähler (3) mit dem ersten Nenner (2) und speichern dieses Ergebnis in secondProduct. Diese beiden Produkte addieren Sie (6+4) und erhalten die Summe 10, die der Zähler für die Antwort ist. Dann multiplizieren Sie die beiden Nenner (2*4) und erhalten den neuen Nenner (8). Daraus ergibt sich der Bruch (10/8), der die richtige Antwort darstellt.[1]

Schließlich überschreiben Sie ToString() so, dass Fraction seinen Wert in der Form eines Bruchs (numerator/denominator) zurückgeben kann:

```
public override string ToString( )
{
   String s = numerator.ToString( ) + "/" +
      denominator.ToString( );
   return s;
}
```

1 Zur Erinnerung: 1/2 = 4/8, 3/4 = 6/8, 4/8 + 6/8 = 10/8. Das Beispiel kürzt die Brüche nicht, um den Code einfach zu halten.

Nun können Sie dies an Ihrer Fraction-Klasse testen. Bei den ersten Tests erzeugen Sie einfache Brüche: 3/4 und 2/4:

```
Fraction f1 = new Fraction(3,4);
Console.WriteLine("f1: {0}", f1.ToString( ));

Fraction f2 = new Fraction(2,4);
Console.WriteLine("f2: {0}", f2.ToString( ));
```

Die Ausgabe besteht erwartungsgemäß aus den Konstruktoraufrufen und dem in WriteLine() ausgegebenen Wert:

```
Im Konstruktor Fraction(int, int)
f1: 3/4
Im Konstruktor Fraction(int, int)
f2: 2/4
```

Die nächste Zeile in Main( ) ruft den statischen operator+ auf. Dieser dient dazu, zwei Brüche zu addieren und dann die Summe als neuen Bruch zurückzugeben:

```
Fraction f3 = f1 + f2;
Console.WriteLine("f1 + f2 = f3: {0}", f3.ToString( ));
```

Die Ausgabe verrät, wie operator+ funktioniert:

```
Im operator+
Im Konstruktor Fraction(int, int)
f1 + f2 = f3: 5/4
```

Zuerst wird operator+ aufgerufen und dann der Konstruktor für f3, der als Parameter die beiden int-Werte hat, die den Zähler und den Nenner des resultierenden neuen Bruchs darstellen.

Der nächste Test in Main( ) addiert einen int zum Fraction-Objekt f3 und weist den Ergebniswert dem neuen Fraction-Objekt f4 zu:

```
Fraction f4 = f3 + 5;
Console.WriteLine("f3 + 5: {0}", f4.ToString( ));
```

Die Ausgabe zeigt die diversen Konvertierungsschritte:

```
In impliziter Konvertierung in Fraction
Im Konstruktor Fraction(int)
Im operator+
Im Konstruktor Fraction(int, int)
f3 + 5 =  f4: 25/4
```

Beachten Sie, dass der implizite Konvertierungsoperator aufgerufen wurde, um 5 in ein Fraction-Objekt zu konvertieren. In der Rückgabeanweisung des impliziten Konvertierungsoperators wurde der Konstruktor von Fraction aufgerufen und der Bruch 5/1 erzeugt. Dieser neue Bruch wurde dann zusammen mit f3 an operator+ übergeben, und die Summe wurde an den Konstruktor für f4 übergeben.

Im letzten Test wird ein neuer Bruch (f5) erzeugt. Es wird getestet, ob dieser gleich f2 ist. Wenn ja, werden die beiden Werte ausgegeben.

```
Fraction f5 = new Fraction(2,4);
if (f5 == f2)
{
    Console.WriteLine("f5: {0} == f2: {1}",
        f5.ToString( ),
        f2.ToString( ));
}
```

Die Ausgabe zeigt die Erzeugung von f5 und den anschließenden Aufruf des *überladenen Gleichheitsoperators*:

```
Im Konstruktor Fraction(int, int)
Im Operator ==
f5: 2/4 == f2: 2/4
```

KAPITEL 7
Structs

Ein *Struct* ist ein einfacher, benutzerdefinierter Typ, der eine leichtgewichtige Alternative zu einer Klasse bietet. Structs ähneln Klassen insofern, als sie Konstruktoren, Eigenschaften, Methoden, Felder, Operatoren, geschachtelte Typen und Indexer enthalten können (siehe Kapitel 9).

Es gibt jedoch auch bedeutende Unterschiede zwischen Klassen und Structs. So unterstützen z.B. Structs keine Vererbung oder Destruktoren. Noch wichtiger: Eine Klasse ist ein Referenztyp und ein Struct ein Werttyp. (Weitere Informationen zu Klassen und Typen finden Sie in Kapitel 3.) Daher sind Structs nützlich, um Objekte darzustellen, die keine Referenzsemantik erfordern.

Nach vorherrschender Meinung sollten Sie Structs nur für Typen einsetzen, die klein und einfach sind und in ihrem Verhalten und ihrem Wesen den eingebauten Typen ähneln.

> *Hinweis für C++-Programmierer:* Die Bedeutung des Struct-Konstrukts in C# unterscheidet sich stark von C++. In C++ ist ein Struct genau das Gleiche wie eine Klasse; nur die standardmäßige Sichtbarkeit (`public` oder `private`) unterscheidet sich. In C# stellen Structs Werttypen dar, während Klassen Referenztypen sind. Außerdem unterliegen C#-Structs weiteren Beschränkungen, die in diesem Kapitel beschrieben werden.

In Arrays nutzen Structs den Speicher besser aus (siehe Kapitel 9). Bei der Verwendung in Collections sind sie jedoch wahrscheinlich weniger effizient. Da Collections Objekte übernehmen, erwarten sie Referenzen, und Structs müssen erst durch *Boxing* gekapselt werden. Da das Boxing und Unboxing zusätzlichen Aufwand bedeutet, können Klassen in manchen großen Collections effizienter sein.

In diesem Kapitel werden Sie erfahren, wie Sie Structs definieren und einsetzen und wie Sie mit Konstruktoren die Werte der Structs initialisieren.

Structs definieren

Einen Struct definieren Sie mit fast der gleichen Syntax wie eine Klasse:

```
[Attribute] [Zugriffsmodifikatoren] struct Bezeichner [:Interface-Liste]
{ Struct-Members }
```

Beispiel 7-1 zeigt die Definition eines Struct. `Location` stellt einen Punkt auf einer zweidimensionalen Oberfläche dar. Beachten Sie, dass das Struct `Location` abgesehen von dem Schlüsselwort `struct` genau wie eine Klasse deklariert ist. Der Konstruktor von `Location` nimmt zwei Integer entgegen und weist ihre Werte den Instanz-Members `xVal` und `yVal` zu. Die `x`- und y-Koordinaten von `Location` sind als Eigenschaften deklariert.

Beispiel 7-1: Erzeugung eines Structs

```
#region Using directives

using System;
using System.Collections.Generic;
using System.Text;

#endregion

namespace CreatingAStruct
{
   public struct Location
   {
      private int xVal;
      private int yVal;

      public Location(int xCoordinate, int yCoordinate)
      {
         xVal = xCoordinate;
         yVal = yCoordinate;
      }

      public int x
      {
         get
         {
            return xVal;
         }
         set
         {
            xVal = value;
         }
      }

      public int y
      {
         get
         {
            return yVal;
```

Beispiel 7-1: Erzeugung eines Structs (Fortsetzung)

```
         }
         set
         {
            yVal = value;
         }
      }

      public override string ToString( )
      {
         return (String.Format("{0}, {1}", xVal,yVal));
      }
   }

   public class Tester
   {
      public void MyFunc(Location loc)
      {
         loc.x = 50;
         loc.y = 100;
         Console.WriteLine("In MyFunc loc: {0}", loc);
      }
      static void Main( )
      {
         Location loc1 = new Location(200,300);
         Console.WriteLine("Loc1 Location: {0}", loc1);
         Tester t = new Tester( );
         t.MyFunc(loc1);
         Console.WriteLine("Loc1 Location: {0}", loc1);
      }
   }
}
```

```
Ausgabe:
Loc1 Location: 200, 300
In MyFunc loc: 50, 100
Loc1 Location: 200, 300
```

Im Gegensatz zu Klassen unterstützen Structs keine Vererbung. Sie sind implizit von `object` abgeleitet (was für alle C#-Typen einschließlich der eingebauten gilt), können aber von keiner anderen Klasse und keinem Struct erben. Structs sind außerdem implizit *versiegelt* (d.h., keine Klasse und kein Struct kann von einem Struct abgeleitet sein). Allerdings können Structs wie Klassen mehrere Interfaces implementieren. Weitere Unterschiede sind:

Structs haben keinen Destruktor und keinen benutzerdefinierten Standardkonstruktor
: Structs können weder Destruktoren noch einen parameterlosen (Standard-)Konstruktor haben. Wenn Sie keinen Konstruktor schreiben, initialisiert die CLR Ihr Struct und füllt alle Felder mit Nullen. Wenn Sie dagegen einen Nicht-Default-Konstruktor vorsehen, findet keine Initialisierung durch die CLR statt, und Sie müssen die Felder explizit initialisieren.

Keine Initialisierung

Die Instanzfelder eines Struct können nicht initialisiert werden. Daher sind folgende Zeilen unzulässig:

```
private int xVal = 50;
private int yVal = 100;
```

In einer Klasse könnte man dies jedoch problemlos schreiben.

Structs sind dazu geschaffen, einfach und leichtgewichtig zu sein. Zwar fördern private Member-Daten das Verbergen und Kapseln der Daten, aber einige Programmierer halten das in Structs für übertrieben. Sie machen die Daten öffentlich und erleichtern damit die Implementierung des Struct. Andere Programmierer sind der Meinung, dass Eigenschaften eine saubere und einfache Schnittstelle bieten und dass ein guter Programmierstil das Verbergen von Daten auch in einfachen, leichtgewichtigen Objekten erfordert. Mit den neuen Refactoring-Möglichkeiten von Visual Studio ist es leicht möglich, öffentliche Variablen in private Variablen mit zugehörigen öffentlichen Eigenschaften zu verwandeln. Klicken Sie einfach mit rechts auf die Variable und wählen Sie **Refactor → Encapsulate Field**. Visual Studio macht daraufhin Ihre öffentliche Variable privat und erzeugt eine Eigenschaft mit get- und set-Zugriffsmethoden.

Structs erzeugen

Sie erzeugen eine Instanz eines Struct, indem Sie – wie auch bei einer Klasse – das Schlüsselwort `new` in einer Zuweisungsanweisung verwenden. In Beispiel 7-1 erzeugt die Klasse `Tester` eine Instanz von `Location` wie folgt:

```
Location loc1 = new Location(200,300);
```

Der neuen Instanz namens `loc1` werden die beiden Werte `200` und `300` übergeben.

Structs als Werttypen

Die Definition der Klasse `Tester` in Beispiel 7-1 enthält ein `Location`-Objekt-Struct[1] (`loc1`), das mit den Werten `200` und `300` erzeugt wurde. Die folgende Codezeile ruft den `Location`-Konstruktor auf:

```
Location loc1 = new Location(200,300);
```

Danach wird `WriteLine( )` aufgerufen:

```
Console.WriteLine("Loc1 Location: {0}", loc1);
```

`WriteLine( )` erwartet ein Objekt, aber `Location` ist natürlich ein Struct (ein Werttyp). Der Compiler hüllt das Struct mittels Boxing automatisch ein (wie er es auch bei jedem ande-

---

1 Ich verwende im gesamten Buch den Ausdruck *Objekt* zur Bezeichnung sowohl von Referenz- als auch von Werttypen. In der objektorientierten Welt gibt es eine Diskussion darüber, aber ich tröste mich damit, dass Microsoft die Werttypen so implementiert hat, als wären sie von der Wurzelklasse `Object` abgeleitet. (Daher kann man bei jedem Werttyp, auch bei eingebauten Typen wie `int`, alle Methoden von `Object` aufrufen.)

ren Werttyp tun würde) und übergibt dieses eingehüllte Objekt dann an `WriteLine()`. `ToString()` wird auf dem eingehüllten Objekt aufgerufen, und da der Struct (implizit) von `object` erbt, kann er polymorph reagieren und die Methode, ebenso wie jedes andere Objekt auch, überschreiben:

```
Loc1 Location: 200, 300
```

Sie können dieses Boxing vermeiden, indem Sie den obigen Programmausschnitt folgendermaßen ändern:

```
Console.WriteLine("Loc1 location: {0}",
    loc1.ToString());
```

Sie vermeiden die Boxing-Operation, indem Sie `ToString` bei einer Werttyp-Variablen mit überschriebenem `ToString` direkt aufrufen.

Structs sind jedoch Wertobjekte, und wenn man sie an eine Funktion übergibt, geschieht dies by value. Das sehen Sie in der nächsten Codezeile, in der das Objekt `loc1` an die Methode `MyFunc()` übergeben wird:

```
t.MyFunc(loc1);
```

In `MyFunc()` werden `x` und `y` neue Werte zugewiesen, und dann werden diese Werte ausgegeben:

```
loc1 Location: 50, 100
```

Wenn Sie zur aufrufenden Funktion zurückkehren (`Main()`) und `WriteLine()` erneut aufrufen, sind die Werte unverändert:

```
loc1 Location: 200, 300
```

Das Struct wurde als Wertobjekt übergeben, und `MyFunc` hat eine Kopie davon angelegt. Versuchen Sie einmal folgendes Experiment: Ändern Sie die Deklaration wie folgt in eine Klassendeklaration um:

```
public class Location
```

Lassen Sie nun den Test erneut laufen. Hier sehen Sie die Ausgabe:

```
loc1 Location: 200, 300
In MyFunc loc: 50, 100
loc1 Location: 50, 100
```

Diesmal hat das Objekt `Location` eine Referenzsemantik. Daraus folgt: Wenn die Werte in `MyFunc()` geändert werden, werden sie auch im Ursprungsobjekt in der `Main()`-Methode geändert.[2]

2 Eine andere Möglichkeit zur Lösung dieses Problems ist die Verwendung des Schlüsselworts `ref` (das wir im Abschnitt »Übergabe by reference« in Kapitel 4 erläutern). Es ermöglicht Ihnen, einen Werttyp als Referenz zu übergeben.

Structs ohne new erzeugen

Da `loc1` ein Struct (keine Klasse) ist, wird es auf dem Stack erzeugt. Wenn in Beispiel 7-1 der Operator `new` aufgerufen wird:

```
Location loc1 = new Location(200,300);
```

wird folglich das `Location`-Objekt auf dem Stack angelegt.

Der Operator `new` ruft den Konstruktor von `Location` auf. Doch anders als bei einer Klasse können Sie ein Struct auch ganz ohne `new` erzeugen. Dieses Verfahren, das der Definition von Variablen eines eingebauten Typs (z.B. `int`) entspricht, wird in Beispiel 7-2 gezeigt.

> Vorsicht: Ich zeige hier die Erzeugung eines Struct ohne `new` nur deswegen, weil dies einerseits C# von C++, andererseits aber auch C#-Structs von C#-Klassen unterscheidet. Doch das Erzeugen von Structs ohne `new` hat kaum Vorteile und kann Ihre Programme schwer verständlich, fehleranfällig und wartungsunfreundlich machen. Nutzen Sie dieses Verfahren auf eigene Gefahr.

Beispiel 7-2: Ein Struct ohne das Schlüsselwort new erzeugen

```
#region Using directives

using System;
using System.Collections.Generic;
using System.Text;

#endregion

namespace StructWithoutNew
{
   public struct Location
   {
      public int xVal;
      public int yVal;

      public Location(int xCoordinate, int yCoordinate)yVal
      {
         xVal = xCoordinate;
         yVal = yCoordinate;
      }
      public int x
      {
         get
         {
            return xVal;
         }
         set
         {
            xVal = value;
         }
      }
```

Beispiel 7-2: Ein Struct ohne das Schlüsselwort new erzeugen (Fortsetzung)

```
      public int y
      {
         get
         {
            return yVal;
         }
         set
         {
            yVal = value;
         }
      }

      public override string ToString( )
      {
         return (String.Format("{0}, {1}", xVal,yVal));
      }
   }

   public class Tester
   {
      static void Main( )
      {

         Location loc1;          // Kein Aufruf des Konstruktors

         loc1.xVal = 75;         // Member initialisieren
         loc1.yVal = 225;
         Console.WriteLine( loc1 );
      }
   }
}
```

Im Beispiel 7-2 initialisieren Sie die lokalen Variablen direkt, noch ehe Sie eine Methode von `loc1` aufrufen und das Objekt an `WriteLine( )` übergeben:

```
loc1.xVal = 75;
loc1.yVal = 225;
```

Wenn Sie eine der Zuweisungen auskommentieren und das Programm neu kompilieren:

```
static void Main( )
{
    Location loc1;
    loc1.xVal = 75;
 //   loc1.yVal = 225;
    Console.WriteLine(loc1);
}
```

wird ein statischer Fehler gemeldet:

```
Verwendung von möglicherweise nicht zugewiesenen lokalen Variablen 'loc1'
```

Wenn Sie alle Werte zuweisen, können Sie über die Eigenschaften x und y darauf zugreifen:

```
static void Main( )
{
    Location loc1;
    loc1.xVal = 75;           // Weise Member-Variable zu
    loc1.yVal = 225;          // Weise Member-Variable zu
    loc1.x = 300;             // Verwende Eigenschaft
    loc1.y = 400;             // Verwende Eigenschaft
    Console.WriteLine(loc1);
}
```

Setzen Sie Eigenschaften vorsichtig ein. Zwar können Sie mit Hilfe von Eigenschaften die Kapselung unterstützen, indem Sie die tatsächlichen Werte als private deklarieren, aber die Eigenschaften selbst sind in Wirklichkeit Member-Methoden, und eine Member-Methode können Sie erst aufrufen, wenn alle Member-Variablen initialisiert sind.

KAPITEL 8

Interfaces

Ein *Interface* ist eine Vereinbarung darüber, wie sich eine Klasse oder ein Struct verhält. Wenn eine Klasse ein Interface implementiert, teilt sie damit einem potenziellen Benutzer der Klasse mit: »Ich garantiere dir, dass ich die Methoden, Eigenschaften, Events und Indexer dieses genannten Interfaces unterstütze.« (Informationen über Methoden und Eigenschaften finden Sie in Kapitel 4, über Events in Kapitel 12 und über Indexer in Kapitel 9.)

Ein Interface bietet eine Alternative zu einer abstrakten Klasse, um Verträge zwischen Klassen und ihren Clients zu schließen. Diese Verträge manifestieren sich durch die Verwendung des Schlüsselworts `interface`: Dieses deklariert einen Referenztyp, der einen Vertrag einkapselt.

Wenn Sie ein Interface festlegen, können Sie Methoden, Eigenschaften, Indexer und/oder Events definieren, die von jeder Klasse implementiert werden müssen, die das Interface implementieren.

Häufig werden Interfaces mit abstrakten Klassen verglichen. Eine abstrakte Klasse dient als Basisklasse einer Familie von abgeleiteten Klassen, während Interfaces dazu da sind, mit anderen Vererbungsbäumen vermischt zu werden.

> Im ganzen restlichen Kapitel gilt, dass das Wort *Klasse* stets in gleicher Weise auch auf Structs angewendet werden kann, sofern nichts anderes angemerkt ist.

Wenn eine Klasse ein Interface implementiert, muss sie alle Teile dieses Interfaces (Methoden, Eigenschaften usw.) implementieren. Gewissermaßen sagt sie: »Ich verpflichte mich, die durch dieses Interface definierte Vereinbarung einzuhalten.«

> *Hinweis für Java-Programmierer:* C# unterstützt nicht die Verwendung von konstanten Feldern (Member-Konstanten) in Interfaces. Am nächsten kommt diesem die Anwendung von enumerierten Konstanten (Enums).

Das Erben einer abstrakten Klasse begründet eine *Ist-ein*-Beziehung (siehe Kapitel 5). Das Implementieren eines Interfaces begründet wiederum eine andere Beziehung, die (folgerichtig) als *Implementiert*-Beziehung bezeichnet wird und bisher noch nicht vorgestellt wurde. Zwischen diesen beiden Beziehungen gibt es subtile Unterschiede: Ein Auto *ist ein* Fahrzeug, es *implementiert* aber möglicherweise die Fähigkeit `KannMitEinemGrossenKreditErworbenWerden` (was z.B. auch bei einem Haus der Fall sein kann).

Mix-Ins

Es war einmal eine Eisdiele in Somerville, Massachusetts, in der Sie Bonbons und andere Leckereien in Ihr Lieblingseis »hineinmischen« lassen konnten. Diese Metapher gefiel einigen Pionieren der Objektorientierung vom nahe gelegenen MIT, die gerade an einer Programmiersprache namens SCOOPS arbeiteten. Sie übernahmen den Begriff »mix in«, englisch für »hineinmischen«, für Klassen, die zusätzliche Fähigkeiten beimengen. Auch C++ enthält eine Anzahl von Mix-Ins. Diese Mix-Ins oder auch Fähigkeitenklassen spielen ungefähr die gleiche Rolle wie Interfaces in C#.

Dieses Kapitel beschreibt, wie Sie Interfaces erzeugen, implementieren und einsetzen. Sie werden auch erfahren, wie Sie mehrere Interfaces implementieren, wie Sie Interfaces kombinieren und erweitern und wie Sie testen, ob eine Klasse ein Interface implementiert.

Ein Interface definieren und implementieren

Dies ist die Syntax zur Definition eines Interfaces:

```
[Attribute] [Zugriffsmodifikator] interface Interface-Name
            [:Basisliste] {Interface-Rumpf}
```

Attribute spielen in diesem Kapitel noch keine Rolle; sie werden in Kapitel 18 behandelt.

Zugriffsmodifikatoren, darunter `public`, `private`, `protected`, `internal` und `protected internal`, wurden in Kapitel 4 beschrieben.

Hinter dem Schlüsselwort `interface` steht der Name des Interfaces. Es ist üblich (aber nicht Vorschrift), den Namen eines Interfaces mit einem großen `I` beginnen zu lassen, wie z.B. in `IStorable`, `ICloneable`, `IClaudius` usw.

Die *`Basisliste`* führt alle Interfaces auf, die dieses Interface erweitert. (Dies wird im folgenden Abschnitt, »Mehr als ein Interface implementieren«, beschrieben.)

Der *`Interface-Rumpf`* beschreibt die Methoden, Eigenschaften usw., die durch die implementierende Klasse implementiert werden müssen.

Angenommen, Sie möchten ein Interface erstellen, das die Methoden und Eigenschaften beschreibt, die eine Klasse haben muss, damit sie mit einer Datenbank oder einem anderen Speicher wie etwa einer Datei gespeichert und wieder abgerufen werden kann. Sie beschließen, dieses Interface IStorable zu nennen.

In diesem Interface könnten Sie die beiden Methoden Read( ) und Write( ) spezifizieren, die im Interface-Rumpf erscheinen:

```
interface IStorable
{
   void Read( );
   void Write(object);
}
```

Der Zweck eines Interfaces ist es, die Fähigkeiten zu definieren, die Sie in einer Klasse zur Verfügung haben möchten.

Nehmen wir an, Sie erzeugen eine Klasse namens Document. Da Document-Typen in einer Datenbank gespeichert werden können, beschließen Sie, dass Document das Interface IStorable implementieren soll.

Dazu verwenden Sie die gleiche Syntax, als würde die neue Document-Klasse von IStorable erben, nämlich einen Doppelpunkt (:) mit dem Interface-Namen dahinter:

```
public class Document : IStorable
{
   public void Read( ) {...}
   public void Write(object obj) {...}
   // ...
}
```

Nun müssen Sie als Autor der Document-Klasse auch eine vernünftige Implementierung der Methoden von IStorable liefern. Nachdem Sie angezeigt haben, dass Document das Interface IStorable implementiert, müssen Sie alle Methoden von IStorable ebenfalls implementieren, sonst wird beim Kompilieren ein Fehler gemeldet. Dies sehen Sie in Beispiel 8-1, in dem die Document-Klasse das Interface IStorable implementiert.

Beispiel 8-1: Verwendung eines einfachen Interfaces

```
#region Using directives

using System;
using System.Collections.Generic;
using System.Text;

#endregion

namespace SimpleInterface
{
// Deklariere das Interface

   interface IStorable
   {
      // Keine Zugriffsmodifikatoren, die Methoden sind public
      // Keine Implementierung
      void Read( );
```

Beispiel 8-1: Verwendung eines einfachen Interfaces (Fortsetzung)

```
      void Write(object obj);
      int Status { get; set; }

   }

// Erzeuge eine Klasse, die das Interface IStorable implementiert
   public class Document : IStorable
   {

      // Speichere den Wert für die Eigenschaft
      private int status = 0;

      public Document(string s)
      {
         Console.WriteLine("Erstelle Dokument mit: {0}", s);
      }

      // Implementiere die Read-Methode
      public void Read( )
      {
         Console.WriteLine(
            "Implementiere die Read-Methode für IStorable");
      }

      // Implementiere die Write-Methode
      public void Write(object o)
      {
         Console.WriteLine(
            "Implementiere die Write-Methode für IStorable");
      }

      // Implementiere die Eigenschaft
      public int Status
      {
         get
         {
            return status;
         }

         set
         {
            status = value;
         }
      }
   }

// Teste das Interface
   public class Tester
   {

      static void Main( )
      {
```

Beispiel 8-1: Verwendung eines einfachen Interfaces (Fortsetzung)

```
        // Greife auf die Methoden des Document-Objekts zu
        Document doc = new Document("Testdokument");
        doc.Status = -1;
        doc.Read( );
        Console.WriteLine("Dokumentstatus: {0}", doc.Status);
      }
   }
}

Ausgabe:
Erstelle Dokument mit: Testdokument
Implementiere die Read-Methode für IStorable
Dokumentstatus: -1
```

Beispiel 8-1 definiert `IStorable`, ein Interface mit den beiden Methoden `Read( )` und `Write( )` und der Eigenschaft `Status` vom Typ `integer`. Beachten Sie, dass die Eigenschaftsdeklaration keine Implementierung für `get( )` und `set( )` liefert, sondern nur anzeigt, dass die Methoden `get( )` und `set( )` *vorhanden* sind:

```
int Status { get; set; }
```

Beachten Sie außerdem, dass die Methodendeklarationen von `IStorable` keine Zugriffsmodifikatoren (z.B. `public`, `protected`, `internal`, `private`) aufführen. Wäre dies der Fall, würde sogar ein Compiler-Fehler ausgelöst. Interface-Methoden sind implizit `public`, da ein Interface einen Vertrag darstellt, der gerade dazu da ist, dass andere Klassen ihn nutzen. Sie können keine Instanz von einem Interface erzeugen, sondern Sie erzeugen eine Instanz einer Klasse, die dieses Interface implementiert.

Die Klasse, die das Interface implementiert, muss den Vertrag genau und vollständig erfüllen. `Document` muss sowohl eine `Read( )`- als auch eine `Write( )`-Methode sowie die Eigenschaft `Status` zur Verfügung stellen. Doch *wie* sie dies tut, ist ihr selbst überlassen. `IStorable` schreibt zwar vor, dass `Document` eine `Status`-Eigenschaft haben muss, aber interessiert sich nicht dafür, ob `Document` den aktuellen Status als Member-Variable speichert oder ihn in einer Datenbank nachschlägt. Diese Einzelheiten sind der implementierenden Klasse überlassen.

Mehr als ein Interface implementieren

Klassen können auch mehr als ein Interface implementieren. Wenn Ihre `Document`-Klasse z.B. nicht nur gespeichert, sondern auch komprimiert werden kann, können Sie beschließen, neben `IStorable` auch das Interface `ICompressible` zu implementieren. Dazu ändern Sie die Deklaration (in der Basisliste) derart, dass die Implementierung beider Interfaces darin steht. Die Interfaces werden durch ein Komma getrennt.

```
public class Document : IStorable, ICompressible
```

Nun muss die Klasse `Document` auch die Methoden des Interfaces `ICompressible` implementieren (das in Beispiel 8-2 deklariert ist):

```
public void Compress( )
{
   Console.WriteLine("Implementiere die Compress-Methode");
}

public void Decompress( )
{
   Console.WriteLine("Implementiere die Decompress-Methode");
}
```

Interfaces erweitern

Sie können auch ein vorhandenes Interface erweitern, indem Sie neue Methoden oder Member hinzufügen oder die Funktionsweise der bestehenden Member ändern. So könnten Sie z.B. ICompressible mit dem neuen Interface ILoggedCompressible erweitern, das Methoden hinzufügt, die nachhalten, wie viele Bytes gespeichert wurden:

```
interface ILoggedCompressible : ICompressible
{
    void LogSavedBytes( );
}
```

> Wenn Sie ICompressible in dieser Weise erweitern, legen Sie im Endeffekt fest, dass alles, was ILoggedCompressible implementiert, auch ICompressible implementieren muss.

Nun können die Klassen nach Bedarf entweder ICompressible oder ILoggedCompressible implementieren, je nachdem, ob sie diese Zusatzfunktionalität benötigen oder nicht. Wenn eine Klasse ILoggedCompressible implementiert, muss sie alle Methoden sowohl von ILoggedCompressible als auch von ICompressible implementieren. Objekte dieses Typs können entweder in ILoggedCompressible oder in ICompressible umgewandelt werden.

Interfaces kombinieren

In ähnlicher Weise können Sie neue Interfaces erstellen, indem Sie vorhandene Interfaces kombinieren und optional neue Methoden und Eigenschaften hinzufügen. Sie könnten z.B. ein Interface namens IStorableCompressible erzeugen. Dieses würde die Methoden der beiden anderen Interfaces kombinieren und außerdem eine neue Methode hinzufügen, die die Originalgröße des unkomprimierten Elements speichert:

```
interface IStorableCompressible : IStoreable, ILoggedCompressible
{
     void LogOriginalSize( );
}
```

Beispiel 8-2 zeigt, wie Interfaces erweitert und kombiniert werden.

Beispiel 8-2: Interfaces erweitern und kombinieren

```
#region Using directives

using System;
using System.Collections.Generic;
using System.Text;

#endregion

namespace ExtendAndCombineInterface
{
   interface IStorable
   {
      void Read( );
      void Write(object obj);
      int Status { get; set; }

   }

// Hier ist das neue Interface
   interface ICompressible
   {
      void Compress( );
      void Decompress( );
   }

// Erweitere das Interface
   interface ILoggedCompressible : ICompressible
   {
      void LogSavedBytes( );
   }

// Kombiniere die Interfaces
   interface IStorableCompressible : IStorable, ILoggedCompressible
   {
      void LogOriginalSize( );
   }

// Noch ein Interface
   interface IEncryptable
   {
      void Encrypt( );
      void Decrypt( );
   }

   public class Document : IStorableCompressible, IEncryptable
   {

      // Speichere die Daten für die Status-Eigenschaft von IStorable
      private int status = 0;

      // Der Konstruktor von Document
      public Document(string s)
```

Beispiel 8-2: Interfaces erweitern und kombinieren (Fortsetzung)

```
    {
       Console.WriteLine("Erstelle ein Dokument mit: {0}", s);

    }

    // Implementiere IStorable
    public void Read( )
    {
       Console.WriteLine(
          "Implementiere die Read-Methode für IStorable");
    }

    public void Write(object o)
    {
       Console.WriteLine(
          "Implementiere die Write-Methode für IStorable");
    }

    public int Status
    {
       get
       {
          return status;
       }

       set
       {
          status = value;
       }
    }

    // Implementiere ICompressible
    public void Compress( )
    {
       Console.WriteLine("Implementiere Compress");
    }

    public void Decompress( )
    {
       Console.WriteLine("Implementiere Decompress");
    }

    // Implementiere ILoggedCompressible
    public void LogSavedBytes( )
    {
       Console.WriteLine("Implementiere LogSavedBytes");
    }

    // Implementiere IStorableCompressible
    public void LogOriginalSize( )
    {
       Console.WriteLine("Implementiere LogOriginalSize");
```

Beispiel 8-2: Interfaces erweitern und kombinieren (Fortsetzung)

```
    }

    // Implementiere IEncryptable
    public void Encrypt( )
    {
       Console.WriteLine("Implementiere Encrypt");

    }

    public void Decrypt( )
    {
       Console.WriteLine("Implementiere Decrypt");

    }
 }

 public class Tester
 {

    static void Main( )
    {
       // Erzeuge ein Dokument-Objekt
       Document doc = new Document("Testdokument");

       // Wandle den Dokumenttyp in die diversen Interfaces um
       IStorable isDoc = doc as IStorable;
       if (isDoc != null)
       {
          isDoc.Read( );
       }
       else
          Console.WriteLine("IStorable wird nicht unterstützt");

       ICompressible icDoc = doc as ICompressible;
       if (icDoc != null)
       {
          icDoc.Compress( );
       }
       else
          Console.WriteLine("Compressible wird nicht unterstützt");

       ILoggedCompressible ilcDoc = doc as ILoggedCompressible;
       if (ilcDoc != null)
       {
          ilcDoc.LogSavedBytes( );
          ilcDoc.Compress( );
          // ilcDoc.Read( );
       }
       else
          Console.WriteLine("LoggedCompressible wird nicht unterstützt");

       IStorableCompressible isc = doc as IStorableCompressible;
```

Beispiel 8-2: Interfaces erweitern und kombinieren (Fortsetzung)

```
            if (isc != null)
            {
                isc.LogOriginalSize( );  // IStorableCompressible
                isc.LogSavedBytes( );    // ILoggedCompressible
                isc.Compress( );         // ICompressible
                isc.Read( );             // IStorable

            }
            else
            {
                Console.WriteLine("StorableCompressible wird nicht unterstützt");
            }

            IEncryptable ie = doc as IEncryptable;
            if (ie != null)
            {
                ie.Encrypt( );
            }
            else
                Console.WriteLine("Encryptable wird nicht unterstützt");
        }
    }
}

Ausgabe:
Erstelle Dokument mit: Testdokument
Implementiere die Read-Methode für IStorable
Implementiere Compress
Implementiere LogSavedBytes
Implementiere Compress
Implementiere LogOriginalSize
Implementiere LogSavedBytes
Implementiere Compress
Implementiere die Read-Methode für IStorable
Implementiere Encrypt
```

In Beispiel 8-2 werden zuerst die Interfaces `IStorable` und `ICompressible` implementiert. Das Letztere wird zu `ILoggedCompressible` erweitert. Dann werden die beiden Original-Interfaces zu dem neuen Interface `IStorableCompressible` kombiniert. Zum Schluss wird das neue Interface `IEncryptable` hinzugefügt.

Das Programm `Tester` erzeugt ein neues `Document`-Objekt und verwendet es als eine Instanz der diversen Interfaces. Es steht Ihnen frei, folgende Umwandlung vorzunehmen:

```
ICompressible icDoc = doc as ICompressible;
```

Dies ist jedoch nicht nötig. Der Compiler weiß, dass `ICompressible` von `doc` implementiert wird und kann die implizite Typumwandlung für Sie vornehmen:

```
ICompressible icDoc = doc;
```

Sind Sie jedoch nicht sicher, ob eine Klasse ein bestimmes Interface implementiert, können Sie eine Typumwandlung mit dem Operator `as` vornehmen (der weiter unten im

Kapitel detailliert beschrieben wird) und dann prüfen, ob das umgewandelte Objekt `null` ist (was darauf hinweist, dass die Umwandlung nicht zulässig ist). So brauchen Sie die Möglichkeit der Typumwandlung nicht vorauszusetzen und riskieren nicht, dass eine Exception ausgelöst wird.

```
ICompressible icDoc = doc as ICompressible;
if ( icDoc != null )
{
   icDoc.Compress();
}
else
   Console.WriteLine( "Compressible wird nicht unterstützt" );
```

Typabbildung mit erweiterten Interfaces

Wenn das Objekt auf ein `ILoggedCompressible` abgebildet wird, können Sie das Interface benutzen, um Methoden von `ICompressible` aufzurufen. Denn `ILoggedCompressible` erweitert (und umfasst somit) die Methoden des Basis-Interface:

```
ILoggedCompressible ilcDoc = doc as ILoggedCompressible;
if (ilcDoc != null)
{
    ilcDoc.LogSavedBytes();
    ilcDoc.Compress();
    // ilcDoc.Read();
}
```

Sie können aber nicht `Read( )` aufrufen, da diese Methode zu dem nicht-verwandten Interface `IStorable` gehört. Und wenn Sie die Auskommentierung des `Read( )`-Aufrufs entfernen, meldet der Compiler einen Fehler.

Wandeln Sie den Typ in `IStorableCompressible` um (in das Interface, das das erweiterte Interface und das Interface `Storable` kombiniert), können Sie danach auch die Methoden von `IStorableCompressible`, `ICompressible` und `IStorable`, aufrufen:

```
IStorableCompressible isc = doc as IStorableCompressible
if (isc != null)
{
    isc.LogOriginalSize( );  // IStorableCompressible
    isc.LogSavedBytes( );    // ILoggedCompressible
    isc.Compress( );         // ICompressible
    isc.Read( );             // IStorable
}
```

Zugriff auf Interface-Methoden

Auf die Member des Interfaces `IStorable` können Sie zugreifen, als seien sie Member der Klasse `Document`:

```
Document doc = new Document("Testdokument");
doc.status = -1;
doc.Read( );
```

Sie können auch eine Instanz des Interfaces[1] erzeugen, indem Sie das Dokument in den Interface-Typ umwandeln und dann über dieses Interface auf die Methoden zugreifen:

```
IStorable isDoc = doc;
isDoc.status = 0;
isDoc.Read( );
```

In diesem Fall wissen Sie schon in `Main( )`, dass `Document` tatsächlich vom Typ `IStorable` ist. Dieses Wissen können Sie nutzen und darauf verzichten, eine explizite Umwandlung vorzunehmen oder die Umwandlung zu überprüfen.

Wie schon erwähnt, können Sie ein Interface nicht direkt instantiieren. Sie können also nicht Folgendes tun:

```
IStorable isDoc = new IStorable( );
```

Sie können allerdings eine Instanz der Implementierungsklasse erzeugen, wie Sie es hier sehen:

```
Document doc = new Document("Testdokument");
```

Danach können Sie eine Instanz des Interfaces erzeugen, indem Sie das Implementierungsobjekt in den Interface-*Typ* umwandeln, in diesem Fall also in `IStorable`:

```
IStorable isDoc = doc;
```

Diese beiden Schritte lassen sich wie folgt kombinieren:

```
IStorable isDoc = new Document("Testdokument");
```

Der Zugriff über ein Interface ermöglicht eine polymorphe Behandlung dieses Interfaces. Mit anderen Worten: Sie können ein oder zwei Klassen dieses Interface implementieren lassen und dann ausschließlich über das Interface auf diese Klassen zugreifen. So können Sie den tatsächlichen Laufzeittyp der Klassen ignorieren und sie als austauschbar behandeln. Mehr Informationen über Polymorphismus finden Sie in Kapitel 5.

Abbildung auf einen Interface-Typ

In vielen Fällen wissen Sie nicht im Voraus, ob ein Objekt ein bestimmtes Interface unterstützt. Wenn Sie eine Collection von Objekten haben, wissen Sie eventuell nicht, ob ein bestimmtes Objekt `IStorable` oder `ICompressible` oder beide unterstützt. Sie *können* jedoch einfach eine Typabbildung auf diese Interfaces vornehmen:

```
Document doc = myCollection[0];

IStorable isDoc = (IStorable) doc;
isDoc.Read( );

ICompressible icDoc = (ICompressible) doc;
icDoc.Compress( );
```

Wenn sich herausstellt, dass `Document` nur das Interface `IStorable` implementiert:

```
public class Document : IStorable
```

1 Genau genommen eine korrekt umgewandelte Referenz auf das Objekt, das das Interface implementiert.

wird die Abbildung in `ICompressible` dennoch kompiliert, da `ICompressible` ein gültiges Interface ist. Doch wenn das Programm ausgeführt wird, löst die unzulässige Abbildung eine Exception aus.

```
Eine Ausnahme vom Typ System.InvalidCastException wurde ausgelöst.
```

Exceptions werden in Kapitel 11 genauer beschrieben.

Der Operator is

Vielleicht würden Sie das Objekt gern fragen können, ob es das Interface unterstützt, damit Sie auch die richtigen Methoden aufrufen. In C# können Sie dies auf zweierlei Art erreichen. Die erste funktioniert mit dem Operator `is`, der folgende Form hat:

```
Ausdruck is Typ
```

Der `is`-Operator wird als `true` ausgewertet, wenn der Ausdruck (der ein Referenztyp sein muss) sicher in den *Typ* umgewandelt werden kann, ohne eine Exception auszulösen.[2] Beispiel 8-3 zeigt, wie Sie mit dem `is`-Operator testen, ob ein `Document` die Interfaces `IStorable` und `ICompressible` implementiert.

> *Hinweis für Java-Programmierer:* Der is-Operator in C# ist gleichbedeutend mit dem `instanceof` in Java.

Beispiel 8-3: Der is-Operator

```
#region Using directives

using System;
using System.Collections.Generic;
using System.Text;

#endregion

namespace IsOperator
{
   interface IStorable
   {
      void Read( );
      void Write(object obj);
      int Status { get; set; }

   }

// Hier ist das neue Interface
   interface ICompressible
```

2 Sowohl mit dem is-Operator als auch mit dem (weiter unten beschriebenen) as-Operator kann man Typen nicht nur auf die Implementierung von Interfaces, sondern auch auf Vererbung evaluieren. Sie können also mit is auch prüfen, ob ein Hund ein Säugetier ist.

Beispiel 8-3: Der is-Operator (Fortsetzung)

```
   {
      void Compress( );
      void Decompress( );
   }

// Document implementiert IStorable
   public class Document : IStorable
   {

      private int status = 0;

      public Document(string s)
      {
         Console.WriteLine(
            "Erstelle Dokument mit: {0}", s);

      }

      // IStorable.Read
      public void Read()
      {
         Console.WriteLine( "Lese...");
      }

      // IStorable.Write
      public void Write( object o )
      {
         Console.WriteLine( "Schreibe...");
      }

      // IStorable.Status
      public int Status
      {
         get
         {
            return status;
         }

         set
         {
            status = value;
         }
      }
   }

   // Ist von Document abgeleitet und implementiert ICompressible
   public class CompressibleDocument : Document, ICompressible
   {
      public CompressibleDocument(String s) :
          base(s)
      { }
```

Beispiel 8-3: Der is-Operator (Fortsetzung)

```
        public void Compress()
        {
            Console.WriteLine("Komprimiere...");
        }
        public void Decompress()
        {
            Console.WriteLine("Dekomprimiere...");
        }

    }

    public class Tester
    {

        static void Main()
        {
            // Eine Collection mit Document-Objekten
            Document[] docArray = new Document[2];

            // Das erste Element ist ein Document
            docArray[0] = new Document( "Test Document" );

            // Das zweite Element ist ein CompressibleDocument (das ist
            // korrekt, weil CompressibleDocument auch Document ist)
            docArray[1] =
                new CompressibleDocument("Test compressibleDocument");

            // Keine Ahnung, was wir aus dem Hut ziehen
            foreach (Document doc in docArray)
            {
                // Sag deinen Namen
                Console.WriteLine("Erhalten: {0}", doc);

                // Diese Prüfung bestehen beide
                if (doc is IStorable)
                {
                    IStorable isDoc = (IStorable)doc;
                    isDoc.Read();
                }

                // Trifft nicht zu für Document,
                // trifft zu für CompressibleDocument
                if (doc is ICompressible)
                {
                    ICompressible icDoc = (ICompressible)doc;
                    icDoc.Compress();
                }
            }
        }
    }
}
```

Beispiel 8-3: Der is-Operator (Fortsetzung)

```
Ausgabe:
Erstelle Dokument mit: Test Document
Erstelle Dokument mit: Test compressibleDocument
Erhalten: IsOperator.Document
Lese...
Erhalten: IsOperator.CompressibleDocument
Lese...
Compressing...
```

Beispiel 8-3 unterscheidet sich insofern von Beispiel 8-2, als hier `Document` das Interface `ICompressible` nicht mehr implementiert, aber eine Klasse, die von `Document` abgeleitet ist und `CompressibleDocument` heißt, tut dies. Die Methode `Main()` überprüft, ob jede Umwandlung zulässig (man sagt auch `safe`) ist, indem sie die folgende `if`-Klausel auswertet:

```
if (doc is IStorable)
```

Das ist sauber und erklärt sich fast von selbst. Die `if`-Anweisung sagt Ihnen, dass die Umwandlung nur stattfindet, wenn das Objekt den richtigen Interface-Typ hat.

Diese Klasse `Document` besteht diesen Test, fällt aber durch den folgenden:

```
if (doc is ICompressible)
```

Dagegen besteht `CompressibleDocument` beide Prüfungen.

Wir legen beide Arten von Dokumenten in ein Array (Sie können sich vorstellen, dass ein solches Array einer Methode übergeben wird, die dessen Inhalt nicht kennt). Bevor Sie nun versuchen, die Methoden von `ICompressible` aufzurufen, müssen Sie sicherstellen, dass der Typ von `Document`, den Sie gerade haben, auch `ICompressible` implementiert. Diese Überprüfung nimmt der `is`-Operator für Sie vor.

Leider erweist sich jedoch dieser Gebrauch des `is`-Operators als ineffizient. Um dies zu verstehen, müssen Sie den MSIL-Code genauer betrachten, den der Operator generiert. Hier sehen Sie nur einen kleinen Auszug (mit Zeilennummern in Hexadezimalschreibweise):

```
IL_0023:  isinst     ICompressible
IL_0028:  brfalse.s  IL_0039
IL_002a:  ldloc.0
IL_002b:  castclass  ICompressible
IL_0030:  stloc.2
IL_0031:  ldloc.2
IL_0032:  callvirt   instance void ICompressible::Compress( )
```

Am wichtigsten ist hier die Prüfung auf `ICompressible` in Zeile 23. Das Schlüsselwort `isinst` ist der MSIL-Code für den `is`-Operator. Er testet, ob das Objekt (`doc`) auch wirklich den richtigen Typ hat. Besteht es diesen Test, geht es in Zeile 2b mit dem Aufruf von `castclass` weiter. Doch leider testet auch `castclass` den Typ des Objekts, so dass der Test letztlich zweimal durchgeführt wird. Eine effizientere Lösung ist die Verwendung des Operators `as`.

Der Operator as

Der as-Operator kombiniert das is und die Umwandlungsoperationen, indem er zuerst nachschaut, ob eine Typumwandlung zulässig ist (d.h., ob ein is-Test true zurückgeben würde), und wenn dies der Fall ist, die Umwandlung zu Ende führt. Wenn die Umwandlung unzulässig ist (d.h. der is-Test false zurückgibt), gibt der as-Operator null zurück.

> Das Schlüsselwort null repräsentiert eine Nullreferenz, also eine Referenz, die auf kein Objekt verweist.

Wenn Sie den as-Operator einsetzen, brauchen Sie keine Cast-Exceptions wegen unzulässiger Umwandlungen zu behandeln. Gleichzeitig vermeiden Sie den Aufwand, die Umwandlung zweimal überprüfen zu müssen. Daher ist es am besten, wenn Sie Interfaces mit as umwandeln.

Der as-Operator hat folgende Form:

```
Ausdruck as Typ
```

Im folgenden Listing wird der Testcode von Beispiel 8-3 so überarbeitet, dass er den as-Operator verwendet und auf null testet:

```
static void Main()
{
      // Eine Collection mit Document-Objekten
      Document[] docArray = new Document[2];

      // Das erste Element ist ein Document
      docArray[0] = new Document( "Test Document" );

      // Das zweite Element ist ein CompressibleDocument (das ist
      // korrekt, weil CompressibleDocument auch Document ist)
      docArray[1] = new CompressibleDocument("Test compressibleDocument");


      // Keine Ahnung, was wir aus dem Hut ziehen
      foreach (Document doc in docArray)
      {
          // Sag deinen Namen
          Console.WriteLine("Erhalten: {0}", doc);

          // Diese Prüfung bestehen beide
          IStorable isDoc = doc as IStorable;
          if (isDoc != null)
          {
              isDoc.Read();
          }

          // Trifft nicht zu für Document,
          // trifft zu für CompressibleDocument
          ICompressible icDoc = doc as ICompressible;
```

```
            if (icDoc != null)
            {
                icDoc.Compress();

            }
        }
    }
```

Ein rascher Blick auf den vergleichbaren MSIL-Code zeigt, dass die folgende Version tatsächlich effizienter ist:

```
IL_0023:  isinst     ICompressible
IL_0028:  stloc.2
IL_0029:  ldloc.2
IL_002a:  brfalse.s  IL_0034
IL_002c:  ldloc.2
IL_002d:  callvirt   instance void ICompressible::Compress( )
```

Operatoren: is versus as

Wenn Ihr Entwurfsmuster darin besteht zu prüfen, ob das Objekt den benötigten Typ hat, und es, wenn dies der Fall ist, sofort umzuwandeln, dann ist der `as`-Operator effizienter. Doch gelegentlich möchten Sie den Typ eines Objekts vielleicht testen, ohne es direkt umzuwandeln. Vielleicht möchten Sie es auch lediglich testen und gar nicht umwandeln, sondern es nur einer Liste hinzufügen, wenn es dem richtigen Interface entspricht. In solchen Fällen ist der `is`-Operator die bessere Lösung.

Interface versus abstrakte Klasse

Interfaces sind den abstrakten Klassen sehr ähnlich. Die Deklaration von `IStorable` könnten Sie ebenso gut in die Deklaration einer abstrakten Klasse umarbeiten:

```
abstract class Storable
{
  abstract public void Read( );
  abstract public void Write( );
}
```

`Document` könnte nun aus `Storable` erben, was sich kaum von der Benutzung eines Interfaces unterscheiden würde.

Nehmen wir dagegen an, Sie kauften von einem Fremdanbieter eine `List`-Klasse, deren Fähigkeiten Sie mit denen von `Storable` kombinieren möchten. In C++ könnten Sie eine Klasse namens `StorableList` erzeugen, die sowohl von `List` als auch von `Storable` erbt. Doch in C# geht das nicht: Sie können nicht von der abstrakten Klasse `Storable` und der Klasse `List` erben, da C# keine Mehrfachvererbung mit Klassen gestattet.

In C# können Sie jedoch beliebig viele Interfaces implementieren und von einer Basisklasse ableiten. Wenn Sie also aus `Storable` ein Interface machen, können Sie sowohl aus der Klasse `List` als auch von `IStorable` erben, wie es `StorableList` im folgenden Beispiel macht:

```
public class StorableList : List, IStorable
{
   // Hier stehen Listenmethoden ...
   public void Read( ) {...}
   public void Write(object obj) {...}
   // ...
}
```

Manche Designer bei Microsoft raten von der Verwendung von Interfaces ab und bevorzugen abstrakte Basisklassen, da bei diesen die Versionierung besser funktioniert.

Nehmen Sie beispielsweise an, Sie hätten ein Interface entworfen und die Programmierer in Ihrem Team beginnen damit, es zu verwenden. Nun wollen Sie dieses Interface um einen neuen Member erweitern. Dann haben Sie zwei Möglichkeiten zur Auswahl, die beide unbefriedigend sind: Entweder Sie fügen dem Interface tatsächlich einen neuen Member hinzu, woraufhin vorhandene Programme nicht mehr funktionieren, oder Sie betrachten das Interface als unveränderlich und legen beispielsweise `IStore2` oder `IStorageExtended` an. Wenn Sie Letzteres oft genug machen, haben Sie binnen kurzer Zeit dutzende eng verknüpfter Interfaces und ein ziemliches Durcheinander.

Wenn Sie dagegen eine abstrakte Basisklasse verwenden, können Sie dieser einfach eine neue virtuelle Methode mit einer Standard-Implementierung hinzufügen. Und siehe da, die vorhandenen Programme laufen weiterhin, ohne dass eine neue Klasse in den Namensraum eingeführt werden musste.

Die beste Möglichkeit ist wohl, bei einer neuen Klassenbibliothek, die von vielen Leuten (insbesondere außerhalb Ihrer Firma) benutzt wird, abstrakte Basisklassen zu bevorzugen. Wenn Sie jedoch Klassen für ein einzelnes Projekt anlegen, könnten Interfaces im Interesse einer besseren Verständlichkeit und eines flexibleren Codes vorteilhaft sein.

Interface-Implementierungen überschreiben

Eine implementierende Klasse kann beliebig viele Methoden, die das Interface implementieren, als virtuell markieren. Abgeleitete Klassen können diese Implementierungen mit `override` überschreiben und somit Polymorphie herstellen. So kann z.B. eine `Document`-Klasse das Interface `IStorable` implementieren und die Methoden `Read( )` und `Write( )` als `virtual` markieren. Das `Document` kann dann seinen Inhalt mit `Read( )` und `Write( )` in einen `File`-Typ schreiben oder daraus auslesen. Später kann der Entwickler von `Document` neue Typen wie z.B. `Note` oder `EmailMessage` ableiten und beispielsweise entscheiden, dass `Note` Lese- und Schreibvorgänge in einer Datenbank und nicht in einer Datei ausführt.

Beispiel 8-4 spart die Komplexität von Beispiel 8-3 aus und zeigt, wie eine Interface-Implementierung überschrieben wird. Die Methode `Read( )`, die als `virtual` markiert ist, wird von `Document` implementiert. `Read( )` wird dann in einem Typ namens `Note` überschrieben, der von `Document` abgeleitet ist.

Beispiel 8-4: Eine Interface-Implementierung überschreiben

```
#region Using directives

using System;
using System.Collections.Generic;
using System.Text;

#endregion

namespace overridingInterface
{
   interface IStorable
   {
      void Read( );
      void Write( );
   }

// Vereinfachtes Document implementiert nur IStorable
   public class Document : IStorable
   {
      // Der Konstruktor von Document
      public Document(string s)
      {
         Console.WriteLine(
            "Erstelle ein Dokument mit: {0}", s);

      }

      // read wird als virtuell markiert

      public virtual void Read( )
      {
         Console.WriteLine(
            "Document-Read-Methode für IStorable");
      }

      // NB: Ist nicht virtuell!
      public void Write( )
      {
         Console.WriteLine(
            "Document-Write-Methode für IStorable");
      }
   }

// Leite von Document ab
   public class Note : Document
   {
      public Note(string s):
      base(s)
      {
         Console.WriteLine(
            "Erstelle Notiz mit: {0}", s);
      }
```

Beispiel 8-4: Eine Interface-Implementierung überschreiben (Fortsetzung)

```
    // Überschreibe die Read-Methode

    public override void Read( )
    {
       Console.WriteLine(
          "Überschreibe die Read-Methode für Note!");
    }

    // Implementiere eigene Write-Methode
    public new void Write( )
    {
       Console.WriteLine(
          "Implementiere die Write-Methode für Note!");
    }
}
public class Tester
{

    static void Main( )
    {
       // Lege eine Document-Referenz auf ein Note-Objekt an
       Document theNote = new Note("Testnotiz");
       IStorable isNote = theNote as IStorable;
       if (isNote != null)
       {
          isNote.Read( );
          isNote.Write( );
       }

       Console.WriteLine("\n");

       // Direkte Methodenaufrufe
       theNote.Read( );
       theNote.Write( );

       Console.WriteLine("\n");

       // Erzeuge ein Note-Objekt
       Note note2 = new Note("Zweiter Test");
       IStorable isNote2 = note2 as IStorable;
       if (isNote2 != null)
       {
          isNote2.Read( );
          isNote2.Write( );
       }

       Console.WriteLine("\n");

       // Direkte Methodenaufrufe
       note2.Read( );
       note2.Write( );
    }
```

Beispiel 8-4: Eine Interface-Implementierung überschreiben (Fortsetzung)

```
    }
}

Ausgabe:
Erstelle Dokument mit: Testnotiz
Erstelle Notiz mit: Testnotiz
Überschreibe die Read-Methode für Note!
Document-Write-Methode für IStorable

Überschreibe die Read-Methode für Note!
Document-Write-Methode für IStorable

Erstelle Dokument mit: Zweiter Test
Erstelle Notiz mit: Zweiter Test
Überschreibe die Read-Methode für Note!
Document-Write-Methode für IStorable

Überschreibe die Read-Methode für Note!
Implementiere die Write-Methode für Note!
```

In diesem Beispiel implementiert `Document` ein vereinfachtes `IStorable`-Interface (es wurde vereinfacht, damit das Beispiel klarer wird):

```
interface IStorable
{
    void Read( );
    void Write( );
}
```

Der Designer von `Document` hat sich dafür entschieden, die Methode `Read( )` als virtuell zu deklarieren, nicht aber die Methode `Write( )`:

```
public virtual void Read( )
```

Wenn Sie in einer echten Anwendung eine Methode als `virtual` markieren müssten, würden Sie dies höchstwahrscheinlich bei beiden Methoden tun. Ich habe sie hier aber unterschieden, um zu zeigen, dass der Entwickler nach Belieben auswählen kann, welche Methoden er virtuell macht.

Die `Note`-Klasse ist von `Document` abgeleitet:

```
public class Note : Document
```

`Note` braucht `Read( )` nicht zu überschreiben, kann es aber tun und hat es hier auch tatsächlich getan:

```
public override void Read( )
```

In `Tester` werden die Methoden `Read` und `Write` auf vier Arten aufgerufen:

- Über die Basisklassenreferenz auf ein abgeleitetes Objekt.
- Über ein Interface, das mit der Basisklassenreferenz auf das abgeleitete Objekt erzeugt wurde.

- Über ein abgeleitetes Objekt.
- Über ein Interface, das von dem abgeleiteten Objekt erzeugt wurde.

Für die ersten beiden Aufrufarten wird eine Referenz auf `Document` (die Basisklasse) erzeugt. Dann wird die Adresse eines neuen (abgeleiteten) `Note`-Objekts, die auf dem Heap angelegt wurde, dieser Referenz auf `Document` zugewiesen:

```
Document theNote = new Note("Testnotiz");
```

Eine Interface-Referenz wird erzeugt, und dann wird das `Document` mit dem Operator `as` in den Typ der `IStorable`-Referenz umgewandelt:

```
IStorable isNote = theNote as IStorable;
```

Nun können Sie über dieses Interface die Methoden `Read( )` und `Write( )` aufrufen. Die Ausgabe zeigt, dass erwartungsgemäß auf die `Read( )`-Methode polymorph reagiert wird, auf die `Write( )`-Methode hingegen nicht:

```
Überschreibe die Read-Methode für Note!
Document-Write-Methode für IStorable
```

Danach werden die Methoden `Read( )` und `Write( )` unmittelbar auf dem Objekt selbst aufgerufen:

```
theNote.Read( );
theNote.Write( );
```

Auch hier können Sie sehen, dass die polymorphe Implementierung funktioniert:

```
Überschreibe die Read-Methode für Note!
Document-Write-Methode für IStorable
```

In beiden Fällen werden die `Read( )`-Methode von `Note` und die `Write( )`-Methode von `Document` aufgerufen.

Zum Beweis dafür, dass dies ein Ergebnis der überschreibenden Methode ist, erstellen Sie nun ein zweites `Note`-Objekt, dem Sie diesmal eine Referenz auf ein `Note` zuweisen. Damit werden die letzten beiden Fälle veranschaulicht (also der Aufruf über ein abgeleitetes Objekt und der Aufruf über ein Interface, das von dem abgeleiteten Objekt aus erzeugt wurde).

```
Note note2 = new Note("Zweiter Test");
```

Auch hier wird bei einer Typumwandlung in eine Referenz die `Read( )`-Methode aufgerufen. Wenn Sie jedoch Methoden direkt auf dem `Note`-Objekt aufrufen:

```
note2.Read( );
note2.Write( );
```

zeigt die Ausgabe, dass Sie ein `Note` und kein überschriebenes `Document` aufgerufen haben:

```
Überschreibe die Read-Methode für Note!
Implementiere die Write-Methode für Note!
```

Interfaces explizit implementieren

In der bisherigen Implementierung erzeugt die Implementierungsklasse (in diesem Fall `Document`) eine Member-Methode mit der gleichen Signatur und dem gleichen Rückgabetyp, wie sie auch in der im Interface angegebenen Methode vorliegen. Sie brauchen nicht explizit anzugeben, dass dies die Implementierung eines Interfaces ist, da der Compiler dies implizit versteht.

Doch was geschieht, wenn die Klasse zwei Interfaces implementiert, von denen jedes eine Methode mit der gleichen Signatur hat? Beispiel 8-5 erzeugt zwei Interfaces: `IStorable` und `ITalk`. Das zweite implementiert eine `Read( )`-Methode, die ein Buch laut vorliest. Doch leider steht sie im Konflikt mit der `Read( )`-Methode von `IStorable`.

Da sowohl `IStorable` als auch `ITalk` eine `Read( )`-Methode haben, muss die implementierende `Document`-Klasse für mindestens eine dieser Methoden eine *explizite Implementierung* liefern. Mit einer solchen expliziten Implementierung identifiziert die implementierende Klasse (`Document`) ausdrücklich das Interface für die betreffende Methode:

```
void ITalk.Read( )
```

Das löst den Konflikt, aber es hat auch eine Reihe interessanter Nebeneffekte.

Erstens ist für die andere Methode von `Talk()` keine explizite Implementierung mehr erforderlich:

```
public void Talk( )
```

Da es keinen Konflikt gibt, kann diese wie üblich deklariert werden.

Was noch wichtiger ist: Die Methode mit der expliziten Implementierung darf keinen Zugriffsmodifikator haben:

```
void ITalk.Read( )
```

Diese Methode ist implizit öffentlich.

Eine mit expliziter Implementierung deklarierte Methode darf nicht mit den Modifikatoren `abstract`, `virtual`, `override` oder `new` deklariert werden.

Außerdem ist wichtig, dass Sie auf die explizit implementierte Methode nicht über das Objekt selbst zugreifen dürfen. Wenn Sie

```
theDoc.Read( );
```

schreiben, nimmt der Compiler an, dass Sie das implizit implementierte Interface für `IStorable` meinen. Die einzige Möglichkeit, auf ein explizit implementiertes Interface zuzugreifen, ist eine Typumwandlung in ein Interface:

```
ITalk itDoc = theDoc;
itDoc.Read();
```

In Beispiel 8-5 sehen Sie die explizite Implementierung.

Beispiel 8-5: Explizite Implementierung

```
#region Using directives

using System;
using System.Collections.Generic;
using System.Text;
```

Beispiel 8-5: Explizite Implementierung (Fortsetzung)

```
#endregion

namespace ExplicitImplementation
{
   interface IStorable
   {
      void Read( );
      void Write( );
   }

   interface ITalk
   {
      void Talk( );
      void Read( );
   }

// Ändere Document, so dass es IStorable und ITalk implementiert
   public class Document : IStorable, ITalk
   {
      // Der Konstruktor von Document
      public Document(string s)
      {
         Console.WriteLine("Erstelle Dokument mit: {0}", s);

      }

      // Deklariere Read-Methode als virtuell
      public virtual void Read( )
      {
         Console.WriteLine("Implementiere IStorable.Read");
      }

      public void Write( )
      {
         Console.WriteLine("Implementiere IStorable.Write");

      }

      void ITalk.Read( )
      {
         Console.WriteLine("Implementiere ITalk.Read");
      }

      public void Talk( )
      {
         Console.WriteLine("Implementiere ITalk.Talk");
      }
   }

   public class Tester
   {
```

Beispiel 8-5: Explizite Implementierung (Fortsetzung)

```
      static void Main( )
      {
         // Erzeuge ein Document-Objekt
         Document theDoc = new Document("Testdokument");
         IStorable isDoc = theDoc;
         isDoc.Read( );

          ITalk itDoc = theDoc;
          itDoc.Read();

          theDoc.Read();
          theDoc.Talk();
      }
   }
}

Ausgabe:
Erstelle Dokument mit: Testdokument
Implementiere IStorable.Read
Implementiere ITalk.Read
Implementiere IStorable.Read
Implementiere ITalk.Talk
```

Interface-Methoden selektiv offen legen

Wenn Sie eine Klasse entwerfen, können Sie den Umstand nutzen, dass ein explizit implementiertes Interface für die Clients der implementierenden Klasse nicht sichtbar ist, es sei denn, Sie führen eine Typumwandlung durch.

Angenommen, die Semantik Ihres `Document`-Objekts schreibt vor, dass es das Interface `IStorable` implementieren muss, aber Sie möchten nicht, dass die Methoden `Read( )` und `Write( )` zum öffentlichen Interface Ihres `Document` gehören. Sie können mit der expliziten Implementierung gewährleisten, dass diese Methoden, wenn Sie keine Typumwandlung vornehmen, nicht sichtbar sind. So können Sie die öffentliche API Ihrer `Document`-Klasse bewahren und dennoch `IStorable` in ihr implementieren. Möchte Ihr Client, dass ein Objekt das Interface `IStorable` implementiert, kann er eine Umwandlung durchführen, aber wenn er Ihr Dokument einfach *als Dokument* benutzt, gehören `Read( )` und `Write( )` nicht zur API.

Da Sie mittels expliziter Implementierung auswählen können, welche Methoden Sie sichtbar machen möchten, können Sie einige implementierte Methoden von `Document` offen legen und andere nicht. In Beispiel 8-5 legt das `Document`-Objekt die `Talk( )`-Methode als Methode von `Document` offen, aber die `ITalk.Read( )`-Methode ist nur über eine Umwandlung zu bekommen. Selbst wenn `IStorable` keine `Read`-Methode hätte, könnten Sie dennoch beschließen, `Read( )` explizit zu implementieren, wenn Sie `Read( )` nicht als Methode von `Document` offen legen möchten.

Da Sie bei einer expliziten Implementierung das Schlüsselwort `virtual` nicht verwenden dürfen, wäre eine abgeleitete Klasse gezwungen, die Methode erneut zu implementieren. Wäre `Note` von `Document` abgeleitet, müsste es `ITalk.Read( )` folglich neu implementieren, da die `Document`-Implementierung von `ITalk.Read( )` nicht virtuell sein darf.

Verbergen von Members

Ein Interface-Member kann verborgen werden. Angenommen, Sie haben z.B. das Interface `IBase` mit der Eigenschaft `P`:

```
interface IBase
{
   int P { get; set; }
}
```

Nehmen wir weiter an, Sie leiten von diesem Interface das neue Interface `IDerived` ab, das die Eigenschaft `P` mit der neuen Methode `P( )` verbirgt:

```
interface IDerived : IBase
{
   new int P( );
}
```

Abgesehen von der Frage, ob dies überhaupt eine gute Idee ist, haben Sie nun die Eigenschaft `P` im Basis-Interface verborgen. Eine Implementierung dieses abgeleiteten Interfaces erfordert mindestens ein explizites Interface-Member. Sie können die explizite Implementierung *entweder* für die Basiseigenschaft *oder* für die abgeleitete Methode verwenden, oder Sie setzen für beide die explizite Implementierung ein. Folglich wäre jede der drei nachfolgenden Versionen zulässig:

```
class myClass : IDerived
{
   // Explizite Implementierung für die Basiseigenschaft
   int IBase.P { get {...} }

   // Implizite Implementierung für die abgeleitete Methode
   public int P( ) {...}
}

class myClass : IDerived
{
   // Implizite Implementierung für die Basiseigenschaft
   public int P { get {...} }

   // Explizite Implementierung für die abgeleitete Methode
   int IDerived.P( ) {...}
}

class myClass : IDerived
{
   // Explizite Implementierung für die Basiseigenschaft
   int IBase.P { get {...} }
```

```
        // Explizite Implementierung für die abgeleitete Methode
        int IDerived.P( ) {...}
    }
```

Zugriff auf versiegelte Klassen und Werttypen

Im Allgemeinen ist es besser, auf Interface-Methoden über eine Interface-Umwandlung zuzugreifen. Das gilt jedoch nicht für Werttypen (z.B. Structs) und versiegelte Klassen. Bei diesen ist es besser, die Interface-Methode über das Objekt aufzurufen.

Wenn Sie ein Interface durch ein Struct implementieren, implementieren Sie es durch einen Werttyp. Nehmen Sie eine Umwandlung in eine Interface-Referenz vor, wird das Objekt implizit mit Boxing eingehüllt. Doch leider wird, wenn Sie das Objekt über das Interface modifizieren, nicht das ursprüngliche Wertobjekt, sondern das eingehüllte Objekt geändert. Dies bedeutet, dass bei Veränderungen am Wert des Struct, die innerhalb der Methode vorgenommen werden, der eingehüllte Typ unverändert bleibt (was man als recht merkwürdigen Effekt ansehen kann, insbesondere wenn es in einem *fremden* Programm geschieht). Beispiel 8-6 erzeugt ein Struct, das `IStorable` implementiert, und zeigt, welche Auswirkungen das implizite Boxing hat, wenn Sie das Struct in eine Interface-Referenz umwandeln.

Beispiel 8-6: Referenzen auf Werttypen

```
using System;

#region Using directives

using System;
using System.Collections.Generic;
using System.Text;

#endregion

namespace ReferencesOnValueTypes
{
// Deklariere ein einfaches Interface
   interface IStorable
   {
      void Read( );
      int Status { get;set;}

   }

// Implementiere es über ein Struct
   public struct myStruct : IStorable
   {

      public void Read( )
      {
         Console.WriteLine(
```

Beispiel 8-6: Referenzen auf Werttypen (Fortsetzung)

```
            "Implementiere IStorable.Read");
        }

        public int Status
        {
            get
            {
                return status;
            }
            set
            {
                status = value;
            }
        }

        private int status;
    }

    public class Tester
    {

        static void Main( )
        {
            // Erzeuge ein myStruct-Objekt
            myStruct theStruct = new myStruct( );
            theStruct.Status = -1;  // Initialisiere
            Console.WriteLine(
                "theStruct.Status: {0}", theStruct.Status);

            // Ändere den Wert
            theStruct.Status = 2;
            Console.WriteLine("Geändertes Objekt.");
            Console.WriteLine(
                "theStruct.Status: {0}", theStruct.Status);

            // Wandle in IStorable um
            // Wird durch implizites Boxing zu einem Referenztyp
            IStorable isTemp = (IStorable) theStruct;

             // Setze den Wert über die Interface-Referenz
            isTemp.Status = 4;
            Console.WriteLine("Geändertes Interface.");
            Console.WriteLine("theStruct.Status: {0}, isTemp: {1}",
                theStruct.Status, isTemp.Status);

            // Ändere den Wert erneut
            theStruct.Status = 6;
            Console.WriteLine("Geändertes Objekt.");
            Console.WriteLine("theStruct.Status: {0}, isTemp: {1}",
                theStruct.Status, isTemp.Status);
        }
    }
}
```

Beispiel 8-6: Referenzen auf Werttypen (Fortsetzung)

```
Ausgabe:
theStruct.Status: -1
Geändertes Objekt.
theStruct.Status: 2
Geändertes Interface.
theStruct.Status: 2, isTemp: 4
Geändertes Objekt.
theStruct.Status: 6, isTemp: 4
```

In Beispiel 8-6 besitzt das Interface `IStorable` eine Methode (`Read`) und eine Eigenschaft (`Status`).

Dieses Interface wird durch das Struct namens `myStruct` implementiert:

```
public struct myStruct : IStorable
```

Der interessante Code steht in `Tester`. Als Erstes erzeugen Sie eine Instanz des Struct und initialisieren ihre Eigenschaft mit `-1`. Dann wird der Statuswert ausgegeben:

```
myStruct theStruct = new myStruct();
theStruct.status = -1;  // Initialisiere
Console.WriteLine(
   "theStruct.Status: {0}", theStruct.status);
```

Die Ausgabe zeigt, dass der Status korrekt gesetzt wurde:

```
theStruct.Status: -1
```

Nun greifen Sie auf die Eigenschaft zu, um den Status zu ändern, und zwar wiederum über das Wertobjekt selbst:

```
// Ändere den Wert
theStruct.status = 2;
Console.WriteLine("Geändertes Objekt.");
Console.WriteLine(
   "theStruct.Status: {0}", theStruct.status);
```

Die Ausgabe zeigt die Änderung an:

```
Geändertes Objekt.
theStruct.Status: 2
```

Bisher gibt es keine Überraschungen. Nun erzeugen Sie eine Referenz auf das Interface `IStorable`. Dadurch wird das Wertobjekt `theStruct` implizit durch Boxing eingehüllt. Danach ändern Sie den Statuswert mit Hilfe dieses Interfaces in `4`:

```
// Umwandlung in IStorable
// Implizites Boxing in einen Referenztyp
IStorable isTemp = (IStorable) theStruct;

// Setze den Wert über die Interface-Referenz
isTemp.status = 4;
Console.WriteLine("Geändertes Interface.");
Console.WriteLine("theStruct.Status: {0}, isTemp: {1}",
    theStruct.status, isTemp.status);
```

Hier kann die Ausgabe eine Überraschung bereithalten:

```
Geändertes Interface.
theStruct.Status: 2, isTemp: 4
```

Das Objekt, auf das die Interface-Referenz zeigt, wurde in den Statuswert 4 geändert, aber das Struct-Wertobjekt ist unverändert. Noch interessanter ist es, wenn Sie auf die Methode über das Objekt selbst zugreifen:

```
// Ändere den Wert noch einmal
theStruct.status = 6;
Console.WriteLine("Geändertes Objekt.");
Console.WriteLine("theStruct.Status: {0}, isTemp: {1}",
    theStruct.status, isTemp.status);
```

Wenn Sie auf die Methode über das Objekt selbst zugreifen, zeigt die Ausgabe, dass das Wertobjekt geändert wurde, nicht jedoch der eingehüllte Referenzwert für die Interface-Referenz:

```
Geändertes Objekt.
theStruct.Status: 6, isTemp: 4
```

Ein kurzer Blick auf den MSIL-Code (Beispiel 8-7) zeigt, was hinter den Kulissen passiert:

Beispiel 8-7: MSIL-Code aus Beispiel 8-6

```
.method private hidebysig static void  Main() cil managed
{
  .entrypoint
  // Code size       194 (0xc2)
  .maxstack  3
  .locals init ([0] valuetype ReferencesOnValueTypes.myStruct theStruct,
           [1] class ReferencesOnValueTypes.IStorable isTemp)
  IL_0000:  ldloca.s   theStruct
  IL_0002:  initobj    ReferencesOnValueTypes.myStruct
  IL_0008:  ldloca.s   theStruct
  IL_000a:  ldc.i4.m1
  IL_000b:  call       instance void ReferencesOnValueTypes.myStruct::set_Status(int32)
  IL_0010:  ldstr      "theStruct.Status: {0}"
  IL_0015:  ldloca.s   theStruct
  IL_0017:  call       instance int32 ReferencesOnValueTypes.myStruct::get_Status()
  IL_001c:  box        [mscorlib]System.Int32
  IL_0021:  call       void [mscorlib]System.Console::WriteLine(string,
                                                                object)
  IL_0026:  nop
  IL_0027:  ldloca.s   theStruct
  IL_0029:  ldc.i4.2
  IL_002a:  call       instance void ReferencesOnValueTypes.myStruct::set_Status(int32)
  IL_002f:  ldstr      "Geändertes Objekt."
  IL_0034:  call       void [mscorlib]System.Console::WriteLine(string)
  IL_0039:  nop
  IL_003a:  ldstr      "theStruct.Status: {0}"
  IL_003f:  ldloca.s   theStruct
  IL_0041:  call       instance int32 ReferencesOnValueTypes.myStruct::get_Status()
  IL_0046:  box        [mscorlib]System.Int32
```

Beispiel 8-7: MSIL-Code aus Beispiel 8-6 (Fortsetzung)

```
  IL_004b:  call       void [mscorlib]System.Console::WriteLine(string,
                                                                object)
  IL_0050:  nop
  IL_0051:  ldloc.0
  IL_0052:  box        ReferencesOnValueTypes.myStruct
  IL_0057:  stloc.1
  IL_0058:  ldloc.1
  IL_0059:  ldc.i4.4
  IL_005a:  callvirt   instance void ReferencesOnValueTypes.IStorable::set_Status(int32)
  IL_005f:  ldstr      "Geändertes Interface."
  IL_0064:  call       void [mscorlib]System.Console::WriteLine(string)
  IL_0069:  nop
  IL_006a:  ldstr      "theStruct.Status: {0}, isTemp: {1}"
  IL_006f:  ldloca.s   theStruct
  IL_0071:  call       instance int32 ReferencesOnValueTypes.myStruct::get_Status()
  IL_0076:  box        [mscorlib]System.Int32
  IL_007b:  ldloc.1
  IL_007c:  callvirt   instance int32 ReferencesOnValueTypes.IStorable::get_Status()
  IL_0081:  box        [mscorlib]System.Int32
  IL_0086:  call       void [mscorlib]System.Console::WriteLine(string,
                                                                object,
                                                                object)
  IL_008b:  nop
  IL_008c:  ldloca.s   theStruct
  IL_008e:  ldc.i4.6
  IL_008f:  call       instance void ReferencesOnValueTypes.myStruct::set_Status(int32)
  IL_0094:  ldstr      "Geändertes Objekt."
  IL_0099:  call       void [mscorlib]System.Console::WriteLine(string)
  IL_009e:  nop
  IL_009f:  ldstr      "theStruct.Status: {0}, isTemp: {1}"
  IL_00a4:  ldloca.s   theStruct
  IL_00a6:  call       instance int32 ReferencesOnValueTypes.myStruct::get_Status()
  IL_00ab:  box        [mscorlib]System.Int32
  IL_00b0:  ldloc.1
  IL_00b1:  callvirt   instance int32 ReferencesOnValueTypes.IStorable::get_Status()
  IL_00b6:  box        [mscorlib]System.Int32
  IL_00bb:  call       void [mscorlib]System.Console::WriteLine(string,
                                                                object,
                                                                object)
  IL_00c0:  nop
  IL_00c1:  ret
} // Ende der Methode Tester::Main
```

In der Zeile `IL_000b` wurde `set_Status( )` auf dem Wertobjekt aufgerufen. Den zweiten Aufruf sehen Sie in Zeile `IL_0017`. Beachten Sie, dass durch die `WriteLine( )`-Aufrufe der Status des Integer-Werts eingehüllt wird, damit die `GetString( )`-Methode aufgerufen werden kann.

Die wichtigste Zeile ist `IL_001c` (hervorgehoben): Hier wird das Struct selbst eingehüllt. Dieser Boxing-Vorgang erzeugt einen Referenztyp für die Interface-Referenz. Beachten Sie in Zeile `IL_005a`, dass diesmal `IStorable::set_Status` an Stelle von `myStruct::set_Status` aufgerufen wird.

Für den Entwurf können Sie daraus folgende Richtlinie ableiten: Wenn Sie ein Interface mit einem Werttyp implementieren, müssen Sie sicherstellen, dass auf die Interface-Member über das Objekt und nicht über eine Interface-Referenz zugegriffen wird.

KAPITEL 9

Arrays, Indexer und Collections

Das .NET Framework stellt eine reichhaltige Auswahl an Collection-Klassen zur Verfügung. Durch die in 2.0 neu eingeführten generischen Typen sind die Collection-Klassen nun typsicher, wodurch die Programmierung insgesamt wesentlich verbessert wird. Zu diesen Klassen gehören `Array`, `ArrayList`, `Dictionary`, `Sorted Dictionary`, `Queue` und `Stack`.

Die einfachste Collection ist das `Array`; es ist der einzige Collection-Typ, für den C# eine eingebaute Unterstützung bietet. In diesem Kapitel werden Sie sehen, wie man mit einfachen, mehrdimensionalen und ungleichförmigen (»ausgefransten«) Arrays arbeitet. Arrays haben eingebaute Indexer, mit deren Hilfe Sie auf das *n*-te Element eines Arrays zugreifen können. In diesem Kapitel werden wir Sie außerdem mit der Erstellung eigener Indexer vertraut machen. Durch diesen syntaktischen Kunstgriff von C# können Sie genauso einfach auf den Inhalt einer Klasse zugreifen, als wäre die Klasse wie ein Array indiziert.

Das .NET Framework liefert auch eine Reihe von Interfaces wie z.B. `IEnumerable` und `ICollection`, deren Implementierung Ihnen das Standardrüstzeug für eine Interaktion mit Collections gibt. In diesem Kapitel werden Sie den Umgang mit den wichtigsten dieser Interfaces lernen. Am Ende des Kapitels machen wir eine Tour durch die gebräuchlichsten .NET-Collections, darunter `List`, `Dictionary`, `Queue` und `Stack`.

> In früheren Versionen von C# waren die Collection-Objekte nicht typsicher (beispielsweise konnten Sie Strings und Integer-Zahlen in einem Dictionary vermischen). Diese nicht-typsicheren Versionen von `List` (`ArrayList`), `Dictionary` `Queue` und `Stack` sind aus Gründen der Abwärtskompatibilität weiterhin verfügbar. Wir werden sie jedoch in diesem Buch nicht behandeln, da sie obsolet sind und ähnlich verwendet werden können wie die generischen Versionen.

Arrays

Ein *Array* ist eine indizierte Sammlung von Objekten desselben Typs. C#-Arrays unterscheiden sich ein wenig von Arrays in C++, da sie Objekte sind. Dadurch stehen ihnen nützliche Methoden und Eigenschaften zur Verfügung.

C# verwendet eine spezielle Syntax für die Deklaration von Arrays. Was allerdings tatsächlich erzeugt wird, ist ein Objekt vom Typ `System.Array`.[1] So bieten Ihnen Arrays in C# das Beste aus beiden Welten: eine leicht verwendbare Syntax im C-Stil, unterlegt mit einer richtigen Klassendefinition, damit Instanzen eines Arrays Zugriff auf die Methoden und Eigenschaften von `System.Array` haben. Diese sind in Tabelle 9-1 aufgeführt.

Tabelle 9-1: Methoden und Eigenschaften von System.Array

Methode oder Eigenschaft	Zweck
`BinarySearch( )`	Überladene öffentliche statische Methode, die ein eindimensionales, sortiertes Array durchsucht.
`Clear( )`	Öffentliche statische Methode, die einen Bereich von Elementen im Array entweder auf null oder auf eine Null-Referenz setzt.
`Copy( )`	Überladene öffentliche statische Methode, die einen Teil eines Arrays in ein anderes Array kopiert.
`CreateInstance( )`	Überladene öffentliche statische Methode, die eine neue Instanz eines Arrays anlegt.
`IndexOf( )`	Überladene öffentliche statische Methode, die den Index (Offset) des ersten Auftretens eines Werts in einem eindimensionalen Array zurückgibt.
`LastIndexOf( )`	Überladene öffentliche statische Methode, die den Index (Offset) des letzten Auftretens eines Werts in einem eindimensionalen Array zurückgibt.
`Reverse( )`	Überladene öffentliche statische Methode, die die Reihenfolge der Elemente in einem eindimensionalen Array umkehrt.
`Sort( )`	Überladene öffentliche statische Methode, die die Werte in einem eindimensionalen Array sortiert.
`IsFixedSize`	Erforderlich, weil ein jedes `Array` das Interface `ICollection` implementiert. Bei Arrays gibt dies immer `true` zurück (da alle Arrays eine feste Länge haben).
`IsReadOnly`	Öffentliche Eigenschaft (erforderlich, da `Array` das Interface `IList` implementiert), die einen Booleschen Wert zurückgibt, der anzeigt, ob das Array schreibgeschützt ist.
`IsSynchronized`	Öffentliche Eigenschaft (erforderlich, weil `Array` das Interface `ICollection` implementiert), die einen Booleschen Wert zurückgibt, der anzeigt, ob das Array Thread-sicher ist.
`Length`	Öffentliche Eigenschaft, die die Länge eines Arrays zurückgibt.
`Rank`	Öffentliche Eigenschaft, die die Anzahl der Array-Dimensionen zurückgibt.
`SyncRoot`	Öffentliche Eigenschaft, die ein Objekt zurückgibt, mit dem der Zugriff auf das Array synchronisiert werden kann.
`GetEnumerator( )`	Öffentliche Methode, die einen `IEnumerator` zurückgibt.
`GetLength( )`	Öffentliche Methode, die die Länge der angegebenen Array-Dimension zurückgibt.
`GetLowerBound( )`	Öffentliche Methode, die die Untergrenze der angegebenen Array-Dimension zurückgibt.
`GetUpperBound( )`	Öffentliche Methode, die die Obergrenze der angegebenen Array-Dimension zurückgibt.
`Initialize( )`	Initialisiert alle Werte eines Werttyp-Arrays, indem für jeden Wert der Standardkonstruktor aufgerufen wird. Bei Referenz-Arrays werden alle Elemente auf null gesetzt.
`SetValue( )`	Überladene öffentliche Methode, die das angegebene Array-Element auf einen Wert setzt.

1 Wenn Sie mit `int[] myArray = new int[5]` ein Array anlegen, ist das, was Sie im IL-Code erzeugen, in Wirklichkeit eine Instanz von `System.int32[]`. Da diese aber von der abstrakten Basisklasse `System.Array` abgeleitet ist, kann man durchaus sagen, dass es es sich um eine Instanz von `System.Array` handelt.

Arrays deklarieren

Ein C#-Array deklarieren Sie mit der folgenden Syntax:

```
Typ[] Array-Name;
```

Ein Beispiel:

```
int[] myIntArray;
```

Eigentlich deklarieren Sie kein Array, sondern, technisch gesehen, eine Variable (`myIntArray`) mit einer Referenz auf ein Array von Integer-Zahlen. Wie immer verwenden wir auch hier die Abkürzung und bezeichnen `myIntArray` als das Array, wissen aber, dass wir in Wirklichkeit eine Variable meinen, die eine Referenz auf ein (unbenanntes) Array enthält.

Die eckigen Klammern (`[]`) teilen dem C#-Compiler mit, dass Sie ein Array deklarieren, und der Typ gibt den Typ der Elemente an, die das Array enthalten wird. Im obigen Beispiel ist `myIntArray` ein Array von Integern.

Sie instantiieren das Array mit dem Schlüsselwort `new`. Ein Beispiel:

```
myIntArray = new int[5];
```

Mit dieser Deklaration legen Sie ein Array aus fünf Integer-Zahlen an, die alle mit dem Wert `0` initialisiert werden.

Hinweis für VB6-Programmierer: In C# bezeichnet der Wert der Array-Größe die Anzahl der Array-Elemente und nicht seine Obergrenze. Es gibt tatsächlich keine Möglichkeit, die Ober- und Untergrenzen eines Arrays festzulegen (mit der einen Ausnahme, dass Sie in mehrdimensionalen Arrays die Untergrenzen setzen können, was wir später behandeln, aber auch dies wird nicht durch die Klassenbibliothek des .NET Framework unterstützt).

Das erste Element eines Arrays ist somit 0. Die folgende C#-Anweisung deklariert ein Array mit 10 Elementen mit den Indices 0 bis 9:

```
string myArray[10];
```

Die Obergrenze ist 9, nicht 10, und Sie können die Größe des Arrays nicht verändern (es gibt also kein Äquivalent für die VB6-Funktion `Redim`).

Sie müssen zwischen dem Array selbst (das eine Sammlung von Elementen ist) und den Elementen des Arrays unterscheiden. `myIntArray` ist das Array (genauer gesagt die Variable mit der Referenz auf das Array), und die fünf darin gespeicherten Integer-Zahlen sind seine Elemente.

C#-Arrays sind Referenztypen, die auf dem Heap erzeugt werden. Das Array, auf das `myIntArray` verweist, wird also auf dem Heap alloziert. Die *Elemente* eines Arrays werden entsprechend ihrem eigenen Typ alloziert. Da Integers Werttypen sind, sind die Elemente von `myIntArray` Werttypen, *keine* durch Boxing eingehüllte Integer-Werte, und somit werden alle Elemente in dem Speicherblock angelegt, der für das Array alloziert wird.

Ein Speicherblock, der für ein Array von Referenztypen alloziert wird, enthält dagegen Referenzen auf die eigentlichen Elemente, die ihrerseits im Arbeitsspeicher auf dem Heap, getrennt von dem Array, angelegt werden.

Standardwerte verstehen

Wenn Sie ein Array von Werttypen erzeugen, enthält jedes Element anfangs den Standardwert für den im Array gespeicherten Typ (siehe oben, Tabelle 4-2). Die Anweisung

```
myIntArray = new int[5];
```

erzeugt ein Array mit fünf Integern, wobei jedes dieser Integer auf 0 gesetzt ist, denn dies ist der Standardwert für Integer-Typen.

Anders als bei Arrays von Werttypen werden die Referenztypen in einem Array nicht mit ihrem Standardwert initialisiert, sondern mit null. Wenn Sie versuchen, auf ein Element in einem Array von Referenztypen zuzugreifen, die Sie noch nicht spezifisch initialisiert haben, wird eine Exception ausgelöst.

Angenommen, Sie haben eine `Button`-Klasse angelegt. Ein Array von `Button`-Objekten deklarieren Sie mit folgender Anweisung:

```
Button[] myButtonArray;
```

Das eigentliche Array wird folgendermaßen instantiiert:

```
myButtonArray = new Button[3];
```

Dies können Sie wie folgt abkürzen:

```
Button[] myButtonArray = new Button[3];
```

Diese Anweisung erzeugt kein Array mit Referenzen auf die drei `Button`-Objekte, sondern das Array `myButtonArray` mit drei Null-Referenzen. Um dieses Array zu verwenden, müssen Sie zuerst die `Button`-Objekte für jede Referenz im Array konstruieren und zuweisen. Dazu dient eine Schleife, die die Objekte nacheinander erzeugt und dem Array hinzufügt.

Zugriff auf Array-Elemente

Auf die Elemente eines Arrays greifen Sie mit dem Indexoperator (`[]`) zu. Array-Indizes fangen bei null an, so dass das erste Element eines Arrays immer den Index null hat – in diesem Fall ist es `myArray[0]`.

Wie bereits gesagt, sind Arrays Objekte und haben daher auch Eigenschaften. Eine besonders nützliche Eigenschaft ist `Length`: Sie teilt Ihnen mit, wie viele Elemente das Array hat. Array-Objekte können Indizes von `0` bis `Length-1` haben. Wenn ein Array fünf Elemente hat, sind ihre Indizes folglich 0, 1, 2, 3 und 4.

Beispiel 9-1 zeigt die bisher beschriebenen Array-Konzepte. Im Beispiel erzeugt eine Klasse namens `Tester` das Array `Employee` sowie ein Array von Integern, füllt das Array `Employee` mit Inhalt und gibt dann die Werte beider Arrays aus.

Beispiel 9-1: Mit einem Array arbeiten

```
namespace Programming_CSharp
{

   // Eine einfache Klasse zum Speichern im Array
   public class Employee
   {
      public Employee(int empID)
      {
         this.empID = empID;
      }
      public override string ToString( )
      {
         return empID.ToString( );
      }
      private int empID;
   }
   public class Tester
   {
      static void Main( )
      {
         int[] intArray;
         Employee[] empArray;
         intArray = new int[5];
         empArray = new Employee[3];

         // Fülle das Array
         for (int i = 0;i<empArray.Length;i++)
         {
            empArray[i] = new Employee(i+5);
         }

         for (int i = 0;i<intArray.Length;i++)
         {
            Console.WriteLine(intArray[i].ToString( ));
         }

         for (int i = 0;i<empArray.Length;i++)
         {
            Console.WriteLine(empArray[i].ToString( ));
         }
      }
   }
}

Ausgabe:
0
0
0
0
0
5
6
7
```

Am Anfang des Beispiels wird die Klasse `Employee` definiert. Sie implementiert einen Konstruktor, der einen einzigen, ganzzahligen Parameter entgegennimmt. Die von `Object` geerbte Methode `ToString( )` wird überschrieben, damit sie den Wert der Personalnummer des `Employee`-Objekts ausgibt.

Die Testmethode deklariert ein Paar von Arrays und instantiiert sie dann. Das Integer-Array wird automatisch mit Integern gefüllt, deren Werte jeweils auf null gesetzt sind. Der Inhalt des `Employee`-Arrays muss manuell angelegt werden.

Zum Schluss wird der Inhalt der Arrays ausgegeben, um zu gewährleisten, dass beide wie beabsichtigt gefüllt wurden. Zuerst geben die fünf Integer ihren Wert aus und dann die drei `Employee`-Objekte.

Die foreach-Anweisung

Die Schleifenanweisung `foreach` ist neu in der Familie der C-Sprachen, aber für VB-Programmierer schon eine alte Bekannte. Mit der `foreach`-Anweisung können Sie alle Elemente eines Arrays oder einer Collection durchlaufen und nacheinander untersuchen. Sie hat folgende Syntax:

```
foreach (Typ Bezeichner in Ausdruck) Anweisung
```

Sie könnten also in Beispiel 9-1 die `for`-Anweisungen, die über den gefüllten Array-Inhalt iterieren, durch die in Beispiel 9-2 gezeigten `foreach`-Anweisungen ersetzen:

Beispiel 9-2: Verwendung von foreach

```
#region Using directives

using System;
using System.Collections.Generic;
using System.Text;

#endregion

namespace UsingForEach
{
    // Eine einfache Klasse zum Speichern im Array
    public class Employee
    {
        // Eine einfache Klasse zum Speichern im Array
        public Employee(int empID)
        {
            this.empID = empID;
        }
        public override string ToString( )
        {
            return empID.ToString( );
        }
        private int empID;
    }
```

Beispiel 9-2: Verwendung von foreach (Fortsetzung)

```
      public class Tester
      {
         static void Main( )
         {
            int[] intArray;
            Employee[] empArray;
            intArray = new int[5];
            empArray = new Employee[3];

            // Fülle das Array
            for (int i = 0;i<empArray.Length;i++)
            {
               empArray[i] = new Employee(i+5);
            }

            foreach (int i in intArray)
            {
               Console.WriteLine(i.ToString( ));
            }
            foreach (Employee e in empArray)
            {
               Console.WriteLine(e.ToString( ));
            }
         }
      }
   }
}
```

Beispiel 9-2 produziert die gleiche Ausgabe wie Beispiel 9-1. Allerdings haben wir hier keine for-Anweisung erstellt, die die Größe des Arrays ermittelt und eine temporäre Zählervariable als Index für das Array verwendet, sondern wir wählen einen anderen Ansatz an Stelle der folgenden Konstruktion:

```
for (int i = 0; i < empArray.Length; i++)
{
    Console.WriteLine(empArray[i].ToString( ));
}
```

Wir durchlaufen das Array mit der foreach-Schleife, die automatisch das nächste Element aus dem Array herausholt und dem temporären Objekt zuweist, das Sie im Kopf der Anweisung erzeugt haben:

```
foreach (Employee e in empArray)
{
   Console.WriteLine(e.ToString( ));
}
```

Da das aus dem Array extrahierte Objekt den richtigen Typ hat, können Sie jede öffentliche Methode auf diesem Objekt aufrufen.

Array-Elemente initialisieren

Es ist möglich, den Inhalt eines Arrays schon zum Zeitpunkt seiner Instantiierung zu initialisieren. Dazu liefern Sie eine Werteliste in geschweiften Klammern ({}). C# stellt dazu eine lange und eine kurze Syntax zur Verfügung:

```
int[] myIntArray = new int[5] { 2, 4, 6, 8, 10 }
int[] myIntArray = { 2, 4, 6, 8, 10 }
```

In der Praxis gibt es keinen Unterschied zwischen diesen beiden Anweisungen, und die meisten Programmierer wählen die Kurzsyntax; beachten Sie aber die folgende Anmerkung.

> Der Grund für die beiden Schreibweisen besteht darin, dass unter bestimmten, seltenen Umständen die längere Form verwendet werden muss – insbesondere wenn der C#-Compiler nicht den korrekten Typ ermitteln kann.

Das Schlüsselwort params

Sie können eine Methode erstellen, die auf der Konsole eine beliebige Anzahl Integer ausgibt, wenn man ihr ein Array von Integern übergibt und dieses dann mit einer `foreach`-Schleife durchläuft. Das Schlüsselwort `params` ermöglicht es Ihnen, eine veränderliche Anzahl Parameter zu übergeben, ohne das Array deswegen explizit zu erzeugen.

Im nächsten Beispiel erzeugen Sie die Methode `DisplayVals( )`, die eine veränderliche Anzahl Integer-Argumente entgegennimmt:

```
public void DisplayVals(params int[] intVals)
```

Die Methode selbst kann das Array so behandeln, als sei ein Integer-Array explizit angelegt und als Parameter übergeben worden. Sie können das Array wie ein x-beliebiges Integer-Array durchlaufen:

```
foreach (int i in intVals)
{
   Console.WriteLine("DisplayVals {0}",i);
}
```

Doch die aufrufende Methode braucht nicht explizit ein Array anzulegen, sondern kann einfach Integer-Werte übergeben. Der Compiler sammelt diese Parameter dann für die Methode `DisplayVals( )` in einem Array.

```
t.DisplayVals(5,6,7,8);
```

Sie können auch ein Array übergeben, wenn Sie dies möchten:

```
int [] explicitArray = new int[5] {1,2,3,4,5};
t.DisplayVals(explicitArray);
```

Beispiel 9-3 gibt den gesamten Quellcode an, um zu zeigen, wie das Schlüsselwort `params` verwendet wird.

Beispiel 9-3: Verwendung des Schlüsselworts params

```
#region Using directives

using System;
using System.Collections.Generic;
using System.Text;

#endregion

namespace UsingParams
{
   public class Tester
   {
      static void Main( )
      {
         Tester t = new Tester( );
         t.DisplayVals(5,6,7,8);
         int [] explicitArray = new int[5] {1,2,3,4,5};
         t.DisplayVals(explicitArray);
      }

      public void DisplayVals(params int[] intVals)
      {
         foreach (int i in intVals)
         {
            Console.WriteLine("DisplayVals {0}",i);
         }
      }
   }
}

Ausgabe:
DisplayVals 5
DisplayVals 6
DisplayVals 7
DisplayVals 8
DisplayVals 1
DisplayVals 2
DisplayVals 3
DisplayVals 4
DisplayVals 5
```

Mehrdimensionale Arrays

Arrays kann man sich als lange Zeilen von Spalten vorstellen, in die Werte hineingesetzt werden können. Wenn Sie sich eine solche Zeile vorgestellt haben, können Sie sich auch leicht zehn solcher Zeilen übereinander vorstellen. Dies ist das klassische zweidimensionale Array mit Zeilen und Spalten. Die Zeilen verlaufen quer und die Spalten senkrecht im Array.

Eine dritte mögliche Dimension lässt sich ein bisschen schwerer vor Augen führen: Sie machen Ihre Arrays dreidimensional, indem Sie oben auf das alte, zweidimensionale Array neue Zeilen stapeln. Doch nun stellen Sie sich einmal vier Dimensionen vor – oder zehn.

Diejenigen Leser, die keine Stringtheorie-Physiker sind, haben jetzt wahrscheinlich schon aufgegeben, genau wie ich. Doch mehrdimensionale Arrays sind gleichwohl nützlich, auch wenn man sie sich nur schwer vorstellen kann.

C# unterstützt zwei Arten von mehrdimensionalen Arrays: rechteckige und ungleichförmige (jagged) Arrays. In einem rechteckigen Array hat jede Zeile dieselbe Länge. Doch ein ungleichförmiges Array ist ein Array von Arrays, die jeweils eine andere Länge haben können.

Rechteckige Arrays

Ein *rechteckiges Array* ist ein Array mit zwei (oder mehr) Dimensionen. Im klassischen zweidimensionalen Array ist die erste Dimension die Anzahl der Zeilen und die zweite die Anzahl der Spalten.

> *Hinweis für Java-Programmierer:* Rechteckige Arrays gibt es in Java nicht.

Ein zweidimensionales Array deklarieren Sie mit folgender Syntax:

```
Typ [,] Array-Name
```

Um beispielsweise ein zweidimensionales Array zu deklarieren und zu instantiieren, das `myRectangularArray` heißt und zwei Zeilen und drei Spalten mit Integern hat, schreiben Sie Folgendes:

```
int [,] myRectangularArray = new int[2,3];
```

Beispiel 9-4 deklariert, instantiiert, initialisiert und liefert den Inhalt eines zweidimensionalen Arrays. In diesem Beispiel werden die Array-Elemente mit einer `for`-Schleife initialisiert.

Beispiel 9-4: Rechteckiges Array

```
#region Using directives

using System;
using System.Collections.Generic;
using System.Text;

#endregion

namespace RectangularArray
{
   public class Tester
   {
      static void Main( )
      {
         const int rows = 4;
         const int cclumns = 3;
```

Beispiel 9-4: Rechteckiges Array (Fortsetzung)

```
        // Deklariere ein 4 x 3 großes Integer-Array
        int[,] rectangularArray = new int[rows, columns];

        // Fülle das Array
        for (int i = 0;i < rows;i++)
        {
           for (int j = 0;j<columns;j++)
           {
              rectangularArray[i,j] = i+j;
           }
        }

        // Gib den Inhalt des Arrays aus
        for (int i = 0;i < rows;i++)
        {
           for (int j = 0;j<columns;j++)
           {
              Console.WriteLine("rectangularArray[{0},{1}] = {2}",
                 i,j,rectangularArray[i,j]);
           }
        }
     }
  }
}

Ausgabe:
rectangularArray[0,0] = 0
rectangularArray[0,1] = 1
rectangularArray[0,2] = 2
rectangularArray[1,0] = 1
rectangularArray[1,1] = 2
rectangularArray[1,2] = 3
rectangularArray[2,0] = 2
rectangularArray[2,1] = 3
rectangularArray[2,2] = 4
rectangularArray[3,0] = 3
rectangularArray[3,1] = 4
rectangularArray[3,2] = 5
```

In diesem Beispiel deklarieren Sie ein Konstantenpaar:

```
const int rows = 4;
const int columns = 3;
```

Diese Konstanten dienen zur Dimensionierung des Arrays:

```
int[,] rectangularArray = new int[rows, columns];
```

Achten Sie auf die Syntax. Die Klammern in der `int[,]`-Deklaration zeigen an, dass der Typ ein Integer-Array ist, und das Komma zeigt an, dass das Array zwei Dimensionen hat (zwei Kommata würden auf drei Dimensionen hinweisen usw.). Die eigentliche Instantiierung von `rectangularArray` mit `new int[rows, columns]` setzt die Größe jeder Dimension. Hier wurden die Deklaration und die Instantiierung miteinander kombiniert.

Das Programm füllt dieses Rechteck mit Hilfe eines Paars von `for`-Schleifen, die durch jede Spalte in jeder Zeile iterieren. Als erstes Element wird daher `rectangularArray[0,0]` gefüllt, gefolgt von `rectangularArray[0,1]` und `rectangularArray[0,2]`. Danach geht das Programm zu den folgenden Zeilen: `rectangularArray[1,0]`, `rectangularArray[1,1]`, `rectangularArray[1,2]` usw., bis alle Spalten in allen Zeilen mit Inhalt gefüllt sind.

Ebenso, wie Sie ein eindimensionales Array mit einer in Klammern eingefassten Werteliste initialisieren können, können Sie mit der gleichen Syntax auch ein zweidimensionales Array initialisieren. Beispiel 9-5 deklariert ein zweidimensionales Array (`rectangularArray`), initialisiert seine Elemente mit einer geklammerten Werteliste und gibt dann den Inhalt aus.

Beispiel 9-5: Ein mehrdimensionales Array initialisieren

```
#region Using directives

using System;
using System.Collections.Generic;
using System.Text;

#endregion

namespace InitializingMultiDimensionalArray
{
   public class Tester
   {
      static void Main( )
      {
         const int rows = 4;
         const int columns = 3;

         // Definiere implizit ein 4 x 3 großes Array
         int[,] rectangularArray =
         {
           {0,1,2}, {3,4,5}, {6,7,8}, {9,10,11}
         };

         for (int i = 0;i < rows;i++)
         {
            for (int j = 0;j<columns;j++)
            {
               Console.WriteLine("rectangularArray[{0},{1}] = {2}",
                  i,j,rectangularArray[i,j]);
            }
         }
      }
   }
}

Ausgabe:
rectangularArrayrectangularArray[0,0] = 0
rectangularArrayrectangularArray[0,1] = 1
```

Beispiel 9-5: Ein mehrdimensionales Array initialisieren (Fortsetzung)

```
rectangularArrayrectangularArray[0,2] = 2
rectangularArrayrectangularArray[1,0] = 3
rectangularArrayrectangularArray[1,1] = 4
rectangularArrayrectangularArray[1,2] = 5
rectangularArrayrectangularArray[2,0] = 6
rectangularArrayrectangularArray[2,1] = 7
rectangularArrayrectangularArray[2,2] = 8
rectangularArrayrectangularArray[3,0] = 9
rectangularArrayrectangularArray[3,1] = 10
rectangularArrayrectangularArray[3,2] = 11
```

Das obige Beispiel ist Beispiel 9-4 ähnlich, aber dieses Mal definieren Sie *implizit* die genauen Dimensionen des Arrays durch die Art, wie Sie es initialisieren:

```
int[,] rectangularArrayrectangularArray =
{
    {0,1,2}, {3,4,5}, {6,7,8}, {9,10,11}
};
```

Indem Sie Werte in vier geklammerten Listen mit je drei Elementen zuweisen, wird ein Array der Dimension 4 × 3 implizit definiert. Hätten Sie dies geschrieben:

```
int[,] rectangularArrayrectangularArray =
{
   {0,1,2,3}, {4,5,6,7}, {8,9,10,11}
};
```

hätten Sie ein 3 × 4 großes Array implizit definiert.

Wie Sie sehen, versteht der C#-Compiler die Implikationen Ihrer Gruppierung, da er, wie die Ausgabe zeigt, in der Lage ist, auf die Objekte mit den richtigen Offsets zuzugreifen.

Sie vermuten vielleicht, dass, da es sich hier um ein Element mit zwölf Elementen handelt, Sie auf ein Element ebenso gut mit `rectangularArray[0,3]` (das vierte Element in der ersten Zeile) zugreifen können wie mit `rectangularArray[1,0]` (das erste Element in der zweiten Zeile). Dies funktioniert in C++, wenn Sie es aber in C# versuchen, wird eine Exception ausgelöst:

```
Ausnahme aufgetreten: System.IndexOutOfRangeException:
Der Index war außerhalb des Array-Bereichs
bei Programming_CSharp.Tester.Main() in
csharp\programming csharp\listing0703.cs:line 23
```

C#-Arrays sind intelligent und behalten ihre Grenzen im Auge. Wenn Sie implizit ein Array der Größe 4 × 3 definieren, müssen Sie es auch als solches behandeln.

Ungleichförmige Arrays

Ein *ungleichförmiges Array* (ausgefranstes Array) ist ein Array von Arrays, das deswegen »ungleichförmig« genannt wird, weil nicht alle Zeilen die gleiche Länge haben müssen und daher eine zeichnerische Darstellung eines solchen Arrays nicht rechteckig wäre.

Um ein ungleichförmiges Array anzulegen, deklarieren Sie, wie viele Zeilen es haben soll. Jede Zeile speichert ein Array beliebiger Länge, und jedes dieser Arrays muss deklariert werden. Danach können Sie in diese »inneren« Arrays die Werte der Elemente einsetzen.

Jede Dimension eines ungleichförmigen Arrays ist ein eindimensionales Array. Zur Deklaration eines ungleichförmigen Arrays verwenden Sie die folgende Syntax, wobei die Anzahl der eckigen Klammern die Anzahl der Array-Dimensionen wiedergibt.

```
Typ [] []...
```

Ein zweidimensionales, ungleichförmiges Integer-Array namens `myJaggedArray` deklarieren Sie wie folgt:

```
int [] [] myJaggedArray;
```

Auf das fünfte Element des dritten Arrays greifen Sie mit `myJaggedArray[2][4]` zu.

Beispiel 9-6 erzeugt ein ungleichförmiges Array namens `myJaggedArray`, initialisiert seine Elemente und gibt dann deren Inhalt aus. Um Platz zu sparen, nutzt das Programm den Umstand, dass Elemente von Integer-Arrays automatisch mit null initialisiert werden, und initialisiert nur die Werte einiger weniger Elemente.

Beispiel 9-6: Mit einem ungleichförmigen Array arbeiten

```
#region Using directives

using System;
using System.Collections.Generic;
using System.Text;

#endregion

namespace JaggedArray
{
   public class Tester
   {
      static void Main( )
      {
         const int rows = 4;

         // Deklariere das ungleichförmige Array als 4 Zeilen hoch
         int[][] jaggedArray = new int[rows][];

         // Die erste Zeile hat 5 Elemente
         jaggedArray[0] = new int[5];

         // Eine Zeile mit 2 Elementen
         jaggedArray[1] = new int[2];

         // Eine Zeile mit 3 Elementen
         jaggedArray[2] = new int[3];

         // Die letzte Zeile hat 5 Elemente
         jaggedArray[3] = new int[5];
```

Beispiel 9-6: Mit einem ungleichförmigen Array arbeiten (Fortsetzung)

```
            // Fülle einige (nicht alle) Elemente der Zeilen
            jaggedArray[0][3] = 15;
            jaggedArray[1][1] = 12;
            jaggedArray[2][1] = 9;
            jaggedArray[2][2] = 99;
            jaggedArray[3][0] = 10;
            jaggedArray[3][1] = 11;
            jaggedArray[3][2] = 12;
            jaggedArray[3][3] = 13;
            jaggedArray[3][4] = 14;

            for (int i = 0;i < 5; i++)
            {
               Console.WriteLine("jaggedArray[0][{0}] = {1}",
                  i,jaggedArray[0][i]);
            }

            for (int i = 0;i < 2; i++)
            {
               Console.WriteLine("jaggedArray[1][{0}] = {1}",
                  i,jaggedArray[1][i]);
            }

            for (int i = 0;i < 3; i++)
            {
               Console.WriteLine("jaggedArray[2][{0}] = {1}",
                  i,jaggedArray[2][i]);
            }
            for (int i = 0;i < 5; i++)
            {
               Console.WriteLine("jaggedArray[3][{0}] = {1}",
                  i,jaggedArray[3][i]);
            }
        }
    }
}

Ausgabe:
jaggedArray[0][0] = 0
jaggedArray[0][1] = 0
jaggedArray[0][2] = 0
jaggedArray[0][3] = 15
jaggedArray[0][4] = 0
jaggedArray[1][0] = 0
jaggedArray[1][1] = 12
jaggedArray[2][0] = 0
jaggedArray[2][1] = 9
jaggedArray[2][2] = 99
jaggedArray[3][0] = 10
jaggedArray[3][1] = 11
jaggedArray[3][2] = 12
jaggedArray[3][3] = 13
jaggedArray[3][4] = 14
```

In diesem Beispiel wird ein ungleichförmiges Array mit vier Zeilen angelegt:

```
int[][] jaggedArray = new int[rows][];
```

Beachten Sie, dass die zweite Dimension nicht angegeben wurde. Diese wird gesetzt, indem für jede Zeile ein neues Array erzeugt wird. Jedes Array kann ein andere Größe haben:

```
// Die erste Zeile hat 5 Elemente
jaggedArray[0] = new int[5];

// Eine Zeile mit 2 Elementen
jaggedArray[1] = new int[2];

// Eine Zeile mit 3 Elementen
jaggedArray[2] = new int[3];

// Die letzte Zeile hat 5 Elemente
jaggedArray[3] = new int[5];
```

Nachdem für jede Zeile ein Array spezifiziert wurde, brauchen Sie nur noch Elemente in die Arrays zu setzen und dann den Inhalt auszugeben, um sich zu vergewissern, dass alles erwartungsgemäß verlaufen ist.

Beachten Sie folgenden Unterschied zwischen rechteckigen und ungleichförmigen Arrays: Wenn Sie auf ein Element eines rechteckigen Arrays zugreifen, setzen Sie die Indizes alle in dasselbe Paar eckiger Klammern:

```
rectangularArrayrectangularArray[i,j]
```

Bei einem ungleichförmigen Array hingegen benötigen Sie zwei Klammernpaare:

```
jaggedArray[3][i]
```

Dies können Sie sich merken, indem Sie sich das rechteckige Array als ein einziges Array mit mehr als einer Dimension und das ungleichförmige Array als Array von Arrays vorstellen.

Array-Grenzen

Ein Array kann auch mit Hilfe der überladenen Methode `CreateInstance` erzeugt werden. Eine der überladenen Formen ermöglicht Ihnen, die Untergrenze (den Startindex) jeder Dimension eines mehrdimensionalen Arrays festzulegen. Dies ist eine recht obskure Fähigkeit, die selten verwendet wird.

Wir zeigen Ihnen kurz, wie es geht: Sie rufen die statische Methode `CreateInstance` auf, die ein Array zurückgibt und die drei Parameter annimmt: ein Objekt des Typs `Type`, das den Typ der im Array zu speichernden Objekte angibt, ein Integer-Array, das die Länge jeder Dimension des Arrays angibt, sowie ein zweites Integer-Array, das die Untergrenze jeder Dimension angibt. Beachten Sie, dass die beiden Arrays mit Integer-Zahlen die gleiche Anzahl von Elementen haben müssen; das heißt, Sie müssen die Untergrenze für alle Dimensionen festlegen:

```
#region Using directives

using System;
using System.Collections.Generic;
using System.Text;

#endregion

namespace SettingArrayBounds
{

   public class SettingArrayBounds
   {
      public static void CreateArrayWithBounds()
      {
         // Erzeuge ein mehrdimensionales Array des Typs String an
        // und initialisiere es
         int[] lengthsArray = new int[2] { 3, 5 };
         int[] boundsArray = new int[2] { 2, 3 };
         Array multiDimensionalArray = Array.CreateInstance(
                typeof( String ),
                lengthsArray,
                boundsArray );

         // Zeige die Unter- und die Obergrenze jeder Dimension an
         Console.WriteLine( "Bounds:\tLower\tUpper" );
         for ( int i = 0; i < multiDimensionalArray.Rank; i++ )
            Console.WriteLine(
            "{0}:\t{1}\t{2}",
            i,
            multiDimensionalArray.GetLowerBound( i ),
            multiDimensionalArray.GetUpperBound( i ) );
      }
      static void Main()
      {
         SettingArrayBounds.CreateArrayWithBounds();
      }
   }
}
```

Array-Konvertierungen

Eine Konvertierung können Sie zwischen Arrays vornehmen, wenn diese gleiche Dimensionen haben und sich ihre Referenz-Elementtypen ineinander konvertieren lassen. Wenn die Elemente implizit konvertierbar sind, kann eine implizite Konvertierung vorgenommen werden, andernfalls müssen Sie explizit konvertieren.

Natürlich ist es auch möglich, ein Array von abgeleiteten Objekten in ein Array von Basis-Objekten zu konvertieren. Beispiel 9-7 zeigt, wie ein Array mit Elementen des benutzerdefinierten Typs Employee in ein Objekt-Array konvertiert wird.

Beispiel 9-7: Arrays konvertieren

```
#region Using directives

using System;
using System.Collections.Generic;
using System.Text;

#endregion

namespace ConvertingArrays
{
   // Erzeuge ein Objekt, um es im
   // Array zu speichern
   public class Employee
   {
      // Eine einfache Klasse zum Speichern im Array
      public Employee(int empID)
      {
         this.empID = empID;
      }
      public override  string ToString( )
      {
         return empID.ToString( );
      }
      private int empID;
   }

   public class Tester
   {
      // Diese Methode nimmt ein Array von Objekten entgegen.
      // Wir übergeben ihr ein Array mit Employee-Objekten
      // und dann ein Array mit Strings.
      // Die Konvertierung ist implizit, da Employee
      // und String (letztlich) beide von Object abgeleitet sind.
      public static void PrintArray(object[] theArray)
      {
         Console.WriteLine("Inhalt des Arrays {0}",
            theArray.ToString( ));

         // Gehe das Array durch und gib die
         // Werte aus
         foreach (object obj in theArray)
         {
            Console.WriteLine("Wert: {0}", obj);
         }
      }

      static void Main( )
      {
         // Erstelle ein Array von Employee-Objekten
         Employee[] myEmployeeArray = new Employee[3];

         // Initialisiere den Wert jedes Employee-Objekts
```

Beispiel 9-7: Arrays konvertieren (Fortsetzung)

```
            for (int i = 0;i < 3;i++)
            {
                myEmployeeArray[i] = new Employee(i+5);
            }

            // Zeige die Werte an
            PrintArray(myEmployeeArray);

            // Erzeuge ein Array mit zwei Strings
            string[] array =
                {
                    "hello", "world"
                };

            // Gib den Wert der Strings aus
            PrintArray(array);
        }
    }
}

Ausgabe:
Inhalt des Arrays Programming_CSharp.Employee[]
Wert: 5
Wert: 6
Wert: 7
Inhalt des Arrays System.String[]
Wert: hello
Wert: world
```

In Beispiel 9-7 wird zuerst eine einfache Employee-Klasse angelegt, wie Sie es schon weiter oben in diesem Kapitel gesehen haben. Nun enthält die Klasse Tester eine neue statische Methode namens PrintArray( ), die ein eindimensionales Object-Array als Parameter entgegennimmt:

```
public static void PrintArray(object[] theArray)
```

Object ist die implizite Basisklasse jedes Objekts im .NET Framework und somit auch die Basisklasse der Klassen String und Employee.

Die Methode PrintArray( ) macht zweierlei. Als Erstes ruft sie ToString( ) auf dem Array selbst auf:

```
Console.WriteLine("Inhalt des Arrays {0}",
     theArray.ToString( ));
```

System.Array überschreibt die Methode ToString( ) zu Ihrem Vorteil und gibt für das Array einen aussagekräftigen Namen aus:

```
Inhalt des Arrays Programming_CSharp. Employee []
Inhalt des Arrays System.String[]
```

Danach ruft PrintArray( ) die Methode ToString( ) auf jedem Element des Arrays auf, das ihr als Parameter übergeben wurde. Da ToString( ) eine virtuelle Methode der Basisklasse

Object ist, ist sie unter Garantie auch für jede abgeleitete Klasse verfügbar. Da Sie diese Methode in Employee in geeigneter Weise überschrieben haben, funktioniert der Code gut. Eigentlich ist es gar nicht nötig, ToString( ) auf einem String-Objekt aufzurufen, aber es richtet keinen Schaden an und ermöglicht Ihnen, die betreffenden Objekte polymorph zu behandeln.

Arrays sortieren

Zwei nützliche statische Methoden von Array sind Sort( ) und Reverse( ). Sie werden von Arrays der eingebauten C#-Typen wie z.B. string voll und ganz unterstützt. Sie mit selbst geschriebenen Klassen einzusetzen ist ein wenig schwieriger, denn dazu müssen Sie zuerst das Interface IComparable implementieren (siehe den Abschnitt »IComparable implementieren«« weiter unten in diesem Kapitel). Beispiel 9-8 zeigt, wie Sie mit diesen beiden Methoden String-Objekte bearbeiten.

Beispiel 9-8: Verwendung von Array.Sort und Array.Reverse

```
#region Using directives

using System;
using System.Collections.Generic;
using System.Text;

#endregion

namespace ArraySortAndReverse
{
   public class Tester
   {
        public static void PrintMyArray(object[] theArray)
        {

            foreach (object obj in theArray)
            {
                Console.WriteLine("Wert: {0}", obj);
            }
            Console.WriteLine("\n");
        }

        static void Main( )
       {
            String[] myArray =
               {
                   "Wer", "ist", "John", "Galt"
               };

            PrintMyArray(myArray);
            Array.Reverse(myArray);
            PrintMyArray(myArray);

            String[] myOtherArray =
```

Beispiel 9-8: Verwendung von Array.Sort und Array.Reverse (Fortsetzung)

```
                {
                    "Diese", "Dinge", "Verstehen", "Sich",
                    "Ja", "Wohl", "Von", "Selbst",
                };

            PrintMyArray(myOtherArray);
            Array.Sort(myOtherArray);
            PrintMyArray(myOtherArray);
        }
    }
}

Ausgabe:
Wert: Wer
Wert: ist
Wert: John
Wert: Galt

Wert: Galt
Wert: John
Wert: ist
Wert: Wer

Wert: Diese
Wert: Dinge
Wert: Verstehen
Wert: Sich
Wert: Ja
Wert: Wohl
Wert: Von
Wert: Selbst

Wert: Diese
Wert: Dinge
Wert: Ja
Wert: Selbst
Wert: Sich
Wert: Verstehen
Wert: Von
Wert: Wohl
```

Am Anfang des Beispiels wird das String-Array `myArray` mit folgenden Wörtern angelegt:

```
"Wer", "ist", "John", "Galt"
```

Dieses Array wird ausgegeben und dann der Methode `Array.Reverse( )` übergeben, die es erneut ausgibt, allerdings mit den Elementen in umgekehrter Reihenfolge:

```
Wert: Galt
Wert: John
Wert: ist
Wert: Wer
```

Dann legt das Beispiel myOtherArray an, das die folgenden Wörter enthält:

```
"Diese", "Dinge", "Verstehen", "Sich",
"Ja", "Wohl", "Von", "Selbst",
```

Es wird an die Methode Array.Sort( ) übergeben, und Array.Sort( ) sortiert die Elementen dann alphabetisch um:

```
Wert: Diese
Wert: Dinge
Wert: Ja
Wert: Selbst
Wert: Sich
Wert: Verstehen
Wert: Von
Wert: Wohl
```

Indexer

Gelegentlich ist es wünschenswert, auf eine Collection in einer Klasse so zuzugreifen, als sei diese Klasse ein Array. Angenommen, Sie möchten ein Listenfeld-Steuerelement namens myListBox anlegen, das eine Liste von Strings in einem eindimensionalen Array in Form einer privaten Member-Variablen namens myStrings speichert. Ein Listenfeld-Steuerelement enthält zusätzlich zu seinem String-Array auch noch Eigenschaften und Methoden als Member. Es wäre allerdings praktisch, wenn man auf das Listenfeld-Array mit einem Index zugreifen könnte, als sei das Listenfeld selbst ein Array.[2] Dies würde z.B. Anweisungen wie die folgende ermöglichen:

```
string theFirstString = myListBox[0];
string theLastString = myListBox[Length-1];
```

Ein *Indexer* ist ein C#-Konstrukt, mit dem Sie auf Collections, die in einer Klasse enthalten sind, mit der vertrauten [ ]-Syntax von Arrays zugreifen können. Der Indexer ist eine spezielle Art von Eigenschaft, und sein Verhalten wird durch eine get- und eine set-Zugriffsmethode spezifiziert.

Eine Indexer-Eigenschaft deklarieren Sie mit der folgenden Syntax in einer Klasse:

```
Typ this [Typ Argument]{get; set;}
```

Der Rückgabetyp legt fest, welchen Objekttyp der Indexer zurückgeben wird, und *Typ Argument* gibt an, welche Art von Argument als Index für die Collection mit den Zielobjekten dienen wird. Oft werden zwar Integer als Indexwerte verwendet, aber Sie können eine Collection auch mit anderen Typen indizieren, einschließlich Strings. Es ist sogar möglich, einen Indexer mit mehreren Parametern zu liefern, um ein mehrdimensionales Array zu erzeugen!

2 Das wirkliche ListBox-Steuerelement, das sowohl durch Windows Forms als auch ASP.NET zur Verfügung gestellt wird, hat eine Collection namens Items, und diese implementiert den Indexer.

Das Schlüsselwort this ist eine Referenz auf das Objekt, in dem der Indexer erscheint. Wie bei einer normalen Eigenschaft müssen Sie auch hier get- und set-Zugriffsmethoden definieren, um festzulegen, wie das angeforderte Objekt aus seiner Collection abgerufen oder in sie eingefügt wird.

Beispiel 9-9 deklariert ein Listenfeld-Steuerelement (ListBoxTest), das ein einfaches Array (myStrings) und einen einfachen Indexer für den Zugriff auf dessen Inhalt enthält.

> *Hinweis für C++-Programmierer:* Die Indexer haben einen ganz ähnlichen Zweck wie der überladene Indexoperator ([]) in C++. Da in C# der Indexoperator nicht überladen werden darf, wurde an seiner Stelle der Indexer kreiert.

Beispiel 9-9: Verwendung eines einfachen Indexers

```
#region Using directives

using System;
using System.Collections.Generic;
using System.Text;

#endregion

namespace SimpleIndexer
{
   // Ein vereinfachtes ListBox-Steuerelement
   public class ListBoxTest
   {
      private string[] strings;
      private int ctr = 0;

      // Initialisiere das Listenfeld mit Strings
      public ListBoxTest( params string[] initialStrings )
      {
         // Reserviere Platz für die Strings
         strings = new String[256];

         // Kopiere die übergebenen Strings im Konstruktor
         foreach (string s in initialStrings)
         {
            strings[ctr++] = s;
         }
      }

      // Füge am Ende des Listenfelds einen einzelnen String hinzu
      public void Add(string theString)
      {
         if (ctr >= strings.Length)
         {
            // Behandle falschen Index
         }
         else
            strings[ctr++] = theString;
```

Beispiel 9-9: Verwendung eines einfachen Indexers (Fortsetzung)

```
      }

      // Ermögliche Zugriff wie auf ein Array

      public string this[int index]
      {
         get
         {
            if (index < 0 || index >= strings.Length)
            {
               // Behandle falschen Index
            }
            return strings[index];
         }
         set
         {
            // Hinzufügen nur mit der Add-Methode
            if (index >= ctr )
            {
               // Behandle Fehler
            }
            else
               strings[index] = value;
         }
      }

      // Gib die Anzahl der gespeicherten Strings an
      public int GetNumEntries( )
      {
         return ctr;
      }
}

   public class Tester
   {
      static void Main( )
      {
         // Erzeuge und initialisiere ein neues Listenfeld
         ListBoxTest lbt =
            new ListBoxTest("Hello", "World");

         // Füge einige Strings hinzu
         lbt.Add("Wer");
         lbt.Add("Ist");
         lbt.Add("John");
         lbt.Add("Galt");

         // Teste den Zugriff
         string subst = "Universe";
         lbt[1] = subst;

         // Greife auf alle Strings zu
         for (int i = 0;i<lbt.GetNumEntries( );i++)
```

Beispiel 9-9: Verwendung eines einfachen Indexers (Fortsetzung)

```
            {
               Console.WriteLine("lbt[{0}]: {1}",i,lbt[i]);
            }
         }
      }
}
```

```
Ausgabe:
lbt[0]: Hello
lbt[1]: Universe
lbt[2]: Wer
lbt[3]: Ist
lbt[4]: John
lbt[5]: Galt
```

Um Beispiel 9-9 einfach zu halten, bekommt das Listenfeld nur die paar Features, die uns interessieren. Das Listing unterschlägt alles, was mit dem Wesen eines Benutzeroberflächenelements zu tun hat, und konzentriert sich lediglich auf die Liste der Strings, die das Listenfeld speichert, und auf die Methoden, mit denen es diese Strings bearbeitet. In einer echten Anwendung wäre dies natürlich nur ein Bruchteil der Methoden eines Listenfelds, da dessen Hauptaufgabe darin besteht, die Strings anzuzeigen und dem Benutzer eine Auswahl zu ermöglichen.

Als Erstes fallen zwei private Member ins Auge:

```
private string[] strings;
private int ctr = 0;
```

In diesem Programm speichert das Listenfeld ein einfaches String-Array namens `strings`. Noch einmal: In einem echten Listenfeld würden Sie einen komplexeren und dynamischeren Container wie z.B. die (weiter unten in diesem Kapitel beschriebene) Hash-Tabelle verwenden. Die Member-Variable `ctr` behält im Auge, wie viele Strings zum Array hinzugefügt wurden.

Sie initialisieren das Array im Konstruktor mit folgender Anweisung:

```
strings = new String[256];
```

Der Rest des Konstruktors fügt dem Array die Parameter hinzu. Auch hier werden die neuen Strings in der Reihenfolge hinzugefügt, in der sie eintreffen.

> Da Sie nicht wissen können, wie viele Strings hinzugefügt werden, sollten Sie das weiter oben in diesem Kapitel eingeführte Schlüsselwort `params` verwenden.

Die `Add( )`-Methode von `ListBoxTest` fügt lediglich an das interne Array einen String an.

Die wichtigste Methode von `ListBoxTest` ist allerdings der Indexer. Da ein Indexer keinen Namen hat, verwenden Sie das Schlüsselwort `this`:

```
public string this[int index]
```

Die Syntax ähnelt der von Eigenschaften. Es gibt eine get( )- oder eine set( )-Methode oder beides. In diesem Fall versucht die get( )-Methode, eine rudimentäre Grenzüberprüfung zu implementieren, und wenn der angeforderte Index akzeptabel ist, gibt sie den zugehörigen Wert zurück:

```
get
{
    if (index < 0 || index >= strings.Length)
    {
       // Behandle falschen Index
    }
    return strings[index];
}
```

Die set( )-Methode vergewissert sich, dass es zu dem Index, den Sie setzen, im Listenfeld auch einen Wert gibt. Ist dies nicht der Fall, behandelt sie die Set-Operation als Fehler. (Neue Elemente können bei unserem Ansatz nur mit der Add-Methode hinzugefügt werden.) Die set-Zugriffsmethode nutzt den impliziten Parameter value, der das darstellt, was mit dem Indexoperator zugewiesen wurde.

```
set
{
if (index >= ctr )
 {
    // Behandle Fehler
 }
 else
    strings[index] = value;
}
```

Wenn Sie

```
lbt[5] = "Hello World"
```

schreiben, ruft der Compiler folglich die Indexer-Methode set( ) auf Ihrem Objekt auf und übergibt ihr den String Hello World als impliziten Parameter namens value.

Indexer und Zuweisung

In Beispiel 9-9 dürfen Sie einem Index, zu dem es keinen Wert gibt, nichts zuweisen. Wenn Sie also

```
lbt[10] = "toll!";
```

schrieben, würden Sie die Fehlerbehandlung in der set( )-Methode aufrufen. Diese würde angeben, dass der von Ihnen übergebene Index (10) größer als der Zählerwert (6) ist.

Natürlich können Sie auch die set( )-Methode zur Zuweisung verwenden. Sie müssen dann nur die Indizes, die Sie erhalten, verarbeiten. Um dies zu tun, müssen Sie die set( )-Methode derart abändern, dass sie nicht den aktuellen Wert der Zählervariablen ctr, sondern die Length des Puffers überprüft. Wenn ein Wert für einen Index eingegeben wurde, der bisher noch keinen Wert hatte, würde ctr aktualisiert:

```
set
{
   // Hinzufügen nur mit der Add-Methode
   if (index >= strings.Length )
   {
      // Behandle Fehler
   }
   else
   {
      strings[index] = value;
      if (ctr < index+1)
         ctr = index+1;
   }
}
```

Dieser Programmcode ist einfach gehalten und daher nicht robust. An den übergebenen Werten müssten eine Reihe weiterer Prüfungen vorgenommen werden (z.B. die Prüfung, dass der übergebene Index nicht negativ ist und nicht die Größe des zu Grunde liegenden Arrays `strings[]` überschreitet).

So erzeugen Sie ein »dünn besetztes« (sparse) Array, in dem Sie dem Offset 10 etwas zuweisen können, ohne jemals dem Offset 9 etwas zuweisen zu müssen. Wenn Sie jetzt

```
lbt[10] = "toll!";
```

schreiben, erhalten Sie folgende Ausgabe:

```
lbt[0]: Hello
lbt[1]: Universe
lbt[2]: Wer
lbt[3]: Ist
lbt[4]: John
lbt[5]: Galt
lbt[6]:
lbt[7]:
lbt[8]:
lbt[9]:
lbt[10]: toll!
```

In `Main( )` erzeugen Sie von der Klasse `ListBoxTest` eine Instanz namens `lbt` und übergeben ihr zwei Strings als Parameter:

```
ListBoxTest lbt = new ListBoxTest("Hello", "World");
```

Dann rufen Sie `Add( )` auf, um vier weitere Strings hinzuzufügen:

```
// Füge einige Strings hinzu
lbt.Add("Wer");
lbt.Add("Ist");
lbt.Add("John");
lbt.Add("Galt");
```

Ehe Sie die Werte betrachten, ändern Sie den zweiten Wert (den mit Index `1`):

```
string subst = "Universe";
lbt[1] = subst;
```

Zum Schluss zeigen Sie mit einer Schleife alle Strings an:

```
for (int i = 0;i<lbt.GetNumEntries( );i++)
{
   Console.WriteLine("lbt[{0}]: {1}",i,lbt[i]);
}
```

Indizes für andere Werte

In C# muss ein Index für eine Collection nicht zwangsläufig ein Integer-Wert sein. Wenn Sie eine eigene Collection-Klasse anlegen und dazu einen eigenen Indexer erzeugen, können Sie diesen nach Belieben mit Strings oder anderen Typen definieren. Der Indexwert kann sogar überladen werden, so dass eine Collection beispielsweise je nach den Bedürfnissen des Clients mit einem Integer-Wert oder einem String-Wert indiziert werden kann.

Eventuell möchten Sie in der Lage sein, auch auf das Listenfeld mit einem String-Index zuzugreifen. Dieser wird in Beispiel 9-10 gezeigt. Der Indexer ruft die Hilfsmethode `findString( )` auf, die anhand des gelieferten Strings einen Listeneintrag zurückgibt. Beachten Sie, dass der überladene Indexer und der Indexer aus Beispiel 9-9 auch nebeneinander existieren können.

Beispiel 9-10: Einen Index überladen

```
#region Using directives

using System;
using System.Collections.Generic;
using System.Text;

#endregion

namespace OverloadedIndexer
{
   // Ein vereinfachtes ListBox-Steuerelement
   public class ListBoxTest
   {
      private string[] strings;
      private int ctr = 0;

      // Initialisiere das Listenfeld mit den Strings
      public ListBoxTest(params string[] initialStrings)
      {
         // Reserviere Platz für die Strings
         strings = new String[256];

         // Kopiere die dem Konstruktor übergebenen Strings
         foreach (string s in initialStrings)
         {
            strings[ctr++] = s;
         }
      }
```

Beispiel 9-10: Einen Index überladen (Fortsetzung)

```
// Füge am Ende des Listenfelds einen einzelnen String hinzu
public void Add(string theString)
{
   strings[ctr] = theString;
   ctr++;
}

// Ermögliche Zugriff wie auf ein Array
public string this[int index]
{
   get
   {
      if (index < 0 || index >= strings.Length)
      {
         // Behandle falschen Index
      }
      return strings[index];
   }
   set
   {
      strings[index] = value;
   }
}

private int findString(string searchString)
{
   for (int i = 0;i<strings.Length;i++)
   {
      if (strings[i].StartsWith(searchString))
      {
         return i;
      }
   }
   return -1;
}

// Index für String
public string this[string index]
{
   get
   {
      if (index.Length == 0)
      {
         // Behandle falschen Index
      }

      return this[findString(index)];
   }
   set
   {
      strings[findString(index)] = value;
```

Beispiel 9-10: Einen Index überladen (Fortsetzung)

```
            }
        }


        // Gib die Anzahl der gespeicherten Strings an
        public int GetNumEntries( )
        {
            return ctr;
        }
    }

    public class Tester
    {
        static void Main( )
        {
            // Erzeuge und initialisiere ein neues Listenfeld
            ListBoxTest lbt =
                new ListBoxTest("Hello", "World");

            // Füge einige Strings hinzu
            lbt.Add("Wer");
            lbt.Add("Ist");
            lbt.Add("John");
            lbt.Add("Galt");

            // Prüfe den Zugriff
            string subst = "Universe";
            lbt[1] = subst;
            lbt["Hel"] = "GoodBye";
            // lbt["xyz"] = "huch";

            // Greife auf alle Strings zu
            for (int i = 0;i<lbt.GetNumEntries( );i++)
            {
                Console.WriteLine("lbt[{0}]: {1}",i,lbt[i]);
            }       // Ende von for
        }           // Ende von main
    }               // Ende von tester
}

Ausgabe:
lbt[0]: GoodBye
lbt[1]: Universe
lbt[2]: Wer
lbt[3]: Ist
lbt[4]: John
lbt[5]: Galt
```

Beispiel 9-10 ist mit Beispiel 9-9 beinahe identisch, nur dass hier ein überladener Indexer hinzugefügt wird, der einen String vergleichen kann, sowie die Methode `findString`, die dazu geschaffen wurde, diesen Index zu unterstützen.

Die Methode `findString` durchläuft einfach die in `myStrings` gespeicherten Strings, bis sie einen findet, der mit dem im Index verwendeten Ziel-String beginnt. Findet sie einen passenden String, gibt sie seinen Index zurück, andernfalls gibt sie den Wert `–1` zurück.

In `Main( )` sehen Sie, dass der Benutzer dem Index einen Teil-String übergeben kann, ebenso wie zuvor ein Integer übergeben wurde:

```
lbt["Hel"] = "GoodBye";
```

Dies ruft den überladenen Index auf, der eine rudimentäre Fehlerprüfung vornimmt (in diesem Fall gewährleistet er, dass in dem übergebenen String zumindest ein Zeichen steht) und dann den Wert (`Hel`) an `findString` übergibt. Er bekommt einen Index zurück, den er als Index für `myStrings` verwendet:

```
return this[findString(index)];
```

Der `set`-Wert funktioniert genauso:

```
myStrings[findString(index)] = value;
```

> Aufmerksame Leser haben vielleicht mitbekommen, dass, wenn kein passender String gefunden wird, der Wert `-1` zurückgegeben wird. Dieser wird dann als Index für `myStrings` verwendet. Dadurch wird eine Exception ausgelöst (`System.NullReferenceException`), wie Sie sehen können, wenn Sie aus der folgenden Zeile in `Main()` die Kommentarzeichen entfernen:
>
> ```
> lbt["xyz"] = "huch";
> ```
>
> Wie Sie richtig damit umgehen, wenn Sie keinen passenden String finden, bleibt Ihnen als Übungsaufgabe überlassen. Vielleicht zeigen Sie eine Fehlermeldung an oder tun etwas anderes, um dem Benutzer die Behebung des Fehler zu ermöglichen.

Collection-Interfaces

Das .NET Framework bietet zwei Gruppen von Standardschnittstellen für das Durchlaufen und Vergleichen von Datenmengen: die traditionellen (nicht typsicheren) und die neuen generischen, typsicheren Collections. Dieses Buch legt seinen Schwerpunkt auf die neuen, typsicheren Collection-Interfaces, da sie wesentlich vorteilhafter sind.

Sie können eine `ICollection` jedes beliebigen Typs deklarieren, indem Sie einen bestimmten Typ in der Interface-Deklaration als den *aktuellen* Typ (z.B. `int` oder `string`) an Stelle des *generischen* Typs (`<T>`) in der Interface-Deklaration einsetzen.

> *Hinweis für C++-Programmierer:* Die generischen Typen in C# ähneln in Syntax und Verwendung den C++-Templates. Da die generischen Typen jedoch erst zur Laufzeit zu ihrem spezifischen Typ expandiert werden, kann der JIT-Compiler den Code verschiedener Instanzen gemeinsam verwenden. Dies reduziert in drastischer Weise die Aufblähung des Codes, die Sie bei der Verwendung von Templates in C++ beobachten können.

Die wichtigsten generischen Collection-Interfaces sind in Tabelle 9-2 aufgeführt.[3]

Tabelle 9-2: Collection-Interfaces

Interface	Zweck
ICollection<T>	Basis-Interface für generische Collections. Wird von allen Collections implementiert, um die Methode CopyTo( ) und die Eigenschaften Count, IsSynchronized und SyncRoot zur Verfügung zu stellen.
IEnumerator<T> IEnumerable<T>	Durchläuft eine Collection mit der foreach-Anweisung.
IComparer<T> IComparable<T>	Vergleicht zwei Objekte in einer Collection, damit diese sortiert werden kann.
IList<T>	Wird von mit Arrays indizierbaren Collections verwendet.
IDictionary<K, V>	Wird von Collections verwendet, die auf Schlüssel/Wert-Paaren basieren, wie z.B. Dictionary.

Das Interface IEnumerable<T>

Sie können die foreach-Anweisung in ListBoxTest unterstützen, indem Sie das Interface IEnumerable<T> implementieren (siehe Beispiel 9-11). IEnumerable hat als einzige Methode GetEnumerator( ), deren Aufgabe es ist, eine Implementierung von IEnumerator<T> zu liefern. Die Sprache C# bietet Ihnen durch das neue Schlüsselwort yield eine Erleichterung beim Erstellen des Enumerators.

Beispiel 9-11: Aus der ListBox eine enumerierbare Klasse machen

```
#region Using directives

using System;
using System.Collections.Generic;
using System.Text;

#endregion

namespace Enumerable
{
   public class ListBoxTest : IEnumerable<String>
   {
      private string[] strings;
      private int ctr = 0;
      // Enumerierbare Klassen können einen Enumerator liefern
      public IEnumerator<string> GetEnumerator()
      {
         foreach ( string s in strings )
         {
            yield return s;
         }
```

3 Aus Gründen der Abwärtskompatibilität bietet C# auch nicht-generische Interfaces (z.B. ICollection, IEnumerator), sie gelten aber als obsolet und werden daher hier nicht weiter betrachtet.

Beispiel 9-11: Aus der ListBox eine enumerierbare Klasse machen (Fortsetzung)

```
    }

    // Die Listbox mit Strings anwenden
    public ListBoxTest( params string[] initialStrings )
    {
        // Speicher für die Strings reservieren
        strings = new String[8];

        // Die dem Konstruktor übergebenen Strings kopieren
        foreach ( string s in initialStrings )
        {
            strings[ctr++] = s;
        }
    }

    // Einen einzelnen String am Ende der Listbox hinzufügen
    public void Add( string theString )
    {
        strings[ctr] = theString;
        ctr++;
    }

    // Zugriffe wie auf ein Array ermöglichen
    public string this[int index]
    {
        get
        {
            if ( index < 0 || index >= strings.Length )
            {
                // Ungültigen Index behandeln
            }
            return strings[index];
        }
        set
        {
            strings[index] = value;
        }
    }

    // Angeben, wie viele String enthalten sind
    public int GetNumEntries()
    {
        return ctr;
    }
}

public class Tester
{
    static void Main()
    {
        // Neue Listbox erzeugen und initialisieren
        ListBoxTest lbt =
```

Beispiel 9-11: Aus der ListBox eine enumerierbare Klasse machen (Fortsetzung)

```
                new ListBoxTest( "Hello", "World" );

            // Einige Strings hinzufügen
            lbt.Add( "Who" );
            lbt.Add( "Is" );
            lbt.Add( "John" );
            lbt.Add( "Galt" );

            // Zugriff testen
            string subst = "Universe";
            lbt[1] = subst;

            // Auf alle String zugreifen
            foreach ( string s in lbt )
            {
               Console.WriteLine( "Wert: {0}", s );
            }
        }
    }
}

Ausgabe:
Wert: Hello
Wert: Universe
Wert: Who
Wert: Is
Wert: John
Wert: Galt
Wert:
Wert:
```

Dieses Programm beginnt in `Main()`, wo es ein neues `ListBoxTest` erzeugt und dem Konstruktor zwei Strings übergibt. Bei der Erzeugung des Objekts wird ein Array von Strings erzeugt, das acht Strings aufnehmen kann. Vier weitere Strings werden mit Hilfe der Methode `Add` hinzugefügt. Wie im vorherigen Beispiel wird der zweite String modifiziert.

Die entscheidende Änderung bei dieser Version des Programms besteht in dem Aufruf einer `foreach`-Schleife, die jeden String in der Listbox ausliest. Die `foreach`-Schleife verwendet automatisch das `IEnumerable<T>`-Interface, indem sie `GetEnumerator()` aufruft.

Die Methode `GetEnumerator` ist so deklariert, dass sie einen String-`IEnumerator` liefert:

```
public IEnumerator<string> GetEnumerator()
```

Die Implementierung durchläuft das Array mit Strings und hält bei jedem Durchlauf inne, um den aktuellen Schleifenwert zurückzuliefern:

```
foreach ( string s in strings )
{
   yield return s;
}
```

Die ganze Buchführung, die notwendig ist, um sich das jeweils nächste Element zu merken, den Iterator zurückzusetzen und so weiter, wird vom Framework erledigt.

Constraints

Bisweilen müssen Sie sicherstellen, dass Elemente, die Sie einer generischen Liste hinzufügen, bestimmten Anforderungen (Constraints) entsprechen (z.B. von einer gegebenen Basisklasse abgeleitet sind oder ein bestimmtes Interface implementieren). Im folgenden Beispiel erstellen wir eine vereinfachte, einfach verkettete und sortierbare Liste. Die Liste besteht aus Knoten (`Node`), und es muss garantiert sein, dass jeder `Node` das Interface `IComparer` implementiert. Dazu verwenden wir die folgende Anweisung:

```
public class Node<T> :
    IComparable<Node<T>> where T : IComparable<T>
```

Damit definieren wir einen generischen `Node`, der einen Typ `T` umfasst. `Node` von `T` implementiert das Interface `IComparable<T>`, dies bedeutet, dass zwei Objekte des Typs `Node` von `T` verglichen werden können. Die Klasse `Node` ist mit einem Constraint versehen (`where T :IComparable<T>`), der sicherstellt, dass nur Typen aufgenommen werden, die das Interface `IComparable` implementieren. Sie können `T` durch jeden beliebigen Typ ersetzen, solange dieser `IComparable` implementiert.

Beispiel 9-12 illustriert die komplette Implementierung; die zugehörige Analyse folgt anschließend.

Beispiel 9-12: Verwendung von Constraints

```
using System;
using System.Collections.Generic;

namespace UsingConstraints
{
    public class Employee : IComparable<Employee>
    {
        private string name;
        public Employee(string name)
        {
            this.name = name;
        }
        public override string ToString()
        {
            return this.name;
        }

        // Das Interface implementieren
        public int CompareTo(Employee rhs)
        {
            return this.name.CompareTo(rhs.name);
        }
        public bool Equals(Employee rhs)
        {
```

Beispiel 9-12: Verwendung von Constraints (Fortsetzung)

```
            return this.name == rhs.name;
        }
    }

    // Der Knoten muss IComparable von Node von T implementieren.
    // Knoten mit dem Schlüsselwort where auf Elemente begrenzen,
    // die IComparable implementieren.
    public class Node<T> :
        IComparable<Node<T>> where T : IComparable<T>
    {
        // Member-Felder
        private T data;
        private Node<T> next = null;
        private Node<T> prev = null;

        // Konstruktor
        public Node(T data)
        {
            this.data = data;
        }

        // Eigenschaften
        public T Data { get { return this.data; } }

        public Node<T> Next
        {
            get { return this.next; }
        }

        public int CompareTo(Node<T> rhs)
        {
            // Dies funktioniert auf Grund des Constraint
            return data.CompareTo(rhs.data);
        }

        public bool Equals(Node<T> rhs)
        {
            return this.data.Equals(rhs.data);
        }

        // Methoden
        public Node<T> Add(Node<T> newNode)
        {
            if (this.CompareTo(newNode) > 0) // Davor einfügen
            {
                newNode.next = this;  // Neuer Knoten zeigt auf aktuellen

                // Wenn ein Vorgänger vorhanden ist, seinen Folgezeiger
                // auf das neue Objekt setzen
                if (this.prev != null)
                {
                    this.prev.next = newNode;
```

Beispiel 9-12: Verwendung von Constraints (Fortsetzung)

```
                newNode.prev = this.prev;
            }

            // Den Vorgängerzeiger im aktuellen Knoten auf den
            // neuen Knoten setzen
            this.prev = newNode;

            // newNode zurückgeben für den Fall, dass es der
            // neue Kopf ist
            return newNode;
        }
        else            // Dahinter einfügen
        {
            // Wenn Folgeknoten vorhanden ist, zum Vergleich
            // weitergeben
            if (this.next != null)
            {
                this.next.Add(newNode);
            }

            // Kein Folgeknoten, also neuen Knoten als Folgeknoten
            // anfügen und seinen Vorgänger auf aktuellen zeigen lassen
            else
            {
                this.next = newNode;
                newNode.prev = this;
            }

            return this;
        }
    }

    public override string ToString()
    {
        string output = data.ToString();

        if (next != null)
        {
            output += ", " + next.ToString();
        }

        return output;
    }
}       // Ende der Klasse

public class LinkedList<T> where T : IComparable<T>
{
    // Member-Felder
    private Node<T> headNode = null;

    // Eigenschaften
```

Beispiel 9-12: Verwendung von Constraints (Fortsetzung)

```
        // Indexer
        public T this[int index]
        {
            get
            {
                int ctr = 0;
                Node<T> node = headNode;

                while (node != null && ctr <= index)
                {
                    if (ctr == index)
                    {
                        return node.Data;
                    }
                    else
                    {
                        node = node.Next;
                    }

                    ++ctr;
                } // Ende while
                throw new ArgumentOutOfRangeException();
            }      // Ende get
        }          // Ende Indexer

        // Konstruktor
        public LinkedList()
        {
        }

        // Methoden
        public void Add(T data)
        {
            if (headNode == null)
            {
                headNode = new Node<T>(data);
            }
            else
            {
                headNode = headNode.Add(new Node<T>(data));
            }
        }
        public override string ToString()
        {
            if (this.headNode != null)
            {
                return this.headNode.ToString();
            }
            else
            {
                return string.Empty;
            }
```

Beispiel 9-12: Verwendung von Constraints (Fortsetzung)

```
        }
    }

    // Test-Engine
    class Test
    {
        // Einstiegspunkt
        static void Main(string[] args)
        {
            // Instanz anlegen und Run-Methode starten
            Test t = new Test();
            t.Run();
        }

        public void Run()
        {
            LinkedList<int> myLinkedList = new LinkedList<int>();
            Random rand = new Random();
            Console.Write("Adding: ");

            for (int i = 0; i < 10; i++)
            {
                int nextInt = rand.Next(10);
                Console.Write("{0}  ", nextInt);
                myLinkedList.Add(nextInt);
            }

            LinkedList<Employee> employees = new LinkedList<Employee>();
            employees.Add(new Employee("John"));
            employees.Add(new Employee("Paul"));
            employees.Add(new Employee("George"));
            employees.Add(new Employee("Ringo"));

            Console.WriteLine("\nCollections auslesen...");

            Console.WriteLine("Integers: " + myLinkedList);
            Console.WriteLine("Employees: " + employees);
        }
    }
}
```

Dieses Beispiel beginnt mit der Deklaration einer Klasse, die in die verkettete Liste eingefügt werden kann:

```
public class Employee : IComparable<Employee>
```

Die Deklaration gibt an, dass `Employee`-Objekte vergleichbar sind, und wie wir sehen, implementiert die Klasse `Employee` die dazu erforderlichen Methoden (`CompareTo` und `Equals`). Beachten Sie, dass diese Methoden typsicher sind (sie wissen, dass an sie übergebene Objekte vom Typ `Employee` sind). Die verkettete Liste `LinkedList` ist so deklariert, dass sie nur Typen enthalten kann, die `IComparable` implementieren:

```
public class LinkedList<T> where T : IComparable<T>
```

Somit ist garantiert, dass die Liste immer sortiert werden kann. Die `LinkedList` enthält ein Objekt des Typs `Node`. `Node` implementiert ebenfalls `IComparable` und erfordert, dass die Objekte, die es aufnimmt, auch `IComparable` implementieren:

```
public class Node<T> :
    IComparable<Node<T>> where T : IComparable<T>
```

Durch diese Constraints wird die Implementierung der Methode `CompareTo` in `Node` einfach und sicher, denn `Node` weiß, dass es sich mit anderen `Node`-Objekten vergleicht, deren Daten vergleichbar sind:

```
public int CompareTo(Node<T> rhs)
{
    // Dies funktioniert auf Grund des Constraint
    return data.CompareTo(rhs.data);
}
```

Beachten Sie, dass wir nicht prüfen müssen, ob `rhs` das Interface `IComparable` implementiert, denn wir haben bereits `Node` darauf begrenzt, nur Daten enthalten zu können, die `IComparable` implementieren.

List<T>

Das alte Problem mit dem Typ `Array` ist seine festgelegte Größe. Wenn Sie nicht im Voraus wissen, wie viele Objekte in einem Array gespeichert werden, laufen Sie Gefahr, es entweder zu klein zu deklarieren (so dass Ihnen der Platz ausgeht) oder zu groß (so dass Sie Speicher verschwenden).

Vielleicht fordert Ihr Programm den Benutzer zur Eingabe von Daten auf oder sammelt seine Eingabe auf einer Website. Wenn es Objekte vorfindet (Strings, Bücher, Werte usw.), fügen Sie diese dem Array hinzu. Aber Sie haben keine Ahnung, wie viele Objekte Sie in einer gegebenen Sitzung einsammeln werden. Das klassische Array mit seiner festgelegten Größe ist hier schlecht geeignet, da Sie nicht voraussagen können, welche Größe das Array haben muss.

Die Klasse `List` stellt ein Array zur Verfügung, dessen Größe nach Bedarf dynamisch wächst. Eine `List` hält diverse nützliche Methoden und Eigenschaften bereit, mit denen sie bearbeitet werden kann. Die wichtigsten sind in Tabelle 9-3 aufgeführt.

Tabelle 9-3: Methoden und Eigenschaften von List

Methode oder Eigenschaft	Zweck
`Capacity`	Diese Eigenschaft holt oder setzt die Anzahl der Elemente, die eine `List` enthalten darf. Dieser Wert wird automatisch erhöht, sobald `Count` größer wird als die aktuelle Kapazität. Sie können diesen Wert festlegen, um die Anzahl der allozierten Werte zu reduzieren; Sie können aber auch `Trim()` aufrufen, um diesen Wert auf den aktuellen `Count` zu reduzieren.
`Count`	Diese Eigenschaft holt die Anzahl der gerade im Array befindlichen Elemente.
`Item()`	Holt oder setzt das Element am angegebenen Index. Dies ist der Indexer der Klasse `List`.[a]
`Add()`	Diese öffentliche Methode fügt der `List` ein Objekt hinzu.

Tabelle 9-3: Methoden und Eigenschaften von List (Fortsetzung)

Methode oder Eigenschaft	Zweck
`AddRange( )`	Diese öffentliche Methode fügt die Elemente einer `ICollection` am Ende der `List` an.
`BinarySearch( )`	Überladene öffentliche Methode, die ein bestimmtes Element in einer sortierten `List` mit Hilfe einer Binärsuche findet.
`Clear( )`	Entfernt alle Elemente aus der `List`.
`Contains()`	Stellt fest, ob sich ein Element in der `List` befindet.
`CopyTo()`	Überladene öffentliche Methode, die eine `List` in ein eindimensionales Array kopiert.
`Exists()`	Stellt fest, ob sich ein Element in der `List` befindet.
`Find()`	Gibt die erste Position wieder, an der sich das Element in der `List` befindet.
`FindAll()`	Gibt alle angegebenen Elemente in der `List` zurück.
`GetEnumerator( )`	Überladene öffentliche Methode, die einen Enumerator zurückgibt, um durch eine `List` zu iterieren.
`GetRange( )`	Kopiert einen Elementbereich in eine neue `List`.
`IndexOf( )`	Überladene öffentliche Methode, die den Index zurückgibt, an dem ein Wert zum ersten Mal in `ArrayList` auftritt.
`Insert( )`	Fügt ein Element in die `List` ein.
`InsertRange( )`	Fügt die Elemente einer Collection in die `List` ein.
`LastIndexOf( )`	Überladene öffentliche Methode, die den Index zurückgibt, an dem ein Wert zum letzten Mal in `List` auftritt.
`Remove( )`	Entfernt das erste Auftreten eines bestimmten Objekts.
`RemoveAt( )`	Entfernt das Element an einem bestimmten Index.
`RemoveRange( )`	Entfernt einen Elementbereich.
`Reverse( )`	Kehrt die Reihenfolge der Elemente in `List` um.
`Sort( )`	Sortiert die `List`.
`ToArray( )`	Kopiert die Elemente einer `List` in ein neues Array.
`TrimToSize( )`	Setzt die Kapazität der `List` auf die aktuelle Anzahl von Elementen.

a Dem FCL-Idiom zufolge gibt es zu jeder Collection-Klasse ein `Item`. Dieses wird in C# als Indexer implementiert.

Wenn Sie eine `List` anlegen, definieren Sie nicht, wie viele Objekte darin letztlich gespeichert werden. Sie fügen mit der `Add( )`-Methode Elemente zur `List` hinzu, und die Liste erledigt ihre interne Buchführung selbst, wie es in Beispiel 9-13 gezeigt wird.

Beispiel 9-13: Mit List arbeiten

```
#region Using directives

using System;
using System.Collections.Generic;
using System.Text;

#endregion

namespace ListCollection
```

Beispiel 9-13: Mit List arbeiten (Fortsetzung)

```
{
   // Eine einfache Klasse zum Speichern in der Liste
   public class Employee
   {
      private int empID;

      public Employee(int empID)
      {
         this.empID = empID;
      }
      public override  string ToString( )
      {
         return empID.ToString( );
      }
      public int empID
      {
         get
         {
            return empID;
         }
         set
         {
            empID = value;
         }
      }
   }
   public class Tester
   {
      static void Main( )
      {

         List<Employee> empList = new List<Employee>();
         List<int> intList = new List<int>();

         // Die Liste füllen
         for ( int i = 0; i < 5; i++ )
         {
            empList.Add( new Employee( i + 100 ) );
            intList.Add( i * 5 );
         }

         // Den gesamten Inhalt ausgeben
         for ( int i = 0; i < intList.Count; i++ )
         {
            Console.Write( "{0} ", intList[i].ToString() );
         }

         Console.WriteLine( "\n" );

         // Den gesamten Inhalt der Employee-Liste ausgeben
         for ( int i = 0; i < empList.Count; i++ )
         {
```

Beispiel 9-13: Mit List arbeiten (Fortsetzung)

```
            Console.Write( "{0} ", empList[i].ToString() );
         }

         Console.WriteLine( "\n" );
         Console.WriteLine( "empList.Capacity: {0}",
            empList.Capacity );
      }
   }
}
```

```
Ausgabe:
0 5 10 15 20
100 101 102 103 104
empArray.Capacity: 16
```

Bei einer `Array`-Klasse definieren Sie, wie viele Objekte das betreffende Array speichern wird. Wenn Sie mehr als diese Anzahl Elemente hinzuzufügen versuchen, löst die `Array`-Klasse eine Exception aus. Doch bei einer `List` deklarieren Sie nicht, wie viele Objekte in dieser enthalten sein werden. Die `List` hat die Eigenschaft `Capacity`, die angibt, wie viele Elemente die `List` speichern kann

```
public int Capacity {get; set; }
```

Die Standardkapazität ist 16. Wenn Sie das 17. Element hinzufügen, wird sie automatisch auf 32 verdoppelt. Ändern Sie die `for`-Schleife wie folgt:

```
for (int i = 0;i<17;i++)
```

erhalten Sie folgende Ausgabe:

```
0 5 10 15 20 25 30 35 40 45 50 55 60 65 70 75 80
5 6 7 8 9 10 11 12 13 14 15 16 17 18 19 20 21
empArray.Capacity: 32
```

Sie können die Kapazität manuell auf jede Zahl einstellen, die größer oder gleich dem Zählerstand ist. Wenn Sie sie auf eine kleinere Zahl einzustellen versuchen, löst das Programm eine Exception des Typs `ArgumentOutOfRangeException` aus.

IComparable implementieren

Wie alle Collections implementiert auch `List` die Methode `Sort()`, mit der Sie alle Objekte sortieren können, die `IComparable` implementieren. Im nächsten Beispiel wird das `Employee`-Objekt so modifiziert, dass es `IComparable` implementiert:

```
public class Employee : IComparable<Employee>
```

Um das Interface `IComparable<Employee>` zu implementieren, muss das `Employee`-Objekt eine `CompareTo( )`-Methode zur Verfügung stellen:

```
public int CompareTo(Employee rhs)
{
   return this.empID.CompareTo(r.empID);
}
```

Die Methode CompareTo( ) nimmt ein Employee als Parameter entgegen. Da es eine typsichere Collection ist, wissen wir, dass es sich um ein Employee-Objekt handeln muss. Das aktuelle Employee-Objekt muss sich selbst mit dem Employee-Objekt vergleichen, das als Parameter übergeben wird. Es gibt -1 zurück, wenn es kleiner, 1, wenn es größer, und 0, wenn es gleich dem Parameter ist. Was unter kleiner, größer und gleich zu verstehen ist, bleibt dem Employee überlassen. In diesem Beispiel wird dieser Vergleich an den Member empId delegiert. Der Member empID ist ein int und verwendet für Integer-Typen die standardmäßige CompareTo( )-Methode, die einen ganzzahligen Vergleich der beiden Werte durchführt.

> Die Klasse System.Int32 implementiert IComparable<Int32>, daher können Sie die Zuständigkeit für den Vergleich an Integer-Zahlen delegieren.

Nun kann die Angestelltenliste, empList, sortiert werden. Um zu sehen, ob die Sortierung auch funktioniert, müssen Sie Integer und Employee-Instanzen ihren jeweiligen Arrays zuordnen und mit Zufallswerten füllen. Diese Zufallswerte erzeugen Sie, indem Sie ein Objekt der Klasse Random anlegen und dann auf diesem Random-Objekt die Methode Next( ) aufrufen, die eine Pseudo-Zufallszahl zurückgibt. Die Next( )-Methode ist überladen: Einer Version davon können Sie einen Integer übergeben, der die größte Zufallszahl angibt, die Sie zulassen möchten. Hier übergeben Sie den Wert 10, um eine Zufallszahl zwischen 0 und 10 zu generieren.

```
Random r = new Random( );
r.Next(10);
```

In Beispiel 9-14 werden ein Integer- und ein Employee-Array erzeugt, beide mit Zufallszahlen gefüllt und ihre Werte ausgegeben. Danach werden beide Arrays sortiert und die neuen Werte ausgegeben.

Beispiel 9-14: Sortieren eines Integers und eines Employee-Arrays

```
#region Using directives

using System;
using System.Collections.Generic;
using System.Text;

#endregion

namespace IComparable
{
   // Eine einfache Klasse zum Speichern im Array
   public class Employee : IComparable<Employee>
   {
      private int empID;

      public Employee( int empID )
      {
```

```
            this.empID = empID;
        }

        public override string ToString()
        {
            return empID.ToString();
        }

        public bool Equals( Employee other )
        {
            if ( this.empID == other.empID )
            {
                return true;
            }
            else
            {
                return false;
            }
        }

        // Vergleichsmethode delegiert zurück an Employee.
        // Employee verwendet die vorgegebene Methode
        // CompareTo der Integer-Zahl.

        public int CompareTo( Employee rhs )
        {
            return this.empID.CompareTo( rhs.empID );
        }
    }
    public class Tester
    {
        static void Main()
        {
            List<Employee> empArray = new List<Employee>();
            List<Int32> intArray = new List<Int32>();

            // Zufallszahlen für die
            // Integer-Zahlen und
            // die Employee-IDs generieren

            Random r = new Random();

            // Das Array füllen
            for ( int i = 0; i < 5; i++ )
            {
                // Eine zufällige Employee-ID hinzufügen
                empArray.Add( new Employee( r.Next( 10 ) + 100 ) );

                // Eine zufällige Integer-Zahl hinzufügen
                intArray.Add( r.Next( 10 ) );
            }
```

Beispiel 9-14: Sortieren eines Integers und eines Employee-Arrays (Fortsetzung)

```
            // Den gesamten Inhalt des Arrays ausgeben
            for ( int i = 0; i < intArray.Count; i++ )
            {
                Console.Write( "{0} ", intArray[i].ToString() );
            }
            Console.WriteLine( "\n" );

            // Den gesamten Inhalt des Employee-Arrays ausgeben
            for ( int i = 0; i < empArray.Count; i++ )
            {
                Console.Write( "{0} ", empArray[i].ToString() );
            }
            Console.WriteLine( "\n" );

            // Int-Array sortieren und anzeigen
            intArray.Sort();
            for ( int i = 0; i < intArray.Count; i++ )
            {
                Console.Write( "{0} ", intArray[i].ToString() );
            }
            Console.WriteLine( "\n" );

            // Employee-Array sortieren und ausgeben
            Employee.EmployeeComparer c = Employee.GetComparer();
            empArray.Sort(c);

            empArray.Sort();

            // Den gesamten Inhalt des Employee-Arrays ausgeben
            for ( int i = 0; i < empArray.Count; i++ )
            {
                Console.Write( "{0} ", empArray[i].ToString() );
            }
            Console.WriteLine( "\n" );
        }
    }
}
```

```
Ausgabe:
4 5 6 5 7
108 100 101 103 103
4 5 5 6 7
100 101 103 103 108
```

Die Ausgabe zeigt, dass das Integer-Array und das `Employee`-Array mit Zufallszahlen angelegt wurden. Die erneute Anzeige nach dem Sortiervorgang zeigt, dass die Werte schön geordnet wurden.

IComparer implementieren

Wenn Sie Sort( ) auf der List aufrufen, wird die Standardimplementierung von IComparer aufgerufen, die QuickSort verwendet, um die IComparable-Implementierung der Methode CompareTo( ) auf jedem Element der List aufzurufen.

Dann erstellen Sie nach Belieben eine eigene Implementierung von IComparer, z.B. um die Sortierreihenfolge festzulegen. Im nächsten Beispiel fügen Sie ein zweites Feld namens yearsOfSvc hinzu. Sie möchten natürlich die Employee-Objekte der List über jedes der beiden Felder empID und yearsOfSvc sortieren können.

Dazu erzeugen Sie eine benutzerdefinierte Implementierung von IComparer, die Sie der Sort( )-Methode von List später übergeben. Diese IComparer-Klasse namens EmployeeComparer kennt die Employee-Objekte und weiß, wie sie sie zu sortieren hat.

EmployeeComparer hat die Eigenschaft WhichComparison mit dem Typ Employee.EmployeeComparer.ComparisonType:

```
public Employee.EmployeeComparer.ComparisonType
   WhichComparison
{
   get{return whichComparison;}
   set{whichComparison = value;}
}
```

ComparisonType ist eine Enumeration mit den beiden Werten empID oder yearsOfSvc (die angeben, ob Sie nach Personalnummer oder nach Dienstjahr im Unternehmen sortieren möchten):

```
public enum ComparisonType
{
   empID,
   YearsOfService
};
```

Bevor Sie Sort( ) aufrufen, erzeugen Sie eine Instanz von EmployeeComparer und setzen ihre ComparisonType-Eigenschaft:

```
Employee.EmployeeComparer c = Employee.GetComparer( );
c.WhichComparison=Employee.EmployeeComparer.ComparisonType.empID;
empArray.Sort(c);
```

Beim Aufruf von Sort( ) ruft die List die Methode Compare auf dem EmployeeComparer auf, die wiederum den Vergleich an die Methode Employee.CompareTo( ) delegiert, der sie ihre WhichComparison-Eigenschaft übergibt.

```
public int Compare( Employee lhs, Employee rhs )
{
    return lhs.CompareTo( rhs, WhichComparison );
}
```

Das Employee-Objekt muss eine benutzerdefinierte Version der CompareTo( )-Methode implementieren, die die Vergleichsart nimmt und die Objekte dementsprechend miteinander vergleicht:

```
    public int CompareTo(
        Employee rhs,
        Employee.EmployeeComparer.ComparisonType which)
    {
       switch (which)
       {
          case Employee.EmployeeComparer.ComparisonType.empID:
             return this.empID.CompareTo(rhs.empID);
          case Employee.EmployeeComparer.ComparisonType.Yrs:
             return this.yearsOfSvc.CompareTo(rhs.yearsOfSvc);
       }
       return 0;
    }
```

Den vollständigen Code hierfür finden Sie in Beispiel 9-15. Das Integer-Array wurde der Einfachheit halber entfernt und die Ausgabe der `ToString()`-Methode von `Employee` so verbessert, dass Sie nun die Auswirkungen der Sortierung sehen können.

Beispiel 9-15: Ein Array nach Personalnummern und Dienstjahren sortieren

```
#region Using directives

using System;
using System.Collections.Generic;
using System.Text;

#endregion

namespace IComparer
{
   public class Employee : IComparable<Employee>
   {
      private int empID;

      private int yearsOfSvc = 1;

      public Employee( int empID )
      {
         this.empID = empID;
      }

      public Employee( int empID, int yearsOfSvc )
      {
         this.empID = empID;
         this.yearsOfSvc = yearsOfSvc;
      }

      public override string ToString()
      {
         return "ID: " + empID.ToString() +
         ". Years of Svc: " + yearsOfSvc.ToString();
      }

      public bool Equals( Employee other )
```

Beispiel 9-15: Ein Array nach Personalnummern und Dienstjahren sortieren (Fortsetzung)

```
{
   if ( this.empID == other.empID )
   {
      return true;
   }
   else
   {
      return false;
   }
}

// Statische Methode zum Liefern eines Comparer-Objekts
public static EmployeeComparer GetComparer()
{
   return new Employee.EmployeeComparer();
}

// Der Comparer delegiert zurück an Employee.
// Employee verwendet die standardmäßge Methode
// CompareTo der Integer-Zahl.
public int CompareTo( Employee rhs )
{
   return this.empID.CompareTo( rhs.empID );
}

// Spezielle Implementierung für benutzerdefinierte Comparer
public int CompareTo(
   Employee rhs,
   Employee.EmployeeComparer.ComparisonType which )
{
   switch ( which )
   {
      case Employee.EmployeeComparer.ComparisonType.EmpID:
         return this.empID.CompareTo( rhs.empID );
      case Employee.EmployeeComparer.ComparisonType.Yrs:
         return this.yearsOfSvc.CompareTo( rhs.yearsOfSvc );
   }
   return 0;

}

// Eingebettete Klasse implementiert IComparer
public class EmployeeComparer : IComparer<Employee>
{

   // Private statische Variablen
   private Employee.EmployeeComparer.ComparisonType
      whichComparison;

   // Enumeration von Vergleichstypen
   public enum ComparisonType
   {
```

Beispiel 9-15: Ein Array nach Personalnummern und Dienstjahren sortieren (Fortsetzung)

```
            EmpID,
            Yrs
        };

        public  bool Equals( Employee lhs, Employee rhs )
        {
            return this.Compare( lhs, rhs ) == 0;
        }

        public  int GetHashCode(Employee e)
        {
            return e.GetHashCode();
        }

        // Employee-Objekte sollen sich selbst vergleichen
        public int Compare( Employee lhs, Employee rhs )
        {
             return lhs.CompareTo( rhs, WhichComparison );
        }

        public Employee.EmployeeComparer.ComparisonType
            WhichComparison
        {
            get{return whichComparison;}
            set{whichComparison = value;}
        }
    }
}
public class Tester
{
    static void Main()
    {
        List<Employee> empArray = new List<Employee>();

        // Zufallszahlen für die
        // Integer-Werte und die
        // Employee-IDs generieren
        Random r = new Random();

        // Das Array füllen
        for ( int i = 0; i < 5; i++ )
        {
            // Zufällige Employee-ID hinzufügen

            empArray.Add(
                new Employee(
                    r.Next( 10 ) + 100, r.Next( 20 )
                )
            );
        }

        // Gesamten Inhalt des Employee-Arrays ausgeben
```

Beispiel 9-15: Ein Array nach Personalnummern und Dienstjahren sortieren (Fortsetzung)

```
            for ( int i = 0; i < empArray.Count; i++ )
            {
               Console.Write( "\n{0} ", empArray[i].ToString() );
            }
            Console.WriteLine( "\n" );

            // Employee-Array sortieren und ausgeben
            Employee.EmployeeComparer c = Employee.GetComparer();
            c.WhichComparison =
               Employee.EmployeeComparer.ComparisonType.EmpID;
            empArray.Sort( c );

            // Gesamten Inhalt des Employee-Arrays ausgeben
            for ( int i = 0; i < empArray.Count; i++ )
            {
               Console.Write( "\n{0} ", empArray[i].ToString() );
            }
            Console.WriteLine( "\n" );

            c.WhichComparison = Employee.EmployeeComparer.ComparisonType.Yrs;
            empArray.Sort( c );

            for ( int i = 0; i < empArray.Count; i++ )
            {
               Console.Write( "\n{0} ", empArray[i].ToString() );
            }
            Console.WriteLine( "\n" );
         }
      }
   }

Ausgabe:
PersonalNR: 103. Dienstjahre: 11
PersonalNR: 108. Dienstjahre: 15
PersonalNR: 107. Dienstjahre: 14
PersonalNR: 108. Dienstjahre: 5
PersonalNR: 102. Dienstjahre: 0

PersonalNR: 102. Dienstjahre: 0
PersonalNR: 103. Dienstjahre: 11
PersonalNR: 107. Dienstjahre: 14
PersonalNR: 108. Dienstjahre: 15
PersonalNR: 108. Dienstjahre: 5

PersonalNR: 102. Dienstjahre: 0
PersonalNR: 108. Dienstjahre: 5
PersonalNR: 103. Dienstjahre: 11
PersonalNR: 107. Dienstjahre: 14
PersonalNR: 108. Dienstjahre: 15
```

Der erste Block der Ausgabe zeigt, wie die Employee-Objekte der List hinzugefügt wurden. Die Werte der Personalnummern und der Dienstjahre stehen in willkürlicher Reihenfolge. Der zweite Block zeigt das Resultat, wenn nach der Personalnummer sortiert wird, und der dritte Block das Resultat, wenn nach Dienstjahren sortiert wird.

> Wenn Sie wie in Beispiel 9-11 eine eigene Collection anlegen und IComparer implementieren möchten, müssen Sie eventuell sicherstellen, dass alle in der Liste gespeicherten Typen IComparer implementieren (damit sie sortiert werden können). Verwenden Sie dazu die oben beschriebenen Constraints.

Queues

Eine *Queue* ist eine First-in-First-out-(FIFO-)Collection. Sie gleicht einer Warteschlange vor einem Schalter: Der Erste in der Warteschlange sollte auch der Erste sein, der am Schalter bedient wird.

Eine Queue ist ein guter Collection-Typ, wenn Ihre Ressourcen begrenzt sind, z.B. wenn Sie einer Ressource, die nur eine Nachricht nach der anderen verarbeiten kann, Nachrichten schicken. Dann erstellen Sie eine Nachrichten-Queue, damit Sie den Clients sagen können: »Ihre Nachricht ist uns wichtig. Alle Nachrichten werden in der Reihenfolge ihres Eintreffens bearbeitet.«

Die Klasse Queue hat die in Tabelle 9-4 gezeigten Eigenschaften und Methoden.

Tabelle 9-4: Methoden und Eigenschaften von Queue

Methode oder Eigenschaft	Zweck
Count	Öffentliche Eigenschaft, die die Anzahl der Queue-Elemente abruft.
Clear( )	Entfernt alle Objekte aus der Queue.
Contains( )	Ermittelt, ob das Element in der Queue vorhanden ist.
CopyTo( )	Kopiert die Queue-Elemente in ein vorhandenes, eindimensionales Array.
Dequeue( )	Entfernt und liefert das erste Objekt der Queue.
Enqueue( )	Fügt am Ende der Queue ein Objekt hinzu.
GetEnumerator( )	Gibt einen Enumerator für die Queue zurück.
Peek( )	Gibt das erste Objekt der Queue zurück, ohne es zu entfernen.
ToArray( )	Kopiert die Elemente in ein neues Array.

Mit Enqueue und Dequeue oder mit einem Enumerator können Sie Ihrer Queue Elemente hinzufügen oder Elemente aus ihr entnehmen. Betrachten Sie hierzu Beispiel 9-16.

Beispiel 9-16: Mit einer Queue arbeiten

```
#region Using directives

using System;
```

Beispiel 9-16: Mit einer Queue arbeiten (Fortsetzung)

```
using System.Collections.Generic;
using System.Text;

#endregion

namespace Queue
{
   public class Tester
   {

      static void Main()
      {

         Queue<Int32> intQueue = new Queue<Int32>();

         // Die Queue füllen
         for ( int i = 0; i < 5; i++ )
         {

            intQueue.Enqueue( i * 5 );

         }

         // Die Queue ausgeben
         Console.Write( "intQueue-Werte:\t" );
         PrintValues( intQueue );

         // Ein Element aus der Queue entfernen
         Console.WriteLine(
            "\n(Dequeue)\t{0}", intQueuee.Dequeue() );

         // Die Queue ausgeben
         Console.Write( "intQueue-Werte:\t" );
         PrintValues( intQueue );

         // Ein weiteres Element aus der Queue entfernen
         Console.WriteLine(
            "\n(Dequeue)\t{0}", intQueuee.Dequeue() );

         // Die Queue ausgeben
         Console.Write( "intQueue-Werte:\t" );
         PrintValues( intQueue );

         // Das erste Element in der Queue lesen,
         // ohne es zu entfernen
         Console.WriteLine(
            "\n(Peek)   \t{0}", intQueuee.Peek() );

         // Die Queue ausgeben
         Console.Write( "intQueue-Werte:\t" );
         PrintValues( intQueue );
```

Beispiel 9-16: Mit einer Queue arbeiten (Fortsetzung)

```
        }

        public static void PrintValues(IEnumerable<Int32> myCollection)
        {
            IEnumerator<Int32> myEnumerator =
                myCollection.GetEnumerator();
            while ( myEnumerator.MoveNext() )
                Console.Write( "{0} ", myEnumerator.Current );
            Console.WriteLine();
        }
    }
}
```

```
Ausgabe:
intQueue-Werte:        0 5 10 15 20

(Dequeue)       0
intQueue-Werte:        5 10 15 20

(Dequeue)       5
intQueue-Werte:        10 15 20

(Peek)          10
intQueuee-Werte:        10 15 20
```

In diesem Beispiel wurde die `List` durch eine `Queue` ersetzt. Die `Employee`-Klasse habe ich aus Platzgründen weggelassen, aber natürlich können Sie auch benutzerdefinierte Objekte mit `Enqueue` hinzufügen.

Wie die Ausgabe zeigt, werden Objekte mit `Enqueue` der `Queue` hinzugefügt und mit `Dequeue` zurückgegeben und zugleich aus der `Queue` entfernt. Außerdem stellt die Klasse `Queue` die Methode `Peek( )` zur Verfügung, mit der Sie das erste Element der Queue betrachten können, ohne es zu entfernen.

Da die Klasse `Queue` aufzählbar ist, können Sie sie der Methode `PrintValues` übergeben, die in Form eines `IEnumerable`-Interfaces bereitgestellt wird. Die Konvertierung verläuft implizit. In der Methode `PrintValues` rufen Sie `GetEnumerator` auf. Wie Sie wissen, ist dies die einzige Methode aller `IEnumerable`-Klassen. Sie erhalten dann einen `IEnumerator` zurückgeliefert, mit dem Sie die Objekte der Collection durchlaufen können.

Stacks

Ein *Stack* ist eine Last-in-First-out-(LIFO-)Collection, ähnlich einem Tellerstapel im Selbstbedienungsrestaurant. Der letzte Teller, der auf den Stapel gelegt wurde, wird als erster wieder heruntergenommen.

Die wichtigsten Methoden für das Hinzufügen und Entfernen von Stack-Elementen sind `Push( )` und `Pop( )`. `Stack` stellt außerdem eine `Peek( )`-Methode zur Verfügung, die der von Queue ganz ähnlich ist. Die wichtigsten Methoden und Eigenschaften von Stack sehen Sie in Tabelle 9-5.

Tabelle 9-5: Methoden und Eigenschaften von Stack

Methode oder Eigenschaft	Zweck
Count	Öffentliche Eigenschaft, die die Anzahl der Stack-Elemente holt.
Clear( )	Entfernt alle Objekte vom Stack.
Clone( )	Erstellt eine flache Kopie.
Contains( )	Stellt fest, ob ein Element im Stack vorhanden ist.
CopyTo( )	Kopiert die Stack-Elemente in ein vorhandenes eindimensionales Array.
GetEnumerator( )	Gibt einen Enumerator für den Stack zurück.
Peek( )	Gibt das oberste Objekt im Stack zurück, ohne es zu entfernen.
Pop( )	Entfernt und liefert das oberste Objekt im Stack.
Push( )	Fügt oben im Stack ein Objekt hinzu.
ToArray( )	Kopiert die Elemente in ein neues Array.

Die Typen List, Queue und Stack haben überladene Versionen der Methoden CopyTo( ) und ToArray( ), um ihre Elemente in ein Array zu kopieren. Bei einem Stack kopiert die Methode CopyTo( ) ihre Elemente in ein vorhandenes eindimensionales Array und überschreibt dabei den Inhalt des Arrays beginnend bei dem von Ihnen angegebenen Index. Die Methode ToArray( ) gibt ein neues Array mit den Inhalten der Stack-Elemente zurück. Betrachten Sie hierzu Beispiel 9-17.

Beispiel 9-17: Mit einem Stack arbeiten

```
#region Using directives

using System;
using System.Collections.Generic;
using System.Text;

#endregion

namespace Stack
{
   public class Tester
   {
      static void Main()
      {
         Stack<Int32> intStack = new Stack<Int32>();

         // Den Stack füllen

         for ( int i = 0; i < 8; i++ )
         {
            intStack.Push( i * 5 );
         }
```

Beispiel 9-17: Mit einem Stack arbeiten (Fortsetzung)

```
        // Den Stack ausgeben
        Console.Write( "intStack-Werte:\t" );
        PrintValues( intStack );

        // Ein Element aus dem Stack entfernen
        Console.WriteLine( "\n(Pop)\t{0}",
        intStack.Pop() );

        // Den Stack ausgeben
        Console.Write( "intStack-Werte:\t" );
        PrintValues( intStack );

        // Ein weiteres Element aus dem Stack entfernen
        Console.WriteLine( "\n(Pop)\t{0}",
           intStack.Pop() );

        // Den Stack ausgeben
        Console.Write( "intStack-Werte:\t" );
        PrintValues( intStack );

        // Das erste Element im Stack auslesen,
        // ohne es zu entfernen
        Console.WriteLine( "\n(Peek)   \t{0}",
           intStack.Peek() );

        // Den Stack ausgeben
        Console.Write( "intStack-Werte:\t" );
        PrintValues( intStack );

        // Array-Objekt mit zwölf Integer-Zahlen
        // deklarieren
        int[] targetArray = new int[12];

        for (int i = 0; i < targetArray.Length; i++)
        {
            targetArray[i] = i * 100 + 100;
        }
       // Die Werte der als Ziel dienenden Array-Instanz ausgeben
       Console.WriteLine( "\nZiel-Array:  " );
       PrintValues( targetArray );

        // Den gesamten Stack beginnend bei Index 6 in das
        // Ziel-Array kopieren
        intStack.CopyTo( targetArray, 6 );

        // Die Werte der als Ziel dienenden Array-Instanz ausgeben
        Console.WriteLine( "\nZiel-Array nach dem Kopieren:  " );
        PrintValues( targetArray );
    }

    public static void PrintValues(
```

Beispiel 9-17: Mit einem Stack arbeiten (Fortsetzung)

```
            IEnumerable<Int32> myCollection )
        {
            IEnumerator<Int32> enumerator =
               myCollection.GetEnumerator();
            while ( enumerator.MoveNext() )
               Console.Write( "{0}  ", enumerator.Current );
            Console.WriteLine();
        }
    }
}
```

```
Ausgabe:
intStack-Werte:        35  30  25  20  15  10  5  0

(Pop)   35
intStack-Werte:        30  25  20  15  10  5  0

(Pop)   30
intStack-Werte:        25  20  15  10  5  0

(Peek)          25
intStack-Werte:        25  20  15  10  5  0

Ziel-Array:
100  200  300  400  500  600  700  800  900  0  0  0

Ziel-Array nach dem Kopieren:
100  200  300  400  500  600  25  20  15  10  5  0

Das neue Array:
25  20  15  10  5  0
```

Die Ausgabe zeigt, dass die Elemente, die auf den Stack gelegt wurden, in umgekehrter Reihenfolge entnommen werden.

Die Auswirkungen von `CopyTo( )` sehen Sie, wenn Sie das Ziel-Array betrachten, bevor und nachdem `CopyTo( )` aufgerufen wurde. Die Array-Elemente wurden ab dem angegebenen Index (6) überschrieben.

Dictionaries

Ein *Dictionary* ist eine Collection, die einen *Schlüssel* einem *Wert* zuordnet, wie z.B. ein Wörterbuch ein Wort (den Schlüssel) mit seiner Bedeutung (dem Wert) assoziiert.

Den Wert von Wörterbüchern verstehen Sie am besten, wenn Sie sich vorstellen, Sie müssten eine Liste mit den Hauptstädten amerikanischer Bundesstaaten pflegen. Sie könnten diese natürlich auch in ein Array setzen:

```
string[] stateCapitals = new string[50];
```

Das Array `stateCapitals` speichert 50 Hauptstädte. Der Zugriff auf jede Stadt geschieht über ein Offset. Um z.B. auf die Hauptstadt von Arkansas zuzugreifen, müssen Sie wissen, dass Arkansas in der alphabetischen Reihenfolge der vierte Bundesstaat der USA ist:

```
string capitalOfArkansas = stateCapitals[3];
```

Es ist jedoch unpraktisch, auf Hauptstädte mit der Array-Notation zuzugreifen. Möchten Sie beispielsweise die Hauptstadt von Massachusetts wissen, ist es zunächst einmal gar nicht so einfach festzustellen, dass Massachusetts im Alphabet an 21. Stelle kommt.

Es wäre doch viel einfacher, wenn man die Hauptstadt mit dem Namen des Bundesstaats speichern könnte. In einem *Dictionary* können Sie einen Wert (in diesem Fall die Hauptstadt) zusammen mit einem Schlüssel (in diesem Fall dem Namen des Bundesstaats) speichern.

Ein Dictionary im .NET Framework kann jede Art von Schlüssel (String, Integer, Objekt usw.) mit jeder Art von Wert (String, Integer, Objekt usw.) assoziieren. In der Regel ist natürlich der Schlüssel kurz und der Wert eher komplex.

Das Wichtigste bei einem guten Dictionary ist, dass man Werte leicht hinzufügen und schnell auslesen kann (siehe Tabelle 9-6).

Tabelle 9-6: Dictionary-Methoden und -Eigenschaften

Methode oder Eigenschaft	Zweck
`Count`	Öffentliche Eigenschaft, die die Anzahl der Elemente im `Dictionary` liefert.
`Item()`	Der Indexer für das `Dictionary`.
`Keys`	Öffentliche Eigenschaft, die eine Collection mit den Schlüsseln des `Dictionary` liefert (siehe auch `Values`).
`Values`	Öffentliche Eigenschaft, die eine Collection mit den Werten des `Dictionary` liefert (siehe auch `Keys`).
`Add()`	Fügt einen Eintrag mit angegebenem Schlüssel und Wert hinzu.
`Clear()`	Entfernt alle Objekte aus dem `Dictionary`.
`ContainsKey()`	Stellt fest, ob das `Dictionary` den angegebenen Schlüssel enthält.
`ContainsValue()`	Stellt fest, ob das `Dictionary` den angegebenen Wert enthält.
`GetEnumerator()`	Liefert einen Enumerator für das `Dictionary`.
`GetObjectData()`	Implementiert `ISerializable` und liefert die Daten, die zum Serialisieren von `Dictionary` erforderlich sind.
`Remove()`	Entfernt den Eintrag mit dem angegebenen Schlüssel.

Der Schlüssel in einem `Dictionary` kann einen Grundtyp oder einen benutzerdefinierten Typ (Objekt) haben. Wenn Sie Objekte als Schlüssel eines `Dictionary` verwenden, müssen diese Objekte `GetHashCode( )` und `Equals` implementieren. In den meisten Fällen können Sie einfach die von `Object` geerbte Implementierung verwenden.

IDictionary<K,V>

Dictionaries implementieren das Interface `IDictionary<K,V>` (wobei `K` der Typ des Schlüssels und `V` der Typ des Werts ist). `IDictionary` bietet eine öffentliche Eigenschaft `Item`, die einen Wert mit dem angegebenen Schlüssel ausliest. In C# ist die Eigenschaft `Item` folgendermaßen deklariert:

```
V[K Schlüssel]
{get; set;}
```

Die Eigenschaft `Item` ist in C# mit dem Indexoperator (`[]`) implementiert. Sie können also auf Elemente jedes `Dictionary`-Objekts wie in einem Array mit der Offset-Syntax zugreifen.

Beispiel 9-18 zeigt, wie Sie einem `Dictionary` Elemente hinzufügen und diese dann mit der Eigenschaft `Item` abrufen.

Beispiel 9-18: Die Eigenschaft Item als Offset-Operator

```
namespace Dictionary
{
   public class Tester
   {
      static void Main()
      {
         // Erzeuge und initialisere ein neues Dictionary
         Dictionary<string,string> Dictionary =
           new Dictionary<string,string>();
         Dictionary.Add("000440312", "Jesse Liberty");
         Dictionary.Add("000123933", "Stacey Liberty");
         Dictionary.Add("000145938", "John Galt");
         Dictionary.Add("000773394", "Ayn Rand");

         // Greife auf ein bestimmtes Element zu
         Console.WriteLine("myDictionary[\"000145938\"]: {0}",
            Dictionary["000145938"]);
      }
   }
}

Ausgabe:
Dictionary["000145938"]: John Galt
```

Beispiel 9-18 beginnt mit der Instantiierung eines neuen `Dictionary`. Schlüssel und Wert sind beide als `string` deklariert.

Danach werden vier Schlüssel/Wert-Paare hinzugefügt. In diesem Beispiel wird die amerikanische Sozialversicherungsnummer an den vollständigen Namen einer Person gebunden.

Sind die Elemente hinzugefügt, greifen wir auf ein bestimmtes Element im Dictionary zu, wobei wir die Sozialversicherungsnummer als Schlüssel benutzen.

Wenn Sie als Schlüssel einen Referenztyp verwenden und dieser Typ veränderlich ist (was bei Strings nicht der Fall ist), dürfen Sie den Wert eines Schlüsselobjekts nicht mehr verändern, wenn Sie es in einem Dictionary benutzen.

Verwenden Sie beispielsweise das `Employee`-Objekt als Schlüssel, verursacht die Veränderung der Employee-ID Probleme, sofern diese Eigenschaft von den Methoden `Equals` oder `GetHashCode` benutzt wird, da das Dictionary diese Methoden heranzieht.

KAPITEL 10

Strings und reguläre Ausdrücke

Früher glaubte man, Computer seien ausschließlich zur Verarbeitung numerischer Werte da. Die ersten Computer wurden zunächst dazu benutzt, Raketenflugbahnen zu berechnen (allerdings lassen kürzlich freigegebene Dokumente darauf schließen, dass einige auch zum Aufbrechen von Verschlüsselungen verwendet wurden). Jedenfalls gab es eine Zeit, in der Programmieren in den mathematischen Fachbereichen der großen Universitäten gelehrt und Informatik als ein Fach für Mathematiker angesehen wurde.

Heute haben die meisten Programmierer mehr mit Zeichenfolgen als mit Zahlenfolgen zu tun. In der Regel dienen diese Zeichenfolgen – oder Strings – der Textverarbeitung, der Bearbeitung von Dokumenten und der Erstellung von Webseiten.

C# bietet eine integrierte Unterstützung für einen `string`-Typ mit reichhaltiger Funktionalität. Was noch wichtiger ist: C# behandelt Strings als Objekte, die sämtliche Methoden zum Verändern, Sortieren und Durchsuchen ihres Inhalts kapseln, die normalerweise auf Zeichenfolgen angewendet werden.

> *Hinweis für C++-Programmierer:* In C# sind Strings Typen erster Ordnung und keine Zeichen-Arrays.

Bei der komplexen String-Verarbeitung und Mustererkennung kommen Ihnen *reguläre Ausdrücke* zu Hilfe. C# kombiniert die Mächtigkeit und Komplexität der Syntax von regulären Ausdrücken, wie Sie sie normalerweise nur in Sprachen wie awk und Perl finden, die auf die String-Verarbeitung abzielen, mit einem ganz und gar objektorientierten Design.

Dieses Kapitel beschreibt, wie Sie mit dem `string`-Typ von C# und der .NET Framework-Klasse `System.String` arbeiten, deren Alias er ist. Sie werden erfahren, wie Sie Teil-Strings extrahieren, Strings verändern und verketten und mit der Klasse `StringBuilder` neue Strings erstellen. Außerdem sehen Sie, wie Sie mit Hilfe der Klasse `RegEx` String-Übereinstimmungen anhand von komplexen regulären Ausdrücken finden.

Strings

C# behandelt Strings als Typen erster Ordnung; sie sind flexibel, mächtig und einfach einzusetzen.

> Bei der C#-Programmierung verwendet man typischerweise den C#-Alias an Stelle eines Framework-Typs (z.B. int und nicht Int32), es steht Ihnen aber immer frei, den zu Grunde liegenden Typ zu benutzen. Die Verwendung von string (kleingeschrieben) und des zu Grunde liegenden Framework-Typs String (großgeschrieben) ist daher austauschbar.

Die Klasse System.String ist folgendermaßen deklariert:

```
public sealed class String :
   IComparable<T>, ICloneable, IConvertible, IEnumerable<T>
```

Diese Deklaration zeigt, dass die Klasse versiegelt ist, was bedeutet, dass Sie von der String-Klasse nichts ableiten können. Außerdem implementiert die Klasse vier Interfaces: IComparable<T>, ICloneable, IConvertible und IEnumerable<T>. Diese schreiben vor, welche Funktionalität String mit anderen Klassen im .NET Framework gemeinsam haben muss.

> Jedes string-Objekt ist eine *immutable* (unveränderliche) Folge von Unicode-Zeichen. Aus der Unveränderbarkeit von string folgt, dass Methoden, die einen String zu verändern scheinen, in Wirklichkeit nur eine modifizierte Kopie liefern. Der ursprüngliche String bleibt intakt im Arbeitsspeicher, bis er vom Garbage Collector beseitigt wird. Dies kann Implikationen für die Performance haben; wenn Sie vorhaben, häufig wiederholte String-Manipulationen durchzuführen, verwenden Sie besser den (weiter unten beschriebenen) StringBuilder.

Wie Sie bereits in Kapitel 9 gesehen haben, wird das Interface IComparable<T> von Typen implementiert, deren Werte geordnet werden können. Strings können beispielsweise alphabetisch sortiert werden: Jeder gegebene String kann mit einem anderen verglichen werden, um festzustellen, welcher String in einer geordneten Liste an erster Stelle stehen würde.[1] IComparable-Klassen implementieren die Methode CompareTo. Mit dem ebenfalls in Kapitel 9 erwähnten Interface IEnumerable können Sie das foreach-Konstrukt benutzen, um einen string als Collection von chars zu durchlaufen.

ICloneable-Objekte können neue Instanzen erzeugen, die die gleichen Werte wie die Originalinstanzen haben. In diesem Fall ist es möglich, durch Klonen eines Strings einen

---

1 Das Sortieren eines Strings ist eine von verschiedenen lexikalischen Operationen, die mit dem Inhalt eines Strings arbeiten und kulturspezifische Informationen berücksichtigen, die auf einer explizit deklarierten Culture oder der impliziten aktuellen Culture beruhen. Wenn daher die aktuelle Culture amerikanisches Englisch ist (wovon wir im gesamten Buch ausgehen), sieht die Methode Compare das 'a' als kleiner als 'A' an. CompareOrdinal führt dagegen einen Ordinalvergleich aus, bei dem, unabhängig von der Culture, 'a' größer als 'A' ist.

neuen String mit den gleichen Werten (Zeichen) herzustellen, wie sie der Original-String hatte. ICloneable-Klassen implementieren die Methode Clone( ).

Da Strings immutabel sind, liefert die Clone()-Methode bei String einfach eine Referenz auf den ursprünglichen String. enn Sie den geklonten String dann verändern, wird ein neuer String erzeugt:

```
string s1 = "Eins Zwei Drei Vier";
string sx = (string)s1.Clone();

Console.WriteLine(
    Object.ReferenceEquals(s1,sx));
sx += " Fünf";
Console.WriteLine(
    Object.ReferenceEquals(s1, sx));
Console.WriteLine(sx);
```

In diesem Fall wird sx als eine Kopie von s1 erzeugt. Die erste WriteLine-Anweisung gibt das Wort true aus, denn die beiden String-Variablen verweisen auf denselben Text im Arbeitsspeicher. Wenn Sie sx verändern, erzeugen Sie in Wirklichkeit einen neuen String aus dem ersten, und die Methode ReferenceEquals ergibt falsch. Die abschließende WriteLine-Anweisung liefert den Inhalt des ursprünglichen Strings mit dem angehängten Wort »Fünf«.

IConvertible-Klassen bieten Methoden wie ToInt32( ), ToDouble( ) und ToDecimal( ), die das Konvertieren in andere Grundtypen usw. erleichtern.

Strings erzeugen

Am häufigsten erzeugt man Strings, indem man eine Zeichenfolge in doppelten Anführungszeichen – ein so genanntes String-Literal – einer benutzerdefinierten Variablen vom Typ string zuweist:

```
string newString = "Dies ist ein String-Literal";
```

In Anführungszeichen stehende Strings können *Escape-Zeichen* wie z.B. \n oder \t enthalten, die mit einem Backslash (\) beginnen. Diese beiden zeigen an, wo ein Zeilenumbruch beziehungsweise ein Tabulater auftritt.

Weil der Backslash ein Escape-Zeichen ist, müssen Sie, wenn ein Backslash in einem String vorkommen soll, diesem wiederum einen zweiten Backslash voranstellen (\\). Dies ist zum Beispiel bei Pfadangaben notwendig.

Strings können auch mit Hilfe von wortwörtlichen »*Verbatim*«-String-Literalen erzeugt werden, die mit dem Symbol @ anfangen. Es sagt dem String-Konstruktor, dass der String wortwörtlich verwendet werden muss, auch wenn er mehrere Zeilen lang ist oder Escape-Zeichen enthält. In einem Verbatim-String-Literal werden Backslashs und die auf sie folgenden Zeichen einfach als normale Zeichen des Strings betrachtet. Daher sind folgende beiden Definitionen äquivalent:

```
string literalOne = "\\\\MySystem\\MyDirectory\\ProgrammingC#.cs";
string verbatimLiteralOne = @"\\MySystem\MyDirectory\ProgrammingC#.cs";
```

In der ersten Zeile wird kein Verbatim-String-Literal verwendet, und daher muss vor den Backslash-Zeichen je ein Escape-Symbol stehen – also ein weiterer Backslash. In der zweiten Zeile wird ein Verbatim-String-Literal eingesetzt, so dass keine zusätzlichen Backslashs erforderlich sind. Ein zweites Beispiel zeigt Verbatim-Strings, die sich über mehrere Zeilen erstrecken:

```
string literalTwo = "Line One\nLine Two";
string verbatimLiteralTwo = @"Line One
Line Two";
```

> Wenn Sie ein doppeltes Anführungszeichen innerhalb eines Verbatim-Strings benötigen, müssen Sie ihm ein Escape-Zeichen voranstellen, damit der Compiler weiß, wo das Ende des Verbatim-Strings ist.

Auch diese Deklarationen sind austauschbar. Welche Sie verwenden, hängt von dem jeweiligen Fall und Ihrem persönlichen Geschmack ab.

Die Methode ToString()

Oft werden Strings auch erzeugt, indem die Methode `ToString( )` auf einem Objekt aufgerufen und das Ergebnis einer String-Variablen zugewiesen wird. Alle eingebauten Typen überschreiben diese Methode, damit es einfacher wird, einen Wert (der oft numerisch ist) in eine entsprechende String-Darstellung zu konvertieren. Im folgenden Beispiel wird die `ToString( )`-Methode eines Integer-Typs aufgerufen, um dessen Wert in einem String zu speichern:

```
int myInteger = 5;
string integerString = myInteger.ToString( );
```

Der Aufruf von `myInteger.ToString( )` gibt ein `String`-Objekt zurück, das dann der Variablen `integerString` zugewiesen wird.

Die `String`-Klasse von .NET bietet eine reichhaltige Palette überladener Konstruktoren, die diverse Techniken der Zuweisung von String-Werten an `string`-Typen unterstützen. Mit einigen dieser Konstruktoren können Sie einen String erzeugen, indem Sie ihnen ein Zeichen-Array oder einen Zeichen-Zeiger übergeben. Wenn Sie dem Konstruktor des `String` ein Zeichen-Array übergeben, wird eine CLR-konforme neue Instanz des Strings erzeugt. Die Übergabe eines Zeichen-Zeigers setzt die Markierung `unsafe` voraus, wie in Kapitel 22 erläutert.

Strings bearbeiten

Die Klasse `string` bietet viele Methoden zum Vergleichen, Durchsuchen und Bearbeiten von Strings, von denen die wichtigsten in Tabelle 10-1 dargestellt sind.

Tabelle 10-1: Methoden und Felder der Klasse String

Methode oder Feld	Zweck
`Empty`	Öffentliches statisches Feld, das den leeren String darstellt.
`Compare( )`	Überladene öffentliche statische Methode, die zwei Strings vergleicht.
`CompareOrdinal( )`	Überladene öffentliche statische Methode, die zwei Strings ohne Rücksicht auf Locale oder Culture vergleicht.
`Concat( )`	Überladene öffentliche statische Methode, die aus einem oder mehr Strings einen neuen String erstellt.
`Copy( )`	Öffentliche statische Methode, die durch Kopieren eines anderen Strings einen neuen String erstellt.
`Equals( )`	Überladene öffentliche statische und Instanzmethode, die feststellt, ob zwei Strings den gleichen Wert haben.
`Format( )`	Überladene öffentliche statische Methode, die einen String anhand einer Formatspezifikation formatiert.
`Join( )`	Überladene öffentliche statische Methode, die alle Elemente eines String-Arrays verknüpft, wobei sie einen angegebenen String zwischen jedes Element setzt.
`Chars`	Der String-Indexer.
`Length`	Die Anzahl der Zeichen in der Instanz.
`CompareTo( )`	Vergleicht diesen String mit einem anderen.
`CopyTo( )`	Kopiert die angegebene Anzahl Zeichen in ein Array von Unicode-Zeichen.
`EndsWith( )`	Gibt an, ob der angegebene String mit dem Ende dieses Strings übereinstimmt.
`Equals( )`	Stellt fest, ob zwei Strings den gleichen Wert haben.
`Insert( )`	Gibt einen neuen String zurück, in den der angegebene String eingefügt wurde.
`LastIndexOf( )`	Meldet, an welchem Index ein angegebenes Zeichen oder ein Teil-String innerhalb des Strings zuletzt aufgetreten ist.
`PadLeft( )`	Richtet die Zeichen im String rechtsbündig aus und füllt nach links mit Leerschritten oder einem anderen angegebenen Zeichen auf.
`PadRight( )`	Richtet die Zeichen im String linksbündig aus und füllt nach rechts mit Leerschritten oder einem anderen angegebenen Zeichen auf.
`Remove( )`	Löscht die angegebene Anzahl Zeichen.
`Split( )`	Gibt Teil-Strings als String-Array zurück, die durch die angegebenen Zeichen abgegrenzt werden.
`StartsWith( )`	Teilt mit, ob der String mit den angegebenen Zeichen anfängt.
`Substring( )`	Ruft einen Teil-String ab.
`ToCharArray( )`	Kopiert die Zeichen aus dem String in ein Zeichen-Array.
`ToLower( )`	Gibt eine kleingeschriebene Kopie des Strings zurück.
`ToUpper( )`	Gibt eine großgeschriebene Kopie des Strings zurück.
`Trim( )`	Entfernt alle Zeichen aus einer angegebenen Zeichenmenge am Anfang und am Ende des Strings.
`TrimEnd( )`	Macht dasselbe wie `Trim( )`, aber nur am String-Ende.
`TrimStart( )`	Macht dasselbe wie `Trim( )`, aber nur am String-Anfang.

Beispiel 10-1 zeigt die Verwendung einiger dieser Methoden, darunter `Compare()`, `Concat()` (und den überladenen Operator +), `Copy()` (und den Operator =), `Insert()`, `EndsWith()` und `IndexOf()`.

Beispiel 10-1: Der Umgang mit Strings

```
#region Using directives

using System;
using System.Collections.Generic;
using System.Text;

#endregion

namespace WorkingWithStrings
{
   public class StringTester
   {
      static void Main( )
      {
         // Erzeuge ein paar Strings, mit denen wir arbeiten
         string s1 = "abcd";
         string s2 = "ABCD";
         string s3 = @"Liberty Associates, Inc.
                bietet kundenspezifische .NET-Anwendungen,
                In-House-Training und Consulting";

         int result;  // Speichere Vergleichsergebnisse

         // Vergleiche zwei Strings; beachte Groß- und Kleinschreibung
         result = string.Compare(s1, s2);
         Console.WriteLine(
            "vergleiche s1: {0}, s2: {1}, Ergebnis: {2}\n",
            s1, s2, result);

         // Überladenes Compare, nimmt Boolean "ignore case" entgegen
         //(true = ignore case)
         result = string.Compare(s1,s2, true);
         Console.WriteLine("vergleiche, ohne Groß- und Kleinschreibung\n");
         Console.WriteLine("s4: {0}, s2: {1}, Ergebnis: {2}\n",
            s1, s2, result);

         // Verkettungsmethode
         string s6 = string.Concat(s1,s2);
         Console.WriteLine(
            "s6 ist eine Verkettung von s1 und s2: {0}", s6);

         // Verwende den überladenen Operator
         string s7 = s1 + s2;
         Console.WriteLine(
            "s7 ist eine Verkettung von s1 + s2: {0}", s7);

         // Die Copy-Methode von String
         string s8 = string.Copy(s7);
```

Beispiel 10-1: Der Umgang mit Strings (Fortsetzung)

```
            Console.WriteLine(
               "s8 wurde aus s7 kopiert: {0}", s8);

            // Verwende den überladenen Operator
            string s9 = s8;
            Console.WriteLine("s9 = s8: {0}", s9);

            // Drei Vergleichsarten
            Console.WriteLine(
               "\ns9.Equals(s8)?: {0}",
               s9.Equals(s8));
            Console.WriteLine(
               "Equals(s9,s8)?: {0}",
               string.Equals(s9,s8));
            Console.WriteLine(
               "s9==s8?: {0}", s9 == s8);

            // Zwei nützliche Eigenschaften: Index und Length
            Console.WriteLine(
               "\nString s9 ist {0} Zeichen lang. ",
               s9.Length);
            Console.WriteLine(
               "Das 5. Zeichen ist {0}\n",
               s9[4]);

            // Endet ein String mit einer gegebenen Zeichenmenge?
            Console.WriteLine("s3:{0}\nEndet mit Training?: {1}\n",
               s3,
               s3.EndsWith("Training") );
            Console.WriteLine(
               "Endet mit Consulting?: {0}",
               s3.EndsWith("Consulting"));

            // Gib den Index des Teil-Strings zurück
            Console.WriteLine(
               "\nDas erste Auftreten von In-House-Training ");
            Console.WriteLine ("in s3 ist {0}\n",
               s3.IndexOf("In-House-Training"));

            // Füge vor "In-House-Training" das Wort "exzellentes" ein
            string s10 = s3.Insert(102,"exzellentes ");
            Console.WriteLine("s10: {0}\n",s10);

            // Beides kann wie folgt kombiniert werden:
            string s11 = s3.Insert(s3.IndexOf("In-House-Training"),
               "exzellentes ");
            Console.WriteLine("s11: {0}\n",s11);
         }
      }
   }

Ausgabe:
vergleiche s1: abcd, s2: ABCD, Ergebnis: -1
```

Beispiel 10-1: Der Umgang mit Strings (Fortsetzung)

```
vergleiche, ohne Groß- und Kleinschreibung

s4: abcd, s2: ABCD, Ergebnis: 0

s6 ist eine Verkettung von s1 und s2: abcdABCD
s7 ist eine Verkettung von s1 + s2: abcdABCD
s8 wurde aus s7 kopiert: abcdABCD
s9 = s8: abcdABCD

s9.Equals(s8)?: True
Equals(s9,s8)?: True
s9==s8?: True

String s9 ist 8 Zeichen lang.
Das 5. Zeichen ist A

s3:Liberty Associates, Inc.
                bietet kundenspezifische .NET-Anwendungen,
                In-House-Training und Consulting
Endet mit Training?: False

Endet mit Consulting?: True

Das erste Auftreten von Training
in s3 ist 102

s10: Liberty Associates, Inc.
                bietet kundenspezifische .NET-Anwendungen,
                exzellentes In-House-Training und Consulting

s11: Liberty Associates, Inc.
                bietet kundenspezifische .NET-Anwendungen,
                exzellentes In-House-Training und Consulting
```

Beispiel 10-1 beginnt mit der Deklaration von drei Strings:

```
string s1 = "abcd";
string s2 = "ABCD";
string s3 = @"Liberty Associates, Inc.
      bietet kundenspezifische .NET-Anwendungen,
      In-House-Training und Consulting";
```

Die ersten beiden sind String-Literale, und der dritte ist ein Verbatim-String-Literal. Als Erstes vergleichen wir `s1` mit `s2`. Die Methode `Compare()` ist eine öffentliche statische Methode von `string`, und sie ist überladen. Die erste überladene Version nimmt zwei Strings entgegen und vergleicht sie:

```
// Vergleiche zwei Strings, beachte Groß- und Kleinschreibung
result = string.Compare(s1, s2);
Console.WriteLine("vergleiche s1: {0}, s2: {1}, Ergebnis: {2}\n",
    s1, s2, result);
```

Dieser Vergleich unterscheidet zwischen Groß- und Kleinschreibung und gibt je nach Vergleichsergebnis unterschiedliche Werte zurück:

- einen negativen Integer, wenn der erste String kleiner als der zweite String ist,
- 0, wenn beide Strings gleich sind und
- einen positiven Integer, wenn der erste String größer als der zweite String ist.

In diesem Fall zeigt die Ausgabe korrekt an, dass `s1` »kleiner als« `s2` ist. In Unicode (wie auch in ASCII) hat ein Kleinbuchstabe einen kleineren Wert als ein Großbuchstabe:

```
vergleiche s1: abcd, s2: ABCD, Ergebnis: -1
```

Der zweite Vergleich verwendet eine überladene Version von `Compare()`, die einen dritten, Booleschen Parameter entgegennimmt, der feststellt, ob die Groß- und Kleinschreibung beim Vergleich ignoriert werden soll oder nicht. Wenn dieser Parameter den Wert `true` hat, wird der Vergleich wie im folgenden Codestück ohne Berücksichtigung der Groß- und Kleinschreibung vorgenommen:

```
result = string.Compare(s1,s2, true);
Console.WriteLine("vergleiche, ohne Groß- und Kleinschreibung\n");
Console.WriteLine("s4: {0}, s2: {1}, Ergebnis: {2}\n",
    s1, s2, result);
```

> Das Ergebnis wird mit zwei `WriteLine()`-Anweisungen ausgegeben, damit die Zeilen für die Druckseiten dieses Buchs kurz genug sind.

Diesmal wird die Groß- und Kleinschreibung ignoriert, und das Ergebnis, `0`, zeigt an, dass die beiden Strings identisch sind (wenn man die Groß- und Kleinschreibung außer Acht lässt):

```
vergleiche, ohne Groß- und Kleinschreibung

s4: abcd, s2: ABCD, Ergebnis: 0
```

Danach werden in Beispiel 10-1 einige Strings verkettet. Dazu gibt es mehrere Möglichkeiten. Eine davon ist die Methode `Concat( )`, eine statische öffentliche Methode von `string`:

```
string s6 = string.Concat(s1,s2);
```

Eine andere Möglichkeit ist der überladene Verkettungsoperator (+):

```
string s7 = s1 + s2;
```

In beiden Fällen spiegelt die Ausgabe eine erfolgreiche Verkettung wider:

```
s6 ist eine Verkettung von s1 und s2: abcdABCD
s7 ist eine Verkettung von s1 + s2: abcdABCD
```

Auch eine neue Kopie eines Strings kann auf zwei Arten erstellt werden. Eine Möglichkeit ist die statische Methode `Copy()`:

```
string s8 = string.Copy(s7);
```

Dadurch werden tatsächlich zwei separate Strings mit dem gleichen Wert erzeugt. Dies ist Verschwendung, denn Strings sind unveränderlich. Besser verwendet man entweder den überladenen Zuweisungsoperator oder die (oben erwähnte) Methode Clone. Beide ergeben, dass zwei Variablen auf denselben String im Arbeitsspreicher zeigen:

```
string s9 = s8;
```

Die String-Klasse von .NET bietet auch drei Verfahren, um die Gleichheit zweier Strings zu testen. Erstens können Sie die überladene Equals( )-Methode nutzen und s9 direkt fragen, ob s8 den gleichen Wert hat:

```
Console.WriteLine("\ns9.Equals(s8)?: {0}",
   s9.Equals(s8));
```

Zweitens können Sie beide Strings an die statische Equals( )-Methode von String übergeben:

```
Console.WriteLine("Equals(s9,s8)?: {0}",
      string.Equals(s9,s8));
```

Drittens und letztens können Sie den Gleichheitsoperator (==) von String benutzen:

```
Console.WriteLine("s9==s8?: {0}", s9 == s8);
```

In jedem Fall wird ein Boolescher Wert als Ergebnis zurückgeliefert:

```
s9.Equals(s8)?: True
Equals(s9,s8)?: True
s9==s8?: True
```

In den nächsten Zeilen von Beispiel 10-1 wird der Indexoperator ([]) eingesetzt, um ein bestimmtes Zeichen in einem String zu finden, und die Length-Eigenschaft, um die Länge des Gesamt-Strings zurückzugeben:

```
Console.WriteLine("\nString s9 ist {0} Zeichen lang.",
    s9.Length);
Console.WriteLine("Das 5. Zeichen ist {0}\n",
    s9[4]);
```

Hier sehen Sie die Ausgabe:

```
String s9 ist 8 Zeichen lang.
Das 5. Zeichen ist A
```

Die Methode EndsWith( ) fragt einen String, ob er mit einem bestimmten Teil-String endet. Sie können also s3 zuerst fragen, ob er mit Training endet (tut er nicht), und dann, ob er mit Consulting endet (tut er):

```
// Endet ein String mit einer gegebenen Zeichenmenge?
Console.WriteLine("s3:{0}\nEndet mit Training?: {1}\n",
    s3, s3.EndsWith("Training") );
Console.WriteLine("Endet mit Consulting?: {0}",
    s3.EndsWith("Consulting"));
```

Die Ausgabe zeigt, dass der erste Test scheitert und der zweite Erfolg hat:

```
s3:Liberty Associates, Inc.
                bietet kundenspezifische .NET-Anwendungen,
```

```
               In-House-Training und Consulting
Endet mit Training?: False
Endet mit Consulting?: True
```

Die Methode `IndexOf( )` findet in unserem String einen Teil-String, und die Methode `Insert( )` fügt einen neuen Teil-String in eine Kopie des Original-Strings ein.

Der folgende Code findet das erste Auftreten von `Training` in `s3`:

```
Console.WriteLine("\nDas erste Auftreten von In-House-Training ");
Console.WriteLine ("in s3 ist {0}\n",
    s3.IndexOf("Training"));
```

Die Ausgabe besagt, dass das Offset `102` ist:

```
Das erste Auftreten von In-House-Training
in s3 ist 102
```

Diesen Wert können Sie nun nutzen, um das Wort `exzellentes`, gefolgt von einem Leerschritt, in diesen String einzufügen. In Wirklichkeit wird das Wort in eine Kopie des Strings eingefügt, die von der Methode `Insert( )` zurückgeliefert und der Variablen `s10` zugewiesen wurde.

```
string s10 = s3.Insert(102,"exzellentes ");
Console.WriteLine("s10: {0}\n",s10);
```

Hier sehen Sie die Ausgabe:

```
s10: Liberty Associates, Inc.
               bietet kundenspezifische .NET-Anwendungen,
               exzellentes In-House-Training und Consulting
```

Zum Schluss können Sie diese Operationen miteinander kombinieren:

```
string s11 = s3.Insert(s3.IndexOf("In-House-Training"),"exzellentes ");
Console.WriteLine("s11: {0}\n",s11);
```

Deren Ausgabe ist identisch:

```
s11: Liberty Associates, Inc.
               bietet kundenspezifische .NET-Anwendungen,
               exzellentes In-House-Training und Consulting
```

Teil-Strings finden

Der Typ `String` hat eine überladene `Substring()`-Methode, mit der Sie Teil-Strings aus Strings extrahieren. Beide Versionen nehmen einen Index entgegen, der besagt, wo der Teil-String beginnt; und eine der beiden Versionen nimmt noch einen weiteren Index entgegen, der besagt, wo die Operation enden soll. Die `Substring( )`-Methode wird in Beispiel 10-2 gezeigt.

Beispiel 10-2: Verwendung der Substring()-Methode

```
#region Using directives

using System;
```

Beispiel 10-2: Verwendung der Substring()-Methode (Fortsetzung)

```
using System.Collections.Generic;
using System.Text;

#endregion

namespace SubString
{
   public class StringTester
   {
      static void Main( )
      {
         // Erzeuge ein paar Strings, mit denen wir arbeiten
         string s1 = "Eins Zwei Drei Vier";

         int ix;

         // Hole den Index des letzten Leerschritts
         ix=s1.LastIndexOf(" ");

         // Hole das letzte Wort
         string s2 = s1.Substring(ix+1);

         // Setze s1 auf den Teil-String, der bei 0 beginnt
         // und bei ix endet (vor dem Anfang des letzten Worts),
         // also hat s1 Eins Zwei Drei
         s1 = s1.Substring(0,ix);

         // Suche den letzten Leerschritt in s1 (hinter Zwei)
         ix = s1.LastIndexOf(" ");

         // Setze s3 auf den Teil-String, der bei ix beginnt,
         // den Leerschritt hinter "Zwei" plus eine Stelle,
         // also s3 = "Drei"
         string s3 = s1.Substring(ix+1);

         // Setze s1 auf den Teil-String zurück, der bei 0 beginnt
         // und bei ix endet, also auf den String "Eins Zwei"
         s1 = s1.Substring(0,ix);

         // Setze ix auf den Leerschritt zwischen
         // "Eins" und "Zwei" zurück
         ix = s1.LastIndexOf(" ");

         // Setze s4 auf den Teil-String, der eine Stelle hinter
         // ix beginnt, also auf den Teil-String "Zwei"
         string s4 = s1.Substring(ix+1);

         // Setze s1 auf den Teil-String zurück, der bei 0 beginnt
         // und bei ix endet, also auf "Eins"
         s1 = s1.Substring(0,ix);

         // Setze ix auf den letzten Leerschritt. Da es keinen gibt,
```

Beispiel 10-2: Verwendung der Substring()-Methode (Fortsetzung)

```
            // ist ix jetzt gleich = -1.
            ix = s1.LastIndexOf(" ");

            // Setze s5 auf den Teil-String eine Stelle hinter dem
            // letzten Leerschritt. Da kein letzter Leerschritt vorhanden
            // ist, wird s5 auf den Teil-String gesetzt, der bei
            // null beginnt.
            string s5 = s1.Substring(ix+1);

            Console.WriteLine ("s2: {0}\ns3: {1}",s2,s3);
            Console.WriteLine ("s4: {0}\ns5: {1}\n",s4,s5);
            Console.WriteLine ("s1: {0}\n",s1);

        }
    }
}

Ausgabe:
s2: Vier
s3: Drei
s4: Zwei
s5: Eins

s1: Eins
```

Beispiel 10-2 ist zwar keine elegante Lösung für die Aufgabe, Wörter aus einem String zu extrahieren, aber eine gute erste Annäherung, die eine nützliche Technik vorführt. Das Beispiel beginnt mit der Erzeugung des Strings `s1`:

```
string s1 = "Eins Zwei Drei Vier";
```

Dann wird `ix` der Wert des *letzten* Leerschritts in dem String zugewiesen:

```
ix=s1.LastIndexOf(" ");
```

Nun wird der Teil-String, der einen Leerschritt später beginnt, dem neuen String `s2` zugewiesen:

```
string s2 = s1.Substring(ix+1);
```

Dadurch wird `x1+1` bis zum Zeilenende extrahiert und `s2` der Wert `Vier` zugewiesen.

Im nächsten Schritt wird das Wort `Vier` aus `s1` entfernt. Das können Sie tun, indem Sie `s1` den Teil-String von `s1` zuweisen, der bei `0` beginnt und bei `ix` endet:

```
s1 = s1.Substring(0,ix);
```

Nun weisen Sie `ix` wieder dem letzten (übrigen) Leerschritt zu, der Sie zum Anfang des Worts `Drei` bringt. Dieses können wir dann extrahieren und dem String `s3` zuweisen. Füllen Sie nun `s4` und `s5` auf die gleiche Weise mit Inhalt und geben Sie die Ergebnisse aus:

```
s2: Vier
s3: Drei
s4: Zwei
```

```
s5: Eins

s1: Eins
```

Das ist zwar unschön, aber es funktioniert und zeigt, wie Substring verwendet wird. Es ähnelt ein wenig der Zeiger-Arithmetik von C++, aber ohne Zeiger und unsicheren Code.

Strings aufspalten

Eine effektivere Lösung des Problems aus Beispiel 10-2 ist die Split( )-Methode von String, die die Aufgabe hat, einen String in Teil-Strings zu zerlegen. Sie übergeben Split( ) ein Array von Trennzeichen (Zeichen, die eine Lücke zwischen zwei Wörtern anzeigen), und die Methode gibt ein Array von Teil-Strings zurück. Beispiel 10-3 zeigt dies:

Beispiel 10-3: Verwendung der Split( )-Methode

```
#region Using directives

using System;
using System.Collections.Generic;
using System.Text;

#endregion

namespace StringSplit
{
   public class StringTester
   {
      static void Main()
      {
         // Erzeuge ein paar Strings, mit denen wir arbeiten
         string s1 = "Eins,Zwei,Drei Liberty Associates, Inc.";

         // Konstanten für Leerschritte und Kommazeichen
         const char Space = ' ';
         const char Comma = ',';

         // Array von Trennzeichen, um den Satz aufzuspalten
         char[] delimiters = new char[]
            {
               Space,
               Comma
            };

         string output = "";
         int ctr = 1;

         // Spalte den Satz auf und durchlaufe dann das
         // resultierende Array von Strings
         foreach (string subString in s1.Split(delimiters))
         {
            output += ctr++;
            output += ": ";
```

Beispiel 10-3: Verwendung der Split()-Methode (Fortsetzung)

```
                output += subString;
                output += "\n";
            }
            Console.WriteLine(output);
        }
    }
}

Ausgabe:
1: Eins
2: Zwei
3: Drei
4: Liberty
5: Associates
6:
7: Inc.
```

Als Erstes erzeugen Sie den zu parsenden String:

```
string s1 = "Eins,Zwei,Drei Liberty Associates, Inc.";
```

Die Trennzeichen wurden als Leerschritte und Kommazeichen gesetzt. Dann können Sie diesen String mit `Split()` aufspalten und die Ergebnisse an die `foreach`-Schleife übergeben:

```
foreach (string subString in s1.Split(delimiters))
```

> Weil `Split` das Schlüsselwort `params` verwendet, können Sie den Code folgendermaßen reduzieren:
>
> ```
> foreach (string subString in s1.Split(' ', ','))
> ```
>
> Auf die Array-Deklaration können Sie dann völlig verzichten.

Zu Beginn initialisieren Sie die Ausgabe als leeren String, und dann bauen Sie den Ausgabe-String in vier Schritten auf. Sie verketten den Wert von `ctr`. Danach fügen Sie einen Doppelpunkt hinzu, dann den von `Split` zurückgelieferten Teil-String und dann ein Newline-Zeichen. Mit jeder Verkettung wird eine neue Kopie des Strings angelegt, und alle vier Schritte werden für jeden Teil-String wiederholt, den `Split()` findet. Dieses wiederholte Kopieren von `string` ist furchtbar ineffizient.

Das Problem besteht darin, dass der Typ `String` einfach nicht für diese Art von Operation gedacht ist. Eigentlich möchten Sie ja einen neuen String erstellen, indem Sie bei jedem Schleifendurchlauf einen formatierten String anhängen. Dazu benötigen Sie die Klasse `StringBuilder`.

Dynamische String-Bearbeitung

Die Klasse `System.Text.StringBuilder` dient der Erzeugung und Modifikation von Strings. Die wichtigsten Member von `StringBuilder` sind in Tabelle 10-2 zusammengefasst.

Tabelle 10-2: Methoden von StringBuilder

Methode	Erklärung
`Chars`	Der Indexer.
`Length`	Ruft ab oder weist zu, wie lang der `StringBuilder` ist.
`Append( )`	Überladene öffentliche Methode, die eine Zeichenkette am Ende des aktuellen `StringBuilder` anhängt.
`AppendFormat( )`	Überladene öffentliche Methode, die Formatspezifikatoren durch den formatierten Wert eines Objekts ersetzt.
`Insert( )`	Überladene öffentliche Methode, die an der angegebenen Position eine Zeichenkette einfügt.
`Remove( )`	Entfernt die angegebenen Zeichen.
`Replace( )`	Überladene öffentliche Methode, die alle Instanzen der angegebenen Zeichen durch neue Zeichen ersetzt.

Im Gegensatz zu `String` ist `StringBuilder` veränderlich: Wenn Sie einen `StringBuilder` modifizieren, dann modifizieren Sie den tatsächlichen String und keine Kopie davon. Beispiel 10-4 ersetzt das `String`-Objekt aus Beispiel 10-3 durch ein `StringBuilder`-Objekt.

Beispiel 10-4: Einen StringBuilder verwenden

```
#region Using directives

using System;
using System.Collections.Generic;
using System.Text;

#endregion

namespace UsingStringBuilder
{
   public class StringTester
   {
      static void Main()
      {
         // Erzeuge ein paar Strings, mit denen wir arbeiten
         string s1 = "Eins,Zwei,Drei Liberty Associates, Inc.";

         // Konstanten für Leerschritte und Kommazeichen
         const char Space = ' ';
         const char Comma = ',';

         // Array von Trennzeichen, um den Satz aufzuspalten
         char[] delimiters = new char[]
         {
               Space,
               Comma
         };

         // Erstelle die Ausgabe-Strings mit der
         // Klasse StringBuilder
         StringBuilder output = new StringBuilder( );
         int ctr = 1;
```

Beispiel 10-4: Einen StringBuilder verwenden (Fortsetzung)

```
         // Spalte den Satz auf und durchlaufe dann das
         // resultierende Array von Strings
         foreach (string subString in s1.Split(delimiters))
         {
            // AppendFormat fügt einen formatierten String an
            output.AppendFormat("{0}: {1}\n",ctr++,subString);
         }
         Console.WriteLine(output);
      }
   }
}
```

Nur der letzte Teil des Programms wurde geändert. Anstatt den String mit dem Verkettungsoperator zu bearbeiten, verwenden Sie die Methode `AppendFormat()` von `StringBuilder`, um die neuen formatierten Strings gleich anzufügen, wenn Sie sie erzeugen. Das ist effizienter. Das Ergebnis ist identisch mit der Ausgabe von Beispiel 10-3:

```
1: Eins
2: Zwei
3: Drei
4: Liberty
5: Associates
6:
7: Inc.
```

Die Grenzen von Trennzeichen

Da Sie als Trennzeichen sowohl Kommata als auch Leerschritte übergeben haben, wird der Leerschritt zwischen »Associates« und »Inc.« als Wort zurückgegeben und hat, wie Sie sehen, die Nummer `6`. Das ist unerwünscht. Um dies zu vermeiden, müssen Sie die Split-Methode veranlassen, ein Komma (wie zwischen `Eins`, `Zwei` und `Drei`) oder einen Leerschritt (wie zwischen `Liberty` und `Associates`) oder ein Komma mit einem Leerschritt dahinter zu finden. Dies ist jedoch knifflig und nur mit einem regulären Ausdruck zu lösen.

Reguläre Ausdrücke

Reguläre Ausdrücke sind eine mächtige Sprache zur Beschreibung und Bearbeitung von Text. Ein regulärer Ausdruck wird auf einen String, also eine Zeichenfolge, *angewendet*. Oft ist dieser String ein gesamtes Textdokument.

Als Ergebnis der Anwendung eines regulären Ausdrucks auf einen String findet man heraus, ob der String mit dem regulären Ausdruck übereinstimmt, erhält einen Teil-String oder erhält einen neuen String mit einer teilweise modifizierten Version des ursprünglichen Strings. (Denken Sie daran, dass Strings unveränderlich sind und somit auch durch reguläre Ausdrücke nicht geändert werden können.)

Wenn Sie einen korrekt konstruierten regulären Ausdruck auf den String

```
Eins,Zwei,Drei Liberty Associates, Inc.
```

anwenden, können Sie einen seiner Teil-Strings oder alle (z.B. `Liberty` oder `Eins`) oder auch modifizierte Versionen dieser Teil-Strings (z.B. `LIBeRtY` oder `EInS`) zurückgeben. Das, was der reguläre Ausdruck eigentlich tut, wird von seiner Syntax festgelegt.

Ein regulärer Ausdruck besteht aus zwei Arten von Zeichen: aus *Literalen* und *Metazeichen*. Ein Literal ist ein Zeichen, für das Sie im Ziel-String eine Entsprechung finden möchten (man spricht auch von »matchen«). Ein Metazeichen ist ein Sonderzeichen, das dem Parser des regulären Ausdrucks ein Kommando gibt. Der Parser ist die Engine, die für die Analyse des regulären Ausdrucks zuständig ist. Wenn Sie z.B. den regulären Ausdruck

```
^(Von|An|Betreff|Datum):
```

erstellen, stimmt dieser mit jedem Teil-String mit den Buchstaben `Von`, `An`, `Betreff` oder `Datum` überein, sofern diese Teil-Strings am Anfang einer Zeile (^) stehen und mit einem Doppelpunkt (:) enden.

Das Caret-Zeichen (^) weist den Parser hier darauf hin, dass der gesuchte String am Anfang einer Zeile stehen muss. Die Buchstaben »`Von`« und »`An`« sind Literale, und die Metazeichen runde Klammern ((,)) und senkrechter Strich (|) dienen dazu, mehrere Literale zu gruppieren und anzuzeigen, dass irgendeine der Auswahlmöglichkeiten eine Übereinstimmung ergeben sollte. (Beachten Sie, dass auch ^ ein Metazeichen ist; es repräsentiert einen Zeilenanfang.)

Die Zeile

```
^(Von|An|Betreff|Datum):
```

wird folgendermaßen gelesen: »Es passen alle Strings, die am Anfang einer Zeile stehen, gefolgt von einem der Strings `Von`, `An`, `Betreff` oder `Datum`, gefolgt von einem Doppelpunkt.«

> Eine umfassende Erklärung der regulären Ausdrücke würde den Rahmen dieses Buchs sprengen, aber die in den Beispielen verwendeten regulären Ausdrücke werden alle erläutert. Sehr empfehlenswert in diesem Zusammenhang ist das Buch *Reguläre Ausdrücke* (O'Reilly Verlag).

Verwendung von regulären Ausdrücken: Regex

Das .NET Framework bietet einen objektorientierten Ansatz für das Suchen und Ersetzen mit regulären Ausdrücken.

Die regulären Ausdrücke von C# basieren auf Perl 5-*regexp*. Dazu gehören auch »Lazy Quantifier« (??, *?, +?, {n,m}?), positiver und negativer Look-Ahead und die bedingte Auswertung von Ausdrücken.

Im Namensraum System.Text.RegularExpressions befinden sich alle .NET Framework-Objekte, die mit regulären Ausdrücken zu tun haben. Die wichtigste Klasse für reguläre Ausdrücke ist Regex: Sie repräsentiert einen unveränderlichen, kompilierten regulären Ausdruck. Obwohl Sie von Regex auch Instanzen erzeugen können, bietet die Klasse außerdem eine Reihe von nützlichen statischen Methoden. Beispiel 10-5 zeigt die Verwendung von Regex.

Beispiel 10-5: Verwendung der Klasse Regex für reguläre Ausdrücke

```
#region Using directives

using System;
using System.Collections.Generic;
using System.Text;
using System.Text.RegularExpressions;

#endregion

namespace UsingRegEx
{
   public class Tester
   {
      static void Main( )
      {
         string s1 =
            "Eins,Zwei,Drei Liberty Associates, Inc.";
         Regex theRegex = new Regex(" |, |,");
         StringBuilder sBuilder = new StringBuilder( );
         int id = 1;

         foreach (string subString in theRegex.Split(s1))
         {
            sBuilder.AppendFormat(
               "{0}: {1}\n", id++, subString);
         }
         Console.WriteLine("{0}", sBuilder);
      }
   }
}

Ausgabe:
1: Eins
2: Zwei
3: Drei
4: Liberty
5: Associates
6: Inc.
```

Zuerst wird in Beispiel 10-5 der String `s1` gebildet. Es ist derselbe String wie in Beispiel 10-4:

```
string s1 = "Eins,Zwei,Drei Liberty Associates, Inc.";
```

Dann wird ein regulärer Ausdruck zum Durchsuchen dieses Strings erstellt:

```
Regex theRegex = new Regex(" |,|, ");
```

Einer der überladenen Konstruktoren für `Regex` nimmt als Parameter einen String eines regulären Ausdrucks entgegen. Das ist etwas verwirrend. Was ist denn nun in einem C#-Programm ein regulärer Ausdruck? Ist es der an den Konstruktor übergebene String, oder ist es das `Regex`-Objekt selbst? Es stimmt, dass der an den Konstruktor übergebene Text-String ein regulärer Ausdruck im traditionellen Sinne des Wortes ist. Doch aus objektorientierter Sicht von C# ist das Konstruktorargument nichts weiter als eine Zeichenfolge; `theRegex` ist das Objekt, das den regulären Ausdruck darstellt.

Der Rest des Programms läuft ab wie das Beispiel 10-4 weiter oben, nur dass nicht `Split( )` auf String `s1`, sondern die `Split( )`-Methode von `Regex` aufgerufen wird. Die Methode `Regex.Split( )` verhält sich ganz ähnlich wie `String.Split( )`: Nach dem Vergleich mit dem regulären Ausdrucksmuster in `theRegex` gibt sie als Ergebnis ein Array von Strings zurück.

`Regex.Split( )` ist überladen. Die einfachste Version wird wie in Beispiel 10-5 auf einer Instanz von `Regex` aufgerufen. Außerdem hat diese Methode eine statische Version, die einen Such-String und das Muster, mit dem dieser String gesucht werden soll, entgegennimmt, wie Sie es in Beispiel 10-6 sehen.

Beispiel 10-6: Die Verwendung von statischem Regex.Split()

```
#region Using directives

using System;
using System.Collections.Generic;
using System.Text;
using System.Text.RegularExpressions;

#endregion

namespace RegExSplit
{
   public class Tester
   {
      static void Main( )
      {
         string s1 =
            "Eins,Zwei,Drei Liberty Associates, Inc.";
         StringBuilder sBuilder = new StringBuilder( );
         int id = 1;
         foreach (string subStr in Regex.Split(s1," |, |,"))
         {
            sBuilder.AppendFormat("{0}: {1}\n", id++, subStr);
         }
```

Beispiel 10-6: Die Verwendung von statischem Regex.Split() (Fortsetzung)

```
            Console.WriteLine("{0}", sBuilder);
        }
    }
}
```

Beispiel 10-6 ist fast mit Beispiel 10-5 identisch, nur dass hier kein Objekt vom Typ `Regex` instantiiert, sondern die statische Version von `Split( )` verwendet wird, die zwei Argumente entgegennimmt: den gesuchten String und einen regulären Ausdrucks-String, der das Muster darstellt, mit dem eine Übereinstimmung gefunden werden soll.

Die Instanzmethode von `Split( )` ist ebenfalls überladen: mit Versionen, die z.B. begrenzen, wie oft der String aufgespalten werden darf, und angeben, an welcher Stelle im Ziel-String die Suche beginnen soll.

Verwendung von Regex Match Collections

Es gibt im .NET-`RegularExpressions`-Namensraum noch zwei weitere Klassen, mit denen Sie einen String wiederholt durchsuchen und die Ergebnisse der Suche in einer Collection zurückliefern können. Die Rückgabe-Collection hat den Typ `MatchCollection`, der aus null oder mehr `Match`-Objekten besteht. Zwei wichtige Eigenschaften eines `Match`-Objekts sind seine Länge und sein Wert. Diese Eigenschaften können Sie auslesen, wie in Beispiel 10-7 dargestellt.

Beispiel 10-7: Verwendung von MatchCollection und Match

```
#region Using directives

using System;
using System.Collections.Generic;
using System.Text;
using System.Text.RegularExpressions;

#endregion

namespace UsingMatchCollection
{
    class Test
    {
        public static void Main( )
        {
            string string1 = "Dies ist ein Test-String";

            // Suche Nicht-Whitespace mit Whitespace dahinter
            Regex theReg = new Regex(@"(\S+)\s");

            // Hole die Collection der Übereinstimmungen
            MatchCollection theMatches =
                theReg.Matches(string1);

            // Durchlaufe die Collection
```

Beispiel 10-7: Verwendung von MatchCollection und Match (Fortsetzung)

```
            foreach (Match theMatch in theMatches)
            {
               Console.WriteLine(
                  "theMatch.Length: {0}", theMatch.Length);

               if (theMatch.Length != 0)
               {
                  Console.WriteLine("theMatch: {0}",
                     theMatch.ToString( ));
               }
            }
         }
      }
   }

Ausgabe:
theMatch.Length: 5
theMatch: Dies
theMatch.Length: 4
theMatch: ist
theMatch.Length: 4
theMatch: ein
theMatch.Length: 5
theMatch: Test
```

Beispiel 10-7 bildet einen einfachen String für die Suche:

```
string string1 = "Dies ist ein Test-String";
```

Es bildet auch einen trivialen regulären Ausdruck, um den String zu durchsuchen:

```
Regex theReg = new Regex(@"(\S+)\s");
```

Der String `\S` findet Nicht-Whitespace, und das Pluszeichen bedeutet »ein oder mehrere«. Der String `\s` (beachten Sie die Kleinschreibung) zeigt Whitespace an. Also sucht dieser String insgesamt nach Nicht-Whitespaces mit Whitespace dahinter.

> Vergessen Sie nicht das Symbol `@`, um einen Verbatim-String anzulegen. Dann müssen Sie das Backslash-Zeichen (\) nicht durch einen weiteren Backslash schützen.

Die Ausgabe zeigt, dass die ersten vier Wörter gefunden wurden. Das letzte Wort wurde übersehen, da es nicht von einem Leerschritt gefolgt wird. Wenn Sie hinter dem Wort `String` und vor dem schließenden Anführungszeichen ein Leerzeichen einsetzen, findet das Programm auch dieses Wort.

Die Eigenschaft `length` gibt die Länge des gefundenen Teil-Strings an. Im Abschnitt »CaptureCollection verwenden«« weiter unten wird sie genauer beschrieben.

Regex-Gruppen verwenden

Oft ist es nützlich, die Übereinstimmungen von Teilausdrücken zusammenzufassen, um Teile des Match-Strings herausparsen zu können. Vielleicht möchten Sie z.B. IP-Adressen finden und alle IP-Adressen, die irgendwo im String auftreten, zusammenfassen.

> IP-Adressen dienen dazu, Computer in einem Netzwerk zu finden. In der Regel haben sie die Form x.x.x.x, wobei x eine Zahl zwischen 0 und 255 ist (z.B. 192.168.0.1).

Mit der Klasse `Group` können Sie auf der Grundlage einer regulären Ausdruckssyntax gefundene Übereinstimmungen in Gruppen zusammenfassen. `Group` stellt die Ergebnisse eines einzelnen Gruppierungsausdrucks dar.

Ein Gruppierungsausdruck (grouping expression) benennt eine Gruppe und stellt einen regulären Ausdruck zur Verfügung. Jeder Teil-String, der auf diesen regulären Ausdruck passt, wird zur Gruppe hinzugefügt. Um eine `ip`-Gruppe zu erstellen, könnten Sie z.B. Folgendes schreiben:

```
@"(?<ip>(\d|\.)+)\s"
```

Die Klasse `Match` ist von `Group` abgeleitet und hat eine Collection namens `Groups`, die alle von Ihrem `Match` gefundenen Gruppen enthält.

Die Erstellung und Verwendung der `Groups`-Collection und der `Group`-Klassen sehen Sie in Beispiel 10-8.

Beispiel 10-8: Verwendung der Klasse Group

```
#region Using directives

using System;
using System.Collections.Generic;
using System.Text;
using System.Text.RegularExpressions;

#endregion

namespace RegExGroup
{

    class Test
    {
        public static void Main( )
        {
            string string1 = "04:03:27 127.0.0.0 LibertyAssociates.com";

            // group time = ein oder mehr Ziffern oder Doppelpunkte
            // mit Leerschritt dahinter
            Regex theReg = new Regex(@"(?<time>(\d|:)+)\s" +
               // ip address = ein oder mehr Ziffern oder Punkte
               // mit Leerschritt dahinter
```

Beispiel 10-8: Verwendung der Klasse Group (Fortsetzung)

```
                @"(?<ip>(\d|\.)+)\s" +
                // site = ein oder mehr Zeichen
                @"(?<site>\S+)");

            // Hole die Collection der Übereinstimmungen
            MatchCollection theMatches = theReg.Matches(string1);

            // Durchlaufe die Collection
            foreach (Match theMatch in theMatches)
            {
                if (theMatch.Length != 0)
                {
                    Console.WriteLine("\ntheMatch: {0}",
                        theMatch.ToString( ));
                    Console.WriteLine("time: {0}",
                        theMatch.Groups["time"]);
                    Console.WriteLine("ip: {0}",
                        theMatch.Groups["ip"]);
                    Console.WriteLine("site: {0}",
                        theMatch.Groups["site"]);
                }
            }
        }
    }
}
```

Auch in Beispiel 10-8 wird als Erstes ein String zum Durchsuchen gebildet:

```
string string1 = "04:03:27 127.0.0.0 LibertyAssociates.com";
```

Dieser String könnte einer von vielen Strings sein, die in einem Logfile eines Webservers aufgezeichnet wurden oder aus einer Datenbanksuche resultieren. In diesem einfachen Beispiel gibt es drei Spalten: eine für die Uhrzeit des Log-Eintrags, eine für die IP-Adresse und eine für die Site. Die Spalten sind jeweils durch Leerschritte abgetrennt. In einem realitätsnahen Programm würden Sie natürlich komplexere Abfragen vornehmen und dazu gegebenenfalls andere Trennzeichen oder kompliziertere Suchverfahren einsetzen.

In Beispiel 10-8 möchten wir ein einziges `Regex`-Objekt erzeugen, um Strings dieses Typs zu durchsuchen und in drei Gruppen aufzuspalten: `time`, `ip`-Adresse und `site`. Da der reguläre Ausdrucks-String recht einfach ist, ist auch das Beispiel leicht verständlich. (In einer echten Suche würden Sie jedoch wahrscheinlich nur einen Teil des Quell-Strings und nicht wie hier den gesamten Quell-String verwenden.)

```
// group time = ein oder mehr Ziffern oder Doppelpunkte
// mit Leerschritt dahinter
Regex theReg = new Regex(@"(?<time>(\d|\:)+)\s" +
// ip address = ein oder mehr Ziffern oder Punkte
// mit Leerschritt dahinter
@"(?<ip>(\d|\.)+)\s" +
// site = ein oder mehr Zeichen
@"(?<site>\S+)");
```

Konzentrieren Sie sich nun auf die Zeichen, die die Gruppe bilden:

```
(?<time>(\d|\:)
```

Die Klammern bilden eine Gruppe. Alles, was zwischen der öffnenden Klammer (unmittelbar vor dem Fragezeichen) und der schließenden Klammer (in diesem Fall hinter dem +-Zeichen) steht, ist eine einzige, unbenannte Gruppe.

Der String `?<time>` nennt diese Gruppe `time`. Dann wird die Gruppe mit dem dazu passenden Text assoziiert, also mit dem regulären Ausdruck `(\d|\:)+)\s"`. Dieser lässt sich interpretieren als »ein oder mehr Ziffern oder Doppelpunkte mit Leerschritt dahinter«.

In ähnlicher Weise gibt der String `?<ip>` der Gruppe `ip` und der String `?<site>` der Gruppe `site` ihren Namen. Wie in Beispiel 10-7 wird auch in Beispiel 10-8 eine Collection sämtlicher Übereinstimmungen verlangt:

```
MatchCollection theMatches = theReg.Matches(string1);
```

Beispiel 10-8 durchläuft die Collection `Matches` und findet jedes `Match`-Objekt.

Ist die `Length` von `Match` größer als 0, wurde ein `Match` gefunden. Die gesamte Übereinstimmung wird ausgegeben:

```
Console.WriteLine("\ntheMatch: {0}",
    theMatch.ToString( ));
```

Hier sehen Sie die Ausgabe:

```
theMatch: 04:03:27 127.0.0.0 LibertyAssociates.com
```

Dann wird aus der `theMatch.Groups`-Collection die Gruppe `time` genommen und auch deren Wert ausgegeben:

```
Console.WriteLine("time: {0}",
    theMatch.Groups["time"]);
```

Dies liefert folgende Ausgabe:

```
time: 04:03:27
```

Danach holt das Programm die Gruppen `ip` und `site`:

```
Console.WriteLine("ip: {0}",
    theMatch.Groups["ip"]);
Console.WriteLine("site: {0}",
    theMatch.Groups["site"]);
```

Die Ausgabe ist wie folgt:

```
ip: 127.0.0.0
site: LibertyAssociates.com
```

In Beispiel 10-8 enthält die Collection `Matches` nur einen `Match`. Es ist jedoch auch möglich, mehr als einen Ausdruck in einem String zu matchen. Um dies zu sehen, ändern Sie `string1` in Beispiel 10-8 derart ab, dass er statt eines mehrere `logFile`-Einträge liefert:

```
string string1 = "04:03:27 127.0.0.0 LibertyAssociates.com " +
"04:03:28 127.0.0.0 foo.com " +
"04:03:29 127.0.0.0 bar.com " ;
```

Nun erhalten Sie drei Übereinstimmungen in der MatchCollection namens theMatches. Die Ausgabe sehen Sie hier:

```
theMatch: 04:03:27 127.0.0.0 LibertyAssociates.com
time: 04:03:27
ip: 127.0.0.0
site: LibertyAssociates.com

theMatch: 04:03:28 127.0.0.0 foo.com
time: 04:03:28
ip: 127.0.0.0
site: foo.com

theMatch: 04:03:29 127.0.0.0 bar.com
time: 04:03:29
ip: 127.0.0.0
site: bar.com
```

In diesem Beispiel enthält theMatches drei Match-Objekte. Bei jeder Iteration durch die äußere foreach-Schleife finden wir den nächsten Match in der Collection und zeigen seinen Inhalt an:

```
foreach (Match theMatch in theMatches)
```

Für jeden gefundenen Match können Sie entweder die Übereinstimmung insgesamt oder einzelne Gruppen davon oder beides ausgeben.

CaptureCollection verwenden

Jedes Mal wenn ein Regex-Objekt auf einen Teilausdruck passt, wird eine Capture-Instanz erzeugt und einer CaptureCollection-Collection hinzugefügt. Jedes Capture-Objekt stellt eine einzelne Übereinstimmung dar. Jede Gruppe hat ihre eigene Capture-Collection mit den Übereinstimmungen, die der Teilausdruck ergab, der mit dieser Gruppe assoziiert ist.

Eine zentrale Eigenschaft des Capture-Objekts ist length, die Länge des gefundenen Teil-Strings. Wenn Sie die Länge von Match abfragen, rufen Sie eigentlich Capture.Length ab, da Match von Group und diese wiederum von Capture abgeleitet ist.

> Das .NET-Vererbungsschema für reguläre Ausdrücke ermöglicht es Match, in seinem Interface die Methoden und Eigenschaften dieser Elternklassen aufzunehmen. In gewissem Sinne gilt: Group *ist-ein* Capture: nämlich eines, das die Idee kapselt, Teilausdrücke zusammenzufassen. Umgekehrt gilt: Ein Match *ist-eine* Group: Es ist die Kapselung aller Gruppen von Teilausdrücken, aus denen die gesamte Übereinstimmung für diesen regulären Ausdruck besteht. (In Kapitel 5 erfahren Sie mehr über die *Ist-ein*-Beziehung und andere Beziehungen.)

Normalerweise finden Sie zwar nur einen einzigen Capture in einer CaptureCollection, aber zwingend ist dies nicht. Was würde z.B. geschehen, wenn Sie einen String parsen, in dem der Firmenname an einer von zwei Stellen auftreten könnte? Um dies in einer einzigen Übereinstimmung zusammenzufassen, erstellen Sie in Ihrem regulären Ausdrucksmuster die Gruppe ?<firma> an zwei Stellen:

```
Regex theReg = new Regex(@"(?<time>(\d|\:)+)\s" +
@"(?<firma>\S+)\s" +
@"(?<ip>(\d|\.)+)\s" +
@"(?<firma>\S+)\s");
```

Diese reguläre Ausdrucksgruppe findet jeden passenden Zeichen-String, der hinter time steht, sowie jeden passenden Zeichen-String, der hinter ip steht. Mit diesem regulären Ausdruck können Sie nun den folgenden String parsen:

```
string string1 = "04:03:27 Jesse 0.0.0.127 Liberty ";
```

Der String enthält an beiden angegebenen Positionen Namen. Hier ist das Ergebnis:

```
theMatch: 04:03:27 Jesse 0.0.0.127 Liberty
time: 04:03:27
ip: 0.0.0.127
Firma: Liberty
```

Was ist geschehen? Warum erscheint in der Firma-Gruppe Liberty? Wo ist der erste, ebenfalls passende Begriff abgeblieben? Die Antwort lautet, dass der zweite Begriff den ersten überschrieben hat. Die Gruppe hat dennoch beide Begriffe gefunden. Das beweist ihre Captures-Collection, die in Beispiel 10-9 gezeigt wird.

Beispiel 10-9: Die Captures-Collection untersuchen

```
#region Using directives

using System;
using System.Collections.Generic;
using System.Text;
using System.Text.RegularExpressions;

#endregion

namespace CaptureCollection
{
   class Test
   {
      public static void Main( )
      {
         // Der zu parsende String.
         // Beachten Sie, dass an beiden Suchpositionen
         // Namen auftauchen.
         string string1 =
            "04:03:27 Jesse 0.0.0.127 Liberty ";

         // Regulärer Ausdruck, der firma in zwei Gruppen enthält
         Regex theReg = new Regex(@"(?<time>(\d|\:)+)\s" +
            @"(?<firma>\S+)\s" +
            @"(?<ip>(\d|\.)+)\s" +
            @"(?<firma>\S+)\s");
```

```
            // Hole die Collection der Übereinstimmungen
            MatchCollection theMatches =
               theReg.Matches(string1);

            // Durchlaufe die Collection
            foreach (Match theMatch in theMatches)
            {
               if (theMatch.Length != 0)
               {
                  Console.WriteLine("theMatch: {0}",
                     theMatch.ToString( ));
                  Console.WriteLine("time: {0}",
                     theMatch.Groups["time"]);
                  Console.WriteLine("ip: {0}",
                     theMatch.Groups["ip"]);
                  Console.WriteLine("Firma: {0}",
                     theMatch.Groups["firma"]);

                  // Iteriere über der Captures-Collection
                  // in der Firma-Gruppe innerhalb der
                  // Groups-Collection in dem Match
                  foreach (Capture cap in
                     theMatch.Groups["firma"].Captures)
                  {
                     Console.WriteLine("cap: {0}",cap.ToString( ));
                  }
               }
            }
         }
      }
}

Ausgabe:
theMatch: 04:03:27 Jesse 0.0.0.127 Liberty
time: 04:03:27
ip: 0.0.0.127
Firma: Liberty
cap: Jesse
cap: Liberty
```

Der fett gedruckte Code durchläuft die Captures-Collection für die Firma-Gruppe.

```
    foreach (Capture cap in
       theMatch.Groups["firma"].Captures)
```

Schauen wir uns an, wie diese Zeile geparst wird. Zuerst findet der Compiler die Collection, über die er iterieren wird. theMatch ist ein Objekt, das eine Collection namens Groups besitzt. Die Groups-Collection hat einen Indexer, der einen String entgegennimmt und ein einziges Group-Objekt zurückgibt. Somit gibt die folgende Zeile ein einzelnes Group-Objekt zurück:

```
    theMatch.Groups["firma"]
```

Das Group-Objekt hat eine Collection namens Captures. Daher gibt die folgende Zeile eine Captures-Collection für die Group zurück, die im theMatch-Objekt unter Groups["firma"] gespeichert ist:

```
theMatch.Groups["firma"].Captures
```

Die foreach-Schleife durchläuft die Captures-Collection, holt ein Element nach dem anderen heraus und weist es der lokalen Variablen cap zu, die den Typ Capture hat. An der Ausgabe können Sie sehen, dass es zwei Capture-Elemente gibt: Jesse und Liberty. Das zweite überschreibt das erste in der Gruppe, und daher ist der angezeigte Wert einfach nur Liberty. Wenn Sie jedoch die Captures-Collection untersuchen, stellen Sie fest, dass beide Werte gefunden wurden.

KAPITEL 11

Mit Exceptions arbeiten

Auch in C# werden wie in anderen objektorientierten Sprachen Fehler und andere außergewöhnliche Zustände durch *Exceptions* behandelt. Eine Exception ist ein Objekt, das Informationen über ungewöhnliche Programmvorgänge kapselt.

Es ist wichtig, zwischen Bugs, Fehlern und Exceptions zu unterscheiden. Ein *Bug* ist ein Programmierfehler, der behoben werden sollte, ehe der Code ausgeliefert wird. Exceptions sind kein Schutz vor Bugs. Zwar kann ein Bug eine Exception verursachen, aber Sie sollten Ihre Bugs nicht mit Exceptions behandeln, sondern sie beheben.

Ein *Fehler* wird durch eine Anwenderaktion verursacht, z.B. wenn der Benutzer eine Zahl an einer Stelle eingibt, an der ein Buchstabe erwartet wird. Auch ein Fehler kann eine Exception verursachen, aber Sie können das verhindern, indem Sie Fehler mit Validierungscode abfangen. Fehler sollten nach Möglichkeit vorhergesehen und verhindert werden.

Auch wenn Sie alle Bugs entfernen und alle Anwenderfehler vorausahnen, werden Sie trotzdem auf vorhersagbare, aber unvermeidliche Probleme stoßen, z.B. unzureichenden Speicherplatz oder den Versuch, eine Datei zu öffnen, die nicht mehr existiert. Sie können Exceptions nicht verhindern, aber Sie können sie so behandeln, dass sie Ihr Programm nicht zum Abstürzen bringen.

Wenn Ihr Programm auf einen außergewöhnlichen Zustand trifft, z.B. wenn nicht mehr ausreichend Speicher vorhanden ist, *löst* es eine Exception *aus* (oder »verursacht« sie). Wenn eine Exception ausgelöst wird, wird die Ausführung der aktuellen Funktion angehalten, und der Stack wird entladen, bis ein angemessener Exception-Handler gefunden wird.

Das bedeutet, dass die aktuelle Funktion beendet wird und die aufrufende Funktion die Möglichkeit erhält, die Exception zu behandeln, wenn die derzeit laufende Funktion dies nicht macht. Behandelt keine der aufrufenden Funktionen die Exception, wird sie im Endeffekt von der CLR behandelt, wodurch Ihr Programm abrupt beendet wird.

Ein *Exception-Handler* ist ein Codeblock, der entworfen wurde, um eine ausgelöste Exception zu behandeln. Exception-Handler sind als `catch`-Anweisungen implementiert.

Wenn die Exception abgefangen und behandelt wird, kann das Programm im Idealfall das Problem beheben und weitermachen. Auch wenn Ihr Programm nicht weitermachen kann, haben Sie durch das Abfangen der Exception die Möglichkeit, eine aussagekräftige Fehlermeldung auszugeben und das Programm elegant zu beenden.

Gibt es in Ihrer Funktion Code, der auf jeden Fall laufen muss, auch wenn es zu einer Exception kommt (z.B. um Ressourcen freizugeben, die Sie alloziert haben), können Sie diesen Code in einen `finally`-Block setzen, wo er mit Sicherheit ausgeführt wird, auch wenn es zu einer Exception kommt.

Exceptions auslösen und abfangen

In C# können Sie nur Objekte des Typs `System.Exception` oder davon abgeleitete Objekte auslösen. Der CLR-Namensraum `System` umfasst eine Reihe von Exception-Typen, die Ihr Programm benutzen kann. Dazu gehören `ArgumentNullException`, `InvalidCastException` und `OverflowException` sowie viele andere.

> *Hinweis für C++-Programmierer:* In C# kann nicht einfach irgendein Objekt ausgelöst werden – es muss von `System.Exception` abgeleitet sein.

Die throw-Anweisung

Um eine anormale Bedingung in einer C#-Klasse zu signalisieren, lösen Sie eine Exception aus. Dafür verwenden Sie das Schlüsselwort `throw`. Diese Codezeile erzeugt eine neue Instanz von `System.Exception` und löst sie aus:

```
throw new System.Exception( );
```

Durch das Auslösen einer Exception wird die Ausführung sofort angehalten, während die CLR nach einem Exception-Handler sucht. Kann in der aktuellen Methode kein Exception-Handler gefunden werden, entlädt die Laufzeitumgebung den Stack und geht die aufrufenden Methoden durch, bis sie einen Handler findet. Wenn die CLR bis zu `Main()` zurückgeht, ohne einen Handler zu finden, beendet sie das Programm. Beispiel 11-1 veranschaulicht das.

Beispiel 11-1: Eine Exception auslösen

```
namespace Programming_CSharp
{
    using System;

    public class Test
    {
        public static void Main( )
        {
            Console.WriteLine("Betrete Main...");
            Test t = new Test( );
```

Beispiel 11-1: Eine Exception auslösen (Fortsetzung)

```
            t.Func1( );
            Console.WriteLine("Verlasse Main...");

        }

        public void Func1( )
        {
            Console.WriteLine("Betrete Func1...");
            Func2( );
            Console.WriteLine("Verlasse Func1...");
        }

        public void Func2( )
        {
            Console.WriteLine("Betrete Func2...");
            throw new System.Exception( );
            Console.WriteLine("Verlasse Func2...");
        }
    }
}

Ausgabe:
Betrete Main...
Betrete Func1...
Betrete Func2...
```

Wenn Sie dieses Programm im Debug-Modus starten, erscheint ein Hinweis mit der Meldung »Exception was unhandled«, zu sehen in Abbildung 11-1.

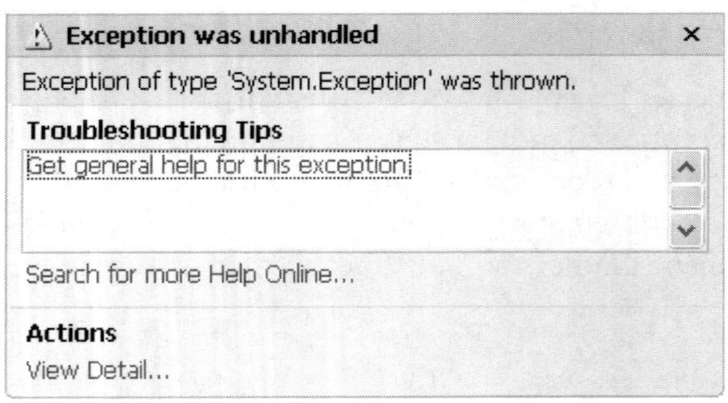

Abbildung 11-1: Unbehandelte Exception

Nachdem Sie auf **View Detail** geklickt haben, sehen Sie die Einzelheiten zu der unbehandelten Exception, wie in Abbildung 11-2 dargestellt.

Dieses einfache Beispiel gibt eine Meldung auf der Konsole aus, wenn es eine Methode betritt oder verlässt. `Main()` erzeugt eine Instanz des Typs `Test` und ruft `Func1()` auf. Nachdem die Nachricht `Betrete Func1` ausgegeben wurde, ruft `Func1()` direkt `Func2()` auf. `Func2()` gibt die erste Nachricht aus und löst ein Objekt des Typs `System.Exception` aus.

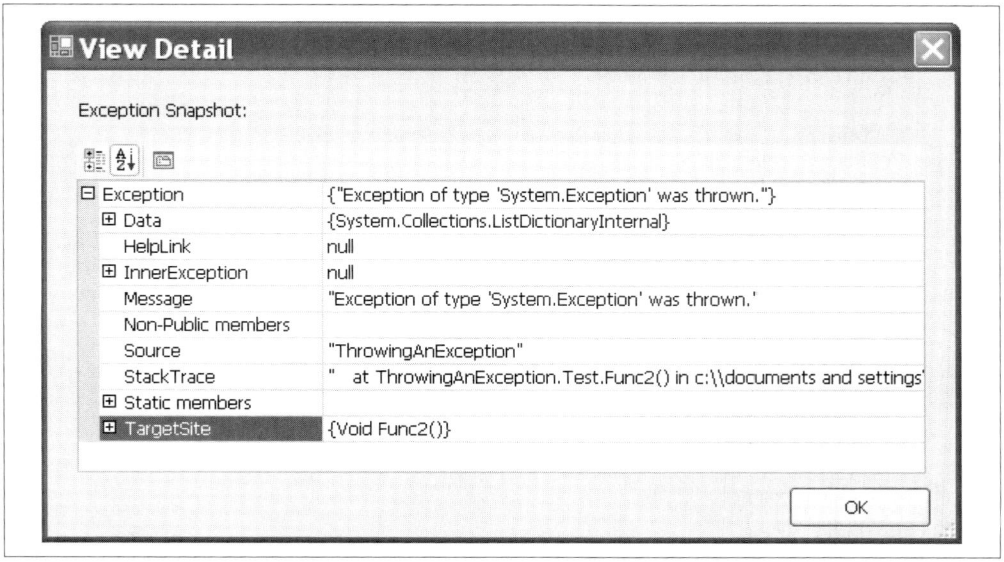

Abbildung 11-2: Einzelheiten zur Exception

Die Ausführung wird sofort angehalten, und die CLR sieht nach, ob es in `Func2()` einen Handler gibt. Weil es keinen gibt, entlädt die Laufzeitumgebung den Stack (wobei sie niemals die `Verlasse`-Anweisung ausgibt) bis zu `Func1()`. Auch dort findet sie keinen Handler. Also entlädt sie den Stack bis zurück zu `Main()`. Da es auch hier keinen Exception-Handler gibt, wird der Standard-Handler aufgerufen, und dieser gibt die Exception-Warnung.

Die catch-Anweisung

In C# wird ein Exception-Handler *catch-Block* genannt und mit dem Schlüsselwort `catch` erzeugt.

In Beispiel 11-2 wird die `throw`-Anweisung innerhalb eines `try`-Blocks ausgeführt. Mit einem `catch`-Block wird angekündigt, dass der Fehler behandelt wurde.

Beispiel 11-2: Eine Exception abfangen

```
#region Using directives

using System;
using System.Collections.Generic;
using System.Text;

#endregion

namespace CatchingAnException
{
    public class Test
```

Beispiel 11-2: Eine Exception abfangen (Fortsetzung)

```
    {
        public static void Main( )
        {
            Console.WriteLine("Betrete Main...");
            Test t = new Test( );
            t.Func1( );
            Console.WriteLine("Verlasse Main...");

        }

        public void Func1( )
        {
            Console.WriteLine("Betrete Func1...");
            Func2( );
            Console.WriteLine("Verlasse Func1...");
        }

        public void Func2( )
        {
            Console.WriteLine("Betrete Func2...");
            try
            {
                Console.WriteLine("Beim Betreten des try-Blocks...");
                throw new System.Exception( );
                Console.WriteLine("Beim Verlassen des try-Blocks...");
            }
            catch
            {
                Console.WriteLine(
                  "Exception abgefangen und behandelt.");
            }
            Console.WriteLine("Verlasse Func2...");
        }
    }
}

Ausgabe:
Betrete Main...
Betrete Func1...
Betrete Func2...
Beim Betreten des try-Blocks...
Exception abgefangen und behandelt.
Verlasse Func2...
Verlasse Func1...
Verlasse Main...
```

Beispiel 11-2 ist mit Beispiel 11-1 fast identisch, wobei allerdings nun das Programm einen `try/catch`-Block enthält. Sie sollten den `try`-Block um eine potenziell »gefährliche« Anweisung setzen, wie z.B. beim Zugriff auf eine Datei, beim Allozieren großer Blöcke im Hauptspeicher usw.

Auf die try-Anweisung folgt eine generische catch-Anweisung. Die catch-Anweisung in Beispiel 11-2 ist generisch, weil Sie nicht angegeben haben, welche Art von Exceptions abgefangen werden sollen. In diesem Fall wird die Anweisung jede Exception abfangen, die ausgelöst wird. Die Verwendung von catch-Anweisungen, um bestimmte Exception-Typen abzufangen, wird weiter unten in diesem Kapitel erläutert.

Korrekturmaßnahmen ergreifen

In Beispiel 11-2 meldet die catch-Anweisung einfach, dass die Exception abgefangen und behandelt wurde. In einem echten Beispiel könnten Sie Korrekturen vornehmen, um das Problem zu beheben, das eine Exception ausgelöst hat. Wenn der Anwender z.B. versucht, eine schreibgeschützte Datei zu öffnen, könnten Sie eine Methode aufrufen, die es dem Anwender erlaubt, die Attribute der Datei zu ändern. Verfügt das Programm nicht mehr über genug Speicher, können Sie dem Anwender die Möglichkeit geben, andere Anwendungen zu schließen. Wenn alles andere fehlschlägt, kann der catch-Block eine Fehlernachricht ausgeben, damit der Anwender weiß, was schief gegangen ist.

Entladung des Aufruf-Stacks

Betrachten Sie die Ausgabe von Beispiel 11-2 etwas näher. Sie sehen, dass der Code Main(), Func1(), Func2() und den try-Block betritt. Sie sehen aber nicht, dass er den try-Block verlässt, obwohl er Func2(), Func1() und Main() verlässt. Was ist geschehen?

Beim Auslösen einer Exception wird die Ausführung sofort angehalten und an den catch-Block übergeben. Sie kehrt *niemals* zum ursprünglichen Codepfad zurück. Sie gelangt niemals zu der Zeile, die die Verlasse-Anweisung für den try-Block ausgibt. Der catch-Block behandelt den Fehler, und dann fällt die Ausführung bis zu dem Code durch, der auf catch folgt.

Ohne catch wird der Aufruf-Stack entladen, aber mit catch wird er als Ergebnis der Exception nicht entladen. Die Exception wird nun behandelt; es gibt keine weiteren Probleme, und die Ausführung des Programms wird fortgesetzt. Dies wird ein wenig deutlicher, wenn Sie die try/catch-Blöcke hinauf zu Func1() verschieben, wie Sie es in Beispiel 11-3 sehen.

Beispiel 11-3: Eine aufrufende Funktion abfangen

```
#region Using directives

using System;
using System.Collections.Generic;
using System.Text;

#endregion

namespace CatchingExceptionInCallingFunc
{
    public class Test
    {
```

Beispiel 11-3: Eine aufrufende Funktion abfangen (Fortsetzung)

```
        public static void Main( )
        {
            Console.WriteLine("Betrete Main...");
            Test t = new Test( );
            t.Func1( );
            Console.WriteLine("Verlasse Main...");

        }

        public void Func1( )
        {
            Console.WriteLine("Betrete Func1...");
            try
            {
                Console.WriteLine("Beim Betreten des try-Blocks...");
                Func2( );
                Console.WriteLine("Beim Verlassen des try-Blocks...");
            }
            catch
            {
                Console.WriteLine(
                   "Exception abgefangen und behandelt.");
            }

            Console.WriteLine("Verlasse Func1...");
        }

        public void Func2( )
        {
            Console.WriteLine("Betrete Func2...");
            throw new System.Exception( );
            Console.WriteLine("Verlasse Func2...");
        }
    }
}

Ausgabe:
Betrete Main...
Betrete Func1...
Beim Betreten des try-Blocks...
Betrete Func2...
Exception abgefangen und behandelt.
Verlasse Func1...
Verlasse Main...
```

Diesmal wird die Exception nicht in `Func2()`, sondern in `Func1()` behandelt. Wenn `Func2()` aufgerufen wird, gibt sie die `Betrete`-Anweisung aus und löst dann eine Exception aus. Die Ausführung wird angehalten, und die Laufzeitumgebung sucht nach einem Handler, aber es gibt keinen. Der Stack wird entladen, und die Laufzeitumgebung findet einen Handler in `Func1()`. Die `catch`-Anweisung wird aufgerufen, und die Ausführung setzt direkt nach der `catch`-Anweisung wieder ein. Sie gibt die `Verlasse`-Anweisung für `Func1()` und dann für `Main()` aus.

Es ist äußerst wichtig, dass Sie verstehen, warum weder `Beim Verlassen des try-Blocks` noch `Verlasse Func2` ausgegeben werden. Dies ist einer der klassischen Fälle, in denen alles ganz klar wird, wenn Sie den Code in einen Debugger laden und ihn Schritt für Schritt durchgehen.

Dedizierte catch-Anweisungen erzeugen

Bisher haben Sie nur mit generischen `catch`-Anweisungen gearbeitet. Sie können jedoch auch dedizierte `catch`-Anweisungen erzeugen, die nur einige Exceptions behandeln und andere nicht, abhängig vom Typ der ausgelösten Exception. Beispiel 11-4 zeigt, wie angegeben wird, welche Exception Sie behandeln möchten.

Beispiel 11-4: Die abzufangende Exception angeben

```
#region Using directives

using System;
using System.Collections.Generic;
using System.Text;

#endregion

namespace SpecifyingCaughtException
{
    public class Test
    {
        public static void Main( )
        {
            Test t = new Test( );
            t.TestFunk( );
        }

        // Versuche, zwei Zahlen zu teilen
        // Behandle mögliche Exceptions
        public void TestFunk( )
        {
            try
            {
                double a = 5;
                double b = 0;
                Console.WriteLine ("{0} / {1} = {2}",
                    a, b, DoDivide(a,b));
            }

            // Der am weitesten abgeleitete Exception-Typ zuerst
            catch (System.DivideByZeroException)
            {
                Console.WriteLine(
                   "DivideByZeroException abgefangen!");
            }
            catch (System.ArithmeticException)
            {
```

Beispiel 11-4: Die abzufangende Exception angeben (Fortsetzung)

```
                Console.WriteLine(
                    "ArithmeticException abgefangen!");
            }

            // Generischer Exception-Typ zuletzt
            catch
            {
                Console.WriteLine(
                    "Unbekannte Exception abgefangen");
            }

        }

        // Führe die Division durch, wenn sie zulässig ist
        public double DoDivide(double a, double b)
        {
            if (b == 0)
                throw new System.DivideByZeroException( );
            if (a == 0)
                throw new System.ArithmeticException( );
            return a/b;
        }
    }
}

Ausgabe:
DivideByZeroException abgefangen!
```

In diesem Beispiel lässt die Methode `DoDivide()` nicht zu, dass Sie null durch eine andere Zahl oder eine andere Zahl durch null teilen. Sie löst eine Instanz von `DivideByZeroException` aus, wenn Sie versuchen, durch null zu teilen. Wenn Sie versuchen, null durch eine andere Zahl zu teilen, gibt es keine angemessene Exception – das Teilen von null durch eine andere Zahl ist eine zulässige mathematische Operation und sollte keine Exception auslösen. Nur für dieses Beispiel nehmen wir an, dass Sie keine Division von null durch eine andere Zahl zulassen möchten. Sie lösen also eine `ArithmeticException` aus.

Wird die Exception ausgelöst, prüft die Laufzeit die Exception-Handler *nacheinander* und wählt den ersten passenden aus. Wenn Sie dies mit `a=5` und `b=7` ausführen, sieht die Ausgabe so aus:

```
5 / 7 = 0.7142857142857143
```

Wie Sie erwartet haben, wird keine Exception ausgelöst. Wenn Sie aber den Wert von `a` in `0` ändern, sieht die Ausgabe folgendermaßen aus:

```
ArithmeticException abgefangen!
```

Die Exception wird ausgelöst, und die Laufzeit untersucht die erste Exception, `DivideByZeroException`. Da diese nicht passt, geht sie zum nächsten Handler, `ArithmeticException`, der zutreffend ist.

Nehmen Sie im letzten Durchgang an, dass Sie a in 7 und b in 0 ändern. Dies verursacht die DivideByZeroException.

> Sie müssen bei der Reihenfolge der catch-Anweisungen besonders vorsichtig sein, da die DivideByZeroException von ArithmeticException abgeleitet ist. Wenn Sie die catch-Anweisungen umkehren, stimmt die DivideByZeroException mit dem ArithmeticException-Handler überein, und die Exception wird niemals zum DivideByZeroException-Handler gelangen. Im Grunde ist es für *jede* Exception unmöglich, den DivideByZeroException-Handler zu erreichen, wenn die Reihenfolge umgekehrt wird. Der Compiler erkennt, dass der DivideByZeroException-Handler nicht erreicht werden kann, und meldet einen Compiler-Fehler!

Es ist möglich, die try/catch-Anweisungen zu verteilen, um einige spezielle Exceptions in einer Funktion abzufangen sowie generischere Exceptions in höheren Aufruffunktionen. Ihre Ziele sollten dabei den genauen Entwurf bestimmen.

Angenommen, Sie haben eine Methode A, die eine andere Methode B aufruft, die wiederum Methode C aufruft. Methode C ruft Methode D auf, die dann Methode E aufruft. Die Methode E befindet sich tief unten in Ihrem Code, die Methoden B und A weiter oben. Wenn Sie erwarten, dass Methode E eine Exception auslösen könnte, sollten Sie einen try/catch-Block tief unten in Ihrem Code erstellen, um diese Exception so nahe wie möglich an dem Ort abzufangen, an dem es zu dem Problem kommt. Sie sollten außerdem weiter oben im Code allgemeinere Exception-Handler erzeugen, falls unerwartete Exceptions durchschlüpfen.

Die finally-Anweisung

In einigen Instanzen kann das Auslösen einer Exception und das Entladen des Stacks zu einem Problem führen. Wenn Sie z.B. eine Datei geöffnet haben oder anderweitig eine Ressource verwenden, benötigen Sie möglicherweise einen Weg, die Datei zu schließen oder den Puffer zu entleeren.

Für den Fall, dass es eine Aktion gibt, die Sie durchführen müssen (egal ob eine Exception ausgelöst wird oder nicht), wie z.B. das Schließen einer Datei, verfügen Sie über zwei Strategien, aus denen Sie wählen können. Eine Möglichkeit ist, die gefährliche Aktion in einen try-Block einzuschließen und die Datei dann sowohl im catch- als auch im try-Block zu schließen. Dies ist aber eine hässliche Duplizierung von Code und sehr anfällig für Fehler. C# bietet im finally-Block eine bessere Alternative.

Der Code im finally-Block wird garantiert ausgeführt, unabhängig davon, ob eine Exception ausgelöst wird.[1] Die Methode TestFunk() in Beispiel 11-5 simuliert als erste Aktion das Öffnen einer Datei. Die Methode führt einige mathematische Operationen

1 Wenn Sie innerhalb eines finally-Blocks eine Exception auslösen, gibt es keine Garantie dafür, dass der finally-Block komplett ausgeführt wird.

durch, dann wird die Datei geschlossen. Es ist möglich, dass irgendwo zwischen dem Öffnen und dem Schließen der Datei eine Exception ausgelöst wird. Ist dies der Fall, wäre es möglich, dass die Datei geöffnet bleibt. Der Entwickler weiß, dass, egal was geschieht, die Datei am Ende dieser Methode geschlossen sein muss, verschiebt also die `file close`-Funktion in einen `finally`-Block, wo sie unabhängig davon ausgeführt wird, ob eine Exception auftritt.

Beispiel 11-5: Die Verwendung eines finally-Blocks

```
#region Using directives

using System;
using System.Collections.Generic;
using System.Text;

#endregion

namespace UsingFinally
{
    public class Test
    {
        public static void Main( )
        {
            Test t = new Test( );
            t.TestFunk( );
        }

        // Versuche, zwei Zahlen zu teilen
        // Behandle mögliche Exceptions
        public void TestFunk( )
        {
            try
            {
                Console.WriteLine("Öffne hier die Datei.");
                double a = 5;
                double b = 0;
                Console.WriteLine ("{0} / {1} = {2}",
                    a, b, DoDivide(a,b));
                Console.WriteLine (
                    "Diese Zeile wird eventuell ausgegeben");
            }

            // Der am weitesten abgeleitete Exception-Typ zuerst
            catch (System.DivideByZeroException)
            {
                Console.WriteLine(
                   "DivideByZeroException abgefangen!");
            }
            catch
            {
                Console.WriteLine("Unbekannte Exception abgefangen");
            }
```

Beispiel 11-5: Die Verwendung eines finally-Blocks (Fortsetzung)

```
            finally
            {
                Console.WriteLine ("Schließe hier die Datei.");
            }
        }

        // Führe die Division durch, wenn sie zulässig ist
        public double DoDivide(double a, double b)
        {
            if (b == 0)
                throw new System.DivideByZeroException( );
            if (a == 0)
                throw new System.ArithmeticException( );
            return a/b;
        }
    }
}

Ausgabe:
Öffne hier die Datei.
DivideByZeroException abgefangen!
Schließe hier die Datei.

Ausgabe wenn b = 12:
Öffne hier die Datei
5 / 12 = 0.416666666666667
Diese Zeile wird eventuell ausgegeben
Schließe hier die Datei.
```

In diesem Beispiel wird einer der `catch`-Blöcke entfernt, um Platz zu sparen, und ein `finally`-Block wird hinzugefügt. Egal ob eine Exception ausgelöst wird oder nicht, der `finally`-Block wird ausgeführt, und daher sehen Sie in beiden Ausgabebeispielen die Nachricht: `Schließe hier die Datei.`

> Ein `finally`-Block kann mit oder ohne `catch`-Blöcke erzeugt werden, aber ein `finally`-Block macht es erforderlich, dass ein `try`-Block ausgeführt wird. Es ist ein Fehler, einen `finally`-Block mit `break`, `continue`, `return` oder `goto` zu beenden.

Exception-Objekte

Bisher haben Sie die Exception als Wächter benutzt – d.h., dass das Vorhandensein einer Exception einen Fehler signalisiert –, aber Sie haben das `Exception`-Objekt selbst noch nicht angerührt oder untersucht. Das Objekt `System.Exception` bietet eine Reihe von nützlichen Methoden und Eigenschaften. Die Eigenschaft `Message` bietet Informationen über die Exception, z.B. warum sie ausgelöst wurde. Die Eigenschaft `Message` ist schreibgeschützt und kann von dem Code, der die Exception auslöst, als Argument an den Exception-Konstruktor übergeben werden.

> *Hinweis für VB6-Programmierer:* In C# müssen Sie vorsichtig sein, wenn Sie Objektvariablen innerhalb derselben Codezeile deklarieren und instantiieren. Wenn die Möglichkeit besteht, dass innerhalb der Konstruktormethode ein Fehler ausgelöst wird, könnten Sie versucht sein, die Variablendeklaration und Instantiierung in einen `try`-Block zu legen. Wenn Sie dies tun, ist aber die Variable nur innerhalb des `try`-Blocks sichtbar und kann weder im `catch`- noch im `finally`-Block referenziert werden. Am besten *deklarieren* Sie die Objektvariable *vor* dem `try`-Block und *instantiieren* sie *innerhalb* des `try`-Blocks.

Die Eigenschaft `HelpLink` stellt einen Link zu der Hilfedatei zur Verfügung, die mit der Exception assoziiert ist. Die Eigenschaft ist les- und schreibbar.

Die Eigenschaft `StackTrace` ist schreibgeschützt und wird von der Laufzeitumgebung gesetzt. In Beispiel 11-6 wird die Eigenschaft `Exception.HelpLink` gesetzt und abgerufen, um dem Anwender Informationen über die `DivideByZeroException` zu liefern. Die `StackTrace`-Eigenschaft der Exception kann einen Stack-Trace für die Anweisung liefern, die den Fehler enthielt. Ein Stack-Trace zeigt den *Call-Stack* an: Dabei handelt es sich um eine Reihe von Methodenaufrufen, die zu der Methode führen, in der die Exception ausgelöst wurde.

Beispiel 11-6: Mit einem Exception-Objekt arbeiten

```
#region Using directives

using System;
using System.Collections.Generic;
using System.Text;

#endregion

namespace ExceptionObject
{
    public class Test
    {
        public static void Main( )
        {
            Test t = new Test( );
            t.TestFunk( );
        }

        // Versuche, zwei Zahlen zu teilen
        // Behandle mögliche Exceptions
        public void TestFunk( )
        {
            try
            {
                Console.WriteLine("Öffne hier die Datei.");
                double a = 12;
                double b = 0;
                Console.WriteLine ("{0} / {1} = {2}",
```

Beispiel 11-6: Mit einem Exception-Objekt arbeiten (Fortsetzung)

```
                    a, b, DoDivide(a,b));
                Console.WriteLine (
                  "Diese Zeile wird eventuell nicht ausgegeben");
            }

            // Der am weitesten abgeleitete Exception-Typ zuerst
            catch (System.DivideByZeroException e)
            {
                Console.WriteLine(
                     "\nDivideByZeroException! Msg: {0}",
                     e.Message);
                Console.WriteLine(
                     "\nHelpLink: {0}", e.HelpLink);
                Console.WriteLine(
                     "\nHier ist ein Stack-Trace: {0}\n",
                     e.StackTrace);
            }
            catch (System.Exception e)
            {
                Console.WriteLine(
                     "Unbekannte Exception abgefangen");
            }
            finally
            {
                Console.WriteLine (
                  "Schließe hier die Datei.");
            }
        }

        // Führe die Division durch, wenn sie zulässig ist
        public double DoDivide(double a, double b)
        {
            if (b == 0)
            {
                DivideByZeroException e =
                  new DivideByZeroException( );
                e.HelpLink =
                  "http://www.libertyassociates.com";
                throw e;
            }
            if (a == 0)
                throw new ArithmeticException( );
            return a/b;
        }
    }
}

Ausgabe:
Öffne hier die Datei.

DivideByZeroException! Msg: Attempted to divide by zero.
```

Beispiel 11-6: Mit einem Exception-Objekt arbeiten (Fortsetzung)

```
HelpLink: http://www.libertyassociates.com

Hier ist ein Stack-Trace:
at Programming_CSharp.Test.DoDivide(Double a, Double b)
 in c:\...exception06.cs:line 56
at Programming_CSharp.Test.TestFunk( )
in...exception06.cs:line 22

Schließe hier die Datei.
```

In der Ausgabe listet der Stack-Trace die Methoden in der umgekehrten Reihenfolge auf, in der sie aufgerufen wurden; das heißt, er zeigt, dass der Fehler in der Methode `DoDivide()` aufgetreten ist, die von `TestFunk()` aufgerufen wurde. Wenn Methoden tief geschachtelt sind, kann die Stack-Überwachung Ihnen helfen, die Reihenfolge der Methodenaufrufe zu verstehen.

In diesem Beispiel erzeugen Sie eine neue Instanz der Exception, anstatt einfach nur eine `DivideByZeroException` auszulösen:

```
DivideByZeroException e = new DivideByZeroException( );
```

Da Sie keine benutzerdefinierte Nachricht übergeben, wird die Standardnachricht ausgegeben:

```
DivideByZeroException! Msg: Attempted to divide by zero.
```

Sie können diese Codezeile verändern, um eine eigene Nachricht zu übergeben:

```
new DivideByZeroException(
  "Sie haben versucht, durch null zu teilen, was nicht zulässig ist");
```

In diesem Fall wird die Ausgabe Ihre eigene Nachricht widerspiegeln:

```
DivideByZeroException! Msg:
Sie haben versucht, durch null zu teilen, was nicht zulässig ist.
```

Setzen Sie die Eigenschaft `HelpLink`, ehe Sie die Exception auslösen:

```
e.HelpLink =  "http://www.libertyassociates.com";
```

Wenn diese Exception abgefangen wird, gibt das Programm die Nachricht und den `HelpLink` aus:

```
catch (System.DivideByZeroException e)
{
    Console.WriteLine("\nDivideByZeroException! Msg: {0}",
        e.Message);
    Console.WriteLine("\nHelpLink: {0}", e.HelpLink);
```

So können Sie dem Anwender nützliche Informationen liefern. Außerdem gibt der Code den `StackTrace` aus, indem er die `StackTrace`-Eigenschaft des Exception-Objekts abruft:

```
Console.WriteLine("\nHier ist ein Stack-Trace: {0}\n",
    e.StackTrace);
```

Die Ausgabe dieses Aufrufs spiegelt einen vollständigen StackTrace wider, der zu dem Punkt führt, an dem die Exception ausgelöst wurde:

```
Hier ist ein Stack-Trace:
at Programming_CSharp.Test.DoDivide(Double a, Double b)
 in c:\...exception06.cs:line 56
at Programming_CSharp.Test.TestFunk( )
in...exception06.cs:line 22
```

Beachten Sie, dass ich die Pfadnamen gekürzt habe. Daher wird die Ausgabe bei Ihnen anders aussehen.

Benutzerdefinierte Exceptions

Die eingebauten Exception-Typen, die die CLR bietet, sind zusammen mit den benutzerdefinierten Nachrichten, die in dem vorherigen Beispiel gezeigt wurden, meist schon alles, was Sie benötigen, um Informationen an einen catch-Block zu liefern, wenn eine Exception ausgelöst wird.

Es wird allerdings vorkommen, dass Sie in Abhängigkeit von der Ursache der Exception unterschiedliche Handler benötigen. Zu diesem Zweck erstellen Sie Ihre eigenen benutzerdefinierten Exception-Typen (und damit können Sie auch spezialisierte Handler verwenden). Ihre benutzerdefinierten Exception-Typen können zusätzliche Informationen oder Fähigkeiten haben, aber häufig besteht der entscheidende Grund für ihre Existenz einfach darin, ein anderer Typ zu sein, damit sich der catch-Block unterscheiden kann.

> Microsoft empfiehlt, niemals ein Exception-Basisobjekt, auch keine ApplicationException, auszulösen; am besten behandelt man diese wie abstrakte Typen.

Eine eigene, *benutzerdefinierte Exception*-Klasse anzulegen ist eine einfache Angelegenheit; die einzige Beschränkung besteht darin, dass sie (direkt oder indirekt) von System.ApplicationException abgeleitet sein muss. Beispiel 11-7 illustriert die Erstellung einer benutzerdefinierten Exception.

Beispiel 11-7: Eine benutzerdefinierte Exception erzeugen

```
#region Using directives

using System;
using System.Collections.Generic;
using System.Text;

#endregion

namespace CustomExceptions
{
   public class MyCustomException :
         System.ApplicationException
```

Beispiel 11-7: Eine benutzerdefinierte Exception erzeugen (Fortsetzung)

```
{
   public MyCustomException(string message):
      base(message)
   {

   }
}

public class Test
{
   public static void Main( )
   {
      Test t = new Test( );
      t.TestFunk( );
   }

   // Versuche, zwei Zahlen zu teilen
   // Behandle mögliche Exceptions
   public void TestFunk( )
   {
      try
      {
         Console.WriteLine("Öffne hier die Datei.");
         double a = 0;
         double b = 5;
         Console.WriteLine ("{0} / {1} = {2}",
            a, b, DoDivide(a,b));
         Console.WriteLine (
            "Diese Zeile wird eventuell ausgegeben");
      }

      // Der am weitesten abgeleitete Exception-Typ zuerst
      catch (System.DivideByZeroException e)
      {
         Console.WriteLine(
            "\nDivideByZeroException! Msg: {0}",
            e.Message);
         Console.WriteLine(
            "\nHelpLink: {0}\n", e.HelpLink);
      }
      catch (MyCustomException e)
      {
         Console.WriteLine(
            "\nMyCustomException! Msg: {0}",
            e.Message);
         Console.WriteLine(
            "\nHelpLink: {0}\n", e.HelpLink);
      }
      catch
      {
         Console.WriteLine(
            "Unbekannte Exception abgefangen");
```

Beispiel 11-7: Eine benutzerdefinierte Exception erzeugen (Fortsetzung)

```
         }
         finally
         {
            Console.WriteLine ("Schließe hier die Datei.");
         }
      }

      // Führe die Division durch, wenn sie zulässig ist
      public double DoDivide(double a, double b)
      {
         if (b == 0)
         {
            DivideByZeroException e =
               new DivideByZeroException( );
            e.HelpLink=
               "http://www.libertyassociates.com";
            throw e;
         }
         if (a == 0)
         {
            MyCustomException e =
               new MyCustomException(
                  "Null ist als Divisor nicht zulässig");
            e.HelpLink =
            "http://www.libertyassociates.com/NoZeroDivisor.htm";
            throw e;
         }
         return a/b;
      }
   }
}
```

MyCustomException ist von System.ApplicationException abgeleitet und besteht nur aus einem Konstruktor, der eine String-message entgegennimmt und an seine Basisklasse weitergibt, wie es in Kapitel 4 beschrieben wird. In diesem Fall besteht der Vorteil der Erzeugung einer benutzerdefinierten Exception-Klasse darin, dass sie den Entwurf der Test-Klasse widerspiegelt, in der es nicht zulässig ist, null als Divisor zu verwenden. Die Verwendung von ArithmeticException statt einer benutzerdefinierten Exception würde auch funktionieren, aber sie kann andere Programmierer verwirren, da ein Null-Divisor normalerweise nicht als arithmetischer Fehler angesehen wird.

Exceptions weiterreichen

Vielleicht möchten Sie, dass Ihr catch-Block anfangs einige Korrekturaktionen durchführt und dann die Exception an einen äußeren try-Block (in einer Aufruffunktion) weitergibt. Er kann die *gleiche* Exception zurückgeben oder eine andere. Wenn er eine andere auslöst, sollte er die ursprüngliche Exception in die neue einschachteln, damit die aufrufende Methode die Exception-History verstehen kann. Die Eigenschaft `InnerException` der neuen Exception ruft die ursprüngliche Exception ab.

> Manche Exceptions haben nur in dem Kontext einen Sinn, in dem sie ausgelöst worden sind. Dies ist zum Beispiel bei der `NullReferenceException` der Fall, die aus fehlerhaften Benutzereingaben resultieren kann. In Situationen, in denen Sie dies nicht durch vorherige Überprüfung der Eingaben antizipieren können, sollten Sie die Exception abfangen und als `ArgumentException` weiterreichen, um dem Aufrufer einen besseren Hinweis auf die Ursache des Problems zu geben.
>
> Unter Umständen kann es eine gute Idee sein, einen Catch-Handler an der Grenze einer Komponente oder einer Designschicht zu platzieren und damit unerwartete Exceptions abzufangen. In diesem Fall könnten Sie eine benutzerdefinierte `InternalErrorException` auslösen, die dem Client-Programm anzeigt, dass irgendetwas innerhalb Ihrer Komponente schief gegangen ist.

Da die `InnerException` auch eine Exception ist, kann sie ebenfalls eine innere Exception haben. Daher kann eine ganze Kette von Exceptions ineinander geschachtelt sein, so wie bei einer Matrjoschka[2] eine Puppe in der anderen enthalten ist. Beispiel 11-8 veranschaulicht das.

Beispiel 11-8: Zurückgeben innerer Exceptions

```
#region Using directives

using System;
using System.Collections.Generic;
using System.Text;

#endregion

namespace RethrowingExceptions
{
   public class MyCustomException : System.ApplicationException
   {
      public MyCustomException(
         string message,Exception inner):
         base(message,inner)
      {

      }
   }

   public class Test
```

2 In früheren Auflagen hatte ich hier auf ineinander geschachtelte ukrainische Puppen verwiesen. Viele Leser schrieben mir, um mir mitzuteilen, dass es sich dabei um *russische* Puppen handele. Die Puppen, die ich meine, heißen korrekt *Matroschka*-Puppen und sind, Hinweisen aus dem Internet zufolge, sowohl in Russland als auch in der Ukraine beheimatet. Interessant am Rande: Es gibt Beweise dafür, dass es geschachtelte Puppen bereits viel früher, und zwar im China des 11. Jahrhunderts, gegeben hat.

Beispiel 11-8: Zurückgeben innerer Exceptions (Fortsetzung)

```
{
   public static void Main()
   {
      Test t = new Test();
      t.TestFunk();
   }

   public void TestFunk()
   {
      try
      {
         DangerousFunc1();
      }

      // Gib die Exception-History aus,
      // wenn du eine benutzerdefinierte Exception abfängst
      catch (MyCustomException e)
      {
         Console.WriteLine("\n{0}", e.Message);
         Console.WriteLine(
            "Rufe Exception-History ab...");
         Exception inner =
            e.InnerException;
         while (inner != null)
         {
            Console.WriteLine(
               "{0}",inner.Message);
            inner =
               inner.InnerException;
         }
      }
   }

   public void DangerousFunc1()
   {
      try
      {
         DangerousFunc2();
      }

      // Löse eine benutzerdefinierte Exception aus,
      // wenn du hier eine Exception abfängst
      catch(System.Exception e)
      {
         MyCustomException ex =
            new MyCustomException(
               "E3 - Benutzerdefinierte Ausnahmesituation!",e);
         throw ex;
      }
   }

   public void DangerousFunc2()
```

Beispiel 11-8: Zurückgeben innerer Exceptions (Fortsetzung)

```
        {
            try
            {
                DangerousFunc3( );
            }

            // Wenn du eine DivideByZeroException abfängst, nimm korrigierende
            // Aktionen vor und löse dann eine allgemeine Exception aus
            catch (System.DivideByZeroException e)
            {
                Exception ex =
                    new Exception(
                        "E2 - Func2 hat Division durch null abgefangen",e);
                throw ex;
            }
        }

        public void DangerousFunc3( )
        {
            try
            {
                DangerousFunc4( );
            }
            catch (System.ArithmeticException)
            {
              Console.WriteLine("Arithmetische Exception in DF3 abgefangen
                          und weitergereicht...");
                throw;
            }

            catch (System.Exception)
            {
                Console.WriteLine(
                    "Exception wurde hier behandelt.");
            }
        }

        public void DangerousFunc4( )
        {
            throw new DivideByZeroException("E1 - Null-Division-Exception");
        }
    }
}

Ausgabe:
E3 - Benutzerdefinierte Ausnahmesituation!
Rufe Exception-History ab...
E2 - Func2 hat Division durch null abgefangen
E1 - Null-Division-Exception
```

Da dieser Code auf das Wesentliche reduziert wurde, wundern Sie sich vielleicht ein wenig über die Ausgabe. Am besten verwenden Sie den Debugger, um den Code Schritt für Schritt durchzugehen und zu sehen, wie er funktioniert.

Rufen Sie zuerst `DangerousFunc1()` in einem `try`-Block auf:

```
try
{
   DangerousFunc1( );
}
```

`DangerousFunc1( )` ruft `DangerousFunc2( )` auf, die `DangerousFunc3( )` aufruft, die wiederum `DangerousFunc4( )` aufruft. Alle diese Aufrufe finden in ihren eigenen `try`-Blöcken statt. Am Ende löst `DangerousFunc4( )` eine `DivideByZeroException` aus. `System.DivideByZeroException` verfügt normalerweise über seine eigene Fehlermeldung, aber Sie können auch eine benutzerdefinierte Nachricht übergeben. Hier wird die benutzerdefinierte Nachricht `E1 – Null-Division-Exception` übergeben, um die Abfolge der Ereignisse leichter durchschaubar zu machen.

Die Exception, die in `DangerousFunc4()` ausgelöst wurde, wird im `catch`-Block in `DangerousFunc3()` abgefangen. Die Logik in `DangerousFunc3()` besagt, dass sie keine Aktion durchführt, wenn eine `ArithmeticException` abgefangen wird (wie z.B. `DivideByZeroException`); sie gibt die Exception einfach zurück:

```
catch (System.ArithmeticException)
{
      Console.WriteLine("Arithmetische Exception in DF3 abgefangen
         und weitergereicht...");
   throw;
}
```

Der Syntax für das Zurückgeben genau der gleichen Exception (ohne sie zu verändern) ist einfach das Wort `throw`.

Die Exception wird daher an `DangerousFunc2()` zurückgegeben, die sie abfängt, einige Korrekturaktionen durchführt und eine neue Exception des Typs `Exception` auslöst. `DangerousFunc2()` übergibt eine benutzerdefinierte Nachricht (`E2 - Func2 hat Division durch null abgefangen`) *und die ursprüngliche Exception* an den Konstruktor zu dieser neuen Exception. Daher wird die ursprüngliche Exception (`E1`) zur `InnerException` für die neue Exception (`E2`). `DangerousFunc2()` löst dann diese neue `E2`-Exception an `DangerousFunc1()` aus.

`DangerousFunc1( )` fängt die Exception ab, führt einige Aufgaben durch und erzeugt eine neue Exception des Typs `MyCustomException`. Sie übergibt einen neuen String (`E3 - Custom Exception Situation!`) sowie die Exception, die sie gerade abgefangen hat (`E2`), an den Konstruktor. Erinnern Sie sich daran, dass die Exception, die sie gerade abgefangen hat, eine `DivideByZeroException (E1)` als ihre innere Exception hat. An diesem Punkt haben Sie eine Exception des Typs `MyCustomException (E3)`, zusammen mit einer inneren Exception des Typs `Exception (E2)`, die wiederum eine innere Exception des Typs

DivideByZeroException (E1) hat. All dies wird dann an die test-Funktion übergeben, wo es abgefangen wird.

Wenn die catch-Funktion läuft, gibt sie diese Nachricht aus:

```
E3 - Benutzerdefinierte Ausnahmesituation!
```

Dann bohrt sie sich durch die Schichten der inneren Exceptions nach unten und gibt ihre Nachrichten aus:

```
while (inner != null)
{
    Console.WriteLine("{0}",inner.Message);
    inner = inner.InnerException;
}
```

Die Ausgabe spiegelt die Kette der Exceptions wider, die ausgelöst und abgefangen wurden:

```
Rufe Exception-History ab...
E2 - Func2 hat Division durch null abgefangen
E1 - Null-Division-Exception
```

Alternativ können Sie bei der Exception ToString() aufrufen:

```
Console.Write(e.ToString());
```

Die Ausgabe gibt den vollständigen Stapel von Nachrichten und die mit ihnen verknüpften Call-Stacks wieder:

```
RethrowingExceptions.MyCustomException: E3 - Benutzerdefinierte Ausnahmesituation!
---> System.Exception: E2 - Func2 hat Division durch null abgefangen --->
System.DivideByZeroException: E1 - Null-Division-Exception
   at RethrowingExceptions.Test.DangerousFunc4() in
c:\rethrowingexceptions\rethrowingexceptions.cs:line 114
   at RethrowingExceptions.Test.DangerousFunc3() in
c:\rethrowingexceptions\rethrowingexceptions.cs:line 102
   at RethrowingExceptions.Test.DangerousFunc2() in
c:\rethrowingexceptions\rethrowingexceptions.cs:line 79
   --- Ende des Stack-Trace der inneren Exception ---
   at RethrowingExceptions.Test.DangerousFunc2() in
c:\rethrowingexceptions\rethrowingexceptions.cs:line 89
   at RethrowingExceptions.Test.DangerousFunc1() in
c:\rethrowingexceptions\rethrowingexceptions.cs:line 61
   --- Ende des Stack-Trace der inneren Exception ---
   at RethrowingExceptions.Test.DangerousFunc1() in
c:\rethrowingexceptions\rethrowingexceptions.cs:line 71
   at RethrowingExceptions.Test.TestFunc() in
c:\rethrowingexceptions\rethrowingexceptions.cs:line 33
```

KAPITEL 12

Delegates und Events

Wenn ein Staatsoberhaupt stirbt, hat der US-Präsident normalerweise keine Zeit, persönlich an dem Begräbnis teilzunehmen. Stattdessen schickt er einen Stellvertreter zu der Beerdigung. Dieser Stellvertreter – oder Delegierte – ist oftmals der Vizepräsident, doch wenn dieser ebenfalls unabkömmlich ist, muss der Präsident noch jemand anders delegieren, vielleicht den Außenminister oder die First Lady. Er möchte seine Zuständigkeit nicht fest auf eine Einzelperson »übertragen«, sondern kann sie jedem verleihen, der in der Lage ist, sich auf internationalem Parkett protokollarisch richtig zu verhalten.

Der Präsident definiert im Voraus, welche Verantwortung delegiert wird (Teilnahme an der Beerdigung), welche Parameter übergeben werden (Beileidsbekundungen und freundliche Worte) und was er dafür zu erhalten hofft (Wohlwollen). Dann bestimmt er eine Person, der diese Verantwortung während der »Laufzeit« seiner Präsidentschaft zugewiesen wird.

Beim Programmieren stehen Sie oft vor Aufgaben, bei denen Sie eine bestimmte Aktion ausführen müssen, aber nicht im Voraus wissen, welche Methode oder welches Objekt Sie aufrufen müssen, um sie zu erledigen. Ein Button mag z.B. wissen, dass er, wenn er angeklickt wird, *irgendein* Objekt benachrichtigen muss, aber vielleicht weiß er nicht, welches oder welche Objekte das sein könnten. Anstatt den Button fest mit einem bestimmten Objekt zu verbinden, verbinden Sie ihn mit einem *Delegate* und lösen dieses dann bei der Programmausführung zu einer bestimmten Methode auf.

In der Steinzeit der Programmierung begann ein Programm mit der Ausführung und durchlief dann alle seine Schritte, bis es abgeschlossen war. Wenn der Benutzer überhaupt beteiligt wurde, so wurde diese Interaktion doch streng gesteuert und beschränkte sich auf das Ausfüllen von Feldern.

Das moderne Modell zur Programmierung grafischer Benutzerschnittstellen (GUI) erfordert einen anderen Ansatz: die *ereignisgesteuerte Programmierung*. Ein modernes Programm bietet dem Benutzer eine Oberfläche und wartet darauf, dass er etwas unternimmt. Er kann diverse Aktionen einleiten, z.B. einen Menübefehl wählen, Buttons anklicken, Textfelder aktualisieren, auf Symbole klicken usw. Durch jede Aktion wird ein Event (Ereignis) ausgelöst. Andere Events können ohne unmittelbare Benutzerinteraktion ausgelöst werden, beispielsweise Timer-Ticks der internen Uhr, der Eingang von E-Mail, der Abschluss von Dateikopieroperationen usw.

Ein Event kapselt den Gedanken, dass »etwas passiert« ist, auf das das Programm antworten muss. Events und Delegates hängen eng zusammen, denn für ein flexibles Event-Handling ist es erforderlich, dass die Antwort auf das Event an den passenden Event-Handler geschickt wird. Ein Event-Handler wird in C# normalerweise als Delegate implementiert.

Delegates werden auch als Callbacks eingesetzt, so dass eine Klasse zu einer anderen sagen kann: »Erledige diese Arbeit und sag mir Bescheid, wenn du fertig bist.«

Delegates

In C# sind Delegates Objekte erster Klasse und werden von der Sprache voll und ganz unterstützt. Technisch gesehen ist ein Delegate ein Referenztyp, der dazu dient, eine Methode mit einer bestimmten Signatur und einem bestimmten Rückgabetyp zu kapseln.[1] Sie können in diesem Delegate jede dazu passende Methode kapseln.

> In C++ und vielen anderen Sprachen können Sie dies bis zu einem gewissen Grad mit Funktionszeigern und Zeigern auf Member-Funktionen erreichen.

Sie erstellen ein Delegate wie im folgenden Beispiel mit dem Schlüsselwort `delegate`, gefolgt von einem Rückgabetyp und der Signatur der Methoden, zu denen es delegiert werden kann:

```
public delegate int WhichIsFirst(object obj1, object obj2);
```

Diese Deklaration definiert das Delegate `WhichIsFirst`, das jede Methode kapseln wird, die zwei Objekte als Parameter entgegennimmt und einen `int` zurückliefert.

Sobald Sie das Delegate definiert haben, können Sie eine Member-Methode mit ihm kapseln, indem Sie das Delegate instantiieren, d.h. ihm eine Methode übergeben, deren Typ und Signatur zu ihm passen. Alternativ können Sie auch die weiter unten beschriebenen anonymen Methoden verwenden. In beiden Fällen kann das Delegate dazu verwendet werden, diese gekapselte Methode aufzurufen.

Mit Delegates Methoden zur Laufzeit angeben

Durch Delegates wird die Klasse, die das Delegate deklariert, von der Klasse, die das Delegate verwendet, *entkoppelt*. Angenommen, Sie möchten z.B. eine einfache generische Container-Klasse namens `Pair` erstellen, die zwei ihr übergebene Objekte speichern und sortieren kann. Sie wissen zwar im Voraus nicht, welche Art von Objekten ein `Pair` ent-

1 Wenn es sich dabei um eine Instanzmethode handelt, kapselt das Delegate auch das Zielobjekt.

halten wird, aber indem Sie innerhalb dieser Objekte Methoden anlegen, an die die Sortieraufgabe delegiert werden kann, delegieren Sie die Zuständigkeit für die Reihenfolge an die Objekte selbst.

Verschiedene Objekte werden sich unterschiedlich sortieren: ein `Pair` von `Counter`-Objekten beispielsweise numerisch und ein `Pair` von `Buttons` alphabetisch nach Namen. Als Autor der Klasse `Pair` möchten Sie, dass die Objekte in dem Paar selbst wissen, welches das erste und welches das zweite sein sollte. Dazu müssen Sie veranlassen, dass die in `Pair` gespeicherten Objekte eine Methode haben, die aussagt, wie diese Objekte zu sortieren sind.

Sie können solche Anforderungen auch mit Hilfe von Interfaces definieren. Delegates sind jedoch kleiner und feinkörniger als Interfaces. Die Klasse `Pair` muss nicht das gesamte Interface implementieren, sie muss lediglich die Signatur und den Rückgabetyp der aufzurufenden Methode definieren. Genau diesem Zweck dienen Delegates: Sie definieren den Rückgabetyp und die Signatur von Methoden, die durch das Interface aufgerufen werden können.

In diesem Fall deklariert die Klasse `Pair` ein Delegate mit dem Namen `WhichIsFirst`. Wenn das `Pair` wissen muss, wie seine Objekte zu sortieren sind, ruft es es das Delegate auf und übergibt ihm seine beiden Member-Objekte als Parameter. Die Verantwortlichkeit für die Entscheidung, welches der beiden Objekte zuerst kommt, wird an die durch das Delegate gekapselte Methode delegiert:

```
public delegate Comparison
    WhichIsFirst( T obj1, T obj2 )
```

Hier ist `WhichIsFirst` so definiert, dass es eine Methode mit zwei Parametern kapselt und ein Objekt des Typs `Comparison` liefert. `Comparison` entpuppt sich als eine von Ihnen zu definierende Enumeration:

```
public enum Comparison
{
   theFirstComesFirst = 1,
   theSecondComesFirst = 2
}
```

Um das Delegate zu testen, erstellen Sie zwei Klassen: `Dog` und `Student`. Beide haben wenig gemeinsam, außer der Tatsache, dass sie beide Methoden implementieren, die von `WhichIsFirst` gekapselt werden können. Daher eignen sich sowohl `Dog`- als auch `Student`-Objekte für die Speicherung in `Pair`-Objekten.

Im Testprogramm erzeugen Sie zwei `Student`- und zwei `Dog`-Objekte und speichern jeweils zwei in einem `Pair`. Dann erzeugen Sie Instanzen von `WhichIsFirst`, mit denen Sie deren jeweilige Methoden kapseln, mit denen Sie festlegen, welches `Student`-Objekt oder welches `Dog`-Objekt das erste und welches das zweite sein soll. Dies wollen wir uns Schritt für Schritt anschauen.

Als Erstes erstellen Sie einen `Pair`-Konstruktor, der zwei Objekte entgegennimmt und in einem privaten Array speichert.

```
public Pair(
    T firstObject,
    T secondObject )
{
   thePair[0] = firstObject;
   thePair[1] = secondObject;
}
```

Danach überschreiben Sie `ToString( )`, um den String-Wert der beiden Objekte zu erhalten:

```
public override string ToString( )
{
    return thePair [0].ToString( ) + ", " + thePair[1].ToString( );
}
```

Nun haben Sie zwei Objekte in Ihrem `Pair` und können deren Werte ausgeben. Sie sind bereit, die Objekte zu sortieren und die Sortierergebnisse ebenfalls auszugeben. Da Sie nicht im Voraus wissen, welche Art von Objekten Sie haben werden, delegieren Sie die Entscheidung über die Reihenfolge der Objekte im sortierten `Pair` an die Objekte selbst.

Beide Klassen, `Dog` und `Student`, implementieren Methoden, die durch `WhichIsFirst` gekapselt werden können. Jede Methode, die zwei Objekte entgegennimmt und eine `Comparison` zurückgibt, kann zur Laufzeit von diesem Delegate gekapselt sein.

Nun können Sie die `Sort()`-Methode für die Klasse `Pair` definieren:

```
public void Sort(WhichIsFirst theDelegatedFunc)
{
   if (theDelegatedFunc(thePair[0],thePair[1]) ==
      Comparison.theSecondComesFirst)
   {
      T temp = thePair[0];
      thePair[0] = thePair[1];
      thePair[1] = temp;
   }
}
```

Diese Methode nimmt als Parameter ein Delegate vom Typ `WhichIsFirst` namens `theDelegatedFunc` entgegen. Die `Sort( )`-Methode delegiert die Entscheidung, welches der beiden Objekte im `Pair` an erster Stelle kommt, an die von diesem Delegate gekapselte Methode. Im Rumpf der `Sort( )`-Methode ruft sie die delegierte Methode auf und untersucht den Rückgabewert, der einer der beiden Enumerationswerte von `Comparison` ist.

Wenn der Rückgabewert `theSecondComesFirst` ist, werden die Objekte im Paar vertauscht; andernfalls wird gar nichts unternommen.

Dies ist analog zur Funktionsweise der anderen Parameter. Wenn Sie eine Methode hätten, die einen `int` als Parameter entgegennimmt:

```
int SomeMethod (int myParam){//...}
```

ist der Parametername zwar `myParam`, aber Sie können ihm jeden `int`-Wert oder jede `int`-Variable übergeben. Ebenso ist der Name des Parameters im Delegate-Beispiel zwar `the-`

DelegatedFunc, aber Sie können ihm jede Methode übergeben, deren Rückgabewert und Signatur zu den Vorgaben des Delegate WhichIsFirst passt.

Stellen Sie sich vor, Sie sortieren Studenten nach Namen. Sie schreiben eine Methode, die theFirstComesFirst zurückgibt, wenn der Name des ersten Studenten an erster Stelle kommt, und theSecondComesFirst, wenn der Name des zweiten Studenten an erster Stelle kommt. Wenn Sie »Amy, Beth« übergeben, gibt die Methode theFirstComesFirst zurück, und wenn Sie »Beth, Amy« übergeben, gibt die Methode theSecondComesFirst zurück. Ist der Rückgabewert theSecondComesFirst, kehrt die Sort()-Methode die Elemente im Array um und setzt Amy an die erste, Beth hingegen an die zweite Stelle.

Fügen Sie nun die weitere Methode ReverseSort() hinzu, die die Elemente des Arrays in eine umgekehrte Reihenfolge bringt:

```
public void ReverseSort(WhichIsFirst theDelegatedFunc)
{
    if (theDelegatedFunc(thePair[0], thePair[1]) ==
            Comparison.theFirstComesFirst)
    {
        T temp = thePair[0];
        thePair[0] = thePair[1];
        thePair[1] = temp;
    }
}
```

Die Methode hat die gleiche Logik wie Sort( ), nur dass sie den Umtausch vornimmt, wenn die delegierte Methode sagt, dass das erste Element zuerst kommt. Da die delegierte Funktion annimmt, dass das erste Element zuerst kommt, und da dies hier eine umgekehrte Sortierung werden soll, bezwecken Sie also nunmehr, dass das zweite Element zuerst kommt. Wenn Sie diesmal »Amy, Beth« übergeben, gibt die delegierte Funktion theFirstComesFirst zurück (d.h., Amy sollte an erster Stelle kommen). Da es sich hier jedoch um eine *umgekehrte* Sortierung handelt, werden die Werte vertauscht, und Beth wird an die erste Stelle gesetzt. So können Sie die gleiche delegierte Funktion verwenden wie in Sort(), ohne die Objekte zu zwingen, eine Funktion zu unterstützen, die den in umgekehrter Reihenfolge sortierten Wert zurückgibt.

Nun benötigen Sie nur noch zwei Objekte zum Sortieren. Dazu erzeugen Sie zwei ganz simple Klassen: Student und Dog. Den Student-Objekten weisen Sie bei der Erzeugung einen Namen zu:

```
public class Student
{
    public Student(string name)
    {
        this.name = name;
    }
```

Die Student-Klasse benötigt zwei Methoden: eine, um ToString( ) zu überschreiben, und eine andere, die als die delegierte Methode gekapselt wird.

Student muss ToString( ) überschreiben, damit die ToString( )-Methode in Pair, die ToString( ) auf den enthaltenen Objekten aufruft, korrekt funktioniert. Die Implementierung gibt lediglich den Namen des Studenten zurück (der Name ist ja bereits ein String-Objekt):

```
public override string ToString()
{
     return name;
}
```

Sie muss auch eine Methode implementieren, an die Pair.Sort( ) die Entscheidung darüber delegieren kann, welches Objekt an erster Stelle kommt:

```
return (String.Compare(s1.name, s2.name) < 0 ?
   Comparison.theFirstComesFirst :
   Comparison.theSecondComesFirst);
```

String.Compare() ist eine .NET Framework-Methode der String-Klasse, die zwei Strings vergleicht und einen Wert kleiner null zurückgibt, wenn der erste kleiner als der zweite ist, einen Wert größer null, wenn der erste größer als der zweite ist, und null, wenn beide Werte gleich sind. Diese Methode wurde in Kapitel 10 genauer beschrieben. Beachten Sie, dass die hier vorgestellte Logik theFirstComesFirst nur zurückgibt, wenn der erste String größer ist. Wenn beide gleich sind oder der zweite größer ist, gibt diese Methode theSecondComesFirst zurück.

Beachten Sie, dass die Methode WhichStudentComesFirst( ) zwei Objekte als Parameter entgegennimmt und eine Comparison zurückgibt. Damit qualifiziert sie sich als delegierte Methode für Pair.WhichIsFirst, denn ihre Signatur und ihr Rückgabewert sind die richtigen. Die zweite Klasse ist Dog. Für unsere Zwecke werden Dog-Objekte nach Gewicht sortiert: Die leichteren Hunde kommen vor den schwereren. Hier sehen Sie die vollständige Deklaration von Dog:

```
public class Dog
{
    public Dog(int weight)
    {
        this.weight=weight;
    }

    // Hunde werden nach Gewicht geordnet
    public static Comparison WhichDogComesFirst(
         Object o1, Object o2)
    {
        Dog d1 = (Dog) o1;
        Dog d2 = (Dog) o2;
        return d1.weight > d2.weight ?
          Comparison.theSecondComesFirst :
            Comparison.theFirstComesFirst;
    }
    public override string ToString( )
    {
        return weight.ToString( );
```

```
        }
        private int weight;
    }
```

Die Klasse `Dog` überschreibt auch `ToString` und implementiert eine statische Methode, deren Signatur auf das Delegate passt. Außerdem haben die Delegate-Methoden von `Dog` und `Student` unterschiedliche Namen. Es ist auch nicht nötig, dass sie den gleichen haben, da sie dem Delegate dynamisch zur Laufzeit zugewiesen werden.

> Sie können Ihren delegierten Methoden beliebige Namen geben, aber wenn Sie parallel gelagerte Namen wählen (z.B. `WhichStudentComesFirst` und `WhichDogComesFirst`), kann man den Code leichter verstehen, lesen und pflegen.

Beispiel 12-1 ist das vollständige Programm: Es zeigt, wie die Delegate-Methoden aufgerufen werden.

Beispiel 12-1: Die Arbeit mit Delegates

```
#region Using directives

using System;
using System.Collections.Generic;
using System.Text;

#endregion

namespace Delegates
{
   public enum Comparison
   {
      theFirstComesFirst = 1,
      theSecondComesFirst = 2
   }

   // Eine einfache Collection für zwei Elemente
   public class Pair<T>
   {

      // Privates Array für die beiden Objekte
      private T[] thePair = new T[2];

      // Die Deklaration des Delegate
      public delegate Comparison
          WhichIsFirst( T obj1, T obj2 );

      // Konstruktor übernimmt zwei Objekte und
      // fügt sie in der angegebenen Reihenfolge hinzu
      public Pair(
          T firstObject,
          T secondObject )
      {
```

Beispiel 12-1: Die Arbeit mit Delegates (Fortsetzung)

```
         thePair[0] = firstObject;
         thePair[1] = secondObject;
      }

      // Öffentliche Methode zum Sortieren der beiden Objekte
      // nach beliebigen Kriterien!
      public void Sort(
          WhichIsFirst theDelegatedFunc )
      {
         if ( theDelegatedFunc( thePair[0], thePair[1] )
             == Comparison.theSecondComesFirst )
         {
            T temp = thePair[0];
            thePair[0] = thePair[1];
            thePair[1] = temp;
         }
      }

      // Öffentliche Methode zum umgekehrten Sortieren
      // der beiden Objekte nach beliebigen Kriterien!
      public void ReverseSort(
          WhichIsFirst theDelegatedFunc )
      {
         if ( theDelegatedFunc( thePair[0], thePair[1] ) ==
             Comparison.theFirstComesFirst )
         {
            T temp = thePair[0];
            thePair[0] = thePair[1];
            thePair[1] = temp;
         }
      }

      // Die beiden Objekte nach ihren String-Werten fragen
      public override string ToString()
      {
         return thePair[0].ToString() + ", "
             + thePair[1].ToString();
      }
   }        // Ende der Klasse Pair

   public class Dog
   {
      private int weight;

      public Dog( int weight )
      {
         this.weight = weight;
      }

      // Hunde werden nach Gewicht sortiert
      public static Comparison WhichDogComesFirst(
          Dog d1, Dog d2 )
```

Beispiel 12-1: Die Arbeit mit Delegates (Fortsetzung)

```
      {
         return d1.weight > d2.weight ?
             Comparison.theSecondComesFirst :
             Comparison.theFirstComesFirst;
      }
      public override string ToString()
      {
         return weight.ToString();
      }
   }        // Ende der Klasse Dog

   public class Student
   {
      private string name;

      public Student( string name )
      {
         this.name = name;
      }

      // Studenten werden alphabetisch sortiert
      public static Comparison
          WhichStudentComesFirst( Student s1, Student s2 )
      {
         return ( String.Compare( s1.name, s2.name ) < 0 ?
             Comparison.theFirstComesFirst :
             Comparison.theSecondComesFirst );
      }

      public override string ToString()
      {
         return name;
      }
   }        // Ende der Klasse Student

   public class Test
   {
      public static void Main()
      {
         // Erzeuge zwei Studenten und zwei Hunde
         // und füge sie Pair-Objekten hinzu
         Student Jesse = new Student( "Jesse" );
         Student Stacey = new Student( "Stacey" );
         Dog Milo = new Dog( 65 );
         Dog Fred = new Dog( 12 );

         Pair<Student> studentPair = new Pair<Student>( Jesse, Stacey );
         Pair<Dog> dogPair = new Pair<Dog>( Milo, Fred );
         Console.WriteLine( "studentPair\t\t\t: {0}",
             studentPair.ToString() );
         Console.WriteLine( "dogPair\t\t\t\t: {0}",
             dogPair.ToString() );
```

Beispiel 12-1: Die Arbeit mit Delegates (Fortsetzung)

```
            // Die Delegates instantiieren
            Pair<Student>.WhichIsFirst theStudentDelegate =
                new Pair<Student>.WhichIsFirst(
                Student.WhichStudentComesFirst );

            Pair<Dog>.WhichIsFirst theDogDelegate =
                new Pair<Dog>.WhichIsFirst(
                Dog.WhichDogComesFirst );

            // Mit Hilfe der Delegates sortieren
            studentPair.Sort( theStudentDelegate );
            Console.WriteLine( "Nach Sort von studentPair\t\t: {0}",
                studentPair.ToString() );
            studentPair.ReverseSort( theStudentDelegate );
            Console.WriteLine( "Nach ReverseSort von studentPair\t: {0}",
                studentPair.ToString() );

            dogPair.Sort( theDogDelegate );
            Console.WriteLine( "Nach Sort von dogPair\t\t: {0}",
                dogPair.ToString() );
            dogPair.ReverseSort( theDogDelegate );
            Console.WriteLine( "Nach ReverseSort von dogPair\t: {0}",
                dogPair.ToString() );
        }
    }
}

Ausgabe:
studentPair                         : Jesse, Stacey
dogPair                             : 65, 12
Nach Sort von studentPair           : Jesse, Stacey
Nach ReverseSort von studentPair    : Stacey, Jesse
Nach Sort von dogPair               : 12, 65
Nach ReverseSort von dogPair        : 65, 12
```

Das Test-Programm erzeugt zwei Student-Objekte und zwei Dog-Objekte und fügt sie zu Pair-Containern hinzu. Der Student-Konstruktor nimmt einen String mit dem Namen des Studenten und der Dog-Konstruktor einen int mit dem Gewicht des Hundes entgegen.

```
Student Jesse = new Student("Jesse");
Student Stacey = new Student ("Stacey");
Dog Milo = new Dog(65);
Dog Fred = new Dog(12);

Pair<Student> studentPair = new Pair<Student>( Jesse, Stacey );
Pair<Dog> dogPair = new Pair<Dog>( Milo, Fred );
Console.WriteLine( "studentPair\t\t\t: {0}",
    studentPair.ToString() );
Console.WriteLine( "dogPair\t\t\t\t: {0}",
    dogPair.ToString() );
```

Dann wird der Inhalt der beiden Pair-Container ausgegeben, um die Reihenfolge der Objekte zu sehen:

```
studentPair          : Jesse, Stacey
dogPair              : 65, 12
```

Die Objekte stehen erwartungsgemäß in der Reihenfolge, in der sie zu den Pair-Containern hinzugefügt wurden. Als Nächstes instantiieren wir zwei Delegate-Objekte:

```
Pair<Student>.WhichIsFirst theStudentDelegate =
    new Pair<Student>.WhichIsFirst(
    Student.WhichStudentComesFirst );

Pair<Dog>.WhichIsFirst theDogDelegate =
    new Pair<Dog>.WhichIsFirst(
    Dog.WhichDogComesFirst );
```

Das erste Delegate, theStudentDelegate, erzeugen Sie, indem Sie ihm die entsprechende statische Methode aus der Klasse Student übergeben. Dem zweiten Delegate, theDogDelegate, übergeben Sie eine statische Methode aus der Klasse Dog.

Nun sind die Delegates Objekte, die Sie an Methoden übergeben können. Als Erstes übergeben Sie die Delegates der Sort()-Methode des Pair-Objekts und dann der ReverseSort()-Methode. Die Ergebnisse werden auf der Konsole ausgegeben:

```
Nach Sort studentPair          : Jesse, Stacey
Nach ReverseSort studentPair   : Stacey, Jesse
Nach Sort dogPair              : 12, 65
Nach ReverseSort dogPair       : 65, 12
```

Delegates und Instanzmethoden

In Beispiel 12-1 werden durch die Delegates statische Methoden folgendermaßen gekapselt:

```
public static Comparison
    WhichStudentComesFirst(Student s1, Student s2)
```

Dann wird das Delegate instantiiert, wobei keine Instanz, sondern eine Klasse benutzt wird:

```
Pair<Student>.WhichIsFirst  theStudentDelegate =
    new Pair.WhichIsFirst(
    Student.WhichStudentComesFirst);
```

Ebenso einfach können Sie auch Instanzmethoden kapseln:

```
public Comparison
    WhichStudentComesFirst(Student s1, Student s2)
```

In diesem Fall instantiieren Sie das Delegate, indem Sie ihm die Instanzmethode als Aufruf über eine Instanz der Klasse übergeben und nicht durch die Klasse selbst:

```
Pair<Student>.WhichIsFirst  theStudentDelegate =
    new Pair<Student>.WhichIsFirst(
    Jesse.WhichStudentComesFirst);
```

Statische Delegates

Beispiel 12-1 hat den Nachteil, dass es die aufrufende Klasse – in diesem Fall Test – dazu zwingt, die benötigten Delegates zu instantiieren, um die Objekte in einem Pair sortieren zu können. Es wäre doch schön, wenn man das Delegate aus der Klasse Student oder Dog beschaffen könnte. Dies können Sie tun, indem Sie jeder Klasse ein eigenes statisches Delegate geben. Sie können also Student modifizieren, indem Sie Folgendes hinzufügen:

```
public static readonly Pair<Student>.WhichIsFirst OrderStudents =
   new Pair<Student>.WhichIsFirst(Student.WhichStudentComesFirst);
```

Dies erzeugt ein statisches readonly-Delegate namens OrderStudents.

> Indem Sie OrderStudents als readonly markieren, legen Sie fest, dass dieses statische Feld nach seiner Erzeugung nicht mehr modifiziert werden kann.

Ein ähnliches Delegate können Sie in der Dog-Klasse anlegen:

```
public static readonly Pair<Dog>.WhichIsFirst OrderDogs =
    new Pair<Dog>.WhichIsFirst(Dog. WhichDogComesFirst);
```

Diese Delegates sind nun statische Felder ihrer jeweiligen Klassen. Jedes ist schon vorab mit der passenden Methode in der Klasse verbunden. Sie können Delegates aufrufen, ohne eine lokale Instanz des Delegate zu deklarieren, indem Sie einfach das statische Delegate der Klasse übergeben:

```
studentPair.Sort(Student.OrderStudents);
Console.WriteLine("Nach Sort studentPair\t\t: {0}",
   studentPair.ToString( ));
studentPair.ReverseSort(Student.OrderStudents);
Console.WriteLine("Nach ReverseSort studentPair\t: {0}",
   studentPair.ToString( ));

dogPair.Sort(Dog.OrderDogs);
Console.WriteLine("Nach Sort dogPair\t\t: {0}",
   dogPair.ToString( ));
dogPair.ReverseSort(Dog.OrderDogs);
Console.WriteLine("Nach ReverseSort dogPair\t: {0}",
   dogPair.ToString( ));
```

Die Ausgabe ist nach diesen Änderungen noch die gleiche wie in Beispiel 12-1.

Delegates als Eigenschaften

Das Problem mit den statischen Delegates ist, dass sie – egal ob sie benutzt werden oder nicht – instantiiert werden müssen (wie auch Student und Dog in Beispiel 12-1). Wenn Sie hunderte von Delegates anlegen möchten, können Sie die Implementierung der Felder mit statischen Delegates als Eigenschaften in Erwägung ziehen.

In Student entfernen Sie folgende Deklaration:

```
public static readonly Pair<Student>.WhichIsFirst OrderStudents =
   new Pair<Student>.WhichIsFirst(Student.WhichStudentComesFirst);
```

und ersetzen Sie durch diese:

```
public static Pair<Student>.WhichIsFirst OrderStudents
{
    get
    {
        return new Pair<Student>.WhichIsFirst(WhichStudentComesFirst);
    }
}
```

Ebenso ersetzen Sie das statische Feld Dog durch:

```
public static Pair<Dog>.WhichIsFirst OrderDogs
{
    get
    {
        return new Pair<Dog>.WhichIsFirst(WhichDogComesFirst);
    }
}
```

Die Zuweisung der Delegates bleibt unverändert:

```
studentPair.Sort(Student.OrderStudents);
dogPair.Sort(Dog.OrderDogs);
```

Wenn Sie auf die Eigenschaft OrderStudents zugreifen, wird das Delegate erzeugt:

```
return new Pair.WhichIsFirst(WhichStudentComesFirst);
```

Der Hauptvorteil dabei ist, dass das Delegate erst erzeugt wird, wenn es benötigt wird. So kann die Klasse selbst entscheiden, wann sie ein Delegate benötigt, während nach wie vor die Klasse Student (oder Dog) für die Einzelheiten der Delegate-Erzeugung zuständig ist.

Multicasting

Manchmal benötigen Sie *Multicasting*: die Fähigkeit, zwei (oder mehrere) implementierende Methoden über ein einziges Delegate aufzurufen. Das wird besonders wichtig, wenn Sie Events behandeln (siehe weiter unten in diesem Kapitel).

Das Ziel dabei ist, dass ein einziges Delegate mehr als eine Methode aufruft. Wenn z.B. ein Button angeklickt wird, möchten Sie unter Umständen mehr als eine Aktion ausführen.

Zwei Delegates können mit dem Additionsoperator (+) kombiniert werden. Das Ergebnis ist ein neues Multicast-Delegate, das beide ursprünglichen implementierenden Methoden aufruft. Wenn wir z.B. annehmen, Writer und Logger seien Delegates, kombiniert die folgende Zeile sie zu einem neuen Multicast-Delegate namens myMulticastDelegate:

```
myMulticastDelegate = Writer + Logger;
```

Mit dem Operator Plus-Gleich (+=) können Sie einem Multicast-Delegate Delegates hinzufügen. Dieser Operator fügt die Delegates auf seiner Rechten dem Multicast-Delegate auf seiner Linken zu. Wenn wir z.B. annehmen, Transmitter und myMulticastDelegate seien Delegates, wird Transmitter mit der folgenden Zeile zu myMulticastDelegate hinzugefügt:

```
myMulticastDelegate += Transmitter;
```

Um die Erzeugung und Verwendung von Multicast-Delegates zu betrachten, gehen Sie am besten ein komplettes Beispiel durch. In Beispiel 12-2 erzeugen Sie die Klasse MyClassWithDelegate, die ein Delegate definiert, das einen String als Parameter entgegennimmt und void zurückgibt:

```
public delegate void StringDelegate(string s);
```

Dann definieren Sie die Klasse MyImplementingClass mit drei Methoden, die alle void zurückgeben und jeweils einen String als Parameter entgegennehmen: WriteString, LogString und TransmitString. Die erste schreibt den String in die Standardausgabe, die zweite simuliert das Schreiben in eine Log-Datei, und die dritte simuliert eine Übertragung über das Internet. Sie instantiieren die Delegates, um die entsprechenden Methoden aufzurufen:

```
Writer("String wurde an Writer übergeben\n");
Logger("String wurde an Logger übergeben\n");
Transmitter("String wurde an Transmitter übergeben\n");
```

Um die Kombination von Delegates zu sehen, erzeugen Sie eine neue delegate-Instanz:

```
MyClassWithDelegate.StringDelegate myMulticastDelegate;
```

Diese weisen Sie dem Ergebnis zu, das Sie erhalten, wenn Sie zwei vorhandene Delegates »addieren«:

```
myMulticastDelegate = Writer + Logger;
```

Dazu addieren Sie mit dem Operator += noch ein Delegate:

```
myMulticastDelegate += Transmitter;
```

Zum Schluss entfernen Sie mit dem Operator -= selektiv Delegates:

```
myMulticastDelegate -= Logger;
```

Beispiel 12-2 zeigt, wie man auf diese Weise zwei Delegates kombiniert.

Beispiel 12-2: Delegates kombinieren

```
#region Using directives

using System;
using System.Collections.Generic;
using System.Text;

#endregion

namespace MulticastDelegates
```

Beispiel 12-2: Delegates kombinieren (Fortsetzung)

```
{
   public class MyClassWithDelegate
   {
      // Die Delegate-Deklaration
      public delegate void StringDelegate(string s);

   }

   public class MyImplementingClass
   {
      public static void WriteString(string s)
      {
         Console.WriteLine("Schreibe String {0}", s);
      }

      public static void LogString(string s)
      {
         Console.WriteLine("Logge String {0}", s);
      }

      public static void TransmitString(string s)
      {
         Console.WriteLine("Übertrage String {0}", s);
      }

   }

   public class Test
   {
      public static void Main( )
      {
         // Definiere drei StringDelegate-Objekte
         MyClassWithDelegate.StringDelegate
            Writer, Logger, Transmitter;

         // Definiere ein weiteres StringDelegate,
         // das als Multicast-Delegate dient
         MyClassWithDelegate.StringDelegate
            myMulticastDelegate;

         // Instantiiere die ersten drei Delegates
         // und übergib ihnen die zu kapselnden Methoden
         Writer = new MyClassWithDelegate.StringDelegate(
            MyImplementingClass.WriteString);
         Logger = new MyClassWithDelegate.StringDelegate(
            MyImplementingClass.LogString);
         Transmitter =
            new MyClassWithDelegate.StringDelegate(
            MyImplementingClass.TransmitString);

         // Rufe die Delegate-Writer auf
         Writer("String wurde an Writer übergeben\n");
```

Beispiel 12-2: Delegates kombinieren (Fortsetzung)

```
            // Rufe die Delegate-Logger auf
            Logger("String wurde an Logger übergeben\n");

            // Rufe die Delegate-Transmitter auf
            Transmitter("String wurde an Transmitter übergeben\n");

            // Teile dem Benutzer mit, dass zwei Delegates jetzt zu einem
            //  Multicast-Delegate kombiniert werden
            Console.WriteLine(
               "myMulticastDelegate = Writer + Logger");

            // Kombiniere die beiden Delegates; das Ergebnis wird
            // myMulticastDelegate zugewiesen
            myMulticastDelegate = Writer + Logger;

            // Rufe die delegierten Methoden auf, es werden
            // zwei Methoden aufgerufen
            myMulticastDelegate(
               "Erster String wurde an Collector übergeben");

            // Teile dem Benutzer mit, dass dem Multicast jetzt ein
            // drittes Delegate hinzugefügt wird
            Console.WriteLine(
               "\nmyMulticastDelegate += Transmitter");

            // Füge das dritte Delegate hinzu
            myMulticastDelegate += Transmitter;

            // Rufe die drei delegierten Methoden auf
            myMulticastDelegate(
               "Zweiter String wurde an Collector übergeben");

            // Teile dem Benutzer mit, dass das Delegate
            // Logger jetzt entfernt wird
            Console.WriteLine(
               "\nmyMulticastDelegate -= Logger");

            // Entferne das Logger-Delegate
            myMulticastDelegate -= Logger;

            // Rufe die beiden restlichen
            // delegierten Methoden auf
            myMulticastDelegate(
               "Dritter String wurde an Collector übergeben");
        }
    }
}

Ausgabe:
Schreibe String String wurde an Writer übergeben
```

Beispiel 12-2: Delegates kombinieren (Fortsetzung)

```
Logge String String wurde an Logger

Übertrage String String wurde an Transmitter übergeben

myMulticastDelegate = Writer + Logger
Schreibe String Erster String wurde an Collector übergeben
Logge String Erster String wurde an Collector übergeben

myMulticastDelegate += Transmitter
Schreibe String Zweiter String wurde an Collector übergeben
Logge String Zweiter String wurde an Collector übergeben
Übertrage String Zweiter String wurde an Collector übergeben

myMulticastDelegate -= Logger
Schreibe String Dritter String wurde an Collector übergeben
Übertrage String Dritter String wurde an Collector übergeben
```

Im Testabschnitt von Beispiel 12-2 werden die Delegate-Instanzen definiert und die ersten drei davon aufgerufen (`Writer`, `Logger` und `Transmitter`). Dem vierten Delegate, `myMulticastDelegate`, wird dann eine Kombination aus den ersten beiden zugewiesen. Danach wird es aufgerufen, wodurch die beiden delegierten Methoden aufgerufen werden. Nun wird die dritte Delegate-Methode hinzugefügt, und wenn `myMulticastDelegate` jetzt aufgerufen wird, kommen alle drei delegierten Methoden zur Ausführung. Zum Schluss wird `Logger` entfernt. Wenn nun `myMulticastDelegate` aufgerufen wird, werden nur die beiden übrig gebliebenen Methoden angesprochen.

Am besten verstehen Sie die Mächtigkeit von Multicast-Delegates anhand von Events. Diese sind das Thema des nächsten Abschnitts. Wenn ein Event wie z.B. ein Buttonklick auftritt, kann ein damit verbundenes Multicast-Delegate eine ganze Reihe von Event-Handlern aufrufen, die auf dieses Event reagieren.

Events

Grafische Benutzeroberflächen (GUIs) wie Microsoft Windows und Webbrowser machen es erforderlich, dass Programme auf *Events* reagieren. Ein Event ist beispielsweise ein Tastendruck oder Button-Klick, ein Menübefehl, der Abschluss einer Dateiübertragung usw.

In einer GUI-Umgebung können beliebig viele Widgets ein Event *auslösen*. So wird z.B. bei einem Button-Klick ein `Click`-Event ausgelöst. Wenn Sie einer Drop-down-Liste etwas hinzufügen, könnte dies ein `ListChanged`-Event auslösen.

Andere Klassen haben ein Interesse daran, auf diese Events zu reagieren. Die Art dieser Reaktion spielt für die das Event auslösende Klasse keine Rolle. Der Button sagt nur: »Man hat mich angeklickt«, und die antwortende Klasse reagiert entsprechend.

Publizieren und abonnieren

Jedes Objekt kann in C# eine Reihe von Events *publizieren*, die andere Klassen dann *abonnieren* können. Wenn die publizierende Klasse ein Event auslöst, werden alle Abonnentenklassen benachrichtigt. Mit Hilfe dieses Mechanismus kann Ihr Objekt sagen: »Dies sind die Dinge, über die ich dich benachrichtigen kann.« Andere Klassen können sich dann anmelden, indem sie sagen: »Ja, lass es mich wissen, wenn dies passiert.« So kann beispielsweise ein Button eine beliebige Anzahl interessierter Beobachter benachrichtigen, wenn er angeklickt worden ist. Der Button wird dann als Publizierer (Publisher) bezeichnet, denn er publiziert das `Click`-Event, und die anderen Klassen sind die Abonnenten (Subscriber), denn sie abonnieren das `Click`-Event.

Dieser Entwurf implementiert das Publizieren-Abonnieren-(Publish/Subscribe-)Muster (Beobachter- oder Observer-Muster), wie es in »Design Patterns« (Addison-Wesley) beschrieben wird.[2] Laut Gamma ist der Zweck dieses Musters: »Definiere eine 1-zu-n-Abhängigkeit zwischen Objekten, so dass die Änderung des Zustands eines Objekts dazu führt, dass alle abhängigen Objekte benachrichtigt und automatisch aktualisiert werden.«

Beachten Sie, dass die publizierende Klasse nicht weiß, wer (und ob überhaupt jemand) abonniert hat; sie löst nur einfach ein Ereignis aus. Wer auf dieses Ereignis reagiert und worin diese Reaktion besteht, geht die publizierende Klasse nichts an.

Als zweites Beispiel betrachten wir eine Uhr (`Clock`), die andere interessierte Klassen davon unterrichtet, wenn sich die Zeit um eine Sekunde verändert hat. Die Klasse `Clock` könnte auch selbst für die Darstellung der Zeit in der Benutzeroberfläche zuständig sein, anstatt ein Event auszulösen. Warum also dieser Umweg über die Verwendung von Delegates? Der Vorteil des Publizieren-Abonnieren-Mechanismus besteht darin, dass die Klasse `Clock` nicht wissen muss, in welcher Weise ihre Informationen verwendet werden. Außerdem kann jede beliebige Anzahl von Klassen beim Auslösen des Events benachrichtigt werden. Die abonnierenden Klassen müssen nicht wissen, wie `Clock` funktioniert, und `Clock` muss nicht wissen, was sie tun, wenn sie auf das Ereignis reagieren.

Durch das Delegate werden Publizierer und Abonnenten voneinander entkoppelt. Dies ist ausgesprochen erwünscht, denn das Programm wird dadurch flexibler und robuster. `Clock` kann die Art und Weise der Zeitermittlung verändern, ohne dass die abonnierenden Klassen dadurch beeinträchtigt würden. Die abonnierenden Klassen können die Art und Weise ihrer Reaktion auf Zeitveränderungen verändern, ohne `Clock` zu stören. Die beiden Klassen arbeiten unabhängig voneinander, und dadurch sind sie einfacher zu warten.

2 Die Eindeutschung stammt aus der Übersetzung dieses Buchs, die unter dem Titel »Entwurfsmuster« erschienen ist (ebenfalls Addison-Wesley, 1995).

Events und Delegates

Events werden in C# mit Delegates implementiert. Die Publiziererklasse definiert ein Delegate. Die abonnierende Klasse muss zwei Dinge tun: Erstens muss sie eine Methode definieren, die mit der Signatur des Delegate übereinstimmt, und zweitens muss sie eine Instanz dieses Delegate-Typs erzeugen, in der die Methode gekapselt ist. Dann werden bei einer Auslösung des Events die Methoden der Abonnentenklasse über das Delegate aufgerufen.

Eine Methode, die ein Event behandelt, wird als *Event-Handler* bezeichnet. Sie können Ihre Event-Handler ebenso wie jedes andere Delegate deklarieren.

Per Konvention geben Event-Handler im .NET Framework `void` zurück und nehmen zwei Parameter entgegen. Der erste ist die Event-*Quelle* (also das Publizierer-Objekt), und der zweite ist ein von `EventArgs` abgeleitetes Objekt. Auch Ihre Event-Handler sollten sich unbedingt an dieses Entwurfsmuster halten.

> *Hinweis für VB6-Programmierer:* In C# gibt es keine Einschränkungen bezüglich der Namen der Methoden, die diese Events behandeln. Außerdem ermöglicht Ihnen die .NET-Implementierung des Publizieren-Abonnieren-Modells, mit einer einzigen Methode mehrere Events zu abonnieren.

`EventArgs` ist die Basisklasse für alle Event-Daten. Abgesehen von ihrem Konstruktor erbt `EventArgs` alle ihre Methoden von `Object`, fügt diesen allerdings noch ein öffentliches statisches Feld namens `empty` hinzu, das ein zustandsloses Event repräsentiert (damit auch zustandslose Events effizient eingesetzt werden können). Die abgeleitete Klasse `EventArgs` enthält Informationen über das Event.

Angenommen, Sie möchten eine `Clock`-Klasse erzeugen, die potenzielle Abonnenten jedes Mal mit Delegates benachrichtigt, wenn sich der Wert der Ortszeit um eine Sekunde ändert. Dieses Event nennen Sie `SecondChangeHandler`.

Das Delegate `SecondChangeHandler` wird folgendermaßen deklariert:

```
public delegate void SecondChangeHandler(
    object clock,
    TimeInfoEventArgs timeInformation
    );
```

Dieses Delegate kann jede Methode kapseln, die `void` zurückgibt und zwei Parameter hat. Der erste Parameter ist ein Objekt, das die Uhr repräsentiert (dieses Objekt löst das Event aus), und der zweite Parameter ist ein Objekt des Typs `TimeInfoEventArgs`, das nützliche Informationen für alle enthält, die an diesem Event interessiert sind. `TimeInfoEventArgs` ist folgendermaßen definiert:

```
public class TimeInfoEventArgs : EventArgs
{
     public TimeInfoEventArgs(int hour, int minute, int second)
     {
         this.hour = hour;
```

```
            this.minute = minute;
            this.second = second;
        }
        public readonly int hour;
        public readonly int minute;
        public readonly int second;
    }
```

Das Objekt `TimeInfoEventArgs` hat Informationen über die gegenwärtige Stunde, Minute und Sekunde. Es definiert einen Konstruktor und drei öffentliche, schreibgeschützte Integer-Variablen.

Zusätzlich zu seinem Delegate und einem Event hat eine `Clock` drei Member-Variablen: `hour`, `minute` und `second`. Außerdem hat sie eine einzelne Methode namens `Run( )`.

```
public void Run()
{
    for(;;)
    {
        // Schlafe 10 Millisekunden
        Thread.Sleep(10);

        // Hole die aktuelle Zeit
        System.DateTime dt = System.DateTime.Now;

        // Benachrichtige die Abonnenten,
        // wenn sich die Sekunde geändert hat
        if (dt.Second != second)
        {
            // Erzeuge das TimeInfoEventArgs-Objekt, um es
            // dem Abonnenten zu übergeben
    TimeInfoEventArgs timeInformation =
       new TimeInfoEventArgs(dt.Hour,dt.Minute,dt.Second);

            // Wenn jemand abonniert hat, benachrichtige ihn
            if (OnSecondChange != null)
            {
                OnSecondChange(this,timeInformation);
            }
        }

        // Aktualisiere den Zustand
        this.second = dt.Second;
        this.minute = dt.Minute;
        this.hour = dt.Hour;
    }
}
```

`Run()` macht eine `for`-Endlosschleife, die in regelmäßigen Abständen die Systemzeit überprüft. Wenn sich die Uhrzeit gegenüber der aktuellen Zeit des `Clock`-Objekts geändert hat, benachrichtigt die Methode alle Abonnenten und aktualisiert dann ihren eigenen Zustand.

Zuerst wird zehn Millisekunden lang geschlafen:

```
Thread.Sleep(10);
```

Dafür wird eine statische Methode der Klasse `Thread` aus dem Namensraum `System.Threading` eingesetzt, die in Kapitel 20 genauer besprochen wird. Der Aufruf von `Sleep( )` verhindert, dass die Schleife so kurz hintereinander abgearbeitet wird, dass sonst auf dem Computer kaum noch etwas passieren kann.

Nach einem Schläfchen von zehn Millisekunden schaut die Methode auf die Uhr:

```
System.DateTime dt = System.DateTime.Now;
```

Bei ungefähr jedem hundertsten Nachschauen hat sich `second` um eins erhöht. Die Methode bemerkt diese Änderung und benachrichtigt ihre Abonnenten. Dazu muss sie zuerst ein neues `TimeInfoEventArgs`-Objekt erzeugen:

```
if (dt.Second != second)
{
   // Erzeuge das TimeInfoEventArgs-Objekt,
   // um es dem Abonnenten zu übergeben
   TimeInfoEventArgs timeInformation =
      new TimeInfoEventArgs(dt.Hour,dt.Minute,dt.Second);
```

Danach werden die Abonnenten mit dem `OnSecondChange`-Event benachrichtigt:

```
   // Wenn jemand abonniert ist, benachrichtige ihn
   if (OnSecondChange != null)
   {
      OnSecondChange(this,timeInformation);
   }
}
```

Wenn für ein Event keine Abonnenten registriert sind, wird dies als `null` ausgewertet. Der vorangegangene Test schaut nach, ob der Wert nicht `null` ist, um sich zu vergewissern, dass tatsächlich Abonnenten vorhanden sind, ehe `OnSecondChange` aufgerufen wird.

Bekanntlich nimmt `OnSecondChange` zwei Argumente entgegen: die Quelle des Events und das von `EventArgs` abgeleitete Objekt. In dem obigen Codestück sehen Sie, dass die `this`-Referenz von der Uhr übergeben wird, da die Uhr die Event-Quelle ist. Der zweite Parameter ist das `TimeInfoEventArgs`-Objekt. `timeInformation` wird in der oben angegebenen Zeile erzeugt.

Durch das Event werden die Methoden aufgerufen, die über das Delegate bei der Klasse `Clock` registriert worden sind. Dazu kommen wir in wenigen Augenblicken.

Sobald das Event ausgelöst wurde, wird der Zustand der Klasse `Clock` aktualisiert.

```
this.second = dt.Second;
this.minute = dt.Minute;
this.hour = dt.Hour;
```

Wir haben dieses Programm noch nicht Thread-sicher gemacht. Thread-Sicherheit und Synchronisierung werden in Kapitel 20 behandelt.

Nun müssen wir nur noch Klassen erstellen, die dieses Event abonnieren. Wir erzeugen zwei solcher Klassen. Die erste, `DisplayClock`, soll die Zeit nicht nachhalten, sondern die aktuelle Zeit auf der Konsole anzeigen.

Dieses Beispiel vereinfacht die Klasse so weit, dass sie mit zwei Methoden auskommt. Die erste ist eine Hilfsmethode namens `Subscribe()`, die das Delegate `OnSecondChange` der Uhr abonniert. Die zweite Methode ist der Event-Handler `TimeHasChanged()`:

```
public class DisplayClock
{
    public void Subscribe(Clock theClock)
    {
        theClock.OnSecondChange +=
            new Clock.SecondChangeHandler(TimeHasChanged);
    }

    public void TimeHasChanged(
        object theClock, TimeInfoEventArgs ti)
    {
            Console.WriteLine("Aktuelle Zeit: {0}:{1}:{2}",
                ti.hour.ToString( ),
                ti.minute.ToString( ),
                ti.second.ToString( ));
   }
}
```

Wenn die erste Methode, `Subscribe()`, aufgerufen wird, erzeugt sie ein neues `SecondChangeHandler`-Delegate und übergibt ihm ihre Event-Handler-Methode `TimeHasChanged()`. Danach registriert sie dieses Delegate bei dem `OnSecondChange`-Event von `Clock`.

Nun erzeugen Sie eine zweite Klasse, die ebenfalls auf dieses Event reagiert: `LogCurrentTime`. Normalerweise schreibt diese Klasse den Log-Eintrag in eine Datei, aber für unsere Zwecke genügt es, wenn sie ihn auf der Standardkonsole ausgibt:

```
public class LogCurrentTime
{
    public void Subscribe(Clock theClock)
    {
        theClock.OnSecondChange +=
            new Clock.SecondChangeHandler(WriteLogEntry);
    }

    // Eigentlich sollte diese Methode in eine Datei schreiben.
    // Wir schreiben nur auf die Konsole, um die Wirkung zu sehen.
    // Dieses Objekt speichert keinen Zustand.
    public void WriteLogEntry(
        object theClock, TimeInfoEventArgs ti)
    {
```

```
            Console.WriteLine("Log-Datei-Eintrag: {0}:{1}:{2}",
                ti.hour.ToString( ),
                ti.minute.ToString( ),
                ti.second.ToString( ));
        }
    }
```

In diesem Beispiel sind die beiden Klassen zwar sehr ähnlich, aber in einem Produktionssystem könnten alle möglichen, völlig unterschiedlichen Klassen ein Event abonnieren.

Nun müssen Sie nur noch eine Klasse `Clock` erzeugen und dann die Klasse `DisplayClock`, der Sie mitteilen, dass sie das Event abonnieren soll. Dann erzeugen Sie die Klasse `LogCurrentTime` und lassen sie das Event ebenfalls abonnieren. Zum Schluss lassen Sie die `Clock` laufen. Dies alles sehen Sie in Beispiel 12-3 (um die Anwendung anzuhalten, müssen Sie Strg-C drücken).

Beispiel 12-3: Events durch Delegates implementieren

```
#region Using directives

using System;
using System.Collections.Generic;
using System.Text;
using System.Threading;

#endregion

namespace EventsWithDelegates
{
   // Diese Klasse speichert Informationen über das Event.
   // Hier speichert sie nur die Informationen, die in der Klasse
   // Clock zur Verfügung stehen, aber sie könnte außerdem auch
   // weitere Zustandsinformationen speichern.
   public class TimeInfoEventArgs : EventArgs
   {
      public TimeInfoEventArgs(int hour, int minute, int second)
      {
         this.hour = hour;
         this.minute = minute;
         this.second = second;
      }
      public readonly int hour;
      public readonly int minute;
      public readonly int second;
   }

   // Dies ist die Klasse, die von anderen Klassen
   // beobachtet wird. Sie publiziert ein Delegate:
   // OnSecondChange.
   public class Clock
   {
      private int hour;
      private int minute;
      private int second;
```

Beispiel 12-3: Events durch Delegates implementieren (Fortsetzung)

```
      // Das Delegate, das die Abonnenten implementieren müssen
      public delegate void SecondChangeHandler
         (
         object clock,
         TimeInfoEventArgs timeInformation
         );

      // Eine Instanz des Delegate
      public SecondChangeHandler OnSecondChange;

      // Setze die Uhr in Gang
      // Für jede neue Sekunde wird ein Event ausgelöst
      public void Run( )
      {

         for(;;)
         {
            // Schlafe 10 Millisekunden
            Thread.Sleep(10);

            // Hol die aktuelle Zeit
            System.DateTime dt = System.DateTime.Now;

            // Benachrichtige die Abonnenten,
            // wenn sich die Sekunde geändert hat
            if (dt.Second != second)
            {
               // Erzeuge das TimeInfoEventArgs-Objekt,
               // um es dem Abonnenten zu übergeben
               TimeInfoEventArgs timeInformation =
                  new TimeInfoEventArgs(
                     dt.Hour,dt.Minute,dt.Second);

               // Benachrichtige vorhandene Abonnenten
               if (OnSecondChange != null)
               {
                  OnSecondChange(
                     this,timeInformation);
               }
            }

            // Aktualisiere den Zustand
            this.second = dt.Second;
            this.minute = dt.Minute;
            this.hour = dt.Hour;

         }
      }
   }

   // Ein Beobachter. DisplayClock abonniert die Events von Clock.
   // DisplayClock hat die Aufgabe, die
```

Beispiel 12-3: Events durch Delegates implementieren (Fortsetzung)

```
// aktuelle Zeit anzuzeigen.
public class DisplayClock
{
   // Wenn eine Uhr vorhanden ist, abonniere ihr
   // SecondChangeHandler-Event
   public void Subscribe(Clock theClock)
   {
      theClock.OnSecondChange +=
         new Clock.SecondChangeHandler(TimeHasChanged);
   }

   // Diese Methode implementiert die delegierte
   // Funktionalität
   public void TimeHasChanged(
      object theClock, TimeInfoEventArgs ti)
   {
      Console.WriteLine("Aktuelle Zeit: {0}:{1}:{2}",
         ti.hour.ToString( ),
         ti.minute.ToString( ),
         ti.second.ToString( ));
   }
}

// Ein zweiter Abonnent, der dazu da ist, in eine Datei zu schreiben
public class LogCurrentTime
{
   public void Subscribe(Clock theClock)
   {
      theClock.OnSecondChange +=
         new Clock.SecondChangeHandler(WriteLogEntry);
   }

   // Eigentlich sollte diese Methode in eine Datei schreiben.
   // Wir schreiben nur auf die Konsole, um die Wirkung zu sehen.
   // Dieses Objekt speichert keinen Zustand.
   public void WriteLogEntry(
      object theClock, TimeInfoEventArgs ti)
   {
      Console.WriteLine("Log-Datei-Eintrag: {0}:{1}:{2}",
         ti.hour.ToString( ),
         ti.minute.ToString( ),
         ti.second.ToString( ));
   }
}

public class Test
{
   public static void Main( )
   {
      // Erzeuge eine neue Uhr
      Clock theClock = new Clock( );
```

Beispiel 12-3: Events durch Delegates implementieren (Fortsetzung)

```
            // Erzeuge die Anzeige und lass sie die
            // soeben erzeugte Uhr abonnieren
            DisplayClock dc = new DisplayClock( );
            dc.Subscribe(theClock);

            // Erzeuge ein Log-Objekt und lass es
            // die Uhr abonnieren
            LogCurrentTime lct = new LogCurrentTime( );
            lct.Subscribe(theClock);

            // Setze die Uhr in Gang
            theClock.Run( );
        }
    }
}
```

```
Ausgabe:
Aktuelle Zeit: 14:53:56
Log-Datei-Eintrag: 14:53:56
Aktuelle Zeit: 14:53:57
Log-Datei-Eintrag: 14:53:57
Aktuelle Zeit: 14:53:58
Log-Datei-Eintrag: 14:53:58
Aktuelle Zeit: 14:53:59
Log-Datei-Eintrag: 14:53:59
Aktuelle Zeit: 14:54:0
Log-Datei-Eintrag: 14:54:0
```

Dieser Code erzeugt letztlich die beiden Klassen `DisplayClock` und `LogCurrentTime` und lässt sie das Event einer dritten Klasse abonnieren (`Clock.OnSecondChange`).

`OnSecondChange` ist ein Multicast-Delegate-Feld, das anfangs auf nichts verweist. Nach einiger Zeit verweist es auf einen einzelnen und später auf mehrere Delegates. Wenn die Observer-Klassen benachrichtigt werden möchten, erzeugen sie eine Instanz des Delegate und fügen dieses dem `OnSecondChange` hinzu. Beispielsweise finden Sie in der Methode `Subscribe()` von `DisplayClock` folgende Codezeile:

```
theClock.OnSecondChange +=
  new Clock.SecondChangeHandler(TimeHasChanged);
```

Es stellt sich heraus, dass auch die Klasse `LogCurrentTime` benachrichtigt werden will. Der Code ihrer Methode `Subscribe()` ist sehr ähnlich:

```
public void Subscribe(Clock theClock)
{
  theClock.OnSecondChange +=
    new Clock.SecondChangeHandler(WriteLogEntry);
}
```

Events als Lösung für Delegate-Probleme

Mit Beispiel 12-3 gibt es allerdings ein Problem. Was geschieht, wenn die Klasse `LogCurrentTime` nicht so rücksichtsvoll ist und wie hier an Stelle des Abonnieroperators (+=) den Zuweisungsoperator (=) verwendet:

```
public void Subscribe(Clock theClock)
{
  theClock.OnSecondChange =
    new Clock.SecondChangeHandler(WriteLogEntry);
}
```

Nach dieser winzigen Änderung des Beispiels stellen Sie fest, dass zwar die Methode `Logger()`, aber *nicht* die Methode `DisplayClock` aufgerufen wird. Der Zuweisungsoperator hat das in dem Multicast-Delegate `OnSecondChange` gehaltene Delegate *ersetzt*. Dies gefällt uns nicht.

Ein zweites Problem besteht darin, dass andere Methoden `SecondChangeHandler` direkt aufrufen können. Beispielsweise können Sie den folgenden Code der `Main()`-Methode Ihrer `Test`-Klasse hinzufügen:

```
Console.WriteLine("Rufe die Methode direkt auf!");
System.DateTime dt = System.DateTime.Now.AddHours(2);

TimeInfoEventArgs timeInformation =
  new TimeInfoEventArgs(
  dt.Hour,dt.Minute,dt.Second);

theClock.OnSecondChange(theClock, timeInformation);
```

Hier erzeugt `Main()` ein eigenes `TimeInfoEventArgs`-Objekt und ruft `OnSecondChange` direkt auf. Dies ist zwar nicht, was der Designer der Klasse `Clock` beabsichtigt hat, funktioniert aber prima:

```
Rufe die Methode direkt auf!
Aktuelle Zeit: 18:36:7
Log-Datei-Eintrag: 18:36:7
Aktuelle Zeit: 16:36:7
Log-Datei-Eintrag: 16:36:7
```

Das Problem besteht darin, dass der Designer der `Clock`-Klasse wollte, dass die durch das Delegate gekapselten Methoden nur im Fall der Auslösung des Events aufgerufen werden sollten. Hier geht `Main()` durch die Hintertür und ruft diese Methoden selbst auf. Noch schlimmer ist, dass dabei falsche Daten übergeben werden (und zwar ein Zeitkonstrukt, das um zwei Stunden vorgeht!).

Wie können Sie als Designer der Klasse `Clock` sicherstellen, dass niemand die Delegate-Methoden direkt aufruft? Sie könnten das Delegate privat machen, aber dann könnten sich überhaupt keine Clients mehr bei Ihrem Delegate registrieren. Wir benötigen also eine Möglichkeit zu sagen: »Dieses Delegate ist nur für die Event-Behandlung gedacht, und Sie können Abonnements eintragen und löschen, aber Sie können es nicht direkt aufrufen.«

Das Schlüsselwort event

Der Ausweg aus diesem Dilemma besteht in dem Schlüsselwort event. Es teilt dem Compiler mit, dass das Delegate nur durch die definierende Klasse aufgerufen werden kann und dass andere Klassen sich nur als Abonnenten des Delegate eintragen oder austragen, indem sie die entsprechenden Operatoren += oder -= aufrufen.

Um Ihr Programm zu reparieren, ändern Sie die Definition von OnSecondChange von:

```
public SecondChangeHandler OnSecondChange;
```

in:

```
public event SecondChangeHandler OnSecondChange;
```

Indem Sie das Schlüsselwort event hinzufügen, lösen Sie beide Probleme. Es können keine Klassen mehr versuchen, das Event mit Hilfe des Zuweisungsoperators (=) zu abonnieren, wie es vorher möglich war, und sie können das Event auch nicht mehr direkt aufrufen, wie es im Main() des obigen Beispiels geschah. Jeder dieser Versuche generiert nun einen Compiler-Fehler:

```
The event 'Programming_CSharp.Clock.OnSecondChange' can only appear on
the left hand side of += or -= (except when used from within the type
'Programming_CSharp.Clock')
```

Nach dieser Änderung bietet OnSecondChange zweierlei Sichtweisen: Einerseits ist es einfach eine Delegate-Instanz, für die Sie den Zugriff durch das Schlüsselwort event beschränkt haben. Andererseits, und dies ist die wichtigere Sicht, *ist* OnSecondChange das durch ein Delegate des Typs SecondChangeHandler implementierte Event. Diese beiden Aussagen meinen dasselbe, aber Letztere repräsentiert eine eher objektorientierte Betrachtungsweise. Es kommt der Intention des Schlüsselworts event näher, mit dem ein Event erzeugt werden soll, das Ihr Objekt auslösen kann und auf das andere Objekte reagieren können.

Das komplette Quellprogramm in veränderter Form, bei dem das Event an Stelle des unbeschränkten Delegate verwendet wird, ist in Beispiel 12-4 dargestellt.

Beispiel 12-4: Verwendung des Schlüsselworts event

```
#region Using directives

using System;
using System.Collections.Generic;
using System.Text;
using System.Threading;

#endregion

namespace EventKeyword
{

  // Eine Klasse, die die Informationen über das Event enthält.
  // In diesem Fall enthält sie nur die in der Klasse clock
```

Beispiel 12-4: Verwendung des Schlüsselworts event (Fortsetzung)

```
// verfügbaren Informationen, aber sie könnte auch zusätzliche
// Statusinformationen enthalten.
public class TimeInfoEventArgs : EventArgs
{
 public readonly int hour;
 public readonly int minute;
 public readonly int second;
 public TimeInfoEventArgs(int hour, int minute, int second)
  {
    this.hour = hour;
    this.minute = minute;
    this.second = second;
  }
}

// Unser Gegenstand - die Klasse, die von anderen Klassen beobachtet
// wird. Diese Klasse publiziert ein Event:
// OnSecondChange. Dieses Event abonnieren die Beobachter.
public class Clock
{
  private int hour;
  private int minute;
  private int second;

   // Dieses Delegate müssen die Abnonnenten implementieren
  public delegate void SecondChangeHandler
    (
    object clock,
    TimeInfoEventArgs timeInformation
    );

  // Das Schlüsselwort event steuert den Zugriff auf das Delegate
  public event SecondChangeHandler OnSecondChange;

  // Starte die Uhr
  // Sie löste in jeder neuen Sekunde ein Event aus
  public void Run()
  {

    for(;;)
    {
      // 10 Millisekunden schlafen
      Thread.Sleep(10);

      // Die aktuelle Zeit holen
      System.DateTime dt = System.DateTime.Now;

      // Wenn sich die Sekunde geändert hat,
      // die Abonnenten informieren
      if (dt.Second != second)
      {
        // Das TimeInfoEventArgs-Objekt erzeugen
```

Beispiel 12-4: Verwendung des Schlüsselworts event (Fortsetzung)

```
          // und den Abonnenten übergeben
          TimeInfoEventArgs timeInformation =
            new TimeInfoEventArgs(
            dt.Hour,dt.Minute,dt.Second);

          // Wenn sich jemand angemeldet hat, ihn informieren
          if (OnSecondChange != null)
          {
            OnSecondChange(
              this,timeInformation);
          }
        }

        // Den Status aktualisieren
        this.second = dt.Second;
        this.minute = dt.Minute;
        this.hour = dt.Hour;
      }
    }
  }

  // Ein Beobachter. DisplayClock abonniert die Events der
  // Uhr. Die Aufgabe von DisplayClock besteht darin,
  // die aktuelle Zeit anzuzeigen.
  public class DisplayClock
  {
    // Wenn eine Uhr übergeben wird, das
    // SecondChangeHandler-Event abonnieren
    public void Subscribe(Clock theClock)
    {
      theClock.OnSecondChange +=
        new Clock.SecondChangeHandler(TimeHasChanged);
    }

    // Diese Methode implementiert die Funktionalität
    // des Delegate
    public void TimeHasChanged(
      object theClock, TimeInfoEventArgs ti)
    {
      Console.WriteLine("Aktuelle Zeit: {0}:{1}:{2}",
        ti.hour.ToString(),
        ti.minute.ToString(),
        ti.second.ToString());
    }
  }

  // Ein zweiter Abonnent hat die Aufgabe, in eine Datei zu schreiben
  public class LogCurrentTime
  {
    public void Subscribe(Clock theClock)
    {
      theClock.OnSecondChange +=
```

Beispiel 12-4: Verwendung des Schlüsselworts event (Fortsetzung)

```
        new Clock.SecondChangeHandler(WriteLogEntry);
    }

    // Diese Methode soll eigentlich in eine Datei schreiben.
    // Wir schreiben in die Konsole, um das Ergebnis zu sehen.
    // Dieses Objekt speichert keinen Zustand.
    public void WriteLogEntry(
      object theClock, TimeInfoEventArgs ti)
    {
      Console.WriteLine("Logging to file: {0}:{1}:{2}",
        ti.hour.ToString(),
        ti.minute.ToString(),
        ti.second.ToString());
    }
  }

   public class Test
   {
      public static void Main()
      {
         // Eine neue Uhr erzeugen
         Clock theClock = new Clock();

         // Das Display erzeugen und es die eben erzeugte
         // Uhr abonnieren lassen
         DisplayClock dc = new DisplayClock();
         dc.Subscribe( theClock );

         // Ein Log-Objekt erzeugen und es die
         // Uhr abonnieren lassen
         LogCurrentTime lct = new LogCurrentTime();
         lct.Subscribe( theClock );

         // Die Uhr starten
         theClock.Run();
      }
   }
}
```

Die Verwendung anonymer Methoden

Im vorangehenden Beispiel haben Sie das Event abonniert, indem Sie eine neue Instanz des Delegate erzeugt und den Namen einer Methode, die das Event implementiert, übergeben haben:

```
theClock.OnSecondChange +=
  new Clock.SecondChangeHandler(TimeHasChanged);
```

Sie können dieses Delegate auch mit folgender verkürzten Schreibweise zuweisen:

```
theClock.OnSecondChange += TimeHasChanged
```

Weiter unten im Code müssen Sie `TimeHasChanged` als eine Methode definieren, die mit der Signatur des Delegate `SecondChangeHandler` übereinstimmt:

```
public void TimeHasChanged(
  object theClock, TimeInfoEventArgs ti)
{
  Console.WriteLine("Aktuelle Zeit: {0}:{1}:{2}",
    ti.hour.ToString(),
    ti.minute.ToString(),
    ti.second.ToString());
}
```

Anonyme Methoden ermöglichen es Ihnen, an Stelle des Namens einer Methode einen Codeblock zu übergeben. Auf diese Weise kann der Code weitaus effizienter und wartungsfreundlicher werden, und die anonymen Methoden haben Zugriff auf die Variablen im selben Geltungsbereich, in dem sie selbst definiert sind:

```
clock.OnSecondChange += delegate( object theClock, TimeInfoEventArgs ti )
{
  Console.WriteLine( "Aktuelle Zeit: {0}:{1}:{2}",
  ti.hour.ToString(),
  ti.minute.ToString(),
  ti.second.ToString() );
};
```

Beachten Sie, dass Sie, anstatt die Instanz eines Delegate zu registrieren, das Schüsselwort `delegate` verwenden. Diesem folgen die Parameter, die Ihrer Methode übergeben werden sollen, sowie der Rumpf Ihrer Methode, der in geschweiften Klammern eingeschlossen ist und durch ein Semikolon beendet wird.

Diese »Methode« hat keinen Namen, ist also anonym. Sie können die Methode nur über das Delegate aufrufen, aber genau dies ist auch Ihre Absicht.

Werte aus Multicast-Delegates erhalten

In den meisten Fällen werden die Methoden, die Sie durch ein Multicast-Delegate kapseln, `void` zurückgeben. Tatsächlich verwendet man normalerweise Multicast-Delegates in Zusammenhang mit Events, und Sie erinnern sich, dass Events konventionsgemäß durch Delegates implementiert werden, deren gekapselte Methoden `void` liefern (und außerdem zwei Parameter haben: den Absender und ein `EventArgs`-Objekt).

Es ist allerdings möglich, Multicast-Delegates für Methoden anzulegen, deren Rückgabewert nicht `void` ist. Im folgenden Beispiel erstellen Sie eine sehr einfache Testklasse mit einem Delegate, das alle Methoden kapselt, die keine Parameter haben, aber eine Integer-Zahl zurückgeben:

```
public class ClassWithDelegate
{
  public delegate int DelegateThatReturnsInt();
  public DelegateThatReturnsInt theDelegate;
```

Um dies auszuprobieren, implementieren Sie zwei Klassen, die Ihr Delegate abonnieren. Die erste kapselt eine Methode, die einen Zähler erhöht und seinen Wert als Integer zurückgibt:

```
public class FirstSubscriber
{
  private int myCounter = 0;

  public void Subscribe(ClassWithDelegate theClassWithDelegate)
  {
    theClassWithDelegate.theDelegate +=
      new ClassWithDelegate.DelegateThatReturnsInt(DisplayCounter);
  }

  public int DisplayCounter()
  {
    return ++myCounter;
  }
}
```

Die zweite Klasse verwaltet ebenfalls einen Zähler, aber ihre delegierte Methode verdoppelt den Zähler und gibt diesen verdoppelten Wert zurück:

```
public class SecondSubscriber
{
  private int myCounter = 0;

  public void Subscribe(ClassWithDelegate theClassWithDelegate)
  {
    theClassWithDelegate.theDelegate +=
      new ClassWithDelegate.DelegateThatReturnsInt(Doubler);
  }

  public int Doubler()
  {
    return myCounter += 2;
  }
}
```

Wenn Sie dieses Delegate auslösen, werden alle gekapselten Methoden der Reihe nach aufgerufen, und jede von ihnen gibt einen Wert zurück:

```
int result = theDelegate();
Console.WriteLine(
  "Delegates ausgelöst! Erhaltenes Ergebnis: {0}",
  result);
```

Das Problem besteht nun darin, dass jedes Mal, wenn eine Methode einen Wert liefert, sie den Wert überschreibt, der bereits `result` zugewiesen wurden. Die Ausgabe sieht folgendermaßen aus:

```
Delegates ausgelöst! Erhaltenes Ergebnis: 2
Delegates ausgelöst! Erhaltenes Ergebnis: 4
Delegates ausgelöst! Erhaltenes Ergebnis: 6
Delegates ausgelöst! Erhaltenes Ergebnis: 8
Delegates ausgelöst! Erhaltenes Ergebnis: 10
```

Die erste Methode, `DisplayCounter()` (die von `FirstSubscriber` aufgerufen wurden), hat die Werte `1,2,3,4,5` geliefert, aber diese sind von den Werten überschrieben worden, die die zweite Methode zurückgegeben hat.

Das Ziel besteht darin, die Ergebnisse aller Methodenaufrufe der Reihe nach anzuzeigen. Um dies zu erreichen, müssen Sie die Verantwortung für den Aufruf der durch Ihr Multicast-Delegate gekapselten Methoden übernehmen. Sie tun dies, indem Sie die Aufrufliste Ihres Delegate auslesen und alle gekapselten Methoden der Reihe nach explizit aufrufen:

```
foreach (
  DelegateThatReturnsInt del in
    theDelegate.GetInvocationList() )
{
  int result = del();
  Console.WriteLine(
    "Delegates ausgelöst! Erhaltenes Ergebnis: {0}",
    result);
}
Console.WriteLine();
```

Diesmal wird der Wert jedes Aufrufs `result` zugewiesen, und dieser Wert wird vor dem Aufruf der nächsten Methode ausgegeben. Die Ausgabe zeigt das Ergebnis dieser Veränderung:

```
Delegates ausgelöst! Erhaltenes Ergebnis: 1
Delegates ausgelöst! Erhaltenes Ergebnis: 2

Delegates ausgelöst! Erhaltenes Ergebnis: 2
Delegates ausgelöst! Erhaltenes Ergebnis: 4

Delegates ausgelöst! Erhaltenes Ergebnis: 3
Delegates ausgelöst! Erhaltenes Ergebnis: 6

Delegates ausgelöst! Erhaltenes Ergebnis: 4
Delegates ausgelöst! Erhaltenes Ergebnis: 8

Delegates ausgelöst! Erhaltenes Ergebnis: 5
Delegates ausgelöst! Erhaltenes Ergebnis: 10
```

Die erste delegierte Methode zählt hoch (`1,2,3,4,5`), während die zweite verdoppelt (`2,4,6,8,10`). Beispiel 12-5 zeigt das vollständige Programm.

Beispiel 12-5: Delegierte Methoden manuell aufrufen

```
#region Using directives

using System;
using System.Collections.Generic;
```

Beispiel 12-5: Delegierte Methoden manuell aufrufen (Fortsetzung)

```
using System.Text;
using System.Threading;

#endregion

namespace InvokingDelegatedMethodsManually
{
   public class ClassWithDelegate
   {
      // Ein Multicast-Delegate, dessen gekapselte Methode ein
      // int liefert
      public delegate int DelegateThatReturnsInt();
      public DelegateThatReturnsInt theDelegate;

      public void Run()
      {
         for ( ; ; )
         {
            // Für eine halbe Sekunde schlafen
            Thread.Sleep( 500 );

            if ( theDelegate != null )
            {
               // Alle delegierten Methoden explizit aufrufen
               foreach (
                 DelegateThatReturnsInt del in
                   theDelegate.GetInvocationList() )
               {
                  int result = del();
                  Console.WriteLine(
                    "Delegates ausgelöst! Erhaltenes Ergebnis: {0}",
                    result );
               } // Ende foreach
               Console.WriteLine();
            }   // Ende if
         }      // Ende for ;;
      }         // Ende run
   }            // Ende class

   public class FirstSubscriber
   {
      private int myCounter = 0;

      public void Subscribe( ClassWithDelegate theClassWithDelegate )
      {
         theClassWithDelegate.theDelegate +=
           new ClassWithDelegate.DelegateThatReturnsInt( DisplayCounter );
      }

      public int DisplayCounter()
      {
         return ++myCounter;
```

Beispiel 12-5: Delegierte Methoden manuell aufrufen (Fortsetzung)

```
      }
   }

   public class SecondSubscriber
   {
      private int myCounter = 0;

      public void Subscribe( ClassWithDelegate theClassWithDelegate )
      {
         theClassWithDelegate.theDelegate +=
           new ClassWithDelegate.DelegateThatReturnsInt( Doubler );
      }

      public int Doubler()
      {
         return myCounter += 2;
      }
   }

   public class Test
   {
      public static void Main()
      {
         ClassWithDelegate theClassWithDelegate =
           new ClassWithDelegate();

         FirstSubscriber fs = new FirstSubscriber();
         fs.Subscribe( theClassWithDelegate );

         SecondSubscriber ss = new SecondSubscriber();
         ss.Subscribe( theClassWithDelegate );

         theClassWithDelegate.Run();
      }
   }
}
```

Events asynchron aufrufen

Es kann sich herausstellen, dass die Event-Handler für die Reaktion auf ein Event länger benötigen als erwünscht. In diesem Fall kann es etwas dauern, bis spätere Handler benachrichtigt werden, während Sie auf die Ergebnisse der vorigen Handler warten. Nehmen Sie beispielsweise an, die Methode `DisplayCounter()` von `FirstSubscriber` hätte lange damit zu tun, das Ergebnis zu berechnen und zurückzugeben. Dadurch würde eine Verzögerung für die Benachrichtigung von `SecondSubscriber` über das Event entstehen. Sie können dies simulieren, indem Sie `DisplayCounter` um ein paar Zeilen erweitern:

```
public int DisplayCounter()
{
  Console.WriteLine("Beschäftigt mit DisplayCounter...");
  Thread.Sleep(4000);
```

```
        Console.WriteLine("Fertig mit DisplayCounter...");
        return ++myCounter;
    }
```

Wenn Sie das Programm nun laufen lassen, können Sie die vier Sekunden lange Verzögerung bei jeder Benachrichtigung von `FirstSubscriber` beobachten. Eine Alternative zum Aufruf jeder Methode durch die Delegates (wie zuvor gezeigt) ist der Aufruf von `BeginInvoke()` bei jedem Delegate. Dies hat zur Folge, dass die Methoden asynchron aufgerufen werden; Sie können mit Ihrer Arbeit fortfahren und müssen nicht warten, bis die von Ihnen aufgerufene Methode zurückkehrt.

Anders als `Invoke()` kehrt `BeginInvoke()` unmittelbar zurück. Sie erzeugt einen separaten Thread, in dem die Arbeit ausgeführt wird.[3] (Mehr Informationen über Threads finden Sie in Kapitel 20.)

Daraus ergibt sich allerdings ein Problem, denn Sie wollen ja die Ergebnisse aus den von Ihnen aufgerufenen Methoden erhalten. Dazu gibt es zwei Möglichkeiten: Erstens können Sie die delegierten Methoden permanent abfragen (pollen), ob sie bereits ein Ergebnis haben. Dies ist, als würden Sie einen Mitarbeiter bitten, eine Aufgabe für Sie zu erledigen und ihn dann alle fünf Minuten anrufen und fragen: »Ist es erledigt?« (was Zeitverschwendung für alle wäre). Eigentlich möchten Sie sich an den Mitarbeiter wenden und sagen: »Erledigen Sie diese Arbeit und rufen Sie mich an, wenn Sie ein Ergebnis haben.«

Callback-Methoden

Dieses Ziel, nämlich die Arbeit zu delegieren und zurückgerufen zu werden, wenn sie erledigt ist, erreichen Sie mit Hilfe eines Callback, das Sie (welche Überraschung!) mit einem Delegate implementieren. Das .NET Framework bietet einen Callback-Mechanismus, indem es das Delegate `ASyncCallback` definiert:

```
[Serializable]
public delegate void AsyncCallback(
   IAsyncResult ar
);
```

Das Attribut (`Serializable`) wird in Kapitel 18 behandelt. Wie Sie allerdings hier sehen, ist `AsyncCallback` ein Delegate für eine Methode, die `void` liefert und ein einziges Argument hat, nämlich ein Objekt des Typs `IAsyncResult`. Dieses Interface wird durch das Framework definiert, und die CLR ruft Ihre Methode mit einem Objekt auf, das das Interface implementiert. Sie müssen die Einzelheiten des Interface also nicht kennen, sondern können einfach das Ihnen übergebene Objekt benutzen.

Und so funktioniert es. Sie fragen das Delegate nach seiner Aufrufliste und rufen bei jedem Delegate in dieser Liste `BeginInvoke` auf. `BeginInvoke` übernimmt zwei Parameter.

3 .NET bietet Thread-Pooling, und der »neue« Thread wird typischerweise dem Pool entnommen.

Der erste ist ein Delegate vom Typ AsyncCallback, und der zweite ist Ihr eigenes Delegate, das die Methode aufruft, die Sie aufrufen möchten:

```
del.BeginInvoke(new AsyncCallback(ResultsReturned),del);
```

In der hier dargestellten Codezeile rufen Sie die Methode auf, die durch del gekapselt ist (z.B. DisplayCounter), und wenn der Methodenaufruf beendet ist, möchten Sie über Ihre Methode ResultsReturned benachrichtigt werden.

Die Methode, die zurückgerufen werden soll (ResultsReturned), muss bezüglich des Rückgabewerts und der Signatur mit dem Delegate AsyncCallback übereinstimmen: Sie muss void zurückgeben und ein Objekt des Typs IAsyncResult als Argument annehmen:

```
private void ResultsReturned(IAsyncResult iar)
{
```

Beim Rückruf dieser Methode wird das IAsyncResult-Objekt vom .NET Framework übergeben. Der zweite Parameter für BeginInvoke ist Ihr Delegate, und dieses Delegate wird für Sie in der Eigenschaft AsyncState von IAsyncResult als ein Object beiseite gelegt. Innerhalb der Callback-Methode ResultsReturned können Sie das Object auslesen und auf seinen Ursprungstyp abbilden:

```
DelegateThatReturnsInt del = (DelegateThatReturnsInt)iar.AsyncState;
```

Nun können Sie dieses Delegate dazu verwenden, die Methode EndInvoke() aufzurufen, wobei Sie das als Parameter erhaltene IAsyncResult-Objekt übergeben:

```
int result = del.EndInvoke(iar);
```

EndInvoke() liefert den Wert der aufgerufenen (und nunmehr beendeten) Methode, den Sie einer lokalen Variablen namens result zuweisen und den Sie nun dem Benutzer anzeigen können.

Im Endeffekt erhalten Sie in Run() alle registrierten Methoden der Reihe nach (erst FirstSubscriber.DisplayCounter und dann SecondSubscriber.Doubler) und rufen jede von ihnen asynchron auf. Es gibt keine Verzögerung zwischen dem Aufruf der ersten und dem Aufruf der zweiten, da Sie nicht warten müssen, bis DisplayCounter zurückkehrt.

Wenn DisplayCounter (oder Doubler) ein Ergebnis hat, wird Ihre Callback-Methode (ResultsReturned) aufgerufen, und Sie verwenden das IAsyncResult-Objekt, das Sie als Parameter erhalten, um die eigentlichen Ergebnisse aus diesen Methoden zurückzubekommen. Beispiel 12-6 zeigt die vollständige Implementierung.

Beispiel 12-6: Asynchroner Aufruf von Delegates

```
#region Using directives

using System;
using System.Collections.Generic;
using System.Text;
using System.Threading;

#endregion
```

Beispiel 12-6: Asynchroner Aufruf von Delegates (Fortsetzung)

```
namespace AsynchDelegates
{
   public class ClassWithDelegate
   {
      // Ein Multicast-Delegate, dessen gekapselte Methode ein
      // int liefert
      public delegate int DelegateThatReturnsInt();
      public event DelegateThatReturnsInt theDelegate;

      public void Run()
      {
         for ( ; ; )
         {
            // Eine halbe Sekunde schlafen
            Thread.Sleep( 500 );

            if ( theDelegate != null )
            {
               // Alle delegierten Methoden explizit aufrufen
               foreach (
                 DelegateThatReturnsInt del in
                   theDelegate.GetInvocationList() )
               {
                  // Asynchron aufrufen
                  // Das Delegate als Status-Objekt übergeben
                  del.BeginInvoke( new AsyncCallback( ResultsReturned ),
                     del );

               }  // Ende foreach
            }    // Ende if
         }      // Ende for ;;
      }        // Ende run

      // Callback-Methode zum Abfangen der Ergebnisse
      private void ResultsReturned( IAsyncResult iar )
      {
         // Das Status-Objekt zurück in den Delegate-Typ wandeln
         DelegateThatReturnsInt del =
           ( DelegateThatReturnsInt ) iar.AsyncState;

         // Beim Delegate EndInvoke aufrufen, um das Ergebnis zu bekommen
         int result = del.EndInvoke( iar );

         // Ergebnis anzeigen
         Console.WriteLine( "Delegate liefert Ergebnis: {0}", result );
      }
   }          // Ende der Klasse

   public class FirstSubscriber
   {
      private int myCounter = 0;
```

Beispiel 12-6: Asynchroner Aufruf von Delegates (Fortsetzung)

```
        public void Subscribe( ClassWithDelegate theClassWithDelegate )
        {
           theClassWithDelegate.theDelegate +=
             new ClassWithDelegate.DelegateThatReturnsInt( DisplayCounter );
        }

        public int DisplayCounter()
        {
           Console.WriteLine( "Beschäftigt mit DisplayCounter..." );
           Thread.Sleep( 10000 );
           Console.WriteLine( "Fertig mit DisplayCounter..." );
           return ++myCounter;
        }
     }

     public class SecondSubscriber
     {
        private int myCounter = 0;

        public void Subscribe( ClassWithDelegate theClassWithDelegate )
        {
           theClassWithDelegate.theDelegate +=
             new ClassWithDelegate.DelegateThatReturnsInt( Doubler );
        }

        public int Doubler()
        {
           return myCounter += 2;
        }
     }

     public class Test
     {
        public static void Main()
        {
           ClassWithDelegate theClassWithDelegate =
             new ClassWithDelegate();

           FirstSubscriber fs = new FirstSubscriber();
           fs.Subscribe( theClassWithDelegate );

           SecondSubscriber ss = new SecondSubscriber();
           ss.Subscribe( theClassWithDelegate );

           theClassWithDelegate.Run();
        }
     }
}
```

TEIL II

Mit C# programmieren

KAPITEL 13

Windows-Anwendungen erstellen

In den bisherigen Kapiteln haben wir die Sprache C# und die CLR mit Konsolenanwendungen veranschaulicht, die sich einfach implementieren lassen. Jetzt aber ist es an der Zeit, sich dem eigentlichen Grund zuzuwenden, aus dem Sie C# lernen: der Erstellung von Windows- und Web-Anwendungen.

In der Frühzeit von Windows lief eine Anwendung auf einem Desktop völlig isoliert. Doch mit der Zeit erkannte man die Vorteile, die es mit sich bringt, wenn die Anwendungen in einem Netzwerk laufen, wobei sich Benutzeroberfläche und Datenbank auf zwei verschiedenen Rechnern befinden. Diese Teilung der Zuständigkeiten oder Partitionierung einer Anwendung bezeichnete man als Entwicklung von Zweischichten- oder Client/Server-Anwendungen. Später entstanden auch drei- oder *n*-schichtige Ansätze, bei denen man begann, auf Webservern Geschäftsobjekte zu halten, die den Datenbankzugriff für die Clients übernehmen konnten.

In den frühen Tagen des Webs gab es eine klare Trennung zwischen Windows- und Web-Anwendungen. Windows-Anwendungen liefen auf einem Desktop oder in einem Local Area Network (LAN) und Web-Anwendungen auf einem entfernten Server, auf den mit einem Browser zugegriffen wurde. Doch nun wird diese Trennung etwas gelockert, da Windows-Anwendungen auch Webservices nutzen. Viele Anwendungen bestehen aus einer Logik, die auf einem Client läuft, einem Datenbank-Server und entfernten Drittcomputern im Web. Traditionelle Desktop-Anwendungen wie Excel oder Outlook können nun Daten, die sie aus dem Web abrufen, nahtlos integrieren, und Web-Anwendungen können einen Teil ihrer Datenverarbeitung auf clientseitige Komponenten verlagern.

Der einzige Unterschied zwischen einer Windows- und einer Web-AnwendungWeb-Anwendung könnte sich letztlich in der Beantwortung der Frage zeigen: Wem gehört die Benutzeroberfläche? Stellt Ihre Anwendung die Oberfläche über einen Browser zur Verfügung, oder wird die Oberfläche in der ausführbaren Datei erzeugt, die auf dem Desktop läuft?

Sogar die Unterscheidung danach, »wem die Benutzerschnittstelle gehört«, ist in einem gewissen Maß arbiträr, denn Browser-basierte Oberflächen können lokal laufende Komponenten haben, und Desktop-basiserte Anwendungen können über eingebettete Browser verfügen!

Web-Anwendungen bieten enorme Vorteile. Der wichtigste ist, dass Sie mit jedem Browser, der sich mit dem Server verbinden lässt, darauf zugreifen können. Außerdem können Updates auf dem Server vorgenommen werden, ohne dass Sie neue DLLs an Ihre Kunden verteilen müssen.

Wenn Ihre Anwendung andererseits nichts davon hat, im Web zu laufen, ist es meist so, dass Sie das Look-and-Feel oder die Leistung dieser Anwendung besser steuern können, wenn Sie eine Desktop-Anwendung daraus machen.

.NET stellt eng verwandte, aber immer noch unterscheidbare Tools für die Erstellung von Windows- oder Web-Anwendungen zur Verfügung. Beide basieren auf Formularen, wobei viele Anwendungen Benutzeroberflächen haben, die mit dem Benutzer über Formulare und Steuerelemente wie Buttons, Listenfelder, Textfelder usw. interagieren.

Die Tools zur Erstellung von Web-Anwendungen werden *Web Forms* genannt und in Kapitel 15 näher beschrieben. Die Tools für Windows-Anwendungen heißen *Windows Forms* und bilden das Thema dieses Kapitels.

Auf den folgenden Seiten lernen Sie, wie Sie mit Hilfe der Werkzeuge, die Visual Studio bietet, eine Windows-Anwendung erstellen können. Diese Anwendung bringt verschiedene C#-Techniken zusammen, die bereits in den vorangehenden Kapiteln behandelt worden sind.

Ein einfaches Windows-Formular

Ein Windows-Formular ist ein Hilfsmittel zur Erstellung einer Windows-Anwendung. Das .NET Framework bietet eine umfangreiche Unterstützung für die Entwicklung von Windows-Anwendungen, die im Zentrum des Windows Forms-Framework steht. Dass Windows Forms ein Formular als Metapher verwendet, ist nicht überraschend. Dieses Konzept wurde von der ungemein erfolgreichen VB-Umgebung entlehnt und unterstützt RAD. C# ist womöglich die erste Entwicklungsumgebung, die die RAD-Tools von VB mit der objektorientierten, leistungsfähigen Natur der C-Programmiersprachenfamilie verbindet.

Mit Visual Studio Designer arbeiten

Es ist durchaus möglich, Windows-Anwendungen mit einem beliebigen Editor (auch Notepad!) von der Befehlszeile aus zu erstellen und zu kompilieren. Dies sollten Sie sich jedoch gut überlegen, wo Ihnen doch Visual Studio.NET das Leben so viel leichter machen kann.

Wenn Sie mit der Arbeit an einer neuen Windows-Anwendung beginnen, öffnen Sie als erstes Visual Studio und wählen **File → New → Project**. Im Fenster **New Project** erzeugen Sie eine neue C#-Windows-Anwendung und nennen sie `ProgCSharpWindowsForm`, wie in Abbildung 13-1 gezeigt.

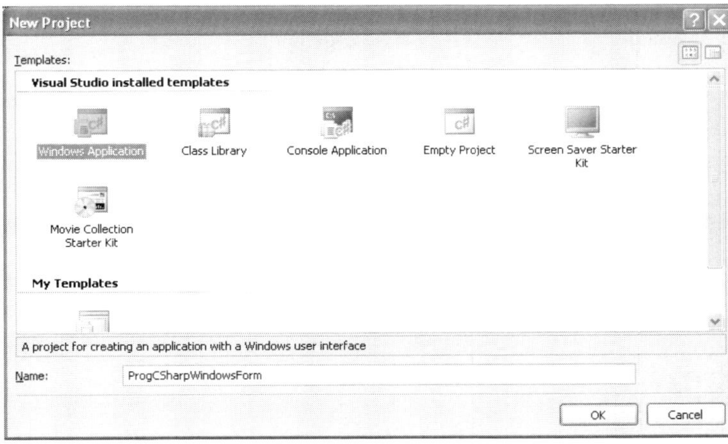

Abbildung 13-1: Eine Windows Form-Anwendung erstellen

Als Reaktion darauf legt Visual Studio eine Windows Form-Anwendung an und – noch besser – öffnet für Sie eine Entwurfsumgebung, wie Sie sie in Abbildung 13-2 sehen.

Das Entwurfsfenster zeigt ein leeres Windows-Formular an (`Form1`). Außerdem steht ein Toolbox-Fenster mit einer Auswahl von Windows-Widgets und -Steuerelementen zur Verfügung. Wenn die Toolbox nicht angezeigt wird, klicken Sie auf das Wort **Toolbox** oder wählen im Visual Studio-Menü **View → Toolbox**. Sie können auch das Tastaturkürzel **Strg-Alt-X** verwenden.[1]

Wenn die Toolbox angezeigt wird, können Sie ein Label und einen Button direkt auf das Formular ziehen, wie es in Abbildung 13-3 zu sehen ist.

Bevor Sie nun weitermachen, schauen Sie sich ein wenig um. Die Toolbox ist voller Steuerelemente, die Sie Ihrer Windows Forms-Anwendung hinzufügen können. In der oberen rechten Ecke sehen Sie den **Solution Explorer**, ein Fenster, das alle Dateien Ihrer Projekte anzeigt. Unten rechts sehen Sie das Fenster **Properties**, das alle Eigenschaften des gegenwärtig ausgewählten Elements zeigt. In Abbildung 13-3 ist das Label (`label1`) ausgewählt, und das **Properties**-Fenster zeigt dessen Eigenschaften an.

Im Eigenschaftenfenster können Sie auch die Eigenschaften der diversen Steuerelemente betrachten. Um z.B. zu `label1` Text hinzuzufügen, können Sie in den Kasten rechts von

1 Vieles lässt sich in Visual Studio personalisieren; überprüfen Sie alle Tastaturkürzel, um sicherzustellen, dass sie in Ihrer Umgebung erwartungsgemäß funktionieren.

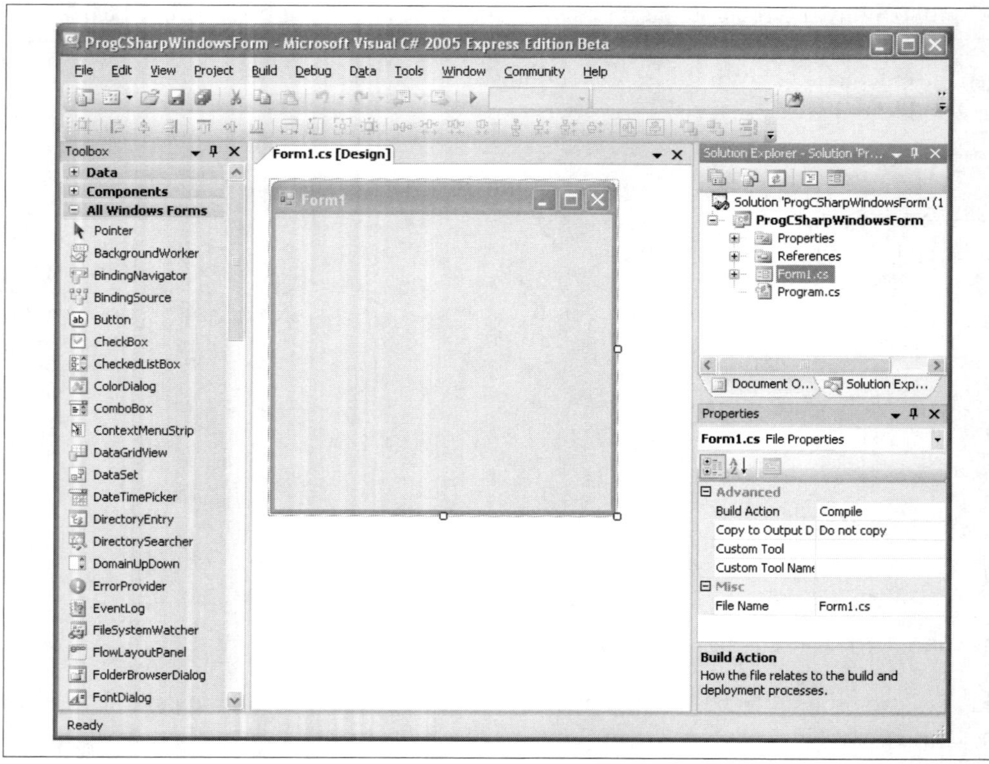

Abbildung 13-2: Die Entwurfsumgebung

der `Text`-Eigenschaft die Worte »Hello World« eingeben. Wenn Sie den Font für das `HelloWorld`-Label ändern möchten, klicken Sie auf die Eigenschaft **Font**, die Sie unten rechts in Abbildung 13-4 sehen. (Den Text können Sie ebenso wie für Ihren Button (`button1`) zur Verfügung stellen, indem Sie das Eigenschaftenfenster auswählen und in die `Text`-Eigenschaft »Abbrechen« eingeben.)

Jeder dieser Schritte ist meistens einfacher, als wenn Sie diese Eigenschaften im Code modifizieren müssten (auch wenn dies natürlich möglich ist).

Wenn das Formularlayout fertig ist, müssen Sie nur noch einen Klick-Handler für den **Abbrechen**-Button erstellen. Mit einem Doppelklick auf den Button wird der Event-Handler erzeugt und registriert, und Sie werden auf die *Code-Seite* geleitet, die den Quellcode für dieses Formular enthält. Dort können Sie die Event-Handler-Logik eintragen, wie in Abbildung 13-5 zu sehen.

Da der Cursor bereits an der richtigen Stelle steht, brauchen Sie nur noch die folgende Codezeile einzugeben:

```
Application.Exit( );
```

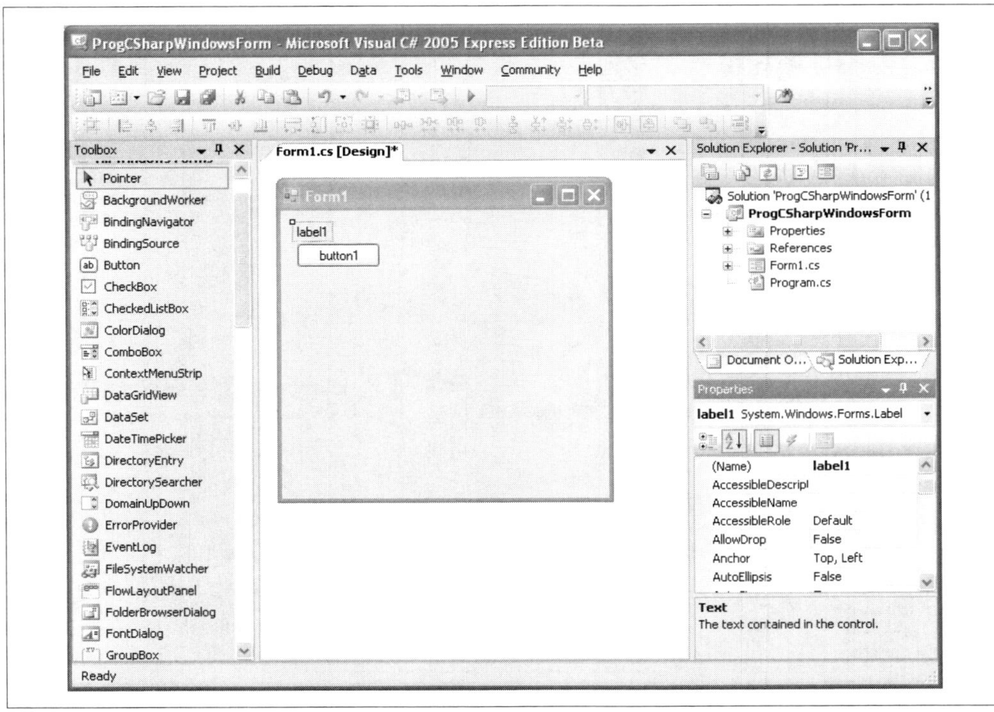

Abbildung 13-3: Die Windows Form-Entwicklungsumgebung

Während Sie dies einzugeben versuchen, werden Sie feststellen, dass Intellisense Ihnen dabei helfen möchte. Geben Sie ein `A` ein, wird Ihnen das erstmögliche Objekt, das mit einem A beginnt, angezeigt. Tippen Sie weiter bis `Appl` und geben Sie dann einen Punkt ein: Die Klasse `Application` wird für Sie eingetragen,[2] und sofort sind die Methoden und Eigenschaften des `Application`-Objekts verfügbar. Tippen Sie `Ex` und danach ein Semikolon, und schon ist die ganze Codezeile fertig geschrieben.

> In der Entwicklungsumgebung blinkt der Cursor, so dass man leicht erkennen kann, an welcher Stelle der Code geschrieben wird. In diesem Buch wird der Cursor vermutlich für die meisten Leser nicht blinkend erscheinen.

Visual Studio generiert den gesamten Code, der zum Erzeugen und Initialisieren der Komponenten benötigt wird.

Beachten Sie, dass sich in Ihrer Codedatei (*Form1.cs*) nur noch die `using`-Direktiven sowie der Konstruktor und der Event-Handler befinden. Jene unter Ihnen, die bereits mit einer früheren C#-Version gearbeitet haben, fragen sich vielleicht, wo der restliche Code

2 Beachten Sie, dass sich Intellisense Ihre letzte Auswahl merkt und mit dieser beginnt; in den meisten Fällen ist dies eine große Erleichterung.

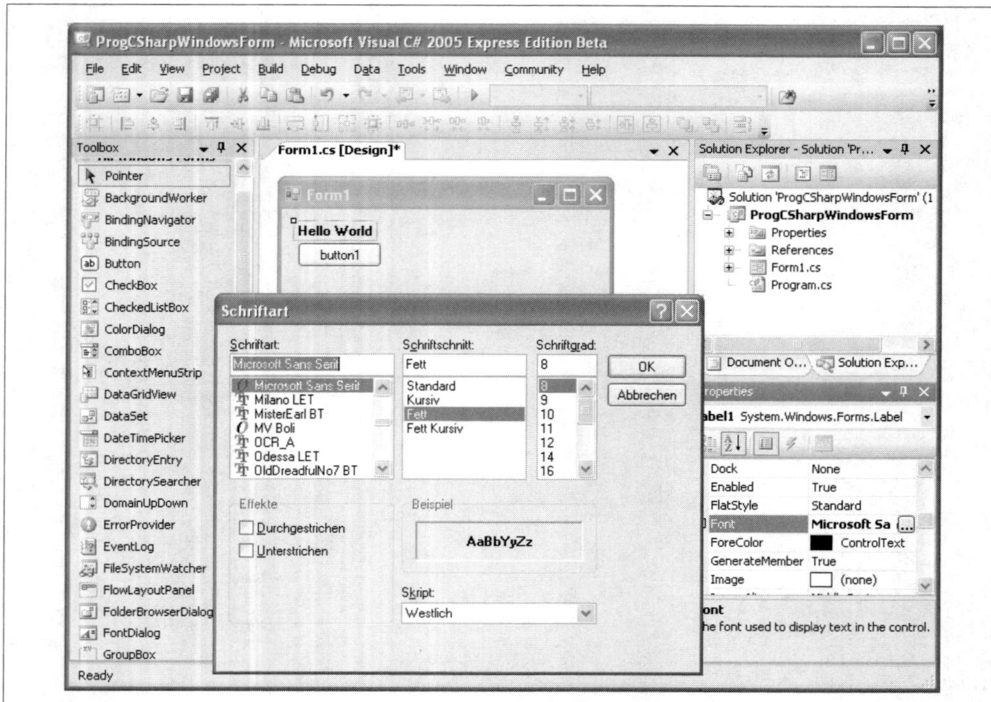

Abbildung 13-4: Den Font modifizieren

geblieben ist, mit dem Ihre Controls (die hier noch nicht einmal mehr aufgeführt sind!) initialisiert und mit dem deren Eigenschaften gesetzt werden. Wie Sie sehen, enthält die Klassendefinition das Schlüsselwort `partial`. Es weist darauf hin, dass sich der Rest der Klassendefinition in einer anderen Datei befindet. Wenn Sie auf das Icon **Show All Files** klicken (in Abbildung 13-6 durch einen Kreis gekennzeichnet), werden Sie feststellen, dass der Designer eine weitere Datei hinzugefügt hat: *Form1.Designer.cs*.

In der Datei *Form1.Designer.cs* befindet sich der gesamte von Visual Studio generierte Code.

Eine Windows Forms-Anwendung erstellen

Damit Sie sehen, wie Sie mit Windows Forms eine realistischere Windows-Anwendung erzeugen können, werden Sie in diesem Abschnitt ein Programm namens `FileCopier` schreiben, das alle Dateien aus einer Gruppe von Verzeichnissen, die der Benutzer auswählt, in ein einziges Zielverzeichnis oder -Device kopiert, z.B. auf eine Diskette oder eine Backup-Festplatte im Firmennetzwerk. Auch wenn Sie hier nicht jedes einzelne Feature implementieren werden, können Sie sich doch vorstellen, diese Anwendung so zu programmieren, dass Sie zig Dateien markieren und auf mehrere Platten kopieren könnten, indem Sie sie so dicht wie möglich packen. Sie können die Anwendung sogar so ausbauen,

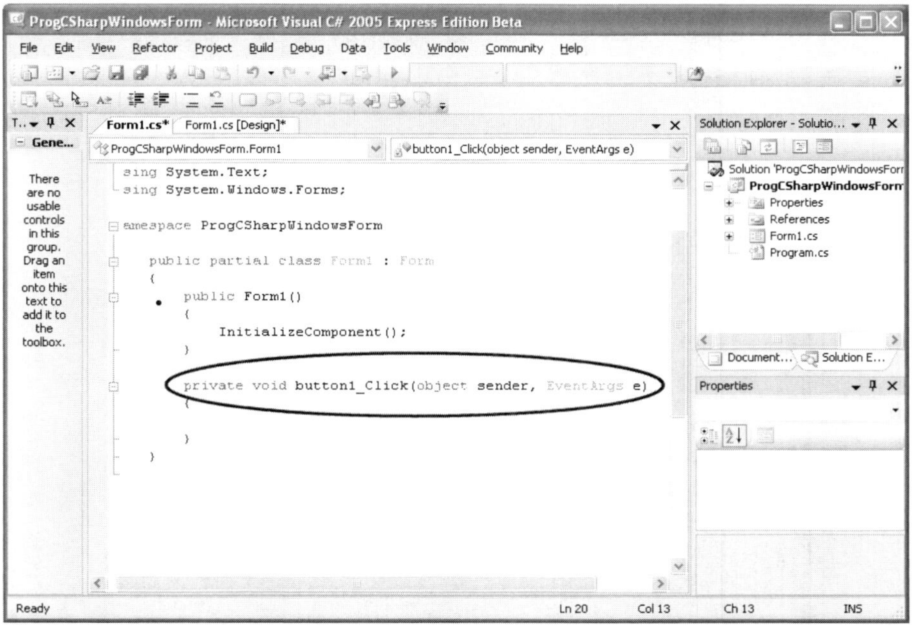

Abbildung 13-5: Nach einem Doppelklick auf den Abbrechen-Button

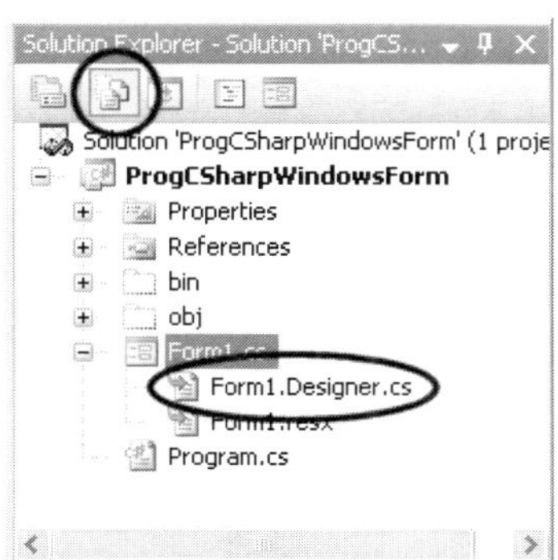

Abbildung 13-6: Alle Dateien anzeigen

dass sie die Dateien komprimiert. Das eigentliche Ziel dieses Beispiels besteht jedoch darin, dass Sie möglichst vieles von dem anwenden, was Sie in den vergangenen Kapiteln über C# gelernt haben, und dass Sie den Namensraum `Windows.Forms` erforschen.

Für dieses Beispiel, und um den Code einfach zu halten, konzentrieren Sie sich auf die Benutzeroberfläche und auf die Schritte, die notwendig sind, um die verschiedenen Steuerelemente damit zu verbinden. Die endgültige Oberfläche der Anwendung sehen Sie in Abbildung 13-7.

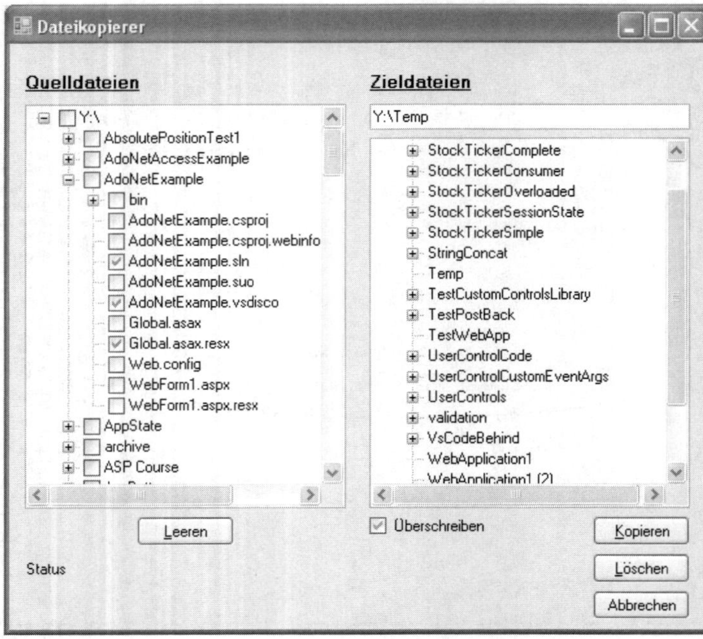

Abbildung 13-7: Die Benutzeroberfläche von File Copier

Die Benutzeroberfläche von `FileCopier` besteht aus folgenden Steuerelementen:

- Labels: Quelldateien und Zieldateien
- Buttons: **Leeren**, **Kopieren**, **Löschen** und **Abbrechen**
- einem Kontrollkästchen »Überschreiben«
- einem Textfeld, das den Pfad des Zielverzeichnisses anzeigt
- zwei großen `TreeView`-Steuerelementen: einem für die verfügbaren Steuerelemente und einem für die verfügbaren Ziel-Devices und -verzeichnisse

Der Benutzer soll im linken `TreeView` (der Quelle) Dateien (oder komplette Verzeichnisse) anwählen können. Wenn er dann den **Kopieren**-Button anklickt, werden die links ausgewählten Dateien in die Zieldatei im rechten Steuerelement kopiert. Klickt der Benutzer auf **Löschen**, werden die ausgewählten Dateien gelöscht.

Im Rest dieses Kapitels werden einige `FileCopier`-Features implementiert, um die wichtigsten Funktionen von Windows Forms zu demonstrieren.

Die Oberfläche erstellen

Die erste Aufgabe ist, ein neues Projekt namens `FileCopier` zu öffnen. Die IDE leitet Sie dann in den Designer, in dem Sie Widgets auf das Formular ziehen können. Sie können das Formular auf jede gewünschte Größe bringen. Ziehen Sie die Widgets von der Toolbox auf das Formular und setzen Sie die Name-Eigenschaften der Labels (lblSource, lblTarget, lblStatus), Buttons (btnClear, btnCopy, btnDelete, btnCancel), eines Kontrollkästchens (chkOverwrite), eines Textfelds (txtTargetDir) und der TreeView-Steuerelemente (tvwSource, tvwTargetDir), bis das Ergebnis ungefähr so wie in Abbildung 13-8 aussieht.

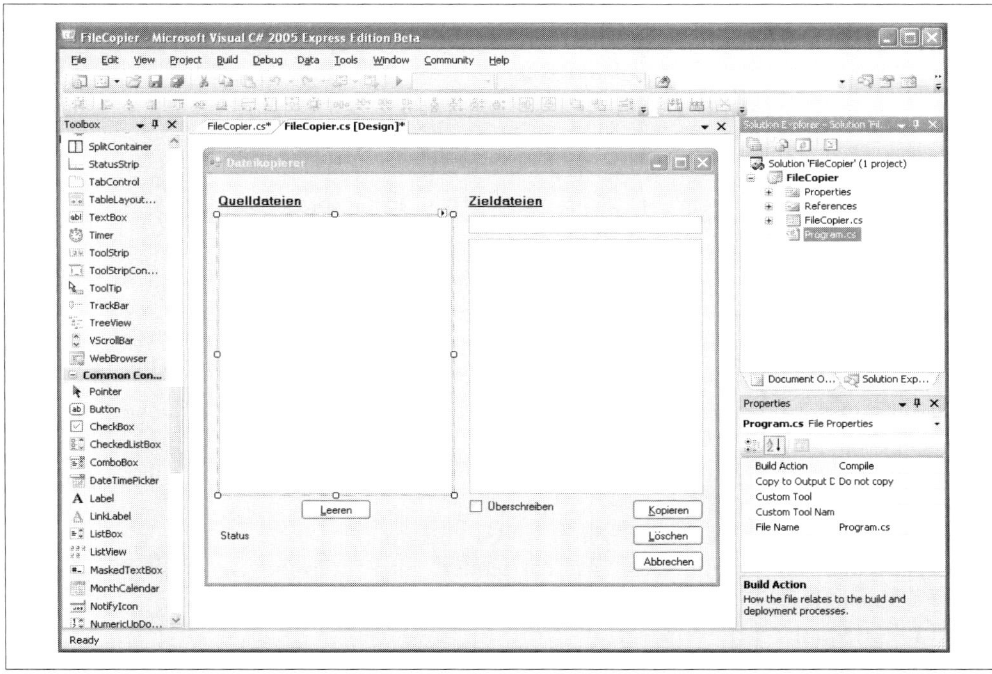

Abbildung 13-8: Das Formular im Designer erstellen

Neben den Verzeichnissen und Dateien im Quellfenster sollen Kontrollkästchen angeordnet sein, aber nicht im Zielfenster (in dem nur ein Verzeichnis ausgewählt werden kann). Setzen Sie die Eigenschaft CheckBoxes für das linke TreeView-Steuerelement, tvwSource, auf true und die Eigenschaft für das rechte TreeView-Steuerelement, tvwTargetDir, auf false. Klicken Sie dazu die Steuerelemente nacheinander an und ändern Sie die entsprechenden Werte im Eigenschaftenfenster.

Wenn dies erledigt ist, doppelklicken Sie auf den Button **Abbrechen**, um seinen Event-Handler zu erzeugen. Immer wenn Sie auf ein Steuerelement doppelklicken, erzeugt Visual Studio für dieses Objekt einen Event-Handler. Zu jedem Objekt gehört ein vorgegebenes »Default«-Event, das Visual Studio verwendet, wenn Sie einen Doppelklick auf das Objekt ausführen. Bei Buttons ist dieses Event Click.

```
protected void btnCancel_Click (object sender, System.EventArgs e)
{
   Application.Exit( );
}
```

Zu jedem der zahlreichen Steuerelemente können Sie viele verschiedene Events behandeln. Eine einfache Möglichkeit besteht darin, den Button **Events** im Eigenschaftenfenster anzuklicken. Von dort aus können Sie neue Handler erzeugen, indem Sie einfach den Namen einer neuen Event-Handler-Methode eintragen oder einen der vorhandenen Event-Handler auswählen. Visual Studio registriert daraufhin den Handler, öffnet den Code-Editor, legt darin den Header an und setzt den Cursor in einen leeren Methodenrumpf.

Das war der einfache Teil. Visual Studio generiert Code, um das Formular einzurichten und alle Steuerelemente zu initialisieren, aber es füllt die `TreeView`-Steuerelemente nicht aus. Das müssen Sie selbst tun.

Tipps zu .NET Windows Forms für VB6-Programmierer

Es ist sehr erfreulich, dass die elementaren Steuerelemente in .NET Windows viele Gemeinsamkeiten mit ihren VB6-Vorfahren haben. Es gibt aber auch einige Veränderungen, mit denen Sie Überraschungen erleben könnten. Denken Sie daher, wenn Sie Formulare entwerfen, an die folgenden Tipps.

In VB6 wird Text bei einigen Steuerelementen mit der Eigenschaft `Text` angezeigt, während andere dafür die Eigenschaft `Caption` verwenden. Bei .NET heißen nun alle textbezogenen Eigenschaften einfach `Text`.

Die `CommandButtons` von VB6 verwenden die Eigenschaften `Default` und `Cancel`, damit der Benutzer sie einfach dadurch anwählen kann, dass er die Enter- oder die Escape-Taste drückt. Bei .NET gehören diese Eigenschaften nun zum `Form`-Objekt. Dabei dienen die Eigenschaften `AcceptButton` und `CancelButton` dazu, diejenigen Buttons im Formular zu referenzieren, die die jeweilige Aufgabe übernehmen.

Ein VB6-Formular wird durch den Aufruf der Methode `Show()` zur Anzeige gebracht. Wenn Sie möchten, dass das Formular als modale Dialogbox angezeigt wird, übergeben Sie der `Show()`-Methode den Enumerator `vbModal`. In .NET sind diese Funktionen auf zwei verschiedene Methodenaufrufe aufgeteilt worden: `Show()` und `ShowModal()`.

Die TreeView-Steuerelemente füllen

Die beiden `TreeView`-Steuerelemente arbeiten fast gleich, nur dass das linke, `tvwSource`, sowohl Verzeichnisse als auch Dateien auflistet, das rechte, `tvwTargetDir`, hingegen nur Verzeichnisse. Die Eigenschaft `CheckBoxes` ist für `tvwSource` auf `true` und für `tvwTargetDir` auf `false` gesetzt. Außerdem erlaubt `tvwSource` eine Mehrfachauswahl, wie es für `TreeView`-Steuerelemente Standard ist, wohingegen Sie für `tvwTargetDir` eine Einfachauswahl vorschreiben müssen.

Den gemeinsamen Code für beide `TreeView`-Steuerelemente setzen Sie in eine gemeinsam genutzte Methode namens `FillDirectoryTree`. Sie übergeben ihr das Steuerelement mit einem Flag, das anzeigt, wo die Dateien geholt werden. Diese Methode rufen Sie je einmal für jedes der beiden Steuerelemente im Formularkonstruktor auf:

```
FillDirectoryTree(tvwSource, true);
FillDirectoryTree(tvwTargetDir, false);
```

Die `FillDirectoryTree`-Implementierung nennt den `TreeView`-Parameter `tvw`. Er repräsentiert abwechselnd die Quell- und die Ziel-`TreeView`. Da Sie Klassen aus `System.IO` benötigen werden, fügen Sie oben in `Form1.cs` die Anweisung `using System.IO;` ein. Als Nächstes fügen Sie zu `Form1.cs` die Methodendeklaration hinzu:

```
private void FillDirectoryTree(TreeView tvw, bool isSource)
```

TreeNode-Objekte

Das `TreeView`-Steuerelement hat die Eigenschaft `Nodes`, die ein `TreeNodeCollection`-Objekt holt. Die `TreeNodeCollection` ist eine Collection von `TreeNode`-Objekten, die jeweils einen Knoten im Baum darstellen. Als Erstes leeren Sie diese Collection:

```
tvw.Nodes.Clear();
```

Nun können Sie die `Nodes`-Collection von `TreeView` füllen, indem Sie rekursiv die Verzeichnisse aller Laufwerke durchgehen. Zuerst betrachten Sie die logischen Laufwerke des Systems, indem Sie die statische Methode `GetLogicalDrives()` des `Environment`-Objekts aufrufen. Die Klasse `Environment` gibt Informationen über und Zugriff auf die aktuelle Plattformumgebung. Mit Hilfe des `Environment`-Objekts bringen Sie den Namen des Rechners, die Betriebssystemversion usw. für den Computer, auf dem Ihr Programm läuft, in Erfahrung.

```
string[] strDrives = Environment.GetLogicalDrives();
```

`GetLogicalDrives()` gibt ein Array von Strings zurück, die je ein logisches Laufwerk repräsentieren. Diese Collection durchlaufen Sie mit einer Schleife und fügen dem `TreeView`-Steuerelement unterwegs Knoten hinzu.

```
foreach (string rootDirectoryName in strDrives)
{
```

Sie gehen jedes Laufwerk mit der `foreach`-Schleife durch.

Doch als Erstes müssen Sie feststellen, ob das Laufwerk bereit ist. Ich hole dazu die Liste der Top-Level-Verzeichnisse, indem ich `GetDirectories()` auf einem `DirectoryInfo`-Objekt aufrufe, das ich für das Wurzelverzeichnis angelegt habe:

```
DirectoryInfo dir = new DirectoryInfo(rootDirectoryName);
dir.GetDirectories();
```

Die Klasse `DirectoryInfo` legt Instanzmethoden offen, um Verzeichnisse sowie ihre Dateien und Unterverzeichnisse anzulegen, zu verschieben und aufzuzählen. Diese Klasse wird in Kapitel 21 genauer beschrieben.

Die Methode `GetDirectories()` gibt eine Liste mit Verzeichnissen zurück, aber der Code wirft diese Liste gleich wieder weg. Die Methode wird hier nur aufgerufen, um eine Exception auszulösen, falls das Laufwerk nicht bereit ist.

Den Aufruf setzen Sie in einen try-Block, und im catch-Block unternehmen Sie gar nichts. Die Wirkung ist, dass eine Exception ausgelöst und das betreffende Laufwerk übersprungen wird.

Wenn Sie wissen, dass das Laufwerk bereit ist, erzeugen Sie einen TreeNode, um das Wurzelverzeichnis des Laufwerks darin zu speichern, und fügen diesen Knoten dem TreeView-Steuerelement hinzu:

```
TreeNode ndRoot = new TreeNode(rootDirectoryName);
tvw.Nodes.Add(ndRoot);
```

Damit die +-Zeichen im TreeView richtig funktionieren, müssen Sie mindestens zwei Verzeichnisebenen finden (damit das TreeView weiß, zu welchen Verzeichnissen es Unterverzeichnisse gibt, und bei diesen das +-Zeichen anordnen kann). Es ist allerdings besser, nicht rekursiv alle Unterverzeichnisse zu durchlaufen, da dies zu zeitraubend wäre.

Die Methode GetSubDirectoryNodes() hat die Aufgabe, zwei Rekursionsebenen tief zu gehen und dabei den Wurzelknoten, den Name des Wurzelverzeichnisses, ein Flag als Kennzeichen, ob Dateien gewünscht sind, sowie die aktuelle Ebene zu übergeben (wobei Sie immer mit der Ebene 1 beginnen):

```
if (isSource)
{
   GetSubDirectoryNodes(ndRoot, ndRoot.Text, true,1);
}
else
{
   GetSubDirectoryNodes(ndRoot, ndRoot.Text, false,1);
}
```

Nun fragen Sie sich vielleicht, ob Sie tatsächlich auch ndRoot.Text übergeben müssen, wenn Sie ndRoot bereits übergeben haben. Nur Geduld: Wenn Sie rekursiv auf GetSubDirectoryNodes zurückkommen, werden Sie sehen, warum dies nötig ist. Jetzt sind Sie mit FillDirectoryTree( ) fertig. Ein vollständiges Listing dieser Methode sehen Sie in Beispiel 13-1 weiter unten in diesem Kapitel.

Rekursion durch die Unterverzeichnisse

Die Methode GetSubDirectoryNodes( ) ruft als Erstes erneut GetDirectories( ) auf, diesmal, indem sie das resultierende Array von DirectoryInfo-Objekten speichert.

```
private void GetSubDirectoryNodes(
   TreeNode parentNode, string fullName, bool getFileNames)
{
   DirectoryInfo dir = new DirectoryInfo(fullName);
   DirectoryInfo[] dirSubs = dir.GetDirectories( );
```

Beachten Sie, dass der übergebene Knoten parentNode heißt. Die Knoten der gegenwärtigen Ebene werden als Kinder des übergebenen Knotens betrachtet. So bilden Sie die Verzeichnisstruktur auf die Hierarchie des TreeView ab.

Nun iterieren Sie über jedes Unterverzeichnis, wobei Sie die als `Hidden` markierten überspringen:

```
foreach (DirectoryInfo dirSub in dirSubs)
{
    if ( (dirSub.Attributes &
         FileAttributes.Hidden) != 0 )
    {
        continue;
    }
```

`FileAttributes` ist ein `enum`; als weitere Werte sind `Archive`, `Compressed`, `Directory`, `Encrypted`, `Hidden`, `Normal`, `ReadOnly` usw. möglich.

> Die Eigenschaft `dirSub.Attributes` ist das Bitmuster der aktuellen Verzeichnisattribute. Wenn Sie diesen Wert und das Bitmuster `FileAttributes.Hidden` mit logischem UND verknüpfen, wird ein Bit gesetzt, wenn die Datei das Attribut `hidden` hat. Andernfalls werden alle Bits ausgeschaltet. Ob ein verborgenes Bit vorliegt, sehen Sie, indem Sie testen, ob der resultierende `int`-Wert ungleich null ist.

Erzeugen Sie einen `TreeNode` mit dem Verzeichnisnamen und fügen Sie ihn zur `Nodes`-Collection des Knotens hinzu, den Sie der Methode übergeben haben (`parentNode`):

```
TreeNode subNode = new TreeNode(dirSub.Name);
parentNode.Nodes.Add(subNode);
```

Jetzt vergleichen Sie die aktuelle Ebene (die von der aufrufenden Methode übergeben wurde) mit der für die Klasse definierten Konstanten `MaxLevel`:

```
private const int MaxLevel = 2;
```

Dadurch geht die Rekursion nicht tiefer als zwei Ebenen:

```
if ( level < MaxLevel )
{
   GetSubDirectoryNodes(
     subNode, dirSub.FullName, getFileNames, level+1 );
}
```

Sie übergeben den Knoten, den Sie soeben erzeugt haben, als neuen Elternknoten, den vollständigen Pfad als Namen des Elternknotens und das erhaltene Flag zusammen mit der um eins erhöhten aktuellen Ebene (wenn Sie also mit der Ebene eins begonnen haben, setzt dieser Folgeaufruf die Ebene auf zwei).

> Der Aufruf des `TreeNode`-Konstruktors verwendet die `Name`-Eigenschaft des `DirectoryInfo`-Objekts, während der Aufruf von `GetSubDirectoryNodes()` seine `FullName`-Eigenschaft verwendet. Wenn Ihr Verzeichnis *C:\Windows\Media\Sounds* ist, gibt die Eigenschaft `FullName` den vollständigen Pfad, die Eigenschaft `Name` hingegen nur `Sounds` zurück. Dem Knoten übergeben Sie deswegen nur den Namen, weil dieser Name ja im `TreeView` erscheinen soll. Der Methode `GetSubDirectoryNodes()` übergeben Sie den vollständigen Namen mit Pfad, damit sie alle Unterverzeichnisse auf der

Festplatte ausfindig machen kann. Dies beantwortet die weiter oben gestellte Frage, warum Sie das erste Mal, wenn Sie diese Methode aufrufen, den Namen des Wurzelknotens übergeben müssen: Das, was Sie übergeben, ist nicht der Name des Knotens, sondern der vollständige Pfad zu dem Verzeichnis, das der Knoten repräsentiert!

Die Dateien in das Verzeichnis holen

Nachdem Sie die Unterverzeichnisse rekursiv abgearbeitet haben, ist es an der Zeit, die Dateien in das Verzeichnis zu holen, falls das Flag `getFileNames` auf `true` gesetzt ist. Dazu rufen Sie auf dem `DirectoryInfo`-Objekt die `GetFiles( )`-Methode auf. Sie liefert ein Array von `FileInfo`-Objekten zurück:

```
if (getFileNames)
{
   // Hol die für diesen Knoten vorhandenen Dateien.
   FileInfo[] files = dir.GetFiles( );
```

Die (in Kapitel 21 beschriebene) Klasse `FileInfo` stellt Instanzmethoden zur Dateibearbeitung zur Verfügung.

Diese Collection durchlaufen Sie, indem Sie auf die `Name`-Eigenschaft des `FileInfo`-Objekts zugreifen und diesen Namen dem Konstruktor eines `TreeNode` übergeben, den Sie dann der `Nodes`-Collection des Elternknotens hinzufügen (wodurch ein Kindknoten entsteht). Diesmal gehen Sie nicht in die Rekursion, da Dateien keine Unterverzeichnisse haben.

```
foreach (FileInfo file in files)
{
   TreeNode fileNode = new TreeNode(file.Name);
   parentNode.Nodes.Add(fileNode);
}
```

Mehr ist nicht nötig, um die beiden `TreeViews` zu füllen. Ein vollständiges Listing dieser Methode sehen Sie in Beispiel 13-1.

> War dies jetzt für Sie ein wenig verwirrend, rate ich Ihnen dringend, diesen Code in den Debugger zu laden und die Rekursion darin zu betrachten. Sie sehen dann, wie das `TreeView` ihre Knoten aufbaut.

TreeView-Events behandeln

In diesem Beispiel werden Sie einige Events behandeln. Zum einen kann der Benutzer auf **Abbrechen**, **Kopieren**, **Leeren** oder **Löschen** klicken. Außerdem kann er auf eines der Kontrollkästchen in der linken `TreeView`, auf einen der Knoten im rechten `TreeView` oder auf die +-Zeichen in beiden Bäumen klicken.

Als Erstes betrachten wir die Klicks auf die `TreeViews`, da diese am interessantesten und vielleicht auch am schwierigsten sind.

Auf das Quell-TreeView klicken

Es gibt zwei TreeView-Objekte, jedes mit einem eigenen Event-Handler. Als Erstes betrachten Sie die Quell-TreeView. Der Benutzer markiert darin die zu kopierenden Dateien und Verzeichnisse. Jedes Mal, wenn er auf ein Kontrollkästchen zu einer Datei oder einem Verzeichnis klickt, werden mehrere Events ausgelöst. Das Event, das Sie behandeln müssen, ist AfterCheck.

Dafür implementieren Sie einen selbst geschriebenen Event-Handler namens tvwSource_AfterCheck( ). Entweder verknüpft Visual Studio diesen Event-Handler, oder Sie tun es selbst, wenn Sie nicht mit der IDE arbeiten.

```
tvwSource.AfterCheck +=
new System.Windows.Forms.TreeViewEventHandler
   (this.tvwSource_AfterCheck);
```

Die Implementierung von AfterCheck( ) delegiert die Arbeit an eine rekursive Methode namens SetCheck( ), die ebenfalls Sie selbst schreiben werden.

Um das AfterCheck-Event hinzuzufügen, wählen Sie das Steuerelement tvwSource, klicken auf das Symbol **Events** im Eigenschaftenfenster und doppelklicken dann auf AfterCheck. Dadurch wird das Event hinzugefügt und verbunden, und Sie werden in den Code-Editor geleitet, in dem Sie den Methodenrumpf eingeben können:

```
private void tvwSource_AfterCheck (
object sender, System.Windows.Forms.TreeViewEventArgs e)
{
    SetCheck(e.Node,e.Node.Checked);
}
```

Der Event-Handler übergibt das sender-Objekt und ein Objekt vom Typ TreeViewEventArgs. Wie sich herausstellt, können Sie den Knoten von diesem TreeViewEventArgs-Objekt (e) bekommen. Sie rufen SetCheck( ) auf, übergeben den Knoten und die Zustandsinformation darüber, ob der Knoten markiert wurde oder nicht.

Schildkröten, bis ganz unten

Meine Lieblingsanekdote über die Rekursion nach der Schilderung von Stephen Hawking: Eines Tages erzählte ein berühmter Forscher eine Geschichte über Schöpfungsmythen. »Manche Menschen«, so sagte er, »glauben, dass die Welt auf dem Rücken einer großen Schildkröte ruht. Das wirft natürlich die Frage auf: Worauf ruht die Schildkröte?«

Da erhob sich eine ältere Dame, die weiter hinten saß, und sagte: »Sehr schlau, junger Mann, aber es sind natürlich auch Schildkröten, bis ganz unten.«

Jeder node hat eine Nodes-Eigenschaft, die eine TreeNodeCollection mit allen Unterknoten beschafft. SetCheck( ) durchläuft rekursiv die Nodes-Collection des aktuellen Knotens und setzt das Häkchen für jeden Unterknoten entsprechend dem markierten Knoten. Mit anderen Worten: Wenn Sie ein Verzeichnis markieren, werden rekursiv auch alle seine Dateien und Unterverzeichnisse von oben nach unten markiert.

Für jeden `TreeNode` der `Nodes`-Collection sehen Sie nach, ob es sich um einen Blattknoten handelt. Dies ist dann der Fall, wenn seine eigene `Nodes`-Collection die Anzahl null hat. Wenn es ein Blattknoten ist, setzen Sie seine `check`-Eigenschaft auf das, was als Parameter übergeben wurde. Ist es kein Knoten, gehen Sie in die Rekursion.

```
private void SetCheck(TreeNode node, bool check)
{
    // Finde alle Kindknoten dieses Knotens
    foreach (TreeNode n in node.Nodes)
    {
       n.Checked = check;   // Prüfe den Knoten

       // Wenn es ein Baumknoten ist, gehe in die Rekursion
      if (n.Nodes.Count != 0)
       {
          SetCheck(n,check);
       }
    }
}
```

So wird das Häkchen über die gesamte Struktur verbreitet (oder daraus entfernt). Auf diese Weise kann der Benutzer angeben, dass er alle Dateien aller Unterverzeichnisse auswählt, indem er nur auf ein einziges Verzeichnis klickt.

Ein Verzeichnis expandieren

Jedes Mal, wenn Sie auf ein +-Zeichen bei einem Verzeichnis im Quellfenster (oder im Zielfenster) klicken, soll dieses Verzeichnis expandieren. Dafür benötigen Sie einen Event-Handler für das Event `BeforeExpand`. Da die Event-Handler für beide Bäume, Ziel und Quelle, identisch sind, legen Sie einen gemeinsamen Event-Handler an (indem Sie den Event-Handler beiden zuordnen):

```
private void tvwExpand(object sender, TreeViewCancelEventArgs e)
{

   TreeView tvw = ( TreeView ) sender;
   bool getFiles = tvw == tvwSource;
   TreeNode currentNode = e.Node;
   string fullName = currentNode.FullPath;
   currentNode.Nodes.Clear();
   GetSubDirectoryNodes( currentNode, fullName, getFiles, 1 );

}
```

Die erste Codezeile wandelt das vom Delegate übergebene Objekt von `object` nach `TreeView`. Das ist sicher, denn Sie wissen, dass das Event nur von einem `TreeView` ausgelöst werden kann.

Als Zweites stellen Sie fest, ob Sie die Dateien im zu öffnenden Verzeichnis benötigen, und dies ist nur der Fall, wenn der Name des `TreeView`, in dem das Event ausgelöst wurde, `tvwSource` ist.

Bei welchem Knoten das +-Zeichen angeschaltet wurde, finden Sie heraus, indem Sie sich die Eigenschaft `Node` des durch das Event übergebenen `TreeViewCancelEventArgs`-Objekts holen:

```
TreeNode currentNode = e.Node;
```

Nachdem Sie den aktuellen Knoten ermittelt haben, lesen Sie seinen vollständigen Pfadnamen aus (den Sie als Parameter für `GetSubDirectoryNodes` benötigen). Danach leeren Sie die zugehörige Collection mit Unterknoten, denn Sie werden diese Collection gleich neu füllen, indem Sie `GetSubDirectoryNodes` aufrufen:

```
currentNode.Nodes.Clear();
```

Aber warum entfernen Sie die Unterknoten und füllen sie danach wieder auf? Weil Sie dieses Mal eine Ebene tiefer gehen, so dass die Unterknoten wissen müssen, ob *sie* wiederum Unterknoten haben und somit ein +-Zeichen bei ihrem jeweiligen Unterverzeichnis darstellen müssen.

Auf das Ziel-TreeView klicken

Der zweite Event-Handler für das Ziel-`TreeView` (neben `BeforeExpand`) ist etwas schwieriger. Das Event selbst ist `AfterSelect`. (Vergessen Sie nicht, dass das Ziel-`TreeView` keine Kontrollkästchen hat.) Diesmal möchten Sie das eine gewählte Verzeichnis nehmen und seinen vollständigen Pfad in das Textfeld in der oberen linken Ecke des Formulars schreiben.

Um dies zu tun, müssen Sie sich von unten nach oben durch die Knoten arbeiten, um den Namen jedes Elternverzeichnisses zu ermitteln und den vollständigen Pfad aufzubauen:

```
private void tvwTargetDir_AfterSelect (
    object sender, System.Windows.Forms.TreeViewEventArgs e)
{

    string theFullPath = GetParentString(e.Node);
```

In Kürze werden wir auch `GetParentString( )` betrachten. Sobald Sie den vollständigen Pfad haben, müssen Sie den Backslash am Ende kappen (falls einer da ist). Dann füllen Sie das Textfeld aus:

```
if (theFullPath.EndsWith("\\"))
{
    theFullPath =
        theFullPath.Substring(0,theFullPath.Length-1);
}
txtTargetDir.Text = theFullPath;
```

Die Methode GetParentString( ) nimmt einen Knoten und gibt einen String mit dem vollständigen Pfad zurück. Dazu durchläuft sie den Pfad rekursiv nach oben und fügt hinter jedem Nicht-Blattknoten einen Backslash hinzu:

```
private string GetParentString(TreeNode node)
{
    if(node.Parent == null)
    {
        return node.Text;
    }
    else
    {
        return GetParentString(node.Parent) + node.Text +
            (node.Nodes.Count == 0  ? "" : "\\");
    }
}
```

> Der Bedingungsoperator (?) ist der einzige ternäre Operator in C# (ein ternärer Operator nimmt drei Operanden entgegen). Er funktioniert nach der Logik: »Teste, ob node.Nodes.Count null ist; wenn ja, gib den Wert vor dem Doppelpunkt zurück (in diesem Fall den leeren String), wenn nein, gib den Wert hinter dem Doppelpunkt zurück (in diesem Fall einen Backslash).«

Die Rekursion endet, wenn es keinen Elternknoten mehr gibt. Dann haben Sie das Wurzelverzeichnis gefunden.

Das Event des Leeren-Buttons behandeln

Mit der weiter oben entwickelten Methode SetCheck( ) ist die Behandlung des Click-Events des Buttons **Leeren** trivial:

```
protected void btnClear_Click (object sender, System.EventArgs e)
{
     foreach (TreeNode node in tvwSource.Nodes)
     {
         SetCheck(node, false);
     }
}
```

Sie rufen einfach auf dem Wurzelknoten die Methode SetCheck( ) auf und lassen sie rekursiv die Häkchen aus allen enthaltenen Knoten entfernen.

Das Kopieren-Button-Event implementieren

Nun, da Sie Dateien markieren und ein Zielverzeichnis auswählen können, sind Sie in der Lage, auch das Click-Event des **Kopieren**-Buttons zu implementieren. Als Erstes benötigen Sie dazu eine Liste der gewählten Dateien. Sie möchten eigentlich ein Array von FileInfo-Objekten, aber da Sie nicht wissen, wie viele Objekte die Liste enthalten wird, ist die

ArrayList für diese Aufgabe ideal geeignet. Das Ausfüllen dieser Liste delegieren Sie an eine Methode namens GetFileList( ):

```
private void btnCopy_Click (
      object sender, System.EventArgs e)
{
   List<FileInfo> fileList = GetFileList( );
```

Ehe wir zum Event-Handler kommen, werden wir uns diese Methode genauer anschauen.

Die gewählten Dateien beschaffen

Zunächst instantiieren Sie ein List-Objekt, das die Strings speichert, die die Namen aller gewählten Dateien repräsentieren:

```
private List<FileInfo> GetFileList( )
{
  // Erzeuge eine unsortierte Array-Liste mit vollständigen Dateinamen
      List<string> fileNames = new List<string>();
```

Diese Namen beschaffen Sie, indem Sie das Quell-TreeView durchgehen:

```
foreach (TreeNode theNode in tvwSource.Nodes)
{
   GetCheckedFiles(theNode, fileNames);
}
```

Um zu sehen, wie das funktioniert, schauen Sie sich die Methode GetCheckedFiles( ) an. Sie ist recht einfach: Sie untersucht nur den Knoten, der übergeben wurde. Hat er keine Kinder (node.Nodes.Count == 0), ist er ein Blattknoten. Ist dieser Blattknoten markiert, wird der volle Pfad (durch Aufruf der Methode GetParentString( ) auf dem Knoten) beschafft und der Knoten der ArrayList als Parameter übergeben:

```
private void GetCheckedFiles(TreeNode node, List<string> fileNames)
{
   // Wenn dies ein Blatt ist ...
   if (node.Nodes.Count == 0)
   {
      // und wenn dieser Knoten markiert ist, ...
      if (node.Checked)
      {
         // lies den vollständigen Pfad aus und füge ihn
         // der Array-Liste hinzu.
         string fullPath = GetParentString(node);
         fileNames.Add(fullPath);
      }
   }
```

Ist der Knoten *kein* Blattknoten, gehen Sie im Baum rekursiv nach unten und suchen die Kindknoten:

```
   else
   {
      foreach (TreeNode n in node.Nodes)
```

```
            {
                GetCheckedFiles(n,fileNames);
            }
        }
    }
```

Dann erhalten Sie die `List` mit allen Dateinamen zurückgeliefert. Wieder zurück in `GetFileList( )`, verwenden Sie diese `List` mit Dateinamen, um eine zweite `List` zu erzeugen, die die eigentlichen `FileInfo`-Objekte speichern soll:

```
List<FileInfo> fileList = new List<FileInfo>( );
```

Beachten Sie die Verwendung des typsicheren `List`-Objekts, mit dem sichergestellt wird, dass der Compiler auf alle Objekte hinweist, die der Collection hinzugefügt werden, ohne vom Typ `FileInfo` zu sein

Nun durchlaufen Sie die Dateinamen in `fileList`, picken jeden Namen heraus und instantiieren damit ein `FileInfo`-Objekt. Anhand der Eigenschaft `Exists` erkennen Sie, ob es eine Datei oder ein Verzeichnis ist: Sie gibt nämlich `false` zurück, wenn das von Ihnen angelegte `File`-Objekt in Wirklichkeit ein Verzeichnis ist. Ist es eine Datei, wird es zur neuen `ArrayList` hinzugefügt:

```
foreach (string fileName in fileNames)
{
    FileInfo file = new FileInfo(fileName);

    if (file.Exists)
    {
        fileList.Add(file);
    }
}
```

Die Liste der gewählten Dateien sortieren

Sie möchten sich in der Liste der gewählten Dateien von groß nach klein vorarbeiten, um die Zielfestplatte so dicht wie möglich mit Daten vollzupacken. Dazu müssen Sie die `ArrayList` sortieren. Sie können dafür die Methode `Sort( )` aufrufen, aber woher weiß die Methode, auf welche Weise sie die `FileInfo`-Objekte sortieren muss?

Um dieses Problem zu lösen, übergeben Sie ein `IComparer<T>`-Interface. Wir erstellen eine Klasse namens `FileComparer`, die dieses generische Interface für `FileInfo`-Objekte implementiert:

```
public class FileComparer : IComparer<FileInfo>
{
```

Die einzige Methode dieser Klasse, `Compare( )`, nimmt zwei `FileInfo`-Objekte entgegen:

```
public int Compare (FileInfo file1, FileInfo file2)
{
```

Der normale Ansatz wäre, `1` zurückzugeben, wenn das erste Objekt (`file1`) größer als das zweite (`file2`) ist, `–1` zurückzugeben, wenn das Gegenteil der Fall ist, und `0` zurückzugeben, wenn beide Objekte gleich sind. Da Sie aber in diesem Fall eine Sortierung von groß nach klein wünschen, sollten Sie die Rückgabewerte umkehren.

> Da dies die einzige Anwendung der `Compare`-Methode ist, ist es sinnvoll, die spezielle Information, dass hier eine Sortierung von groß nach klein vorgenommen wird, in der `Compare`-Methode selbst zu kapseln. Die Alternative wäre eine Sortierung von klein nach groß. Dann müsste die `Compare`-Methode ihre Ergebnisse umkehren, wie Sie es in Beispiel 12-1 gesehen haben.

Um die Länge des `FileInfo`-Objekts herauszufinden, müssen Sie die `Object`-Parameter in `FileInfo`-Objekte umwandeln (dieses Verfahren ist sicher, da Sie ja wissen, dass die Methode nie etwas anderes entgegennimmt):

```
            if (file1.Length > file2.Length)
            {
                return -1;
            }
            if (file1.Length < file2.Length)
            {
               return 1;
            }
            return 0;
        }
    }
```

Kommen wir zu `GetFileList( )` zurück: Sie wollten gerade die `IComparer`-Referenz instantiieren und der `Sort( )`-Methode von `fileList` übergeben:

```
IComparer<FileInfo> comparer = (IComparer<FileInfo>) new FileComparer( );
fileList.Sort(comparer);
```

Ist dies erledigt, können Sie `fileList` an die Aufrufmethode zurückgeben:

```
return fileList;
```

Die Aufrufmethode war `btnCopy_Click`. Sie erinnern sich, dass Sie `GetFileList( )` in der ersten Zeile des Event-Handlers aufgerufen haben.

```
protected void btnCopy_Click (object sender, System.EventArgs e)
{
    List<FileInfo> fileList = GetFileList( );
```

Nun sind Sie mit einer sortierten Liste von `File`-Objekten zurückgekehrt, die je eine im Quell-`TreeView` markierte Datei repräsentieren.

Diese Liste durchlaufen Sie, indem Sie die Dateien kopieren und die Benutzeroberfläche aktualisieren:

```
foreach (FileInfo file in fileList)
{
   try
   {
        lblStatus.Text = "Kopiere " +
```

```
            txtTargetDir.Text + "\\" +
              file.Name + "...";
          Application.DoEvents( );

          file.CopyTo(txtTargetDir.Text + "\\" +
              file.Name,chkOverwrite.Checked);
      }

      catch (Exception ex)
      {
          MessageBox.Show(ex.Message);
      }
  }
  lblStatus.Text = "Fertig.";
```

Währenddessen schreiben Sie den Fortschritt in das `lblStatus`-Label und rufen `Application.DoEvents( )` auf, damit die Oberfläche eine Chance hat, sich neu zu gestalten. Danach rufen Sie `CopyTo( )` auf der jeweiligen Datei auf und übergeben das Zielverzeichnis, das Sie aus dem Textfeld ausgelesen haben, sowie ein Boolesches Flag, das anzeigt, ob die Datei überschrieben werden soll, falls sie bereits vorhanden ist.

Sie werden feststellen, dass das Flag, das Sie übergeben, der Wert des Kontrollkästchens `chkOverwrite` ist. Dessen `Checked`-Eigenschaft wird als `true` ausgewertet, wenn das Kästchen markiert ist, und als `false`, wenn es nicht markiert ist.

Die Kopie wird in einen `try`-Block gehüllt, denn wie Sie sich vorstellen können, kann beim Kopieren von Dateien einiges schief gehen. Vorläufig behandeln Sie alle Exceptions, indem Sie einfach ein Log-Fenster mit dem Fehler erscheinen lassen; in einer kommerziellen Anwendung würden Sie wahrscheinlich eher eine Berichtigungsaktion ablaufen lassen.

Nun haben Sie das Kopieren der Dateien fertig implementiert!

Das Löschen-Button-Event behandeln

Der Code zur Behandlung des Löschen-Events ist sogar noch einfacher. Als Erstes fragen Sie den Benutzer, ob er die Dateien auch wirklich löschen möchte:

```
protected void btnDelete_Click
(object sender, System.EventArgs e)
{
System.Windows.Forms.DialogResult result =
   MessageBox.Show(
   "Sind Sie sicher?",              // Meldung
   "Dateien löschen",               // Titel
   MessageBoxButtons.OKCancel,      // Buttons
   MessageBoxIcon.Exclamation,      // Symbol
   MessageBoxDefaultButton.Button2); // Standard-Button
```

Sie übergeben der statischen Methode `Show( )` von `MessageBox` die anzuzeigende Nachricht, den Titel `"Dateien löschen"` als String sowie einige Flags folgendermaßen:

- `MessageBox.OKCancel` fragt nach zwei Buttons: **OK** und **Abbrechen**.
- `MessageBox.IconExclamation` besagt, dass Sie ein Symbol mit einem Ausrufezeichen anzeigen möchten.
- `MessageBox.DefaultButton.Button2` setzt den zweiten Button (**Abbrechen**) als Standardauswahl ein.

Wenn der Benutzer **OK** oder **Abbrechen** wählt, wird das Ergebnis als `System.Windows.Forms.DialogResult`-Enumerationswert zurückgegeben. An diesem Wert können Sie sehen, ob der Benutzer auf **OK** geklickt hat:

```
if (result == System.Windows.Forms.DialogResult.OK)
{
```

Wenn ja, holen Sie die Liste der `fileNames`, gehen sie durch und löschen dabei die Dateinamen:

```
ArrayList fileNames = GetFileList( );

foreach (FileInfo file in fileNames)
{
   try
   {
        lblStatus.Text = "Lösche " +
            txtTargetDir.Text + "\\" +
            file.Name + "...";
        Application.DoEvents( );

        file.Delete( );
    }

   catch (Exception ex)
   {
        MessageBox.Show(ex.Message);
   }
}
lblStatus.Text = "Fertig.";
Application.DoEvents( );
```

Dieser Code gleicht dem Kopiercode mit der Einschränkung, dass die Methode, die auf der Datei aufgerufen wird, `Delete( )` ist.

Beispiel 13-1 zeigt den kommentierten Quellcode für dieses Beispiel.

Beispiel 13-1: Quellprogramm von FileCopier

```
#region Using directives

using System;
using System.Collections;
using System.Collections.Generic;
using System.ComponentModel;
using System.Data;
using System.Drawing;
```

Beispiel 13-1: Quellprogramm von FileCopier (Fortsetzung)

```
using System.IO;
using System.Windows.Forms;

#endregion

/// <remarks>
///    FileCopier - Windows Forms-Demonstrationsprogramm
///    (c) Copyright 2005 Liberty Associates, Inc.
/// </remarks>
namespace FileCopier
{

   /// <summary>
   /// Formular zur Demonstration einer Windows Forms-Implementierung
   /// </summary>
   partial class frmFileCopier : Form
   {
      private const int MaxLevel = 2;
      public frmFileCopier()
      {
         InitializeComponent();
         FillDirectoryTree( tvwSource, true );
         FillDirectoryTree( tvwTarget, false );
      }

      /// <summary>
      ///    Verschachtelte Klasse, die zwei Dateien vergleichen kann,
      ///    die wir von groß nach klein sortieren wollen und die
      ///    daher den normalen Rückgabewert umkehrt
      /// </summary>
      public class FileComparer : IComparer<FileInfo>
      {

           public int Compare(FileInfo file1, FileInfo file2)
           {

            if ( file1.Length > file2.Length )
            {
               return -1;
            }
            if ( file1.Length < file2.Length )
            {
               return 1;
            }
            return 0;
         }

           public bool Equals(FileInfo x, FileInfo y) {
             throw new NotImplementedException();
           }
           public int GetHashCode(FileInfo x) {
             throw new NotImplementedException();
```

Beispiel 13-1: Quellprogramm von FileCopier (Fortsetzung)

```
        }
    }

    private void FillDirectoryTree( TreeView tvw, bool isSource )
    {
      //  Fülle tvwSource, das Quell-TreeView,
      //  mit dem Inhalt der lokalen
      //  Festplatte.
      //  Leere zuerst alle Knoten.
      tvw.Nodes.Clear();

      //  Hole die logischen Laufwerke und lege sie in die
      //  Wurzelknoten. Fülle dazu ein Array mit allen
      // logischen Laufwerken des Rechners.
      string[] strDrives = Environment.GetLogicalDrives();

      //  Füge die Laufwerke iterativ dem Baum hinzu.
      //  Verwende einen Try-Catch-Block, damit, falls ein Laufwerk,
      //  bereit ist, z.B. ein leeres Floppy- oder CD-Laufwerk,
      //  nicht dem Baum hinzugefügt wird.
      foreach ( string rootDirectoryName in strDrives )
      {

        try
        {

          //  Fülle ein Array mit allen Verzeichnissen der ersten
          //  Ebene. Wenn ein Laufwerk nicht bereit ist,
          //  löst dies eine Exception aus.
          DirectoryInfo dir =
              new DirectoryInfo( rootDirectoryName );

          dir.GetDirectories(); // Löst Exception aus, wenn Laufwerk nicht bereit

          TreeNode ndRoot = new TreeNode( rootDirectoryName );

          //  Einen Knoten für jedes Wurzelverzeichnis hinzufügen
          tvw.Nodes.Add( ndRoot );

          //  Füge Unterverzeichnisknoten hinzu.
          //  Wenn es das Quell-TreeView ist,
          //  hole auch die Dateinamen.
          if ( isSource )
          {

            GetSubDirectoryNodes(
              ndRoot, ndRoot.Text, true,1 );
          }
          else
          {
            GetSubDirectoryNodes(
              ndRoot, ndRoot.Text, false,1 );
```

Beispiel 13-1: Quellprogramm von FileCopier (Fortsetzung)

```
            }
         }
         //  Fange alle Fehler ab,
            // z.B. Laufwerk nicht bereit
         catch
         {
         }
         Application.DoEvents();
      }
   } //  Schließe FillSourceDirectoryTree

   /// <summary>
   /// Holt alle Unterverzeichnisse unterhalb des
   /// übergebenen Verzeichnisknotens.
   /// Fügt sie dem Verzeichnisbaum hinzu.
   /// Die übergebenen Parameter sind der Elternknoten
   /// zu diesem Unterverzeichnis,
   /// der vollständige Pfadname dieses Verzeichnisses
   /// sowie ein Boolescher Wert, das anzeigt, ob die Dateien
   /// des Unterverzeichnisses geholt werden sollen oder nicht.
   /// </summary>
   private void GetSubDirectoryNodes(
       TreeNode parentNode, string fullName, bool getFileNames,
         int level )
   {

      DirectoryInfo dir = new DirectoryInfo( fullName );
      DirectoryInfo[] dirSubs = dir.GetDirectories();

      //  Für jedes Unterverzeichnis einen Kindknoten hinzufügen
      foreach ( DirectoryInfo dirSub in dirSubs )
      {

         // Verborgene Ordner nicht anzeigen
         if ( ( dirSub.Attributes & FileAttributes.Hidden )
            != 0 )
         {
            continue;
         }

         /// <summary>
         ///    Jedes Verzeichnis enthält den vollständigen Pfad.
         ///    Wir teilen ihn bei den Backslashs auf und
         ///    und verwenden nur
         ///    den letzten Knoten im Baum.
         ///    Der Backslash muss verdoppelt werden, weil er
         ///    normalerweise ein
         ///    Escape-Zeichen ist.
         /// </summary>
         TreeNode subNode = new TreeNode( dirSub.Name );
         parentNode.Nodes.Add( subNode );
```

Beispiel 13-1: Quellprogramm von FileCopier (Fortsetzung)

```
            //  GetSubDirectoryNodes rekursiv aufrufen.

            if ( level < MaxLevel )
            {
               GetSubDirectoryNodes(
                 subNode, dirSub.FullName, getFileNames, level+1 );
            }
         }
         if ( getFileNames )
         {
            //  Alle Dateien zu diesem Knoten holen
            FileInfo[] files = dir.GetFiles();

            // Nach dem Anordnen der Knoten nun die Dateien
            // in das Unterverzeichnis packen
            foreach ( FileInfo file in files )
            {
               TreeNode fileNode = new TreeNode( file.Name );
               parentNode.Nodes.Add( fileNode );
            }
         }
      }

      /// <summary>
      ///    Erzeuge eine sortierte Liste aller
      ///    ausgewählten Dateien und kopiere sie
      ///    in das Zielverzeichnis
      /// </summary>
      private void btnCopy_Click( object sender,
          System.EventArgs e )
      {
         // Hole die Liste

         List<FileInfo> fileList = GetFileList();

         // Kopiere die Dateien
         foreach ( FileInfo file in fileList )
         {
            try
            {
               // Aktualisiere das Label als Fortschrittsanzeige
               lblStatus.Text = "Kopiere " + txtTargetDir.Text +
                   "\\" + file.Name + "...";
               Application.DoEvents();

               // Kopiere die Datei an den Zielort
               file.CopyTo( txtTargetDir.Text + "\\" +
                   file.Name, chkOverwrite.Checked );
            }

            catch ( Exception ex )
            {
```

Beispiel 13-1: Quellprogramm von FileCopier (Fortsetzung)

```
            // Eventuell möchten Sie hier mehr als
            // nur die Mitteilung anzeigen
            MessageBox.Show( ex.Message );
         }
      }
      lblStatus.Text = "Done.";
      Application.DoEvents();

   }

   /// <summary>
   ///    Sage der Wurzel jedes Baums, alle
   ///    unterhalb liegenden Knoten zu deselektieren
   /// </summary>
   private void btnClear_Click( object sender, System.EventArgs e )
   {
      // Hol den obersten Knoten zu jedem Laufwerk und
      // lasse ihn die Selektion entfernen
      foreach ( TreeNode node in tvwSource.Nodes )
      {
         SetCheck( node, false );
      }
   }

   /// <summary>
   ///    Beim Abbrechen beenden
   /// </summary>
   private void btnCancel_Click(object sender, EventArgs e)
   {
      Application.Exit();
   }

   /// <summary>
   ///    Bei gegebenem Knoten und einer Array-Liste
   ///    die Liste mit den Namen aller ausgewählten
   ///    Dateien füllen
   /// </summary>
   // Fülle die ArrayList mit den vollständigen Pfaden
   // von allen ausgewählten Dateien
   private void GetCheckedFiles( TreeNode node,
       List<string> fileNames )
   {
      // Wenn dies ein Blatt ist ...
      if ( node.Nodes.Count == 0 )
      {
         // und wenn dieser Knoten markiert ist, ...
         if ( node.Checked )
         {
            // lies den vollständigen Pfad aus und füge ihn
            // der Array-Liste hinzu.
            string fullPath = GetParentString( node );
            fileNames.Add( fullPath );
```

Beispiel 13-1: Quellprogramm von FileCopier (Fortsetzung)

```
            }
        }
        else  // Wenn dieser Knoten kein Blatt ist
        {
            foreach ( TreeNode n in node.Nodes )
            {
                GetCheckedFiles( n, fileNames );
            }
        }
    }

    /// <summary>
    ///    Bei gegebenem Knoten
    ///    den vollständigen Pfadnamen liefern
    /// </summary>
    private string GetParentString( TreeNode node )
    {
        // Wenn dies ein Wurzelknoten ist (c:\), den Text zurückgeben
        if ( node.Parent == null )
        {
            return node.Text;
        }
        else
        {
            // Rekursiv hochgehen, den Pfad holen und dann diesen Knoten
            // und einen Schrägstrich hinzufügen. Wenn dieser Knoten
            // ein Blatt ist, keinen Schrägstrich zufügen
            return GetParentString( node.Parent ) + node.Text +
                ( node.Nodes.Count == 0 ? "" : "\\" );
        }
    }

    /// <summary>
    ///    Gemeinsam genutzt zum Löschen und Kopieren.
    ///    Erzeugt eine sortierte Liste aller
    ///    ausgewählten Dateien.
    /// </summary>
    private List<FileInfo> GetFileList()
    {
        // Erzeuge eine unsortierte Array-Liste der vollständigen Dateinamen
        List<string> fileNames = new List<string>();

        // ArrayList fileNames = new ArrayList();

        // Fülle die ArrayList fileNames mit den vollständigen
        // Pfaden aller zu kopierenden Dateien
        foreach ( TreeNode theNode in tvwSource.Nodes )
        {
            GetCheckedFiles( theNode, fileNames );
        }

        // Erzeugte Liste für die FileInfo-Objekte
```

Beispiel 13-1: Quellprogramm von FileCopier (Fortsetzung)

```
        List<FileInfo> fileList = new List<FileInfo>();
          // ArrayList fileList = new ArrayList();

         // Alle Dateinamen in der unsortierten Liste durchgehen.
         // Wenn der Name einer Datei (keinem Verzeichnis) entspricht,
         // der Dateiliste hinzufügen
         foreach ( string fileName in fileNames )
         {
            // Ein FileInfo-Objekt mit dem Namen erzeugen
            FileInfo file = new FileInfo( fileName );

            // Ist sie auf der Festplatte vorhanden?
            // Wenn nicht, dann war es ein Verzeichnis
            if ( file.Exists )
            {
               // Schlüssel und Wert sind hier das file-Objekt
               // Wären leere Werte besser?
               fileList.Add( file );
            }
         }

         // Instanz des IComparer-Interface erzeugen
         IComparer<FileInfo> comparer = ( IComparer<FileInfo> )
           new FileComparer();

         // Comparer der Sortiermethode übergeben, damit die Liste
         // mit der Compare-Methode des Comparer sortiert wird
         fileList.Sort( comparer );
         return fileList;
      }

      /// <summary>
      ///    Prüfe, ob der Benutzer wirklich löschen möchte.
      ///    Erstelle list und lösche der Reihe nach.
      /// </summary>
      private void btnDelete_Click( object sender, System.EventArgs e )
      {
         // Frag sie, ob sie sicher sind
         System.Windows.Forms.DialogResult result =
             MessageBox.Show(
             "Sind Sie wirklich sicher?",       // Mitteilung
            "Dateien löschen",                  // Überschrift
            MessageBoxButtons.OKCancel,         // Buttons
            MessageBoxIcon.Exclamation,         // Icons
            MessageBoxDefaultButton.Button2 );  // Vorgabe-Button

         // Und wenn sie sicher sind ...
         if ( result == System.Windows.Forms.DialogResult.OK )
         {
            // Durchlaufe die Liste und lösche die Elemente.
            // Hole die Liste der ausgewählten Dateien.
            List<FileInfo> fileNames = GetFileList();
```

Beispiel 13-1: Quellprogramm von FileCopier (Fortsetzung)

```
            foreach ( FileInfo file in fileNames )
            {
               try
               {
                  // Label für die Fortschrittsanzeige aktualisieren
                  lblStatus.Text = "Deleting " +
                      file.Name + "...";
                  Application.DoEvents();

                  // Und hier geschieht's!
                  file.Delete();
               }

               catch ( Exception ex )
               {
                  // Vielleicht möchten Sie hier mehr als
                  // nur die Meldung anzeigen
                  MessageBox.Show( ex.Message );
               }
            }
            lblStatus.Text = "Fertig.";
            Application.DoEvents();
         }
      }

      /// <summary>
      ///    Hole vollständigen Pfad des ausgewählten Verzeichnisses
      ///    und kopiere es nach txtTargetDir
      /// </summary>
      private void tvwTargetDir_AfterSelect(
          object sender,
          System.Windows.Forms.TreeViewEventArgs e )
      {
         // Vollständigen Pfad des Verzeichnisses holen
         string theFullPath = GetParentString( e.Node );

         // Wenn es kein Blatt ist, endet er mit einem Backslash
         // Backslash entfernen
         if ( theFullPath.EndsWith( "\\" ) )
         {
            theFullPath =
                theFullPath.Substring( 0, theFullPath.Length - 1 );
         }
         // Pfad in das Textfeld einfügen
         txtTargetDir.Text = theFullPath;
      }

      /// <summary>
      ///    Markiere alle Knoten unterhalb des aktuellen Knotens
      ///    mit dem aktuellen Angekreuzt-Wert
      /// </summary>
      private void tvwSource_AfterCheck( object sender,
          System.Windows.Forms.TreeViewEventArgs e )
```

Beispiel 13-1: Quellprogramm von FileCopier (Fortsetzung)

```
      {
         // Rufe eine rekursive Methode auf.
         // e.node ist der Knoten, der vom Benutzer angekreuzt worden ist.
         // Wenn Sie hier ankommen, ist der Status der
         // Ankreuzmarkierung bereits geändert.
         // Daher geben wir den Zustand von
         // e.node.Checked weiter.
         if(e.Action != TreeViewAction.Unknown)
         {
           SetCheck(e.Node, e.Node.Checked );
         }

      /// <summary>
      /// Markierung rekursiv setzen oder entfernen
      /// </summary>
      private void SetCheck( TreeNode node, bool check )
      {
         // Alle Kindknoten dieses Knotens finden
         foreach ( TreeNode n in node.Nodes )
         {
            n.Checked = check;   // Den Knoten überprüfen.

            // Wenn dies ein Knoten im Baum ist, rekursiv weitergeben
            if ( n.Nodes.Count != 0 )
            {
               SetCheck( n, check );
            }
         }
      }

      private void tvwExpand(object sender, TreeViewCancelEventArgs e)
      {

         TreeView tvw = ( TreeView ) sender;
         bool getFiles = tvw == tvwSource;
         TreeNode currentNode = e.Node;
         string fullName = currentNode.FullPath;
         currentNode.Nodes.Clear();
         GetSubDirectoryNodes( currentNode, fullName, getFiles, 1 );
      }
   }
}
```

XML-Dokumentationskommentare

C# unterstützt einen neuen *Dokumentationskommentar*-Stil mit drei Schrägstrichen (///). Solche Kommentare sind in Beispiel 13-1 überall eingestreut. Der Editor von Visual Studio erkennt die Kommentare und hilft dabei, sie richtig zu formatieren.

Der C#-Compiler verarbeitet diese Kommentare zu einer XML-Datei. Sie erzeugen diese Datei mit dem Befehlszeilenschalter `/doc`.

Das Programm in Beispiel 13-1 können Sie beispielsweise mit folgender Befehlszeile kompilieren:

```
csc Form1.cs /doc:XMLDoc.XML
```

Die gleiche Operation können Sie in Visual Studio auch ausführen, indem Sie im Solution-Explorer-Fenster **View → Properties Pages** im Menü von Visual Studio wählen und dann auf **Build** klicken. Aktivieren Sie dann das Kontrollkästchen **XML Documentation File** und geben Sie einen Namen für die zu erstellende Datei ein, z.B. *Filecopier.xml*.

Einen Auszug aus der Datei, die für die im vorigen Abschnitt dargestellte `FileCopier`-Anwendung erstellt wird, sehen Sie in Beispiel 13-2.

Beispiel 13-2: Die XML-Ausgabe (Auszug) für den Dateikopierer

```
<doc>
    <assembly>
        <name>FileCopier</name>
    </assembly>
    <members>
        <member name="T:FileCopier.frmFileCopier">
            <summary>
            Formular zur Demonstration einer Windows Forms-Implementierung
            </summary>
        </member>
        <member name="F:FileCopier.frmFileCopier.components">
            <summary>
            Required designer variable
            </summary>
        </member>
        <member name="M:FileCopier.frmFileCopier.Dispose(System.Boolean)">
            <summary>
            Clean up any resources being used
            </summary>
        </member>
        <member name="M:FileCopier.frmFileCopier.InitializeComponent">
            <summary>
            Required method for Designer support - do not modify
            the contents of this method with the code editor
            </summary>
        </member>
        <member name="M:FileCopier.frmFileCopier.GetSubDirectoryNodes
         (System.Windows.Forms.TreeNode,System.String,System.Boolean,System.Int32)">
            <summary>
            Holt alle Unterverzeichnisse unterhalb des
            übergebenen Verzeichnisknotens.
            Fügt sie dem Verzeichnisbaum hinzu.
            Die übergebenen Parameter sind der Elternknoten
            zu diesem Unterverzeichnis,
            der vollständige Pfadname dieses Verzeichnisses
            sowie ein Boolescher Wert, der anzeigt, ob die Dateien
            des Unterverzeichnisses geholt werden sollen oder nicht.
            </summary>
        </member>
```

Beispiel 13-2: Die XML-Ausgabe (Auszug) für den Dateikopierer (Fortsetzung)

```
<member name="M:FileCopier.frmFileCopier.btnCopy_Click
      (System.Object,System.EventArgs)">
   <summary>
      Erzeuge eine sortierte Liste aller
      ausgewählten Dateien und kopiere sie
      in das Zielverzeichnis
   </summary>
</member>
```

Die Datei ist ziemlich lang. Sie ist zwar von Menschen lesbar, in diesem Format aber nicht besonders hilfreich. Allerdings können Sie eine XSLT-Datei zur Übersetzung von XML nach HTML schreiben, oder Sie können das XML-Dokument in eine Dokumentationsdatenbank einlesen. Sie haben aber auch die Möglichkeit, die Datei aus dem Datei-Explorer in den Windows-Explorer ziehen, der eine nette Oberfläche zum Lesen von XML zur Verfügung stellt, so wie in Abbildung 13-9 dargestellt.

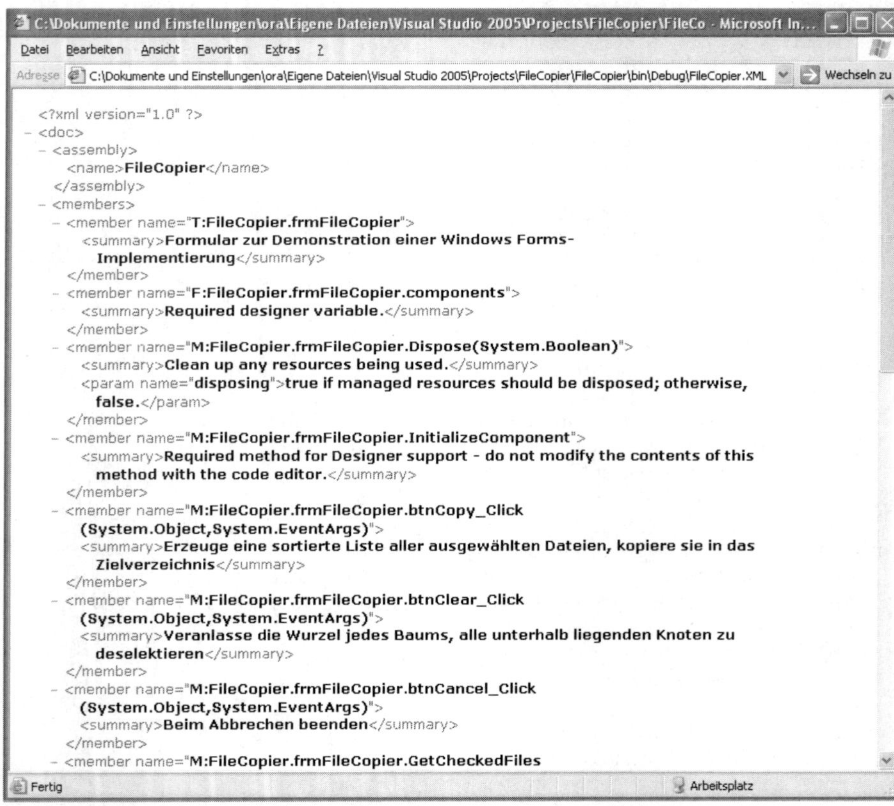

Abbildung 13-9: Darstellung der XML-Dokumentation im Internet Explorer

KAPITEL 14

Datenzugriff mit ADO.NET

In der Praxis interagieren viele Anwendungen mit einer Datenbank. Das .NET Framework stellt zahlreiche Objekte zur Verwaltung von Datenbankinteraktionen zur Verfügung. Diese Klassen werden zusammenfassend als ADO.NET bezeichnet.

ADO.NET sieht seinem Vorläufer ADO ganz ähnlich. Die Hauptunterschiede bestehen darin, dass ADO.NET ein nativer Bestandteil von .NET (und nicht nur ein Wrapper für OLEDB) ist und dass es sich in erster Linie um eine *verbindungslose* Datenbankarchitektur handelt. In einer verbindungslosen Architektur werden Daten aus einer Datenbank geholt und auf Ihrem lokalen Rechner zwischengespeichert. Sie bearbeiten die Daten auf dem lokalen Computer und verbinden sich nur dann mit der Datenbank, wenn Sie Datensätze ändern oder neue Daten abrufen möchten.

Die Trennung Ihrer Datenarchitektur von der Datenbank hat bedeutende Vorteile. Der größte Vorteil besteht darin, dass Ihre Anwendung, egal ob sie im Web oder auf einem lokalen Rechner läuft, den Datenbank-Server nur in reduzierter Weise belastet. Und dies kann Ihrer Anwendung zu einer besseren Skalierung verhelfen. Datenbankverbindungen sind ressourcenintensiv, und es ist schwierig, tausende (oder hunderttausende) von Verbindungen gleichzeitig herzustellen. Eine verbindungslose Architektur schont die Ressourcen.

Üblicherweise verbindet sich ADO.NET mit der Datenbank zunächst, um Daten abzurufen, und später noch einmal, um die Daten zu aktualisieren, nachdem Sie Änderungen vorgenommen haben. Die meisten Anwendungen verbringen einen Großteil ihrer Zeit damit, die Daten einfach zu lesen und anzuzeigen, ADO.NET hingegen stellt eine verbindungslose Teilmenge von Daten zur Verfügung, die Sie nutzen können, wenn Sie sie nur lesen oder anzeigen.

Relationale Datenbanken und SQL

Über relationale Datenbanken könnte man zwar ein ganzes Buch schreiben, und ein weiteres über SQL, aber die Grundlagen dieser Technologien sind nicht schwer zu verstehen. Eine *Datenbank* ist ein Aufbewahrungsort für Daten, und eine *relationale Datenbank* organisiert die Daten in Tabellen. Ein Beispiel dafür ist die mit Microsoft SQL Server ausgelieferte Northwind-Datenbank und die mit Versionen von Microsoft Access mitgelieferte deutsche Übersetzung dieser Datenbank (Nordwind). Mit Ausnahme von Beispiel 14-2 beziehen sich alle folgenden Beispiele auf die englischsprachige Version der Datenbank.

Tabellen, Datensätze und Spalten

Die Northwind-Datenbank beschreibt eine fiktive Firma, die mit Lebensmitteln handelt. Die Daten in Northwind sind in 13 Tabellen aufgeteilt, darunter Kunden, Personal, Bestellungen, Bestelldetails, Artikel usw.

Jede Tabelle in einer relationalen Datenbank ist in Zeilen organisiert, wobei jede Zeile einen einzelnen Datensatz darstellt. Die Zeilen wiederum sind in Spalten organisiert. Alle Zeilen einer Tabelle haben die gleiche Spaltenstruktur. So hat z.B. die Tabelle `Orders` die folgenden Spalten: `OrderID`, `CustomerID`, `EmployeeID`, `OrderDate` usw.

Für jede Bestellung müssen Sie den Namen und die Adresse des Kunden, den Namen des Ansprechpartners usw. kennen. Diese Informationen könnten Sie zwar mit jeder Bestellung speichern, aber das wäre äußerst ineffizient. Stattdessen verwenden Sie eine zweite Tabelle namens `Customers`, in der jede Zeile einen Kunden repräsentiert. In der Tabelle `Customers` gibt es eine Spalte für die `CustomerID`. Jeder Kunde hat eine eindeutige Nummer, und das Feld mit dieser Nummer ist als *Primärschlüssel* für die Tabelle markiert. Ein Primärschlüssel ist die Spalte oder Spaltenkombination, die einen Datensatz in einer gegebenen Tabelle eindeutig identifiziert.

Für VB6-Programmierer, die zu ADO.NET übergehen

ADO.NET unterscheidet sich in mancher Hinsicht von ADO. Wenn Sie lernen, wie Sie die neuen Funktionalitäten, die in ADO.NET zu finden sind, implementieren, werden Sie sich wahrscheinlich Fragen stellen wie: »Wo ist die Methode `MoveNext()`?« oder »Wie prüfe ich auf das Dateiende?«.

Die Funktionalität der Record Sets befindet sich in ADO.NET an zwei Stellen. Navigation und Datenabfragen liegen im Interface `IDataReader`, und die Unterstützung für den verbindungslosen Betrieb in den (überwältigend leistungsfähigen) `DataSets` und `DataTables`.

`DataTables` kann man sich als ein Array von `DataRows` vorstellen. Der Aufruf der Methode `MoveFirst()` ist bei ADO.NET dasselbe, als würde man zum ersten Index eines Arrays gehen. Das Überprüfen auf das Dateiende ist dasselbe wie die Überprüfung, ob der aktuelle Index mit der Obergrenze des Arrays übereinstimmt. Möchten Sie ein Lesezeichen für einen bestimmten Datensatz setzen? Erzeugen Sie einfach eine Variable und weisen Sie ihr den Index des aktuellen Datensatzes zu – eine spezielle Eigenschaft `BookMark` benötigen Sie nicht.

Die Bestellungstabelle verwendet die `CustomerID` als *Fremdschlüssel*. Ein Fremdschlüssel ist eine Spalte (oder Spaltenkombination), die für eine andere Tabelle ein Primärschlüssel (oder anderweitig eindeutiger Schlüssel) ist. Die Bestellungstabelle identifiziert anhand der `CustomerID` (also anhand des Primärschlüssels der Tabelle `Customers`), welcher Kunde die Bestellung erteilt hat. Um die Bestelladresse zu ermitteln, können Sie in der Tabelle `Customers` mit der `CustomerID` den Kunden nachschlagen.

Diese Verwendung von Fremdschlüsseln ist besonders hilfreich, wenn Sie Eins-zu-viele- oder Viele-zu-viele-Beziehungen zwischen Tabellen darstellen. Indem Sie die Informationen auf Tabellen aufteilen, die über Fremdschlüssel miteinander verbunden sind, brauchen Sie keine Informationen in Datensätzen zu wiederholen. So kann z.B. ein einziger Kunde zwar mehrere Aufträge erteilen, aber es wäre ineffizient, dieselben Kundendaten (Name, Telefonnummer, Kreditlinie usw.) in jeden Datensatz zu schreiben. Das Verfahren, redundante Informationen aus den Datensätzen herauszunehmen und in separate Tabellen zu verlagern, nennt man *Normalisierung*.

Normalisierung

Die Normalisierung macht nicht nur den Datenbankeinsatz effizienter, sondern mindert auch die Gefahr von Datenkorruption. Würden Sie den Kundennamen sowohl in der Kundentabelle als auch in der Bestellungstabelle speichern, bestünde die Gefahr, dass er in der einen Tabelle geändert wird, aber nicht (oder nicht in der gleichen Form) in der anderen Tabelle. Wenn Sie die Adresse des Kunden in der Kundentabelle ändern, wird diese Änderung vielleicht in der Bestellungstabelle nicht in jeder Zeile nachvollzogen (um dies zu tun, wäre eine Menge Arbeit nötig). Speichern Sie in der Bestellungstabelle nur die `CustomerID`, können Sie die Adresse in der Kundentabelle nach Bedarf ändern; die Änderung wird automatisch für jede Bestellung wirksam.

Ebenso wie C#-Programmierer es vorziehen, Fehler zur Kompilierungs- und nicht erst zur Laufzeit zu finden, ziehen es Datenbankprogrammierer vor, dass die Datenbank ihnen dabei hilft, Datenkorruption zu vermeiden. In C# hilft der Compiler, Fehler zu vermeiden, indem er die Regeln der Sprache durchsetzt (Sie dürfen z.B. keine Variable verwenden, die Sie nicht definiert haben). SQL Server und andere moderne relationale Datenbanken vermeiden Fehler, indem sie die Einhaltung von Constraints (Einschränkungen) erzwingen, die Sie festgelegt haben. So markiert z.B. die Kundendatenbank die `CustomerID` als Primärschlüssel. Dies erzeugt in der Datenbank einen Primärschlüssel-Constraint, der gewährleistet, dass die `CustomerID` eindeutig ist. Wenn Sie einen Kunden namens Liberty Associates mit der `CustomerID` LIBE eingetragen hätten und dann versuchten, einen Liberty Mutual Funds ebenfalls mit der `CustomerID` LIBE hinzuzufügen, würde die Datenbank den zweiten Eintrag wegen des Primärschlüssel-Constraints zurückweisen.

Deklarative Referentielle Integrität

Relationale Datenbanken verwenden die *Deklarative Referentielle Integrität* (DRI), um den Beziehungen zwischen den unterschiedlichen Tabellen Beschränkungen aufzuerlegen. So könnten Sie z.B. auf der Bestellungstabelle die Beschränkung deklarieren, dass eine Bestellung nur dann eine gültige `CustomerID` hat, wenn diese `CustomerID` auch einen gültigen Eintrag in der Kundentabelle repräsentiert. Dies hilft dabei, zwei Arten von Fehlern zu vermeiden: Erstens können Sie dann keinen Datensatz mit einer ungültigen `CustomerID` mehr eintragen, und zweitens ist das Löschen eines Kundendatensatzes, dessen `CustomerID` noch in einer Bestellung steht, nicht mehr möglich. So wird die Integrität Ihrer Daten und Datenbeziehungen geschützt.

SQL

Die beliebteste Sprache für die Abfrage und Bearbeitung von Datenbanken ist SQL, nicht selten als »Siequel« ausgesprochen. SQL ist keine prozedurale, sondern eine deklarative Sprache, und es kann eine Weile dauern, sich mit einer deklarativen Sprache vertraut zu machen, wenn man an Programmiersprachen wie C# gewöhnt ist.

Das Kernstück von SQL ist die *Abfrage*. Eine Abfrage ist eine Anweisung, die eine Menge von Datensätzen aus der Datenbank zurückgibt.

Vielleicht möchten Sie von jedem Datensatz in der Tabelle `Customers` alle `Companynames` und `CustomerIDs` sehen, bei denen die Kundenadresse in London liegt. Dann schreiben Sie Folgendes:

```
Select CustomerID, CompanyName from Customers where City = 'London'
```

Dies gibt die folgenden sechs Datensätze zurück:

```
CustomerID CompanyName
---------- ----------------------------------------
AROUT      Around the Horn
BSBEV      B's Beverages
CONSH      Consolidated Holdings
EASTC      Eastern Connection
NORTS      North/South
SEVES      Seven Seas Imports
```

SQL ist jedoch zu noch viel mächtigeren Abfragen fähig. Angenommen, der Manager von Northwind möchte wissen, welche Artikel im Juli 1996 von dem Kunden »Vins et alcools Chevalier« gekauft wurden. Das ist etwas kompliziert. Die Tabelle `Order Details` kennt die `ProductID` aller `Products` in jeder gegebenen Reihenfolge. Die Bestellungstabelle weiß, welche `CustomerID` mit einer Bestellung verbunden sind. Die Kundentabelle kennt die `CustomerID` eines Kunden und die Tabelle `Products` den Produktnamen zu einer gegebenen `ProductID`. Doch wie fügen Sie das alles zusammen? Hier sehen Sie die Abfrage:

```
select  o.OrderID, productName
from [Order Details] od
join orders o on o.OrderID = od.OrderID
```

```
join products p on p.ProductID = od.ProductID
join customers c on o.CustomerID = c.CustomerID
where c.CompanyName = 'Vins et alcools Chevalier'
and orderDate >= '7/1/1996' and orderDate <= '7/31/1996'
```

Damit wird die Datenbank aufgefordert, die `OrderID` und den Produktnamen aus den entsprechenden Tabellen zu holen. Zuerst betrachten Sie `Order Details` (als `od` abgekürzt), dann verbinden Sie dies mit der Bestellungstabelle für jeden Datensatz, bei dem die `OrderID` in der Tabelle `Order Details` dieselbe ist wie die `OrderID` in der Bestellungstabelle.

Wenn Sie zwei Tabellen mit einem Join verbinden, haben Sie zwei Möglichkeiten. Entweder sagen Sie: »Hole jeden vorhandenen Datensatz aus beiden Tabellen« – das nennt man einen *Outer Join* –, oder, wie ich es hier getan habe: »Hole nur diejenigen Datensätze, die in beiden Tabellen vorhanden sind«, was man als *Inner Join* bezeichnet. Ein Inner Join verlangt also z.B. nur die Datensätze aus der Bestellungstabelle, die insofern zugehörige `Order Details` haben, als das Feld `OrderID` in beiden Tabellen den gleichen Wert hat (`on o.OrderID = od.OrderID`).

> Standardmäßig sind SQL-Joins Inner Joins. Wenn Sie also »join Orders« schreiben, ist dies dasselbe, als würden Sie »inner join Orders« schreiben.

Danach lässt die SQL-Anweisung die Datenbank einen Inner Join mit `Products` durchführen, wobei jede Zeile abgerufen wird, deren `ProductID`-Feld in der Produkttabelle den gleichen Wert hat wie in der Tabelle mit den `Order Details`.

Danach wird ein Inner Join mit der Kundentabelle auf den Zeilen erstellt, in denen die `CustomerID` in der Bestellungs- und in der Kundentabelle übereinstimmt.

Zum Schluss sagen Sie der Datenbank, dass sie die Ergebnisse auf diejenigen Zeilen einschränken soll, in denen der gewünschte `CompanyName` steht und das Datum im Juli liegt.

Auf Grund dieser Einschränkungen werden nur drei passende Datensätze gefunden:

```
OrderID     ProductName
----------- ----------------------------------------
10248       Queso Cabrales
10248       Singaporean Hokkien Fried Mee
10248       Mozzarella di Giovanni
```

Die Ausgabe zeigt, dass nur in einer einzigen Bestellung (10248) sowohl die Kundennummer stimmt, als auch das Bestelldatum im Juli 1996 lag. Diese Bestellung führte zu drei Datensätzen in der Tabelle `Order Details`, und anhand der Produktnummern aus diesen drei Datensätzen lassen sich die Produktnamen aus der Produkttabelle erschließen.

Mit SQL können Sie Daten nicht nur durchsuchen und abrufen, sondern auch Tabellen anlegen, aktualisieren und löschen sowie allgemein den Inhalt und die Struktur der Datenbank verwalten und bearbeiten.

Eine gründliche Beschreibung von SQL sowie Tipps, wie Sie mit SQL am besten umgehen, finden Sie in dem empfehlenswerten Buch *Transact SQL Programming* (O'Reilly &

Associates). Wenn Sie eine andere SQL-Datenbank als SQL Server benutzen, sollten Sie O'Reillys *SQL kurz & gut* konsultieren, da jeder Anbieter einen leicht abweichenden »Dialekt« von SQL verwenden kann.

Das Objektmodell von ADO.NET

Das Objektmodell von ADO.NET ist zwar umfangreich, aber seinen Kern bilden einige recht einfache Klassen. Die wichtigste davon ist `DataSet`. Sie stellt eine Teilmenge der gesamten Datenbank dar, die auf Ihrem Computer ohne laufende Datenbankverbindung zwischengespeichert ist.

In regelmäßigen Abständen verbinden Sie `DataSet` wieder mit seiner Elterndatenbank, aktualisieren diese mit den im `DataSet` vorgenommenen Änderungen und aktualisieren im Gegenzug auch das `DataSet` mit den Änderungen, die an der Elterndatenbank zwischenzeitlich von anderen Prozessen vorgenommen wurden.

Diese Vorgehensweise ist zwar hocheffizient, aber um wirklich effektiv zu sein, muss das `DataSet` eine robuste Teilmenge der Datenbank repräsentieren, also nicht nur ein paar Zeilen einer einzelnen Tabelle, sondern auch eine Reihe von Tabellen mit allen Metadaten festhalten, die notwendig sind, um die Beziehungen und Einschränkungen der Originaldatenbank darzustellen. Genau darum geht es in ADO.NET.

Das `DataSet` setzt sich aus `DataTable`-Objekten und `DataRelation`-Objekten zusammen. Auf diese können Sie als Eigenschaften des `DataSet`-Objekts zugreifen. Die Eigenschaft `Tables` gibt eine `DataTableCollection` zurück, die ihrerseits alle `DataTable`-Objekte enthält.

DataTable- und DataColumn-Objekte

Die `DataTable` können Sie im Programm oder mit einer Datenbankabfrage anlegen. Sie hat eine Reihe von öffentlichen Eigenschaften, darunter auch die `Columns`-Collection, die ein `DataColumnCollection`-Objekt zurückgibt. Dieses wiederum besteht aus `DataColumn`-Objekten, und jedes `DataColumn`-Objekt repräsentiert eine Spalte in einer Tabelle.

DataRelation-Objekte

Zusätzlich zu der Collection `Tables` hat das `DataSet` auch die Eigenschaft `Relations`, die eine aus `DataRelation`-Objekten bestehende `DataRelationCollection` zurückgibt. Jede `DataRelation` stellt eine Beziehung dar, die zwischen zwei Tabellen über die `DataColumn`-Objekte besteht. So steht z.B. in der Northwind-Datenbank die Kundentabelle mit der Bestellungstabelle über die Spalte `CustomerID` in einer Beziehung.

Diese Beziehung ist eine Eins-zu-viele- oder auch Eltern-Kind-Beziehung. Für jede gegebene Bestellung gibt es genau einen Kunden, aber andererseits können von einem gegebenen Kunden mehrere Aufträge existieren.

Rows

Die Rows-Collection von DataTable gibt eine Zeilenmenge für jede Tabelle zurück. Mit dieser Collection untersuchen Sie die Ergebnisse von Datenbankabfragen, indem Sie durch die Zeilen iterieren und die Datensätze nacheinander abarbeiten. Programmierer, die bereits Erfahrung mit ADO gesammelt haben, sind oft überrascht, weil das RecordSet mit seinen Befehlen moveNext und movePrevious fehlt. Mit ADO.NET iterieren Sie nicht durch das DataSet, sondern greifen auf die benötigte Tabelle zu und iterieren dann – normalerweise mit einer foreach-Schleife – durch die Rows-Collection. Dies werden Sie im ersten Beispiel dieses Kapitels noch sehen.

DataAdapter

Das DataSet ist eine Abstraktion einer relationalen Datenbank. ADO.NET verwendet einen DataAdapter als Brücke zwischen dem DataSet und der Datenquelle, also der zu Grunde liegenden Datenbank. DataAdapter hat die Methode Fill( ), mit der Sie Daten aus der Datenbank holen und das DataSet füllen.

DBCommand und DBConnection

Das DBConnection-Objekt repräsentiert eine Verbindung mit einer Datenquelle. Diese Verbindung können verschiedene Command-Objekte gemeinsam nutzen. Das DBCommand-Objekt ermöglicht es Ihnen, einen Befehl (in der Regel eine SQL-Anweisung oder eine gespeicherte Prozedur) an die Datenbank zu senden. Oft werden solche Objekte implizit bei der Erzeugung des DataAdapter angelegt, aber der Zugriff auf diese Objekte kann explizit geschehen, wie Sie im nachfolgenden Beispiel sehen werden.

Das DataAdapter-Objekt

Anstatt das DataSet-Objekt allzu eng an Ihre Datenbankarchitektur zu binden, verwendet ADO.NET ein DataAdapter-Objekt als Mittler zwischen dem DataSet-Objekt und der Datenbank. So wird das DataSet von der Datenbank abgekoppelt, und ein einziges DataSet kann mehr als nur eine Datenbank oder eine andere Datenquelle repräsentieren.

DataReader

Eine Alternative zur Erzeugung eines DataSet (und DataAdapter) besteht in der Erzeugung eines DataReader. Der DataReader bietet eine verbundene, nur vorwärts lesbare Collection von Tabellen, auf die lediglich Lesezugriff besteht, indem entweder eine SQL-Anweisung oder eine Stored Procedure ausgeführt wird. DataReader sind leichtgewichtige Objekte, die sich ideal dazu eignen, Steuerelemente mit Daten zu füllen und danach die Verbindung mit der Hintergrund-Datenbank zu beenden.

Erste Schritte mit ADO.NET

Genug der grauen Theorie! Nun werden wir endlich Code schreiben und betrachten, wie er funktioniert. Die Arbeit mit ADO.NET kann zwar komplex sein, aber für viele Abfragen ist das Modell auch erstaunlich einfach.

In diesem Beispiel erstellen wir ein einfaches Windows Form mit einem einzigen Listenfeld namens `lbCustomers`. Dieses Listenfeld wird mit Informationen aus der Kundentabelle der Northwind-Datenbank gefüllt.

Als Erstes erzeugen Sie ein `DataAdapter`-Objekt:

```
SqlDataAdapter DataAdapter =
new SqlDataAdapter(
commandString, connectionString);
```

Die beiden Parameter heißen `commandString` und `connectionString`. Der `commandString` ist die SQL-Anweisung, mit der Sie die Daten erzeugen, die im `DataSet` stehen sollen:

```
string commandString =
    "Select CompanyName, ContactName from Customers";
```

Der `connectionString` ist ein beliebiger String, der für die Datenbankverbindung erforderlich ist. In diesem Fall läuft der SQL Server auf meinem Entwicklungsrechner, über den ich eine vertrauensvolle Verbindung zur Datenbank habe:

```
string connectionString =
    "server=localhost; trusted connection=true; database=northwind";
```

Wenn bei Ihnen nicht SQL Server installiert ist, wählen Sie aus der Programmgruppe des Microsoft .NET Framework SDK **Schnellstart-Lernprogramme** (diese Option müssen Sie bereits bei der Installation von Visual Studio oder dem .NET Framework SDK ausgewählt haben). Dann erscheint eine Webseite, von der aus Sie die Microsoft SQL Server Desktop Engine (MSDE) installieren können. Nachdem Sie die MSDE installiert haben, richten Sie die »Schnellstarts« ein (dann wird die Northwind-Beispieldatenbank erzeugt). Um diese Datenbank zu benutzen, benötigen Sie den folgenden `connectionString`:

```
"server=(local)\\NetSDK; Trusted_Connection=yes; database=northwind"
```

Mit dem fertigen `DataAdapter` sind Sie nun in der Lage, das `DataSet` anzulegen und mit den Daten zu füllen, die Ihnen die SQL-`select`-Anweisung liefert:

```
DataSet DataSet = new DataSet( );
DataAdapter.Fill(DataSet,"Customers");
```

Das war's schon. Nun haben Sie ein `DataSet` und können die Daten abfragen, bearbeiten und auf andere Weise verwalten. Das `DataSet` verfügt über eine Reihe von Tabellen, von denen Sie nur die erste interessiert, da Sie nur eine einzige Tabelle abgerufen haben:

```
DataTable dataTable = DataSet.Tables[0];
```

Sie können die Zeilen, die Sie mit der SQL-Anweisung abgerufen haben, extrahieren und die Daten zu Ihrem Listenfeld hinzufügen:

```
    foreach (DataRow dataRow in dataTable.Rows)
    {
        lbCustomers.Items.Add(
            dataRow["CompanyName"] +
            " (" + dataRow["ContactName"] + ")" );
    }
```

Das Listenfeld wird mit dem Firmennamen und dem Namen des Ansprechpartners aus der Datenbanktabelle gefüllt, wie es die SQL-Anweisung, die wir übergeben haben, vorsieht. Beispiel 14-1 enthält den vollständigen Quellcode für dieses Beispiel.

Beispiel 14-1: Mit ADO.NET arbeiten

```
#region Using directives

using System;
using System.Collections.Generic;
using System.ComponentModel;
using System.Data;
using System.Data.SqlClient;
using System.Drawing;
using System.Windows.Forms;

#endregion

namespace WorkingWithADONET
{
   partial class ADONetForm1 : Form
   {
      public ADONetForm1()
      {
         InitializeComponent();

         // Mit der Northwind-Datenbank auf dem lokalen Server verbinden
         string connectionString = "server=localhost;" +
         "Trusted_Connection=yes; database=northwind";

         // Hole Datensätze aus der Kundentabelle
         string commandString =
         "Select CompanyName, ContactName from Customers";

         // Hole das DataSet-Command-Objekt und
         // das DataSet
         SqlDataAdapter DataAdapter =
         new SqlDataAdapter(
         commandString, connectionString);

         DataSet DataSet = new DataSet( );

         // Fülle das DataSet-Objekt
         DataAdapter.Fill(DataSet,"Customers");

         // Hole die eine Tabelle aus dem DataSet
         DataTable dataTable = DataSet.Tables[0];
```

```
        // Zeige Info für jede Zeile der Tabelle an
        foreach (DataRow dataRow in dataTable.Rows)
        {
           lbCustomers.Items.Add(
              dataRow["CompanyName"] +
              " (" + dataRow["ContactName"] + ")" );
        }
      }
   }
}
```

So haben Sie mit nur wenigen Codezeilen eine Datenmenge aus der Datenbank extrahiert und sie wie in Abbildung 14-1 im Listenfeld anzeigen lassen.

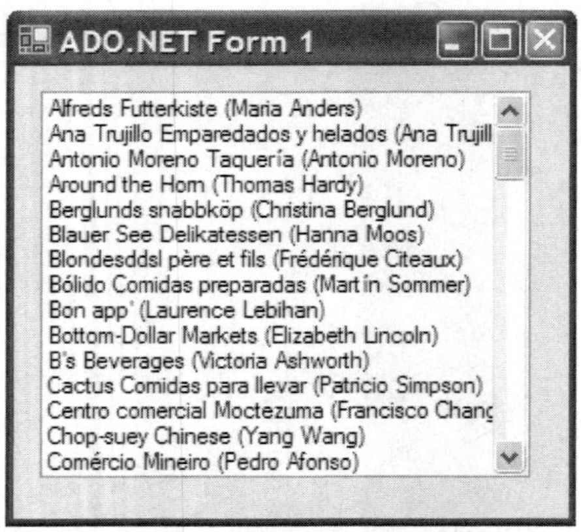

Abbildung 14-1: Ausgabe von Beispiel 14-1

Diese acht Zeilen Code führen folgende Aufgaben aus:

- Den String für die Verbindung erzeugen:

```
string connectionString = "server=localhost;" +
"Trusted_Connection=yes; database=northwind";
```

- Den String für die Select-Anweisung erzeugen:

```
string commandString =
"Select CompanyName, ContactName from Customers";
```

- Den `DataAdapter` erzeugen und ihm die Strings für die Select-Anweisung und die Verbindung übergeben:

```
SqlDataAdapter DataAdapter =
new SqlDataAdapter(
commandString, connectionString);
```

- Ein neues `DataSet`-Objekt erzeugen:

```
DataSet DataSet = new DataSet();
```

- Das DataSet aus der Kundentabelle mit Hilfe des DataAdapter füllen:

```
DataAdapter.Fill(DataSet,"Customers");
```

- Die DataTable aus dem DataSet extrahieren:

```
DataTable dataTable = DataSet.Tables[0];
```

- Mit Hilfe der DataTable das Listenfeld füllen:

```
foreach (DataRow dataRow in dataTable.Rows)
{
   lbCustomers.Items.Add(
      dataRow["CompanyName"] +
      " (" + dataRow["ContactName"] + ")" );
}
```

OLE DB Managed Provider verwenden

Gegenwärtig sind vier Managed Provider in ADO.NET verfügbar: der SQL Server Managed Provider, der OLE DB Managed Provider, der ODBC Managed Provider und ein Managed Provider für Oracle. Das vorige Beispiel verwendete den SQL Server Managed Provider, der für SQL-Server optimiert und auf die Arbeit mit SQL Server-Datenbanken beschränkt ist. Der OLE DB Managed Provider bietet eine allgemeinere Lösung, da er sich mit jedem OLE-DB-Provider einschließlich Access verbindet.

Mit nur wenigen kleinen Änderungen können Sie Beispiel 14-1 so überarbeiten, dass es sich mit der Datenbank (die in der deutschen Version »Nordwind« heißt) über Access statt über SQL Server verbindet. Als Erstes müssen Sie den Verbindungs-String ändern:

```
string connectionString =
    "provider=Microsoft.JET.OLEDB.4.0; "
    + "data source = c:\\nwind.mdb";
```

Diese Abfrage stellt eine Verbindung mit der Nordwind-Datenbank auf Laufwerk C: her. (Der genaue Pfad kann bei Ihnen auch anders lauten.)

Danach ändern Sie das DataAdapter-Objekt in einen OLEDBDataAdapter an Stelle eines SqlDataAdapter:

```
OleDbDataAdapter DataAdapter =
    new OleDbDataAdapter (commandString, connectionString);
```

Außerdem müssen Sie für den OleDb-Namensraum eine using-Anweisung einfügen:

```
using System.Data.OleDb;
```

Dieses Entwurfsmuster zieht sich durch beide Managed Provider: Für jedes Objekt, dessen Klassenname mit »Sql« beginnt, gibt es eine zugehörige Klasse, deren Name mit »OleDb« beginnt. Beispiel 14-2 zeigt die vollständige OLE DB-Version von Beispiel 14-1.

Beispiel 14-2: Den ADO Managed Provider verwenden

```
#region Using directives

using System;
```

Beispiel 14-2: Den ADO Managed Provider verwenden (Fortsetzung)

```
using System.Collections.Generic;
using System.ComponentModel;
using System.Data;
using System.Data.OleDb;
using System.Drawing;
using System.Windows.Forms;

#endregion

namespace UsingADOManagedProvider
{
   partial class ADONetForm1 : Form
   {
      public ADONetForm1()
      {
         InitializeComponent();
         // Verbindung mit der Nordwind-Access-Datenbank
         string connectionString =
            "provider=Microsoft.JET.OLEDB.4.0; "
            + "data source = c:\\nwind.mdb";


         // Hole Datensätze aus der Kundentabelle
         string commandString =
         "Select Firme, Kontaktperson from Kunden";

         // Erzeuge das DataSet-Command-Objekt
         // und das DataSet
         OleDbDataAdapter DataAdapter =
         new OleDbDataAdapter(
         commandString, connectionString);

         DataSet DataSet = new DataSet( );

         // Fülle das DataSet-Objekt
         DataAdapter.Fill(DataSet,"Kunden");

         // Hole die eine Tabelle aus dem DataSet
         DataTable dataTable = DataSet.Tables[0];

         // Zeige Info für jede Zeile in der Tabelle
         foreach (DataRow dataRow in dataTable.Rows)
         {
            lbCustomers.Items.Add(
               dataRow["Firma"] +
               " (" + dataRow["Kontaktperson"] + ")" );
         }
      }
   }
}
```

Wie Sie in Abbildung 14-2 sehen, erzeugt dies genau die gleiche Ausgabe wie das vorige Beispiel.

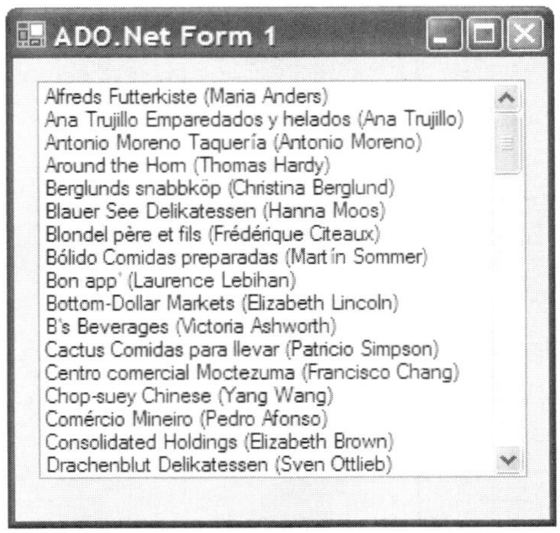

Abbildung 14-2: Verwendung des ADO Managed Provider

Der OLE DB Managed Provider ist allgemeiner als der SQL Managed Provider und kann sogar für die Verbindung mit SQL Server ebenso genutzt werden wie für jedes andere OLE DB-Objekt. Da der SQL Server Provider für SQL Server optimiert ist, ist es allerdings effizienter, bei der Arbeit mit SQL Server auch den SQL Server-spezifischen Provider einzusetzen. Mit der Zeit werden spezialisierte Managed Provider in beliebiger Anzahl verfügbar sein.

Der Umgang mit datengebundenen Steuerelementen

Wir wollen nun einen anderen, eher deklarativen Ansatz ausprobieren. Legen Sie eine neue Windows Forms-Solution an (die Sie `DeclarativeDataDisplay` nennen). Vergrößern Sie als Erstes das Formular, benennen Sie sie um in *DeclarativeDB.cs* und geben Sie ihm den neuen Titel »Declarative Data Base«. Ziehen Sie `DataGridView` in das Formular.

Sobald es an Ort und Stelle ist, erscheint ein Menü **Action**. Klicken Sie auf das Dropdown-Menü und wählen Sie eine Datenquelle. Indem Sie auf **Add Project Data Source** klicken, öffnen Sie den **Data Source Configuration Wizard**. Klicken Sie auf **Next**, um Ihren Datentyp auszuwählen, wie es in Abbildung 14-3 dargestellt ist.

Klicken Sie auf **Database** und danach auf **Next**. Dies führt Sie zum Assistenten für die Konfiguration von Datenquellen (**Data Source Configuration Wizard**), in dem Sie auf **New Connection** klicken können, wie es in Abbildung 14-4 zu sehen ist.

Füllen Sie die zutreffenden Informationen für die Verbindungseigenschaften aus, wie in Abbildung 14-5 gezeigt.

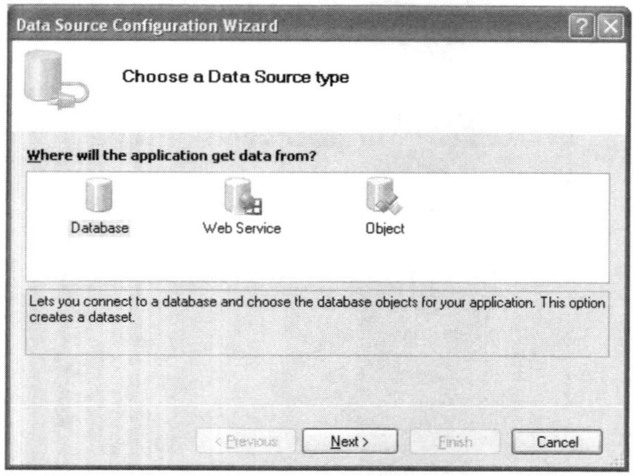

Abbildung 14-3: Der Konfigurationsassistent für Data Source

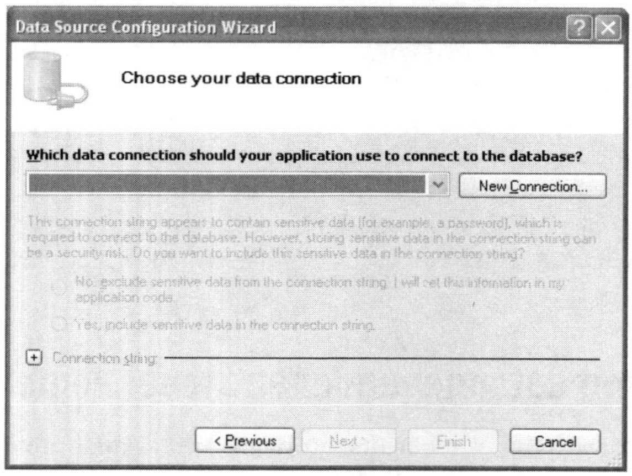

Abbildung 14-4: Eine Datenverbindung auswählen

Achten Sie darauf, dass Sie erst auf die Schaltfläche **Test Connection** klicken, bevor Sie auf **OK** klicken. Auf der folgenden Registerkarte aktivieren Sie sowohl **Yes, save the connection as** als auch **Include sensitive data**, wie Abbildung 14-6 zeigt.

Nun wird Ihnen der Inhalt des von Ihnen ausgewählten `DataSet` angezeigt. In diesem Fall expandieren Sie die Tabellen und dann die Tabelle **Customers**. Wählen Sie alle Spalten außer **Region** aus (um zu zeigen, dass Ihre Abfrage nicht alle Spalten liefern muss) und klicken Sie auf **Finish**.

Klicken Sie auf das Smart-Tab für das Datenraster (DataGrid) und wählen Sie **Edit Columns**. Bearbeiten Sie dann die Spaltenüberschriften so, dass sie einen sinnvollen Text enthalten, wie in Abbildung 14-7 dargestellt.

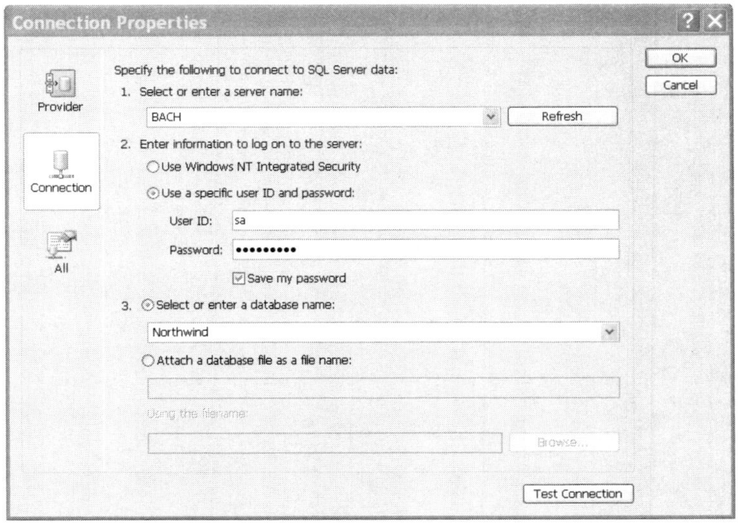

Abbildung 14-5: Die Verbindungseigenschaften einstellen

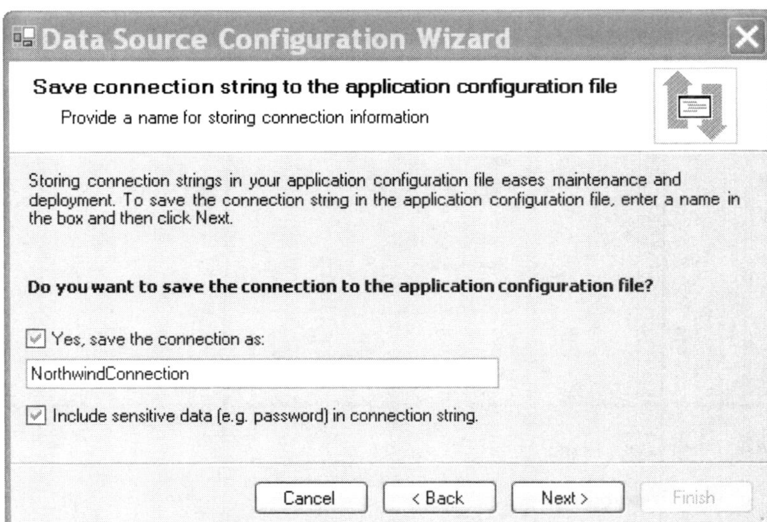

Abbildung 14-6: Die sensiblen Daten sichern

Starten Sie das Programm. Die Daten sind nun in der in Abbildung 14-8 dargestellten Weise gebunden.

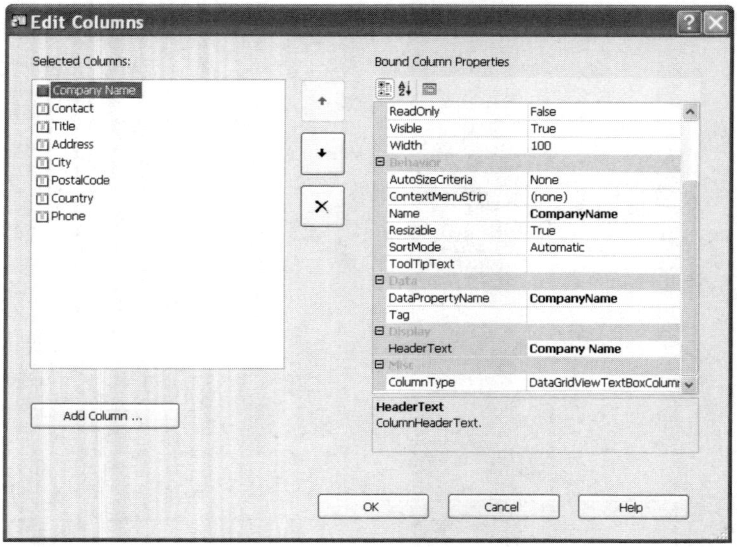

Abbildung 14-7: Spalten bearbeiten

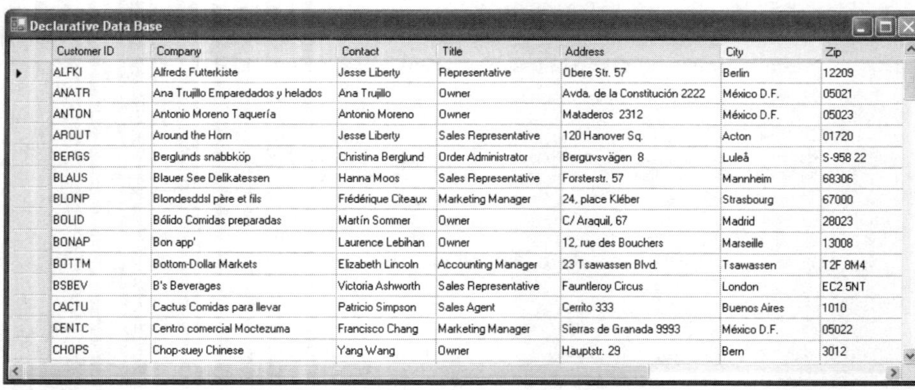

Abbildung 14-8: Das DataGrid in Aktion

Sehen Sie sich den Bereich unterhalb des Rasters an, in dem Sie drei Objekte vorfinden: `northwindDataSet`, `CustomersDataConnector` und `customersTableAdapter`, wie in Abbildung 14-9 dargestellt.

Jedes repräsentiert ein Objekt, dessen Eigenschaften Sie setzen können, indem Sie das Objekt anklicken und dann die Eigenschaften im Eigenschaftenfenster bearbeiten.

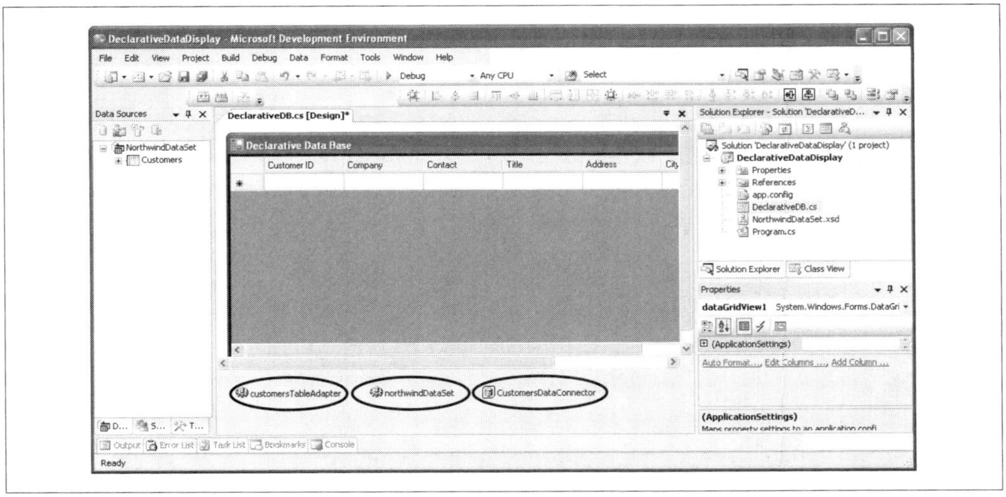

Abbildung 14-9: Die Objekte im unteren Bereich betrachten

Ein DataGrid programmgesteuert füllen

Wenn Sie unbedingt darauf bestehen, solche Verbindungsobjekte selbst zu erzeugen, können Sie das natürlich tun, und Sie können sie auch manuell mit ihrem DataGrid verknüpfen.

Legen Sie ein neues Projekt mit dem Namen `ProgrammaticDataDisplay` an. Benennen Sie die *.cs*-Datei und das Formular um und setzen Sie den Titel entsprechend. Ziehen Sie ein `DataGridView` an Ort und Stelle, aber ignorieren Sie das **Action**-Menü.

Klicken Sie rechts auf das Formular und wählen Sie **View Code**. Fügen Sie die folgenden Zeilen in den Konstruktor ein:

```
string connectionString = "server=localhost;" +
"Trusted_Connection=yes; database=northwind";
string commandString =
    "Select CompanyName, ContactName, ContactTitle, "
    + "Phone, Fax from Customers";

// Einen DataSet anlegen und füllen
SqlDataAdapter DataAdapter =
    new SqlDataAdapter( commandString, connectionString );
DataSet DataSet = new DataSet();
DataAdapter.Fill( DataSet, "Customers" );

// Das DataSet an das Grid binden
dataGridView1.DataSource =
    DataSet.Tables["Customers"].DefaultView;
```

In diesem Fall setzen Sie den Connection-String und den Befehls-String manuell und erzeugen dann einen `SqlDataAdapter` und einen `DataSet`, um auf die Daten zuzugreifen.

Danach binden Sie die Eigenschaft DataSource des DataGridView an den Default-View der von Ihnen eingelesenen Tabelle Customers.

Es steht Ihnen frei, die Eigenschaften des DataGridView programmatisch oder deklarativ zu setzen; Sie können auch beide Ansätze gemischt verwenden. Es ist aber offensichtlich, dass Microsoft einen weiten Weg gegangen ist, um Ihnen zu ermöglichen, Kontrollelemente für Datenbankverbindungen einfach auf Ihr Formular zu ziehen und dadurch die Interaktion mit ADO.NET stark zu vereinfachen.

Das DataSet anpassen

Sie können auch, anstatt die Standardeinstellungen zu verwenden, jede Einzelheit bei der Erstellung eines DataSet selbst genau festlegen. Dies können Sie sowohl deklarativ als auch programmgesteuert tun.

Im vorangegangenen Beispiel haben Sie bei der Erzeugung des DataSet einen commandString und einen connectionString übergeben:

```
SqlDataAdapter DataAdapter =
   new SqlDataAdapter(commandString, connectionString);
```

Diese Strings wurden intern einem SqlCommand- und einem SqlConnection-Objekt zugewiesen. Stattdessen können Sie aber diese Objekte explizit erzeugen.

Im nächsten Beispiel werden Sie der Klasse vier neue Member geben:

```
private System.Data.SqlClient.SqlConnection meineVerbindung;
private System.Data.DataSet meinDataSet;
private System.Data.SqlClient.SqlCommand meinBefehl;
private System.Data.SqlClient.SqlDataAdapter DataAdapter;
```

Die Verbindung erzeugen Sie, indem Sie ein SqlConnection-Objekt mit dem Verbindungs-String instantiieren:

```
string connectionString = "server=(local)\\NetSDK;" +
    "Trusted_Connection=yes; database=northwind";
meineVerbindung = new System.Data.SqlClient.SqlConnection(connectionString);
```

Dann wird die Verbindung explizit geöffnet:

```
meineVerbindung.Open( );
```

Wenn Sie bei dieser Verbindung bleiben, können Sie sie wiederverwenden (wie es in einem der nachfolgenden Beispiele noch gezeigt wird) und wenn nötig auch ihre Transaktionsunterstützung nutzen.

Sie können auch den DataAdapter dazu veranlassen, die Verbindung zu erzeugen, und sie dann explizit öffnen oder sogar eine Referenz auf sie verwalten. Verwenden Sie dazu Code wie diesen:

```
SqlConnection myConnection = myAdapter.Connection
```

Als Nächstes erzeugen Sie explizit das DataSet-Objekt und setzen eine seiner Eigenschaften:

```
meinDataSet = new System.Data.DataSet( );
meinDataSet.CaseSensitive=true;
```

Wenn Sie CaseSensitive auf true setzen, zeigen Sie damit an, dass die String-Vergleiche zwischen DataTable-Objekten auf die Groß- und Kleinschreibung achten.

Nun erzeugen Sie explizit das SqlCommand-Objekt und geben ihm das Verbindungsobjekt und den Text des Befehls:

```
meinBefehl = new System.Data.SqlClient.SqlCommand( )
meinBefehl.Connection=meineVerbindung;
meinBefehl.CommandText = "Select * from Customers";
```

Abschließend erzeugen Sie das SqlDataAdapter-Objekt und weisen es dem soeben angelegten SqlCommand-Objekt zu. Danach sagen Sie dem DataAdapter, wie es die Tabellenspalten der zu durchsuchenden Tabelle zuordnen soll, und weisen den SqlDataAdapter an, das DataSet-Objekt zu füllen:

```
DataAdapter = new System.Data.SqlClient.SqlDataAdapter( );
DataAdapter.SelectCommand= meinBefehl;
DataAdapter.TableMappings.Add("Table","Customers");
DataAdapter.Fill(meinDataSet);
```

Wenn dies getan ist, sind Sie in der Lage, das DataGridView zu füllen (beachten Sie, dass ich diesmal den vorgegebenen Namen für das DataGrid verwende):

```
dataGrid1.DataSource=
    meinDataSet.Tables["Customers"].DefaultView;
```

Beispiel 14-3 zeigt den vollständigen Quellcode.

Beispiel 14-3: Ein DataSet anpassen

```
#region Using directives

using System;
using System.Collections.Generic;
using System.ComponentModel;
using System.Data;
using System.Data.SqlClient;
using System.Drawing;
using System.Windows.Forms;

#endregion

namespace CustomizedDataSet
{
   partial class CustomizedDataSet : Form
   {
      private System.Data.SqlClient.SqlConnection myConnection;
      private System.Data.DataSet myDataSet;
      private System.Data.SqlClient.SqlCommand myCommand;
      private System.Data.SqlClient.SqlDataAdapter DataAdapter;
```

Beispiel 14-3: Ein DataSet anpassen (Fortsetzung)

```
      public CustomizedDataSet()
      {
         InitializeComponent();
         string connectionString = "server=localhost;" +
            "Trusted_Connection=yes; database=northwind";
         myConnection = new
            System.Data.SqlClient.SqlConnection( connectionString );
         myConnection.Open();

         // Erzeuge das DataSet und setze eine Eigenschaft
         myDataSet = new System.Data.DataSet();
         myDataSet.CaseSensitive = true;

         // Erzeuge das SqlCommand-Objekt und weise die Verbindung
         // und die Select-Anweisung zu
         myCommand = new System.Data.SqlClient.SqlCommand();
         myCommand.Connection = myConnection;
         myCommand.CommandText = "Select * from Customers";

         // Erzeuge das DataAdapter-Objekt, übergib das
         // SQL-Befehlsobjekt und richte die Tabellenzuordnungen ein
         DataAdapter = new System.Data.SqlClient.SqlDataAdapter();
         DataAdapter.SelectCommand = myCommand;
         DataAdapter.TableMappings.Add( "Table", "Customers" );

         // Das DataAdapter-Objekt füllt das DataSet
         DataAdapter.Fill( myDataSet );

         // Stelle es im Grid dar
         dataGridView1.DataSource =
            myDataSet.Tables["Customers"].DefaultView;
      }
   }
}
```

KAPITEL 15

ASP.NET-Anwendungen und Webservices programmieren

Immer mehr Anwendungen werden für das Web entwickelt.

Die vielen Vorteile sind offensichtlich: Zum einen haben Sie nicht viel mit der Benutzerschnittstelle zu tun, denn einen Großteil der Arbeit können Sie dem Internet Explorer oder anderen Browsern überlassen. Ein weiterer, vielleicht noch größerer Vorteil besteht darin, dass die Verteilung der Anwendung und neuer Versionen schneller, einfacher und kostengünstiger ist. Am wichtigsten aber ist, dass eine Web-Applikation von jedem Benutzer an jedem beliebigen Ort auf jeder beliebigen Plattform bedient werden kann; dies ist nur schwer (wenn auch nicht unmöglich) mit intelligenten Client-Anwendungen zu bewerkstelligen.

Der dritte Vorteil von Web-Anwendungen ist die verteilte Verarbeitung; allerdings gewinnen intelligente Client-Anwendungen hier an Boden. Für serverseitige Verarbeitung zu sorgen ist bei einer webbasierten Anwendung sehr einfach, und das Web bietet genug standardisierte Protokolle (z.B. HTTP, HML und XML), die den Aufbau von *n*-Tier-Applikationen erleichtern.

Die .NET-Technologie für die Errichtung von Web-Anwendungen (und von dynamischen Websites) ist ASP.NET 2.0. In den Namensräumen `System.Web` und `System.Web.UI` steht dazu eine reichhaltige Sammlung von Typen zur Verfügung. Über ASP.NET gibt es viel zu lernen, aber das meiste davon ist unabhängig von der Programmiersprache. So bietet ASP.NET eine umfangreiche Liste von Steuerelementen und zugehörigen Hilfsmitteln, darunter solche zum Validieren von Daten, zum Anzeigen von Datumswerten, zur Darstellung von Werbeanzeigen, zur Benutzerinteraktion usw. Die meisten davon erfordern überhaupt keine Programmierung.

Im Mittelpunkt dieses Kapitels steht jener Bereich, in dem sich ASP.NET und C#-Programmierung überschneiden: die Erzeugung von Web-Formularen und Webservices. Bei der ASP.NET-Entwicklung besteht die Rolle des C#-Programmierers darin, Event-Handler zu schreiben, die auf Benutzerinteraktionen reagieren. Viele dieser Event-Handler schreiben entweder Daten in die Datenbank oder lesen Daten und stellen sie den Steuerelementen zur Verfügung. Informationen über ASP.NET als solches finden Sie in meinem (zusammen mit Dan Hurwitz verfassten) Buch *Programming ASP.NET* (O'Reilly).

Durch Web Forms werden RAD-Techniken (wie sie auch bei Windows Forms angewendet werden) in die Web-Anwendungsentwicklung eingeführt. Genau wie bei Windows Forms ziehen Sie auch hier die Steuerelemente in ein Formular und schreiben den unterstützenden Code entweder direkt hinein oder in *Code-behind*-Seiten. Allerdings wird die Anwendung bei Web Forms auf einem Webserver betrieben, und die Benutzer interagieren mit dem Programm über einen standardmäßigen Webbrowser.

.NET-Webservices weiten das Konzept der verteilten Verarbeitung auf die Erstellung von Komponenten aus, deren Methoden unter Verwendung branchenüblicher Standardprotokolle über das Internet aufgerufen werden. Diese Komponenten können in jeder beliebigen .NET-Sprache geschrieben werden,[1] und sie kommunizieren über offene, plattformunabhängige Protokolle. So kann beispielsweise ein Börsenkurs-Server eine Webservice-Methode anbieten, die den Namen eines Wertpapiers als Parameter entgegennimmt und einen Kurs zurückliefert. Dann kann man in einer Anwendung diesen Dienst mit einem anderen Dienst von einer anderen Firma kombinieren, der ebenfalls einen Wertpapier-Parameter annimmt, aber Hintergrunddaten zu der jeweiligen Firma liefert. Dabei konzentriert sich der Anwendungsprogrammierer ganz darauf, diesen Diensten zusätzlichen Nutzen hinzuzufügen, anstatt sie für seine eigene Anwendung zu duplizieren.

Dieses Kapitel zeigt, wie man Web-Formulare und Webservices mit Hilfe von C# programmiert.

Web Forms verstehen

Die ASP.NET 2.0 Web Forms sind Nachfolger der außerordentlich erfolgreichen Web Forms der ASP.NET-Version 1.x, die wiederum Nachfolger der APS-Seiten sind. Ziel der Entwicklung von ASP.NET 2.0 war die Reduktion der Codierung um 70% im Vergleich zu ASP 1.x. Dies bedeutet, dass Web-Programmierung zunehmend *deklarativ* und weniger *programmatisch* erfolgt – Sie deklarieren also Steuerelemente auf Ihrem Web-Formular, anstatt immer wieder neuen Code nach dem gleichen Schema zu schreiben.

Natürlich haben Sie auch weiterhin die Möglichkeit, selbst zu programmieren (dies können Sie immer tun), aber in den allermeisten Fällen müssen Sie mit ASP.NET wesentlich weniger programmieren, als dies mit 1.x der Fall war.

Web Forms implementieren ein Programmiermodell, bei dem die Webseiten, die über das Internet an einen Browser geliefert werden sollen, dynamisch auf einem Webserver generiert werden. Sie erstellen eine ASPX-Seite mit mehr oder weniger statischem Inhalt aus HTML und Web-Steuerelementen, und Sie schreiben ein C#-Programm, das zusätz-

1 Natürlich können Webservices in jeder beliebigen Programmiersprache und auf jeder beliebigen Plattform geschrieben werden; das Besondere an den Webservices ist gerade ihre Plattformunabhängigkeit. Für die Zwecke dieses Buchs beschränken wir uns allerdings auf die Erzeugung und Verwendung von Webservices mit Hilfe von .NET.

liche dynamische Inhalte hinzufügt. Der C#-Code *läuft auf dem Server*, und seine Ergebnisse werden in die auf der Seite deklarierten Objekte integriert. Dabei entsteht eine HTML-Seite, die an den Browser gesandt wird.

Im vorangehenden Absatz sind drei kritische Punkte angesprochen worden, die Sie in diesem gesamten Kapitel im Hinterkopf behalten sollten:

- Webseiten können sowohl HTML-Code als auch Web-Steuerelemente enthalten (die wir weiter unten beschreiben).
- Die gesamte Verarbeitung findet auf dem Server statt (daneben können Sie auch clientseitige Verarbeitung mit Skriptsprachen anwenden, dies hat aber nichts mit ASP.NET zu tun).
- Auch wenn Sie die Web-Steuerelemente von ASP.NET verwenden, sieht der Browser immer nur normales HTML. (Mit einer Ausnahme: Zu aktuellen Browsern können auch Skripten gesendet werden.)

Kurz gesagt, Web Forms sollen mit jedem beliebigen Browser betrachtet werden können, wobei der Server den korrekten, Browser-konformen HTML-Code generiert. Die Logik-Programmierung zu einem Web-Formular kann in jeder beliebigen .NET-Sprache erfolgen, aber in diesem Buch werde ich natürlich nur C# verwenden. Auch Web Forms *können* Sie ebenso wie Windows Forms mit Notepad (oder einem anderen Editor Ihrer Wahl) erstellen und müssen nicht Visual Studio benutzen. Viele Entwickler tun dies auch, aber Visual Studio macht den Prozess des Entwerfens und Testens von Web Forms doch *wesentlich* leichter.

Bei Web Forms besteht die Benutzeroberfläche aus zwei Teilen: dem visuellen Teil, auch als Benutzerschnittstelle oder User-Interface (UI) bezeichnet, und der dahinter liegende Logik. Dieses Vorgehen ähnelt sehr der Entwicklung von Windows Forms, wie wir sie in Kapitel 13 dargestellt haben; man bezeichnet es als *Code-Separation*. Alle Beispiele in diesem Buch machen davon Gebrauch, obwohl es durchaus möglich ist, den C#-Code in dieselbe Datei wie das User-Interface zu schreiben.

> In der Version 2.0 von ASP.NET nutzt Visual Studio die Vorteile der partiellen Klassen. Dies macht die Code-Separation viel einfacher, als es bei 1.x der Fall war. Da die Code-Separation und die deklarativen Seiten Teil derselben Klasse sind, besteht nicht länger die Notwendigkeit, mit Hilfe von `protected` Variablen die Steuerelemente auf der Seite zu referenzieren, und der Designer kann den Initialisierungscode in einer separaten Datei verbergen.

Die UI-Seite wird in einer Datei mit der Erweiterung *.aspx* gespeichert. Wenn das Formular abgerufen wird, generiert der Server daraus HTML-Code, und dieser wird an den Browser gesandt. Dieser Code nutzt die reichhaltigen Web Forms-Typen, die in den Namensräumen `System.Web` und `System.Web.UI` der .NET FCL zu finden sind.

Mit Visual Studio könnte Web Forms-Programmierung kaum einfacher sein: Öffnen Sie ein Formular, schieben Sie einige Controls darauf und schreiben Sie den Code zur Behandlung der Events. Schon ist Ihre Web-Applikation fertig.

Trotzdem kann das Schreiben einer robusten und umfassenden Web-Anwendung auch mit Visual Studio eine entmutigende Aufgabe sein. Web Forms bieten sehr viele Möglichkeiten für die Oberflächengestaltung; die Zahl und die Komplexität der Web-Steuerelemente haben sich in den letzten Jahren vervielfacht, und die Erwartungen der Benutzer bezüglich des *Look-and-Feel* von Web-Anwendungen sind dementsprechend gestiegen.

Dazu kommt der inhärent verteilte Charakter von Web-Anwendungen. Typischerweise befindet sich der Client nicht im selben Gebäude wie der Server. Bei den meisten Web-Anwendungen muss man daher die Netzwerklatenz, die Bandbreite und die Performance der Server im Netzwerk berücksichtigen, wenn man die Benutzeroberfläche erstellt. Dabei kann es durchaus vorkommen, dass die Reaktionszeit zwischen Client und Host mehrere Sekunden beträgt.

Events bei Web Forms

Web Forms werden durch Events (Ereignisse) gesteuert. Ein *Event* repräsentiert die Vorstellung, dass »etwas geschehen ist« (in Kapitel 12 werden Events umfassend behandelt).

Immer wenn der Benutzer auf einen Button klickt, eine Auswahl aus einem Listenfeld trifft oder anderweitig mit dem UI interagiert, wird ein Event ausgelöst. Auch das System kann Events auslösen, wenn es eine Tätigkeit beginnt oder beendet. Wenn Sie beispielsweise eine Datei zum Lesen öffnen, löst das System einen Event aus, sobald die Datei vollständig in den Speicher eingelesen worden ist.

Eine Methode, die auf ein Event reagiert, bezeichnet man als *Event-Handler*. Diese werden in C# geschrieben und über Steuerelement-Attribute mit Steuerelementen der HTML-Seite verknüpft.

Konventionsgemäß geben die Event-Handler in ASP.NET `void` zurück und haben zwei Parameter. Der erste Parameter repräsentiert das Objekt, das den Event ausgelöst hat. Der zweite wird *Event-Argument* genannt und kann Informationen enthalten, die spezifisch für das jeweilige Event sind. Bei den meisten Events ist das Event-Argument vom eigenschaftslosen Typ `EventArgs`. Bisweilen ist das Event-Argument auch von einem Typ, der von `EventArgs` abgeleitet ist und für den jeweiligen Event-Typ spezifische Eigenschaften haben kann.

Bei Web-Anwendungen werden typischerweise die meisten Events auf dem Server behandelt und erfordern daher ein erneutes Senden der Webseite. ASP.NET unterstützt nur eine begrenzte Menge von Events, beispielsweise Button-Klicks und Textveränderungen. Im Gegensatz zu Windows-Events (wie Mouse-Over), die viele Male innerhalb einer einzigen vom Benutzer ausgeführten Aktivität auftreten können, sind dies Events, von denen der Benutzer erwarten kann, dass sie eine signifikante Veränderung zur Folge haben.

Postback-Events und Nonpostback-Events

Postback-Events führen dazu, dass das Formular unmittelbar zum Server zurückgesandt wird. Dazu gehören die Maus-Klick-Events, zum Beispiel das Button-Klick-Event. Im Gegensatz dazu werden viele Ereignisse (in der Regel solche, die bei einer Veränderung ausgelöst werden), als *nonpostback* angesehen, bei denen das Formular nicht unmittelbar zurückgesandt wird. Stattdessen werden diese Ereignisse so lange im Cache gehalten, bis das nächste Postback-Event auftritt.

> Auch Steuerelemente mit Nonpostback-Events können Sie dazu bringen, Postback-Events auszulösen, indem Sie ihre Eigenschaft `AutoPostBack` auf `true` setzen.

Zustand

Der *Zustand (State)* einer Web-Anwendung ist der aktuelle Inhalt aller Steuerelemente und Variablen für einen Benutzer in der aktuellen Session. Von Natur aus ist das Web eine »zustandslose« Umgebung. Das heißt, dass zwischen zwei Anfragen an den Server der gesamte Zustand verloren geht, sofern nicht der Progammierer große Mühe auf sich nimmt, das in der Session enthaltene Wissen zu bewahren. Allerdings bietet ASP.NET Unterstützung dabei, Benutzer-Sessions aufrecht zu erhalten.

Immer wenn eine Seite an den Server gesandt wird, erzeugt der Server diese Seite von Grund auf neu und sendet sie zurück an den Browser. ASP.NET bietet einen Mechanismus, der den Status von Server-Steuerelementen (`ViewState`) unabhängig von der HTTP-Session verwaltet. Wenn Sie also eine Liste anzeigen, in der ein Benutzer eine Auswahl vornimmt, wird diese Auswahl bewahrt, nachdem die Seite an den Server zurückgesandt und auf dem Client neu gezeichnet worden ist.

> Die HTTP-Session erweckt den Eindruck einer Verbindung zwischen dem Benutzer und der Web-Anwendung ungeachtet der Tatsache, dass das Web eine zustands- und verbindungslose Umgebung darstellt.

Der Lebenszyklus einer Web Form

Jede Anfrage an den Webserver löst auf dem Server eine Kette von Events aus. Diese Events bilden vom Anfang bis zum Ende den *Lebenszyklus* der Seite und aller ihrer Komponenten. Der Lebenszyklus beginnt mit einer Anfrage an den Server, die ihn zum Laden der Seite veranlasst. Wenn die Anfrage abgeschlossen ist, wird die Seite freigegeben. Während des gesamten Lebenszyklus besteht das Ziel darin, den richtigen HTML-Code für den anfragenden Browser zu erzeugen. Durch die im Folgenden aufgeführten Ereignisse wird der Lebenszyklus einer Seite gekennzeichnet; Sie können jedes Event entweder selbst behandeln oder dies der Standardbehandlung durch den ASP.NET-Server überlassen:

Initialize (Initialisieren)

Die Initialisierung ist die erste Phase im Lebenszyklus jeder Seite und jedes Steuerelements. Hier werden alle Einstellungen, die für die Dauer der eingehenden Anfrage benötigt werden, in den Ausgangszustand gebracht.

Load ViewState (ViewState laden)

Die Eigenschaft `ViewState` des Steuerelements wird gefüllt. Die `ViewState`-Information kommt aus einer verborgenen Variablen des Steuerelements, die dazu dient, ihren Zustand über mehrere Server-Anfragen hinweg zu bewahren. Der Eingabe-String dieser verborgenen Variablen wird durch das Seiten-Framework gelesen, und die Eigenschaft `ViewState` wird dementsprechend gesetzt. Dieser Vorgang kann durch die Methode `LoadViewState()` modifiziert werden. Dadurch erhält ASP.NET die Möglichkeit, den Zustand des Steuerelements über ein erneutes Laden der Seite hinweg zu verwalten, so dass das Steuerelement nicht beim Übersenden der Seite auf seinen Ursprungszustand zurückgesetzt wird.

Process Postback Data (Postback-Informationen verarbeiten)

Während dieser Phase werden die Daten verarbeitet, die der Server beim Übersenden der Daten erhalten hat. Wenn diese Daten es erfordern, dass der `ViewState` aktualisiert wird, erfolgt das Update über die Methode `LoadPostData()`.

Load (Seite laden)

Wenn es erforderlich ist, wird die Methode `CreateChildControls()` aufgerufen, um die Steuerelemente in der Baumstruktur zu initialisieren. Der Zustand wird zurückgesetzt, und die Steuerelemente zeigen die clientseitigen Daten an. Die Ladephase kann modifiziert werden, indem das `Load`-Event durch die Methode `OnLoad()` modifiziert wird.

Send Postback Change Modifications (Änderungen der Postback-Information senden)

Wenn es Veränderungen zwischen dem aktuellen und dem vorherigen Zustand gibt, werden mit Hilfe der Methode `RaisePostDataChangedEvent()` Change-Events ausgelöst.

Handle Postback Events (Postback-Events behandeln)

Das clientseitige Ereignis, in dessen Folge das Formular zurückgesendet wurde, wird behandelt.

PreRender (Vor Seitenaufbau)

Hier haben Sie die letzte Chance, mit Hilfe der Methode `OnPreRender()` die Ausgabe vor der Erzeugung der Ausgabe an den Browser zu modifizieren.

Save State (Zustand sichern)

Kurz nach dem Beginn des Lebenszyklus ist der View-State aus einer verborgenen Variablen ausgelesen worden. Nun wird er in die verborgene Variable zurückgeschrieben, die als String-Objekt überdauert und die Rücksendung an den Client beendet. Sie können dieses Verhalten mit Hilfe der Methode `SaveViewState()` überschreiben.

Render (Seite aufbauen)
An dieser Stelle werden die Ausgaben generiert, die an den Client geschickt werden sollen. Dies können Sie mit Hilfe der Methode `Render` überschreiben. Falls erforderlich, wird hier `CreateChildControls()` aufgerufen, um die Server-Steuerelemente im Steuerelement-Baum zu initialisieren.

Dispose (Seite freigeben)
Die letzte Phase des Lebenszyklus bietet Ihnen die Möglichkeit, abschließende Aufräumarbeiten durchzuführen und gegebenenfalls Referenzen auf anspruchsvolle Ressourcen, zum Beispiel Datenbankverbindungen, freizugeben. Sie können sie mit der Methode `Dispose()` ändern.

Ein Web-Formular erstellen

Wir wollen nun ein einfaches Web-Formular erstellen, um es im nächsten Beispiel verwenden zu können. Starten Sie dazu Visual Studio .NET und gehen Sie auf **File → New Web Site**. In dem Menü **New Web Site** wählen Sie C# als Ihre Sprache und **ASP.NET Web Site** als zu verwendendes Template (Schablone). Schließlich legen Sie den Speicherort Ihrer Website irgendwo auf Ihrer Festplatte fest (im unteren Teil des Dialogs), wie es Abbildung 15-1 zeigt.

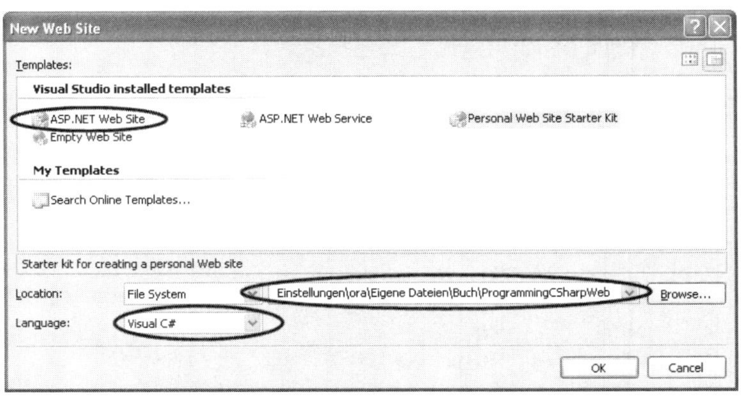

Abbildung 15-1: Eine neue Website erstellen

Visual Studio legt nun in dem von Ihnen angegebenen Verzeichnis einen neuen Ordner namens *ProgrammingCSharpWeb* mit den Dateien *Default.aspx* (für die Benutzeroberfläche), *Default.aspx.cs* (für Ihren Programmcode) sowie dem Verzeichnis *Data* an (Letzteres ist jetzt leer, wird aber häufig für *.mdb*-Dateien oder andere datenspezifische Dateien verwendet).

Visual Studio verwendet zwar keine Projekte mehr für Web-Anwendungen, führt stattdessen aber *Solution Files* (Lösungsdateien), mit deren Hilfe Sie schnell zu einer Website oder Desktop-Anwendung zurückkehren können, an der Sie gerade entwickeln. Die Solution Files befinden sich in einem Verzeichnis, das Sie im Fenster **Tools > Options** festlegen können, wie Abbildung 15-2 zeigt.

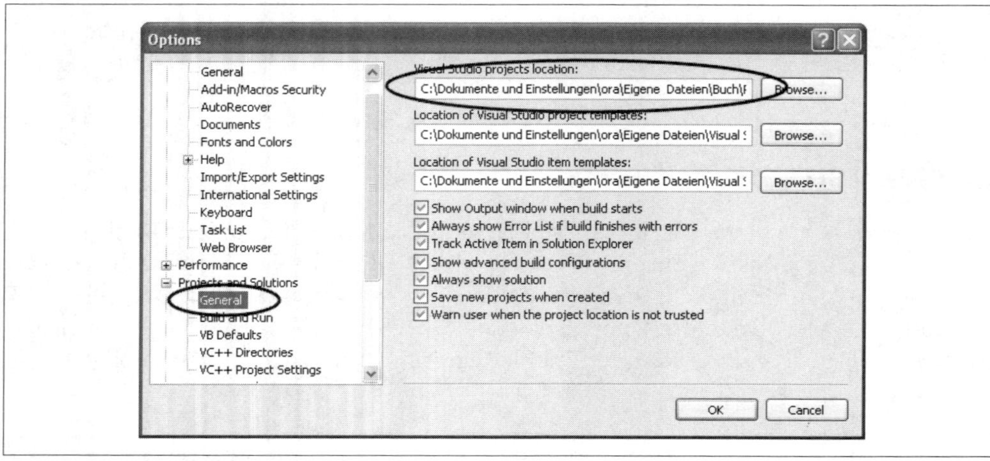

Abbildung 15-2: Eine Lösung speichern

Code-behind-Dateien

Hinweis für ASP.NET 1.1-Programmierer: Das Code-behind-Modell für ASP.NET wurde verändert. In den 1.x-Versionen definierte die Code-behind-Datei eine von `Page` abgeleitete Klasse. Diese Code-behind-Klasse enthielt Instanzvariablen für alle auf der Seite befindlichen Steuerelemente mit expliziter Event-Bindung über Delegates. Die *.aspx*-Seite wurde von der Code-behind-Klasse abgeleitet.

In der Version 2.0 generiert ASP.NET eine einzige Klasse aus der Kombination aus *.aspx*-Seite und partiellen Klassendefinitionen in der Code-behind-Datei.

ASP.NET kann Schlüsse aus den Steuerelement-Instanzen ziehen und beim Kompilieren die Event-Bindungen aus dem Markup ableiten; somit enthält die neue Code-behind-Datei nur noch den erforderlichen Anwendungscode, z.B. Event-Handler, muss aber keine Instanzvariablen und explizite Event-Bindungen mehr enthalten. Die neuen Code-behind-Dateien sind einfacher, bequemer in der Wartung und immer synchron mit der *.aspx*-Seite.

Sehen wir uns die von Visual Studio erzeugten *.aspx*- und Code-behind-Dateien einmal etwas näher an. Benennen Sie zunächst *Default.aspx* zu *HelloWeb.aspx* um. Zu diesem

Zweck schließen Sie die Datei *Default.aspx* und klicken mit der rechten Maustaste auf deren Namen im **Solution Explorer**. Wählen Sie **Rename** und geben Sie den Namen *HelloWeb.aspx* ein. Dadurch wird zwar die Datei unbenannt, aber noch nicht die Klasse. Daher müssen Sie nun rechts auf die *.aspx*-Seite klicken, **View Code** in der Codeseite wählen und die Klasse in `HelloWeb_aspx` umbenennen. In der Nähe des Namens sehen Sie eine schmale Linie. Klicken Sie darauf, und es öffnet sich das Smart-Tag, mit dessen Hilfe Sie die Klasse umbenennen können. Klicken Sie auf **Rename 'Default_aspx' to 'HelloWeb_aspx'**, und Visual Studio stellt sicher, dass jedes Vorkommen von »Default_aspx« durch den richtigen Namen ersetzt wird, wie Abbildung 15-3 zeigt.

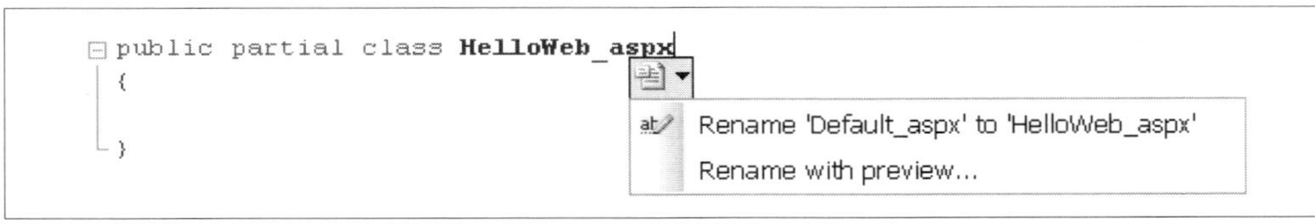

Abbildung 15-3: Die Klasse umbenennen

Leider wird dadurch (zumindest in der Beta-Version) der Name der Klasse nicht in `HelloWeb_aspx` umbenannt; Sie müssen also zur Datei *HelloWeb.aspx* zurückgehen und das Attribut `ClassName` der `page`-Direktive in `HelloWeb_aspx` ändern:

```
<%@ Page Language="C#" CompileWith="HelloWeb.aspx.cs"
  ClassName="HelloWeb_aspx" %>
```

In der HTML-Ansicht von *HelloWeb.aspx* sehen Sie, dass sich im Rumpf der Seite die Standard-HTML-Tags eines Formulars befinden:

```
<form id="Form1" runat="server">
```

Web Forms geht davon aus, dass Sie wenigstens ein Formular benötigen, um mit dem Benutzer interagieren zu können, und erzeugt daher eines, wenn Sie ein neues Projekt anlegen. Der Schlüssel zu der serverseitigen Zauberei ist im Attribut `runat="server"` zu finden. Jedes Tag, das dieses Attribut enthält, wird als serverseitiges Steuerelement betrachtet, das vom ASP.NET-Framework auf dem Server auszuführen ist. Innerhalb des Formulars hat Visual Studio `div`-Tags eingefügt, um Ihnen das Platzieren Ihrer Steuerelemente und Texte zu erleichtern.

Nachdem Sie nun ein leeres Web-Formular angelegt haben, sollten Sie erst einmal etwas Text in die Seite einfügen. Wenn Sie zur HTML-Ansicht umschalten, können Sie genau wie beim klassischen ASP den Skript- und HTML-Code direkt in die Datei hineinschreiben. Fügen Sie die folgende Zeile in den Body-Abschnitt der HTML-Seite ein, die Ihnen einen Gruß und die aktuelle Ortszeit anzeigt:

```
Hello World! Es ist jetzt <% = DateTime.Now.ToString() %>
```

Die Markierungen <% und %> funktionieren genauso wie beim klassischen ASP; sie zeigen an, dass sich zwischen ihnen Programmcode befindet (in diesem Fall C#). Das Gleichheitszeichen, das unmittelbar auf das öffnende Tag folgt, veranlasst ASP.NET zur Ausgabe des enthaltenen Werts, genau wie ein Aufruf von `Response.Write()`. Genauso gut könnten Sie die folgende Zeile schreiben:

```
Hello World! Es ist jetzt
<% Response.Write(DateTime.Now.ToString()); %>
```

Führen Sie die Seite durch einen Druck auf F5 aus (oder speichern Sie die Seite und navigieren Sie mit dem Browser zu ihr). Sie sollten nun den im Browser ausgegebenen Text wie in Abbildung 15-4 sehen.

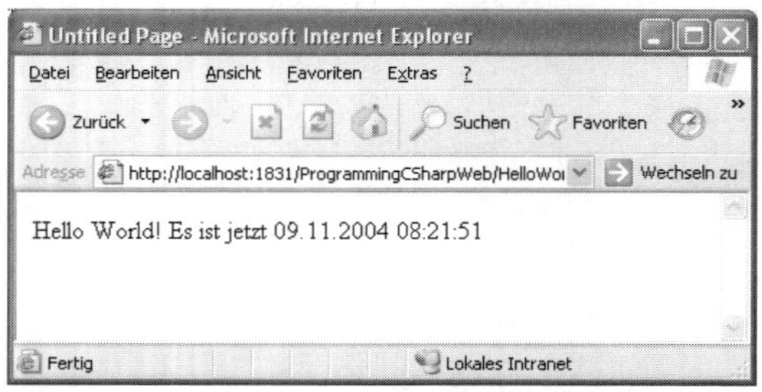

Abbildung 15-4: Hello World mit ASP.NET 2.0

Das Debuggen ermöglichen

Wenn Sie F5 drücken, startet der Debugger. Vermutlich wird Visual Studio nun feststellen, dass es zu dieser Anwendung keine *Web.config*-Datei gibt (die für das Debuggen erforderlich ist), und es erscheint das Dialogfeld **Debugging Not Enabled**, zu sehen in Abbildung 15-5.

Das Dialogfeld schlägt vor, die Datei *Web.config* zu modifizieren (bzw., falls erforderlich, zu erzeugen). Folgen Sie diesem Vorschlag und drücken Sie auf **OK**, um das Debuggen Ihrer Anwendung zu ermöglichen.

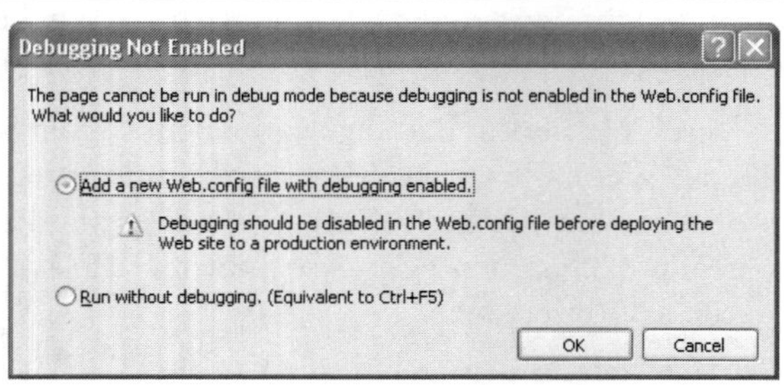

Abbildung 15-5: Dies bekommen Sie zu sehen, wenn Sie ohne Web.config-Datei debuggen

Steuerelemente hinzufügen

Es gibt drei Möglichkeiten, serverseitige Steuerelemente in ein Web-Formular einzubauen: Sie können den zugehörigen HTML-Code direkt in die Seite schreiben, Sie können die Steuerelemente aus der Toolbox in die Entwurfsseite ziehen, und Sie können die Steuerelemente programmgesteuert zur Laufzeit hinzufügen. Angenommen, Sie wollen dem Benutzer ermöglichen, mit Hilfe von Radio-Buttons einen der drei in der Northwind-Datenbank enthaltenen Spediteure auszuwählen. Dann können Sie im HTML-Fenster den folgenden HTML-Code in das `<form>`-Element einfügen:

```
<asp:RadioButton GroupName="Spedition" id="Speedy"
    text = "Speedy Express" Checked="True" runat="server">
</asp:RadioButton>
<asp:RadioButton GroupName="Spedition" id="United"
    text = "United Package" runat="server">
</asp:RadioButton>
<asp:RadioButton GroupName="Spedition" id="Federal"
    text = "Federal Shipping" runat="server">
</asp:RadioButton>
```

Durch die `asp`-Tags deklarieren Sie serverseitige ASP.NET-Steuerelemente, die vom Server bei der Verarbeitung der Seite durch normales HTML ersetzt werden. Wenn Sie die Anwendung laufen lassen, zeigt der Browser drei Optionsfelder innerhalb einer Radio-Button-Gruppe an; sobald Sie einen davon anklicken, werden die anderen ausgeschaltet.

Dasselbe Ergebnis können Sie einfacher erreichen, indem Sie drei Radio-Buttons aus der Toolbox von Visual Studio auf das Formular ziehen. Um sich das Leben noch leichter zu machen, können Sie auch eine **Radio Button List** auf das Formular ziehen, mit der eine Gruppe von Radio-Buttons deklarativ verwaltet wird. Wenn Sie dies tun, öffnet sich ein Smart-Tag mit der Aufforderung, eine **Data Source** auszuwählen (dadurch können Sie die Radio-Buttons an eine Collection binden, die beispielsweise aus der Datenbank gelesen wird) oder die Elemente zu bearbeiten. Ein Klick auf **Edit Items** öffnet den **ListItem Collection Editor**, in dem Sie drei Radio-Buttons hinzufügen können.

Jedes Optionsfeld hat den vorgegebenen Namen »ListItem«, aber Sie können seinen Text und seinen Wert in den ListItem-Eigenschaften verändern; dort können Sie auch festlegen, welcher der Radio-Buttons ausgewählt sein soll, wie es in Abbildung 15-6 zu sehen ist.

> Es gibt zwei Möglichkeiten, Steuerelemente in einer Seite anzuordnen. Die vorgegebene Art nennt sich `FlowLayout`. Beim `FlowLayout` werden die Steuerelemente wie in einem Microsoft Word-Dokument von oben nach unten hinzugefügt. Die Alternative ist das `GridLayout`, bei dem die Steuerelemente im Browser mit Hilfe absoluter Positionierung (x- und y-Koordinaten) angeordnet werden.
>
> Um vom `GridLayout` zum `FlowLayout` oder zurück zu schalten, ändern Sie in Visual Studio .NET die Eigenschaft `pageLayout` des Dokuments.

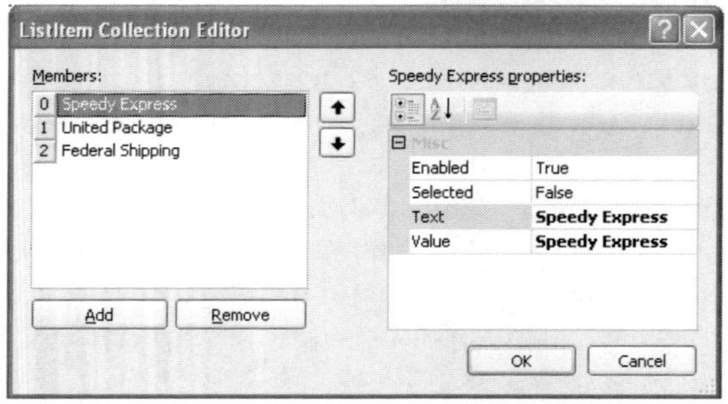

Abbildung 15-6: Eine Collection mit ListItems bearbeiten

Sie können das Aussehen Ihrer Optionsfeldliste noch verbessern, indem Sie Eigenschaften im Eigenschaftenfenster ändern, darunter die Schriftart, Farben, Anzahl der Spalten, Wiederholungsrichtung (vorgegeben ist vertikal) usw.

Schalten Sie zwischen dem Entwurfsmodus (Design) und dem Quellcode-Modus (Source) hin und her, um die Auswirkungen Ihrer Änderungen zu betrachten, wie in Abbildung 15-7 zu sehen.

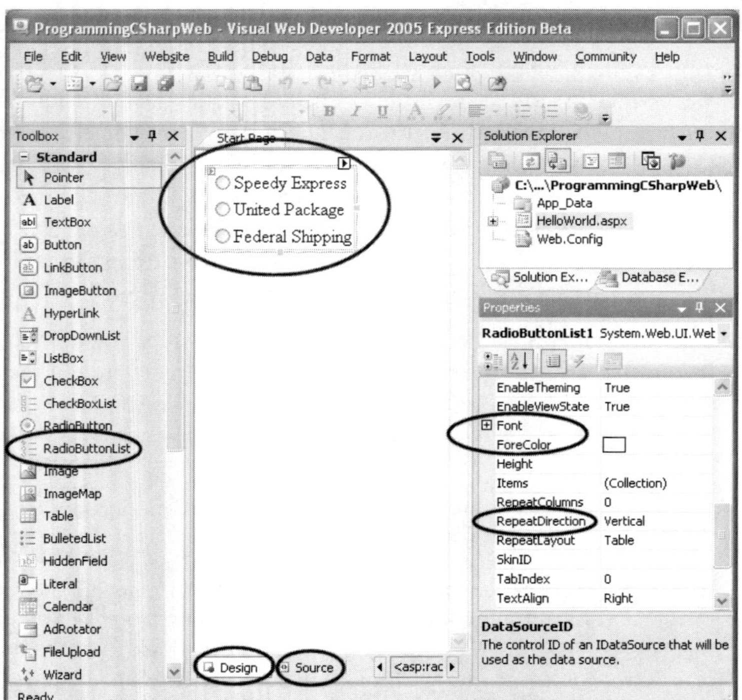

Abbildung 15-7: Nach dem Zufügen einer Optionsfeldliste zwischen Design und Source umschalten

Server-Steuerelemente

Bei Web Forms gibt es zwei Arten serverseitiger Steuerelemente. Die erste Art sind serverseitige HTML-Steuerelemente; sie sind mit dem Attribut `runat=Server` gekennzeichnet.

Anstatt HTML-Steuerelemente als serverseitig zu markieren, können Sie auch die Server-Steuerelemente von ASP.NET verwenden, die auch als ASP-Steuerelemente oder Web-Steuerelemente bezeichnet werden. ASP-Steuerelemente sollen die standardmäßigen HTML-Steuerelemente erweitern oder ersetzen. ASP-Steuerelemente bieten ein konsistenteres Objektmodell und konsistenter benannte Attribute. So gibt es beispielsweise, wenn Sie HTML-Steuerelemente für Eingaben verwenden, unzählige Möglichkeiten:

```
<input type="radio">
<input type="checkbox">
<input type="button">
<input type="text">
<textarea>
```

Jede verhält sich anders und erwartet andere Attribute. Mit den ASP-Steuerelementen wird versucht, die Menge der Steuerelemente zu normalisieren und die Attribute über das gesamte Objektmodell der ASP-Steuerelemente hinweg konsistent zu verwenden. Folgende ASP-Steuerelemente entsprechen den obigen serverseitigen HTML-Steuerelementen:

```
<asp:RadioButton>
<asp:CheckBox>
<asp:Button>
<asp:TextBox rows="1">
<asp:TextBox rows="5">
```

Der Rest dieses Kapitels behandelt die ASP-Steuerelemente.

Datenanbindung

Es sind diverse Technologien verfügbar, mit deren Hilfe man Steuerelemente derart an Daten binden kann, dass bei einer Veränderung der Daten die Steuerelemente automatisch darauf reagieren. Aber es ist so, wie Rocky zu Bullwinkle[2] zu sagen pflegte: »Dieser Trick funktioniert nie.« Bislang haben an Daten gebundene Steuerelemente den Entwicklern häufig schwere Beschränkungen bezüglich des Aussehens und der Performance auferlegt.

Beim Design von ASP.NET hat man sich nun daran gemacht, diese Probleme zu lösen, und hat eine Reihe robuster datengebundener Steuerelemente zur Verfügung gestellt. Diese Steuerelemente vereinfachen sowohl die Darstellung als auch die Modifikation von Daten, ohne dass dabei die Performance oder die Kontrolle über die Benutzerschnittstelle geopfert wird. In der Version 2.0 wurde die Liste der Steuerelemente, die gebunden wer-

2 Amerikanische Comic-Figuren aus den sechziger Jahren. Den zitierten Sketch kann man sich unter *http://flash.artie.com/arg-rocker-and-bullmoose.html* live ansehen. (Anm. d. Übers.)

den können, erweitert, und der Umfang an gebrauchsfertiger Funktionalität wurde sogar noch vergrößert.

Im vorigen Abschnitt haben wir die Radio-Buttons in einem Formular fest einprogrammiert, und zwar einen für jeden der drei Spediteure in der Northwind-Datenbank. Natürlich ist dies keine optimale Lösung, denn bei jeder Veränderung der Zahl der Spediteure in der Datenbank müssen Sie das Formular mit den Steuerelementen umbauen. Dieser Abschnitt zeigt, wie Sie solche Steuerelemente dynamisch erzeugen und mit Daten in der Datenbank verknüpfen.

Sinnvollerweise sollten die Radio-Buttons in Abhängigkeit von den Daten in der Datenbank erzeugt werden, denn zur Entwurfszeit können Sie ja nicht wissen, welche Aufschriften die Buttons haben werden, ja nicht einmal, wie viele Buttons Sie überhaupt benötigen. Um dies zu erreichen, binden Sie Ihre `RadioButtonList` an eine Datenquelle.

Erstellen Sie eine neue Website namens »DisplayShippers« und ziehen Sie eine `RadioButtonList` auf das Formular. Diesmal wählen Sie aber nicht `EditItems` aus den **Common RadioButtonList Tasks** aus, sondern klicken auf **Choose Data Source...** Der Dialog **Choose Data Source** öffnet sich, wie in Abbildung 15-8 gezeigt.

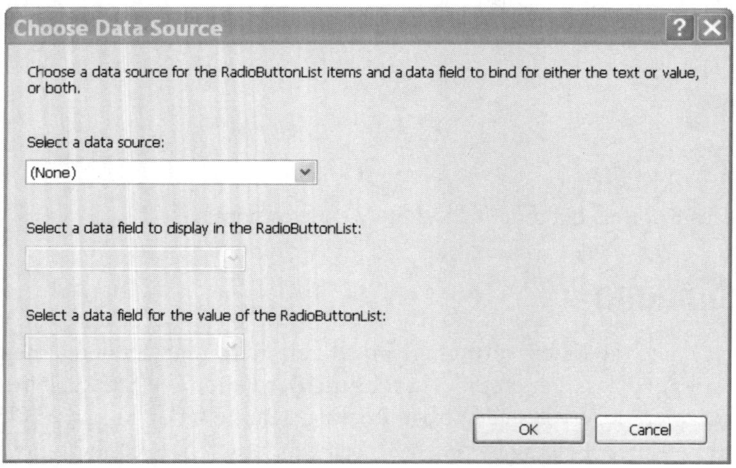

Abbildung 15-8: Eine Datenquelle auswählen

Klappen Sie das Menü **Select a data source** auf und wählen Sie **<New Data Source>**. Daraufhin werden Sie aufgefordert, eine Datenquelle aus den auf Ihrem Rechner verfügbaren Datentypen auszuwählen. Wählen Sie **Database**, und es öffnet sich das Dialogfeld **Configure Data Source** wie in Abbildung 15-9.

Wählen Sie **New**, um eine neue Datenquelle zu konfigurieren, und der Dialog **Connection Properties** öffnet sich. Füllen Sie nun die Felder aus: Geben Sie ein, wie Ihr Server heißt, wie Sie sich auf dem Server anmelden möchten und wie der Name der Datenbank

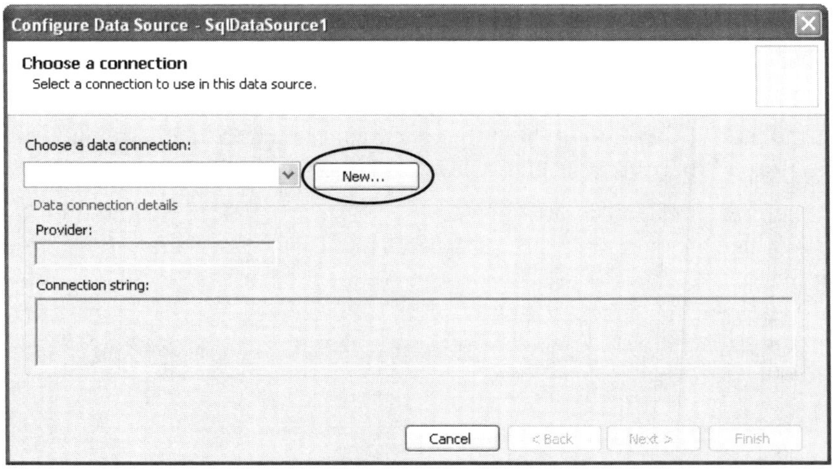

Abbildung 15-9: Eine Datenquelle konfigurieren

lautet. Achten Sie darauf, dass **Test Connection** angeklickt ist, damit die Verbindung geprüft wird. Wenn alles funktioniert, klicken Sie auf **OK**, wie es in Abbildung 15-10 dargestellt ist.

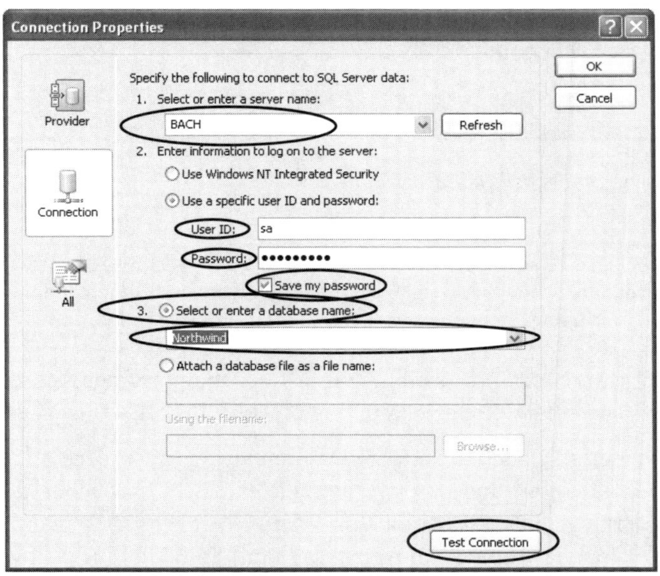

Abbildung 15-10: Die Verbindungseigenschaften festlegen

Nach dem Klick auf **OK** füllen sich die Verbindungseigenschaften für den Dialog **Configure Data Source**. Überprüfen Sie diese, und wenn sie in Ordnung sind, klicken Sie auf

Next. Auf der nächsten Dialogseite können Sie Ihrer Verbindung einen Namen (z.B. `NorthWindConnectionString`) geben und für eine spätere Wiederverwendung in einer Konfigurationsdatei abspeichern.

Wenn Sie auf **Next** klicken, erhalten Sie die Gelegenheit, die Spalten zu benennen, die Sie auslesen möchten. Alternativ können Sie auch eine benutzerdefinierte SQL-Anweisung oder eine Stored Procedure angeben, mit deren Hilfe die Daten gelesen werden sollen.

Klappen Sie die Tabellenliste auf und lassen Sie sie bis zu den Spediteuren (Shippers) abrollen. Wählen Sie dann die Felder `ShipperID` und `CompanyName` aus, wie es in Abbildung 15-11 zu sehen ist.

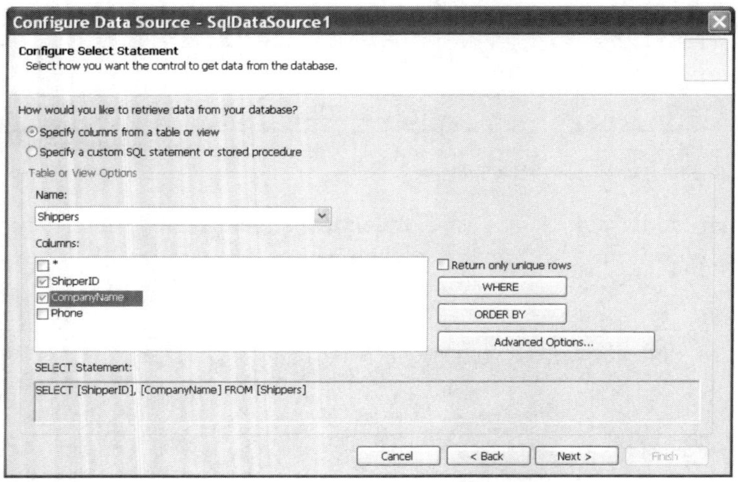

Abbildung 15-11: Die Datenquelle konfigurieren

> Klicken Sie an dieser Stelle ruhig einmal auf den Button **AdvancedOptions** und sehen Sie, welche weiteren Möglichkeiten Ihnen außerdem noch zur Verfügung stehen.

Klicken Sie weiter auf **Next** und testen Sie Ihre Datenbankabfrage. Sie können nun prüfen, ob Sie die erwarteten Werte erhalten, wie in Abbildung 15-12 gezeigt.

Nun ist es an der Zeit, die soeben erstellte Datenquelle an die `RadioButtonList` zu binden. Eine `RadioButtonList` unterscheidet (wie die meisten Listen) zwischen dem darzustellenden Wert (z.B. der Name der Spedition) und dem Wert dieser Auswahl (z.B. die ID der Spedition). Setzen Sie diese Felder im Assistenten mit Hilfe der Drop-down-Auswahl, wie es in Abbildung 15-13 dargestellt wird.

Sie können das Aussehen und Verhalten der Optionsfelder verbessern, indem Sie diese an die Tabelle `Shippers` binden, dann auf die Optionsfeld-Liste klicken und schließlich im Eigenschaftenfenster die Eigenschaften der Liste festlegen.

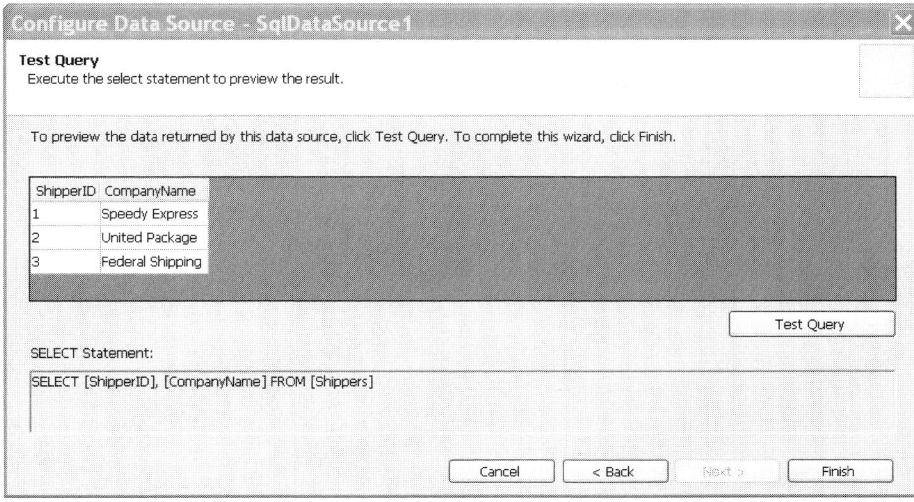

Abbildung 15-12: Die Abfrage testen

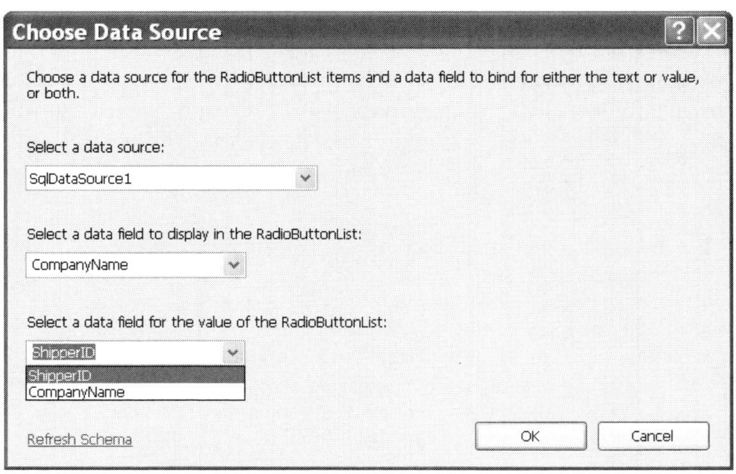

Abbildung 15-13: Felder an das Optionsfeld-Steuerelement binden

Der generierte HTML-Code

Bevor wir fortfahren, sei noch eine Anmerkung gestattet. Wenn Sie F5 drücken und damit die Anwendung starten, erscheint diese in einem Webbrowser, und die Radio-Buttons sind wie erwartet an Ort und Stelle. Wählen Sie **View → Code**, um festzustellen, dass der an den Browser gesandte Code ganz normales HTML ist, wie in Abbildung 15-14 zu sehen.

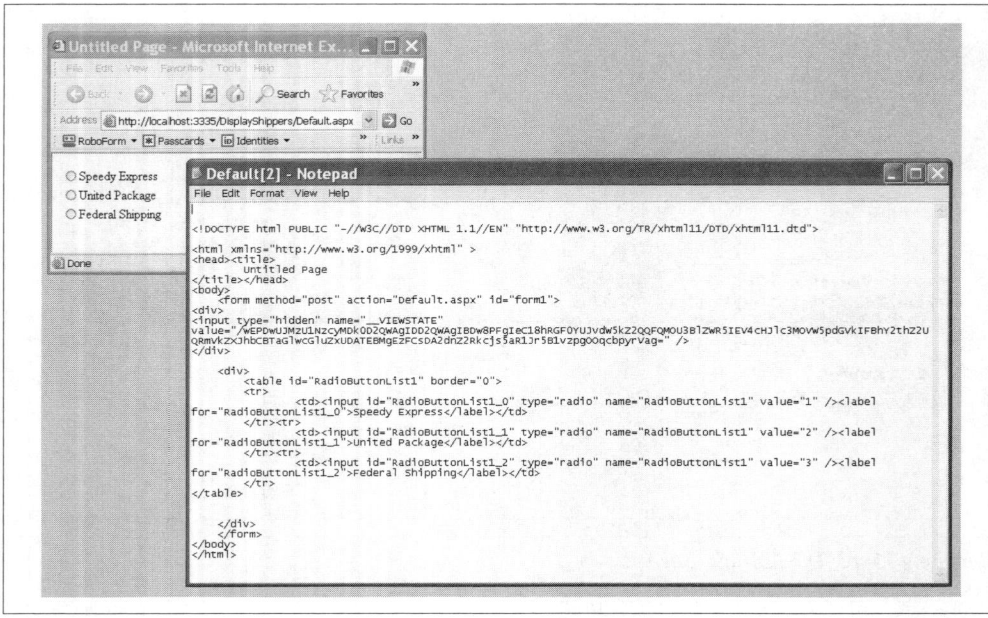

Abbildung 15-14: Der von ASP.NET an den Browser gesandte HTML-Code

Wie man sieht, gibt es in dem HTML-Code keine `RadioButtonList`; stattdessen finden Sie eine Tabelle vor, in deren Zellen standardmäßige HTML-Input-Objekte und Labels angeordnet sind. ASP.NET hat die Steuerelemente aus der Entwicklungsumgebung in HTML-Code umgewandelt, der für jeden Browser verständlich ist.

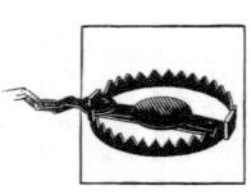

Ein böswilliger Benutzer könnte eine Nachricht erzeugen, die gültig erscheint und genau so aussieht, als wäre sie aus Ihrem Formular abgesandt worden, die aber einen Wert für ein Feld setzt, das Sie in Ihrem Formular gar nicht vorgesehen haben. Auf diese Weise könnte er etwa eine Option auswählen, die für ihn korrekterweise nicht verfügbar ist (z.B. eine Option für bevorzugte Kunden), oder sogar eine SQL-Injection-Attacke starten. Seien Sie insbesondere vorsichtig, wenn Sie in Ihrem HTML-Code wichtige Daten wie Primärschlüssel offen legen, und beachten Sie, dass die Daten, die Sie vom Benutzer empfangen, nicht auf die in Ihrem Formular vorgesehenen Auswahlmöglichkeiten begrenzt sein müssen. Weitere Informationen über sicheres Programmieren mit .NET finden Sie unter *http://msdn.microsoft.com/security/*.

Steuerelemente und Events hinzufügen

Um ein Formular zu erstellen, mit dem Benutzer interagieren können, brauchen Sie es nur noch um ein paar zusätzliche Steuerelemente zu ergänzen. Dazu fügen Sie eine etwas angemessenere Begrüßung hinzu (»Willkommen bei NorthWind«) sowie ein Textfeld für die Eingabe des Benutzernamens, zwei weitere Buttons (»Bestellen« und »Abbrechen«)

und einen Text für eine Rückmeldung an den Benutzer. Abbildung 15-15 zeigt das vollständige Formular.

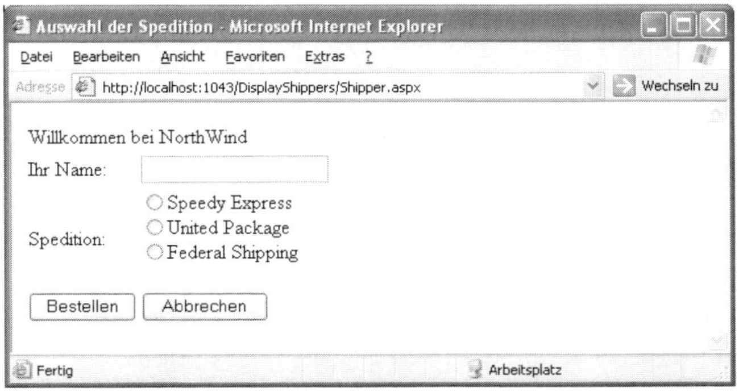

Abbildung 15-15: Das komplette Formular für die Speditionsauswahl

Dieses Formular wird vielleicht keine Designpreise gewinnen, dafür illustriert seine Anwendung jedoch einige der Kernaspekte von Web Forms.

> Ich habe noch keinen Entwickler kennen gelernt, der nicht von sich glaubte, perfekte Benutzeroberflächen entwerfen zu können. Gleichwohl habe ich auch keinen kennen gelernt, der dies tatsächlich konnte. Das Design von Oberflächen ist eine jener Fähigkeiten (wie das Lehren), von denen wir alle glauben, sie zu beherrschen, aber nur einige wenige talentierte Menschen können es wirklich gut. Als Entwickler kenne ich meine Grenzen; ich schreibe das Programm, jemand anders macht das Layout der Seite und sorgt auch dafür, dass es hinsichtlich seiner Benutzbarkeit geprüft wird.

Beispiel 15-1 zeigt den kompletten HTML-Code der *.aspx*-Datei.

Beispiel 15-1: The .aspx file

```
<%@ Page Language="C#" CompileWith="Shipper.aspx.cs"
  ClassName="Shipper_aspx" %>

<!DOCTYPE html PUBLIC "-//W3C//DTD XHTML 1.1//EN"
  "http://www.w3.org/TR/xhtml11/DTD/xhtml11.dtd">

<html xmlns="http://www.w3.org/1999/xhtml" >
<head runat="server">
    <title>Auswahl der Spedition</title>
</head>
<body>
    <form id="form1" runat="server">
    <table style="width: 166px; height: 33px">
        <tr>
            <td colspan="2" style="height: 20px">Willkommen bei NorthWind</td>
```

Beispiel 15-1: The .aspx file (Fortsetzung)

```
        </tr>
        <tr>
            <td>Ihr Name:</td>
            <td><asp:TextBox ID="txtName" Runat=server></asp:TextBox></td>
        </tr>
        <tr>
            <td>Spedition:</td>
            <td>
                <asp:RadioButtonList
                    ID="RadioButtonList1"
                    Runat="server"
                    DataSourceID="SqlDataSource1"
                    DataTextField="CompanyName"
                    DataValueField="ShipperID">
                </asp:RadioButtonList>
                   <asp:SqlDataSource
                   ID="SqlDataSource1"
                   Runat="server"
                   SelectCommand="SELECT [ShipperID], [CompanyName]
                          FROM [Shippers]"
                   ConnectionString=
                   "<%$ ConnectionStrings:NorthWindConnectionString %>">
                </asp:SqlDataSource> <br />
            </td>
        </tr>
        <tr>
            <td><asp:Button ID="btnOrder" Runat=server Text="Bestellen" /></td>
            <td><asp:Button ID="btnCancel" Runat=server
                                            Text="Abbrechen" /></td>
        </tr>
        <tr>
            <td colspan="2"><asp:Label id="lblMsg"
                  runat=server></asp:Label></td>
        </tr>
    </table>
    </form>
</body>
</html>
```

Wenn der Benutzer auf den **Bestellen**-Button drückt, wollen Sie überprüfen, ob der Benutzer seinen Namen eingetragen hat, und für eine Rückmeldung über die ausgewählte Spedition sorgen. Denken Sie daran, dass Sie zur Entwurfszeit den Namen der Spedition noch nicht kennen (der aus der Datenbank gelesen werden muss), daher müssen Sie das Listenfeld nach dem ausgewählten Namen (und der ID) fragen.

Um dies alles zu erreichen, schalten Sie in den Design-Modus um und doppelklicken auf den **Bestellen**-Button. Visual Studio führt Sie daraufhin zur Code-behind-Seite und erzeugt dort einen Event-Handler für den `Click`-Event des Buttons.

Um den Programmcode zu vereinfachen, überprüfen wir hier nicht, ob der Benutzer einen Namen in das Textfeld eingetragen hat. Mehr über die Validierungs-Steuerelemente, die so etwas sehr einfach machen, finden Sie in *Programming ASP.NET* (O'Reilly Verlag).

Sie fügen den Code für die Behandlung des Events hinzu, der den Text des Labels setzt, wobei Sie den Text aus dem Textfeld sowie den Text und den Wert der `RadioButtonList` auslesen:

```
void btnOrder_Click( object sender, EventArgs e )
{
    lblMsg.Text = "Vielen Dank," + txtName.Text.Trim() +
                  ".  Ihre Auswahl ist " +
      rblShippers.SelectedItem.Text.ToString() + " mit der ID " +
      rblShippers.SelectedValue.ToString();
}
```

Wenn Sie dieses Programm starten, stellen Sie fest, dass keines der Optionsfelder ausgewählt ist. Durch das Binden der Liste wurde nicht festgelegt, welcher von ihnen voreingestellt ist. Um dies zu ändern, gibt es eine ganze Reihe von Möglichkeiten, aber am Einfachsten ist es, das `OnLoad`-Event zu überschreiben und das erste Optionsfeld als ausgewählt festzulegen.

Kehren Sie also zu *Shipper.aspx.cs* zurück und schreiben Sie `protected override`. Es erscheint eine abrollbare Liste aller überschreibbaren Methoden, Eigenschaften usw., wie in Abbildung 15-16 zu sehen ist.

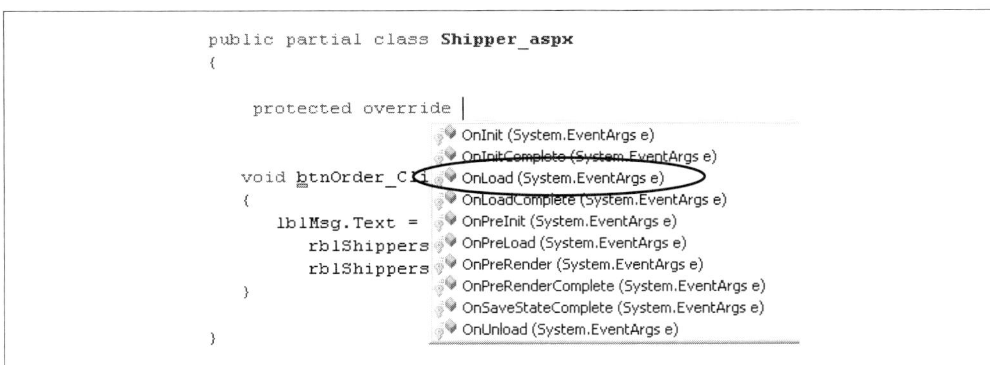

Abbildung 15-16: OnLoad überschreiben

Beginnen Sie, das Wort `OnLoad` zu schreiben, und sobald es hervorgehoben erscheint, drücken Sie die Tab-Taste. Sofort wird der Stub für die überschriebene Methode erzeugt; allerdings löst der vorgegebene Methodenrumpf nur eine `NotImplementedException` aus.

Löschen Sie die Exception und schreiben Sie an ihre Stelle folgenden Code:

```
rblShippers.SelectedIndex = 0;
```

Dadurch wird das erste Optionsfeld der RadioButtonList auf ausgewählt gesetzt. Allerdings gibt es bei dieser Lösung noch ein subtiles Problem. Wenn Sie die Anwendung starten, sehen Sie, dass das erste Feld ausgewählt ist. Wenn Sie dann aber das zweite (oder dritte) Optionsfeld auswählen und danach auf **OK** klicken, stellen Sie fest, dass wieder auf das erste Optionsfeld zurückgeschaltet wird. Es scheint, als könnten Sie kein anderes als das erste Optionsfeld auswählen. Dies liegt daran, dass bei jedem erneuten Laden der Seite das OnLoad-Ereignis ausgeführt wird, und in diesem Event-Handler wird jedes Mal der ausgewählte Index (zurück-)gesetzt.

Tatsächlich wollen Sie dieses Optionsfeld ja nur setzen, wenn die Seite zum ersten Mal aufgerufen wird, und nicht, wenn sie als Ergebnis eines Klicks auf den OK-Button zurückgesandt wird.

Das Problem lösen Sie, indem Sie mit einer if-Anweisung prüfen, ob die Seite zurückgesandt worden ist:

```
protected override void  OnLoad(EventArgs e)
{
    if ( !IsPostBack )
    {
       rblShippers.SelectedIndex = 0;
    }
}
```

Starten Sie nun die Seite, wird die Eigenschaft IsPostBack geprüft. Beim ersten Senden der Seite ist der Wert falsch, und das Optionsfeld wird gesetzt. Wenn Sie ein Optionsfeld anklicken und auf **OK** drücken, wird die Seite zur Verarbeitung an den Server gesandt (wo der btnOrder_Click-Handler ausgeführt wird), und danach wird die Seite zurück an den Benutzer übertragen. Diesmal ist die Eigenschaft IsPostBack wahr, daher wird der Code innerhalb der if-Anweisung nicht ausgeführt, und die Auswahl des Benutzers bleibt erhalten, wie es in Abbildung 15-17 zu sehen ist.

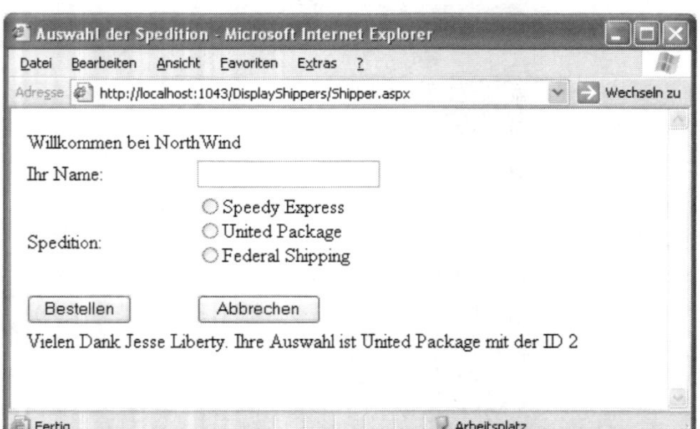

Abbildung 15-17: Die Auswahl des Benutzers wird beim Postback bewahrt

Das komplette Code-behind-Formular ist in Beispiel 15-2 dargestellt.

Beispiel 15-2: Code-behind-Formular zu Shipper.aspx.cs

```
using System;
using System.Data;
using System.Configuration;
using System.Text;
using System.Web;
using System.Web.Security;
using System.Web.UI;
using System.Web.UI.WebControls;
using System.Web.UI.WebControls.WebParts;
using System.Web.UI.HtmlControls;

public partial class Shipper_aspx
{

   protected override void  OnLoad(EventArgs e)
   {
      if ( !IsPostBack )
      {
         rblShippers.SelectedIndex = 0;
      }
   }

   void btnOrder_Click( object sender, EventArgs e )
   {
      lblMsg.Text = "Vielen Dank " + txtName.Text.Trim() +
                    ".  Ihre Auswahl ist " +
         rblShippers.SelectedItem.Text.ToString() + " mit der ID " +
         rblShippers.SelectedValue.ToString();
   }
}
```

> *Hinweis für ASP 1.1-Programmierer*: Wie bereits erwähnt, ist die *aspx.cs*-Datei jetzt stark vereinfacht. Sie können sich auf Elemente der Seite (z.B. `lblMsg`) beziehen, ohne `protected` Member deklarieren zu müssen, und der gesamte aus dem Design generierte Code bleibt verborgen. Dadurch können Sie sich voll und ganz auf die Logik Ihrer Anwendung konzentrieren.

Webservices

Mit .NET Webservices können Sie Komponenten schreiben, deren Methoden unter Verwendung jeder beliebigen .NET-Programmiersprache über das Internet aufrufbar sind. Programmierer, die Webservices erstellen, können gegenseitig auf ihren Ergebnissen aufbauen und so die Vorteile der Konnektivität nutzen, die das Herz des Webs darstellt. Neuen Nutzen hinzuzufügen bekommt Vorrang vor der Neuerfindung des Rads.

Die Liste möglicher Webservices, die für Entwickler und Benutzer nützlich sein könnten, scheint endlos zu sein: Ein Buchhänder bietet einen Webservice an, der eine ISBN annimmt und den Preis sowie die Verfügbarkeit des Titels zurückgibt. Der Webservice eines Hotels nimmt einen Datumsbereich sowie eine Anzahl von Gästen an und gibt eine Reservierung zurück. Ein weiterer Webservice nimmt eine Telefonnummer an und gibt einen Namen und eine Adresse zurück. Noch ein anderer liefert Informationen über das Wetter oder die Bus-Abfahrtzeiten.

Dazu kann eine einzige Anwendung die Dienste von hunderten kleiner Webservices, die über die ganze Welt verteilt sind, in Anspruch nehmen und verknüpfen. Dies führt das Web in eine gänzlich neue Dimension: Es werden nicht mehr nur Information abgerufen und ausgetauscht, sondern es werden Methoden aufgerufen und Anwendungen ausgeführt.

SOAP und WSDL

Um so etwas wie Webservices zu ermöglichen, wird ein einfaches, universell akzeptiertes Protokoll für das Offenlegen und Aufrufen von Webservice-Funktionen benötigt.[3] Im Jahr 1999 wurde das Simple Object Access Protocol (SOAP, Einfaches Protokoll für den Zugriff auf Objekte[4]) beim World Wide Web Consortium als Vorschlag eingereicht. SOAP hat den Vorteil, dass es auf XML basiert und standardmäßige Internet-Kommunikationsprotokolle verwendet.

> Seit dem Jahr 1999 ist der Name SOAP keine Abkürzung mehr. Grund dafür war das irreführende »Objekt« in der ursprünglichen Bezeichnung, denn SOAP hat nichts mit Objekten zu tun, sondern mit Nachrichten. Eine zweite, spätere Veränderung führte zu einem neuen, durch »Reverse Engineering« gewonnenen Ausdruck: Service Oriented Architecture Protocol (Protokoll für eine diensteorientierte Architektur).

SOAP ist ein leichtgewichtiges, nachrichtenorientiertes Protokoll, das auf XML, HTTP und SMTP aufbaut. Es gibt zwei weitere Protokolle, die zwar hilfreich, aber nicht notwendig sind, damit ein Client einen SOAP-fähigen Webservice nutzen kann: eine Beschreibung der von einem bestimmten Service angebotenen Methoden, die Clients verstehen und mit denen sie umgehen können, und eine Beschreibung aller derartigen Services, die auf einer bestimmten Site oder URL verfügbar sind. Das erste von beiden wird bei .NET durch die Web Service Description Language (WSDL, Beschreibungssprache für Webservices) zur Verfügung gestellt, das gemeinsam von Microsoft, IBM und anderen entwickelt wurde.

---

3 Dieses Verständnis von SOAP ist sehr an Remote Procedure Calls (entfernten Prozeduraufrufen) orientiert, denn .NET bestärkt Entwickler darin, SOAP auf eben diese Weise zu nutzen. Eigentlich ist SOAP dafür gedacht, Nachrichten zu übertragen; aber die .NET-Architektur implementiert diese Nachrichtenübertragung so, dass auf die Methoden und Eigenschaften eines entfernten Objekts zugegriffen wird.

4 Man könnte auch sagen: Protokoll für den einfachen Zugriff auf Objekte. Beide Übersetzungen ergeben Sinn, denn offenbar sollen sowohl das Protokoll als auch der Zugriff selbst einfach sein. (Anm. d. Übers.)

WSDL ist ein XML-Schema, das die verfügbaren Methoden (also die Schnittstelle) eines Webservice beschreibt.

Serverseitige Unterstützung

Die für das Erzeugen von Webservices benötigte Technik ist in das .NET Framework integriert und wird durch Klassen im Namensraum `System.Web.Services` zur Verfügung gestellt. Sie brauchen also nichts extra zu programmieren, um einen Webservice zu erstellen. Schreiben Sie nur den implementierenden Code, fügen Sie das Attribut `[WebMethod]` hinzu und überlassen Sie den Rest dem Server. Einzelheiten zu Attributen können Sie in Kapitel 18 nachlesen.

Clientseitige Unterstützung

Um sich einen Webservice zu Nutze zu machen, schreiben Sie den Client-Code genau so, als würde er direkt mit einem lokalen Objekt kommunizieren. Dabei ist er in Wirklichkeit über einen *Proxy* mit einem Host-Rechner verbunden. Die Aufgabe des Proxy besteht darin, den Server auf dem Client-Rechner zu repräsentieren, Client-Anfragen in SOAP-Nachrichten zu bündeln und an den Server weiterzuleiten sowie die Antworten mit den Ergebnissen zu empfangen.

Einen Webservice aufbauen

Wir illustrieren die Techniken zur Implementierung eines Webservice mit C# und den Service-Klassen des .NET Framework, indem wir einen einfachen Taschenrechner programmieren und dessen Funktionen dann über das Web nutzen.

Beginnen Sie mit der Spezifikation des Webservice. Dazu definieren Sie eine Klasse, die von `System.Web.Services.WebService` abgeleitet ist. Am einfachsten erzeugen Sie die Klasse, indem Sie Visual Studio öffnen und eine neue C#-Website anlegen. Im Abschnitt **Templates** wählen Sie **ASP.NET Web Service** und benennen Ihren Webservice *CalculatorWS*, wie in Abbildung 15-18 dargestellt.

Visual Studio .NET generiert nun das Skelett eines Webservice, der sogar bereits, wie in Beispiel 15-3 zu sehen ist, eine Webservice-Methode als Beispiel enthält. Diese ersetzen Sie nun durch Ihren eigenen Code.

Beispiel 15-3: Von Visual Studio .NET generiertes Skelett eines Webservice

```
using System.Web;
using System.Web.Services;
using System.Web.Services.Protocols;

[WebServiceBinding(ConformanceClaims=WsiClaims.BP10,EmitConformanceClaims = true)]
public class Service : System.Web.Services.WebService {

    [WebMethod]
```

Beispiel 15-3: Von Visual Studio .NET generiertes Skelett eines Webservice (Fortsetzung)

```
    public string HelloWorld() {
        return "Hello World";
    }
}
```

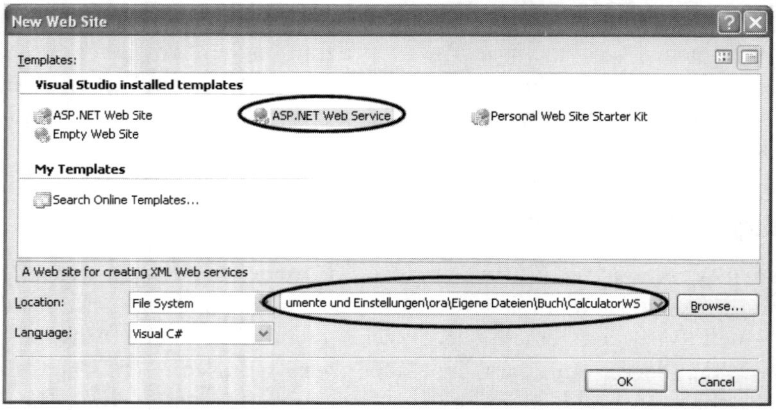

Abbildung 15-18: Einen Webservice erstellen

Um daraus einen Rechner zu machen, ersetzen Sie die Methode `HelloWorld` durch fünf andere Methoden: `Add()`, `Sub()`, `Mult()`, `Div()` und `Pow()`. Jede dieser Methoden übernimmt zwei Parameter vom Typ `double`, führt die gewünschte Operation (Addition, Subtraktion, Multiplikation, Division oder Potenzbildung) aus und gibt einen Wert desselben Typs zurück. Dies ist beispielsweise der Code zur Berechnung der `y`-ten Potenz einer Zahl `x`:

```
public double Pow(double x, double y)
{
   double retVal = x;
   for (int i = 0;i < y-1;i++)
   {
      retVal *= x;
   }
   return retVal;
}
```

Um diese Methoden als Webservices offen zu legen, fügen Sie einfach vor jeder Methodendeklaration das Attribut `[WebMethod]` hinzu. Sie müssen nicht alle Methoden Ihrer Klasse als Webservices offen legen. Es steht Ihnen frei, nur jenen Methoden das Attribut `[WebMethod]` zuzuordnen, die Sie verfügbar machen möchten.

Mehr ist nicht zu tun; für alles Weitere sorgt .NET.

Beispiel 15-4 zeigt den kompletten Quellcode für den Rechner als Webservice.

WSDL und Namensräume

Ihr Webservice beschreibt die über das Web aufrufbaren Endpunkte mit Hilfe eines WSDL-Dokuments in XML. In jedem WSDL-Dokument muss ein XML-Namensraum verwendet werden, der sicherstellt, dass die Endpunkte eindeutige Namen haben. Der voreingestellte XML-Namensraum ist *http://tempuri.org*. Diesen Namen sollten Sie ändern, bevor Sie Ihren Webservice öffentlich zugänglich machen.

Sie können den XML-Namensraum mit Hilfe des Attributs `WebService` ändern:

```
[WebService(Namespace=
    "http://www.LibertyAssociates.com/webServices/")]
```

Unter dieser URL muss nicht wirklich ein Dokument zu finden sein; die URLs werden hier nur verwendet, weil man aus ihnen bequem eindeutige Namen bilden kann.

Beispiel 15-4: Webservice-Programm für einen Rechner

```
using System.Web;
using System.Web.Services;
using System.Web.Services.Protocols;

[WebServiceBinding(ConformanceClaims=WsiClaims.BP10,EmitConformanceClaims = true)]
public class Service : System.Web.Services.WebService {

   [WebMethod]
   public double Add( double x, double y )
   {
      return x + y;
   }

   [WebMethod]
   public double Sub( double x, double y )
   {
      return x - y;
   }
   [WebMethod]
   public double Mult( double x, double y )
   {
      return x * y;
   }
   [WebMethod]
   public double Div( double x, double y )
   {
      return x / y;
   }
   [WebMethod]
   public double Pow( double x, double y )
   {
      double retVal = x;
      for ( int i = 0; i < y - 1; i++ )
      {
```

Beispiel 15-4: Webservice-Programm für einen Rechner (Fortsetzung)

```
            retVal *= x;
        }
        return retVal;
    }
}
```

So testen Sie Ihren Webservice

Wenn Sie dieses Progamm aus Visual Studio .NET heraus starten, rufen Sie damit Ihren Browser auf. Darin finden Sie eine automatisch serverseitig generierte Webseite vor, die den Webservice beschreibt (siehe Abbildung 15-19). Diese Seite bietet eine gute Möglichkeit zum Testen Ihres Webservice.

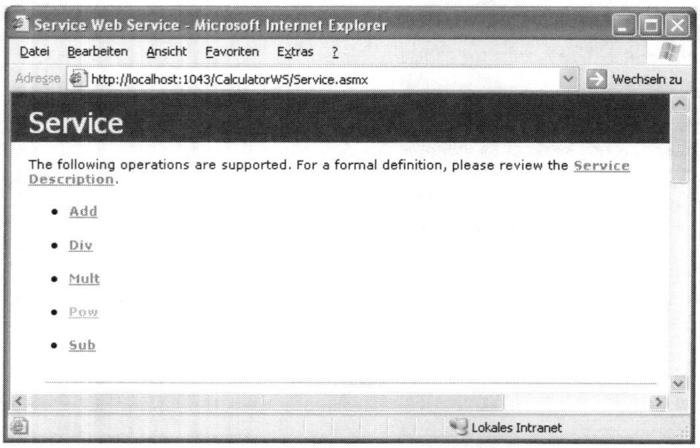

Abbildung 15-19: Die Testseite zum Webservice

Wenn Sie eine der angegebenen Methoden anklicken, kommen Sie auf eine Seite, die diese Methode beschreibt und aus der Sie sie aufrufen können. Dazu geben Sie die Parameterwerte ein und klicken auf **Invoke**. Abbildung 15-20 illustriert dies.

Geben Sie in das Feld für den ersten Wert eine 3 und in das zweite Feld eine 4 ein und klicken Sie dann auf **Invoke**, damit der Webservice 3 hoch 4 berechnet. Als Ergebnis erscheint eine XML-Seite mit einer Beschreibung der Ausgabe, wie sie in Abbildung 15-21 zu sehen ist.

Den WSDL-Kontrakt betrachten

Viel Arbeit wird Ihnen hier automatisiert abgenommen. Es werden HTML-Seiten zur Beschreibung Ihres Webservice und seiner Methoden generiert, und diese Seiten enthalten Links auf Seiten, mit denen man die Methoden einzeln testen kann.

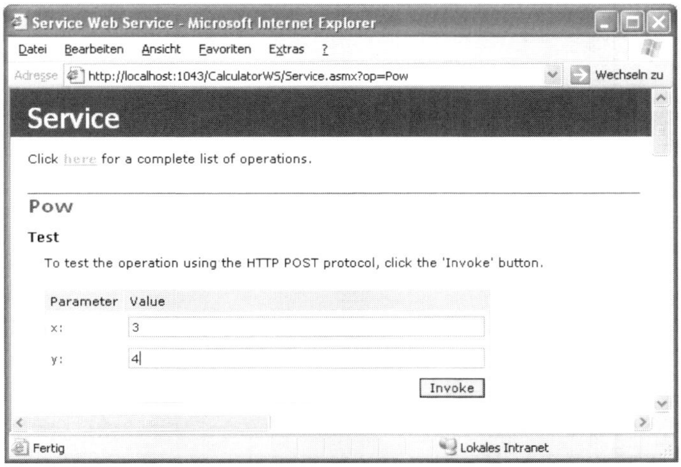

Abbildung 15-20: Test der Webservice-Methode Pow( )

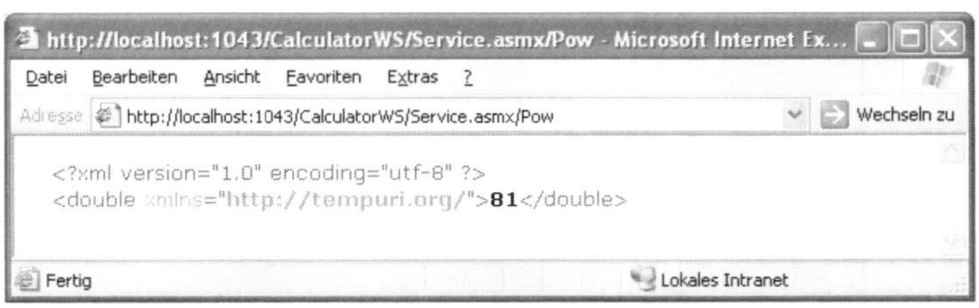

Abbildung 15-21: Aufruf der Methode Pow( )

Alle Webservices können durch WSDL-Dateien beschrieben werden. Diese WSDL-Dokumente können Sie sich ansehen, indem Sie wie folgt *?wsdl* an die URL des Webservice anhängen:

```
http://localhost:19975/CalculatorWS/Service.asmx?wsdl
```

Der Browser zeigt das WSDL-Dokument an, wie in Abbildung 15-22 zu sehen.

Die Einzelheiten des WSDL-Dokuments zu erklären würde die Grenzen dieses Buchs überschreiten, aber Sie können sehen, dass jede einzelne Methode in einem strukturierten XML-Format beschrieben ist. Mit Hilfe dieser Informationen gibt SOAP dem Client-Browser die Möglichkeit, Ihre Webservice-Methoden auf dem Server aufzurufen.

Den Proxy erzeugen

Bevor Sie eine Client-Anwendung erstellen können, die mit dem Rechner als Webservice interagiert, benötigen Sie erst einmal eine Proxy-Klasse. Auch hier gilt: Sie können es manuell machen, aber es ist harte Arbeit. Einfacher geht es mit einem Tool namens *wsdl*,

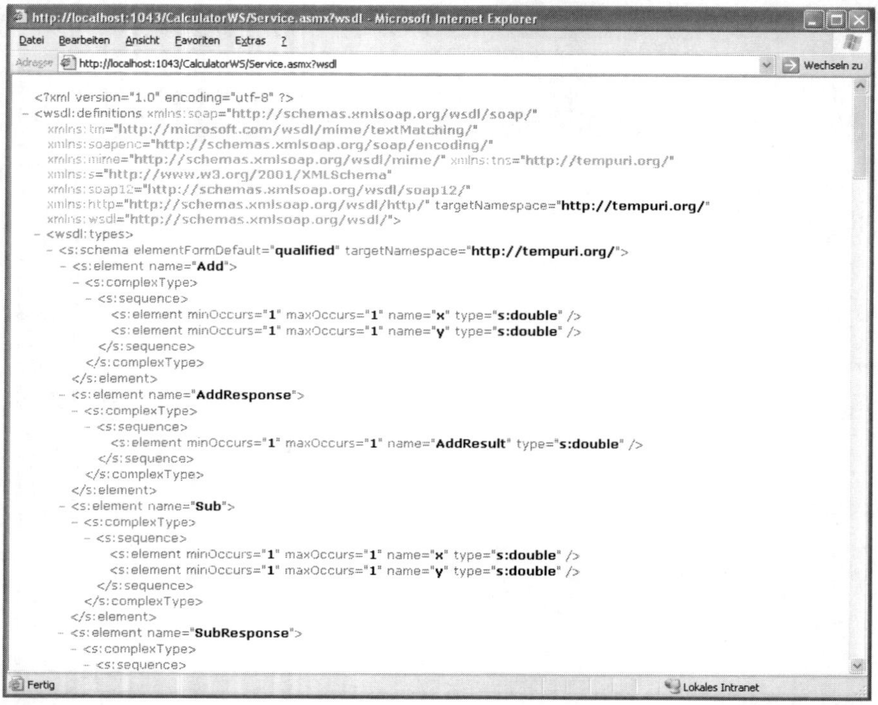

Abbildung 15-22: Die WSDL-Datei

das die Leute von Microsoft zur Verfügung gestellt haben. Es generiert den Quellcode für den Proxy auf der Basis der Informationen, die in der WSDL-Datei enthalten sind.

Um den Proxy zu erzeugen, tippen Sie in der Befehlszeileneingabe von Visual Studio `wsdl` gefolgt von dem Pfad zum WSDL-Kontrakt ein. Beispielsweise könnte Ihre Eingabe so aussehen:

```
wsdl http://localhost:19975/CalculatorWS/Service.asmx?wsdl
```

Als Ergebnis wird eine C#-Client-Datei namens *Service1.cs* erzeugt, die in Teilen in Beispiel 15-5 dargestellt ist.

Beispiel 15-5: Beispielhafter Client-Code für den Zugriff auf den Webservice für den Rechner

```
/------------------------------------------------------------
// <autogenerated>
//     This code was generated by a tool.
//     Runtime Version:2.0.40607.16
//
//     Changes to this file may cause incorrect behavior and
//     will be lost if the code is regenerated.
// </autogenerated>
//------------------------------------------------------------
```

Beispiel 15-5: Beispielhafter Client-Code für den Zugriff auf den Webservice für den Rechner (Fortsetzung)

```
using System;
using System.ComponentModel;
using System.Diagnostics;
using System.Web.Services;
using System.Web.Services.Protocols;
using System.Xml.Serialization;

//
// This source code was auto-generated by wsdl, Version=2.0.40607.16.
//

/// <remarks/>
[System.Diagnostics.DebuggerStepThroughAttribute()]
[System.ComponentModel.DesignerCategoryAttribute("code")]
[System.Web.Services.WebServiceBindingAttribute(Name="ServiceSoap",
Namespace="http://tempuri.org/")]

public class Service : System.Web.Services.Protocols.SoapHttpClientProtocol
{

    private System.Threading.SendOrPostCallback AddOperationCompleted;

    private System.Threading.SendOrPostCallback SubOperationCompleted;

    private System.Threading.SendOrPostCallback MultOperationCompleted;

    private System.Threading.SendOrPostCallback DivOperationCompleted;

    private System.Threading.SendOrPostCallback PowOperationCompleted;

    /// <remarks/>
    public Service() {
        this.Url = "http://localhost:19975/CalculatorWS/Service.asmx";
    }

    /// <remarks/>
    public event AddCompletedEventHandler AddCompleted;

    /// <remarks/>
    public event SubCompletedEventHandler SubCompleted;

    /// <remarks/>
    public event MultCompletedEventHandler MultCompleted;

    /// <remarks/>
    public event DivCompletedEventHandler DivCompleted;

    /// <remarks/>
    public event PowCompletedEventHandler PowCompleted;

    /// <remarks/>
```

Beispiel 15-5: Beispielhafter Client-Code für den Zugriff auf den Webservice für den Rechner (Fortsetzung)

```
    [System.Web.Services.Protocols.SoapDocumentMethodAttribute
  ("http://tempuri.org/Add", RequestNamespace="http://tempuri.org/",
  ResponseNamespace="http://tempuri.org/",
  Use=System.Web.Services.Description.SoapBindingUse.Literal,
  ParameterStyle=System.Web.Services.Protocols.SoapParameterStyle.Wrapped)]
    public double Add(double x, double y) {
        object[] results = this.Invoke("Add", new object[] {
                    x,
                    y});
        return ((double)(results[0]));
    }

    /// <remarks/>
    public System.IAsyncResult BeginAdd(double x, double y, System.AsyncCallback callback,
                         object asyncState) {
        return this.BeginInvoke("Add", new object[] {
                    x,
                    y}, callback, asyncState);
    }

    /// <remarks/>
    public double EndAdd(System.IAsyncResult asyncResult) {
        object[] results = this.EndInvoke(asyncResult);
        return ((double)(results[0]));
    }

    /// <remarks/>
    public void AddAsync(double x, double y) {
        this.AddAsync(x, y, null);
    }

    /// <remarks/>
    public void AddAsync(double x, double y, object userState) {
        if ((this.AddOperationCompleted == null)) {
            this.AddOperationCompleted = new
              System.Threading.SendOrPostCallback(
                this.OnAddOperationCompleted);
        }
        this.InvokeAsync("Add", new object[] {
                    x,
                    y}, this.AddOperationCompleted, userState);
    }

    private void OnAddOperationCompleted(object arg) {
        if ((this.AddCompleted != null)) {
            System.Web.Services.Protocols.
              InvokeCompletedEventArgs invokeArgs =
               ((System.Web.Services.Protocols.InvokeCompletedEventArgs)
               (arg));

            this.AddCompleted(this,
              new AddCompletedEventArgs(invokeArgs.Results,
```

Beispiel 15-5: Beispielhafter Client-Code für den Zugriff auf den Webservice für den Rechner (Fortsetzung)

```
                invokeArgs.Error, invokeArgs.Cancelled,
                invokeArgs.UserState));
        }
    }

    /// <remarks/>
    //...
```

Dieser komplexe, vom WSDL-Tool generierte Programmcode dient zur Erstellung der Proxy-DLL, die Sie für Ihren Client benötigen. Er macht ausgiebig Gebrauch von Attributen; auf der Basis Ihrer C#-Grundkenntnisse sollten Sie aber zumindest teilweise erschließen können, wie es funktioniert.

Am Anfang der Datei wird die Klasse `Service1` deklariert; sie ist von der Klasse `SoapHttpClientProtocol` abgeleitet, die sich in dem Namensraum `System.Web.Services.Protocols` befindet:

```
public class Service1 :
   System.Web.Services.Protocols.SoapHttpClientProtocol
```

Der Konstruktor setzt die von `SoapHttpClientProtocol` geerbte Eigenschaft `URL` auf die URL der zuvor von Ihnen angelegten *.asmx*-Seite.

Die Methode `Add()` ist mit einer Unmenge von Attributen deklariert, die für das gesamte SOAP-Zubehör sorgen, ohne das der entfernte Aufruf nicht funktioniert.

Außerdem stellt die WSDL-Anwendung eine asynchrone Unterstützung für Ihre Methoden zur Verfügung. Beispielsweise erzeugt sie zur Methode `Add()` auch `BeginAdd()` und `EndAdd()`. Mit Hilfe dieser Methoden können Sie ohne Performanceverluste mit einem Webservice interagieren.

Den Webservice ausprobieren

Um den Webservice auszuprobieren, legen Sie eine einfache C#-Konsolenanwendung an. Klicken Sie rechts auf das Projekt und fügen Sie die Datei *Service1.cs* hinzu, die Sie soeben aus dem Konsolenfenster erzeugt haben. Visual Studio erzeugt daraufhin für Sie einen Proxy namens `WebSvc`.

Ist das erledigt, können Sie die `Pow()`-Methode aufrufen, als wäre es die Methode eines lokal verfügbaren Objekts:

```
for (int i = 2;i<10; i++)
    for (int j = 1;j <10;j++)
    {
       Console.WriteLine(
         "{0} hoch {1} = {2}", i, j,
        theWebSvc.Pow(i, j));
    }
```

Diese einfache Schleife erzeut eine Tabelle der Potenzen zu den Zahlen 2 bis 9, wobei jeweils die Exponenten 1 bis 9 dargestellt werden. Der komplette Quellcode sowie ein Ausschnitt aus der Ausgabe ist in Beispiel 15-6 dargestellt.

Beispiel 15-6: Ein Client-Programm für den Test des Taschenrechners als Webservice

```
#region Using directives

using System;
using System.Collections.Generic;
using System.Text;

#endregion

namespace CalculatorTest
{
   class Program
   {
// Treiberprogramm für den Test des Webservice
      public class Tester
      {
         public static void Main()
         {
            Tester t = new Tester();
            t.Run();
         }

         public void Run()
         {
            int var1 = 5;
            int var2 = 7;

            // Den Webservice-Proxy instantiieren
            Service theWebSvc = new Service();

            // Die Add-Methode aufrufen
            Console.WriteLine( "{0} + {1} = {2}", var1, var2,
               theWebSvc.Add( var1, var2 ) );

            // Eine Tabelle durch wiederholten Aufruf
            // der Pow-Methode erstellen
            for ( int i = 2; i < 10; i++ )
               for ( int j = 1; j < 10; j++ )
               {
                  Console.WriteLine( "{0} hoch {1} = {2}",
                     i, j, theWebSvc.Pow( i, j ) );
               }
         }
      }
   }
}

Ausgabe (Ausschnitt):
5 + 7 = 12
```

Beispiel 15-6: Ein Client-Programm für den Test des Taschenrechners als Webservice (Fortsetzung)

```
2 hoch 1 = 2
2 hoch 2 = 4
2 hoch 3 = 8
2 hoch 4 = 16
2 hoch 5 = 32
2 hoch 6 = 64
2 hoch 7 = 128
2 hoch 8 = 256
2 hoch 9 = 512
3 hoch 1 = 3
3 hoch 2 = 9
3 hoch 3 = 27
3 hoch 4 = 81
3 hoch 5 = 243
3 hoch 6 = 729
3 hoch 7 = 2187
3 hoch 8 = 6561
3 hoch 9 = 19683
```

KAPITEL 16
Alles im Zusammenhang

In diesem Kapitel wollen wir einige integrierte Anwendungen erstellen und dabei viele der bis jetzt erworbenen Kenntnisse nutzen. Das Ziel dieser Anwendungen besteht darin, die relativen Verkaufsränge meiner Bücher über die Themen C#, ASP.NET und VB.NET bei Amazon.com zu verfolgen.

Der Gesamtentwurf

Um zu sehen, wie die diversen Technologien zusammenarbeiten, werden wir zwei voneinander unabhängige Anwendungen bauen (einen Webservice-Client als Desktop-Anwendung und eine ASP.NET-Anwendung), die durch eine Backend-Datenbank zusammengehalten werden. Im Einzelnen geht es darum, eine Desktop-Anwendung zu erstellen, die Daten aus den Webservices von Amazon abruft und in einer SQL Server-Datenbanktabelle speichert. In einer ASP.NET-Anwendung sollen dann diese Daten angezeigt werden.[1]

Die SQL Server-Datenbank ist sehr einfach aufgebaut. Sie heißt AmazonSalesRanks und besteht aus einer einzigen Tabelle namens BookInfo, wie in Abbildung 16-1 dargestellt.

> Alle Felder in dieser Tabelle können null sein, da keine Kontrolle darüber besteht, welche Informationen zu einem bestimmten Zeitpunkt bei Amazon verfügbar sind und welche nicht. Um diesen Entwurf etwas robuster zu machen, sollte man vielleicht aus der ISBN einen Primärschlüssel machen und alle Daten zurückweisen, die ohne ISBN zurückgegeben werden. Dies soll aber, wie man so schön sagt, dem Leser als Übung überlassen bleiben.

1 Die Inhalte von Amazon unterliegen dem Copyright und dürfen nicht ohne schriftliche Erlaubnis verwendet werden. Eine solche Erlaubnis wurde großzügigerweise für dieses Buch und für die Verwendung auf meiner Website *http://www.LibertyAssociates.com* erteilt.

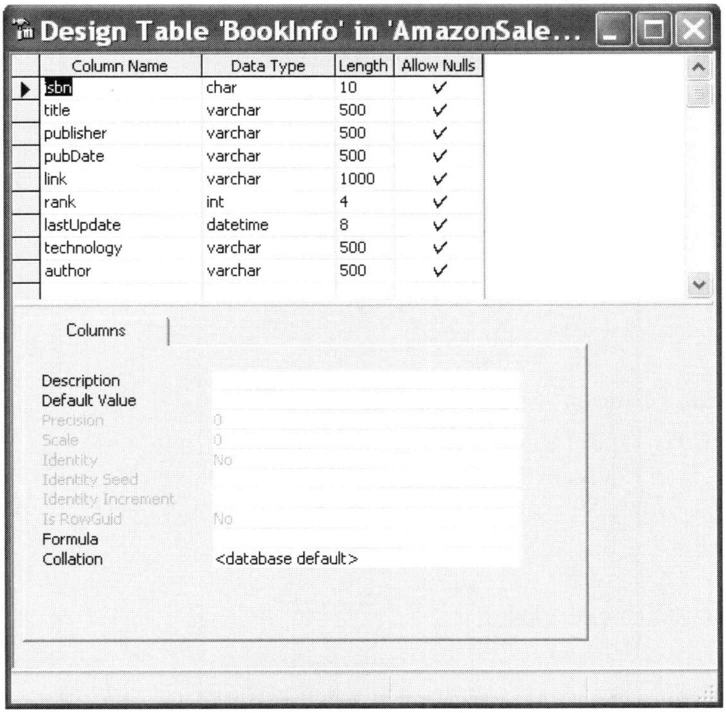

Abbildung 16-1: Die BookInfo-Tabelle entwerfen

Die Screen-Scraper-Anwendung

In früheren Ausgaben dieses Buchs implementierten wir zunächst eine Desktop-Anwendung als Screen-Scraper, der die Daten aus den Webseiten von Amazon.com herauslas.

Zu dieser Zeit wies ich darauf hin, dass Screen-Scraping dann (und nur dann) wunderbar funktioniert, wenn Amazon die Positionen in exakt der gleichen Weise auflistet. Sobald Amazon seine Seiten verändert, muss dieses Programm angepasst werden. Zusätzlich machte ich darauf aufmerksam, dass die Daten auf den Amazon-Seiten dem Urheberrecht unterliegen und das Scraping dieser Seite daher ernste rechtliche und ethische Probleme aufwirft.

Seit der Veröffentlichung der vorigen Ausgabe des Buchs hat Amazon Sicherheitsmaßnahmen für seine Seiten ergriffen, die einfache Screen-Scraping-Anwendungen blockieren. Da gleichzeitig aber umfangreiche Unterstützung für Webservices geboten wird, soll in diesem Kapitel die Implementierung mit Hilfe dieser Webservices gezeigt werden. Das Screen-Scraping wird nun stattdessen in Kapitel 21 behandelt, in dem wir dann (rechtlich und ethisch korrekt) Informationen aus meiner eigenen Website auslesen.

Den Webservices-Client erstellen

In dem Bemühen, seine Informationen für Entwickler und »Amazon-Partner« (Websites, aus denen man direkt Bücher bei Amazon.com kaufen kann) zugänglich zu machen, hat Amazon eine Reihe von Webservices aufgebaut. Weitere Informationen dazu finden Sie unter *http://www.amazon.com/gp/aws/landing.html*.

Diese Webservices soll Ihre Anwendung benutzen; dazu müssen Sie das Amazon Web Services Developer Kit in der (derzeitigen) Version 4 herunterladen. Insgesamt benötigen Sie drei Dinge: ein »Associate-Tag« (erhältlich bei Amazon), eine »Subscribe-ID« (ebenfalls bei Amazon erhältlich) sowie die passende *.wsdl*-Datei (öffentlich verfügbar auf den Webseiten zu den Amazon-Webservices).

Den Amazon-Proxy erstellen

Wie bei jedem Zugriff auf einen Webservice über .NET benötigen Sie eine Proxy-Klasse für Ihren Client. Zu diesem Zweck besorgen Sie sich das von Amazon zur Verfügung gestellte WSDL-Dokument und kompilieren es mit der Kommandozeilen-Anweisung:

```
wsdl /o:Amazon.cs AmazonWebServices.wsdl
```

Die Desktop-Anwendung erstellen

Erzeugen Sie eine neue Desktop-Anwendung mit (beispielsweise) dem Namen »AmazonWebServiceClient«. Vergessen Sie nicht, die von Ihnen aus der *.wsdl*-Datei erzeugte Datei *Amazon.cs* in das Verzeichnis dieses Projekts zu kopieren. Fügen Sie die Datei dem Projekt hinzu, indem Sie rechts auf das Projekt klicken und **Add Existing Item** anwählen.

Amazon bietet weit mehr Informationen über seine Bücher und Produkte, als wir hier benötigen, daher ziehen wir der Einfachheit halber nur eine Teilmenge der verfügbaren Informationen heraus.

Es gibt auch Methoden, die Informationen über eine ganze Reihe von Büchern liefern, aber zunächst vereinfachen wir den Prozess stark (zu Lasten der Performance), in dem wir einzeln alle Bücher, eins nach dem anderen, suchen.

Legen Sie zu diesem Zweck einige XML-Dateien mit den ISBN der zu verfolgenden Bücher an. Ich habe diese nach Technologien unterteilt, so dass es eine Datei *CSharpISBN.xml*, eine Datei *VBNETISBN.xml* und eine Datei *ASPNET_ISBN.xml* gibt.

Beispiel 16-1 zeigt einen Ausschnitt aus einer dieser Dateien.

Beispiel 16-1: CSharpISBN.xml

```
<isbns>
 <isbn>193183654X</isbn>
 <isbn>0130461334</isbn>
 <isbn>1893115593</isbn>
 <isbn>0130622214</isbn>
```

Beispiel 16-1: CSharpISBN.xml (Fortsetzung)

```
<isbn>1861007043</isbn>
<isbn>1861004982</isbn>
<isbn>0672320711</isbn>
<isbn>0596001819</isbn>
<isbn>0735612897</isbn>
<isbn>0735612900</isbn>
<isbn>0596003099</isbn>
<isbn>0596003765</isbn>
<isbn>0072133295</isbn>
<isbn>0672322358</isbn>
<isbn>0072193794</isbn>
<isbn>067232122X</isbn>
<isbn>1588801926</isbn>
<isbn>0672321521</isbn>
<isbn>0735615683</isbn>
<isbn>0201729555</isbn>
</isbns>
```

> Das Problem ist natürlich, dass diese Dateien schnell veralten (manche Bücher sind vergriffen, neue werden verfügbar). Dieses Problem lösen wir später in diesem Kapitel.

Beim Lesen jeder ISBN werden die relevanten Daten (Titel, Verlag, Rang) auf der Amazon-Website gesucht und in der Datenbanktabelle gespeichert. Dabei wird ein einfaches Listenfeld aktualisiert, um den Fortschritt anzuzeigen. Sobald alle Bücher aufgezeichnet sind, geht das System in einen Ruhezustand über, während ein Timer die verbleibende Zeit bis zum nächsten Durchgang herunterzählt. Sie können auch zwischendurch einen neuen Durchgang erzwingen, indem Sie auf den Button **Now** klicken. Die Benutzeroberfläche wird absichtlich so einfach wie möglich gestaltet.

Beispiel 16-2 ist die komplette Desktop-Applikation; Erläuterungen hierzu folgen später.

Beispiel 16-2: SalesRankDBWebServices

```
#region Using directives

using System;
using System.Collections.Generic;
using System.ComponentModel;
using System.Data;
using System.Drawing;
using System.Windows.Forms;

#endregion

namespace AmazonWebServiceClient
{
   partial class AmazonWebServiceClient : Form
   {
      private int timeRemaining;
```

Beispiel 16-2: SalesRankDBWebServices (Fortsetzung)

```
      const int WaitTime = 900; // 15 Minuten
      private string connectionString;
      private System.Data.SqlClient.SqlConnection connection;
      private System.Data.SqlClient.SqlCommand command;

      public AmazonWebServiceClient()
      {
         InitializeComponent();
      }

      private void AmazonWebServiceClient_Load( object sender, EventArgs e )
      {
         // Connection-String für die Verbindung zur Verkaufsrang-Datenbank
         connectionString =
    "server=localhost;Trusted_Connection=true;database=AmazonSalesRanks";

         // Verbindungsobjekt erzeugen und mit dem
         // Connection-String initialisieren
         connection =
            new System.Data.SqlClient.SqlConnection( connectionString );

         // Ein SqlCommand-Objekt erzeugen und die Verbindung zuweisen
         command =
            new System.Data.SqlClient.SqlCommand();

         command.Connection = connection;
         timeRemaining = 1;  // Beim ersten Start die Informationen holen
         UpdateButton();

      }

      private void btnStart_Click( object sender, EventArgs e )
      {
         // Timer umschalten
         updateTimer.Enabled = updateTimer.Enabled ? false : true;
         UpdateButton();

      }

      private void btnNow_Click( object sender, EventArgs e )
      {
         timeRemaining = 2;
      }

      private void UpdateButton()
      {
         btnStart.Text = updateTimer.Enabled ? "Stop" : "Start";
      }

      private void updateTimer_Tick( object sender, EventArgs e )
      {
```

Beispiel 16-2: SalesRankDBWebServices (Fortsetzung)

```
         if ( updateTimer.Enabled )
            txtClock.Text = ( --timeRemaining ).ToString() + " Sekunden";
         else
            txtClock.Text = "Angehalten";

         // Und auf geht's ...
         if ( timeRemaining < 1 )
         {
            timeRemaining = WaitTime;  // Uhr zurückstellen

            // DataSet auf Basis der XML-Datei erzeugen
            DataSet BookData = new DataSet();
            BookData.ReadXml( "aspnet_isbn.xml" );

            // Durchlaufen und für jede ISBN in der Datei
            // GetInfoFromISBN aufrufen
            foreach ( DataRow Book in BookData.Tables[0].Rows )
            {
               string isbn = Book[0].ToString();
               GetInfoFromISBN( isbn, "ASPNET" );
            }

            BookData = new DataSet();
            BookData.ReadXml( "csharpIsbn.xml" );
            foreach ( DataRow Book in BookData.Tables[0].Rows )
            {
               string isbn = Book[0].ToString();
               GetInfoFromISBN( isbn, "CSHARP" );
            }

            BookData = new DataSet();
            BookData.ReadXml( "VBnetIsbn.xml" );
            foreach ( DataRow Book in BookData.Tables[0].Rows )
            {
               string isbn = Book[0].ToString();
               GetInfoFromISBN( isbn, "VBNET" );
            }
         }
      }

      private void GetInfoFromISBN( string isbn, string technology )
      {
         if ( isbn.Length != 10 )
            return;


         AWSProductData productData = new AWSProductData();
         ItemLookup lookup = null;
         try
         {
            ItemLookupRequest req = new ItemLookupRequest();
            req.IdType = ItemLookupRequestIdType.ASIN;
```

Beispiel 16-2: SalesRankDBWebServices (Fortsetzung)

```
            req.ItemId = new string[1];
            req.ItemId[0] = isbn;
            // req.SearchIndex = "Books";

            lookup = new ItemLookup();
            lookup.AssociateTag = "libertyassocia00A";
            lookup.SubscriptionId = "Hier Ihre ID einfügen";
            lookup.Request = new ItemLookupRequest[1];
            lookup.Request[0] = req;
         }
         catch ( System.Exception e )
         {
            lblStatus.Text = e.Message;
         }

         ItemLookupResponse response;
         Items info;
         Item[] items;
         Item item;

         int salesRank = -1;
         string author = string.Empty;
         string pubDate = string.Empty;
         string publisher = string.Empty;
         string title = string.Empty;
         string strURL = string.Empty;

         try
         {
            response = productData.ItemLookup( lookup );
            info = response.Items[0];
            items = info.Item;
            item = items[0];
            salesRank = item.SalesRank == null
              ? -1 : Convert.ToInt32(item.SalesRank);
            author = FixQuotes( item.ItemAttributes.Author[0] );
            pubDate =   FixQuotes(item.ItemAttributes.PublicationDate);
            publisher = FixQuotes(item.ItemAttributes.Publisher);
            title = FixQuotes(item.ItemAttributes.Title);
            strURL = item.DetailPageURL;
         }
         catch ( System.Exception ex)
         {
            lblStatus.Text = ex.Message;
         }

         // Listenfeld aktualisieren
         string results = title + " von " + author + ": " +
            publisher + ", " + pubDate + ". Rang: " + salesRank;
         lbOutput.Items.Add( results );
         lbOutput.SelectedIndex = lbOutput.Items.Count - 1;
```

Beispiel 16-2: SalesRankDBWebServices (Fortsetzung)

```
        // Datenbank aktualisieren
        string commandString = @"Update BookInfo set isbn = '" +
           isbn + "', title = '" + title + "', publisher = '" +
           publisher + "', pubDate = '" + pubDate + "', rank = " +
           salesRank + ", link = '" + strURL + "', lastUpdate = '" +
           System.DateTime.Now + "', technology = '" +
           technology + "', author = '" +
           author + "' where isbn = '" +
           isbn + "'";

        command.CommandText = commandString;
        try
        {
           // Wenn keine Zeilen betroffen sind,
           // ist dies ein neuer Datensatz
           connection.Open();
           int numRowsAffected = command.ExecuteNonQuery();
           if ( numRowsAffected == 0 )
           {
              commandString = @"Insert into BookInfo values ('" +
                 isbn + "', '" + title + "', '" + publisher + "', '" +
                 pubDate + "', '" + FixQuotes( strURL ) + "', " +
                 salesRank + ", '" +
                 System.DateTime.Now +
                 "', '" + technology + "', '" + author + "')";

              command.CommandText = commandString;
              command.ExecuteNonQuery();
           }
        }
        catch ( Exception ex )
        {
           lblStatus.Text = ex.Message;
           lbOutput.Items.Add( "Kann Datenbank nicht aktualisieren!" );
           lbOutput.SelectedIndex = lbOutput.Items.Count - 1;
        }
        finally
        {
           connection.Close();      // Aufräumen
        }
     }     // GetInfoFromISBN schließen

     private string FixQuotes( string s )
     {
        if ( s == null )
           return string.Empty;
        return s.Replace( "'", "''" );

     }
   } // Ende der Klasse
} // Ende des Namensraums
```

Das Programm deklariert einen Connection-String sowie ein `SQLConnection`- und ein `SQL-Command`-Objekt. Beide Objekte werden beim Laden des Formulars initialisiert:

```
private string connectionString;
private System.Data.SqlClient.SqlConnection connection;
private System.Data.SqlClient.SqlCommand command;
```

Sie setzen das `Load`-Event, indem Sie das Formular anklicken und von Eigenschaften auf Events umschalten. Dann doppelklicken Sie auf das `Load`-Event, und das Skelett des Event-Handlers für das Laden des Formulars wird für Sie angelegt. Innerhalb dieses Event-Handlers erzeugen Sie Ihren Connection-String (in diesem Beispiel handelt es sich um eine vertrauenswürdige Verbindung; wenn die Datenbank entsprechend konfiguriert ist, benötigen Sie möglicherweise Benutzernamen und Passwort), und damit sind die Verbindungs- und Befehlsobjekte konfiguriert:

```
private void AmazonWebServiceClient_Load( object sender, EventArgs e )
{
   connectionString =
     "server=localhost;Trusted_Connection=true;database=AmazonSalesRanks";
   connection =
      new System.Data.SqlClient.SqlConnection( connectionString );
   command =
      new System.Data.SqlClient.SqlCommand();

   command.Connection = connection;
```

Die Member-Variable `timeRemaining` wird auf eine Sekunde initialisiert, und die Buttons werden aktualisiert, damit der Text im Start-Button gesetzt wird:

```
   timeRemaining = 1;  // Beim ersten Start die Informationen holen
   UpdateButton();

}
```

Bei jedem Klick des Timers wird die Methode `updateTimer_Tick` aufgerufen. Wenn der Timer eingeschaltet ist (der Benutzer also nicht auf **Stop** gedrückt hat), wird die Member-Variable `timeRemaining` heruntergezählt. Wenn sie 0 erreicht hat, ist es Zeit, die Bücher zu verarbeiten:

```
if ( updateTimer.Enabled )
   txtClock.Text = ( --timeRemaining ).ToString() + " Sekunden";
else
   txtClock.Text = "Angehalten";

// Und auf geht's ...
if ( timeRemaining < 1 )
{
```

Im ersten Schritt setzen wir den Timer zurück auf `WaitTime` (eine Konstante, deren Wert 15 Minuten entspricht) und verarbeiten die *.xml*-Dateien:

```
timeRemaining = WaitTime;  // Uhr zurückstellen
DataSet BookData = new DataSet();
try
```

```
{
   BookData.ReadXml( "aspnet_isbn.xml" );
}
```

Hier wird ein DataSet erzeugt, dessen Zeilen jeweils einen Eintrag in der XML-Datei repräsentieren. Sobald die Bücher eingelesen sind, suchen Sie wiederum die ISBN heraus und rufen die Hilfsmethode `GetInfoFromISBN` auf, der Sie die ISBN sowie die »Technologie«, unter der diese ISBN in der Datenbank gespeichert werden soll, mitgeben:

```
foreach ( DataRow Book in BookData.Tables[0].Rows )
{
   string isbn = Book[0].ToString();
   GetInfoFromISBN( isbn, "ASPNET" );
}
```

`GetInfoFromISBN` ist das Herzstück des Programms, in dem Sie mit dem Webservice von Amazon in Kontakt treten.

Im ersten Schritt stellt die Methode sicher, dass die Länge der ISBN genau zehn Zeichen beträgt (eine vollständige Prüfung würde mit Hilfe eines regulären Ausdrucks garantieren, dass die ISBN aus neun Ziffern besteht, der entweder eine weitere Ziffer oder der Buchstaben X folgt, und dann eine Prüfziffer für die ISBN berechnen [die letzte Stelle enthält den Wert der Prüfziffer], aber all dies sei dem Leser als Übung überlassen).

Die Datei *Amazon.cs* definiert eine Anzahl nützlicher Objekte, von denen wir einige in diesem Beispiel verwenden, und zwar `AWSProductData`, `ItemLookup` und `ItemLookupRequest` sowie die `Item`-Objekte und -Collections. Dies sind die entsprechenden Schritte:

1. Deklarieren Sie eine neue Instanz der Klasse `AWSProductData`, die als Proxy für den Amazon-Webservice dient.
2. Rufen Sie an der `AWSProductData`-Instanz die Methode `ItemLookup` auf, wobei Sie eine korrekt initialisierte Instanz von `ItemLookup` übergeben.
3. Sie erhalten dann ein `ItemLookupResponse`-Objekt zurück.
4. Ziehen Sie das `Items`-Array heraus und entnehmen Sie ihm das erste Objekt (mit dem Offset 0), ein Objekt des Typs `Items`.
5. Fragen Sie das `Items`-Objekt nach seiner Eigenschaft `Item`, die ein Array von `Item` -Objekten ist.
6. Lesen Sie das erste `Item` aus dem Array und entnehmen Sie diesem `Item` alle Informationen über das von Ihnen angefragte Buch.

Damit das alles funktioniert, müssen Sie zuerst eine Instanz von `ItemLookupRequest` erzeugen und deren Eigenschaft `IDType` auf den enumerierten Typ `ItemLookupRequestIdType.ASIN` setzen.

```
ItemLookupRequest req = new ItemLookupRequest();
req.IdType = ItemLookupRequestIdType.ASIN;
```

Initialisieren Sie das Array `ItemID` so, dass es einen einzelnen String mit der von Ihnen gesuchten ISBN enthält:

```
req.ItemId = new string[1];
req.ItemId[0] = isbn;
```

Instantiieren Sie dann ein ItemLookup-Objekt und setzen Sie seine Eigenschaften AssociateTag und SubscriptionID:

```
lookup.AssociateTag = "libertyassocia00A";
lookup.SubscriptionId = "Hier Ihre ID einfügen";
```

Initialisieren Sie seine Eigenschaft Request so, dass sie ein Array mit einem einzigen Objekt ist, und setzen Sie dieses Objekt auf das zuvor von Ihnen erzeugte ItemLookupRequest-Objekt:

```
lookup.Request = new ItemLookupRequest[1];
lookup.Request[0] = req;
```

Beachten Sie, dass wir zwar die von .NET geforderte Diktion des Methodenaufrufs verwenden. Was hier aber wirklich vor sich geht, ist ein Austausch von Nachrichten mit Amazon über SOAP. Wir senden: »Sag mir etwas über dieses Buch«, und Amazon sendet zurück: »Hier sind die Informationen über das Buch.«

Nun sind Sie bereit, die Anfrage zu stellen. Tun Sie dies innerhalb eines try-Blocks, damit alle Exceptions aufgefangen werden, die während dieses Prozesses ausgelöst werden könnten. Beginnen Sie mit einem Aufruf der Methode ItemLookup:

```
response = productData.ItemLookup( lookup );
```

Der Wert von response darf jetzt nicht null sein. Hier sollte eine Fehlerprüfung Null-Antworten von Amazon behandeln (was zur Vereinfachung des Codes weggelassen wurde). Die Eigenschaft Item liefert ein Objekt vom Typ Items, das ein Array von Item-Objekten ist. Dem entnehmen Sie das erste Item-Objekt, das die Informationen über das von Ihnen angefragte Buch enthält:

```
info = response.Items[0];
items = info.Item;
item = items[0];
```

Nun können Sie die von Ihnen ermittelten Daten lokalen Variablen zuweisen. Die Methode FixQuotes ist eine Hilfsmethode zur Konvertierung einzelner Anführungszeichen in allen von Ihnen erhaltenen Strings, so dass diese kein Problem für die Datenbank darstellen:

```
salesRank = item.SalesRank == null ? -1 : Convert.ToInt32(item.SalesRank);
author = FixQuotes( item.ItemAttributes.Author[0] );
pubDate =   FixQuotes(item.ItemAttributes.PublicationDate);
publisher = FixQuotes(item.ItemAttributes.Publisher);
title = FixQuotes(item.ItemAttributes.Title);
strURL = item.DetailPageURL;
```

Mit diesen Informationen ausgestattet sind Sie nun bereit, das Listenfeld und – wichtiger noch – die Datenbank zu aktualisieren.

Zunächst versuchen Sie, die Daten mit einer `Update`-Anweisung in die Datenbank zu schreiben. Wenn die Anzahl der betroffenen Zeilen 0 ist, existiert die Zeile noch nicht, so dass Sie die Werte einfügen müssen.

> Dieses Programm wäre sicherer, wenn es parametrisierte Datenbankabfragen verwenden würde. Die Inline-Abfragen sollen das Beispiel einfacher machen.

Wenn dies getan ist, können Sie sich die nächste ISBN vornehmen.

Die Ausgaben anzeigen

Diesmal legen wir eine neue ASP.NET-Website namens »AmazonSalesRanks« an, mit der wir die von Amazon erhaltenen Informationen anzeigen. Ziehen Sie drei `GridView`-Objekte auf das Formular; geben Sie aber keine Datenanbindung an, da wir dies manuell tun wollen. Beispiel 16-3 zeigt die komplette *.aspx*-Seite einschließlich einer oberhalb der Raster angezeigten Mitteilung, eines Labels für die letzte Aktualisierung sowie eines Textfelds, mit dessen Hilfe die Anzahl der in jedem Raster angezeigten Zeilen festgelegt werden kann.

Beispiel 16-3: Die Ausgaben anzeigen

```
<%@ Page Language="C#" CompileWith="Default.aspx.cs" ClassName="Default_aspx" %>

<!DOCTYPE html PUBLIC "-//W3C//DTD XHTML 1.1//EN"
                         "http://www.w3.org/TR/xhtml11/DTD/xhtml11.dtd">

<html xmlns="http://www.w3.org/1999/xhtml" >
<head runat="server">
    <title>Verkaufsränge</title>
</head>
<body>
    <form id="form1" runat="server">
    <div>
        Die hier zu findenden Daten stammen vom Amazon-Webservice und
        sind in einer lokalen Datenbank gespeichert. Die Daten werden alle
        15 Minuten aktualisiert. Diese Anwendung ist in Arbeit.<br />
         <br />
        <b>ASP-Titel</b>
        <asp:GridView ID="gvASP" Runat="server"
        OnRowDataBound="RowDataBound"
        AutoGenerateColumns="false"
        HeaderStyle-BackColor="PapayaWhip"
        BorderColor="#000099"
        AlternatingRowStyle-BackColor="LightGrey"
        HeaderStyle-Font-Bold=true
        Width="900">
            <Columns>
                <asp:TemplateField HeaderStyle-Width ="10">
                    <HeaderTemplate>
```

Beispiel 16-3: Die Ausgaben anzeigen (Fortsetzung)

```
                    Position
                </HeaderTemplate>
                <ItemTemplate>
                    <asp:Label Runat="server" ID="Label1">
                      <%# rowNumber %></asp:Label>
                </ItemTemplate>
            </asp:TemplateField>
            <asp:TemplateField>
                <HeaderTemplate>
                    Titel
                </HeaderTemplate>
                <ItemTemplate>
               <a href="http://www.amazon.com/exec/obidos/ASIN/<%#
                       Eval("isbn")%>/" target="_blank"><%# Eval("title") %></a>
                </ItemTemplate>
            </asp:TemplateField>
            <asp:BoundField HeaderText="Autor"
               ReadOnly="true" DataField="Author" />
            <asp:BoundField HeaderText="Verlag"
               ReadOnly="true" DataField="Publisher" />
            <asp:BoundField HeaderText="Erscheinungsdatum"
               ReadOnly="true" DataField="pubDate" />
            <asp:BoundField HeaderText="Rang"
                ReadOnly="true" DataField="Rank"
                DataFormatString="{0:N0}"
                ItemStyle-HorizontalAlign="right" />
        </Columns>
    </asp:GridView>
    <br />
    <b>C#-Titel</b>
    <asp:GridView ID="gvCSharp" Runat="server"
    OnRowDataBound="RowDataBound"
    AutoGenerateColumns="false"
    HeaderStyle-BackColor="PapayaWhip"
    BorderColor="#000099"
    AlternatingRowStyle-BackColor="LightGrey"
    HeaderStyle-Font-Bold=true
    Width="900">
        <Columns>
            <asp:TemplateField HeaderStyle-Width ="10">
                <HeaderTemplate>
                    Position
                </HeaderTemplate>
                <ItemTemplate>
                    <asp:Label Runat="server" ID="Label2">
                      <%# rowNumber %></asp:Label>
                </ItemTemplate>
            </asp:TemplateField>
            <asp:TemplateField>
                <HeaderTemplate>
                    Titel
                </HeaderTemplate>
```

Beispiel 16-3: Die Ausgaben anzeigen (Fortsetzung)

```
                <ItemTemplate>
                  <a href="http://www.amazon.com/exec/obidos/ASIN/<%#
                       Eval("isbn")%>/" target="_blank"><%# Eval("title") %></a>
                </ItemTemplate>
            </asp:TemplateField>
            <asp:BoundField HeaderText="Autor"
              ReadOnly="true" DataField="Author" />
            <asp:BoundField HeaderText="Verlag"
              ReadOnly="true" DataField="Publisher" />
            <asp:BoundField HeaderText="Erscheinungsdatum"
              ReadOnly="true" DataField="pubDate" />
            <asp:BoundField HeaderText="Rang"
              ReadOnly="true" DataField="Rank"
              DataFormatString="{0:N0}"
              ItemStyle-HorizontalAlign="right" />
        </Columns>
    </asp:GridView>
    <br />
    <b>VB-Titel</b>
    <asp:GridView ID="gvVBNet" Runat="server"
    OnRowDataBound="RowDataBound"
    AutoGenerateColumns="false"
    HeaderStyle-BackColor="PapayaWhip"
    BorderColor="#000099"
    AlternatingRowStyle-BackColor="LightGrey"
    HeaderStyle-Font-Bold=true
    Width="900">
        <Columns>
            <asp:TemplateField HeaderStyle-Width ="10">
                <HeaderTemplate>
                    Position
                </HeaderTemplate>
                <ItemTemplate>
                    <asp:Label Runat="server" ID="Label3">
                      <%# rowNumber %></asp:Label>
                </ItemTemplate>
            </asp:TemplateField>
            <asp:TemplateField>
                <HeaderTemplate>
                    Titel
                </HeaderTemplate>
                <ItemTemplate>
                  <a href="http://www.amazon.com/exec/obidos/ASIN/<%#
                       Eval("isbn")%>/" target="_blank"><%# Eval("title") %></a>
                </ItemTemplate>
            </asp:TemplateField>
            <asp:BoundField HeaderText="Autor"
              ReadOnly="true" DataField="Author" />
            <asp:BoundField HeaderText="Verlag"
              ReadOnly="true" DataField="Publisher" />
            <asp:BoundField HeaderText="Erscheinungsdatum"
              ReadOnly="true" DataField="pubDate" />
```

Beispiel 16-3: Die Ausgaben anzeigen (Fortsetzung)

```
              <asp:BoundField HeaderText="Rang"
                ReadOnly="true" DataField="Rank"
                DataFormatString="{0:N0}"
                ItemStyle-HorizontalAlign="right" />
           </Columns>
        </asp:GridView>
        <asp:Label ID="lblLastUpdate" Runat="server"
          Text="Last Update"></asp:Label>
        <br />
        Number to show in grid:
        <asp:TextBox ID="txtShowRecords" Runat="server"
          Width="48px" Height="22px"
          AutoPostBack="True"></asp:TextBox>
    </div>
    </form>
</body>
</html>
```

Der wesentliche Aspekt des HTML-Codes stellt die Erzeugung der drei `GridViews` dar. Sie funktionieren alle auf die gleiche Weise, daher konzentrieren wir uns auf das erste:

```
<asp:GridView ID="gvASP" Runat="server"
 OnRowDataBound="RowDataBound"
 AutoGenerateColumns="false"
 HeaderStyle-BackColor="PapayaWhip"
 BorderColor="#000099"
 AlternatingRowStyle-BackColor="LightGrey"
 HeaderStyle-Font-Bold=true
 Width="900">
```

Das `GridView` hat den Namen `gvASP`. Es werden einige Eigenschaften gesetzt, von denen die wichtigsten der Event-Handler für den `OnRowDataBound`-Event und die auf `False` gesetzte Boolesche Eigenschaft `AutoGenerateColumns` sind. Damit übernehmen Sie die direkte Kontrolle über die Tabellenspalten, was Sie durch Anlegen eines `columns`-Elements tun:

```
<columns>
  ...
</columns>
```

Die erste Spalte innerhalb des `columns`-Elements ist eine *Template-Field-Spalte*. Eine Template-Field-Spalte ermöglicht Ihnen, Controls in die Spalte einzufügen. In der ersten Instanz fügen Sie ein `HeaderTemplate` ein (mit dem Sie einen Spaltenkopf erzeugen), das den Text `Position` hat, und ein `asp:label`-Control. Das Label soll als Aufschrift eine Zeilennummer anzeigen. Den Mechanismus, mit dem diese Zeilennummer generiert wird, behandeln wir weiter unten in diesen Kapitel unter »Das RowDataBound-Event behandeln«.

```
<asp:TemplateField HeaderStyle-Width ="10">
    <HeaderTemplate>
        Position
    </HeaderTemplate>
```

```
    <ItemTemplate>
        <asp:Label Runat="server" ID="Label1"><%# rowNumber %></asp:Label>
    </ItemTemplate>
```

> Eine vollständige Erläuterung von Template-Fields und anderen auf dieser Seite verwendeten Elementen finden Sie in *Programming ASP.NET* (O'Reilly).

Die zweite Spalte ist ebenfalls eine Template-Field, diesmal mit der Spaltenüberschrift `Titel`. Der Titel selbst wird durch Auswertung der Spalte `title` in der aktuellen Zeile des DataSets angezeigt, an den das `GridView` gebunden ist. Der Titel ist von einem Link auf die entsprechende Seite bei Amazon.com umgeben. Dadurch wird der Titel zu einem Hyperlink, auf den der Benutzer klicken kann.

```
<asp:TemplateField>
    <HeaderTemplate>
        Titel
    </HeaderTemplate>
    <ItemTemplate>
        <a href="http://www.amazon.com/exec/obidos/ASIN/<%# Eval("isbn")%>/"
                target="_blank"><%# Eval("title") %></a>
    </ItemTemplate>
</asp:TemplateField>
```

Dies wollen wir noch etwas weiter auseinander nehmen. Das erste Element ist das Template-Field:

```
<asp:TemplateField>
</asp:TemplateField>
```

Innerhalb des Template-Field befinden sich zwei Template-Elemente: das Kopf- und das Datenelement. Das Kopfelement ist leicht nachzuvollziehen, denn er enthält nur einfachen Text (könnte aber jeden beliebigen HTML-Code enthalten):

```
<headertemplate>
     Titel
</headertemplate>
```

Das Template für das Datenelement (item) ist etwas knifflig:

```
<itemtemplate>
    <a href="http://www.amazon.com/exec/obidos/ASIN/<%# Eval("isbn")%>/"
            target="_blank"><%# Eval("title") %></a>
</itemtemplate>
```

> Beachten Sie, dass Sie überprüfen sollten, ob der Titel (wie auch alle anderen Texte) gültiges HTML enthält.

Wir sehen uns dies von innen nach außen an. Als Erstes finden wir den Anfang eines normalen Hyperlinks:

```
<a href="http://www.amazon.com/exec/obidos/ASIN/
```

Allerdings wird an diesen Hyperlink das Ergebnis der Auswertung der ISBN in den gebundenen Daten angehängt:

```
<%# Eval("isbn") %>/"
```

Der Hyperlink hat ein Attribut:

```
target="_blank"
```

Dieses Attribut bewirkt, dass der Link eine neue Browser-Instanz öffnet. Der Inhalt des Links (der angezeigte Text) ist ebenfalls das Ergebnis einer Auswertung:

```
Eval("title")
```

Wenn in den gebundenen Daten der Titel *Programming Visual Basic .NET,* Second Edition und die ISBN 0596004389 stehen, ergibt dieses Element den folgenden HTML-Code:

```
<a href=http://www.amazon.com/exec/obidos/ASIN/0596004389/
  target="_ blank">Programming Visual Basic .NET 2nd Edition </a>
```

Die beiden ersten Spalten sind etwas knifflig: die erste, weil wir etwas Arbeit mit der Erzeugung der `rowNumber` haben (siehe den folgenden Code), und die zweite, weil wir den gebundenen Wert (ISBN und Titel) in einem Hyperlink verpacken müssen. Die nächsten vier Spalten sind einfacher, da sie lediglich an Daten gebunden sind.

Die erste gebundene Spalte hat den Kopftext `Autor` und ist mit `readOnly` als nur zum Lesen gekennzeichnet. Sie ist an die Spalte `author` in der Zeile der DataSet-Tabelle gebunden, mit der das gesamte `GridView` verknüpft ist:

```
<asp:BoundColumn HeaderText="Autor"
   ReadOnly="true"
   DataField="author"/>
```

Beachten Sie, dass dies ein selbstschließendes Element ist. Dies gilt auch für die weiteren drei gebundenen Spalten:

```
<asp:BoundColumn HeaderText="Verlag"
   ReadOnly="true"
   DataField="publisher"/>
<asp:BoundColumn HeaderText="Erscheinungsdatum"
   ReadOnly="true"
   DataField="pubdate"/>
<asp:BoundColumn HeaderText="Rang"
   ReadOnly="true"
   DataField="Rank" DataFormatString="{0:N0}"
   ItemStyle-HorizontalAlign="Right"/>
```

Das Raster implementieren

Der komplette Quellcode der Code-behind-Datei ist in Beispiel 16-4 dargestellt; die Erläuterungen folgen danach.

Beispiel 16-4: Code-behind-Datei für SalesDisplay

```
using System;
using System.Data;
using System.Data.SqlClient;
using System.Configuration;
using System.Web;
using System.Web.Security;
using System.Web.UI;
using System.Web.UI.WebControls;
using System.Web.UI.WebControls.WebParts;
using System.Web.UI.HtmlControls;

public partial class Default_aspx
{
   protected int showRecords;
   protected int totalASP;
   protected int totalCSharp;
   protected int rowNumber = 0;

   protected override void OnLoad( EventArgs e )
   {
      // Anzahl anzuzeigenden Sätze mit 7 initialisieren
      if ( !IsPostBack )
      {
         showRecords = 7;
      }
      // Wenn es ein Postback ist, dann die Zahl
      // aus dem Textfeld lesen
      else
      {
         showRecords = Convert.ToInt32( txtShowRecords.Text );
      }

      // Mit der Datenbank verbinden
      string connectionString =
      "server=localhost;Trusted_Connection=true;database=AmazonSalesRanks";

      // Anzuzeigende Datensätze heraussuchen
      string commandString =
         @"Select top " + showRecords +
         " * from BookInfo where technology = 'ASPNET' order by rank";
      SqlDataAdapter dataAdapter =
         new SqlDataAdapter( commandString, connectionString );
      DataSet dataSet = new DataSet();
      dataAdapter.Fill( dataSet, "aspBookInfo" ); // Erste Tabelle

      commandString = @"Select top " + showRecords + " *
                     from BookInfo where technology = 'CSHARP' order by rank";
      dataAdapter = new SqlDataAdapter( commandString, connectionString );
      dataAdapter.Fill( dataSet, "csBookInfo" ); // Zweite Tabelle

      commandString = @"Select top " + showRecords +
        " * from BookInfo where technology = 'VBNET' order by rank";
```

Beispiel 16-4: Code-behind-Datei für SalesDisplay (Fortsetzung)

```
        dataAdapter = new SqlDataAdapter( commandString,
          connectionString );
        dataAdapter.Fill( dataSet, "vbBookInfo" ); // Dritte Tabelle

        // DataViews anlegen und an Raster binden
        DataView aspDataView =
           dataSet.Tables[0].DefaultView;
        gvASP.DataSource = aspDataView;
        gvASP.DataBind();

        rowNumber = 0;

        DataView csDataView = dataSet.Tables[1].DefaultView;
        gvCSharp.DataSource = csDataView;
        gvCSharp.DataBind();

        rowNumber = 0;

        DataView vbDataView = dataSet.Tables[2].DefaultView;
        this.gvVBNet.DataSource = vbDataView;
        gvVBNet.DataBind();

        // txtShowRecords.DataBind();
        lblLastUpdate.Text = "Letzte Aktualisierung: " +
          dataSet.Tables[2].Rows[0]["lastUpdate"].ToString();

    }
    void RowDataBound( object sender, GridViewRowEventArgs e )
    {
        this.rowNumber++;
    }
}
```

Das Programm beginnt mit der Deklaration einer Anzahl lokaler Variablen; die wichtigste davon ist die Zeilennummer `rowNumber`, die mit 0 initialisiert wird:

```
protected int rowNumber = 0;
```

Die Variable `showRecords` dient zur Bestimmung der Anzahl darzustellender Zeilen; beim erstmaligen Anzeigen der Seite wird `showRecords` auf 7 gesetzt (ein sicherer und sinnvoller Vorgabewert). Bei nachfolgenden Rücksendungen der Seite wird sie auf den im Textfeld vorgefundenen Wert gesetzt:

```
private void Page_Load(object sender, System.EventArgs e)
{
   if (! IsPostBack )
   {
      showRecords = 7;
   }
   else
   {
      showRecords = Convert.ToInt32(txtShowRecords.Text);
   }
```

In der Fortsetzung des Event-Handlers zum Laden der Seite wird die Datenbankverbindung hergestellt. Dann wird die Datenbank durchsucht, und zwar basierend auf der technology (d.h. ASP.NET, C# oder VB.NET):

```
string connectionString =
   "server=localhost;Trusted_Connection=true;database=AmazonSalesRanks";

string commandString =
   @"Select top " + showRecords +
   " * from BookInfo where technology = 'ASPNET' order by rank";
SqlDataAdapter dataAdapter =
   new SqlDataAdapter(commandString, connectionString);
DataSet dataSet = new DataSet();
dataAdapter.Fill(dataSet,"aspBookInfo"); // Erste Tabelle
```

Das Gleiche geschieht bei den beiden anderen Abfragen. Sobald die Tabellen im DataSet erzeugt worden sind, wird ein DataView für die erste Tabelle angelegt. Es repräsentiert eine Sicht auf die ASP.NET-Ergebnisse:

```
DataView aspDataView =
   dataSet.Tables[0].DefaultView;
```

Diese Sicht ist es, an die das GridView gebunden wird:

```
gvASP.DataSource = aspDataView;
 gvASP.DataBind();
```

Ist dies erledigt, wird die Member-Variable rowNumber zurück auf 0 gesetzt (wie sie sich von 0 wegbewegt, zeigen wir gleich), und dann wird das nächste DataView erzeugt und an das entsprechende GridView gebunden:

```
rowNumber = 0;
DataView csDataView = dataSet.Tables[1].DefaultView;
gvCSharp.DataSource = csDataView;
gvCSharp.DataBind();
```

Ein letztes Mal wird dies auch für die dritte Tabelle durchgeführt:

```
rowNumber = 0;
DataView vbDataView = dataSet.Tables[2].DefaultView;
this.gvVBNet.DataSource = vbDataView;
gvVBNet.DataBind();
```

Schließlich wird das Label mit dem letzten Aktualisierungsdatum lblLastUpdate aus dem Tabellenfeld lastUpdate gesetzt:

```
lblLastUpdate.Text = "Letzte Aktualisierung: " + dataSet.Tables[2].Rows[0]["lastUpdate"].
ToString();
```

Das RowDataBound-Event behandeln

Sie erinnern sich, dass Sie nach der Erstellung des GridView das Event RowDataBound an die Methode RowDataBound gebunden haben. Tatsächlich taten Sie dies bei allen drei GridViews. Immer wenn ein Element an eines der Raster gebunden wird, wird diese Methode aufgerufen. Die Methode erhöht lediglich den Zeilenzähler rowNumber:

```
public void Item_Bound(Object sender, GridViewItemEventArgs e)
{
   rowNumber++;
}
```

Im Endeffekt wird bei jedem Binden eines Elements an das `GridView` der Wert von `rowNumber` hochgezählt und dann in der ersten Schablonenspalte angezeigt, wodurch eine relative Rangfolge innerhalb des `GridView` entsteht.

Über Kategorien suchen

Es ist sicher nicht der effizienteste Ansatz, für jede zu prüfende ISBN einen eigenen Webservice-Methodenaufruf zu starten. Das erfordert nicht nur eine Vielzahl von Zugriffen auf den Amazon-Dienst; darüber hinaus ist es auch wahrscheinlich, dass die aufgelisteten ISBN umgehend veralten, weil neue Wettbewerber auf den Markt kommen und andere nicht mehr verfügbar sind.

Zum Glück kann man bei Amazon auch nach ganzen Kategorien suchen. In unserer nächsten (und letzten) Iteration dieses Programms verzichen Sie auf die XML-Dateien mit den ISBN und fragen einfach Amazon nach allen Büchern zu den Kategorien ASP.NET, C# und VB.NET.

Damit das Beispiel einfach bleibt, rufen Sie als Vorgabe nur zehn Bücher aus jeder Kategorie ab. Die Webservices von Amazon ermöglichen es, Anfragen auf vielfältige Weise zurechtzuschneiden, aber für dieses Beispiel belassen wir es bei den minimal erforderlichen Eigenschaften.

Legen Sie eine Kopie des Projekts *SalesRankDBWebServices* an und nennen sie *AmazonWebServiceClientSearching*. Nehmen Sie dann die in Beispiel 16-5 gezeigten Veränderungen vor.

Beispiel 16-5: SalesRankDBWebServices02

```
#region Using directives

using System;
using System.Collections.Generic;
using System.ComponentModel;
using System.Data;
using System.Drawing;
using System.Windows.Forms;

#endregion

namespace AmazonWebServiceClient
{
   partial class AmazonWebServiceClient : Form
   {
      private int timeRemaining;
      const int WaitTime = 900; // 15 Minuten
      private string connectionString;
```

Beispiel 16-5: SalesRankDBWebServices02 (Fortsetzung)

```
private System.Data.SqlClient.SqlConnection connection;
private System.Data.SqlClient.SqlCommand command;

public AmazonWebServiceClient()
{
   InitializeComponent();
}

private void AmazonWebServiceClient_Load( object sender,
  EventArgs e )
{
   // Connection-String für die Verbindung zur Verkaufsrang-Datenbank
   connectionString =
"server=localhost;Trusted_Connection=true;database=AmazonSalesRanks";

   // Verbindungsobjekt erzeugen und mit dem
   // Connection-String initialisieren
   connection =
      new System.Data.SqlClient.SqlConnection( connectionString );

   // Ein SqlCommand-Objekt erzeugen und die Verbindung zuweisen
   command =
      new System.Data.SqlClient.SqlCommand();

   command.Connection = connection;
   timeRemaining = 1;  // Beim ersten Start die Informationen holen
   UpdateButton();

}

private void btnStart_Click( object sender, EventArgs e )
{
   // Timer umschalten
   updateTimer.Enabled = updateTimer.Enabled ? false : true;
   UpdateButton();

}

private void btnNow_Click( object sender, EventArgs e )
{
   timeRemaining = 2;
}

private void UpdateButton()
{
   btnStart.Text = updateTimer.Enabled ? "Stop" : "Start";
}

private void updateTimer_Tick( object sender, EventArgs e )
{

   if ( updateTimer.Enabled )
```

Beispiel 16-5: SalesRankDBWebServices02 (Fortsetzung)

```
            txtClock.Text = ( --timeRemaining ).ToString() + " Sekunden";
        else
            txtClock.Text = "Angehalten";

        // Und auf geht's ...
        if ( timeRemaining < 1 )
        {
            timeRemaining = WaitTime;  // Uhr zurückstellen
            timeRemaining = WaitTime;
            GetInfoFromAmazon( "ASP.NET", "ASPNET" );
            GetInfoFromAmazon( "C#", "CSHARP" );
            GetInfoFromAmazon( "VB.NET", "VBNET" );
        }
    }

    private void GetInfoFromAmazon( string keyword, string technology )
    {

        AWSProductData productData = new AWSProductData();

        ItemSearch srch = null;
        try
        {
            ItemSearchRequest req = new ItemSearchRequest();
            req.Keywords = keyword;
            req.SearchIndex = "Books";

            srch = new ItemSearch();
            srch.AssociateTag = "libertyassocia00A";
            srch.SubscriptionId = "Hier Ihre ID einfügen";
            srch.Request = new ItemSearchRequest[1];
            srch.Request[0] = req;

        }
        catch ( System.Exception e )
        {
            lblStatus.Text = e.Message;
        }

        ItemSearchResponse response;

        int salesRank = -1;
        string isbn = string.Empty;
        string author = string.Empty;
        string pubDate = string.Empty;
        string publisher = string.Empty;
        string title = string.Empty;
        string strURL = string.Empty;

        Items[] responseItems = null;
        try
        {
```

Beispiel 16-5: SalesRankDBWebServices02 (Fortsetzung)

```
// Antworten auf Elementsuche erhalten
response = productData.ItemSearch( srch );

// Items liefert Array mit Items-Objekten
responseItems = response.Items;

foreach ( Items items in responseItems )
{
   // Die Eigenschaft Item ist ein Array aus Item-Objekten
   Item[] arrayOfItem = items.Item;

   foreach ( Item item in arrayOfItem )
   {
      isbn = FixQuotes( item.ItemAttributes.ISBN );
      salesRank = item.SalesRank ==
         null ? -1 : Convert.ToInt32( item.SalesRank );
      author = FixQuotes( item.ItemAttributes.Author[0] );
      pubDate = FixQuotes(
          item.ItemAttributes.PublicationDate);
      publisher = FixQuotes( item.ItemAttributes.Publisher );
      title = FixQuotes( item.ItemAttributes.Title );
      strURL = item.DetailPageURL;
      // Listenfeld aktualisieren
      string results = title + " von " + author + ": " +
         publisher + ", " + pubDate + ". Rang: " + salesRank;
      lbOutput.Items.Add( results );
      lbOutput.SelectedIndex = lbOutput.Items.Count - 1;

      // Datenbank aktualisieren?
      string commandString = @"Update BookInfo set isbn = '" +
         isbn + "', title = '" + title + "', publisher = '" +
         publisher + "', pubDate = '" +
         pubDate + "', rank = " +
         salesRank + ", link = '" +
         strURL + "', lastUpdate = '" +
         System.DateTime.Now + "', technology = '" +
         technology + "', author = '" +
         author + "' where isbn = '" +
         isbn + "'";

      command.CommandText = commandString;
      try
      {
         // Wenn keine Zeilen betroffen sind,
         // ist dies ein neuer Datensatz
         connection.Open();
         int numRowsAffected = command.ExecuteNonQuery();
         if ( numRowsAffected == 0 )
         {
            commandString = @"Insert into BookInfo values ('" +
               isbn + "', '" + title + "', '" + publisher +
               "', '" +
```

Beispiel 16-5: SalesRankDBWebServices02 (Fortsetzung)

```
                        pubDate + "', '" + FixQuotes( strURL ) + "', "
                        + salesRank + ", '" +
                        System.DateTime.Now +
                        "', '" + technology + "', '" + author + "')";

                    command.CommandText = commandString;
                    command.ExecuteNonQuery();
                }
            }
            catch ( Exception ex )
            {
                lblStatus.Text = ex.Message;
                lbOutput.Items.Add
                    ( "Kann Datenbank nicht aktualisieren!" );
                lbOutput.SelectedIndex = lbOutput.Items.Count - 1;
            }
            finally
            {
                connection.Close();      // Aufräumen
            }
            Application.DoEvents();      // UI aktualisieren
        }
    }
}
catch ( System.Exception ex)
{
    lblStatus.Text = ex.Message;
}

}    // GetInfoFromAmazon schließen

private string FixQuotes( string s )
{
    if ( s == null )
        return string.Empty;
    return s.Replace( "'", "''" );

}
} // Ende der Klasse
} // Ende des Namensraums
```

In dieser Version ist sämtlicher für die XML-Datei benötigte Programmcode entfernt worden. Die Methode `GetInfoFromISBN` wurde durch `GetInfoFromAmazon` ersetzt. An Stelle eines `ItemLookupRequest`-Objekts erzeugen Sie nun ein `KeywordRequest`-Objekt:

```
private void GetInfoFromAmazon( string keyword, string technology )
{

    AWSProductData productData = new AWSProductData();

    ItemSearch srch = null;
    try
```

```
{
   ItemSearchRequest req = new ItemSearchRequest();
   req.Keywords = keyword;
   req.SearchIndex = "Books";

   srch = new ItemSearch();
   srch.AssociateTag = "libertyassocia00A";
   srch.SubscriptionId = "Hier Ihre ID einfügen";
   srch.Request = new ItemSearchRequest[1];
   srch.Request[0] = req;

}
```

Beachten Sie, dass der Eigenschaft `Keywords` der Inhalt des Eingabeparameters `keyword` zugewiesen wird (d.h. C#, ASP.NET oder VB.NET). Die Eigenschaft `SearchIndex` begrenzt die Suche auf Bücher (und schließt beispielsweise CDs aus).

Nach dem Erzeugen des `ItemSearchRequest`-Objekts fügen Sie es in ein `ItemSearch`-Objekt ein, das ein `AssociateTag` und eine `SubscriptionID` enthält.

Was Sie zurückbekommen, ist ein `ItemSearchResponse`-Objekt. Die Eigenschaft `Items` dieses Objekts ist ein Array von `Item`-Objekten. Jedes dieser `Item`-Objekte hat eine Eigenschaft `Item`, die – nicht überraschend – ein Array von `Item`-Objekten ist. Und in diesem `Item`-Objekt finden Sie endlich die Informationen über die zutreffenden Bücher.

TEIL III

Die CLR und das .NET Framework

KAPITEL 17

Assemblies und Versionierung

Die grundlegende Einheit der .NET-Entwicklung nennt sich *Assembly* (Baugruppe). Eine Assembly ist eine Sammlung von Dateien, die sich dem Benutzer gegenüber wie eine einzelne DLL oder wie eine ausführbare Datei (EXE) darstellt. Wie weiter oben angemerkt, handelt es sich bei DLLs um Sammlungen von Klassen und Methoden, die nur bei Bedarf in ein laufendes Programm eingebunden werden.

Bei .NET bilden Assemblies die Einheit für die Wiederverwendung, Versionierung, Sicherheit und Verteilung. Dieses Kapitel behandelt Assemblies im Detail, einschließlich der Architektur von Assemblies und ihrem Inhalt sowie der Besonderheiten von privaten und gemeinsam genutzten (*shared*) Assemblies.

Zusätzlich zum Objektcode des Programms enthalten Assemblies auch Ressourcen wie GIF-Dateien, Typdefinitionen für alle enthaltenen Klassen sowie andere Metadaten zum Code und zu den Daten.

PE-Dateien

Assemblies auf der Festplatte stellen *Portable Executables* (PE) dar. PE-Dateien sind an sich nichts Neues. Das Format einer PE-Datei ist unter .NET genau dasselbe wie bei normalen Windows-PE-Dateien. PE-Dateien werden als DLLs oder EXEs implementiert.

Physisch bestehen Assemblies aus einem oder mehreren Modulen. Module bilden die Bestandteile von Assemblies. Für sich allein können sie nicht ausgeführt werden; um nutzbar zu sein, müssen Module zu Assemblies kombiniert werden.

Der gesamte Inhalt einer Assembly bildet eine Einheit für die Verteilung und die Wiederverwendung. Assemblies werden bei Bedarf geladen; nicht benötigte Assemblies werden nicht geladen.

Metadaten

Metadaten sind Informationen, die in einer Assembly gespeichert sind; sie beschreiben Typen und Methoden der Assembly und enthalten weitere nützliche Informationen über die Assembly. Assemblies werden als *selbstbeschreibend* bezeichnet, denn ihre Metadaten beschreiben den Inhalt jedes Moduls vollständig. Metadaten werden in Kapitel 18 detailliert behandelt.

Sicherheitsgrenzen

Assemblies bilden Sicherheitsgrenzen und auch Typgrenzen. Das heißt, eine Assembly bildet den Geltungsbereich für alle Typen, die sie enthält, und Typdefinitionen können Assemblies nicht überschreiten. Natürlich können Sie Typen über Assembly-Grenzen hinweg referenzieren, indem Sie eine Referenz auf die benötigte Assembly hinzufügen; dies kann sowohl in der IDE als auch in der Kommandozeile zum Kompilieren geschehen. Es ist aber nicht möglich, dass die Definition eines Typs über zwei Assemblies reicht.

Der Zugriffsmodifikator `internal` begrenzt den Zugriff (beispielsweise auf eine Methode) auf die aktuelle Assembly.

Das Manifest

Jede Assembly hat als Teil ihrer Metadaten ein *Manifest*. Es beschreibt, was sich in der Assembly befindet. Dazu gehören identifizierende Informationen (Name, Version usw.), eine Liste der Typen und Ressourcen in der Assembly, eine Liste der Module, eine Tabelle zur Verknüpfung öffentlicher Typen mit dem Programmcode für ihre Implementierung und eine Liste der Assemblies, die durch diese Assembly referenziert werden.

Auch das einfachste Programm hat sein Manifest. Sie können sich das Manifest mit Hilfe von `ILDasm` ansehen, das Bestandteil Ihrer Entwicklungsumgebung ist. Wenn Sie das Manifest in `ILDasm` öffnen, sieht das durch Beispiel 12-3 erzeugte EXE-Programm wie in Abbildung 17-1 gezeigt aus.

Durch einen Doppelklick auf das Wort **MANIFEST** in der zweiten Zeile von oben wird das Manifest-Fenster geöffnet, wie es in Abbildung 17-2 zu sehen ist.

Diese Datei dient als Inhaltsverzeichnis der Assembly. In der ersten Zeile können Sie die Referenz auf die Assembly `mscorlib` sehen, die in dieser wie in jeder anderen .NET-Anwendung referenziert wird. Die `mscorlib`-Assembly enthält die Basisbibliothek für .NET und ist auf jeder .NET-Plattform verfügbar.

Die nächste Assembly-Zeile stellt eine Referenz auf die Assembly von Beispiel 12-3 dar. Sie können auch sehen, dass diese Assembly aus einem einzigen Modul besteht. Alle weiteren Metadaten können Sie zunächst einmal ignorieren.

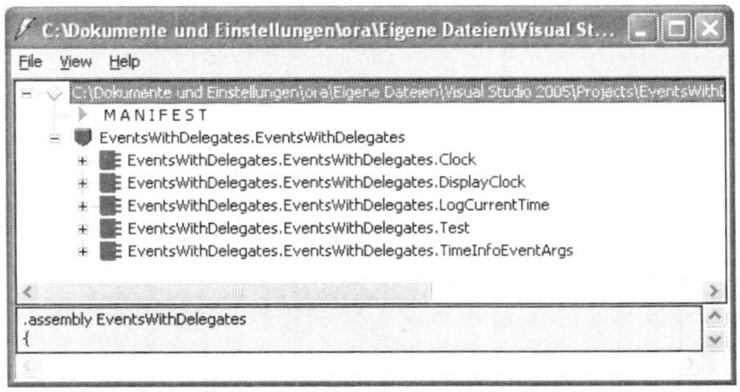

Abbildung 17-1: ILDasm zu Beispiel 12-3

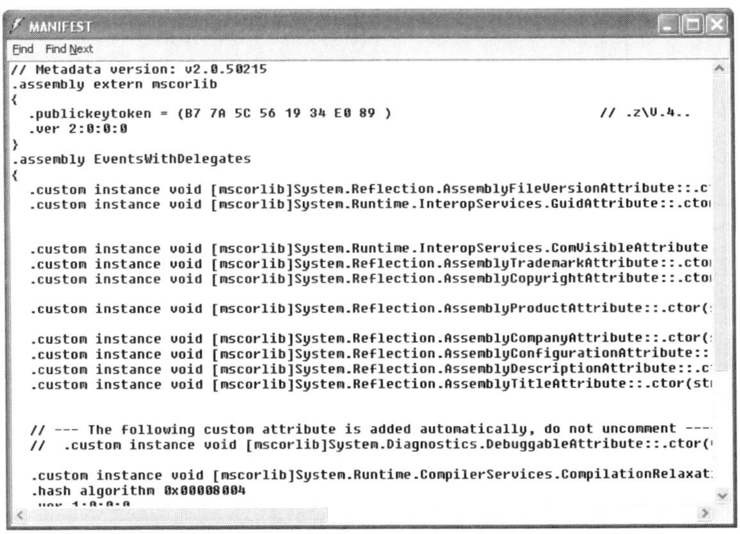

Abbildung 17-2: Das Manifest-Fenster

Multi-Modul-Assemblies

Assemblies können aus mehr als einem Modul bestehen; allerdings wird dies durch Visual Studio 2005 nicht unterstützt.

Eine Ein-Modul-Assembly besteht aus einer einzigen Datei, die eine EXE- oder eine DLL-Datei sein kann. Dieses einzelne Modul enthält alle Typen und Implementierungen der Anwendung. Das Assembly-Manifest ist in dem Modul mit enthalten.

Jedes Modul hat sein eigenes Manifest, das vom Manifest der Assembly getrennt ist. Im Modul-Manifest sind alle Assemblies aufgeführt, die von diesem speziellen Modul referenziert werden. Wenn das Modul irgendwelche Datentypen deklariert, sind auch diese zusammen mit dem Code zur Implementierung der Module aufgeführt. Außerdem kann ein Modul Ressourcen enthalten, zum Beispiel die von diesem Modul benötigten Abbildungen.

Eine Multi-Modul-Assembly beinhaltet mehrere Dateien (keine oder eine EXE- und keine oder mehrere DLL-Dateien; allerdings muss mindestens eine EXE- oder eine DLL-Datei vorhanden sein). In diesem Fall kann sich das Manifest in einer gesonderten Datei befinden oder in einem der Module eingebettet sein. Wenn die Assembly referenziert wird, lädt die Laufzeitumgebung zunächst die Datei, die das Manifest enthält, und danach bei Bedarf die benötigten Module.

Eine Multi-Modul-Assembly erstellen

Um die Verwendung von Multi-Modul-Assemblies zu demonstrieren, werden wir für das folgende Beispiel einige sehr einfache Module erstellen und diese zu einer Assembly zusammensetzen. Das erste Modul ist eine Klasse namens `Fraction`, mit der man einfache Brüche erzeugen und manipulieren kann. Beispiel 17-1 zeigt diese Klasse.

Beispiel 17-1: Die Klasse Fraction

```
#region Using directives

using System;
using System.Collections.Generic;
using System.Text;

#endregion

namespace ProgCS
{
   public class Fraction
   {
      private int numerator;
      private int denominator;

      public Fraction( int numerator, int denominator )
      {
         this.numerator = numerator;
         this.denominator = denominator;
      }

      public Fraction Add( Fraction rhs )
      {
         if ( rhs.denominator != this.denominator )
         {
            return new Fraction(
                rhs.denominator * numerator +
                rhs.numerator * denominator,
                denominator * rhs.denominator);
         }
```

Beispiel 17-1: Die Klasse Fraction (Fortsetzung)

```
            return new Fraction(
                this.numerator + rhs.numerator,
                    this.denominator );
        }

        public override string ToString()
        {
            return numerator + "/" + denominator;
        }
    }
}
```

Beachten Sie, dass sich die Klasse Fraction im Namensraum ProgCS befindet. Der vollständige Name der Klasse ist demgemäß ProgCS.Fraction.

Der Konstruktor von Fraction übernimmt zwei Werte: den numerator (Zähler) und den denominator (Nenner). Außerdem gibt es eine Methode Add( ), der man einen zweiten Bruch übergibt und die dann die Summe zurückgibt, wobei vorausgesetzt wird, dass beide den gleichen Nenner haben. Die Klasse ist ziemlich simpel, enthält aber die für dieses Beispiel notwendige Funktionalität.

Die zweite Klasse ist MyCalc und soll einen robusten Taschenrechner darstellen. Beispiel 17-2 zeigt ihren Code.

Beispiel 17-2: Der Rechner

```
#region Using directives

using System;
using System.Collections.Generic;
using System.Text;

#endregion

namespace ProgCS
{
    public class MyCalc
    {
        public int Add(int val1, int val2)
        {
            return val1 + val2;
        }
        public int Mult(int val1, int val2)
        {
            return val1 * val2;
        }
    }
}
```

Um die Dinge einfach zu halten, ist auch MyCalc ist eine stark verkürzte Klasse. Beachten Sie, dass sich diese ebenfalls im Namensraum ProgCS befindet.

Dies genügt, um eine Assembly zu erzeugen. Verwenden Sie eine *AssemblyInfo.cs*-Datei, um die Assembly um einige Metadaten zu ergänzen. Die Verwendung von Metadaten wird in Kapitel 18 behandelt.

> Sie können Ihre eigene *AssemblyInfo.cs*-Datei schreiben, aber der einfachere Weg besteht darin, sie von Visual Studio automatisch generieren zu lassen.

Visual Studio erzeugt nur Ein-Modul-Assemblies. Multi-Module-Ressourcen können Sie mit der Befehlszeilen-Option `/addModules` hinzufügen. Am einfachsten kompiliert und bindet man Multi-Modul-Assemblies mit einer Make-Datei, die Sie mit Notepad oder einem beliebigen anderen Texteditor erstellen können.

> Wenn Sie mit Make-Dateien nicht vertraut sind, ist das in diesem Fall kein Problem. Dies ist das einzige Beispiel, in dem ein `makefile` benötigt wird, und zwar um die derzeitige Beschränkung von Visual Studio zu umgehen, dass nur Ein-Modul-Assemblies erzeugt werden können. Gegebenenfalls können Sie das `makefile` einfach wie angegeben verwenden, ohne jede Zeile vollständig zu verstehen. Weitere Informationen finden Sie in *GNU make* (O'Reilly Verlag).

Beispiel 17-3 zeigt das komplette `makefile` (das unmittelbar danach detailliert beschrieben wird). Um dieses Beispiel laufen zu lassen, legen Sie die Datei (unter dem Namen *makefile*) in ein Verzeichnis, in dem sich auch jeweils eine Kopie von *Calc.cs*, *Fraction.cs* und *AssemblyInfo.cs* befindet. Öffnen Sie ein .NET-Befehlszeilenfenster und wechseln Sie mit `cd` in dieses Verzeichnis. Rufen Sie `nmake` ohne jeden Befehlsschalter auf. Danach finden Sie die *MySharedAssembly.dll* im Unterverzeichnis *\bin*.

Beispiel 17-3: Komplette Make-Datei für eine Multi-Modul-Assembly

```
ASSEMBLY= MySharedAssembly.dll

BIN=.\bin
SRC=.
DEST=.\bin

CSC=csc /nologo /debug+ /d:DEBUG /d:TRACE

MODULETARGET=/t:module
LIBTARGET=/t:library
EXETARGET=/t:exe

REFERENCES=System.dll

MODULES=$(DEST)\Fraction.dll $(DEST)\Calc.dll
METADATA=$(SRC)\AssemblyInfo.cs

all: $(DEST)\MySharedAssembly.dll
```

Beispiel 17-3: Komplette Make-Datei für eine Multi-Modul-Assembly (Fortsetzung)

```
# Die Assembly-Metadaten kommen in dasselbe Modul wie das Manifest
$(DEST)\$(ASSEMBLY): $(METADATA) $(MODULES) $(DEST)
    $(CSC) $(LIBTARGET) /addmodule:$(MODULES: =;) /out:$@ %s

# Füge das Modul Calc.dll in die Liste der Abhängigkeiten ein
$(DEST)\Calc.dll: Calc.cs $(DEST)
    $(CSC) $(MODULETARGET) /r:$(REFERENCES: =;) /out:$@ %s

# Füge Fraction hinzu
$(DEST)\Fraction.dll: Fraction.cs $(DEST)
    $(CSC) $(MODULETARGET) /r:$(REFERENCES: =;) /out:$@ %s

$(DEST)::
!if !EXISTS($(DEST))
        mkdir $(DEST)
!endif
```

Die Make-Datei beginnt mit einer Definition der zu erstellenden Assembly:

```
ASSEMBLY= MySharedAssembly.dll
```

Dann werden die verwendeten Verzeichnisse definiert. Dabei soll das Ergebnis in das Verzeichnis `bin` unterhalb des aktuellen Verzeichnisses platziert und das Quellprogramm aus dem aktuellen Verzeichnis selbst gelesen werden:

```
SRC=.
DEST=.\bin
```

Die Assembly wird folgendermaßen gebunden:

```
$(DEST)\$(ASSEMBLY): $(METADATA) $(MODULES) $(DEST)
    $(CSC) $(LIBTARGET) /addmodule:$(MODULES: =;) /out:$@ %s
```

Damit wird die Assembly (*MySharedAssembly.dll*) in das Zielverzeichnis (`bin`) geschrieben. Die Zeile teilt *nmake* (dem Programm, das die Make-Datei ausführt) mit, dass das Erstellungsziel `$(DEST)\$(ASSEMBLY)` von den drei anderen hier aufgeführten Erstellungszielen abhängt, und enthält die Befehlszeile für den Zusammenbau der Assembly.

Die Metadaten wurden zuvor wie folgt definiert:

```
METADATA=$(SRC)\AssemblyInfo.cs
```

Die Module sind als zwei DLLs definiert:

```
MODULES=$(DEST)\Fraction.dll $(DEST)\Calc.dll
```

Die Kompilierzeile bindet die Bibliothek und fügt die Module hinzu, wobei das Ergebnis in die Datei *MySharedAssembly.dll* geschrieben wird:

```
$(DEST)\$(ASSEMBLY): $(METADATA) $(MODULES) $(DEST)
    $(CSC) $(LIBTARGET) /addmodule:$(MODULES: =;) /out:$@ %s
```

Um dies zu ermöglichen, muss `nmake` wissen, wie die Module erzeugt werden. Teilen Sie zunächst `nmake` mit, wie *Calc.dll* erzeugt wird. Dazu benötigen Sie die Quelldatei *Calc.cs*; geben Sie die Befehlszeile zum Erstellen der DLL an:

```
$(DEST)\Calc.dll: Calc.cs $(DEST)
    $(CSC) $(MODULETARGET) /r:$(REFERENCES: =;) /out:$@ %s
```

Wiederholen Sie dies für *Fraction.dll*:

```
$(DEST)\Fraction.dll: Fraction.cs $(DEST)
    $(CSC) $(MODULETARGET) /r:$(REFERENCES: =;) /out:$@ %s
```

Nachdem Sie nmake mit dieser Make-Datei gestartet haben, entstehen als Ergebnis drei DLLs: *Fraction.dll*, *Calc.dll* und *MySharedAssembly.dll*. Wenn Sie *MySharedAssembly.dll* mit ILDasm öffnen, stellen Sie fest, dass die Datei nichts weiter als ein Manifest enthält, wie Abbildung 17-3 zeigt.

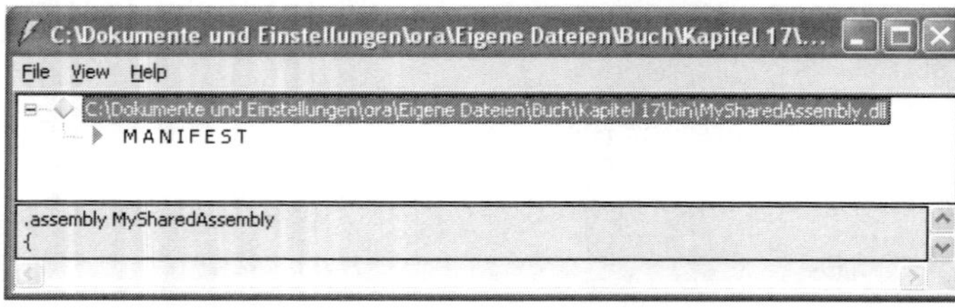

Abbildung 17-3: MySharedAssembly.dll

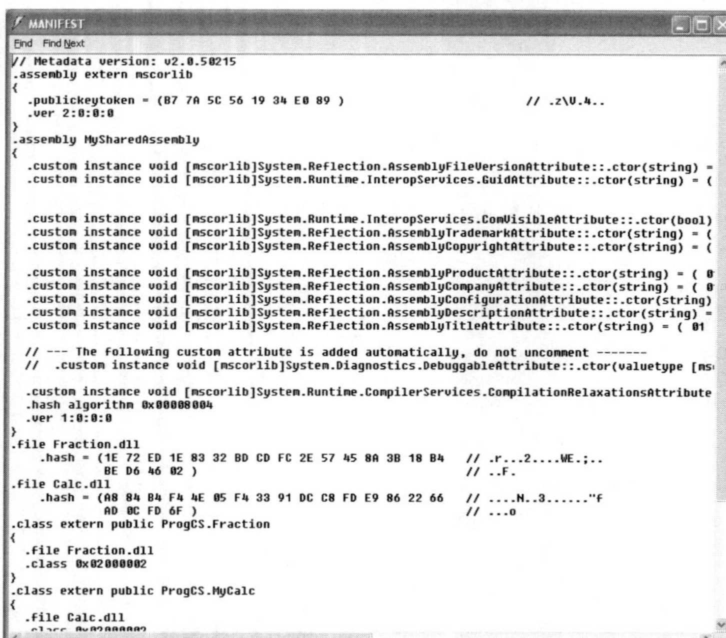

Abbildung 17-4: Das Manifest der MySharedAssembly.dll

Sehen Sie sich jetzt das Manifest näher an, finden Sie die Metadaten zu den Bibliotheken, die Sie erzeugt haben, wie in Abbildung 17-4 zu sehen ist.

Als Erstes sehen Sie die externe Assembly der Basisbibliothek (`mscorlib`), der die zwei Module `ProgCS.Fraction` und `ProgCS.myCalc` folgen.

Sie haben nun eine Assembly, die aus drei DLL-Dateien besteht: *MySharedAssembly.dll* mit dem Manifest sowie *Calc.dll* und *Fraction.dll* mit den benötigten Typen und Implementierungen.

Die Assembly testen

Zum Testen dieser Module benötigen Sie ein Treiberprogramm, wie es in Beispiel 17-4 zu sehen ist. Speichern Sie das Programm als *Test.cs* im selben Verzeichnis wie die anderen Module.

Beispiel 17-4: Ein Treiber für den Modultest

```
namespace ProgrammierenMitCSharp
{
    using System;

    public class Test
    {
        // Main allein lädt die mitgenutzte Assembly nicht
        static void Main( )
        {
            Test t = new Test( );
            t.UseCS( );
            t.UseFraction( );

        }

        // Dieser Aufruf lädt die Assembly myCalc sowie auch
        // die Assembly mySharedAssembly
        public void UseCS( )
        {
            ProgCS.myCalc calc = new ProgCS.myCalc( );
            Console.WriteLine("3+5 = {0}\n3*5 = {1}",
                calc.Add(3,5), calc.Mult(3,5));
        }

        // Dieser Aufruf fügt die Assembly Fraction hinzu
        public void UseFraction( )
        {
            ProgCS.Fraction frac1 = new ProgCS.Fraction(3,5);
            ProgCS.Fraction frac2 = new ProgCS.Fraction(1,5);
            ProgCS.Fraction frac3 = frac1.Add(frac2);
            Console.WriteLine("{0} + {1} = {2}",
                frac1, frac2, frac3);
        }
    }
}
```

Beispiel 17-4: Ein Treiber für den Modultest (Fortsetzung)

```
Ausgabe:
3+5 = 8
3*5 = 15
3/5 + 1/5 = 4/5
```

Für den Zweck dieses Beispiels ist es wichtig, dass `Main( )` keinen Code enthält, der von Ihren Modulen abhängt. Sie wollen nicht, dass die Module bereits beim Start von `Main( )` geladen werden, daher gibt es in `Main( )` keine `Fraction`- oder `Calc`-Objekte. Sie werden feststellen, dass die Module erst beim Aufruf von `UseFraction` und `UseCalc` einzeln geladen werden.

Die Assembly laden

Eine Assembly wird vom `AssemblyResolver` durch einen Prozess namens *Probing* (Sondierung) in die zugehörige Anwendung geladen. Der Assembly-Resolver wird vom .NET Framework automatisch angestoßen und nicht explizit aufgerufen. Seine Aufgabe ist es, das Programm zu laden.

> Die zuvor erstellten drei DLLs müssen sich in dem Verzeichnis befinden, in dem Beispiel 17-4 ausgeführt wird, oder in einem Unterverzeichnis davon, das im binpath aufgeführt ist (in der benutzerdefinierten Liste von Unterverzeichnissen zu dem in der Anwendungs-Konfigurationsdatei aufgeführten Wurzelverzeichnis).

Setzen Sie einen Haltepunkt auf die zweite Zeile von `Main()`, wie Abbildung 17-5 zeigt.

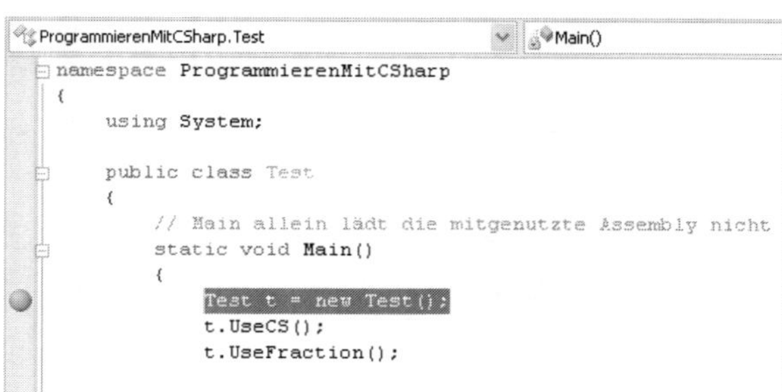

Abbildung 17-5: Ein Haltepunkt in Main()

Lassen Sie das Programm bis zum Haltepunkt laufen und öffnen Sie das Fenster mit den Modulen. Wie Abbildung 17-6 zeigt, sind jetzt nur zwei von unseren Modulen geladen.

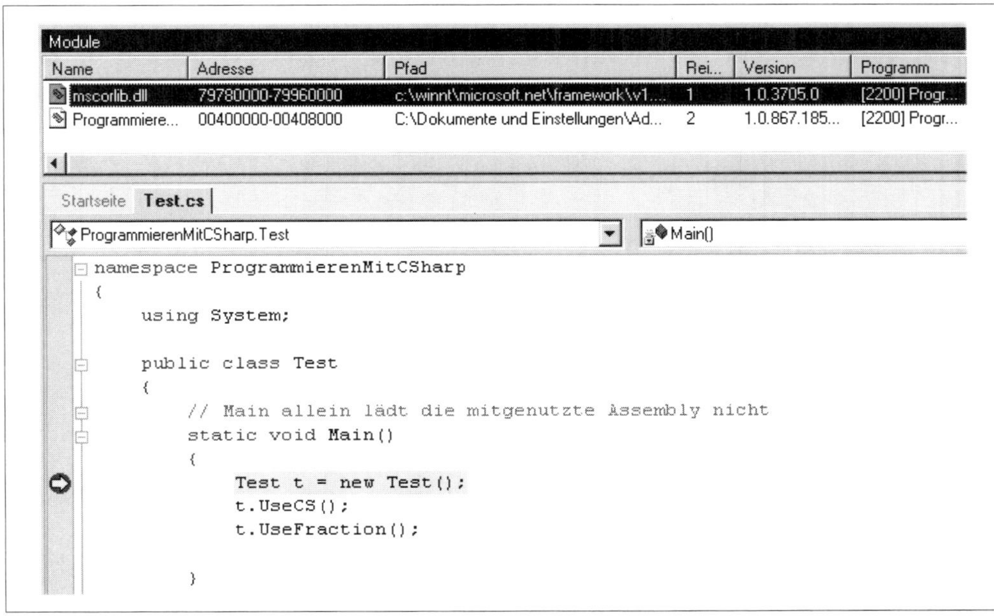

Abbildung 17-6: Nur zwei Module sind geladen

> Wenn Sie *Test.cs* nicht als Teil einer Lösung in Visual Studio .NET entwickelt haben, fügen Sie den Aufruf `System.Diagnostics.Debugger.Launch( )` unmittelbar vor der zweiten Zeile in `Main()` ein. Dann können Sie wählen, welchen Debugger Sie verwenden. (Denken Sie daran, *Test.cs* mit den Optionen `options/debug` und `/r:MySharedAssembly.dll` zu kompilieren.)

Gehen Sie nun in den ersten Methodenaufruf und beobachten Sie dabei das Modulfenster. Sobald Sie in `UseCS` eintreten, bemerkt der `AssemblyLoader`, dass ein Modul aus *MySharedAssembly.dll* benötigt wird. Die DLL wird geladen, und der `AssemblyLoader` entnimmt dem Manifest der Assembly, dass er die *Calc.dll* benötigt, die nun ebenfalls geladen wird, wie Abbildung 17-7 zeigt.

Wenn Sie in `Fraction` hineingehen, wird die letzte DLL geladen.

Private Assemblies

Es gibt zwei Formen von Assemblies: *Private* und *Shared*. Private Assemblies sind nur für die Verwendung in einer einzigen Anwendung gedacht, Shared Assemblies dagegen sind für die gemeinsame Nutzung durch mehrere Anwendungen vorgesehen.

Alle Assemblies, die Sie bisher erstellt haben, sind privat. Standardmäßg wird beim Kompilieren einer C#-Anwendung eine Private Assembly erzeugt. Die Dateien einer Private Assembly werden alle im selben Verzeichnis abgelegt (oder in einem Baum von Unterver-

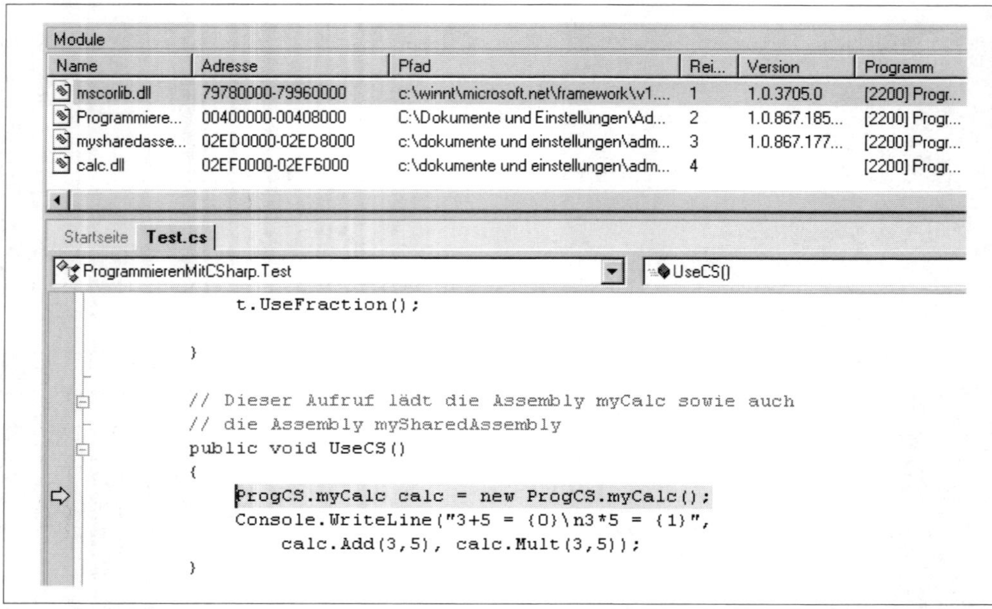

Abbildung 17-7: Bei Bedarf geladene Module

zeichnissen). Dieser Verzeichnisbaum ist vom Rest des Systems isoliert, da ausschließlich die eigene Anwendung von ihm abhängig ist. Und Sie können die Anwendung einfach auf einen anderen Rechner verlegen, indem Sie nur das Verzeichnis mit seinen Unterverzeichnissen dorthin kopieren.

Für eine Private Assembly können Sie sich einen beliebigen Namen ausdenken. Es spielt keine Rolle, ob dieser Name mit Assemblies einer anderen Anwendung in Konflikt steht; die Namen sind lokal bezüglich einer einzigen Anwendung.

In der Vergangenheit installierte man DLLs auf dem Rechner und nahm (bei COM-DLLs) Einträge in der Windows-Registry vor. Es war schwierig, die Verseuchung der Registry mit überflüssigem Programm-Müll zu vermeiden, und die Neuinstallation des Programms auf einem anderen Rechner war keineswegs eine triviale Aufgabe. Bei Assemblies ist dies alles kein Problem mehr. Mit Hilfe einer Private Assembly ist das Installieren nichts weiter als das Kopieren der Dateien in das richtige Verzeichnis (was man als *Xcopy-Deployment* bezeichnet). Das war's.

Shared Assemblies

Sie können auch Assemblies erstellen, die von anderen Anwendungen gemeinsam genutzt werden. Dies kann sinnvoll sein, wenn Sie ein generisches Steuerelement oder eine Klasse geschrieben haben, die von anderen Anwendungen mitbenutzt werden soll. Wenn Sie Ihre Assembly für die gemeinsame Nutzung einrichten wollen, muss diese einigen strengen Anforderungen genügen.

Als Erstes muss Ihre Assembly einen *Strong Name* (»starken« Namen) haben. Ein Strong Name ist immer weltweit eindeutig.

> Niemand anders kann denselben Strong Name generieren wie Sie, denn eine mit einem privaten Schlüssel generierte Assembly hat garantiert einen anderen Namen hat als jede mit einem anderen privaten Schlüssel generierte.

Dazu muss Ihre Shared Assembly dagegen geschützt sein, von neuen Versionen überschrieben zu werden; jede neue Version, die Sie freigeben, muss also eine neue Versionsnummer haben.

Schließlich muss sich Ihre Assembly, damit sie gemeinsam genutzt werden kann, im *Global Assembly Cache (GAC;* »Gäck« ausgesprochen) befinden. Dies ist ein Bereich im Dateisystem, der von der CLR für die Aufnahme von gemeinsam genutzten Assemblies vorgesehen ist.

Das Ende der DLL-Hölle

Assemblies markieren das Ende der DLL-Hölle. Erinnern Sie sich an folgendes Szenario: Sie installieren die Anwendung A auf Ihrem Rechner, und diese kopiert eine Anzahl von DLLs in Ihr Windows-Verzeichnis. Einige Monate lang funktioniert das Programm hervorragend. Dann installieren Sie auf Ihrem Rechner die Anwendung B, und plötzlich, ganz unerwartet, läuft Anwendung A nicht mehr, obwohl Anwendung A in keiner Weise mit Anwendung B zusammenhängt. Was ist geschehen? Wie Sie später feststellen, hat Anwendung B eine DLL überschrieben, die von Anwendung A benötigt wird, und darüber ist Anwendung A blind und ahnungslos ins Stolpern geraten.

Als die DLLs erfunden wurden, stand Festplattenkapazität hoch im Kurs, deshalb schien es eine gute Idee zu sein, DLLs mehrfach zu verwenden. Der Theorie nach sollten DLLs immer abwärtskompatibel sein, so dass ein automatisches Upgrade zu einer neueren DLL problemlos und sicher vonstatten gehen konnte. Aber schon mein alter Boss Pat Johnson pflegte zu sagen: »In der Theorie sind Theorie und Praxis dasselbe. Aber in der Praxis ist dies niemals der Fall.«

Nach der Installation einer neuen DLL auf dem Computer war die alte Anwendung, die sich bis dahin glücklich und zufrieden in einer anderen Ecke Ihres Rechners um ihre eigenen Angelegenheiten gekümmert hatte, plötzlich mit einer DLL verlinkt, die sich nicht kompatibel zu ihren Erwartungen verhielt; damit war sie unversehens zum Tode verurteilt. Dieses Phänomen hat bereits dazu geführt, dass Kunden berechtigterweise misstrauisch gegenüber der Installation von neuer Software wurden oder sogar gegenüber der Aktualisierung vorhandener Programme, und es ist einer der Gründe dafür, dass Windows-Rechner als instabil angesehen werden. Mit Assemblies wird dieser ganze Alptraum verschwinden.

Versionierung

Shared Assemblies werden in .NET durch ihren Namen und ihre Version einheitlich identifiziert. Der GAC ermöglicht das Nebeneinander von Versionen, so dass sich auf einem Rechner gleichzeitig die ältere Version einer Assembly und eine neuere Version befinden können.

> Ein Nebeneinander verschiedener Versionen ist nur bei Elementen im GAC möglich. Private Assemblies benötigen diese Möglichkeit nicht und besitzen sie auch nicht.

Die Versionsnummer einer Assembly sieht zum Beispiel so aus: `1:0:2204:21` (vier Zahlen, die durch Doppelpunkte voneinander getrennt sind). Die ersten beiden Zahlen (`1:0`) bezeichnen die Haupt- und die Unterversion (*major* und *minor version*). Die dritte Zahl (`2204`) ist die Build-Nummer, und die vierte (`21`) bezeichnet die Revision.

Wenn zwei Assemblies unterschiedliche Haupt- oder Unterversionsnummern haben, werden sie konventionsgemäß als inkompatibel angesehen. Haben sie verschiedene Build-Nummern, können sie kompatibel sein oder auch nicht, und wenn sie verschiedene Revisionsnummern haben, gelten sie als *definitiv* miteinander kompatibel. In der Theorie funktioniert dies prima, aber leider ignoriert der CLR Assemby Resolver diese Konvention, die daher nur zur Erinnerung der Entwickler geeignet ist; während der Laufzeit wird ihre Beachtung nicht erzwungen.

Strong Names

Wenn Sie Shared Assemblies einsetzen möchten, müssen Sie die folgenden zwei Anforderungen erfüllen:

- Die zu ladende Assembly muss sich exakt bezeichnen lassen.
- Sie müssen sicherstellen, dass an der Assembly nichts verändert worden ist. Die geladene Assembly muss diejenige sein, die vom tatsächlichen Ersteller der Assembly autorisiert worden ist. Zu diesem Zweck benötigt Ihre Assembly beim Erstellen eine digitale Signatur.

Beide Anforderungen werden mit Hilfe von *Strong Names* erfüllt. Strong Names müssen global eindeutig sein und zur Verschlüsselung öffentliche Schlüssel verwenden. Ein Strong Name besteht aus einer Reihe von Hexadezimalziffern, die nicht dafür vorgesehen ist, von Menschen gelesen zu werden.

Um einen Strong Name zu erzeugen, wird für eine oder mehrere Assemblies ein Schlüsselpaar mit einem öffentlichen und einem privaten Schlüssel generiert. Dann wird aus dem Namen und den in der Assembly enthaltenen Dateien ein Hash gebildet. Dieser Hash wird mit dem privaten Schlüssel für die Assembly verschlüsselt, und der *Public Key Token* (ein 8-Byte-Hash des vollständigen Schlüssels) wird zusammen mit dem öffentlichen Schlüssel in das Manifest geschrieben. Diesen Vorgang bezeichnet man als *Unterschreiben der Assembly*.

Verschlüsselung mit öffentlichen Schlüsseln

Strong Names basieren auf der Verschlüsselung mit öffentlichen Schlüsseln. Das Wesentliche an dieser Technologie besteht darin: Sie erzeugen zwei Schlüssel. Daten, die mit dem ersten Schlüssel verschlüsselt sind, können nur mit dem zweiten entschlüsselt werden, und mit dem zweiten Schlüssel verschlüsselte nur mit dem ersten.

Geben Sie den ersten Schlüssel als *öffentlichen Schlüssel*, den jeder besitzen kann, weiter und behalten Sie den zweiten Schlüssel als *privaten Schlüssel*, auf den niemand außer Ihnen Zugriff hat.

Das reziproke Verhältnis zwischen den beiden Schlüsseln ermöglicht es jedem, Daten mit Ihrem öffentlichen Schlüssel zu verschlüsseln, so dass nur Sie diese mit Ihrem privaten Schlüssel entschlüsseln können. Niemand außer Ihnen hat Zugriff auf die Daten, sobald sie verschlüsselt sind, auch nicht die Person, die sie verschlüsselt hat.

Umgekehrt können Sie Daten mit Ihrem privaten Schlüssel verschlüsseln, die dann jedermann mit Ihrem öffentlichen Schlüssel entschlüsseln kann. Ihre Daten sind dann zwar frei verfügbar, aber es ist sichergestellt, dass sie nur von Ihnen erstellt worden sein können. Dies nennt man eine *digitale Signatur*.

Wenn eine Anwendung eine Assembly lädt, decodiert die CLR mit Hilfe des öffentlichen Schlüssels den Hash der zur Assembly gehörenden Dateien, um sicherzustellen, dass diese nicht verändert worden sind. Gleichzeitig werden dadurch Namenskonflikte verhindert.

Sie können ein Schlüsselpaar mit dem Hilfsprogramm `sn` erzeugen:

```
sn -k c:\myStrongName.key
```

Das Flag `-k` gibt an, dass ein neues Schlüsselpaar in die angegebene Datei geschrieben werden soll. Sie können der Datei einen beliebigen Namen geben. Erinnern Sie sich, dass ein Schlüssel eine für Menschen schwer lesbare Kette von Bytes ist.

Mit Hilfe eines Attributs können Sie dieses Schlüsselpaar mit Ihrer Assembly verknüpfen:

```
using System.Runtime.CompilerServices;
[assembly: AssemblyKeyFile("c:\\myStrongName.key")]
```

Attribute werden detailliert in Kapitel 18 behandelt. Jetzt genügt es, die Programmzeilen oben in Ihre Datei einzutragen, um das von Ihnen generierte Schlüsselpaar mit der Assembly zu verknüpfen.

Der Global Assembly Cache

Nachdem Sie Ihren Strong Name erzeugt und ihn mit Ihrer Assembly verbunden haben, muss die Assembly nur noch in den GAC platziert werden. Dies können Sie mit dem Hilfsprogramm `gacutil` erledigen:

```
gacutil /i MySharedAssembly.dll
```

Sie können auch den Windows-Explorer öffnen und Ihre Assembly in den GAC ziehen. Um sich den GAC anzusehen, öffnen Sie den Windows-Explorer und navigieren zu *%SystemRoot%\assembly*; dann verwandelt sich der Explorer in die GAC-Utility.

Eine Shared Assembly erstellen

Am besten lernt man Shared Assemblies kennen, indem man eine erstellt. Wir kehren zum vorherigen Multi-Modul-Projekt zurück (siehe Beispiele 17-1 bis 17-4) und gehen in das Verzeichnis, das die Dateien *Calc.cs* und *Fraction.cs* enthält.

Führen Sie das folgende Experiment durch: Gehen Sie in das Verzeichnis *bin* des Treiberprogramms und stellen Sie sicher, dass es keine lokalen Kopien der DLL-Dateien zur `MySharedAssembly` gibt.

> Bei der angegebenen Assembly (`MySharedAssembly`) sollte die Eigenschaft `CopyLocal` auf `false` gesetzt sein.

Starten Sie das Programm. Es sollte gleich mit einer Exception abbrechen, die besagt, dass die Assembly nicht geladen werden kann:

```
Unhandled Exception: System.IO.FileNotFoundException: File or assembly name
MySharedAssembly, or one of its dependencies, was not found.
File name: "MySharedAssembly"
   at ProgrammierenMitCSharp.Test.UseCS( )
   at ProgrammierenMitCSharp.Test.Main( )
```

Kopieren Sie nun die DLLs in den Verzeichnisbaum Ihres Treiberprogramms und starten Sie es erneut. Diesmal werden Sie feststellen, dass es korrekt läuft.

Nun wollen wir aus der `MySharedAssembly` eine Shared Assembly machen. Dazu gehören zwei Schritte. Zuerst erzeugen wir einen Strong Name für die Assembly, und dann platzieren wir die Assembly in den GAC (natürlich steht es Ihnen frei, die mit einem Strong Name versehene Assembly einfach durch Xcopy-Deployment zu verteilen, wenn es Ihnen lieber ist).

Schritt 1: Einen Strong Name erzeugen

Erstellen Sie ein Schlüsselpaar, indem Sie das Befehlsfenster öffnen und Folgendes eingeben:

```
sn -k keyFile.snk
```

Öffnen Sie nun die Datei *AssemblyInfo.cs* im Projekt für die *MySharedAssembly.dll* und modifizieren Sie die Zeile

```
[assembly: AssemblyKeyFile("")]
```

folgendermaßen:

```
[assembly: AssemblyKeyFile(".\\keyFile.snk")]
```

Damit wird die Schlüsseldatei für die Assembly festgelegt. Erstellen Sie die Assembly erneut mit derselben Make-Datei wie zuvor, öffnen Sie die dadurch entstandene DLL mit

ILDasm und öffnen Sie das Manifest. Nun sollten Sie einen öffentlichen Schlüssel vorfinden, wie in Abbildung 17-8 zu sehen ist.

```
.publickey = (00 24 00 00 04 80 00 00 94 00 00 00 06 02 00 00   // .$..............
              00 24 00 00 52 53 41 31 00 04 00 00 01 00 01 00   // .$..RSA1........
              11 13 95 3C 41 19 2B 41 28 29 E8 AF DE 8C A2 04   // ...<A.+A()......
              88 22 BD 4F A9 E1 F5 57 2C 2D E2 43 CF C3 68 4E   // .".O...W,-.C..hN
              F7 C7 72 E8 55 94 85 11 EA 66 30 F6 D4 22 DB 0D   // ..r.U....f0.."..
              6E D6 A6 0D 6D 58 28 10 E9 75 D8 BF CC 82 2A EB   // n...mX(..u....*.
              04 19 D5 C1 86 B0 CF D5 CB E6 5C 58 43 08 0D E9   // ..........\XC...
              20 8F 9B DC 29 AC 46 A3 CD 7A 87 3C F8 92 7A 84   //  ...).F..z.<..z.
              E3 47 84 AD 56 73 3E 0D AD 1D C0 A2 FA 15 14 A3   // .G..Vs>.........
              88 17 01 AC F3 A3 7A F8 59 BC 3A 16 CB AB 34 C5 ) // ......z.Y.:...4.
```

Abbildung 17-8: Das Manifest der MySharedAssembly.dll

Durch das Hinzufügen des Strong Name haben Sie die Assembly signiert (ihre genauen Werte sind dabei abweichend). Um zu illustrieren, dass die Namen im GAC und in der Referenz im Client-Manifest übereinstimmen, können Sie den Strong Name aus der DLL auslesen. Dazu gehen Sie in das Verzeichnis mit der DLL und geben in der Kommandozeile Folgendes ein:

```
sn -T MySharedAssembly.dll
```

> Beachten Sie, dass sn zwischen Groß- und Kleinschreibung unterscheidet. Schreiben Sie also nicht sn -t.

Die Antwort sollte ungefähr so aussehen:

```
Public key token is 01fad8e0f0941a4d
```

Dieser Wert ist eine abgekürzte Version des öffentlichen Schlüssels der Assembly, die als *Public-Key-Token* bezeichnet wird.

Entfernen Sie die DLLs aus der Verzeichnisstruktur des Testprogramms und lassen Sie diese erneut laufen. Auch jetzt sollte es eine Fehlermeldung geben. Zwar haben Sie jetzt der Assembly einen Strong Name verliehen, aber diese ist noch nicht im GAC registriert.

Schritt 2: Die Shared Assembly in den GAC legen

Der nächste Schritt besteht darin, die Bibliothek in den GAC zu legen. Dazu öffnen Sie ein Explorer-Fenster und gehen zum Verzeichnis *%SystemRoot%*. Wenn Sie auf das Unterverzeichnis *Assembly* doppelklicken, verwandelt sich der Explorer in einen GAC-Viewer.

Sie können die Dateien in den GAC-Viewer ziehen; Sie können aber auch dieses Befehlszeilen-Hilfsprogramm aufrufen:

```
Gacutil /i mySharedAssembly.dll
```

Um den Kreis zu schließen, könnten Sie prüfen, ob Ihre Assembly in den GAC geladen worden ist und der im GAC-Viewer angezeigte Public Key Token mit dem von sn erhaltenen Wert übereinstimmt:

```
Public key token is 01fad8e0f0941a4d
```

Abbildung 17-9 illustriert dies.

Assembly Name	Version	Culture	Public Key Token
Microsoft.StdFormat	7.0.3300.0		b03f5f7f11d50a3a
Microsoft.VisualBasic	8.0.1200.0		b03f5f7f11d50a3a
Microsoft.VisualBasic.Compatibility	8.0.1200.0		b03f5f7f11d50a3a
Microsoft.VisualBasic.Compatibility.Data	8.0.1200.0		b03f5f7f11d50a3a
Microsoft.VisualBasic.Vsa	8.0.1200.0		b03f5f7f11d50a3a
Microsoft.VisualC	8.0.1200.0		b03f5f7f11d50a3a
Microsoft.VisualC.ApplicationVerifier	1.0.0.0		b03f5f7f11d50a3a
Microsoft.VisualC.VSCodeParser	8.0.1200.0		b03f5f7f11d50a3a
Microsoft.VisualC.VSCodeProvider	8.0.1200.0		b03f5f7f11d50a3a
Microsoft.VisualStudio	2.0.3600.0		b03f5f7f11d50a3a
Microsoft.VisualStudio.CommandBars	8.0.0.0		b03f5f7f11d50a3a
Microsoft.VisualStudio.Configuration	2.0.3600.0		b03f5f7f11d50a3a

Abbildung 17-9: Der GAC

Jetzt haben Sie eine Shared Assembly, die von jedem Client aufgerufen werden kann. Aktualisieren Sie den Client, indem Sie ihn neu binden, und sehen Sie sich das Manifest an, wie es in Abbildung 17-10 dargestellt ist.

```
.assembly extern MySharedAssembly
{
  .publickeytoken = (A5 92 9F 01 02 E0 C4 73 )
  .ver 1:0:535:29377
}
```

Abbildung 17-10: Das Manifest

Dort wird jetzt eine `MySharedAssembly` als externe Assembly aufgeführt, und deren öffentlicher Schlüssel stimmt mit dem im GAC angezeigten Wert überein. Sehr schön; nun sollten wir das Ganze ausprobieren.

Schließen Sie ILDasm und starten Sie das Programm. Es sollte jetzt einwandfrei funktionieren, obwohl sich keine DLLs für diese Bibliothek in seinem unmittelbaren Pfad befinden. Damit haben Sie Ihre erste Shared Assembly erstellt und ausgeführt.

Weitere benötigte Assemblies

Das Assembly-Manifest enthält auch Verweise auf andere Assemblies. Jeder dieser Verweise enthält den Namen der anderen Assembly, die Versionsnummer und die benötigte Culture sowie optional den Public Key Token der anderen Assembly (eine digitale Signatur).

Culture ist ein String, der die Sprache und die nationalen Darstellungscharakteristiken der Person repräsentiert, die Ihr Programm benutzt. Beispielsweise ist es die Culture, die festlegt, ob Datumswerte im Format Monat/Tag/Jahr oder im Format Tag/Monat/Jahr angezeigt werden.

KAPITEL 18

Attribute und Reflection

An verschiedenen Stellen in diesem Buch habe ich schon darauf hingewiesen, dass eine .NET-Anwendung sowohl Code als auch Daten und Metadaten enthält. *Metadaten* sind Informationen über Daten – also Informationen über die Typen, den Code, die Assembly und so weiter –, die zusammen mit dem Programm gespeichert werden. Dieses Kapitel handelt davon, wie ein Teil dieser Metadaten erzeugt und benutzt wird.

Attribute stellen einen Mechanismus dar, mit dem Metadaten wie Compiler-Anweisungen und andere Daten über Ihre Daten, Methoden und Klassen zu dem Programm selbst hinzugefügt werden. Attribute werden in die Metadaten eingefügt und können mit ILDasm und anderen Tools zum Lesen von Metadaten sichtbar gemacht werden.

Bei *Reflection* handelt es sich um den Vorgang, durch den ein Programm seine eigenen Metadaten oder die Metadaten eines anderen Programms lesen kann. Man nennt ein Programm reflektierend bezüglich sich selbst oder einem anderen Programm, wenn es Metadaten aus der reflektierten Assembly ausliest und diese dazu verwendet, den Benutzer zu informieren oder das Verhalten des Programms zu modifizieren.

Attribute

Ein *Attribut* ist ein Objekt, das Daten repräsentiert, die mit einem Element des Programms verknüpft sind. Das Element, dem ein Attribut zugeordnet ist, wird als *Ziel* dieses Attributs bezeichnet. Beispielsweise wird das Attribut

```
[NoIDispatch]
```

mit einer Klasse oder einem Interface assoziiert, um anzuzeigen, dass die Zielklasse von `IUnknown` an Stelle von `IDispatch` abgeleitet werden soll, wenn sie nach COM exportiert wird. Die Programmierung von COM-Schnittstellen wird in Kapitel 22 detailliert behandelt.

In Kapitel 17 haben Sie bereits das folgende Attribut gesehen:

```
[assembly: AssemblyKeyFile("c:\\myStrongName.key")]
```

Dadurch werden Metadaten in die Assembly eingefügt, die den Strong Name des Programms bezeichnen.[1]

Attribute der CLR und des Frameworks

Manche Attribute sind Teil der CLR oder des Frameworks. Darüber hinaus können Sie benutzerdefinierte Attribute für Ihre eigenen Zwecke anlegen.

Die meisten Programmierer verwenden nur die vom Framework vorgesehenen Attribute. Aber wie wir später in diesem Kapitel sehen werden, können benutzerdefinierte Attribute ein leistungsfähiges Hilfsmittel im Zusammenhang mit Reflection sein.

Attributziele

Wenn Sie einmal die CLR durchgehen, finden Sie eine große Zahl von Attributen. Manche von ihnen werden auf Assemblies angewendet, andere auf Klassen oder Interfaces, und manche, wie `[WebMethod]`, werden auf Klassen-Member angewendet. Dies alles sind *Attributziele*. Die möglichen Attribute sind in der Enumeration `AttributeTargets` deklariert, deren Details in Tabelle 18-1 aufgeführt sind.

Tabelle 18-1: Mögliche Attributziele

Attribut	Verwendung
`All`	Wird auf jedes der folgenden Attributziele angewendet: Assembly, Klasse, Konstruktor, Delegate, Enum, Event, Feld, Interface, Methode, Modul, Parameter, Eigenschaft, Rückgabewert und Struct.
`Assembly`	Wird auf die Assembly selbst angewendet.
`Class`	Wird auf eine Klasse angewendet.
`Constructor`	Wird auf einen bestimmten Konstruktor angewendet.
`Delegate`	Wird auf ein Delegate angewendet.
`Enum`	Wird auf eine Enumeration angewendet.
`Event`	Wird auf ein Event angewendet.
`Field`	Wird auf ein Feld angewendet.
`Interface`	Wird auf ein Interface angewendet.
`Method`	Wird auf eine Methode angewendet.
`Module`	Wird auf ein einzelnes Modul angewendet.
`Parameter`	Wird auf den Parameter einer Methode angewendet.
`Property`	Wird auf eine Eigenschaft (sowohl `get` als auch `set`, wenn implementiert) angewendet.
`ReturnValue`	Wird auf einen Rückgabewert angewendet.
`Struct`	Wird auf ein Struct angewendet.

1 Tatsächlich bewirkt das Attribut `assembly` mehr als nur das Einfügen von Metadaten. Der C#-Compiler achtet auf dieses spezielle Attribut (wie auch auf verschiedene andere) und verhält sich bei seinem Auftreten in einer besonderen Weise. In diesem Fall liest er die Schlüsseldatei und signiert mit ihr die Assembly. Typischerweise sind Attribute allerdings nur statische Metadaten, die in die Assembly eingetragen werden.

Attribute anwenden

Um ein Attribut auf ein Zielelement anzuwenden, fügen Sie es in eckigen Klammern unmittelbar davor ein (mit Ausnahme von Assemblies, bei denen Sie das Attribut an den Anfang der Datei platzieren).

Sie können Attribute kombinieren, indem Sie sie einzeln nacheinander aufführen:

```
[assembly: AssemblyDelaySign(false)]
[assembly: AssemblyKeyFile(".\\keyFile.snk")]
```

Das Gleiche erreichen Sie dadurch, dass Sie die Attribute durch Kommata trennen:

```
[assembly: AssemblyDelaySign(false),
   assembly: AssemblyKeyFile(".\\keyFile.snk")]
```

Assembly-Attribute müssen sich hinter allen `using`-Anweisungen und vor irgendwelchem Code befinden.

Viele Attribute werden für die Zusammenarbeit mit COM verwendet; diese werden in Kapitel 22 detailliert behandelt. Die Verwendung eines Attributs (`[WebMethod]`) wurde bereits in Kapitel 16 besprochen. Weitere Attribute, zum Beispiel `[Serializable]`, werden Sie im Zusammenhang mit der Serialisierung in Kapitel 19 kennen lernen.

Der Namensraum `System.Reflection` bietet eine Reihe von Attributen, darunter solche für Assemblies (wie `AssemblyKeyFileAttribute`), für die Konfiguration und für die Versionierung.

Eines der Attribute, das Sie bei ihrer alltäglichen C#-Programmierung am häufigsten einsetzen werden (sofern Sie nicht mit COM interagieren), ist `[Serializable]`. Wie Sie in Kapitel 19 sehen werden, müssen Sie nichts weiter tun, als eine Klasse mit dem Attribut `[Serializable]` zu kennzeichnen, damit sie auf der Platte oder für das Internet serialisiert werden kann:

```
[Serializable]
class MeineSerialisierbareKlasse
```

Das Attribut-Tag wird in eckigen Klammern unmittelbar vor seinem Ziel eingefügt – in diesem Fall vor der Klassendeklaration.

Entscheidend bei Attributen ist, dass Sie wissen, wann Sie sie benötigen – die jeweilige Aufgabe entscheidet über ihren Einsatz.

Benutzerdefinierte Attribute

Es steht Ihnen frei, eigene Attribute zu erfinden und sie zur Laufzeit einzusetzen, wo es Ihnen angebracht erscheint. Angenommen, Ihr Entwicklungsteam möchte Fehlerkorrekturen verfolgen. Dazu haben Sie bereits eine Datenbank mit allen Bugs, aber Sie würden gern die Fehlerberichte mit den entsprechenden Korrekturen im Code verknüpfen.

Zu diesem Zweck können Sie zum Beispiel Kommentarzeilen einfügen:

```
// Bug 323 erledigt von Jesse Liberty 1.1.2005.
```

Dies ist zwar im Quellcode gut zu finden, aber es gibt keine auswertbare Verknüpfung mit dem in der Datenbank gespeicherten Bug 323. In diesem Fall ist ein benutzerdefiniertes Attribut genau das, was Sie suchen. Ersetzen Sie beispielsweise einfach den Kommentar durch das Folgende:

```
[BugFixAttribute(323,"Jesse Liberty","1.1.2005",
Comment="Offset-Fehler")]
```

Nun können Sie ein Programm schreiben, das die Metadaten nach solchen Anmerkungen zu Fehlerkorrekturen durchsucht und die Datenbank aktualisiert. Das Attribut dient hier weiterhin als Kommentar, ermöglicht Ihnen aber gleichzeitig, die enthaltenen Informationen durch selbst geschriebene Werkzeuge auszulesen.

> Das Beispiel wird Ihnen allerdings vielleicht etwas künstlich vorkommen, denn diese Attribute würden in den auszuliefernden Code hineinkompiliert werden.

Ein Attribut deklarieren

Attribute werden, wie es bei C# fast immer der Fall ist, durch Klassen verkörpert. Sie erzeugen ein benutzerdefiniertes Attribut, indem Sie eine neue Klasse von `System.Attribute` ableiten:

```
public class BugFixAttribute : System.Attribute
```

Sie müssen dem Compiler mitteilen, bei welcher Art von Elementen das neue Attribut verwendet werden kann (das Ziel des Attributs). Legen Sie dies durch ein Attribut fest (wie sonst?):

```
[AttributeUsage(AttributeTargets.Class |
    AttributeTargets.Constructor |
    AttributeTargets.Field |
    AttributeTargets.Method |
    AttributeTargets.Property,
    AllowMultiple = true)]
```

`AttributeUsage` ist ein Attribut, das auf Attribute angewendet wird, also ein *Meta-Attribut*. Gewissermaßen ermöglicht es die Erfassung von Meta-Metadaten – also von Daten über Metadaten. Sie übergeben dem Attributkonstruktor `AttributeUsage` zwei Argumente. Das erste ist eine Gruppe von Flags zur Kennzeichnung des Attributziels – in diesem Fall die Klasse und deren Konstruktoren, Felder, Methoden und Eigenschaften. Das zweite Argument ist ein Flag, das angibt, ob einem einzelnen Element mehr als ein solches Attribut zugeordnet werden kann. In diesem Beispiel wird `AllowMultiple` auf `true` gesetzt; somit kann einem Klassen-Member also mehr als ein `BugFixAttribute` zugeordnet werden.

Ein Attribut benennen

Das neue benutzerdefinierte Attribut in diesem Beispiel hat den Namen `BugFixAttribute`. Der Konvention entsprechend wird das Wort `Attribute` an den Attributnamen gehängt. Der Compiler unterstützt dies dadurch, dass Sie das Attribut mit der abgekürzten Version des Namens aufrufen können. Sie können also auch schreiben:

```
[BugFix(123, "Jesse Liberty", "01/01/05", Comment="Offset-Fehler")]
```

Der Compiler sucht erst nach einem Attribut mit dem Namen `BugFix` und dann, wenn er dieses nicht findet, nach einem `BugFixAttribute`.

Ein Attribut anlegen

Attribute übernehmen zwei Arten von Parametern: *positionsbezogene* und *benannte*. Bei dem `BugFix`-Beispiel sind der Name des Programmierers, die Fehlernummer (`bugID`) und das Datum Positionsparameter, während `comment` ein benannter Parameter ist. Positionsparameter werden durch den Konstruktor übergeben und müssen in der Reihenfolge aufgeführt werden, in der sie im Konstruktor deklariert sind:

```
public BugFixAttribute(int bugID, string programmer,
string date)
{
    this.bugID = bugID;
    this.programmer = programmer;
    this.date = date;
}
```

Dagegen werden benannte Parameter als Felder oder Eigenschaften implementiert:

```
public string Comment
{
     get
     {
         return comment;
     }
     set
     {
         comment = value;
     }
}
```

Üblicherweise werden für die Positionsparameter Eigenschaften verwendet, die nur gelesen werden können:

```
public int BugID
{
     get
     {
         return bugID;
     }
}
```

Ein Attribut anwenden

Nachdem das Attribut definiert ist, können Sie es anwenden, indem Sie es unmittelbar vor dem Zielelement einfügen. Um das `BugFixAttribute` aus dem vorangehenden Beispiel zu testen, erzeugt das folgende Programm eine einfache Klasse namens `MyMath` mit zwei Funktionen. Ordnen Sie der Klasse das `BugFixAttribute` zu, um die Historie der Programmpflege zu protokollieren:

```
[BugFixAttribute(121,"Jesse Liberty","01.03.05")]
[BugFixAttribute(107,"Jesse Liberty","01.04.05",
   Comment="Offset-Fehler korrigiert")]
public class MyMath
```

Diese Attribute werden mit den Metadaten gespeichert. Beispiel 18-1 zeigt das komplette Programm.

Beispiel 18-1: Mit benutzerdefinierten Attributen arbeiten

```
#region Using directives

using System;
using System.Collections.Generic;
using System.Text;

#endregion

namespace CustomAttributes
{
   // Benutzerdefinierte Attribute für Klassen-Member anlegen
   [AttributeUsage(AttributeTargets.Class |
       AttributeTargets.Constructor |
       AttributeTargets.Field |
       AttributeTargets.Method |
       AttributeTargets.Property,
       AllowMultiple = true)]
   public class BugFixAttribute : System.Attribute
   {

      // Private Member-Daten
      private int     bugID;
      private string  comment;
      private string  date;
      private string  programmer;

      // Attributkonstruktor für positionsbezogene
      // Parameter
      public BugFixAttribute
         (int bugID,
         string programmer,
         string date)
      {
         this.bugID = bugID;
         this.programmer = programmer;
         this.date = date;
```

Beispiel 18-1: Mit benutzerdefinierten Attributen arbeiten (Fortsetzung)

```
      }

      // Zugriffsmethode
      public int BugID
      {
         get
         {
            return bugID;
         }
      }

      // Eigenschaft für benannten Parameter
      public string Comment
      {
         get
         {
            return comment;
         }
         set
         {
            comment = value;
         }
      }

      // Zugriffsmethode
      public string Date
      {
         get
         {
            return date;
         }
      }

      // Zugriffsmethode
      public string Programmer
      {
         get
         {
            return programmer;
         }
      }
   }


   // ********* Das Attribut einer Klasse zuordnen ********

   [BugFixAttribute(121,"Jesse Liberty","01.03.05")]
   [BugFixAttribute(107,"Jesse Liberty","01.04.05",
      Comment="Offset-Fehler korrigiert")]
   public class MyMath
   {
```

Beispiel 18-1: Mit benutzerdefinierten Attributen arbeiten (Fortsetzung)

```
      public double DoFunc1(double param1)
      {
         return param1 + DoFunc2(param1);
      }

      public double DoFunc2(double param1)
      {
         return param1 / 3;
      }
   }

   public class Tester
   {
      public static void Main( )
      {
         MyMath mm = new MyMath( );
         Console.WriteLine("Aufruf DoFunc(7). Ergebnis: {0}",
            mm.DoFunc1(7));
      }
   }
}
```

```
Ausgabe:
Aufruf DoFunc(7). Ergebnis: 9.3333333333333333
```

Wie Sie sehen, haben die Attribute keinerlei Auswirkungen auf das Ergebnis. Bislang haben Sie nur mein Wort dafür, dass die Attribute überhaupt existieren, aber ein kurzer Blick in die Metadaten mit Hilfe von ILDasm verrät, dass die Attribute an Ort und Stelle sind, wie in Abbildung 18-1 zu sehen. Wie Sie diese Metadaten auslesen und in Ihrem Programm verwenden können, erfahren Sie im nächsten Abschnitt.

Reflection

Um die in den Metadaten enthaltenen Attribute nutzen zu können, müssen Sie – idealerweise während der Laufzeit – auf sie zugreifen können. Die Klassen im Namensraum `Reflection` bieten Ihnen zusammen mit der `System.Type`-Klasse die nötige Unterstützung, um mit den Metadaten interagieren zu können.

Reflection wird im Allgemeinen für einen der folgenden vier Zwecke eingesetzt:

Betrachtung von Metadaten
: Diese Möglichkeit wird von Werkzeugen und Hilfsprogrammen verwendet, die Metadaten sichtbar machen wollen.

Erkundung von Typen
: Dies ermöglicht Ihnen, die Typen einer Assembly zu untersuchen und mit diesen Typen zu interagieren oder sie zu instantiieren. Dies kann beim Erstellen maßgeschneiderter Skripten hilfreich sein. Beispielsweise können Sie es Ihren Anwendern

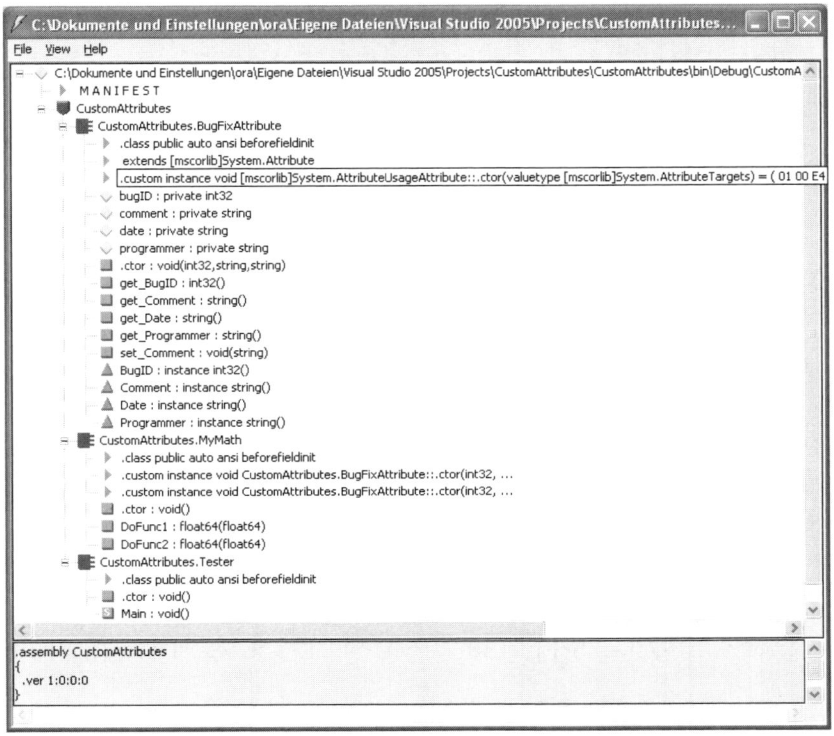

Abbildung 18-1: Die Metadaten in der Assembly

ermöglichen, über eine Skriptsprache wie JavaScript (oder auch eine Skriptsprache, die Sie selbst erfunden haben) mit Ihrem Programm zu interagieren.

Spätes Binden von Methoden und Eigenschaften
: Damit können Programmierer Eigenschaften und Methoden an Objekten aufrufen, die mittels Typerkundung instantiiert worden sind. Dies wird auch als *dynamisches Aufrufen* bezeichnet.

Erzeugung von Typen zur Laufzeit (Reflection-Emit)
: Die letzte Verwendung von Reflection dient dazu, neue Typen zur Laufzeit zu definieren und sie zur Ausführung bestimmter Aufgaben zu verwenden. Dies ist sinnvoll, wenn eine zur Laufzeit erzeugte Klasse deutlich schneller läuft als eine durch generischen Code zur Compile-Zeit erzeugte.

Metadaten betrachten

In diesem Abschnitt verwenden wir Reflection in C#, um die Metadaten der Klasse `MyMath` auszulesen.

Beginnen Sie, indem Sie ein Objekt des Typs `MemberInfo` instantiieren. Dieses Objekt im `System.Reflection`-Namensraum dient dazu, die Attribute eines Member auszulesen und einen Zugriff auf die Metadaten zu ermöglichen:

```
System.Reflection.MemberInfo inf = typeof(MyMath);
```

Wenden Sie dabei den `typeof`-Operator auf den Typ `MyMath` an. Er erzeugt ein Objekt vom Typ `Type`, der von `MemberInfo` abgeleitet ist.

> Die `Type`-Klasse stellt das Herz der Reflection-Klassen dar. `Type` kapselt die Repräsentation eines Objekttyps. Diese Klasse bietet die wichtigste Möglichkeit für den Zugriff auf Metadaten. `Type` ist von `MemberInfo` abgeleitet und kapselt Informationen über die Member einer Klasse (d.h. Methode, Eigenschaften, Felder, Events usw.).

Im nächsten Schritt rufen Sie die Methode `GetCustomAttributes` dieses `MemberInfo`-Objekts auf, wobei Sie den Typ des gewünschten Attributs übergeben. Sie erhalten ein Array von Objekten zurück, von denen jedes vom Typ `BugFixAttribute` ist:

```
object[] attributes;
attributes =
   inf.GetCustomAttributes(typeof(BugFixAttribute),false);
```

Nun können Sie das Array in einer Schleife durchlaufen und die Eigenschaften des `BugFixAttribute`-Objekts ausgeben. Beispiel 18-2 ersetzt die Klasse `Tester` aus Beispiel 18-1.

Beispiel 18-2: Reflection anwenden

```
public static void Main( )
{
    MyMath mm = new MyMath( );
    Console.WriteLine("Aufruf DoFunc(7). Ergebnis: {0}",
        mm.DoFunc1(7));

    // Hol die Member-Informationen und verwende sie
    // zum Auslesen der benutzerdefinierten Attribute
    System.Reflection.MemberInfo inf = typeof(MyMath);
    object[] attributes;
    attributes =
       inf.GetCustomAttributes(
            typeof(BugFixAttribute), false);

    // Durchlaufe in einer Schleife die Attribute und
    // lies die Eigenschaften aus
    foreach(Object attribute in attributes)
    {
        BugFixAttribute bfa = (BugFixAttribute) attribute;
        Console.WriteLine("\nFehler-ID: {0}", bfa.BugID);
        Console.WriteLine("Programmierer: {0}", bfa.Programmer);
        Console.WriteLine("Datum: {0}", bfa.Date);
        Console.WriteLine("Kommentar: {0}", bfa.Comment);
    }
}
```

Beispiel 18-2: Reflection anwenden (Fortsetzung)

```
Ausgabe:
Aufruf DoFunc(7). Ergebnis: 9.3333333333333333

BugID: 121
Programmer: Jesse Liberty
Date: 01/03/05
Comment:

Fehler-ID: 107
Programmierer: Jesse Liberty
Datum: 01.04.05
Kommentar: Offset-Fehler korrigiert
```

Wenn Sie die `Main()`-Funktion aus Beispiel 18-1 durch diese ersetzen und das Programm laufen lassen, können Sie sehen, dass die Metadaten erwartungsgemäß ausgegeben werden.

Typerkundung

Sie können Reflection dazu verwenden, den Inhalt einer Assembly zu erkunden und zu untersuchen. Dabei finden Sie die mit einem Modul verbundenen Typen, die mit einem Typ verbundenen Methoden, Felder, Eigenschaften und Events sowie die mit jeder der Methoden eines Typs verbundenen Signaturen und schließlich auch die Basisklasse des Typs.

Laden Sie zunächst eine Assembly dynamisch mit Hilfe der statischen Methode `Assembly.Load()`. Die Klasse `Assembly` kapselt die aktuelle Assembly selbst für Reflection-Zwecke. Eine Signatur der Methode `Load` ist:

```
public static Assembly.Load(AssemblyName)
```

Im nächsten Beispiel übergeben Sie der `Load`-Methode die Basis-Bibliothek. *MsCorLib.dll* enthält die Basisklassen des .NET Framework:

```
Assembly a = Assembly.Load("Mscorlib.dll");
```

Wenn eine Assembly geladen ist, erhalten Sie mit einem Aufruf von `GetTypes( )` ein Array von `Type`-Objekten. Das `Type`-Objekt ist das Herz von Reflection. `Type` repräsentiert Typdeklarationen (Klassen, Interfaces, Arrays, Werte und Enumerationen):

```
Type[] types = a.GetTypes( );
```

Die Assembly liefert ein Array von Typen, die Sie mit Hilfe einer `foreach`-Schleife darstellen können, wie es Beispiel 18-3 zeigt. Da dieses Beispiel die Klasse `Type` verwendet, müssen Sie eine `using`-Direktive für den Namensraum `System.Reflection` hinzufügen.

Beispiel 18-3: Reflexion über eine Assembly

```
#region Using directives

using System;
using System.Collections.Generic;
```

Beispiel 18-3: Reflexion über eine Assembly (Fortsetzung)

```
using System.Reflection;
using System.Text;

#endregion

namespace ReflectingAnAssembly
{
    public class Tester
    {
        public static void Main( )
        {
            // Was ist in der Assembly?
            Assembly a = Assembly.Load("Mscorlib");
            Type[] types = a.GetTypes( );
            foreach(Type t in types)
            {
                    Console.WriteLine("Der Typ ist {0}", t);
            }
            Console.WriteLine(
               "{0} Typen gefunden", types.Length);
        }
    }
}
```

Die Ausgabe dieses Programms würde mehrere Seiten füllen. Dies ist ein kurzer Auszug:

```
Der Typ ist System.Object
Der Typ ist ThisAssembly
Der Typ ist AssemblyRef
Der Typ ist System.ICloneable
Der Typ ist System.Collections.IEnumerable
Der Typ ist System.Collections.ICollection
Der Typ ist System.Collections.IList
Der Typ ist System.Array
2373 Typen gefunden
```

In diesem Beispiel wird ein Array mit Typen aus der Basisbibliothek ausgelesen und zeilenweise ausgegeben. Auf meinem Rechner enthielt das Array 2.373 Einträge.

In der Version 1.1 fand ich noch 1.426 Einträge auf meinem Rechner. Microsoft war nicht untätig!

Über einen Typ reflektieren

Sie können auch Informationen über einen einzelnen Typ in der `Mscorlib`-Assembly herausfinden. Um dies zu tun, extrahieren Sie den Typ mit der Methode `typeOf` oder `GetType( )` aus der Assembly, wie Beispiel 18-4 zeigt.

Beispiel 18-4: Reflexion über einen Typ

```
#region Using directives

using System;
using System.Collections.Generic;
using System.Reflection;
using System.Text;

#endregion

namespace ReflectingOnAType
{
    public class Tester
    {
        public static void Main( )
        {
            // Untersuche ein einzelnes Objekt
             Type theType =
                Type.GetType(
                   "System.Reflection.Assembly");
             Console.WriteLine(
                "\nDer einzelne Typ ist {0}\n", theType);
        }
    }
}

Ausgabe:
Der einzelne Typ ist System.Reflection.Assembly
```

Alle Member eines Typs ermitteln

Sie können den `Assembly`-Typ mit der `GetMembers( )`-Methode aus der Klasse `Type` nach allen seinen Member-Elementen fragen. Diese Methode führt alle Methoden, Eigenschaften und Felder auf, wie in Beispiel 18-5 zu sehen.

Beispiel 18-5: Reflexion über die Member eines Typs

```
#region Using directives

using System;
using System.Collections.Generic;
using System.Reflection;
using System.Text;

#endregion

namespace ReflectingOnMembersOfAType
{
   public class Tester
   {
      public static void Main( )
      {
         // Untersuche einen einzelnen Typ
```

Beispiel 18-5: Reflexion über die Member eines Typs (Fortsetzung)

```
            Type theType =
               Type.GetType(
                  "System.Reflection.Assembly");
            Console.WriteLine(
               "\nDer einzelne Typ ist {0}\n", theType);

            // Hole alle Member
            MemberInfo[] mbrInfoArray =
               theType.GetMembers( );
            foreach (MemberInfo mbrInfo in mbrInfoArray )
            {
               Console.WriteLine("{0} ist {1}",
                  mbrInfo, mbrInfo.MemberType);
            }
        }
    }
}
```

Auch hier ist die Ausgabe recht lang, aber Sie können darin Felder, Methoden, Konstruktoren und Eigenschaften finden, wie in diesem Ausschnitt zu sehen ist:

```
System.Type GetType(System.String, Boolean, Boolean) ist Method
System.Type[] GetExportedTypes() ist Method
System.Reflection.Module GetModule(System.String) ist Method
System.String get_FullName() ist Method
```

Methoden eines Typs ermitteln

Wir richten unser Augenmerk jetzt allein auf Methoden und lassen Felder, Eigenschaften usw. weg. Entfernen Sie deshalb den Aufruf von `GetMembers( )`:

```
MemberInfo[] mbrInfoArray =
    theType.GetMembers();
```

und fügen Sie stattdessen einen Aufruf von `GetMethods( )` hinzu:

```
mbrInfoArray = theType.GetMethods( );
```

Nun zeigt die Ausgabe allein die Methoden an:

```
Ausgabe (Ausschnitt):
Boolean Equals(System.Object) ist Method
System.String ToString( ) ist Method
System.String CreateQualifiedName(
      System.String, System.String) ist Method
Boolean get_GlobalAssemblyCache( ) ist Method
```

Einzelne Member eines Typs ermitteln

Um die Suche noch weiter einzugrenzen, können Sie mit der Methode `FindMembers` nach einzelnen Membern eines Typs suchen. Beispielsweise können Sie Ihre Suche auf Methoden beschränken, deren Name mit den Buchstaben `Get` beginnt.

Zur Eingrenzung der Suche verwenden Sie die Methode `FindMembers`, die vier Parameter hat.

`MemberTypes`
: Ein `MemberTypes`-Objekt, das den Typ der zu suchenden Member angibt. Dazu gehören `All`, `Constructor`, `Custom`, `Event`, `Field`, `Method`, `Nestedtype`, `Property` und `TypeInfo`. So verwenden Sie etwa `MemberTypes.Method`, um eine Methode zu finden.

`BindingFlags`
: Eine Enumeration, die festlegt, welche Art der Suche von Reflection durchgeführt werden soll. `BindingFlags` hat sehr viele Werte, darunter `IgnoreCase`, `Instance`, `Public`, `Static` und so weiter.

`MemberFilter`
: Ein Delegate (siehe Kapitel 12), das die Liste der Member im Objekt-Array `MemberInfo` filtert. Sie verwenden hier den `Type.FilterName`-Filter, ein Feld der Klasse `Type`, der den Namen filtert.

`Object`
: Ein String-Wert, der vom Filter verwendet wird. In diesem Fall übergeben Sie `Get*`, das mit allen Methoden übereinstimmt, deren Namen mit den Buchstaben `Get` beginnen.

Das komplette Listing des Programms, das nach diesen Methoden filtert, ist in Beispiel 18-6 zu sehen.

Beispiel 18-6: Einzelne Member herausfinden

```
#region Using directives

using System;
using System.Collections.Generic;
using System.Reflection;
using System.Text;

#endregion

namespace FindingParticularMembers
{
   public class Tester
   {
      public static void Main( )
      {
         // Untersuche ein einzelnes Objekt
         Type theType = Type.GetType(
            "System.Reflection.Assembly");

         // Nur Member, die Methoden sind und mit Get beginnen
         MemberInfo[] mbrInfoArray =
            theType.FindMembers(MemberTypes.Method,
               BindingFlags.Public |
               BindingFlags.Static |
               BindingFlags.NonPublic |
```

Beispiel 18-6: Einzelne Member herausfinden (Fortsetzung)

```
                BindingFlags.Instance |
                BindingFlags.DeclaredOnly,
                Type.FilterName, "Get*");
            foreach (MemberInfo mbrInfo in mbrInfoArray )
            {
                Console.WriteLine("{0} ist {1}",
                    mbrInfo, mbrInfo.MemberType);
            }
        }
    }
}
```

```
Ausgabe (Ausschnitt):
System.Type GetType(System.String, Boolean, Boolean) ist Method
System.Type[] GetExportedTypes() ist Method
System.Reflection.Module GetModule(System.String) ist Method
System.Reflection.AssemblyName[] GetReferencedAssemblies() ist Method
Int64 GetHostContext() ist Method
System.String GetLocation() ist Method
System.String GetFullName() ist Method
```

Spätes Binden

Nachdem Sie mit Hilfe von Reflection eine Methode gefunden haben, ist es auch möglich, sie über Reflection aufzurufen. Beispielsweise können Sie auf diese Weise die Methode `Cos()` von `System.Math` aufrufen, die den Kosinus eines Winkels berechnet.

> Sie können natürlich `Cos()` auch im normalen Ablauf Ihres Programmcodes aufrufen, aber Reflection ermöglicht es Ihnen, diese Methode zur Laufzeit zu binden. So etwas wird als *spätes Binden* bezeichnet; es bietet die Flexibilität, zur Laufzeit das Objekt zu wählen, das man einbinden möchte, und es programmgesteuert aufzurufen. Dies kann nützlich sein, wenn man ein benutzerdefiniertes Skript erzeugt, das Anwender laufen lassen können, oder wenn man mit Objekten arbeitet, die zur Compile-Zeit nicht verfügbar sind. Beispielsweise kann Ihr Programm mit einer Rechtschreibprüfung oder anderen Komponenten eines laufenden kommerziellen Textverarbeitungsprogramms wie Microsoft Word interagieren, indem es späte Bindung einsetzt.

Um `Cos()` aufzurufen, holen Sie zunächst die `Type`-Informationen der Klasse `System.Math`:

```
Type theMathType = Type.GetType("System.Math");
```

Mit Hilfe dieser Typinformationen können Sie eine Instanz einer Klasse laden, indem Sie eine statische Methode der `Activator`-Klasse verwenden. Da `Cos()` eine statische Methode ist, brauchen Sie jedoch keine Instanz von `System.Math` anzulegen (was ohnehin nicht möglich ist, da `System.Math` keinen öffentlichen Konstruktor hat).

Die Klasse `Activator` enthält vier Methoden, die alle statisch sind und die Sie dazu verwenden können, Objekte lokal oder remote zu erzeugen oder Referenzen auf vorhandene Objekte zu erhalten. Die vier Methoden sind die folgenden:

`CreateComInstanceFrom`
: Erzeugt Instanzen von COM-Objekten.

`CreateInstanceFrom`
: Erzeugt die Referenz auf ein Objekt anhand eines bestimmten Assembly- und Typnamens.

`GetObject`
: Wird beim Marshaling von Objekten verwenden. Marshaling wird in Kapitel 19 detailliert behandelt.

`CreateInstance`
: Erzeugt lokale oder entfernte Instanzen von Objekten, zum Beispiel:

```
Object theObj = Activator.CreateInstance(someType);
```

Wenn wir auf das `Cos( )`-Beispiel zurückkommen, haben Sie nun ein Objekt: ein `Type`-Objekt namens `theMathType`, das Sie durch den Aufruf von `GetType` erzeugt haben.

Bevor Sie eine Methode dieses Objekts aufrufen können, müssen Sie diese Methode vom `Type`-Objekt `theMathType` holen. Dazu rufen Sie `GetMethod( )` auf und übergeben die Signatur von `Cos`.

Wie Sie sich erinnern, besteht die Signatur aus dem Namen der Methode (`Cos`) und ihren Parametertypen. Im Fall von `Cos( )` gibt es nur einen Parameter: ein Double. Allerdings benötigt `Type.GetMethod` zwei Parameter. Der erste enthält den Namen der gesuchten Methode und der zweite die Parameter. Der Name wird als String übergeben und die Parameter als ein Array von `Type`-Objekten:

```
MethodInfo CosineInfo =
   theMathType.GetMethod("Cos",paramTypes);
```

Bevor Sie `GetMethod()` aufrufen können, müssen Sie das Array vorbereiten:

```
Type[] paramTypes = new Type[1];
paramTypes[0]= Type.GetType("System.Double");
```

Diese Programmzeilen deklarieren das Array aus `Type`-Objekten und füllen dessen erstes Element (`paramTypes[0]`) mit einem Objekt, das einen Double-Wert repräsentiert. Sie erhalten den Typ, der einem Double-Wert entspricht, indem Sie die statische Methode `Type.GetType( )` aufrufen und den String `"System.Double"` übergeben.

Nun haben Sie ein Objekt vom Typ `MethodInfo`, bei dem Sie die Methode aufrufen können. Dazu übergeben Sie das Objekt, dessen Methode Sie aufrufen möchten, und wiederum in einem Array die aktuellen Parameterwerte. Da dies eine statische Methode ist, übergeben Sie `theMathType`. (Wenn `Cos( )` eine Instanzmethode wäre, würden Sie `theObj` an Stelle von `theMathType` verwenden.)

```
Object[] parameters = new Object[1];
parameters[0] = 45 * (Math.PI/180); // 45 Grad als Radiant
Object returnVal = CosineInfo.Invoke(theMathType,parameters);
```

Beachten Sie, dass Sie zwei Arrays erzeugt haben. Das erste, paramTypes, enthält die Typen der Parameter. Das zweite, parameters, enthält die tatsächlichen Werte. Wenn die Methode zwei Argumente hätte, würden Sie die Arrays so deklarieren, dass sie jeweils zwei Werte enthalten. Hätte die Methode gar keinen Parameter, können Sie die Arrays immer noch deklarieren, aber mit der Länge null!

```
Type[] paramTypes = new Type[0];
```

So seltsam dies auch aussieht, es ist doch korrekt.

Beispiel 18-7 zeigt den dynamischen Aufruf der Cos( )-Methode.

Beispiel 18-7: Dynamischer Aufruf einer Methode

```
#region Using directives

using System;
using System.Collections.Generic;
using System.Reflection;
using System.Text;

#endregion

namespace DynamicallyInvokingAMethod
{
   public class Tester
   {
      public static void Main( )
      {
         Type theMathType = Type.GetType("System.Math");
         // Da System.Math keinen öffentlichen Konstruktor hat,
         // würden folgende Zeilen eine Exception hervorrufen
         //Object theObj =
         //   Activator.CreateInstance(theMathType);

         // Array mit einem Element
         Type[] paramTypes = new Type[1];
         paramTypes[0]= Type.GetType("System.Double");

         // Hole Methoden-Info für Cos( )
         MethodInfo CosineInfo =
            theMathType.GetMethod("Cos",paramTypes);

         // Fülle ein Array mit Parameterwerten
         Object[] parameters = new Object[1];
         parameters[0] = 45 * (Math.PI/180); // 45 Grad als Radiant
         Object returnVal =
            CosineInfo.Invoke(theMathType,parameters);
         Console.WriteLine(
            "Der Kosinus eines Winkels von 45 Grad ist {0}",
            returnVal);
```

Beispiel 18-7: Dynamischer Aufruf einer Methode (Fortsetzung)

```
        }
    }
}
```

```
Ausgabe:
Der Kosinus eines Winkels von 45 Grad ist 0.707106781186548
```

Das ist eine Menge Arbeit, nur um eine einzige Methode aufzurufen. Das Besondere daran ist aber, dass Sie mit Reflection eine Assembly auf dem Rechner des Benutzers erkunden, die verfügbaren Methoden abfragen und eine dieser Member-Methoden dynamisch aufrufen können.

KAPITEL 19

Marshaling und Remoting

Die Tage der integrierten Anwendungen, die gänzlich in einem einzelnen Prozess auf einem einzelnen Rechner laufen, sind gezählt, wenn nicht schon abgelaufen. Die heutigen Programme bestehen aus komplexen Komponenten, die in verschiedenen, oft auch über das Netzwerk verteilten Prozessen laufen. Das Web hat verteilte Anwendungen in einer Weise ermöglicht, die noch vor wenigen Jahren undenkbar erschien, und nun geht der Trend in Richtung einer Verteilung der Verantwortlichkeiten.

Ein zweiter Trend geht dahin, die Geschäftslogik auf großen Servern zu zentralisieren. Diese Trends mögen widersprüchlich erscheinen, doch sie sind in Wirklichkeit synergetisch: Geschäftsobjekte werden zentralisiert, während zugleich die Benutzeroberfläche und sogar ein Teil der Middleware verteilt werden.

Im Endeffekt müssen Objekte miteinander über eine Distanz hinweg kommunizieren können. Objekte, die auf einem Server laufen, der die Web-Benutzeroberfläche versorgt, müssen mit Geschäftsobjekten auf den zentralen Servern der Firmenhauptquartiere interagieren.

Wenn ein Objekt über eine Grenze transferiert wird, bezeichnet man dies als *Marshaling by value* (Übertragung in Form von Werten). In einer Anwendung bestehen Grenzen auf verschiedenen Abstraktionsebenen. Am offensichtlichsten ist die Grenze zwischen Objekten, die auf verschiedenen Rechnern laufen.

Objekte müssen in einem als *Marshaling* bezeichneten Vorgang auf das Remoting vorbereitet werden. Marshaling kann auch innerhalb eines einzelnen Rechners notwendig sein, um Objekte über Kontexte, App-Domains oder Prozessgrenzen hinweg zu verschieben.

Unter einem *Prozess* ist im Wesentlichen eine laufende Anwendung zu verstehen. Wenn ein Objekt in einer Textverarbeitung mit einem Objekt in einer Tabellenkalkulation interagieren soll, muss es eine Kommunikation über Prozessgrenzen hinweg geben.

Prozesse werden in *Application-Domains* (auch als »App-Domains« bezeichnet) gegliedert; diese werden wiederum in verschiedene *Kontexte* unterteilt. App-Domains verhalten sich wie leichtgewichtige Prozesse, und Kontexte bilden Grenzen, durch die Objekte mit ähnlichen Regeln gruppiert werden können. Bisweilen erstreckt sich das Marshaling zugleich über Kontext- und App-Domain-Grenzen oder auch zugleich über Prozess- und Rechnergrenzen hinweg.

Wenn ein Objekt durch Marshaling by value übertragen wird, scheint es durch die Leitung von einem Computer zu einem anderen gesendet zu werden – fast wie Captain Kirk, der auf die Oberfläche eines Planeten einige Meilen unterhalb der Umlaufbahn der USS Enterprise gebeamt wird.

In Star Trek wird Kirk tatsächlich zum Planeten geschickt, bei .NET ist dies nur eine Illusion. Wenn Sie sich gerade auf der Oberfläche des Planeten befinden, glauben Sie vielleicht, mit dem wirklichen Kirk zu sprechen, aber in Wahrheit unterhalten Sie sich nicht mit Kirk, sondern mit einem Proxy, also einem Hologramm mit der Aufgabe, Ihre Mitteilung aufzunehmen und zur Enterprise hochzubeamen, wo sie dem wirklichen Kirk übergeben wird.

Zwischen Ihnen und Kirk befindet sich eine Reihe von *Sinks* (Datensenken). Dies sind Objekte mit der Aufgabe, die Einhaltung bestimmter Regeln zu überwachen. Sollte Kirk beispielsweise versuchen, Ihnen etwas zu erzählen, das die Entwicklung Ihrer Zivilisation beeinflussen könnte, wird die »Oberste-Direktive«-Sink die Übertragung verweigern.

Wenn der wirkliche Kirk antwortet, durchläuft seine Nachricht ebenfalls verschiedene Sinks, bis sie zum Proxy gelangt, der sie Ihnen letztlich mitteilt. Ihnen erscheint dies, als sei Kirk tatsächlich da, aber in Wirklichkeit schleicht er hinter Ihnen herum, um Ihre schändlichen Pläne zu durchkreuzen. Leider stellt sich heraus, dass es Mr. Sulu war, der das Hologramm die ganze Zeit steuert. Vielleicht haben Sie ja in der nächsten Folge mehr Glück.

Die eigentliche Übertragung Ihrer Nachricht wird von einem *Kanal* (Channel) durchgeführt. Dessen Aufgabe besteht darin zu wissen, wie eine Nachricht von der Enterprise zum Planeten transferiert wird. Der Kanal arbeitet mit einem *Formatierer*. Der Formatierer stellt sicher, dass die Nachricht das richtige Format hat. Vielleicht sprechen Sie nur Vulkanisch, und der arme Captain beherrscht diese Sprache nicht. Der Formatierer ist in der Lage, Ihre Nachricht in Föderations-Standard zu übersetzen und Kirks Antwort aus Föderations-Standard zurück ins Vulkanische. Es hat den Anschein, als sprächen Sie miteinander, aber erst der Formatierer (im Star Trek-Universum bekannt als *Universal-Translator*) ermöglicht die Kommunikation unbemerkt.

Dieses Kapitel zeigt Ihnen, wie Sie Objekte über verschiedene Grenzen hinweg transferieren werden können und wie Proxies und Stubs die Illusion erzeugen, Ihr Objekt würde durch das Netzwerkkabel gezwängt, bis es auf einem anderen Rechner im selben Büro oder irgendwo auf der Welt wieder erscheint. Außerdem erläutert dieses Kapitel die Rolle von Formatierern, Kanälen und Sinks und zeigt, wie Sie diese Konzepte in Ihren Programmen anwenden können.

Application-Domains

Im Wesentlichen ist ein *Prozess* ist nichts weiter als eine laufende Anwendung. Jede .NET-Anwendung läuft in ihrem eigenen Prozess. Wenn Sie gleichzeitig Word, Excel und Visual Studio geöffnet haben, laufen drei Prozesse. Öffnen Sie Outlook, startet ein zusätzlicher Prozess. Jeder Prozess besteht aus einer oder mehreren *Application-Domains* (Anwendungsdomänen, kurz *App-Domains*). Eine App-Domain verhält sich wie ein Prozess, verbraucht aber weniger Ressourcen.

App-Domains können unabhängig voneinander gestartet und beendet werden; sie sind sicher, leichtgewichtig und vielseitig. App-Domains können eine Anwendung fehlertolerant machen – wenn Sie ein Objekt in einer zweiten App-Domain starten und es stürzt ab, kann es zwar seine App-Domain mit sich reißen, aber nicht das gesamte Programm. Sie können sich vorstellen, dass Webserver App-Domains verwenden, um Progammcode von Benutzern laufen zu lassen; wenn es dabei Probleme gibt, kann trotzdem der Webserver den Betrieb aufrechterhalten.

Eine App-Domain wird durch eine Instanz der Klasse `AppDomain` gekapselt, die eine Reihe von Methoden und Eigenschaften zur Verfügung stellt. Einige der wichtigsten sind in Tabelle 19-1 zusammengestellt.

Tabelle 19-1: Methoden und Eigenschaften der Klasse AppDomain

Methode oder Eigenschaft	Details
`CurrentDomain`	Öffentliche statische Eigenschaft, die die aktuelle Application-Domain des laufenden Thread zurückgibt.
`CreateDomain()`	Überladene öffentliche statische Methode, die eine neue Application-Domain erzeugt.
`GetCurrentThreadID()`	Öffentliche statische Methode, die den aktuellen Thread-Identifier zurückgibt.
`Unload()`	Öffentliche statische Methode, die die angegebene App-Domain entfernt.
`FriendlyName`	Öffentliche Eigenschaft, die den Friendly-Name dieser App-Domain zurückgibt.
`DefineDynamicAssembly()`	Überladene öffentliche Methode, die in der aktuellen App-Domain eine dynamische Assembly definiert.
`ExecuteAssembly()`	Öffentliche Methode, die die angegebene Assembly ausführt.
`GetData()`	Öffentliche Methode, die einen in der aktuellen Application-Domain unter dem angegebenen Schlüssel gespeicherten Wert ermittelt.
`Load()`	Öffentliche Methode, die eine Assembly in die aktuelle App-Domain lädt.
`SetAppDomainPolicy()`	Öffentliche Methode, die die Sicherheitsrichtlinien für die aktuelle App-Domain setzt.
`SetData()`	Öffentliche Methode, die Daten im Bereich der angegebenen App-Domain ablegt.

App-Domains unterstützen auch eine Vielzahl von Events, darunter `AssemblyLoad`, `AssemblyResolve`, `ProcessExit` und `ResourceResolve`, die ausgelöst werden, sobald eine Assembly gefunden, geladen und freigegeben wird.

Jeder Prozess hat am Anfang eine App-Domain und kann weitere App-Domains besitzen, wenn sie angelegt werden. Jede App-Domain befindet sich in genau einem Prozess. Bis jetzt befanden sich alle in diesem Buch behandelten Programme in einer einzigen, der vorgegebenen App-Domain. Jeder Prozess hat seine eigene Vorgabe-App-Domain. In vielen, vielleicht sogar in den meisten Programmen, die Sie jemals schreiben werden, brauchen Sie nicht mehr als diese Vorgabe-App-Domain.

Allerdings kann es vorkommen, dass eine einzelne Domain nicht ausreicht. Zum Beispiel könnten Sie eine zweite App-Domain anlegen, wenn Sie eine Klassenbibliothek einbinden müssen, die von einem anderen Entwickler stammt. Möglicherweise vertrauen Sie dieser Bibliothek nicht und möchten sie daher in ihrer eigenen Domain isolieren. Dann ist nur die isolierte Domain betroffen, wenn irgendeine Methode in dieser Bibliothek das Programm zum Absturz bringt. Würden Sie den Internet Information Server (IIS, die Web-Hosting-Software von Microsoft) programmieren, würden Sie sicher für jede Plugin-Anwendung und für jedes zu beherbergende virtuelle Verzeichnis eine neue Domain erzeugen. Dieses Vorgehen würde die nötige Fehlertoleranz bieten, damit nicht der ganze Server mitgerissen wird, wenn eine Web-Anwendung abstürzt.

Es kann auch sein, dass die andere Bibliothek eine andere Sicherheitsumgebung benötigt, und mit Hilfe einer zusätzlichen App-Domain ist es möglich, dass beide Sicherheits-Domains nebeneinander existieren. Jede App-Domain hat ihre eigenen Sicherheitsanforderungen, und durch die App-Domain werden sie gegeneinander abgegrenzt.

App-Domains sind keine Threads, und sie müssen von Threads unterschieden werden. Ein Win32-Thread existiert für eine begrenzte Zeit innerhalb einer App-Domain, und ein Thread kann feststellen (und anzeigen), in welcher App-Domain er ausgeführt wird. Mit Hilfe von App-Domains werden Anwendungen gegeneinander isoliert, und innerhalb einer App-Domain können zu jedem Zeitpunkt mehrere Threads laufen (siehe auch Kapitel 20).

Um zu verstehen, wie App-Domains funktionieren, wollen wir eine Beispielanwendung anlegen. Nehmen Sie an, dass Ihr Programm eine `Shape`-Klasse in einer zweiten App-Domain instantiieren soll.

> Es gibt keinen besonderen Grund dafür, dass Shape in eine zweite App-Domain platziert wird, außer um die Verwendung dieser Techniken zu demonstrieren. Es ist jedoch möglich, dass komplexere Objekte eine zweite App-Domain mit abweichender Sicherheitsumgebung benötigen. Wenn Sie Klassen mit riskantem Verhalten entwickeln, starten Sie diese aus Sicherheitsgründen vielleicht besser in einer zweiten App-Domain.

Normalerweise würde man die `Shape`-Klasse aus einer separaten Assembly laden. Um aber dieses Beispiel einfach zu halten, legen Sie die Definition der `Shape`-Klasse in dieselbe Source-Datei, in der sich auch der gesamte übrige Code dieses Beispiels befindet (siehe Kapitel 17). Außerdem würden in einer Produktionsumgebung die Methoden der `Shape`-Klasse möglicherweise in einem gesonderten Thread laufen. Der Einfachheit halber ignorieren wir das Threading erst einmal (Threading wird in Kapitel 20 detailliert besprochen). Dadurch, dass wir diese Nebenaspekte weglassen, bleibt das Beispiel verständlich, und wir können uns auf die Einzelheiten der Erzeugung und Verwendung von Application-Domains sowie auf das Marshaling von Objekten über Domain-Grenzen hinweg konzentrieren.

App-Domains erzeugen und benutzen

Erzeugen Sie eine neue App-Domain, indem Sie die statische Methode CreateDomain( ) der AppDomain-Klasse aufrufen:

```
AppDomain ad2 =
   AppDomain.CreateDomain("Shape Domain");
```

Damit wird eine neue App-Domain mit dem *Friendly-Name* Shape Domain angelegt. Der »Friendly-Name« dient zur Vereinfachung für den Programmierer, denn mit seiner Hilfe kann man im Programm mit der Domain interagieren, ohne die interne Repräsentation der Domain zu kennen. Sie können den »Friendly-Name« der Domain, in der Sie arbeiten, durch die Property System.AppDomain.CurrentDomain.FriendlyName abfragen.

Sobald Sie ein AppDomain-Objekt instantiiert haben, können Sie mit Hilfe der Methode CreateInstance( ) Klasseninstanzen, Interfaces und Weiteres erzeugen. Hier ist die Signatur:

```
public ObjectHandle CreateInstance(
   string assemblyName,
   string typeName,
   bool ignoreCase,
   BindingFlags bindingAttr,
   Binder binder,
   object[] args,
   CultureInfo culture,
   object[] activationAttributes,
   Evidence securityAttributes
);
```

Und hier sehen Sie, wie Sie sie verwenden können:

```
ObjectHandle oh = ad2.CreateInstance(
"ProgCSharp",                              // der Assembly-Name
"ProgCSharp.Shape",                        // Typname mit Namensraum
false,                                     // Groß-/Kleinschreibung ignorieren
System.Reflection.BindingFlags.CreateInstance, // Flag
null,                                      // Binder
new object[] {3, 5},                       // Argumente
null,                                      // Culture
null,                                      // Aktivierungsattribute
null );                                    // Sicherheitsattribute
```

Der erste Parameter (ProgCSharp) ist der Name der Assembly, der zweite (ProgCSharp.Shape) ist der Klassenname. Der Klassenname muss durch den Namensraum voll qualifiziert sein.

Ein *Binder* ist ein Objekt, das das dynamische Binden einer Assembly während der Laufzeit erlaubt. Er soll Ihnen die Übergabe von Informationen über das zu erzeugende Objekt ermöglichen, das Objekt für Sie erzeugen und Ihre Referenz an dieses Objekt binden. In den allermeisten Fällen, dieses Beispiel eingeschlossen, werden Sie den Standard-Binder benutzen, was Sie dadurch erreichen, dass Sie null übergeben.

Natürlich können Sie auch einen eigenen Binder schreiben, der beispielsweise die Benutzer-ID mit in einer Datenbank gespeicherten Zugriffsrechten vergleichen und die Bindung in Abhängigkeit von der jeweiligen Person und den Privilegien zu einem anderen Objekt umleiten könnte.

> Unter *Binden* versteht man normalerweise die Verknüpfung eines Objektnamens mit einem Objekt. Dynamisches Binden bezieht sich auf die Fähigkeit, diese Verknüpfung dann herzustellen, wenn das Programm läuft, und nicht wenn es kompiliert wird. In diesem Beispiel wird das Shape-Objekt durch die App-Domain-Methode `CreateInstance()` zur Laufzeit an die Instanzvariable gebunden.

Binding-Flags helfen dabei, das Verhalten des Binders genau abzustimmen. In diesem Fall sollten Sie den Wert `CreateInstance` aus der `BindingFlags`-Enumeration benutzen. Normalerweise kümmert sich der Standard-Binder nur um öffentliche Klassen, aber Sie können Flags hinzufügen, damit er private Klassen einbezieht, wenn Sie die erforderlichen Zugriffsrechte haben.

Wenn Sie eine Assembly zur Laufzeit binden, geben Sie die zu ladende Assembly nicht zur Kompilierzeit an, sondern legen stattdessen im Programm fest, welche Assembly benötigt wird, und binden zur Laufzeit eine Variable an diese Assembly.

Der Konstruktor, den Sie aufrufen, benötigt zwei Ganzzahlen in Form eines Objekt-Arrays (`new object[] {3, 5}`). Als Culture können Sie `null` angeben, wenn Sie die Standard-Culture (`en`) verwenden und keine Aktivierungs- oder Sicherheitsattribute festlegen.

Als Ergebnis erhalten Sie ein *Objekt-Handle* zurück; dies ist ein `type`, der dazu dient, ein Objekt (in verpacktem Zustand) zwischen verschiedenen App-Domains weiterzugeben, ohne dass die Metadaten für das verpackte Objekt in jedem Objekt geladen werden müssen, das vom `ObjectHandle` durchlaufen wird. Das eigentliche Objekt erhalten Sie, indem Sie bei dem Objekt-Handle `Unwrap()` aufrufen und das resultierende Objekt in den aktuellen Typ umwandeln – in diesem Fall in `Shape`.

Die Methode `CreateInstance()` bietet die Möglichkeit, ein Objekt in einer neuen App-Domain zu erzeugen. Wenn Sie das Objekt mit `new` erzeugen, erscheint es in der aktuellen App-Domain.

Marshaling über die Grenzen von App-Domains hinweg

Sie haben nun ein `Shape`-Objekt in der `Shape`-Domain erzeugt, greifen darauf aber durch ein `Shape`-Objekt in der ursprünglichen Domain zu. Um auf das Shape-Objekt in einer anderen Domain zuzugreifen, müssen Sie das Objekt über die Domain-Grenze hinweg *marshalen*.[1]

---

1 Der Leser möge mir die Verwendung des (besonders in seinen Beugungen) unschönen Verbs *marshalen* verzeihen. Um keine zu umständlichen oder unverständlichen Formulierungen zu erhalten, musste diese Form der Übersetzung gewählt werden (Anm. d. Übers.).

Marshaling nennt sich der Vorgang, bei dem ein Objekt auf den Transfer über eine Grenze vorbereitet wird – so wie Captain Kirk, der sich auf die Oberfläche des Planeten beamen lässt. Marshaling wird auf zwei Arten ausgeführt: *by value* oder *by reference*. Wenn ein Objekt by value gemarshalt wird, entsteht dabei eine Kopie. Es ist so, als würde ich Sie anrufen und Sie darum bitten, mir Ihren Taschenrechner zu schicken, woraufhin Sie Ihren Computerladen veranlassen, mir eine identische Kopie Ihres Geräts zuzusenden. Diese Kopie kann ich zwar genau so benutzen wie das Original, aber wenn ich Zahlen in mein Exemplar eingebe, hat es keine Auswirkung auf Ihren Originalrechner.

Das Marshaling by reference ist eher so, als würden Sie mir Ihren eigenen Taschenrechner senden. Und das funktioniert so: Sie geben mir nicht wirklich das Original, sondern behalten es stattdessen bei sich und senden mir einen Proxy. Der Proxy ist sehr intelligent – wenn ich einen Knopf meines Proxy-Taschenrechners drücke, sendet dieser ein Signal an Ihren Original-Rechner, und die Zahl erscheint bei Ihnen. Wenn ich Tasten auf dem Proxy drücke, sieht es für mich so aus und fühlt sich auch so an, als würde ich direkt auf Ihren Original-Rechner zugreifen.

Marshaling mit Proxies

Die Analogien mit dem Taschenrechner und mit Captain Kirk passen so weit, wie Analogien reichen können. Aber was geschieht genau beim Marshaling by reference? Die CLR stellt dem aufrufenden Objekt einen *Transparent-Proxy* (TP) zur Verfügung.

Die Aufgabe des TP besteht darin, alles vom Stack zu ziehen, was zu einem Methodenaufruf gehört (den Rückgabewert, die Parameter usw.), und diese Informationen in ein Objekt zu schreiben, das das Interface `IMessage` implementiert. Dieses `IMessage`-Objekt wird dann einem `RealProxy`-Objekt übergeben.

`RealProxy` ist eine abstrakte Basisklasse, von der alle Proxies abgeleitet werden. Sie können einen eigenen realen Proxy implementieren oder eines der anderen Objekte in diesem Prozess, aber nicht den transparenten Proxy. Der standardmäßige Real-Proxy leitet die `IMessage` an eine Reihe von *Sink*-Objekten weiter.

Abhängig von der Anzahl der Richtlinien, deren Einhaltung Sie überwachen möchten, kann jede beliebige Anzahl von Sinks benutzt werden, aber die letzte Sink in einer Kette übergibt die `IMessage` an einen Channel. Channels (Kanäle) sind in client- und serverseitige Channels getrennt, und ihre Aufgabe besteht darin, Nachrichten über die Grenze zu befördern. Channels müssen das Transportprotokoll verstehen. Das tatsächliche Format einer Botschaft beim Transfer über die Grenze wird durch einen *Formatierer* verwaltet. Das .NET Framework stellt zwei Formatierer zur Verfügung: einen für das SOAP, der standardmäßig für HTTP-Channels eingesetzt wird, und einen binären Formatierer, der standardmäßig für TCP/IP-Channels verwendet wird. Es steht Ihnen frei, eigene Formatierer zu erstellen und, wenn Sie dann noch nicht genug haben, auch Ihre eigenen Channels.

Sobald eine Botschaft eine Grenze überschritten hat, wird sie von Channel und Formatierer auf dem Server empfangen, die die `IMessage` rekonstruieren und an eine oder mehrere Sinks auf dem Server weitergeben. Die letzte Sink in einer Sink-Kette ist der `StackBuilder`, dessen Aufgabe darin besteht, die IMessage zurück in einen Stack-Frame zu verwandeln, so dass sie für den Server wie ein Funktionsaufruf aussieht.

Die Marshaling-Methode festlegen

Um den Unterschied zwischen dem Marshaling by value und dem Marshaling by reference zu verdeutlichen, werden Sie in dem nächsten Beispiel mit dem Shape-Objekt ein Marshaling by reference durchführen. Dieses hat aber zugleich eine Member-Variable des Typs Point, für die Marshaling by value festgelegt wird.

Beachten Sie, dass Sie beim Erzeugen einer Klasse, die über Grenzen hinweg verwendet werden könnte, immer festlegen müssen, wie das Marshaling für dieses Objekt durchgeführt wird. Normalerweise ist Marshaling bei einem Objekt überhaupt nicht möglich; Sie müssen angeben, dass für ein Objekt entweder Marshaling by value oder Marshaling by reference zulässig sein soll.

Am einfachsten kann man das Marshaling für ein Objekt festlegen, indem man es mit dem Serializable-Attribut markiert:

```
[Serializable]
public class Point
```

Wenn ein Objekt serialisiert wird, wird sein interner Zustand in einen Datenstrom umgewandelt. Dies kann sowohl für das Marshaling als auch zum Speichern geschehen. Die Einzelheiten der Serialisierung behandelt Kapitel 21.

Marshaling by reference wird für ein Objekt am einfachsten dadurch festgelegt, dass seine Klasse von MarshalByRefObject abgeleitet wird:

```
public class Shape : MarshalByRefObject
```

Die Klasse Shape besitzt nur eine Member-Variable, und zwar upperLeft. Diese Variable ist ein Point-Objekt, das die Koordinaten der linken oberen Ecke einer Grafik enthält.

Der Konstruktor Shape initialisiert sein Point-Member:

```
public Shape(int upperLeftX, int upperLeftY)
{
    Console.WriteLine( "[{0}] Event{1}",
       System.AppDomain.CurrentDomain.FriendlyName,
       "Shape constructor");
    upperLeft = new Point(upperLeftX, upperLeftY);
}
```

Stellen Sie Shape eine Methode zur Verfügung, die seine Position ausgibt.

```
public void ShowUpperLeft( )
{
    Console.WriteLine( "[{0}] Upper left: {1},{2}",
        System.AppDomain.CurrentDomain.FriendlyName,
        upperLeft.X, upperLeft.Y);
}
```

Stellen Sie außerdem eine zweite Methode zur Rückgabe seiner Member-Variablen upperLeft zur Verfügung:

```
public Point GetUpperLeft( )
{
    return upperLeft;
}
```

Auch die Klasse Point ist sehr einfach. Sie besitzt einen Konstruktor, der zwei Member-Variablen initialisiert, und Zugriffsmethoden, um ihre Werte zu erhalten.

Sobald Sie Shape erzeugt haben, fragen Sie nach seinen Koordinaten:

```
s1.ShowUpperLeft( );     // Objekt zur Ausgabe veranlassen
```

Dann lassen Sie sich seine upperLeft-Koordinate als Point-Objekt geben und verändern dieses anschließend:

```
Point localPoint = s1.GetUpperLeft( );

localPoint.X = 500;
localPoint.Y = 600;
```

Veranlassen Sie nun diesen Point und anschließend das Shape, ihre Koordinaten auszugeben. Spiegelt sich die Veränderung am lokalen Point-Objekt im Shape wider? Das hängt davon ab, welches Marshaling für das Point-Objekt angewendet wird. Beim Marshaling by value ist das Objekt localPoint eine Kopie, und das Shape-Objekt ist von der Veränderung der Variablenwerte von localPoint nicht betroffen. Wenn Sie jedoch das Point-Objekt so verändern, dass es für Marshaling by reference gekennzeichnet ist, haben Sie einen Proxy für die wirkliche upperLeft-Variable, und wenn Sie etwas daran verändern, dann *wird* damit das Shape verändert. Beispiel 19-1 veranschaulicht dies. Stellen Sie sicher, dass Sie das Beispiel 19-1 in einem Projekt mit dem Namen ProgCSharp erstellen, da Main() bei der Instantiierung des Shape-Objekts nach *ProgCSharp.exe* sucht.

Beispiel 19-1: Marshaling über die Grenzen der App-Domain hinweg

```
#region Using directives

using System;
using System.Collections.Generic;
using System.Runtime.Remoting;
using System.Reflection;
using System.Text;

#endregion

namespace Marshaling
{

   // Für ein Marshaling by reference das Attribut auskommentieren
   // und die Kommentarzeichen vor der Basisklasse entfernen
   [Serializable]
   public class Point  // : MarshalByRefObject
   {
```

Beispiel 19-1: Marshaling über die Grenzen der App-Domain hinweg (Fortsetzung)

```
    private int x;
    private int y;

    public Point (int x, int y)
    {
       Console.WriteLine( "[{0}] {1}",
          System.AppDomain.CurrentDomain.FriendlyName,
          "Point-Konstruktor");

       this.x = x;
       this.y = y;
    }


    public int X
    {
       get
       {
          Console.WriteLine( "[{0}] {1}",
             System.AppDomain.CurrentDomain.FriendlyName,
             "Point x.get");

          return this.x;
       }

       set
       {
          Console.WriteLine( "[{0}] {1}",
             System.AppDomain.CurrentDomain.FriendlyName,
             "Point x.set");
          this.x = value;
       }
    }

    public int Y
    {
       get
       {
          Console.WriteLine( "[{0}] {1}",
             System.AppDomain.CurrentDomain.FriendlyName,
             "Point y.get");
          return this.y;
       }

       set
       {
          Console.WriteLine( "[{0}] {1}",
             System.AppDomain.CurrentDomain.FriendlyName,
             "Point y.set");
          this.y = value;
       }
    }
```

Beispiel 19-1: Marshaling über die Grenzen der App-Domain hinweg (Fortsetzung)

```
}

// Marshaling der Shape-Klasse by reference
public class Shape : MarshalByRefObject
{
   private Point upperLeft;

   public Shape(int upperLeftX, int upperLeftY)
   {
      Console.WriteLine( "[{0}] {1}",
         System.AppDomain.CurrentDomain.FriendlyName,
         "Shape-Konstruktor");

      upperLeft = new Point(upperLeftX, upperLeftY);
   }
   public Point GetUpperLeft( )
   {
      return upperLeft;
   }

   public void ShowUpperLeft( )
   {
      Console.WriteLine( "[{0}] Oben links: {1},{2}",
         System.AppDomain.CurrentDomain.FriendlyName,
         upperLeft.X, upperLeft.Y);
   }
}
public class Tester
{
   public static void Main( )
   {

      Console.WriteLine( "[{0}] {1}",
         System.AppDomain.CurrentDomain.FriendlyName,
         "Main-Methode begonnen");

      // Erzeuge neue App-Domain
      AppDomain ad2 =
         AppDomain.CreateDomain("Shape Domain");

      // Assembly a = Assembly.LoadFrom("ProgCSharp.exe");
      // Object theShape = a.CreateInstance("Shape");
      // Instantiiere ein Shape-Objekt
         ObjectHandle oh = ad2.CreateInstance(
         "Marshaling",
         "Marshaling.Shape", false,
         System.Reflection.BindingFlags.CreateInstance,
         null, new object[] {3, 5},
         null, null, null );

      Shape s1 = (Shape) oh.Unwrap( );
```

Beispiel 19-1: Marshaling über die Grenzen der App-Domain hinweg (Fortsetzung)

```
        s1.ShowUpperLeft( );    // Objekt zur Ausgabe veranlassen

        // Wird lokale Kopie oder Proxy geliefert?
        Point localPoint = s1.GetUpperLeft( );

        // Weise neue Werte zu
        localPoint.X = 500;
        localPoint.Y = 600;

        // Zeige den Wert des lokalen Point-Objekts an
        Console.WriteLine( "[{0}] localPoint: {1}, {2}",
           System.AppDomain.CurrentDomain.FriendlyName,
           localPoint.X, localPoint.Y);

        s1.ShowUpperLeft( );     // Zeige den Wert erneut an
     }
  }
}

Ausgabe:
[[Marshaling.vshost.exe] Entered Main
[Shape Domain] Shape constructor
[Shape Domain] Point constructor
[Shape Domain] Point x.get
[Shape Domain] Point y.get
[Shape Domain] Upper left: 3,5
[Marshaling.vshost.exe] Point x.set
[Marshaling.vshost.exe] Point y.set
[Marshaling.vshost.exe] Point x.get
[Marshaling.vshost.exe] Point y.get
[Marshaling.vshost.exe] localPoint: 500, 600
[Shape Domain] Point x.get
[Shape Domain] Point y.get
[Shape Domain] Upper left: 3,5
```

Lesen Sie sich den Programmcode durch oder, noch besser, gehen Sie ihn Schritt für Schritt mit dem Debugger durch. Die Ausgabe zeigt, dass die Konstruktoren von `Shape` und `Point` in der `Shape`-Domain laufen. Gleiches gilt für den Zugriff auf die Werte des `Point`-Objekts in `Shape`.

Die Eigenschaft wird in der ursprünglichen App-Domain verändert, indem die lokale Kopie des `Point`-Objekts auf die Werte 500 und 600 gesetzt wird. Da für `Point` Marshaling by value festgelegt ist, verändern Sie jedoch eine *Kopie* des `Point`-Objekts. Wenn Sie `Shape` veranlassen, seine Member-Variable `upperLeft` anzuzeigen, ist diese unverändert.

Um dieses Experiment zu vervollständigen, kommentieren Sie das Attribut oben in der `Point`-Deklaration aus und entfernen die Kommentarzeichen vor der Basisklasse:

```
// [serializable]
public class Point   : MarshalByRefObject
```

Lassen Sie nun das Programm erneut laufen. Die Ausgabe hat sich jetzt verändert:

```
[Marshaling.vshost.exe] Main-Methode begonnen
[Shape Domain] Shape-Konstruktor
[Shape Domain] Point-Konstruktor
[Shape Domain] Point x.get
[Shape Domain] Point y.get
[Shape Domain] Oben links: 3,5
[Shape Domain] Point x.set
[Shape Domain] Point y.set
[Shape Domain] Point x.get
[Shape Domain] Point y.get
[Marshaling.vshost.exe] localPoint: 500, 600
[Shape Domain] Point x.get
[Shape Domain] Point y.get
[Shape Domain] Oben links: 500,600
```

Jetzt erhalten Sie einen Proxy für das `Point`-Objekt, und die Properties werden durch diesen Proxy in der Member-Variablen `Point` gesetzt. Deshalb werden die Veränderungen durch das `Shape` selbst reflektiert.

Kontexte

App-Domains werden wiederum in *Kontexte* unterteilt. Man kann sich Kontexte als Grenzen vorstellen, innerhalb derer Objekte den gleichen Regeln unterliegen. Diese Regeln betreffen unter anderem Transaktionen und Synchronisation (siehe Kapitel 20).

Kontextgebundene und kontextagile Objekte

Ein Objekt ist entweder *kontextgebunden* oder *kontextagil*. Wenn es kontextgebunden ist, existiert es nur in einem bestimmten Kontext, und um mit ihm interagieren zu können, ist Marshaling der Nachrichten erforderlich. Ist es kontextagil, agiert es innerhalb des Kontexts des aufrufenden Objekts. Das bedeutet, dass seine Methoden im Kontext des Objekts ausgeführt werden, das die jeweilige Methode aufruft. In diesem Fall wird kein Marshaling benötigt.

Nehmen Sie an, ein Objekt A soll mit einer Datenbank interagieren und hat eine Markierung, dass es Transaktionen unterstützt. Dadurch wird ein Kontext hergestellt. Alle Methodenaufrufe bei A treten in dem Kontext des durch die Transaktion gewährten Schutzes auf. Wenn Objekt A sich entschließt, ein Rollback der Transaktion durchzuführen, werden alle Aktionen seit dem letzten Commit rückgängig gemacht.

Nehmen Sie nun an, Sie haben ein weiteres, kontextagiles Objekt B. Objekt A übergibt eine Datenbankreferenz an Objekt B und ruft dann Methoden von B auf. Möglicherweise stehen A und B in einer Callback-Beziehung, in der B eine Aufgabe ausführt und dann A mit den Ergebnissen zurückruft. Da B kontextagil ist, operieren die Methoden von B im Kontext des anrufenden Objekts; somit wird der Transaktionsschutz des Objekts A auf B ausgedehnt. Veränderungen, die B in der Datenbank vornimmt, werden rückgängig gemacht, wenn A ein Rollback der Transaktion durchführt, da die Methoden von B innerhalb des Kontexts des Aufrufers ausgeführt werden. So weit, so gut.

Sollte B besser kontextagil oder kontextgebunden sein? In dem bisher betrachteten Fall funktioniert B als agiles Objekt gut. Stellen Sie sich aber vor, es existiert eine weitere Klasse C, die keine Transaktionen kennt. Diese ruft eine Methode bei B auf, wobei die Datenbank verändert wird. Nun versucht A, ein Rollback durchzuführen, aber leider liefen die von B für C ausgeführten Aktionen im Kontext von C, und eine Unterstützung von Transaktionen konnte somit nicht gewährleistet werden. Nun können diese Aktionen nicht rückgängig gemacht werden.

Wenn B als kontextgebunden markiert gewesen wäre, als A es erzeugt hat, hätte es den Kontext von A geerbt. In diesem Fall wäre ein Marshaling über die Kontextgrenzen hinweg erforderlich gewesen, als C eine Methode bei B aufrief. Die Ausführung der Methode wäre dann aber im Kontext der Transaktion von A gelaufen. Viel besser.

Dies funktioniert, wenn B kontextgebunden ist und keine Attribute hat. B kann aber mit eigenen Kontextattributen versehen sein, die dazu führen, dass B sich in einem anderen Kontext als A aufhalten muss. Beispielsweise kann B mit dem Transaktionsattribut `RequiresNew` markiert sein. In diesem Fall erhält B einen neuen Kontext, wenn es erzeugt wird, und kann sich daher nicht im Kontext von A befinden. Wenn nun A ein Rollback durchführt, können die Aktionen von B nicht rückgängig gemacht werden. Beispielsweise könnten Sie B mit `RequiresNew` markieren, weil es sich um eine Auditfunktion handelt. Wenn A eine Transaktion auf der Datenbank durchführt, informiert es B, das einen Audit-Trail fortführt. In diesem Fall möchten Sie nicht, dass die Aktionen von B bei einem Rollback in A rückgängig gemacht werden. Vielmehr soll B sich in seinem eigenen Transaktionskontext befinden, so dass es nur seine eigenen Fehler rückgängig macht und nicht die Fehler von A.

Es gibt also drei Möglichkeiten für ein Objekt. Die erste besteht darin, dass es kontextagil ist. Ein kontextagiles Objekt läuft im Kontext seines Aufrufers. Die zweite Möglichkeit ist die Kontextgebundenheit (dies wird dadurch erreicht, dass es von `ContextBoundObject` abgeleitet ist, keine Attribute hat und deshalb im Kontext des Erzeugers läuft). Die dritte Möglichkeit ist die Kontextgebundenheit mit Kontextattributen; in diesem Fall läuft das Objekt nur in einem Kontext, der mit den Attributen übereinstimmt.

Wofür Sie sich entscheiden, hängt davon ab, wie Ihr Objekt benutzt werden wird. Wenn das Objekt ein einfacher Taschenrechner ist, der kaum Synchronisation, Transaktionen oder irgendeine Kontextunterstützung erfordert, ist Kontextagilität am effizientesten. Wenn Ihr Objekt den Kontext des Objekts benutzen soll, von dem es erzeugt wird, sollten Sie dieses Objekt als kontextgebunden ohne Attribute markieren. Wenn Ihr Objekt schließlich spezielle Kontextanforderungen hat, sollten Sie es mit den entsprechenden Attributen versehen.

Marshaling über Kontextgrenzen hinweg

Für den Zugriff auf ein kontextagiles Objekt innerhalb einer einzigen App-Domain wird kein Proxy benötigt. Wenn jedoch ein Objekt, das sich in einem Kontext befindet, auf ein kontextgebundenes Objekt in einem zweiten Kontext zugreift, geschieht dies mit Hilfe eines Proxys, und in diesem Moment werden die Richtlinien beider Kontexte überwacht. Die Kontexte bilden gewissermaßen eine Grenze, und die Richtlinien werden an den Kontextgrenzen durchgesetzt.

Wenn Sie beispielsweise ein kontextgebundenes Objekt mit dem Attribut `System.EnterpriseServices.Synchronization` markieren, legen Sie damit fest, dass das System die Synchronisation für dieses Objekt verwalten soll. Alle Objekte außerhalb dieses Kontexts müssen, um eines der darin befindlichen Objekte aufrufen zu können, diese Kontextgrenze überschreiten, und in diesem Moment wird die Synchronisierungsrichtlinie angewendet.

> Genau genommen garantiert die Markierung zweier Klassen mit dem Synchronisationsattribut nicht, dass sich beide im selben Kontext befinden. Ob ein Objekt bei der Aktivierung mit dem aktuellen Kontext zufrieden ist, wird durch die Summe aller Attibute entschieden. Wenn zwei Objekte für die Synchronisation markiert wurden, aber eines davon sich in einem Pool befinden soll, gelangen sie zwangsläufig in unterschiedliche Kontexte.

Das Marshaling von Objekten über Kontextgrenzen wird abhängig von der Art ihrer Erzeugung unterschiedlich durchgeführt:

- Typische Objekte werden überhaupt nicht gemarshalt; innerhalb von App-Domains sind sie kontextagil.
- Objekte, die mit dem Attribut `Serializable` markiert sind, werden über App-Domains hinweg by value gemarshalt und sind kontextagil.
- Objekte, die von `MarshalByRefObject` abgeleitet sind, werden über App-Domains hinweg by reference gemarshalt und sind kontextagil.
- Objekte, die von `ContextBoundObject` abgeleitet sind, werden by reference sowohl über App-Domains als auch über Kontextgrenzen hinweg by reference gemarshalt.

Remoting

Neben dem Marshaling über Kontext- und App-Domain-Grenzen können Objekte auch über Prozessgrenzen und sogar über Rechnergrenzen hinweg übertragen werden. Das Marshaling eines Objekts über eine Prozess- oder Rechnergrenze, was by value oder durch einen Proxy geschehen kann, bezeichnet man auch als *Remoting* (*Fernzugriff*).

Arten von Server-Objekten

Es gibt zwei Arten von Server-Objekten, die in .NET für das Remoting unterstützt werden: *wohlbekannte* (WKO: Well-Known Objects; auch SAO: Server-Activated Objects) und *clientaktivierte* (CAO: Client-Activated Objects). Die Kommunikation mit einem wohlbekannten Objekt wird jedes Mal dann neu aufgebaut, wenn ein Client eine Nachricht sendet. Anders als bei clientaktivierten Objekten gibt es keine permanente Verbindung mit einem wohlbekannten Objekt.

Von wohlbekannten Objekten gibt es wiederum zwei Varianten: *Singleton* und *Single-Call*. Bei einem wohlbekannten Singleton-Objekt werden sämtliche Nachrichten aller Clients für dieses Objekt an ein einziges, auf dem Server laufendes Objekt gesandt. Das Objekt wird erzeugt, wenn zum ersten Mal ein Client versucht, sich mit ihm zu verbinden, und bietet seine Dienste allen Clients an, für die es erreichbar ist. Wohlbekannte Objekte benötigen einen parameterlosen Konstruktor.

Bei einem wohlbekannten Single-Call-Objekt wird jede neue Nachricht eines Clients von einem neu erzeugten Objekt verarbeitet. Dies kann sehr vorteilhaft für Server-Farmen sein, bei denen eine Folge von Nachrichten eines einzelnen Clients von verschiedenen Rechnern in Abhängigkeit von deren Auslastung behandelt werden kann.

Clientaktivierte Objekte werden typischerweise bei der Programmierung von dedizierten Servern eingesetzt, die einem Client Dienste zur Verfügung stellen, der speziell für den Server geschrieben worden ist. In einem solchen Szenarium stellen Client und Server eine Verbindung her, und sie halten sie so lange, bis die Anforderungen des Clients erfüllt sind.[2]

Einen Server über ein Interface spezifizieren

Remoting kann man am besten anhand eines Beispiels verstehen. Hier werden wir eine einfache Klasse für einen Taschenrechner mit vier Funktionen erstellen, das dem zuvor behandelten Beispiel für einen Webservice ähnelt (siehe Kapitel 15). Die Klasse implementiert das in Beispiel 19-2 gezeigte Interface.

Beispiel 19-2: Das Interface des Taschenrechners

```
#region Using directives

using System;
using System.Collections.Generic;
using System.Text;

#endregion

namespace Calculator
{
   public interface ICalc
    {
        double Add(double x, double y);
        double Sub(double x, double y);
```

2 Clientaktivierte Objekte sind möglicherweise weniger robust. Wenn der Aufruf eines clientaktivierten Objekts schief geht, muss der Entwickler davon ausgehen, dass das Objekt auf dem Server verloren gegangen ist, und es von Grund auf neu erstellen.

Beispiel 19-2: Das Interface des Taschenrechners (Fortsetzung)

```
        double Mult(double x, double y);
        double Div(double x, double y);
    }
}
```

Speichern Sie das Interface in einer Datei namens *ICalc.cs* und kompilieren Sie es zu einer Datei *Calculator.dll*. Um die Quelldatei mit Visual Studio zu schreiben und zu kompilieren, legen Sie ein neues Projekt des Typs C#-Klassenbibliothek an, geben die Interface-Definition im Editorfenster ein und wählen dann **Build** in der Visual Studio-Menüleiste. Wenn Sie den Quellcode mit Notepad oder einem anderen Texteditor eingegeben haben, können Sie die Datei auch von der Eingabeaufforderung aus kompilieren, indem Sie Folgendes eingeben:

```
csc /t:library ICalc.cs
```

Es ist äußerst vorteilhaft, einen Server über ein Interface zu implementieren. Wenn Sie den Taschenrechner als Klasse implementieren, muss der Client mit dieser Klasse gelinkt werden, um eine entsprechende Variable auf dem Client deklarieren zu können. Damit geht ein Vorteil des Remoting verloren, da jede Veränderung beim Server eine Aktualisierung der Klassendefinition auf dem Client erfordert. Mit anderen Worten: Client und Server wären eng gekoppelt. Interfaces helfen dabei, die beiden Objekte zu entkoppeln. Tatsächlich können Sie später die Server-Implementierung aktualisieren, und solange der Server seine Aufgaben so erfüllt, wie es durch das Interface festgelegt ist, ist keinerlei Veränderung am Client erforderlich.

Einen Server aufbauen

Um den in Beispiel 19-3 benutzten Server aufzubauen, erstellen Sie *CalculatorServer.cs* in einem neuen Projekt des Typs C#-Konsolenanwendung. (Stellen Sie sicher, dass darin ein Verweis auf *Calculator.dll* enthalten ist.) Kompilieren Sie es, indem Sie in der Menüleiste von Visual Studio **Build** wählen.

Die Klasse `CalculatorServer` implementiert `ICalc`. Sie ist von `MarshalByRefObject` abgeleitet, so dass sie der Client-Anwendung einen Proxy des Taschenrechners zur Verfügung stellt:

```
class CalculatorServer : MarshalByRefObject, Calculator.ICalc
```

Die Implementierung besteht aus wenig mehr als einem Konstruktor und einigen einfachen Methoden zur Implementierung der vier Funktionen.

In Beispiel 19-3 legen Sie die für den Server bestimmte Logik in die `Main( )`-Methode von *CalculatorServer.cs*.

Ihre erste Aufgabe besteht darin, einen Channel zu erzeugen. Verwenden Sie HTTP als Transport-Protocol. Dazu können Sie den von .NET zur Verfügung gestellten Typ `HTTPChannel` benutzen:

```
HTTPChannel chan = new HTTPChannel(65100);
```

Beachten Sie, dass der Channel an TCP/IP-Port 65100 registriert wird (siehe dazu die Erläuterung der Port-Nummern in Kapitel 21).

Als Nächstes registrieren Sie den Channel bei den `ChannelServices` der CLR, wobei Sie die statische Methode `RegisterChannel` verwenden:

```
ChannelServices.RegisterChannel(chan);
```

Dieser Schritt informiert .NET darüber, dass Sie an Port 65100 HTTP-Dienste anbieten, genau wie es etwa der IIS an Port 80 tut. Weil Sie einen HTTP-Channel registriert und dabei keinen eigenen Formatierer angegeben haben, werden Ihre Methoden standardmäßig den SOAP-Formatierer benutzen.

Jetzt sind Sie so weit, dass Sie die Klasse `RemotingConfiguration` damit beauftragen können, Ihr wohlbekanntes Objekt zu registrieren. Sie müssen den zu registrierenden Objekttyp zusammen mit einem *Endpunkt* (Endpoint) übergeben. Ein *Endpunkt* ist ein Name, der von `RemotingConfiguration` mit Ihrem Typ verknüpft wird und der die Adresse vervollständigt. Während die IP-Adresse den Rechner und der Port den Channel identifiziert, weist der Endpunkt auf den genauen Dienst hin. Um den Objekttyp zu erhalten, können Sie `typeof` verwenden, der ein `Type`-Objekt zurückgibt. Übergeben Sie den vollständigen Namen des Objekts, dessen Typ Sie ermitteln wollen:

```
Type calcType =
   typeof( "CalculatorServerNS.CalculatorServer" );
```

Tragen Sie außerdem den Enumeration-Typ ein, der anzeigt, ob Sie einen `SingleCall` oder einen `Singleton` registrieren:

```
RemotingConfiguration.RegisterWellKnownServiceType
   ( calcType, "theEndPoint",WellKnownObjectMode.Singleton );
```

Der Aufruf von `RegisterWellKnownServiceType` erzeugt die serverseitige Kette der Sinks. Nun kann es losgehen. Beispiel 19-3 enthält den gesamten vom Server benötigten Quellcode.

Beispiel 19-3: Der Server für den Taschenrechner

```
#region Using directives

using System;
using System.Collections.Generic;
using System.Runtime.Remoting;
using System.Runtime.Remoting.Channels;
using System.Runtime.Remoting.Channels.Http;
using System.Text;

#endregion

namespace CalculatorServerNS
{
   class CalculatorServer : MarshalByRefObject, Calculator.ICalc
   {
      public CalculatorServer()
```

Beispiel 19-3: Der Server für den Taschenrechner (Fortsetzung)

```
      {
         Console.WriteLine( "CalculatorServer constructor" );
      }
      // Implementiere die vier Funktionen
      public double Add(double x, double y)
      {
         Console.WriteLine("Add {0} + {1}", x, y);
         return x+y;
      }
      public double Sub(double x, double y)
      {
         Console.WriteLine("Sub {0} - {1}", x, y);
         return x-y;
      }
      public double Mult(double x, double y)
      {
         Console.WriteLine("Mult {0} * {1}", x, y);
         return x*y;
      }
      public double Div(double x, double y)
      {
         Console.WriteLine("Div {0} / {1}", x, y);
         return x/y;
      }
   }

   public class ServerTest
   {
      public static void Main( )
      {
         // Erzeuge einen Channel und registriere diesen
         HttpChannel chan = new HttpChannel(65100);
         ChannelServices.RegisterChannel(chan);

         Type calcType =
            Type.GetType("CalculatorServerNS.CalculatorServer");

         // Registriere unseren wohlbekannten Typ und lass den Server
         // diesen mit dem Endpunkt "theEndPoint" verknüpfen
         RemotingConfiguration.RegisterWellKnownServiceType
            ( calcType,
              "theEndPoint",
               WellKnownObjectMode.Singleton );

         //  "Auch jene dienen, die nur stehen und warten." (Milton)
         Console.WriteLine("Zum Beenden [Enter] drücken...");
         Console.ReadLine( );
      }
   }
}
```

Wenn Sie dieses Programm laufen lassen, zeigt es nichts weiter als seine uneigennützige Aufforderung

```
Zum Beenden [Enter] drücken...
```

an und wartet dann auf einen Client, der seine Dienste in Anspruch nimmt.

Den Client aufbauen

Während die CLR den TCP- und HTTP-Channel vorab registriert, müssen Sie auf dem Client einen Channel registrieren, wenn Sie Callbacks erhalten möchten oder einen nicht standardmäßigen Channel verwenden. In diesem Beispiel verwenden Sie den Channel 0:

```
HTTPChannel chan = new HTTPChannel(0);
ChannelServices.RegisterChannel(chan);
```

Nun muss der Client nur durch den Remoting-Service verbunden werden, wobei er ein `Type`-Objekt, das den benötigten Objekttyp repräsentiert (in unserem Fall das Interface `ICalc`), sowie den Uniform Resource Identifier (URI) des Diensts übergibt:

```
Object obj =
    RemotingServices.Connect
        (typeof(ProgrammierenMitCSharp.ICalc),
        "http://localhost:65100/theEndPoint");
```

In diesem Fall gehen wir davon aus, dass der Server auf Ihrem lokalen Rechner läuft, deshalb lautet der URI *http://localhost*, gefolgt von dem Server-Port (`65100`) und dem von Ihnen im Server deklarierten Endpunkt (`theEndPoint`).

Der Remoting-Service sollte ein Objekt zurückgeben, das das von Ihnen angefragte Interface repräsentiert. Jetzt können Sie das Objekt auf das Interface abbilden und damit beginnen, es zu benutzen. Da das Remoting immer mit Unsicherheiten verbunden ist (beispielsweise kann das Netzwerk zusammengebrochen oder der Host-Rechner nicht verfügbar sein usw.), sollten Sie dessen Benutzung in einen `try` -Block verpacken:

```
try
{
    ProgrammierenMitCSharp.ICalc calc =
        obj as ProgrammierenMitCSharp.ICalc;

    double sum = calc.Add(3,4);
```

Sie haben jetzt einen Proxy des Taschenrechners, der auf dem Server läuft und zugleich über die Prozessgrenzen hinweg – und bei Bedarf auch über Rechnergrenzen hinweg – auf dem Client benutzt werden kann. Beispiel 19-4 zeigt den vollständigen Client (um ihn zu kompilieren, müssen Sie eine Referenz auf *Calculator.dll* setzen, so wie Sie es mit *CalcServer.cs* getan haben).

Beispiel 19-4: Client des Remoting-Taschenrechners

```
#region Using directives

using System;
```

Beispiel 19-4: Client des Remoting-Taschenrechners (Fortsetzung)

```
using System.Collections.Generic;
using System.Runtime.Remoting;
using System.Runtime.Remoting.Channels;
using System.Runtime.Remoting.Channels.Http;
using System.Text;

#endregion

namespace CalculatorClient
{
   class CalcClient
   {

      public static void Main( )
      {

         int[] myIntArray = new int[3];

         Console.WriteLine("Suche Server");

         // Lege einen HTTP-Channel an und registriere ihn
         // Verwende Port 0, um anzuzeigen, dass kein Empfang erfolgt
         HttpChannel chan = new HttpChannel(0);
         ChannelServices.RegisterChannel(chan);

         Object obj = RemotingServices.Connect
            (typeof(Calculator.ICalc),
            "http://localhost:65100/theEndPoint");

         try
         {
            // Bilde das Objekt auf unser Interface ab
            Calculator.ICalc calc = obj as Calculator.ICalc;

            // Verwende das Interface zum Methodenaufruf
            double sum = calc.Add(3.0,4.0);
            double difference = calc.Sub(3,4);
            double product = calc.Mult(3,4);
            double quotient = calc.Div(3,4);

            // Gib die Resultate aus
            Console.WriteLine("3+4 = {0}", sum);
            Console.WriteLine("3-4 = {0}", difference);
            Console.WriteLine("3*4 = {0}", product);
            Console.WriteLine("3/4 = {0}", quotient);
         }
         catch( System.Exception ex )
         {
            Console.WriteLine("Exception: ");
            Console.WriteLine(ex.Message);
         }
      }
```

Beispiel 19-4: Client des Remoting-Taschenrechners (Fortsetzung)

```
    }
}

Ausgabe auf dem Client:
Suche Server
3+4 = 7
3-4 = -1
3*4 = 12
3/4 = 0.75

Ausgabe auf dem Server:
Calculator-Konstruktor
Zum Beenden [Enter] drücken...
Add 3 + 4
Sub 3 - 4
Mult 3 * 4
Div 3 / 4
```

Der Server fährt hoch und wartet darauf, dass der Benutzer mit der Eingabetaste signalisiert, dass er wieder beendet werden kann. Der Client startet und zeigt auf der Konsole eine Nachricht an. Dann ruft der Client alle vier Operationen auf. Sie sehen, wie der Server nach dem Aufruf jeder Methode seine Nachricht ausgibt. Anschließend werden die Ergebnisse auf dem Client ausgegeben.

So einfach ist das; das Programm läuft jetzt auf dem Server und steht Ihrem Client zu Diensten.

SingleCall verwenden

Um den Unterschied zwischen `SingleCall` und `Singleton` zu erkennen, ändern Sie eine Zeile in der `Main( )`-Methode des Servers. Hier folgt der vorhandene Code:

```
RemotingConfiguration.RegisterWellKnownServiceType
    ( calcType,
      "theEndPoint",
       WellKnownObjectMode.Singleton );
```

Machen Sie das Objekt zu einem `SingleCall`:

```
RemotingConfiguration.RegisterWellKnownServiceType
    ( calcType,
      "theEndPoint",
       WellKnownObjectMode.SingleCall);
```

Die Ausgabe lässt erkennen, dass zur Bearbeitung jeder Anfrage ein neues Objekt erzeugt wird:

```
Calculator-Konstruktor
Zum Beenden [Enter] drücken...
Calculator-Konstruktor
Add 3 + 4
Calculator-Konstruktor
```

```
Sub 3 - 4
Calculator-Konstruktor
Mult 3 * 4
Calculator-Konstruktor
Div 3 / 4
```

RegisterWellKnownServiceType verstehen

Was passiert eigentlich genau, wenn Sie auf dem Server die Methode `RegisterWellKnownServiceType( )` aufrufen? Sie erinnern sich, dass Sie ein `Type`-Objekt für die Klasse `Calculator` erhalten:

```
Type.GetType("CalculatorServerNS.CalculatorServer");
```

Anschließend haben Sie `RegisterWellKnownServiceType( )` aufgerufen, wobei Sie das `Type`-Objekt zusammen mit dem Endpunkt und dem Enumerationswert `Singleton` eingegeben haben. Dies veranlasst die CLR dazu, Ihren `Calculator` zu instantiieren und anschließend mit dem Endpunkt zu verbinden.

Wenn Sie dies selbst tun möchten, müssen Sie in Beispiel 19-3 die Methode `Main( )` so verändern, dass sie einen `Calculator` instantiiert und diesen dann an die `Marshal( )`-Methode von `RemotingServices` übergibt, und zwar mit dem Endpunkt, mit dem Sie die Instanz des `Calculator` verbinden möchten. Beispiel 19-5 zeigt die modifizierte `Main( )`-Methode; wie Sie sehen, ist ihre Ausgabe mit der Ausgabe von Beispiel 19-3 identisch.

Beispiel 19-5: Die Klasse Calculator manuell instantiieren und mit einem Endpunkt verknüpfen

```
public static void Main()
{
   HttpChannel chan = new HttpChannel( 65100 );
   ChannelServices.RegisterChannel( chan );

   CalculatorServerNS.CalculatorServer  calculator =
      new CalculatorServer();
    RemotingServices.Marshal( calculator, "theEndPoint" );

   //  "Auch jene dienen, die nur stehen und warten." (Milton)
   Console.WriteLine( "Zum Beenden [Enter] drücken..." );
   Console.ReadLine();
}
```

Im Endeffekt haben Sie ein `Calculator`-Objekt instantiiert und einen Proxy für das Remoting mit dem von Ihnen angegebenen Endpunkt verbunden (lesen Sie dazu den Abschnitt »Endpunkte verstehen« weiter unten in diesem Kapitel).

Die Datei bringen Sie auf Ihren Client und stellen sie auf dem Client-Rechner wieder her. Dazu müssen Sie noch einmal einen Channel erzeugen und registrieren. Diesmal öffnen Sie jedoch einen `fileStream` für die Datei, die Sie gerade vom Server kopiert haben:

```
FileStream fileStream =
      new FileStream ("calculatorSoap.txt", FileMode.Open);
```

Anschließend instantiieren Sie einen `SoapFormatter` und rufen die `Deserialize()`-Methode des Formatierers auf, wobei Sie den Dateinamen übergeben und ein `ICalc`-Interface zurückbekommen:

```
SoapFormatter soapFormatter =
   new SoapFormatter ();
try
{
      ICalc calc=
         (ICalc) soapFormatter.Deserialize (fileStream);
```

Nun können Sie durch das `ICalc`-Interface die Methoden Ihres Servers aufrufen, wobei das auf dem Server laufende und von Ihnen in der *calculatorSoap.txt*-Datei beschriebene `Calculator`-Objekt als Proxy fungiert. Den vollständigen Ersatz der `Main()`-Methode des Clients zeigt Beispiel 19-6. Auch in diesem Beispiel müssen Sie zwei Using-Statements hinzufügen:

Beispiel 19-6: Ersatz von Main() aus Beispiel 19-4 (Client)

```
using System.IO;
using System.Runtime.Serialization.Formatters.Soap;

// ...

public static void Main( )
{

   int[] myIntArray = new int[3];

   Console.WriteLine("Suche Server");

   // Lege einen HTTP-Channel an und registriere ihn
   // Verwende Port 0, um anzuzeigen, dass kein Empfang erfolgt
   HttpChannel chan = new HttpChannel(0);
   ChannelServices.RegisterChannel(chan);

   FileStream fileStream =
      new FileStream ("calculatorSoap.txt", FileMode.Open);
   SoapFormatter soapFormatter =
      new SoapFormatter ();

   try
   {
      ICalc calc=
         (ICalc) soapFormatter.Deserialize (fileStream);

      // Verwende das Interface zum Methodenaufruf
      double sum = calc.Add(3.0,4.0);
      double difference = calc.Sub(3,4);
      double product = calc.Mult(3,4);
      double quotient = calc.Div(3,4);

      // Gib die Resultate aus
```

Beispiel 19-6: Ersatz von Main() aus Beispiel 19-4 (Client) (Fortsetzung)

```
      Console.WriteLine("3+4 = {0}", sum);
      Console.WriteLine("3-4 = {0}", difference);
      Console.WriteLine("3*4 = {0}", product);
      Console.WriteLine("3/4 = {0}", quotient);
   }
   catch( System.Exception ex )
   {
      Console.WriteLine("Exception: ");
      Console.WriteLine(ex.Message);
   }
}
```

Wenn der Client startet, wird die Datei von der Platte gelesen, und der Proxy wird »entmarshalt«. Das ist die entgegengesetzte Operation zum Marshaling und zur Serialisierung, die auf dem Server stattgefunden haben. Sobald Sie den Proxy zurückverwandelt haben, können Sie die Methoden des auf dem Server laufenden `Calculator`-Objekts aufrufen.

Endpunkte verstehen

Was geschieht, wenn Sie Endpunkte in Beispiel 19-5 (im Server) registrieren? Klar ist, dass der Server diesen Endpunkt mit dem Typ verknüpft. Wenn der Client Verbindung aufnimmt, wird dieser Endpunkt als Index in eine Tabelle benutzt, mit deren Hilfe der Server einen Proxy für das richtige Objekt zur Verfügung stellen kann (in diesem Fall für den Taschenrechner).

Anstatt dem Client einen Endpunkt zur Verfügung zu stellen, mit dem er kommunizieren kann, können Sie auch dessen gesamte Informationen über das `Calculator`-Objekt in eine Datei schreiben, die Sie dem Client physisch zur Verfügung stellen. Beispielsweise könnten Sie die Dateien Ihrem besten Freund per E-Mail zusenden, so dass er sie auf seinen lokalen Computer laden kann.

Der Client deserialisiert dann das Objekt und rekonstruiert einen Proxy, den er anschließend dazu verwendet, um auf das `Calculator`-Objekt Ihres Servers zuzugreifen! (Das folgende Beispiel hat mir Mike Woodring, früher bei DevelopMentor tätig, vorgeschlagen. Er benutzt ein ähnliches Beispiel, um klarzumachen, dass der Endpunkt nichts weiter als eine Vereinfachung des Fernzugriffs auf ein gemarshaltes Objekt darstellt.)

Damit Sie verstehen, wie Sie ein Objekt ohne bekannten Endpunkt aufrufen können, modifizieren Sie die `Main()`-Methode aus Beispiel 19-3 ein weiteres Mal. Anstatt `Marshal()` mit einem Endpunkt aufzurufen, übergeben Sie diesmal einfach das Objekt:

```
ObjRef objRef = RemotingServices.Marshal(calculator)
```

`Marshal()` gibt ein `ObjRef`-Objekt zurück. Ein `ObjRef`-Objekt speichert alle Informationen, die für die Aktivierung und Kommunikation mit einem Remote-Objekt notwendig sind. Wenn Sie einen Endpunkt zur Verfügung stellen, erzeugt der Server eine Tabelle, die den Endpunkt mit einem `objRef` verbindet, so dass der Server den Proxy erzeugen kann, wenn ein Client danach fragt. ObjRef enthält alle vom Client für den Bau eines Proxys benötigten Informationen; objRef selbst ist serialisierbar.

Öffnen Sie einen Stream zum Schreiben einer neuen Datei und erzeugen Sie einen neuen SOAP-Formatierer. Sie können Ihr ObjRef in diese Datei serialisieren, indem Sie die Methode Serialize( ) des Formatierers aufrufen und den Stream sowie das von Marshal erhaltene ObjRef übergeben. Fertig! Damit haben Sie alle Informationen in die Datei geschrieben, die Sie benötigen, um ein Proxy für Ihr Objekt zu erzeugen. Den vollständigen Ersatz für Main( ) aus Beispiel 19-5 zeigt Beispiel 19-7. Außerdem müssen Sie noch drei using-Anweisungen in *CalcServer.cs* einfügen:

Beispiel 19-7: Marshaling für ein Objekt ohne wohlbekannten Endpunkt

```
using System;
using System.IO;
using System.Runtime.Serialization.Formatters.Soap;

public static void Main( )
{
   // Erzeuge einen Channel und registriere diesen
   HttpChannel chan = new HttpChannel(65100);
   ChannelServices.RegisterChannel(chan);
   // Erzeuge eine eigene Instanz und rufe Marshal direkt auf
   Calculator calculator = new Calculator( );

   ObjRef objRef = RemotingServices.Marshal(calculator);

   FileStream fileStream =
      new FileStream("calculatorSoap.txt",FileMode.Create);

   SoapFormatter soapFormatter = new SoapFormatter( );

   soapFormatter.Serialize(fileStream,objRef);
   fileStream.Close( );

   //  "Auch jene dienen, die nur stehen und warten." (Milton)
   Console.WriteLine(
   "Nach CalculatorSoap.txt exportiert. Zum Beenden ENTER drücken...");
   Console.ReadLine( );
}
```

Wenn Sie den Server laufen lassen, schreibt er die Datei *calculatorSoap.txt* auf die Platte. Dann wartet der Server darauf, dass sich der Client verbindet. Es wird lange warten müssen. (Allerdings beendet er sich nach zehn Minuten selbst.)

KAPITEL 20

Threads und Synchronisation

Threads ermöglichen das Multitasking innerhalb einer Anwendung. Der Namensraum `System.Threading` bietet eine Fülle von Klassen und Interfaces zur Unterstützung von Multithread-Programmen. Die meisten Programmierer werden niemals explizit mit Threads umgehen müssen, denn die CLR fasst einen Großteil der Thread-Unterstützung in Klassen zusammen, mit denen Multithreading-Aufgaben vereinfacht werden. So werden Sie beispielsweise in Kapitel 21 sehen, wie man Multithreading-fähige Streams zum Lesen und Schreiben von Daten erzeugt, ohne sich selbst um die Threads kümmern zu müssen.

Der erste Teil dieses Kapitels zeigt, wie Sie Threads erzeugen, verwalten und beenden. Auch wenn Sie selbst nicht direkt mit Threads arbeiten wollen, müssen Sie sicher sein, dass Ihre Programme mit mehreren Threads umgehen können, sofern sie in einer Multithreading-Umgebung lauffähig sein sollen. Diese Überlegung ist besonders wichtig, wenn Sie Komponenten entwickeln, die von anderen Programmierern in Multithreading-fähigen Programmen verwendet werden. Speziell für Remoting und Entwickler von Webservices ist dies von Bedeutung. Webservices (die in Kapitel 15 behandelt werden) haben zwar viele Eigenschaften von Arbeitsplatz-Anwendungen, laufen aber auf einem Server, haben im Allgemeinen keine eigene Benutzeroberfläche und zwingen den Entwickler, sich um Server-Probleme wie Effizienz und Multithreading zu kümmern.

Im zweiten Teil des Kapitels geht es um Fragen der Synchronisation. Wenn Sie eine begrenzte Ressource (zum Beispiel eine Datenbankverbindung) haben, können Sie möglicherweise zu jedem Zeitpunkt nur einem einzigen Thread den Zugriff gestatten. Die klassische Analogie hierfür ist ein Flugzeug-WC, für das immer nur einer Person der Zugang gestattet sein soll. Dies wird durch ein an der Tür angebrachtes Schloss erreicht. Ein Passagier, der das WC benutzen will, versucht das Schloss zu öffnen, und wenn es verschlossen ist, geht er entweder weg und tut etwas anderes oder wartet geduldig in einer Reihe mit anderen, die auf diese Ressource zugreifen wollen. Sobald die Ressource frei wird, erhält eine Person aus der Schlange Zugang, und danach ist sie wiederum gesperrt.

Manchmal wollen verschiedene Threads auf eine Ressource in Ihrem Programm zugreifen, zum Beispiel auf eine Datei. Wenn Sie sicherstellen müssen, dass zu jedem Zeitpunkt nur ein einziger Thread auf Ihre Ressource zugreifen kann, müssen Sie die Ressource sperren, einem Thread den Zugriff gestatten und die Ressource danach wieder freigeben. Die Programmierung solcher Sperren kann ziemlich kompliziert sein, wenn eine gerechte Verteilung der Ressourcen sichergestellt werden soll.

Threads

Typischerweise setzt man Threads ein, wenn ein Programm mehrere Dinge gleichzeitig tun soll. Nehmen Sie an, Sie wollen die Zahl Pi (3.141592653589...) auf die zehnmilliardste Stelle genau berechnen. Der Prozessor beginnt munter mit dem Rechnen, aber währenddessen erscheint keinerlei Ausgabe auf der Benutzeroberfläche. Da die Berechnung von Pi auf die zehnmilliardste Stelle mehrere Millionen Jahre dauert, würden Sie es begrüßen, wenn der Prozessor Ihnen etwas über den Fortgang der Arbeit mitteilte. Außerdem wollen Sie vielleicht einen **Stop**-Button vorsehen, damit der Benutzer den Vorgang jederzeit abbrechen kann. Damit das Programm reagieren kann, wenn der **Stop**-Button angeklickt wird, benötigen Sie einen zweiten Ausführungs-Thread.

Eine andere gängige Situation für den Einsatz von Threads besteht dann, wenn Sie auf ein Event warten müssen, zum Beispiel auf Benutzereingaben, auf einen Lesevorgang aus einer Datei oder auf den Empfang von Daten über das Netzwerk. Es ist eine gute Idee, den Prozessor während des Wartens für eine andere Aufgabe freizustellen (um etwa weitere 10.000 Werte von Pi zu berechnen), wodurch Ihr Programm schneller zu laufen scheint.

Beachten Sie andererseits, dass das Threading unter bestimmten Umständen auch eine Verlangsamung mit sich bringen kann. Angenommen, Sie wollen zusätzlich zur Berechnung von Pi auch noch die Fibonnacci-Reihe (1,1,2,3,5,8,13,21...) berechnen. Auf einem Multiprozessor-Rechner geht dies schneller, wenn jede Rechnung in ihrem eigenen Thread läuft. Wenn Sie aber (wie die meisten Anwender) eine Einprozessor-Maschine haben, läuft diese Berechnung mit mehreren Threads eher *langsamer*, als wenn Sie erst die eine und dann die andere Aufgabe in einem einzigen Thread berechnen. Denn der Prozessor muss zwischen den beiden Threads hin- und herschalten, und dies erfordert einigen zusätzlichen Aufwand.

Threads starten

Am einfachsten erzeugen Sie einen Thread, indem Sie eine neue Instanz der Klasse `Thread` anlegen. Der Konstruktor von `Thread` hat ein einziges Argument, und zwar eine `delegate`-Instanz. Die CLR bietet speziell für diesen Zweck die Delegate-Klasse `ThreadStart`, die auf eine von Ihnen benannte Methode weist. Damit können Sie einen Thread erstellen und ihm sagen: »Wenn du startest, rufe diese Methode auf.« Die Deklaration des `ThreadStart`-Delegate ist:

```
public delegate void ThreadStart( );
```

Wie Sie sehen, darf die Methode, die Sie diesem Delegate zuordnen, keine Parameter haben, und sie muss void liefern. Somit können Sie folgendermaßen einen neuen Thread erzeugen:

```
Thread myThread = new Thread( new ThreadStart(myFunc) );
```

Beispielsweise können Sie zwei Arbeits-Threads erzeugen, von denen der eine von null an inkrementiert:

```
public void Incrementer( )
{
    for (int i =0;i<1000;i++)
    {
        Console.WriteLine("Incrementer: {0}", i);
    }
}
```

Der andere dekrementiert von 1.000 an:

```
public void Decrementer( )
{
    for (int i = 1000;i>=0;i--)
    {
        Console.WriteLine("Decrementer: {0}", i);
    }
}
```

Um diese in Threads laufen zu lassen, erzeugen Sie zwei neue Threads, die beide mit einem ThreadStart-Delegate initialisiert werden. Diese wiederum müssen mit den jeweiligen Member-Funktionen initialisiert werden:

```
Thread t1 = new Thread( new ThreadStart(Incrementer) );
Thread t2 = new Thread( new ThreadStart(Decrementer) );
```

Dadurch, dass die Threads instantiiert werden, laufen sie noch nicht. Dazu müssen Sie die Methode Start des Thread-Objekts selbst aufrufen:

```
t1.Start( );
t2.Start( );
```

> Wenn Sie nichts weiter unternehmen, endet der Thread dann, wenn auch die Funktion beendet wird. Später in diesem Kapitel werden Sie erfahren, wie Sie einen Thread vor Ablauf der Funktion abbrechen können.

Beispiel 20-1 enthält ein vollständiges Programm samt seiner Ausgaben. Sie benötigen ein using-Statement für System.Threading, damit dem Compiler die Klasse Thread bekannt ist. Sehen Sie sich die Ausgabe an, in der Sie das Umschalten des Prozessors zwischen t1 und t2 erkennen können

Beispiel 20-1: Threads verwenden

```
#region Using directives

using System;
```

Beispiel 20-1: Threads verwenden (Fortsetzung)

```
using System.Collections.Generic;
using System.Text;
using System.Threading;

#endregion

namespace UsingThreads
{
   class Tester
   {
      static void Main( )
      {
         // Erstelle eine Instanz dieser Klasse
         Tester t = new Tester( );

         Console.WriteLine( "Hello" );
         // Laufe außerhalb der statischen Main-Methode
         t.DoTest( );

      }

      public void DoTest( )
      {
         // Erzeuge einen Thread für den Incrementer.
         // Übergib  ein ThreadStart-Delegate
         // mit der Adresse des Incrementers
         Thread t1 =
            new Thread(
               new ThreadStart(Incrementer) );

         // Erzeuge einen Thread für den Decrementer.
         // Übergib ein ThreadStart-Delegate
         // mit der Adresse des Decrementers
         Thread t2 =
            new Thread(
               new ThreadStart(Decrementer) );

         // Starte die Threads
         t1.Start( );
         t2.Start( );
      }

      // Demo-Funktion, inkrementiert bis 1000
      public void Incrementer( )
      {
         for (int i =0;i<1000;i++)
         {
            System.Console.WriteLine(
               "Incrementer: {0}", i);
         }
      }
```

Beispiel 20-1: Threads verwenden (Fortsetzung)

```
        // Demo-Funktion, zählt abwärts von 1000
        public void Decrementer( )
        {
            for (int i = 1000;i>=0;i--)
            {
                System.Console.WriteLine(
                    "Decrementer: {0}", i);
            }
        }
    }
}

Ausgabe (Ausschnitt):
Incrementer: 102
Incrementer: 103
Incrementer: 104
Incrementer: 105
Incrementer: 106
Decrementer: 1000
Decrementer: 999
Decrementer: 998
Decrementer: 997
```

Der Prozessor lässt den ersten Thread so lange laufen, dass er bis 106 zählen kann. Dann schaltet sich der zweite Thread ein, der von 1.000 an eine Weile abwärts zählt. Anschließend kommt der erste Thread wieder zum Zuge. Als ich dieses Programm mit höheren Zahlen laufen ließ, stellte ich fest, dass jeder Thread bis zum Umschalten etwa 100 Zahlen lang laufen konnte.

> Die tatsächlich jedem vorhandenen Thread zugebilligte Zeitdauer wird vom Thread-Scheduler berechnet und ist von diversen Faktoren abhängig, zum Beispiel von der Prozessorgeschwindigkeit, von Prozessoranforderungen anderer Programme und so weiter.

Threads vereinigen

Man kann einen Thread dazu veranlassen, die Verarbeitung zu unterbrechen und darauf zu warten, dass ein anderer Thread seine Arbeit abgeschlossen hat. Dies wird als Vereinigen (join) des ersten mit dem zweiten Thread bezeichnet. Es ist, als würden Sie die Spitze des ersten Threads mit dem Ende des zweiten Threads verknüpfen, also »vereinigen«.

Um Thread 1 (`t1`) mit Thread 2 (`t2`) zu vereinigen, schreiben Sie:

```
t2.Join( );
```

Wenn diese Anweisung innerhalb einer Methode von Thread `t1` ausgeführt wird, hält `t1` an und wartet, bis `t2` beendet wird. Beispielsweise können wir den Thread, in dem `Main( )` läuft, dazu veranlassen, auf die Beendigung aller anderen Threads zu warten, bevor er eine abschließende Meldung ausgibt. Im nächsten Codeabschnitt nehmen wir an, dass

Sie eine Thread-Collection namens `myThreads` angelegt haben. Sie durchlaufen die Collection und vereinigen dabei den aktuellen Thread der Reihe nach mit allen Threads in der Collection:

```
foreach (Thread myThread in myThreads)
{
    myThread.Join( );
}

Console.WriteLine("Alle meine Threads sind fertig.");
```

Die abschließende Meldung `Alle meine Threads sind fertig` wird erst ausgegeben, wenn alle Threads beendet sind. In einer Produktionsumgebung können Sie so eine Reihe von Threads starten, die irgendwelche Aufgaben ausführen (z.B. drucken, die Anzeige aktualisieren usw.) und den Haupt-Thread warten lassen, bis alle anderen Threads ihre Arbeit abgeschlossen haben.

Threads blockieren mit Sleep

Manchmal müssen Sie den Ablauf eines Threads für eine kurze Zeit unterbrechen. Zum Beispiel können Sie Ihren Uhrzeit-Thread zwischen zwei Abfragen der Systemzeit etwa eine Sekunde lang aussetzen lassen. Das gibt Ihnen die Möglichkeit, etwa einmal pro Sekunde die aktuelle Zeit anzeigen zu lassen, ohne dafür hunderte von Millionen Maschinenzyklen opfern zu müssen.

Die Klasse `Thread` bietet eine öffentliche, statische Methode `Sleep`, die genau diesem Zweck dient. Die Methode ist überladen; eine Version übernimmt einen `int`-Wert, die andere ein `timeSpan`-Objekt. In beiden Fällen wird die Anzahl der Millisekunden angegeben, für die der Thread angehalten werden soll, entweder als `int` (z.B. 2.000 = 2.000 Millisekunden oder zwei Sekunden) oder als `timeSpan`.

Obwohl ein `timeSpan`-Objekt sogar *Ticks* (100 Nanosekunden) messen kann, ist die Granularität der `Sleep()`-Methode auf Millisekunden (1.000.000 Nanosekunden) beschränkt.

Um Ihren Thread für eine Sekunde pausieren zu lassen, können Sie die statische `Thread`-Methode `Sleep()` verwenden, die den Thread aussetzen lässt, aus dem sie aufgerufen wird:

```
Thread.Sleep(1000);
```

Unter Umständen weisen Sie auch null als auszusetzende Zeit aus; damit signalisieren Sie dem Thread-Scheduler, dass Ihr Thread erst einmal anderen Threads Raum geben soll, obwohl der Thread-Scheduler andernfalls Ihrem Thread noch etwas mehr Zeit zugeordnet hätte.

Wenn Sie Beispiel 20-1 modifizieren und nach jedem `WriteLine()` eine Anweisung `Thread.Sleep(1)` einfügen, ändert sich die Ausgabe deutlich:

```
for (int i =0;i<1000;i++)
```

```
{
   Console.WriteLine(
      "Incrementer: {0}", i);
   Thread.Sleep(1);
}
```

Diese kleine Änderung genügt, um jeden der beiden Threads weiterlaufen zu lassen, sobald der jeweils andere Thread seine Zahl angezeigt hat. Die Ausgabe spiegelt diese Veränderung wider:

```
Incrementer: 0
Incrementer: 1
Decrementer: 1000
Incrementer: 2
Decrementer: 999
Incrementer: 3
Decrementer: 998
Incrementer: 4
Decrementer: 997
Incrementer: 5
Decrementer: 996
Incrementer: 6
Decrementer: 995
```

Threads abbrechen

Normalerweise verabschiedet sich ein Thread, nachdem er seine Aufgabe erledigt hat. Sie können aber einen Thread auch zum vorzeitigen Abbruch veranlassen. Die sauberste Möglichkeit dazu ist, das Boolesche Flag `KeepAlive` zu setzen, das der Thread periodisch prüfen kann. Wenn das Flag seinen Zustand ändert (z.B. von `true` nach `false` übergeht), kann sich der Thread dann selbst beenden.

Eine Alternative besteht darin, die Methode `Thread.Interrupt` aufzurufen, die den Thread auffordert, sich selbst abzubrechen. Und in ganz verzweifelten Situationen, wenn Sie die Anwendung in jedem Fall herunterfahren möchten, können Sie schließlich noch `Thread.Abort` aufrufen. Dies hat zur Folge, dass die Exception `ThreadAbortException` ausgelöst wird, die der Thread allerdings abfangen kann.

Jeder Thread sollte die Exception `ThreadAbortException` als Signal verstehen, dass es Zeit zum sofortigen Schlussmachen ist. Sie werfen einen Thread jedenfalls so nicht einfach hinaus, sondern bitten ihn höflich zu gehen.

Angenommen, Sie wollen einen Thread als Reaktion auf ein Ereignis beenden, beispielsweise wenn der Benutzer den Button zum Abbrechen angeklickt hat. Der Event-Handler für diesen Button befindet sich in Thread `t2`, und das Ereignis, das abgebrochen werden soll, läuft in Thread `t1`. In Ihrem Event-Handler rufen Sie dann auf `t1` `Abort` auf:

```
t1.Abort( );
```

In diesem Fall wird eine Exception in der in `t1` aktuell laufenden Methode ausgelöst, die `t1` abfangen kann.

In Beispiel 20-2 werden drei Threads erzeugt und in einem Array von Thread-Objekten gespeichert. Vor dem Starten der Threads wird die Eigenschaft IsBackground auf true gesetzt (Hintergrund-Threads hindern keinen Prozess daran, sich zu beenden; ansonsten verhalten sich genau so wie Vordergrund-Threads). Danach wird jeder Thread gestartet und benannt (z.B. Thread1, Thread2 usw.). Eine Mitteilung zeigt an, dass der Thread gestartet worden ist; danach pausiert der Haupt-Thread 50 Millisekunden lang und startet dann den nächsten Thread.

Nachdem alle drei Threads gestartet und weitere 50 Millisekunden vergangen sind, wird der zweite Thread durch einen Aufruf von Abort( ) abgebrochen. Der Haupt-Thread vereinigt sich mit allen drei laufenden Threads. Der Effekt von all dem ist, dass der Haupt-Thread nicht weiterläuft, bevor alle anderen Threads beendet worden sind. Nach ihrer Beendigung gibt der Haupt-Thread die Meldung aus: Alle meine Threads sind fertig. Das Quellprogramm ist in Beispiel 20-2 dargestellt.

Beispiel 20-2: Einen Thread abbrechen

```
#region Using directives

using System;
using System.Collections.Generic;
using System.Text;
using System.Threading;

#endregion

namespace InterruptingThreads
{
   class Tester
   {
      static void Main( )
      {
         // Erstelle eine Instanz dieser Klasse
         Tester t = new Tester( );

         // Laufe außerhalb der statischen Main-Methode
         t.DoTest( );
      }

      public void DoTest( )
      {
         // Erzeuge ein Array unbenannter Threads
         Thread[] myThreads =
            {
               new Thread( new ThreadStart(Decrementer) ),
               new Thread( new ThreadStart(Incrementer) ),
               new Thread( new ThreadStart(Decrementer) ),
               new Thread( new ThreadStart(Incrementer) )
            };

            // Starte alle Threads
            int ctr = 1;
```

Beispiel 20-2: Einen Thread abbrechen (Fortsetzung)

```
            foreach (Thread myThread in myThreads)
            {
                myThread.IsBackground=true;
                myThread.Start( );
                myThread.Name = "Thread" + ctr.ToString( );
                ctr++;
                Console.WriteLine("Thread {0} gestartet", myThread.Name);
                Thread.Sleep(50);
            }

            // Den ersten Thread bitten, seine Tätigkeit zu beenden
            myThreads[0].Interrupt();

            // Den zweiten Thread auffordern, sofort abzubrechen
            myThreads[1].Abort();

            // Warte auf die Beendigung aller Threads
            foreach (Thread myThread in myThreads)
            {
               myThread.Join( );
            }

            // Zeige eine Meldung nach dem Ende aller Threads an
            Console.WriteLine("Alle meine Threads sind fertig.");
     }

     // Demo-Funktion, dekrementiert ab 1000
     public void Decrementer( )
     {
        try
        {
           for (int i = 100;i>=0;i--)
           {
              Console.WriteLine(
                 "Thread {0}. Decrementer: {1}",
                 Thread.CurrentThread.Name,
                 i);
              Thread.Sleep(1);
           }
        }
        catch (ThreadAbortException)
        {
           Console.WriteLine(
              "Thread {0} abgebrochen! Räume auf...",
              Thread.CurrentThread.Name);
        }
   catch (System.Exception e)
   {
       Console.WriteLine("Thread wurde unterbrochen.");
   }
        finally
        {
```

Beispiel 20-2: Einen Thread abbrechen (Fortsetzung)

```
            Console.WriteLine(
               "Thread {0} wird beendet. ",
               Thread.CurrentThread.Name);
         }
      }

      // Demo-Funktion, inkrementiert bis 100
      public void Incrementer( )
      {
         try
         {
            for (int i =0;i<100;i++)
            {
               Console.WriteLine(
                  "Thread {0}. Incrementer: {1}",
                  Thread.CurrentThread.Name,
                  i);
               Thread.Sleep(1);
            }
         }
         catch (ThreadAbortException)
         {
            Console.WriteLine(
               "Thread {0} abgebrochen!",
               Thread.CurrentThread.Name);
         }
     catch (System.Exception e)
     {
        Console.WriteLine("Thread wurden unterbrochen.");
     }
     finally
         {
            Console.WriteLine(
               "Thread {0} wird beendet. ",
               Thread.CurrentThread.Name);
         }
      }
   }
}

Ausgabe (Auszug):
Thread Thread1 gestartet
Thread Thread1. Decrementer: 100
Thread Thread1. Decrementer: 99
Thread Thread2 gestartet
Thread Thread2. Incrementer: 0
Thread Thread1. Decrementer: 98
Thread Thread3 gestartet
Thread Thread3. Decrementer: 100
Thread Thread1. Decrementer: 97
Thread Thread2. Incrementer: 1
Thread Thread4 gestartet
```

Beispiel 20-2: Einen Thread abbrechen (Fortsetzung)

```
Thread Thread4. Incrementer: 0
Thread Thread2 abgebrochen!
Thread Thread3. Decrementer: 99
Thread Thread2 wird beendet.
Thread wurde unterbrochen.
Thread Thread3. Decrementer: 98
Thread Thread4. Incrementer: 1
Thread Thread1 wird beendet.
Thread Thread3. Decrementer: 97
Thread Thread3. Decrementer: 1
Thread Thread4. Incrementer: 98
Thread Thread3. Decrementer: 0
Thread Thread4. Incrementer: 99
Thread Thread3 wird beendet.
Thread Thread4 wird beendet.
Alle meine Threads sind fertig.
```

Sie sehen, dass der erste Thread losläuft und von 100 bis 99 dekrementiert. Der zweite Thread startet, und die beiden Threads wechseln sich eine Zeit lang ab, bis der dritte und der vierte Thread beginnen. Nach kurzer Zeit zeigt allerdings `Thread2` an, dass er abgebrochen wurde, und danach, dass er endet. Ein wenig später meldet `Thread1`, dass er unterbrochen wurde. Da die Unterbrechung erst wirksam wird, wenn sich der Thread in einem Wartezustand befindet, kann es sein, dass die Reaktion etwas weniger direkt erfolgt als bei einem Aufruf von `Abort`. Die beiden übrigen Threads fahren fort, bis sie fertig sind. Sie enden normal, und der Haupt-Thread, der mit allen dreien vereinigt wird, fährt mit der Anzeige seiner Abschlussmeldung fort.

Synchronisation

Gelegentlich müssen Sie den Zugriff auf eine Ressource kontrollieren, zum Beispiel auf die Eigenschaften oder Methoden eines Objekts, so dass zu jedem Zeitpunkt nur ein Thread diese Ressource verändern kann. Ihr Objekt ähnelt dem oben besprochenen Flugzeug-WC, und die verschiedenen Threads verhalten sich wie die in der Schlange wartenden Passagiere. Zur Synchronisation dient eine Sperre (Lock) auf dem Objekt, die dafür sorgt, dass kein zweiter Thread sich in Ihr Objekt drängeln kann, bevor der erste Thread fertig ist.

In diesem Abschnitt untersuchen wir drei Synchronisationsmechanismen: die `Interlock`-Klasse, die Lock-Anweisung in C# und die `Monitor`-Klasse. Aber zuerst erzeugen wir eine gemeinsam genutzte Ressource, oft eine Datei oder einen Drucker, und darin eine einfache Integer-Variable namens `counter`. Anstatt eine Datei zu öffnen oder auf einen Drucker zuzugreifen, inkrementieren wir in beiden Threads `counter` .

Deklarieren Sie zunächst die Member-Variable und initialisieren Sie sie auf 0:

```
int counter = 0;
```

Modifizieren Sie die `Incrementer`-Methode so, dass sie die Member-Variable `counter` inkrementiert:

```
public void Incrementer( )
{
   try
   {
      while (counter < 1000)
      {
         int temp = counter;
         temp++; // Inkrementiere

         // Täusche etwas Arbeit in dieser Methode vor
         Thread.Sleep(1);

         // Weise den erhöhten Wert
         // der Variablen counter zu
         // und zeige die Ergebnisse an
         counter = temp;
         Console.WriteLine(
            "Thread {0}. Incrementer: {1}",
            Thread.CurrentThread.Name,
            counter);
      }
   }
```

Die Idee besteht hier darin, die Arbeit mit einer kontrollierten Ressource zu simulieren. Genau wie wir vielleicht eine Datei öffnen, ihren Inhalt verändern und sie dann wieder schließen, lesen wir hier den Inhalt von `counter` in eine temporäre Variable, inkrementieren den Inhalt der temporären Variablen, pausieren für eine Millisekunde zur Simulation irgendeiner Tätigkeit und weisen den inkrementierten Wert wiederum `counter` zu.

Das Problem dabei ist, dass der erste Thread den Wert des Zählers (0) ausliest und einer temporären Variablen zuweist. Dann inkrementiert er die temporäre Variable. Währenddessen liest der zweite Thread den Inhalt des Zählers (immer noch 0) und weist den Inhalt einer temporären Variablen zu. Der erste Thread beendet seine Arbeit und weist seinen temporären Wert (1) wieder dem Zähler zu und zeigt ihn an. Der zweite Thread macht dasselbe. Ausgegeben werden die Werte `1,1`. In der nächsten Runde passiert das Gleiche. Wir sehen, dass die beiden Threads nicht `1,2,3,4` zählen, sondern `1,2,3,3,4,4`. Beispiel 20-3 zeigt den vollständigen Quellcode und die Ausgabe für dieses Beispiel.

Beispiel 20-3: Eine gemeinsam genutzte Ressource simulieren

```
#region Using directives

using System;
using System.Collections.Generic;
using System.Text;
using System.Threading;

#endregion
```

Beispiel 20-3: Eine gemeinsam genutzte Ressource simulieren (Fortsetzung)

```
namespace SharedResource
{
   class Tester
   {
      private int counter = 0;

      static void Main()
      {
         // Erstelle eine Instanz dieser Klasse
         Tester t = new Tester();

         // Laufe außerhalb der statischen Main-Methode
         t.DoTest();
      }

      public void DoTest()
      {
         Thread t1 = new Thread( new ThreadStart(Incrementer) );
         t1.IsBackground=true;
         t1.Name = "ThreadOne";
         t1.Start();
         Console.WriteLine("Thread {0} gestartet",
            t1.Name);

         Thread t2 = new Thread( new ThreadStart(Incrementer) );
         t2.IsBackground=true;
         t2.Name = "ThreadTwo";
         t2.Start();
         Console.WriteLine("Thread {0} gestartet",
            t2.Name);
         t1.Join();
         t2.Join();

         // Zeige Nachricht nach dem Ende aller Threads an
         Console.WriteLine("Alle meine Threads sind fertig.");
      }

      // Demo-Funktion, inkrementiert bis 1000
      public void Incrementer()
      {
         try
         {
            while (counter < 1000)
            {
               int temp = counter;
               temp++; // Inkrementiere

               // Täusche etwas Arbeit in dieser Methode vor
               Thread.Sleep(1);

               // Weise den erhöhten Wert zu
               // und zeige das Ergebnis an
```

Beispiel 20-3: Eine gemeinsam genutzte Ressource simulieren (Fortsetzung)

```
                counter = temp;
                Console.WriteLine(
                    "Thread {0}. Incrementer: {1}",
                    Thread.CurrentThread.Name,
                    counter);
            }
        }
        catch (ThreadInterruptedException)
        {
            Console.WriteLine(
                "Thread {0} abgebrochen! Räume auf ...",
                Thread.CurrentThread.Name);
        }
        finally
        {
            Console.WriteLine(
                "Thread {0} wird beendet. ",
                Thread.CurrentThread.Name);
        }
    }
  }
}

Ausgabe:
Thread ThreadOne gestartet
Thread ThreadTwo gestartet
Thread ThreadOne. Incrementer: 1
Thread ThreadOne. Incrementer: 2
Thread ThreadOne. Incrementer: 3
Thread ThreadTwo. Incrementer: 3
Thread ThreadTwo. Incrementer: 4
Thread ThreadOne. Incrementer: 4
Thread ThreadTwo. Incrementer: 5
Thread ThreadOne. Incrementer: 5
Thread ThreadTwo. Incrementer: 6
Thread ThreadOne. Incrementer: 6
```

Interlocked verwenden

Die CLR bietet mehrere Synchronisationsmechanismen. Dazu zählen die üblichen Instrumente wie *kritische Abschnitte* (die bei .NET als *Locks* bezeichnet werden) sowie die `Monitor`-Klasse. Jeder einzelne Mechanismus wird weiter unten in diesem Kapitel behandelt.

Das Inkrementieren und Dekrementieren eines Werts ist ein derart verbreitetes Programmiermuster und eines, das so häufig einen Schutz durch Synchronisation benötigt, dass CLR speziell für diesen Zweck eine eigene Klasse anbietet: `Interlocked`. Die Klasse `Interlocked` verfügt über zwei Methoden, `Increment` und `Decrement`, die nicht nur einen Wert inkrementieren oder dekrementieren, sondern dies auch synchronisiert tun.

Modifizieren Sie die Incrementer-Methode aus Beispiel 20-3 wie folgt:

```
public void Incrementer( )
{
   try
   {
      while (counter < 1000)
      {
         int temp = Interlocked.Increment(ref counter);

         // Simuliere einige Arbeit in dieser Methode
         Thread.Sleep(1);

         // Weise den erhöhten Wert zu
         // und zeige das Ergebnis an
         Console.WriteLine(
            "Thread {0}. Incrementer: {1}",
            Thread.CurrentThread.Name,
            temp);
      }
   }
}
```

Die catch- und finally-Blöcke sowie der Rest des Programms werden unverändert aus dem vorangehenden Beispiel übernommen.

Die Methode Interlocked.Increment( ) erwartet einen einzigen Parameter: eine Referenz auf einen int-Wert. Da ein int normalerweise by value übergeben wird, verwenden Sie, wie in Kapitel 4 beschrieben, das Schlüsselwort ref.

> Die Increment( )-Methode ist überladen und kann auch eine Referenz auf einen long-Wert an Stelle eines int-Werts übernehmen, wenn dies passender ist.

Nach dieser Änderung ist der Zugriff auf den Member counter synchronisiert, und die Ausgabe entspricht nun unserer Erwartung:

```
Ausgabe (Auszug):
Thread ThreadOne gestartet
Thread ThreadTwo gestartet
Thread ThreadOne. Incrementer: 1
Thread ThreadTwo. Incrementer: 2
Thread ThreadOne. Incrementer: 3
Thread ThreadTwo. Incrementer: 4
Thread ThreadOne. Incrementer: 5
Thread ThreadTwo. Incrementer: 6
Thread ThreadOne. Incrementer: 7
Thread ThreadTwo. Incrementer: 8
Thread ThreadOne. Incrementer: 9
Thread ThreadTwo. Incrementer: 10
Thread ThreadOne. Incrementer: 11
Thread ThreadTwo. Incrementer: 12
Thread ThreadOne. Incrementer: 13
```

```
Thread ThreadTwo. Incrementer: 14
Thread ThreadOne. Incrementer: 15
Thread ThreadTwo. Incrementer: 16
Thread ThreadOne. Incrementer: 17
Thread ThreadTwo. Incrementer: 18
Thread ThreadOne. Incrementer: 19
Thread ThreadTwo. Incrementer: 20
```

Locks verwenden

Obwohl das Interlocked-Objekt gut funktioniert, wenn es darum geht, einen Wert hoch- oder herunterzuzählen, werden Sie doch in manchen Situationen auch den Zugriff auf andere Objekte kontrollieren wollen. Hierzu wird ein allgemeinerer Synchronisationsmechanismus benötigt. Dieser wird in C# durch das Lock-Feature (Sperre) zur Verfügung gestellt.

Ein Lock kennzeichnet einen kritischen Abschnitt in Ihrem Programm und synchronisiert ein Objekt, das Sie benennen, während die Sperre aktiv ist. Die Syntax von lock sieht folgendermaßen aus: Sie fordern eine Sperre für ein Objekt an und führen dann eine Anweisung oder einen Anweisungsblock aus. Die Sperre wird am Ende des Anweisungsblocks automatisch zurückgenommen.

C# bietet durch das Schlüsselwort lock direkte Unterstützung für Locks. Übergeben Sie es einem Referenzobjekt und lassen Sie auf die Anweisung einen Anweisungsblock folgen:

```
lock(Ausdruck) Anweisungsblock
```

So können Sie zum Beispiel Incrementer ein weiteres Mal modifizieren und jetzt die Lock-Anweisung einsetzen:

```
public void Incrementer( )
{
   try
   {
      while (counter < 1000)
      {
         int temp;
         lock (this)
         {
            temp = counter;
            temp ++;
            Thread.Sleep(1);
            counter = temp;
         }

         // Weise den erhöhten Wert zu
         // und zeige das Ergebnis an
         Console.WriteLine(
            "Thread {0}. Incrementer: {1}",
            Thread.CurrentThread.Name,
            temp);
      }
   }
```

Die `catch`- und `finally`-Blöcke werden unverändert aus dem vorangehenden Beispiel übernommen.

Die Ausgabe dieses Codes ist mit der identisch, die bei der Verwendung von `Interlocked` entsteht.

Monitore verwenden

Die bisher verwendeten Objekte sind in den meisten Fällen ausreichend. Um die bestmögliche Kontrolle über Ressourcen zu bekommen, können Sie auch einen *Monitor* einsetzen. Ein Monitor überlässt Ihnen die Entscheidung darüber, wann die Synchronisation begonnen und beendet wird, und ermöglicht Ihnen, darauf zu warten, dass ein anderer Bereich Ihres Codes frei wird.

Wenn die Synchronisation beginnen soll, rufen Sie die `Enter( )`-Methode des Monitors auf und übergeben ihr das zu sperrende Objekt:

```
Monitor.Enter(this);
```

Ist der Monitor nicht verfügbar, wird von dem vom Monitor geschützten Objekt angenommen, dass es gerade in Gebrauch sei. Sie können etwas anderes tun, während Sie darauf warten, dass der Monitor wieder verfügbar wird, und es dann noch einmal versuchen. Sie können stattdessen auch explizit `Wait( )` aufrufen und dadurch den Thread so lange pausieren lassen, bis der Monitor frei wird und der Entwickler `Pulse` aufruft (was wir in Kürze behandeln). `Wait( )` hilft Ihnen dabei, die Reihenfolge der Threads zu kontrollieren.

Nehmen Sie beispielsweise an, dass Sie einen Artikel aus dem Web herunterladen und drucken wollen. Aus Effizienzgründen soll der Druck in einem Hintergrund-Thread erfolgen, aber es soll sichergestellt sein, dass mindestens zehn Seiten heruntergeladen worden sind, bevor der Ausdruck beginnt.

Der Druck-Thread wartet, bis der Datei-Lade-Thread signalisiert, dass ein ausreichender Teil der Datei heruntergeladen worden ist. Eine Vereinigung (`Join`) mit dem Datei-Lade-Thread käme hier nicht in Frage, da die Datei hunderte von Seiten lang sein kann. Sie wollen auch nicht warten, bis der Download-Vorgang vollständig abgeschlossen ist, sondern möchten nur sicher sein, dass mindestens zehn Seiten eingelesen worden sind, bevor der Druck-Thread beginnt. Hier ist die `Wait( )`-Methode genau das Passende.

Um dies zu simulieren, schreiben Sie den `Tester` um und fügen die Methode zum Dekrementieren wieder ein. Der Incrementer zählt bis zehn hoch, und der Decrementer zählt bis null herunter. Dabei soll das Herunterzählen erst beginnen, wenn der Wert von `counter` mindestens `5` beträgt.

Rufen Sie in `decrementer` die Methode `Enter` des Monitors auf. Prüfen Sie dann den Wert von `counter`, und wenn er kleiner als `5` ist, rufen Sie `Wait` beim Monitor auf:

```
if (counter < 5)
{
    Monitor.Wait(this);
}
```

Dieser Aufruf von `Wait( )` gibt den Monitor frei, signalisiert aber der CLR, dass Sie ihn zurückbekommen möchten, sobald er das nächste Mal frei wird. Wartende Threads werden von der Möglichkeit weiterzulaufen in Kenntnis gesetzt, wenn der aktive Thread `Pulse( )` aufruft:

```
Monitor.Pulse(this);
```

`Pulse( )` zeigt der CLR an, dass es eine Änderung im Zustand gibt, durch den ein wartender Thread freigesetzt werden kann.

Wenn ein Thread den Monitor nicht mehr benötigt, muss er das Ende des kontrollierten Codebereichs durch einen Aufruf von `Exit( )` kennzeichnen:

```
Monitor.Exit(this);
```

Beispiel 20-4 fährt mit der Simulation fort, wobei ein synchronisierter Zugriff auf eine `counter`-Variable mit Hilfe eines `Monitor`-Objekts erfolgt.

Beispiel 20-4: Ein Monitor-Objekt verwenden

```
#region Using directives

using System;
using System.Collections.Generic;
using System.Text;
using System.Threading;

#endregion

namespace UsingAMonitor
{
   class Tester
   {
      private long counter = 0;

      static void Main( )
      {
         // Erstelle eine Instanz dieser Klasse
         Tester t = new Tester( );

         // Laufe außerhalb der statischen Main-Methode
         t.DoTest( );
      }

      public void DoTest( )
      {
         // Erzeuge ein Array unbenannter Threads
         Thread[] myThreads =
            {
               new Thread( new ThreadStart(Decrementer) ),
               new Thread( new ThreadStart(Incrementer) )
            };

         // Starte jeden Thread
```

Beispiel 20-4: Ein Monitor-Objekt verwenden (Fortsetzung)

```
        int ctr = 1;
        foreach (Thread myThread in myThreads)
        {
           myThread.IsBackground=true;
           myThread.Start( );
           myThread.Name = "Thread" + ctr.ToString( );
           ctr++;
           Console.WriteLine("Thread {0} gestartet", myThread.Name);
           Thread.Sleep(50);
        }

        // Warte auf die Beendigung aller Threads
        foreach (Thread myThread in myThreads)
        {
           myThread.Join( );
        }

        // Zeige folgende Nachricht nach dem Ende aller Threads an
        Console.WriteLine("Alle meine Threads sind fertig.");
     }

     void Decrementer( )
     {
        try
        {
           // Synchronisiere diesen Codebereich
           Monitor.Enter(this);

           // Wenn der Zähler noch nicht auf 10 steht,
           // gib den Monitor frei für andere wartende
           // Threads und bleibe in der Warteschlange
           if (counter < 10)
           {
              Console.WriteLine(
                 "[{0}] in Decrementer. Counter: {1}. Muss warten!",
                 Thread.CurrentThread.Name, counter);
              Monitor.Wait(this);
           }

           while (counter >0)
           {
              long temp = counter;
              temp--;
              Thread.Sleep(1);
              counter = temp;
              Console.WriteLine(
                 "[{0}] in Decrementer. Counter: {1}. ",
                 Thread.CurrentThread.Name, counter);
           }
        }
        finally
        {
```

Beispiel 20-4: Ein Monitor-Objekt verwenden (Fortsetzung)

```
            Monitor.Exit(this);
         }
      }

      void Incrementer( )
      {
         try
         {
            Monitor.Enter(this);
            while (counter < 10)
            {
               long temp = counter;
               temp++;
               Thread.Sleep(1);
               counter = temp;
               Console.WriteLine(
                  "[{0}] in Incrementer. Counter: {1}",
                  Thread.CurrentThread.Name, counter);
            }

            // Bin erst mal fertig mit Zählen, lass anderen
            // Thread den Monitor übernehmen
            Monitor.Pulse(this);
         }
         finally
         {
            Console.WriteLine("[{0}] wird beendet ...",
               Thread.CurrentThread.Name);
            Monitor.Exit(this);
         }
      }
   }
}

Ausgabe:
Thread Thread1 gestartet
[Thread1] in Decrementer. Counter: 0. Muss warten!
Thread Thread2 gestartet
[Thread2] in Incrementer. Counter: 1
[Thread2] in Incrementer. Counter: 2
[Thread2] in Incrementer. Counter: 3
[Thread2] in Incrementer. Counter: 4
[Thread2] in Incrementer. Counter: 5
[Thread2] in Incrementer. Counter: 6
[Thread2] in Incrementer. Counter: 7
[Thread2] in Incrementer. Counter: 8
[Thread2] in Incrementer. Counter: 9
[Thread2] in Incrementer. Counter: 10
[Thread2] wird beendet...
[Thread1] in Decrementer. Counter: 9.
[Thread1] in Decrementer. Counter: 8.
[Thread1] in Decrementer. Counter: 7.
```

Beispiel 20-4: Ein Monitor-Objekt verwenden (Fortsetzung)

```
[Thread1] in Decrementer. Counter: 6.
[Thread1] in Decrementer. Counter: 5.
[Thread1] in Decrementer. Counter: 4.
[Thread1] in Decrementer. Counter: 3.
[Thread1] in Decrementer. Counter: 2.
[Thread1] in Decrementer. Counter: 1.
[Thread1] in Decrementer. Counter: 0.
Alle meine Threads sind fertig.
```

In diesem Beispiel wird zuerst `decrementer` gestartet. In der Ausgabe sehen Sie, dass `Thread1` (der `Decrementer`) startet und dann feststellt, dass er warten muss. Dann startet `Thread2`. Erst wenn `Thread2` mit `Pulse()` das Signal gibt, beginnt `Thread1` weiterzulaufen.

Experimentieren Sie etwas mit diesem Code. Kommentieren Sie zunächst den Aufruf von `Pulse( )` aus. Sie stellen dann fest, dass `Thread1` niemals zurückkehrt. Ohne `Pulse( )` gibt es kein Signal für wartende Threads.

Schreiben Sie als zweites Experiment den `Incrementer` so um, dass er nach jeder Erhöhung das `Pulse()`-Signal gibt und den Monitor beendet:

```
void Incrementer( )
{
   try
   {
      while (counter < 10)
      {
       Monitor.Enter(this);
        long temp = counter;
         temp++;
         Thread.Sleep(1);
         counter = temp;
         Console.WriteLine(
            "[{0}] in Incrementer. Counter: {1}",
            Thread.CurrentThread.Name, counter);
         Monitor.Pulse(this);
         Monitor.Exit(this);
      }
```

Schreiben Sie auch `Decrementer` um und machen Sie aus der `if`-Anweisung eine `while`-Anweisung, wobei Sie den Vergleichswert von `10` auf `5` vermindern:

```
//if (counter < 10)
while (counter < 5)
```

Der Effekt dieser beiden Änderungen ist, dass `Thread2`, der `Incrementer`, dem `Decrementer` nach jeder Erhöhung das `Pulse()`-Signal gibt. Solange der Wert kleiner als fünf ist, muss der `Decrementer` weiterhin warten; aber sobald der Wert größer oder gleich fünf ist, läuft der `Decrementer` bis zum Ende ab. Sobald er fertig ist, kann wiederum der `Incrementer` laufen. Die Ausgabe ist hier zu sehen:

```
[Thread2] in Incrementer. Counter: 2
[Thread1] in Decrementer. Counter: 2. Muss warten!
[Thread2] in Incrementer. Counter: 3
```

```
[Thread1] in Decrementer. Counter: 3. Muss warten!
[Thread2] in Incrementer. Counter: 4
[Thread1] in Decrementer. Counter: 4. Muss warten!
[Thread2] in Incrementer. Counter: 5
[Thread1] in Decrementer. Counter: 4.
[Thread1] in Decrementer. Counter: 3.
[Thread1] in Decrementer. Counter: 2.
[Thread1] in Decrementer. Counter: 1.
[Thread1] in Decrementer. Counter: 0.
[Thread2] in Incrementer. Counter: 1
[Thread2] in Incrementer. Counter: 2
[Thread2] in Incrementer. Counter: 3
[Thread2] in Incrementer. Counter: 4
[Thread2] in Incrementer. Counter: 5
[Thread2] in Incrementer. Counter: 6
[Thread2] in Incrementer. Counter: 7
[Thread2] in Incrementer. Counter: 8
[Thread2] in Incrementer. Counter: 9
[Thread2] in Incrementer. Counter: 10
```

Race Conditions und Deadlocks

Die .NET-Bibliothek bietet eine umfassende Thread-Unterstützung, die Sie kaum selbst aufbauen können, wenn Sie eigene Threads erzeugen und die Synchronisation manuell organisieren.

Die Synchronisation von Threads kann verzwickt sein, besonders in komplexen Programmen. Wenn Sie sich dazu entschließen, mit eigenen Threads zu arbeiten, müssen Sie sich mit den üblichen Problemen der Thread-Synchronisation auseinander setzen, zu denen Race Conditions und Deadlocks gehören.

Race Conditions

Eine *Race Condition* (»Wettlaufzustand«) liegt vor, wenn die zeitlich unkoordinierte Arbeit zweier Threads den erfolgreichen Ablauf Ihres Programms gefährdet.

Nehmen Sie beispielsweise an, Sie haben zwei Threads – einer ist dafür zuständig, eine Datei zu öffnen, und der andere, in diese Datei zu schreiben. Dann kommt es darauf an, dass Sie den zweiten Thread so überwachen, dass mit Sicherheit der erste Thread zuvor die Datei geöffnet hat. Wenn nicht, wird zwar unter gewissen Umständen der erste Thread so rechtzeitig die Datei öffnen, dass der zweite richtig funktioniert; unter anderen, unvorhersehbaren Bedingungen aber wird der erste Thread mit dem Öffnen der Datei nicht fertig sein, bevor der zweite Thread in diese zu schreiben versucht, und Sie lösen eine Exception aus (oder schlimmer, Ihr Programm bricht zusammen und endet). So etwas wird als *Race Condition* bezeichnet, und Race Conditions können ausgesprochen schwer zu debuggen sein.

Die beiden Threads können Sie nicht unabhängig voneinander laufen lassen, sondern Sie müssen sicherstellen, dass `Thread1` fertig ist, bevor `Thread2` beginnt. Um dies zu erreichen, könnten Sie ein `Join( )` von `Thread2` mit `Thread1` durchführen. Als Alternative können Sie einen `Monitor` und `Wait( )` mit geeigneten Bedingungen verwenden, bevor Sie `Thread2` fortfahren lassen.

Deadlocks

Wenn Sie darauf warten, dass eine Ressource frei wird, riskieren Sie einen *Deadlock* (Blockierung), den man auch als *tödliche Umklammerung* bezeichnen kann. Bei einem Deadlock warten zwei oder mehr Threads aufeinander, und keiner kann sich aus dieser Situation befreien.

Nehmen wir an, Sie haben zwei Threads, `ThreadA` und `ThreadB`. `ThreadA` sperrt ein Objekt vom Typ `Mitarbeiter` und versucht dann, einen Lock auf eine Zeile in der Datenbank zu bekommen. Dabei stellt sich heraus, dass `ThreadB` diese Zeile bereits gesperrt hat, also muss `ThreadA` warten.

Leider kann `ThreadB` die Zeile nicht aktualisieren, bevor er das Mitarbeiter-Objekt gesperrt hat, das aber bereits durch `ThreadA` gesperrt worden ist. Keiner der Threads kann fortfahren, und keiner wird seine eigene Ressource freigeben. Sie warten aufeinander in einer tödlichen Umklammerung.

Ein Deadlock, wie er hier beschrieben ist, kann relativ einfach gefunden – und korrigiert – werden. In einem Programm mit vielen Threads kann die Diagnose von Deadlocks dagegen sehr schwierig sein, ganz zu schweigen von der Lösung. Eine Regel ist, alle benötigten Locks zu bekommen oder, wenn dies nicht gelingt, alle Locks freizugeben, in deren Besitz man ist. Das heißt, sobald `ThreadA` erkennt, dass er die Zeile nicht sperren kann, sollte er sein Lock auf das Mitarbeiter-Objekt freigeben. Und gleichermaßen sollte `ThreadB`, wenn er den Mitarbeiter nicht sperren kann, die Zeile freigeben. Eine zweite wichtige Richtlinie ist, nur möglichst kurze Codeabschnitte zu sperren und Locks nur über eine möglichst kurze Zeit festzuhalten.

KAPITEL 21

Streams

Bei vielen Anwendungen werden die Daten in einer Weise im Speicher gehalten und benutzt, als handele es sich um dreidimensionale, feste Gebilde; wenn Sie auf eine Variable oder ein Objekt zugreifen müssen, geben Sie seinen Namen an – und schon steht es Ihnen zu Diensten. Wenn Sie jedoch Ihre Daten in oder aus einer Datei, durch das Netzwerk oder über das Internet bewegen möchten, müssen Ihre Daten in einen *Stream* (Datenstrom) verwandelt werden.[1] In einem Stream fließen die Daten wie Blasen auf fließendem Wasser.

Der Endpunkt eines Streams wird üblicherweise als *Backing-Store* (einspeisender Speicher) bezeichnet. Wie ein See eine Quelle für einen Fluss darstellt, so ist der Backing-Store eine Quelle für den Stream. Typischerweise ist der Backing-Store eine Datei, es kann sich aber auch um ein Netzwerk oder eine Web-Verbindung handeln.

Dateien und Verzeichnisse werden im .NET Framework durch Klassen dargestellt. Diese Klassen stellen Methoden und Eigenschaften zur Verfügung, mit denen man Dateien und Verzeichnisse auf Ihrer Platte erzeugen, benennen, manipulieren und löschen kann.

Das .NET Framework bietet sowohl gepufferte als auch ungepufferte Ströme und auch Klassen für asynchrone Ein-/Ausgaben. Mit Hilfe von asynchronen Ein-/Ausgaben können Sie die .NET-Klassen veranlassen, Ihre Dateien zu lesen; und während diese damit beschäftigt sind, die Bits von Ihrer Platte zu holen, kann Ihr Programm sich mit anderen Aufgaben beschäftigen. Die asynchronen E/A-Vorgänge benachrichtigen Sie, sobald sie fertig sind. Die asynchronen Klassen sind so leistungsstark und robust, dass Sie im Allgemeinen auf die explizite Anwendung von Threads verzichten können (siehe Kapitel 20).

Daten als Stream in oder aus Dateien zu bewegen unterscheidet sich nicht von dem Versenden durch das Netzwerk, und der zweite Teil dieses Kapitels beschreibt das Streaming sowohl mit TCP/IP als auch mit Web-Protokollen.

Damit Sie einen Datenstrom erzeugen können, muss Ihr Objekt üblicherweise in *serialisierter* Form, das heißt als eine Folge von Bits, in den Strom geschrieben werden. Sie sind

1 Im Internet können Daten auch als Datagramme gesendet werden.

der Serialisierung bereits in Kapitel 19 begegnet. Das .NET Framework unterstützt die Serialisierung umfassend, und im Schlussteil dieses Kapitels wird detailliert erklärt, wie Sie die Kontrolle über die Serialisierung Ihrer Objekte übernehmen können.

Dateien und Verzeichnisse

Bevor wir uns damit beschäftigen, wie Sie Daten in Dateien schreiben und lesen, wollen wir uns zunächst ansehen, auf welche Weise Datei- und Verzeichnismanipulationen unterstützt werden.

Die dazu benötigten Klassen befinden sich im Namensraum `System.IO`. Dazu gehören die Klasse `File`, die eine Datei auf der Platte repräsentiert, und die Klasse `Directory`, die ein Verzeichnis darstellt (unter Windows auch als *Ordner* bezeichnet).

Mit Verzeichnissen arbeiten

Die Klasse `Directory` stellt statische Methoden zum Erzeugen, Verschieben und Erkunden von Verzeichnissen zur Verfügung. Alle Methoden der Klasse `Directory` sind statisch, können also ohne Instanz der Klasse aufgerufen werden.

Die Klasse `DirectoryInfo` ist ähnlich, enthält aber nur Instanz-Member (d.h. überhaupt keine statischen Member). `DirectoryInfo` ist von der Klasse `FileSystemInfo` abgeleitet, die wiederum von `MarshalByRefObject` abgeleitet ist. Die Klasse `FileSystemInfo` hat eine Anzahl von Eigenschaften und Methoden, die Informationen über eine Datei oder ein Verzeichnis liefern.

Tabelle 21-1 führt die wesentlichen Methoden der Klasse `Directory` auf, und Tabelle 21-2 fasst die wesentlichen Methoden der Klasse `DirectoryInfo` zusammen, einschließlich der wichtigeren Methoden und Eigenschaften, die von `FileSystemInfo` geerbt sind.

Tabelle 21-1: Die wesentlichen Methoden der Klasse Directory

Methode	Verwendung
`CreateDirectory()`	Erzeugt alle Verzeichnisse und Unterverzeichnisse, die im Pfad-Parameter angegeben sind.
`GetCreationTime()`	Ermittelt und setzt die Zeit der Erstellung eines bestimmten Verzeichnisses.
`GetDirectories()`	Liefert benannte Verzeichnisse.
`GetLogicalDrives()`	Liefert die Namen aller logischen Laufwerke in der Form `<laufwerk>:\`.
`GetFiles()`	Liefert die Namen von Dateien, die mit einem Muster übereinstimmen.
`GetParent()`	Gibt das übergeordnete Verzeichnis zu dem angegebenen Pfad zurück.
`Move()`	Verschiebt ein Verzeichnis und seinen Inhalt zu dem angegebenen Pfad.

Tabelle 21-2: Die wesentlichen Methoden und Eigenschaften der Klasse DirectoryInfo

Methode oder Eigenschaft	Verwendung
`Attributes`	Geerbt von `FileSystemInfo`; liefert bzw. setzt die Attribute für die aktuelle Datei.
`CreationTime`	Geerbt von `FileSystemInfo`; liefert bzw. setzt die Zeit der Erstellung der aktuellen Datei.

Tabelle 21-2: Die wesentlichen Methoden und Eigenschaften der Klasse DirectoryInfo (Fortsetzung)

Methode oder Eigenschaft	Verwendung
`Exists`	Boolescher Wert, der `true` ist, wenn das Verzeichnis existiert.
`Extension`	Geerbt von `FileSystemInfo`; die Dateierweiterung.
`FullName`	Geerbt von `FileSystemInfo`; der vollständige Pfad der Datei oder des Verzeichnisses.
`LastAccessTime`	Geerbt von `FileSystemInfo`; holt oder setzt die Zeit des letzten Zugriffs.
`LastWriteTime`	Geerbt von `FileSystemInfo`; holt oder setzt die Zeit des letzten Schreibzugriffs auf die aktuelle Datei oder das Verzeichnis.
`Name`	Name dieser Instanz von `DirectoryInfo`.
`Parent`	Übergeordnetes Verzeichnis des angegebenen Verzeichnisses.
`Root`	Wurzelteil des Pfads.
`Create( )`	Legt ein Verzeichnis an.
`CreateSubdirectory( )`	Legt ein Unterverzeichnis für den angegebenen Pfad an.
`Delete( )`	Löscht ein `DirectoryInfo` und seinen Inhalt aus dem Pfad.
`GetDirectories( )`	Gibt ein Array von `DirectoryInfo`-Objekten mit Unterverzeichnissen zurück.
`GetFiles( )`	Gibt eine Liste der Dateien in dem Verzeichnis zurück.
`GetFileSystemInfos( )`	Lädt ein Array von `FileSystemInfo`-Objekten.
`MoveTo( )`	Verschiebt eine `DirectoryInfo` und dessen Inhalt zu einem neuen Pfad.
`Refresh( )`	Geerbt von `FileSystemInfo`; aktualisiert den Status des Objekts.

Ein DirectoryInfo-Objekt anlegen

Wenn Sie eine Verzeichnishierarchie untersuchen möchten, benötigen Sie eine Instanz von `DirectoryInfo`. Die Klasse `DirectoryInfo` bietet Methoden, mit denen Sie nicht nur die Namen von enthaltenen Dateien und Verzeichnissen erhalten, sondern auch die `FileInfo`- und `DirectoryInfo`-Objekte. Das ermöglicht Ihnen, in die hierarchische Struktur einzutauchen und Unterverzeichnisse auszulesen und rekursiv zu untersuchen.

Instantiieren Sie ein `DirectoryInfo`-Objekt mit dem Namen des Verzeichnisses, das Sie untersuchen wollen:

```
string path = Environment.GetEnvironmentVariable("SystemRoot");
DirectoryInfo dir = new DirectoryInfo(path);
```

> Erinnern Sie sich daran, dass das Zeichen @ vor einem String ein »wörtliches« String-Literal erzeugt, in dem Zeichen wie der Backslash nicht mit Escape-Zeichen versehen werden müssen. Dies wird in Kapitel 10 behandelt.

Sie können dieses `DirectoryInfo`-Objekt nach Informationen über sich selbst fragen, zum Beispiel nach seinem Namen, seinem vollständigen Pfad, seinen Attributen, dem Zeitpunkt des letzten Zugriffs usw. Um die Hierarchie des Unterverzeichnisses zu erforschen, fragen Sie das aktuelle Verzeichnis nach seiner Liste von Unterverzeichnissen.

```
DirectoryInfo[] directories = dir.GetDirectories( );
```

Dies gibt ein Array von DirectoryInfo-Objekten zurück, von dem jedes ein Verzeichnis repräsentiert. Sie können dann rekursiv dieselbe Methode aufrufen und der Reihe nach alle DirectoryInfo-Objekte übergeben:

```
foreach (DirectoryInfo newDir in directories)
{
   dirCounter++;
   ExploreDirectory(newDir);
}
```

Die statische int-Member-Variable dirCounter zählt die insgesamt gefundenen Unterverzeichnisse. Um die Anzeige interessanter zu gestalten, fügen Sie noch eine zweite statische int-Member-Variable namens indentLevel hinzu. Sie wird jedes Mal inkrementiert, wenn Sie rekursiv in ein Unterverzeichnis hineingehen, und dekrementiert, wenn Sie ein Unterverzeichnis verlassen. Dies ermöglicht Ihnen, die Unterverzeichnisse unter den übergeordneten Verzeichnissen eingerückt anzuzeigen. Beispiel 21-1 zeigt das vollständige Listing.

Beispiel 21-1: Unterverzeichnisse rekursiv durchlaufen

```
#region Using directives

using System;
using System.Collections.Generic;
using System.IO;
using System.Text;

#endregion

namespace RecursingDirectories
{
   class Tester
   {

      // Statische Member-Variablen zur Verfolgung der Summen und der
      // Einrückungsebene
      static int dirCounter = 1;
      static int indentLevel = -1; // so dass beim ersten Durchgang = 0

      public static void Main()
      {
         Tester t = new Tester();

         // Das anfängliche Unterverzeichnis bestimmen
         string theDirectory =
            Environment.GetEnvironmentVariable( "SystemRoot" );
         // Wenn Sie Mono oder das Shared Source CLI unter Linux, Unix oder
         // Mac OS X verwenden, sollten Sie die obigen beiden Codezeilen
         // auskommentieren und die Kommentarzeichen vor der folgenden
         // Zeile entfernen.
         //string theDirectory = "/tmp";

         // Rufe die Methode zum Erkunden des Verzeichnisses
         // auf und zeige das Zugriffsdatum sowie alle
```

Beispiel 21-1: Unterverzeichnisse rekursiv durchlaufen (Fortsetzung)

```
         // Unterverzeichnisse an
         DirectoryInfo dir = new DirectoryInfo(theDirectory);

         t.ExploreDirectory(dir);

         // Fertig. Gib die Statistik aus.
         Console.WriteLine(
            "\n\n{0} Verzeichnisse gefunden.\n",
            dirCounter);
      }

      // Beginne mit einem DirectoryInfo-Objekt.
      // Bei jedem gefundenen Verzeichnis ruft die Methode
      // sich selbst rekursiv auf.
      private void ExploreDirectory(DirectoryInfo dir)
      {
         indentLevel++;  // Eine Verzeichnisebene vor

         // Erzeuge Einrückung für Unterverzeichnisse
         for (int i = 0; i < indentLevel; i++)
            Console.Write("  "); // 2 Leerzeichen pro Ebene

         // Gib das Verzeichnis und den letzten Zugriff aus
         Console.WriteLine("[{0}] {1} [{2}]\n",
            indentLevel, dir.Name, dir.LastAccessTime);

         // Hole alle Unterverzeichnisse des akt. Verzeichnisses
         // und rufe diese Methode für jedes Verzeichnis rekursiv auf
         DirectoryInfo[] directories = dir.GetDirectories( );
         foreach (DirectoryInfo newDir in directories)
         {
            dirCounter++;  // Inkrementiere den Zähler
            ExploreDirectory(newDir);
         }
         indentLevel--; // Eine Verzeichnisebene zurück
      }
   }
}

Ausgabe (Ausschnitt):
    [2] logiscan [5/1/2001 3:06:41 PM]

    [2] miitwain [5/1/2001 3:06:41 PM]

  [1] Web [5/1/2001 3:06:41 PM]

    [2] printers [5/1/2001 3:06:41 PM]

      [3] images [5/1/2001 3:06:41 PM]

    [2] Wallpaper [5/1/2001 3:06:41 PM]

363 Verzeichnisse gefunden.
```

Sie müssen am Anfang Ihrer Datei `using System.IO;` eintragen, da Visual Studio 2005 dies nicht automatisch für Sie macht.

Das Programm beginnt, indem es ein Verzeichnis (*SystemRoot*, normalerweise *C:\WinNT* oder *C:\Windows*) identifiziert und ein `DirectoryInfo`-Objekt für dieses Verzeichnis erzeugt. Danach ruft es `ExploreDirectory` auf und übergibt das `DirectoryInfo`. Die Methode `ExploreDirectory` zeigt die Informationen über das Verzeichnis an und ermittelt dann alle Unterverzeichnisse.

Die Liste aller Unterverzeichnisse des aktuellen Verzeichnisses erhält man, wenn man `GetDirectories` in Form eines Arrays aus `DirectoryInf`-Objekten aufruft. `ExploreDirectory` ist die rekursive Methode; alle `DirectoryInfo`-Objekte werden der Reihe nach an `ExploreDirectory` übergeben. Der Effekt besteht darin, dass das Programm rekursiv in jedes Unterverzeichnis hineingeht, es danach wieder verlässt und das nächste Verzeichnis auf derselben Ebene untersucht, bis alle Unterverzeichnisse von *%SystemRoot%* angezeigt worden sind. Nachdem `ExploreDirectory` schließlich zurückgekehrt ist, gibt die aufrufende Methode eine Zusammenfassung aus.

Mit Dateien arbeiten

Das `DirectoryInfo`-Objekt kann auch eine Collection aller Dateien zurückgeben, die in jedem Unterverzeichnis zu finden sind. Die Methode `GetFiles( )` gibt ein Array von `FileInfo`-Objekten zurück, von denen jedes eine Datei in diesem Verzeichnis beschreibt. Die Klassen `FileInfo` und `File` beziehen sich aufeinander, so ähnlich wie `DirectoryInfo` und `Directory`. Wie die Methoden von `Directory` sind alle `File`-Methoden statisch; und wie bei `DirectoryInfo` sind alle Methoden von `FileInfo` Instanzmethoden.

Tabelle 21-3 listet alle wesentlichen Methoden der Klasse `File` auf; Tabelle 21-4 zeigt die wichtigsten Member der Klasse `FileInfo`.

Tabelle 21-3: Die wesentlichen öffentlichen statischen Methoden der Klasse File

Methode	Verwendung
`AppendText( )`	Erzeugt einen `StreamWriter`, der Text an die angegebene Datei anfügt.
`Copy( )`	Kopiert eine bereits bestehende Datei in eine neue Datei.
`Create( )`	Erzeugt eine Datei im angegebenen Pfad.
`CreateText( )`	Erzeugt einen `StreamWriter`, der eine neue Textdatei in die angegebene Datei schreibt.
`Delete( )`	Löscht die angegebene Datei.
`Exists( )`	Gibt `true` zurück, wenn die angegebene Datei existiert.
`GetAttributes( )` `SetAttributes( )`	Holt bzw. setzt die `FileAttributes` der angegebenen Datei.
`GetCreationTime( )` `SetCreationtime( )`	Holt bzw. setzt das Datum und die Zeit der Erstellung der Datei.

Tabelle 21-3: Die wesentlichen öffentlichen statischen Methoden der Klasse File (Fortsetzung)

Methode	Verwendung
`GetLastAccessTime()` `SetLastAccessTime()`	Holt bzw. setzt die Zeit des letzten Zugriffs auf die Datei.
`GetLastWriteTime()` `SetLastWriteTime()`	Holt bzw. setzt die Zeit des letzten Schreibzugriffs auf die Datei.
`Move()`	Verschiebt eine Datei an einen anderen Ort; kann benutzt werden, um eine Datei umzubenennen.
`OpenRead()`	Öffnet einen `FileStream` zum Lesen in der Datei.
`OpenWrite()`	Erzeugt einen `Stream` zum Lesen und Schreiben für die angegebene Datei.

Tabelle 21-4: Methoden und Eigenschaften der Klasse FileInfo

Methode oder Eigenschaft	Verwendung
`Attributes()`	Geerbt von `FileSystemInfo`; holt und setzt die Attribute dieser Instanz von `FileInfo`.
`CreationTime`	Geerbt von `FileSystemInfo`; holt und setzt die Zeit der Erstellung dieser Instanz von `FileInfo`.
`Directory`	Gibt eine Instanz des übergeordneten Verzeichnisses zurück.
`Exists`	Boolescher Wert, der `true` ist, wenn die Datei existiert.
`Extension`	Geerbt von `FileSystemInfo`; bezeichnet die Dateierweiterung.
`FullName`	Geerbt von `FileSystemInfo`; bezeichnet den vollständigen Pfad der Datei.
`LastAccessTime`	Öffentliche Eigenschaft. Geerbt von `FileSystemInfo`; liefert oder setzt die Zeit des letzten Zugriffs.
`LastWriteTime`	Geerbt von `FileSystemInfo`; liefert oder setzt die Zeit des letzten Schreibzugriffs auf die Datei.
`Length`	Gibt die Größe der aktuellen Datei zurück.
`Name`	Name dieser Instanz von `FileInfo`.
`AppendText()`	Erzeugt einen `StreamWriter`, der Text an eine Datei anhängt.
`CopyTo()`	Kopiert eine bestehende Datei in eine neue Datei.
`Create()`	Erzeugt eine neue Datei.
`Delete()`	Löscht eine Datei permanent.
`MoveTo()`	Verschiebt eine Datei an einen neuen Ort; kann dazu verwendet werden, eine Datei umzubenennen.
`Open()`	Öffnet eine Datei mit verschiedenen Privilegien für das Lesen/Schreiben und für den gemeinsamen Zugriff.
`OpenRead()`	Erzeugt einen `FileStream` nur zum Lesen.
`OpenText()`	Erzeugt einen `StreamReader` zum Lesen aus einer vorhandenen Textdatei.
`OpenWrite()`	Erzeugt einen `FileStream` nur zum Schreiben.

Beispiel 21-2 ist eine modifizierte Version von Beispiel 21-1, bei der Code hinzugefügt wird, um für jede Datei in jedem Unterverzeichnis ein `FileInfo`-Objekt zu erhalten. Dieses Objekt wird benutzt, um den Namen der Datei zusammen mit seiner Länge sowie dem Datum und der Zeit des letzten Zugriffs anzuzeigen.

Beispiel 21-2: Dateien und Unterverzeichnisse untersuchen

```
#region Using directives

using System;
using System.Collections.Generic;
using System.IO;
using System.Text;

#endregion

namespace ExploringFilesAndSubdirectories
{
   class Tester
   {

      // Statische Member-Variablen zur Verfolgung der Summen und der
      // Einrückungsebene
      static int dirCounter = 1;
      static int indentLevel = -1; // so first push = 0

      static int fileCounter = 0;

      public static void Main( )
      {
         Tester t = new Tester( );

         // Das anfängliche Unterverzeichnis bestimmen
         string theDirectory =
            Environment.GetEnvironmentVariable( "SystemRoot" );
         // Wenn Sie Mono oder das Shared Source CLI unter Linux, Unix oder
         // Mac OS X verwenden, sollten Sie die obigen beiden Codezeilen
         // auskommentieren und die Kommentarzeichen vor der folgenden
         // Zeile entfernen:
         //string theDirectory = "/tmp";

         // Rufe die Methode zum Erkunden des Verzeichnisses
         // auf und zeige das Zugriffsdatum sowie alle
         // Unterverzeichnisse an
         DirectoryInfo dir = new DirectoryInfo(theDirectory);

         t.ExploreDirectory(dir);

         // Fertig. Gib die Statistik aus.

         Console.WriteLine(
            "\n\n{0} Dateien in {1} Verzeichnissen gefunden.\n",
            fileCounter,dirCounter);
      }

      // Beginne mit einem DirectoryInfo-Objekt.
      // Bei jedem gefundenen Verzeichnis ruft die Methode
      // sich selbst rekursiv auf.
      private void ExploreDirectory(DirectoryInfo dir)
```

Beispiel 21-2: Dateien und Unterverzeichnisse untersuchen (Fortsetzung)

```
        {
            indentLevel++;  // Eine Verzeichnisebene vor

            // Erzeuge Einrückung für Unterverzeichnisse
            for (int i = 0; i < indentLevel; i++)
                Console.Write("  "); // 2 Leerzeichen pro Ebene

            // Gib das Verzeichnis und die letzte Zugriffszeit aus
            Console.WriteLine("[{0}] {1} [{2}]\n",
                indentLevel, dir.Name, dir.LastAccessTime);

            // Hole alle Dateien im Verzeichnis und gib ihre
            // Namen, die Zeit des letzten Zugriffs und ihre Größe aus
            FileInfo[] filesInDir = dir.GetFiles( );
            foreach (FileInfo file in filesInDir)
            {
                // Rücke einmal zusätzlich ein, um Dateien
                // unter ihrem Verzeichnis zu platzieren
                for (int i = 0; i < indentLevel+1; i++)
                    Console.Write("  "); // 2 Leerzeichen pro Ebene

                Console.WriteLine("{0} [{1}] Größe: {2} Bytes",
                    file.Name,
                    file.LastWriteTime,
                    file.Length);
                fileCounter++;
            }


            // Hole alle Unterverzeichnisse des akt. Verzeichnisses
            // und rufe diese Methode für jedes Verzeichnis rekursiv auf
            DirectoryInfo[] directories = dir.GetDirectories();
            foreach ( DirectoryInfo newDir in directories )
            {
                dirCounter++;  // Inkrementiere den Zähler
                ExploreDirectory( newDir );
            }
            indentLevel--; // Eine Verzeichnisebene zurück
        }
    }
}

Ausgabe (Auszug):
[0] WINDOWS [04.09.2004 08:37:13]

  0.LOG [30.08.2004 20:26:05] Größe: 0 Bytes
  AC3API.INI [14.01.1999 14:04:06] Größe: 231 Bytes
  actsetup.log [01.07.2004 11:13:11] Größe: 3848 Byes
  Blue Lace 16.bmp [29.08.2002 06:00:00] Größe: 1272 Bytes
  BOOTSTAT.DAT [30.08.2004 20:25:03] Größe: 2048 Bytes
12630 Dateien in 1444 Verzeichnissen gefunden.
```

Das Beispiel wird mit dem Namen des Verzeichnisses *SystemRoot* initialisiert. Es gibt Informationen über sämtliche Dateien in dem Verzeichnis und untersucht dann rekursiv alle Unterverzeichnisse und deren Unterverzeichnisse (die Ausgabe wird bei Ihnen anders aussehen). Dies kann eine ganze Weile dauern, weil der Verzeichnisbaum *SystemRoot* ziemlich umfangreich ist (auf meinem Rechner sind es 1.444 Unterverzeichnisse, wie die Ausgabe zeigt).

Dateien verändern

Wie Sie in den Tabellen 21-3 und 21-4 erkennen können, kann man die Klasse `FileInfo` dazu verwenden, Dateien zu erzeugen, zu kopieren, umzubenennen und zu löschen. Im nächsten Beispiel wird ein neues Unterverzeichnis erzeugt, es werden Dateien dort hineinkopiert, einige werden neu benannt, andere gelöscht, und dann wird das gesamte Verzeichnis wieder gelöscht.

> Um diese Beispiele vorzubereiten, müssen Sie ein Verzeichnis `\test` anlegen und das Verzeichnis `media` aus WinNT oder Windows in das `test`-Verzeichnis hineinkopieren. Experimentieren Sie nicht direkt mit Dateien aus System-Root; generell ist beim Arbeiten mit Systemdateien äußerste Vorsicht angebracht.

Im ersten Schritt legen Sie ein `DirectoryInfo`-Objekt für das Testverzeichnis an (auf einem Mac OS X-, Linux- oder Unix-System müssen Sie `theDirectory` entsprechend anpassen):

```
string theDirectory = @"c:\test\media";
DirectoryInfo dir = new DirectoryInfo(theDirectory);
```

Anschließend erzeugen Sie ein Unterverzeichnis innerhalb des Testverzeichnisses, indem Sie beim `DirectoryInfo`-Objekt `CreateSubDirectory` aufrufen. Sie erhalten ein neues `DirectoryInfo`-Objekt zurück, das das neu erzeugte Unterverzeichnis repräsentiert:

```
string newDirectory = "testNeu";
DirectoryInfo newSubDir =
   dir.CreateSubdirectory(newDirectory);
```

Sie können nun das Testverzeichnis in einer Schleife durchlaufen und Dateien in das neu erzeugte Unterverzeichnis hineinkopieren:

```
FileInfo[] filesInDir = dir.GetFiles( );
foreach (FileInfo file in filesInDir)
{
   string fullName = newSubDir.FullName +
      "\\" + file.Name;
   file.CopyTo(fullName);
   Console.WriteLine("{0} nach testNeu kopiert",
      file.FullName);
}
```

Beachten Sie die Syntax der Methode CopyTo. Dies ist eine Methode des FileInfo-Objekts. Geben Sie den kompletten Pfad der neuen Datei ein, einschließlich des vollständigen Namens und der Erweiterung.

Sobald Sie die Datei kopiert haben, können Sie eine Liste der Dateien des neuen Verzeichnisses erhalten und direkt mit ihnen arbeiten:

```
filesInDir = newSubDir.GetFiles( );
foreach (FileInfo file in filesInDir)
{
```

Erzeugen Sie eine einfache Integer-Variable namens counter und benutzen Sie diese, um jede zweite Datei umzubenennen:

```
if (counter++ %2 == 0)
{
    file.MoveTo(fullName + ".bak");
    Console.WriteLine("{0} umbenannt zu {1}",
        fullName,file.FullName);
}
```

Sie benennen eine Datei um, indem Sie sie mit einem neuen Namen in dasselbe Verzeichnis »verschieben«. Sie können natürlich eine Datei auch mit ihrem ursprünglichen Namen in ein anderes Verzeichnis schieben, oder Sie können gleichzeitig umbenennen und verschieben.

Geben Sie jeder zweiten Datei einen neuen Namen und löschen Sie diejenigen, die Sie nicht umbenennen:

```
file.Delete( );
Console.WriteLine("{0} gelöscht.",
    fullName);
```

Sobald Sie die Bearbeitung der Dateien abgeschlossen haben, räumen Sie alles auf, indem Sie das gesamte Unterverzeichnis löschen:

```
newSubDir.Delete(true);
```

Der Boolesche Parameter legt fest, ob rekursiv gelöscht wird. Wenn Sie false angeben und dieses Verzeichnis Unterverzeichnisse mit darin enthaltenen Dateien besitzt, wird eine Exception ausgelöst.

Beispiel 21-3 listet den Quellcode für das gesamte Programm auf. Seien Sie vorsichtig, während Sie es laufen lassen; wenn es fertig ist, ist das Unterverzeichnis verschwunden. Um das Umbenennen und das Löschen verfolgen zu können, setzen Sie entweder einen Breakpoint auf die letzte Zeile oder entfernen sie.

Beispiel 21-3: Ein Unterverzeichnis erzeugen und Dateien bearbeiten

```
#region Using directives

using System;
using System.Collections.Generic;
using System.IO;
```

Beispiel 21-3: Ein Unterverzeichnis erzeugen und Dateien bearbeiten (Fortsetzung)

```
using System.Text;

#endregion

namespace CreatingSubdirectoryManipulatingFile
{
   class Tester
   {
      public static void Main( )
      {
         // Erzeuge eine Instanz und starte sie
         Tester t = new Tester( );
         string theDirectory = @"c:\test\media";
         DirectoryInfo dir = new DirectoryInfo(theDirectory);
         t.ExploreDirectory(dir);
      }

      // Beginne mit einem Verzeichnisnamen
      private void ExploreDirectory(DirectoryInfo dir)
      {

         // Lege ein neues Unterverzeichnis an
         string newDirectory = "testNeu";
         DirectoryInfo newSubDir =
            dir.CreateSubdirectory(newDirectory);

         // Hole alle Dateien im Verzeichnis und kopiere
         // sie in das neue Verzeichnis
         FileInfo[] filesInDir = dir.GetFiles( );
         foreach (FileInfo file in filesInDir)
         {
            string fullName = newSubDir.FullName +
               "\\" + file.Name;
            file.CopyTo(fullName);
            Console.WriteLine("{0} nach testNeu kopiert",
               file.FullName);
         }

         // Hole Collection der hineinkopierten Dateien
         filesInDir = newSubDir.GetFiles( );

         // Lösche einige und benenne die anderen um
         int counter = 0;
         foreach (FileInfo file in filesInDir)
         {
            string fullName = file.FullName;

            if (counter++ %2 == 0)
            {
               file.MoveTo(fullName + ".bak");
               Console.WriteLine("{0} umbenannt zu {1}",
                  fullName,file.FullName);
```

Beispiel 21-3: Ein Unterverzeichnis erzeugen und Dateien bearbeiten (Fortsetzung)

```
            }
            else
            {
               file.Delete( );
               Console.WriteLine("{0} gelöscht.",
                  fullName);
            }
         }

         newSubDir.Delete(true); // Lösche das Verzeichnis
      }
   }
}
```

```
Ausgabe (Ausschnitte):
c:\test\media\Bach Brandenburgische Konzerte Nr. 3.RMI
        nach testNeu kopiert
c:\test\media\Beethoven Fünfte Symphonie.RMI nach testNeu kopiert
c:\test\media\Beethoven Für Elise.RMI nach testNeu kopiert
c:\test\media\canyon.mid nach testNeu kopiert
c:\test\media\testNeu\Bach Brandenburgische Konzerte
        Nr. 3.RMI umbenannt in
c:\test\media\testNeu\Bach Brandenburgische Konzerte
        Nr. 3.RMI.bak
c:\test\media\testNeu\Beethoven Fünfte Symphonie.RMI gelöscht.
c:\test\media\testNeu\Beethoven Für Elise.RMI umbenannt in
c:\test\media\testNeu\Beethoven Für Elise.RMI.bak
c:\test\media\testNeu\canyon.mid gelöscht.
```

Dateien lesen und schreiben

Zum Lesen und Schreiben von Dateien wird die Klasse `Stream` verwendet. Kennen Sie Streams? Dies ist ein Kapitel über Streams.[2]

Die Klasse `Stream` unterstützt sowohl synchrones als auch asynchrones Lesen und Schreiben. Das .NET Framework enthält eine Reihe von Klassen, die von `Stream` abgeleitet sind, darunter `FileStream`, `MemoryStream` und `NetworkStream`. Außerdem gibt es eine Klasse `BufferedStream`, die eine gepufferte Ein-/Ausgabe ermöglicht und mit anderen Klassen eingesetzt wird. Die in Zusammenhang mit Ein-/Ausgaben wesentlichen Klassen sind in Tabelle 21-5 zusammengefasst.

Tabelle 21-5: Wesentliche Ein-/Ausgabeklassen des .NET Framework

Klasse	Verwendung
`Stream`	Abstrakte Klasse zum Lesen und Schreiben von Bytes.
`BinaryReader/BinaryWriter`	Lesen und Schreiben von kodierten Strings und primitiven Datentypen in oder aus einem Stream.

2 Mit einem schönen Gruß an Arlo Guthrie.

Tabelle 21-5: Wesentliche Ein-/Ausgabeklassen des .NET Framework (Fortsetzung)

Klasse	Verwendung
File, FileInfo, Directory, DirectoryInfo	Bieten Implementierungen für die abstrakte FileSystemInfo-Klasse, die unter anderem das Anlegen, Verschieben, Umbenennen und Löschen von Dateien und Verzeichnissen ermöglichen.
FileStream	Dient zum Lesen und Schreiben von File-Objekten; unterstützt den Direktzugriff auf Dateien. Öffnet Dateien standardmäßig synchron; unterstützt aber auch asynchrone Dateizugriffe.
TextReader, TextWriter, StringReader, StringWriter	TextReader und TextWriter sind abstrakte Klassen zur Ein-/Ausgabe von Unicode-Zeichen. StringReader und StringWriter schreiben und lesen Strings. Somit kann Ihr In- und Output sowohl ein Stream als auch ein String sein.
BufferedStream	Ein Stream, der einen anderen Stream puffert, beispielsweise einen NetworkStream. Ein BufferedStream kann die Performance eines Streams verbessern, mit dem er verbunden ist, aber beachten Sie, dass FileStream bereits einen eingebauten Puffermechanismus besitzt.
MemoryStream	Ein nicht gepufferter Stream, dessen gekapselte Daten direkt im Arbeitsspeicher zugänglich sind.
NetworkStream	Ein Stream über eine Netzwerkverbindung.

Binäre Dateien

Dieser Abschnitt beginnt mit der Verwendung der Basisklasse `Stream` zum binären Lesen einer Datei. Der Ausdruck *binäres Lesen* dient zur Unterscheidung vom *textuellen Lesen*. Wenn Sie nicht genau wissen, ob eine Datei nur Text enthält, sollten Sie sie sicherheitshalber als Byte-Strom behandeln, also als *binäre* Datei.

Die `Stream`-Klasse ist randvoll mit Methoden, aber die wichtigsten sind `Read( )`, `Write( )`, `BeginRead( )`, `BeginWrite( )` und `Flush( )`. Sie alle werden in den nächsten Abschnitten behandelt.

Um den binären Lesevorgang auszuführen, beginnen Sie damit, zwei `Stream`-Objekte zu erzeugen, eins zum Lesen und eins zum Schreiben.

```
Stream inputStream = File.OpenRead(
    @"C:\test\source\test1.cs");

Stream outputStream = File.OpenWrite(
    @"C:\test\source\test1.bak");
```

Um die Datei zum Lesen und Schreiben zu öffnen, benutzen Sie die statischen Methoden `OpenRead( )` und `OpenWrite( )` der Klasse `File`. Wie zuvor gezeigt, erwarten die statischen überladenen Methoden den Pfad der Datei als Argument.

Beim binären Lesen werden die Daten in einen Pufferbereich übertragen. Dabei handelt es sich um ein Array von Bytes, das die durch die Methode `Read( )` gelesenen Daten aufnimmt.

Übergeben Sie den Puffer sowie das Offset, bei dem mit dem Speichern der eingelesenen Daten im Puffer begonnen werden soll, und die Anzahl der zu lesenden Bytes. `Input-`

`Stream.Read` liest die Bytes aus dem Backing-Store in den Puffer und gibt die Gesamtzahl der gelesenen Bytes zurück.

Die Methode liest so lange, bis keine Bytes mehr übrig bleiben:

```
while ( (bytesRead =
   inputStream.Read(buffer,0,SIZE_BUFF)) > 0 )
{
    outputStream.Write(buffer,0,bytesRead);
}
```

Jede Puffer-Ladung Bytes wird in den Ausgabe-Stream geschrieben. Die Argumente von `Write()` sind der Puffer, aus dem gelesen werden soll, das Offset, ab dem aus dem Puffer gelesen werden soll, und die Anzahl der zu schreibenden Bytes. Achten Sie darauf, dass Sie dieselbe Anzahl von Bytes schreiben, die Sie gerade gelesen haben.

Beispiel 21-4 enthält ein vollständiges Listing.

Beispiel 21-4: Binäres Lesen und Schreiben für eine Datei implementieren

```
#region Using directives

using System;
using System.Collections.Generic;
using System.IO;
using System.Text;

#endregion

namespace ImplementingBinaryReadWriteToFile
{
   class Tester
   {
      const int SizeBuff = 1024;

      public static void Main( )
      {
         // Erzeuge eine Instanz und starte sie
         Tester t = new Tester( );
         t.Run( );
      }

        // Mit einem Verzeichnisnamen starten
      private void Run( )
      {
         // Die zu lesende Datei
         Stream inputStream = File.OpenRead(
            @"C:\test\source\test1.cs");

         // Die zu schreibende Datei
         Stream outputStream = File.OpenWrite(
            @"C:\test\source\test1.bak");

         // Lege Puffer für die Bytes an
         byte[] buffer = new Byte[SizeBuff];
```

Beispiel 21-4: Binäres Lesen und Schreiben für eine Datei implementieren (Fortsetzung)

```
         int bytesRead;

         // Solange die Read-Methode Bytes zurückgibt,
         // werden diese in den Ausgabe-Stream geschrieben
         while ( (bytesRead =
            inputStream.Read(buffer,0,SizeBuff)) > 0 )
         {
            outputStream.Write(buffer,0,bytesRead);
         }

         // Aufräumen vor dem Ende
         inputStream.Close( );
         outputStream.Close( );
      }
   }
}
```

> Bevor Sie dieses Programm starten, sollten Sie das Unterverzeichnis *C:\test\source* anlegen und eine Datei namens *test1.cs* hineinlegen (die den Quellcode zu diesem Programm enthält). Wie bei den obigen Beispielen müssen auch hier Unix-, Linux- und Mac OS X-Leser die Pfade entsprechend anpassen.

Wenn Sie dieses Programm laufen lassen, wird eine Kopie der Eingabedatei (*test1.cs*) in demselben Verzeichnis erstellt und *test1.bak* genannt. Sie können diese Dateien mit Ihrem bevorzugten Dateivergleichsprogramm[3] vergleichen; wie Abbildung 21-1 zeigt, sind sie identisch.

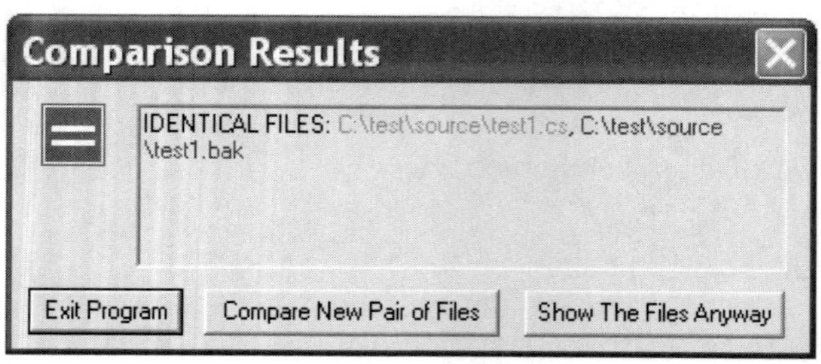

Abbildung 21-1: Der Dateivergleich zeigt, dass die beiden Dateien identisch sind

Gepufferte Streams

In dem vorhergehenden Beispiel haben Sie einen Puffer erzeugt, in den gelesen wird. Beim Aufruf von `Read()` wurde dann eine Puffer-Ladung von der Platte gelesen. Mögli-

3 Ich persönlich favorisiere als Hilfsprogramm für den Dateivergleich ExamDiff Pro (*http://www.prestosoft.com/ps.asp?page=edp_examdiffpro*), das auch hier zu sehen ist.

cherweise ist jedoch das Operationssystem viel effizienter, wenn es eine größere (oder kleinere) Datenmenge auf einmal liest.

Ein *gepuffertes (buffered) Stream*-Objekt erzeugt einen internen Puffer und liest die Bytes in oder aus dem Backing-Store, in welchen Portionen auch immer es ihm am effizientesten erscheint. Trotzdem füllt es Ihren Puffer mit den von Ihnen festgelegten Inkrementen, allerdings wird Ihr Puffer aus dem In-Memory-Puffer gefüllt, nicht aus dem Backing-Store. Im Endeffekt ist die Ein-/Ausgabe auf diese Weise effizienter und deshalb schneller.

Ein `BufferedStream`-Objekt wird um ein existierendes `Stream`-Objekt herum angelegt, das Sie bereits erzeugt haben. Um einen `BufferedStream` zu verwenden, beginnen Sie damit, ein normales Stream-Objekt anzulegen, so wie in Beispiel 21-4:

```
Stream inputStream = File.OpenRead(
    @"C:\test\source\folder3.cs");

Stream outputStream = File.OpenWrite(
    @"C:\test\source\folder3.bak");
```

Sobald Sie einen normalen Stream haben, geben Sie das Stream-Objekt an den Konstruktor des gepufferten Streams weiter:

```
BufferedStream bufferedInput =
    new BufferedStream(inputStream);

BufferedStream bufferedOutput =
    new BufferedStream(outputStream);
```

Sie können dann den `BufferedStream` wie einen normalen Stream benutzen, wobei Sie `Read( )` und `Write( )` genau so aufrufen wie zuvor. Das Betriebssystem kümmert sich um das Puffern:

```
while ( (bytesRead =
     bufferedInput.Read(buffer,0,SizeBuff)) > 0 )
 {
     bufferedOutput.Write(buffer,0,bytesRead);
 }
```

Achten Sie darauf, den Speicherinhalt des Puffers auszuleeren (`flush`), wenn Sie sicher sein wollen, dass die Daten in die Datei geschrieben werden:

```
bufferedOutput.Flush( );
```

Im Wesentlichen wird dadurch veranlasst, dass der In-Memory-Puffer seinen Inhalt ausleert.

> Beachten Sie, dass alle Streams geschlossen werden sollten, obwohl der Finalizer sie irgendwann für Sie schließt, wenn sie den Geltungsbereich verlassen. In einem robusten Programm sollten Puffer grundsätzlich geschlossen werden.

Beispiel 21-5 enthält ein vollständiges Listing.

Beispiel 21-5: Implementierung der gepufferten Ein-/Ausgabe

```
namespace ProgrammierenMitCSharp
{
   using System;
   using System.IO;

   class Tester
   {
      const int SizeBuff = 1024;

      public static void Main( )
      {
         // Erzeuge eine Instanz und starte sie
         Tester t = new Tester( );
         t.Run( );
      }

      // Beginne mit einem Verzeichnisnamen
      private void Run( )
      {
         // Erzeuge binäre Streams
         Stream inputStream = File.OpenRead(
            @"C:\test\source\folder3.cs");

         Stream outputStream = File.OpenWrite(
            @"C:\test\source\folder3.bak");

         // Füge zusätzliche gepufferte Streams
         // zu den binären Streams hinzu
         BufferedStream bufferedInput =
            new BufferedStream(inputStream);

         BufferedStream bufferedOutput =
            new BufferedStream(outputStream);
         byte[] buffer = new Byte[SizeBuff];
         int bytesRead;

         while ( (bytesRead =
            bufferedInput.Read(buffer,0,SizeBuff)) > 0 )
         {
            bufferedOutput.Write(buffer,0,bytesRead);
         }

         bufferedOutput.Flush( );
         bufferedInput.Close( );
         bufferedOutput.Close( );

      }
   }
}
```

Bei größeren Dateien sollte dieses Beispiel schneller laufen als Beispiel 21-4.

Mit Textdateien arbeiten

Wenn Sie wissen, dass die Datei, die Sie gerade lesen (und schreiben), nichts anderes als Text enthält, verwenden Sie besser die Klassen StreamReader und StreamWriter. Diese Klassen sollen Textmanipulationen erleichtern. Beispielsweise unterstützen sie die Methoden ReadLine( ) und WriteLine( ), mit denen eine Textzeile auf einmal gelesen oder geschrieben werden kann. Sie haben WriteLine( ) bereits bei dem Console-Objekt benutzt.

Um eine StreamReader-Instanz zu erhalten, erzeugen Sie zunächst ein FileInfo-Objekt und rufen dann die Methode OpenText( ) auf diesem Objekt auf:

```
FileInfotheSourceFile =
   new FileInfo (@"C:\test\source\test1.cs");

StreamReader stream = theSourceFile.OpenText( );
```

OpenText( ) gibt einen StreamReader für die Datei zurück, mit dem Sie die Datei Zeile für Zeile lesen können:

```
do
{
    text = stream.ReadLine( );
} while (text != null);
```

ReadLine( ) liest eine Zeile nach der anderen, bis es am Ende der Datei ankommt. StreamReader gibt am Ende der Datei null zurück.

Um ein StreamWriter-Objekt zu erzeugen, rufen Sie den StreamWriter-Konstruktor auf und übergeben den vollständigen Namen der Datei, in die Sie schreiben wollen:

```
StreamWriter writer = new
StreamWriter(@"C:\test\source\folder3.bak",false);
```

Der zweite Parameter ist das Boolesche Argument append. Wenn die Datei bereits existiert, wird bei true die neue Datei an das Ende der Datei angehängt und bei false die Datei überschrieben. In diesem Fall übergeben Sie false und überschreiben damit die Datei, falls sie existiert.

Sie können jetzt eine Schleife verwenden, um den Inhalt jeder Zeile der alten Datei in die neue Datei zu schreiben, und, während Sie dabei sind, die Zeile auch gleich auf der Konsole ausgeben.

```
do
{
    text = reader.ReadLine( );
    writer.WriteLine(text);
    Console.WriteLine(text);
} while (text != null);
```

Beispiel 21-6 enthält den vollständigen Quellcode.

Beispiel 21-6: Eine Textdatei lesen und schreiben

```
#region Using directives

using System;
using System.Collections.Generic;
using System.IO;
using System.Text;

#endregion

namespace ReadingWritingToTextFile
{
   class Tester
   {
      public static void Main( )
      {
         // Erzeuge eine Instanz und starte sie
         Tester t = new Tester( );
         t.Run( );
      }

        // Mit einem Verzeichnisnamen starten
      private void Run( )
      {
         // Öffne eine Datei
         FileInfo theSourceFile = new FileInfo(
            @"C:\test\source\test.cs");

         // Lege einen Text-Reader für die Datei an
         StreamReader reader = theSourceFile.OpenText( );

         // Lege einen Text-Writer für die Datei an
         StreamWriter writer = new StreamWriter(
            @"C:\test\source\test.bak",false);

         // Lege eine Variable für eine einzelne Zeile an
         string text;

         // Gehe durch die Datei, lies jede Zeile einzeln
         // und schreibe sowohl auf die Konsole
         // als auch in die Datei
         do
         {
            text = reader.ReadLine( );
            writer.WriteLine(text);
            Console.WriteLine(text);
         } while (text != null);

         // Aufräumen
         reader.Close( );
         writer.Close( );
      }
   }
}
```

Wenn dieses Programm läuft, wird der Inhalt der Originaldatei sowohl auf dem Bildschirm ausgegeben als auch in die neue Datei geschrieben. Beachten Sie die Syntax für das Schreiben auf die Konsole:

```
Console.WriteLine(text);
```

Diese Syntax ist beinahe identisch mit der, die zum Schreiben in die Datei verwendet wird:

```
writer.WriteLine(text);
```

Der wesentliche Unterschied besteht darin, dass die Methode `WriteLine( )` der `Console` statisch ist, während die Methode `WriteLine( )` des `StreamWriter`, die vom `TextWriter` geerbt ist, eine Instanzmethode ist und deshalb nur auf einem Objekt aufgerufen werden kann und nicht auf der Klasse selbst.

Asynchrone Ein-/Ausgabe

Alle Programme, die Sie bisher betrachtet haben, arbeiten mit *synchroner Ein-/Ausgabe*. Das bedeutet, dass alle anderen Tätigkeiten unterbrochen werden, während Ihr Programm liest oder schreibt. Es kann eine ganze Weile dauern (relativ gesprochen), die Daten in oder aus dem Backing-Store zu lesen, insbesondere wenn der Backing-Store eine langsame Platte ist oder eine Datenquelle im Internet.

Bei großen Dateien oder wenn Sie über das Netzwerk lesen oder schreiben, verwenden Sie besser eine *asynchrone Ein-/Ausgabe*, die Ihnen ermöglicht, einen Lesevorgang zu beginnen und dann Ihre Aufmerksamkeit anderen Dinge zuzuwenden, während die CLR den Auftrag erfüllt. Das .NET Framework stellt eine asynchrone Ein-/Ausgabe durch die Methoden `BeginRead( )` und `BeginWrite( )` der `Stream`-Klasse zur Verfügung.

Der Ablauf ist folgendermaßen: Zuerst rufen Sie für Ihre Datei `BeginRead( )` auf, dann gehen Sie zu einer anderen Arbeit über, die damit nichts zu tun hat, während sich gleichzeitig der Lesevorgang möglicherweise in einem anderen Thread fortsetzt. Wenn das Lesen beendet ist, wird dies Ihnen durch eine Callback-Methode gemeldet. Sie können dann die gelesenen Daten verarbeiten und einen weiteren Lesevorgang anstoßen, bevor Sie wieder zu Ihrer anderen Arbeit zurückkehren.

Zusätzlich zu den drei Parametern, die Sie bei dem binären Lesen benutzt haben (der Puffer, das Offset und die Anzahl der zu lesenden Bytes), erwartet `BeginRead( )` ein *Delegate-* und ein *Zustandsobjekt*.

> Dies ist ein Beispiel für das allgemeinere, überall in .NET zu findende Asynchronitätsmuster (z.B. asynchrones Lesen und Schreiben von Streams, asynchrone Socket-Operationen, asynchroner Delegate-Aufruf usw.).

Das Delegate ist eine optionale Callback-Methode, die aufgerufen wird, wenn die Daten eingelesen sind. Das Zustandsobjekt ist ebenfalls optional. In diesem Beispiel übergeben

Sie null für das Zustandsobjekt. Der Zustand des Objekts wird in den Member-Variablen der Text-Klasse gehalten.

Es steht Ihnen frei, jedes von Ihnen gewünschte Objekt als Statusparameter zu übergeben und es dann auszulesen, wenn Sie zurückgerufen werden. Typischerweise (wie Sie aus dem Namen erraten können) merken Sie sich damit Zustandswerte, die Sie erst wieder bei Bedarf benötigen. Der Statusparameter kann von dem Entwickler verwendet werden, um den Zustand des Aufrufs festzuhalten (angehalten, wartend, laufend usw.).

In diesem Beispiel erzeugen Sie den Puffer und das Stream-Objekt als private Member-Variablen der Klasse:

```
public class AsynchIOTester
{
    private Stream inputStream;
    private byte[] buffer;
    const int BufferSize = 256;
```

Erzeugen Sie zusätzlich das Delegate als privates Klassen-Member:

```
private AsyncCallback myCallBack; // Delegierte Methode
```

Das Delegate wird als vom Typ AsyncCallback deklariert, denn dies erwartet die Methode BeginRead( ) der Stream-Klasse.

Das Delegate AsyncCallBack ist im Namensraum System wie folgt deklariert:

```
public delegate void AsyncCallback (IAsyncResult ar);
```

Auf diese Weise kann dieses Delegate mit jeder Methode assoziiert werden, die void zurückgibt und das Interface IAsyncResult als Parameter annimmt. Zur Laufzeit übergibt die CLR das Objekt mit dem IAsyncResult-Interface beim Aufruf der Methode. Sie müssen die Methode nur deklarieren:

```
void OnCompletedRead(IAsyncResult asyncResult)
```

und sie dann dem Konstruktor des Delegate übergeben:

```
AsynchIOTester( )
{
        //...
     myCallBack = new AsyncCallback(this.OnCompletedRead);
}
```

Hier sehen Sie Schritt für Schritt, wie das funktioniert. Erzeugen Sie in Main( ) eine Instanz der Klasse und bringen Sie sie zum Laufen:

```
public static void Main( )
{
    AsynchIOTester theApp = new AsynchIOTester( );
    theApp.Run( );
}
```

Der Aufruf von new ruft den Konstruktor auf. In dem Konstruktor öffnen Sie eine Datei und erhalten dabei ein Stream-Objekt. Dann allozieren Sie Platz für den Puffer und setzen den Callback-Mechanismus ein:

```
AsynchIOTester( )
{
    inputStream = File.OpenRead(@"C:\test\source\Tim.txt");
    buffer = new byte[BufferSize];
    myCallBack = new AsyncCallback(this.OnCompletedRead);
}
```

Dieses Beispiel benötigt eine große Textdatei. Ich habe einen von Tim O'Reilly geschriebenen Text (»Herausforderungen für die nächsten Jahre«) in eine Textdatei namens *Tim.txt* kopiert, und zwar von *http://www.oreilly.de*. Die Datei habe ich in ein Unterverzeichnis namens *test\source* auf meinem Laufwerk C: platziert. Natürlich können Sie eine beliebige Datei in jedem beliebigen Unterverzeichnis verwenden.

In der `Run( )`-Methode rufen Sie `BeginRead( )` auf und lösen damit einen asynchronen Lesevorgang für die Datei aus:

```
inputStream.BeginRead(
     buffer,             // Speicher für das Ergebnis
     0,                  // Offset
     buffer.Length,      // Puffergröße
     myCallBack,         // Callback-Delegate
     null);              // Lokales Zustandsobjekt
```

Danach können Sie etwas anderes erledigen. In diesem Fall simulieren Sie irgendeine sinnvolle Tätigkeit, indem Sie bis 500.000 zählen und Ihre Fortschritte bei jedem 1.000sten Durchgang anzeigen:

```
for (long i = 0; i < 500000; i++)
{
    if (i%1000 == 0)
    {
        Console.WriteLine("i: {0}", i);
    }
}
```

Wenn das Lesen beendet ist, ruft die CLR Ihre Callback-Methode auf:

```
void OnCompletedRead(IAsyncResult asyncResult)
{
```

Wenn Sie die Nachricht erhalten, dass das Lesen beendet ist, sollten Sie als Erstes feststellen, wie viele Bytes tatsächlich gelesen wurden. Dazu rufen Sie die Methode `EndRead( )` des `Stream`-Objekts auf, wobei Sie das von der CLR übergebene Interface-Objekt `IAsyncResult` übergeben:

```
int bytesRead = inputStream.EndRead(asyncResult);
```

`EndRead( )` gibt die Anzahl der gelesenen Bytes zurück. Wenn die Anzahl größer als null ist, konvertieren Sie den Puffer in einen String, schreiben ihn auf die Konsole und rufen dann erneut `BeginRead( )` für einen weiteren asynchronen Lesevorgang auf:

```
if (bytesRead > 0)
{
    String s =
```

```
            Encoding.ASCII.GetString (buffer, 0, bytesRead);
            Console.WriteLine(s);
            inputStream.BeginRead(
            buffer, 0, buffer.Length,
            myCallBack, null);
        }
```

Das Ganze bewirkt, dass Sie andere Arbeiten erledigen können, während das Lesen durchgeführt wird. Trotzdem können Sie immer, wenn der Puffer voll ist, die gelesenen Daten verarbeiten (in diesem Fall durch die Ausgabe auf der Konsole). Beispiel 21-7 enthält das vollständige Programm.

Beispiel 21-7: Asynchrone Ein-/Ausgabe implementieren

```
#region Using directives

using System;
using System.Collections.Generic;
using System.IO;
using System.Text;

#endregion

namespace AsynchronousIO
{
   public class AsynchIOTester
   {
      private Stream inputStream;

      // Delegierte Methode
      private AsyncCallback myCallBack;

      // Puffer für die gelesenen Daten
      private byte[] buffer;

      // Größe des Puffers
      const int BufferSize = 256;

      // Konstruktor
      AsynchIOTester( )
      {
         // Öffne Stream für die Eingabe
         inputStream = File.OpenRead(
            @"C:\test\source\AskTim.txt");

         // Lege einen Puffer an
         buffer = new byte[BufferSize];

         // Weise die Callback-Methode zu
         myCallBack =
            new AsyncCallback(this.OnCompletedRead);
      }
```

Beispiel 21-7: Asynchrone Ein-/Ausgabe implementieren (Fortsetzung)

```
      public static void Main( )
      {
         // Erzeuge eine Instanz des AsynchIOTester
         // und rufe dadurch den Konstruktor auf
         AsynchIOTester theApp =
            new AsynchIOTester( );

         // Rufe die Instanzmethode auf
         theApp.Run( );
      }

      void Run( )
      {
         inputStream.BeginRead(
            buffer,              // Speicher für das Ergebnis
            0,                   // Offset
            buffer.Length,       // Puffergröße
            myCallBack,          // Callback-Delegate
            null);               // Lokales Zustandsobjekt

         // Tu etwas, solange die Daten gelesen werden
         for (long i = 0; i < 500000; i++)
         {
            if (i%1000 == 0)
            {
               Console.WriteLine("i: {0}", i);
            }
         }

      }

      // Callback-Methode
      void OnCompletedRead(IAsyncResult asyncResult)
      {
         int bytesRead =
            inputStream.EndRead(asyncResult);

         // Wenn wir Bytes bekommen haben, wandle sie in einen
         // String um, zeige sie an und fange von vorne an.
         // Andernfalls sind wir fertig.
         if (bytesRead > 0)
         {
            String s =
               Encoding.ASCII.GetString(buffer, 0, bytesRead);
            Console.WriteLine(s);
            inputStream.BeginRead(
               buffer, 0, buffer.Length, myCallBack, null);
         }
      }
   }
}
Ausgabe (Ausschnitt):
```

Beispiel 21-7: Asynchrone Ein-/Ausgabe implementieren (Fortsetzung)

```
i: 47000
i: 48000
i: 49000
Herausforderungen für die nächsten Jahre

Bei O'Reilly waren wir immer stolz auf unsere Bemühungen, nicht
einfach an die Erfolge des letzten Bestsellers anzuknüpfen,
sondern neue Themen zu finden, die bisher unzureichend
dokumentiert waren. Denn wir möchten in erster Linie, dass unsere
Bücher den wahren Bedürfnissen unserer Leser dienen und dabei
helfen, Wissenslücken zu schließen. Ergebnis dieser Bemühungen
ist, dass unsere Bücher häufig die einzigen Bücher zu einem Thema
sind bzw. zu den wenigen Büchern zählen, die dieses Thema
behandeln.
i: 50000
i: 51000
i: 52000
```

Die Ausgabe macht deutlich, dass das Programm mit zwei Threads gleichzeitig arbeitet. Das Lesen vollzieht sich im Hintergrund, während der andere Thread die Tausenderdurchgänge zählt und anzeigt. Wenn der Lesevorgang beendet ist, wird der Text auf der Konsole angezeigt, und Sie kehren dann zum Zählen zurück (ich habe die Listings abgekürzt, um die Ausgabe zu illustrieren).

In einer echten Anwendung könnten Sie Benutzeranfragen bearbeiten oder Werte berechnen, während die asynchrone Ein-/Ausgabe mit dem Auslesen oder Speichern in einer Datei oder Datenbank beschäftigt ist.

Ein-/Ausgabe im Netzwerk

In ein entferntes Objekt im Internet zu schreiben ist kaum anders, als in eine Datei auf Ihrem lokalen Rechner zu schreiben. Diese Möglichkeit können Sie anwenden, wenn Ihr Programm seine Daten in einer Datei auf einem Rechner Ihres Netzwerks speichern muss oder wenn Sie ein Programm erstellt haben, das Informationen auf einem Monitor anzeigt, der mit einem anderen Computer im Netzwerk verbunden ist.

Die Netzwerk-Ein-/Ausgabe basiert auf der Verwendung von Streams, die mit Sockets angelegt werden. Sockets sind sehr nützlich bei Client/Server-Anwendungen sowie bei Peer-to-Peer (P2P) und beim Aufrufen entfernter Prozeduren (Remote Procedure Calls).

Ein Socket ist ein Objekt, das einen Endpunkt für die Kommunikation zwischen Prozessen repräsentiert, die über ein Netzwerk kommunizieren. Sockets können mit verschiedenartigen Protokollen arbeiten, darunter UDP und TCP. In diesem Abschnitt verwenden wir eine TCP/IP-Verbindung zwischen einem Server und einem Client. TCP/IP ist ein verbindungsorientiertes Stream-ähnliches Protokoll für die Netzwerkkommunikation. Verbindungsorientiert bedeutet dabei, dass, sobald eine Verbindung über TCP/IP hergestellt wurde, beide Prozesse miteinander kommunizieren können, als wären sie durch eine direkte Telefonleitung verbunden.

Obwohl TCP/IP eigentlich für die Kommunikation über das Netz vorgesehen ist, können Sie die Netzwerkkommunikation simulieren, indem Sie zwei Prozesse auf demselben Rechner laufen lassen.

Es ist möglich, dass auf einem bestimmten Computer mehrere Anwendungen jeweils mit verschiedenen Clients gleichzeitig kommunizieren (d.h., Sie können einen Webserver, einen FTP-Server und ein Programm, das bestimmte Berechnungen unterstützt, laufen lassen). Deshalb muss jede Anwendung eine eindeutige Kennung besitzen, damit der Client anzeigen kann, nach welcher Anwendung er sucht. Diese Kennung wird als *Port* bezeichnet. Stellen Sie sich einfach die IP-Adresse als Telefonnummer und den Port als Durchwahl vor.

Der Server instantiiert einen `TcpListener` und veranlasst diesen Listener, an einem bestimmten Port auf Verbindungsanforderungen zu warten. Der Konstruktor für den `TcpListener` hat zwei Parameter, eine IP-Adresse und ein `int`, das den Port repräsentiert, auf dem dieser Listener empfangen soll.

Client-Anwendungen verbinden sich mit spezifischen IP-Adressen. Beispielsweise ist die IP-Adresse von Yahoo 66.94.234.13. Außerdem müssen sich die Clients mit einem spezifischen Port verbinden. Webbrowser verbinden sich standardmäßig mit Port 80. Die Port-Nummern reichen von 0 bis 65.535 (d.h. 216); allerdings sind einige Nummern reserviert.[4]

Die Ports werden in die folgenden Bereiche unterteilt:

- 0 bis 1023: wohlbekannte Ports
- 1024 bis 49151: registrierte Ports
- 49152 bis 65535: dynamische und/oder private Ports

Eine Liste aller wohlbekannten und registrierten Ports finden Sie unter *http://www.iana.org/assignments/port-numbers*.

Sobald der Listener angelegt ist, rufen Sie bei ihm `Start( )` auf, was den Listener dazu veranlasst, Netzwerkverbindungen zuzulassen. Sobald der Server bereit ist, Anfragen von Clients zu beantworten, rufen Sie `AcceptSocket( )` auf. Der Thread, in dem Sie `AcceptSocket( )` aufgerufen haben, blockiert (sitzt traurig am Telefon, ringt mit seinen virtuellen Händen und hofft auf einen Anruf).

Stellen Sie sich vor, Sie bauen den einfachsten Listener der Welt. Er wartet geduldig darauf, dass ein Client ihn anruft. Wenn er eine Anfrage erhält, interagiert er mit diesem einen Client und schließt damit alle anderen Clients aus. Die nächsten paar anrufenden Clients können sich noch verbinden, werden aber automatisch in Wartestellung gebracht. Während sie die Musik anhören und ihnen mitgeteilt wird, dass ihr Anruf

4 Wenn Sie Ihr Programm in einem Firewall-gesicherten Netzwerk laufen lassen, sollten Sie Ihren Netzwerkadministrator fragen, welche Ports geschlossen sind.

wichtig ist und in der eingegangenen Reihenfolge bearbeitet wird, blockieren sie ihre eigenen Threads. Sobald die Warteschleife gefüllt ist, erhalten die folgenden Anrufer das Äquivalent zu einem Besetztzeichen. Sie müssen aufhängen und darauf warten, dass unser einfaches Socket die Verbindung mit dem momentanen Client beendet. Dieses Modell funktioniert gut bei Servern, die nur eine oder zwei Anfragen pro Woche erhalten, aber für reale Anwendungen lässt es sich nicht gut einsetzen. Die meisten Server müssen tausende, sogar zehntausende von Verbindungen pro Minute bearbeiten!

Anwendungen, die eine große Anzahl von Verbindungen abarbeiten sollen, setzen die asynchrone Ein-/Ausgabe ein, um die Anrufe entgegenzunehmen, und erzeugen bei jeder Client-Verbindung ein Socket. Der ursprüngliche Listener geht dann wieder auf Empfang und wartet auf den nächsten Client. Auf diese Weise kann Ihre Anwendung viele Anrufe bearbeiten; jedes Mal, wenn ein Anruf angenommen wird, wird ein neues Socket erzeugt.

Der Client bemerkt diesen Trick nicht, bei dem ein neues Socket erzeugt wird. Soweit es den Client betrifft, hat er sich mit der IP-Adresse und dem angefragten Port verbunden. Beachten Sie, dass das neue Socket eine Verbindung mit dem Client etabliert. Das ist anders als bei UDP, das ein verbindungsloses Protokoll ist. Bei der Verwendung von TCP/IP wissen Client und Server, sobald die Verbindung besteht, wie sie miteinander kommunizieren, und müssen nicht jedes Paket neu adressieren.

Ein Netzwerk-Server mit Streams

Um einen Netzwerk-Server für das TCP/IP-Streaming zu erzeugen, beginnen Sie mit dem Erstellen eines `TcpListener`-Objekts, das an dem von Ihnen gewählten TCP/IP-Port empfängt. Ich habe willkürlich Port 65000 aus den verfügbaren Port-IDs ausgewählt:

```
IPAddress localAddr = IPAddress.Parse("127.0.0.1");
TcpListener tcpListener = new TcpListener(localAddr, 65000);
```

Sobald das `TcpListener`-Objekt aufgebaut ist, kann es mit dem Empfang beginnen:

```
tcpListener.Start( );
```

Warten Sie nun auf einen Client, der eine Verbindungsanfrage stellt:

```
Socket socketForClient = tcpListener.AcceptSocket( );
```

Die `AcceptSocket`-Methode des `TcpListener`-Objekts gibt ein `Socket`-Objekt zurück, das ein *Berkeley Socket Interface* repräsentiert und das an einen spezifischen Endpunkt gebunden ist. `AcceptSocket( )` ist eine synchrone Methode und kehrt erst wieder zurück, wenn sie eine Verbindungsanfrage erhalten hat.

> Da dieses Modell bei Computer-Anbietern weithin akzeptiert ist, vereinfachen *Berkeley Sockets* die Portierung bestehender Quellprogramme auf Socket-Basis sowohl aus Windows- als auch aus Unix-Umgebungen.

Wenn Sie ein Socket haben, sind Sie bereit, die Datei zum Client zu senden. Erzeugen Sie dazu ein `NetworkStream`-Objekt und übergeben Sie das Socket dem Konstruktor:

```
NetworkStream networkStream = new NetworkStream(socketForClient);
```

Dann erzeugen Sie ein StreamWriter-Objekt. Das funktioniert so ähnlich wie eben, nur geben Sie diesmal keine Datei, sondern den gerade erzeugten NetworkStream an:

```
System.IO.StreamWriter streamWriter = new System.IO.StreamWriter(networkStream);
```

Wenn Sie in diesen Stream schreiben, werden die Daten über das Netzwerk an den Client gesandt. Beispiel 21-8 zeigt den vollständigen Server. (Ich habe den Server auf seine wichtigsten Bestandteile reduziert. Bei einem Produktionsserver würden Sie höchstwahrscheinlich den Code zur Verarbeitung der Anfragen in einem Thread laufen lassen. Und sicher würden Sie die Logik in try-Blöcke einschließen, um mit Netzwerkproblemen umgehen zu können.)

Beispiel 21-8: Implementierung eines Network-Streaming-Servers

```
#region Using directives

using System;
using System.Collections.Generic;
using System.Net;
using System.Net.Sockets;
using System.Text;

#endregion

namespace NetworkStreamingServer
{
   public class NetworkIOServer
   {

      public static void Main( )
      {
         NetworkIOServer app =
            new NetworkIOServer( );
         app.Run( );
      }

      private void Run( )
      {
         // Erzeuge einen neuen TcpListener und lasse ihn an
         // Port 65000 empfangen

         IPAddress localAddr = IPAddress.Parse( "127.0.0.1" );
         TcpListener tcpListener = new TcpListener(localAddr, 65000);
         tcpListener.Start( );

         // Fahre mit dem Empfang bis zum Versand der Datei fort
         for (;;)
         {
            // Wenn sich ein Client verbindet, akzeptiere dies
            // und gib ein neues Socket namens socketForClient
            // zurück, während tcpListener weiter empfängt
            Socket socketForClient =
               tcpListener.AcceptSocket( );
```

Beispiel 21-8: Implementierung eines Network-Streaming-Servers (Fortsetzung)

```
            Console.WriteLine("Client verbunden");

            // Rufe die Hilfsmethode zum Versand der Datei auf
            SendFileToClient(socketForClient);

            Console.WriteLine(
               "Client-Verbindung wird beendet ...");

            // Räume auf und mach Feierabend
            socketForClient.Close( );
            Console.WriteLine("Ende...");
               break;
         }
      }

   // Hilfsmethode zum Senden der Datei
   private void SendFileToClient(
      Socket socketForClient )
   {
      // Erzeuge einen Netzwerk-Stream und einen Stream-Writer
      // für diesen Netzwerk-Stream
      NetworkStream networkStream =
         new NetworkStream(socketForClient);
      System.IO.StreamWriter streamWriter =
         new System.IO.StreamWriter(networkStream);

         // Erzeuge einen Stream-Reader für die Datei
         System.IO.StreamReader streamReader =
            new System.IO.StreamReader(
               @"C:\test\source\meinTest.txt");

         string theString;

         // Gehe in einer Schleife durch die Datei und sende sie
         // zeilenweise an den Client
         do
         {
            theString = streamReader.ReadLine( );

            if( theString != null )
            {
               Console.WriteLine(
                  "Sende {0}", theString);
               streamWriter.WriteLine(theString);
               streamWriter.Flush( );
            }
         }
         while( theString != null );

         // Räume auf
         streamReader.Close( );
         networkStream.Close( );
```

Beispiel 21-8: Implementierung eines Network-Streaming-Servers (Fortsetzung)

```
            streamWriter.Close( );
        }
    }
}
```

Ein Netzwerk-Client mit Streams

Der Client instantiiert eine `TcpClient`-Klasse, die eine TCP/IP-Client-Verbindung zu einem Host repräsentiert:

```
TcpClient socketForServer;
socketForServer = new TcpClient("localHost", 65000);
```

Mit diesem `TcpClient` können Sie einen `NetworkStream` erzeugen, und auf diesem Stream erzeugen Sie jetzt einen `StreamReader`:

```
NetworkStream networkStream = socketForServer.GetStream( );
System.IO.StreamReader streamReader =
    new System.IO.StreamReader(networkStream);
```

Lesen Sie nun den Stream so lange, wie sich Daten in ihm befinden, wobei das Ergebnis als Konsolenausgabe erscheint:

```
do
{
    outputString = streamReader.ReadLine( );

    if( outputString != null )
    {
        Console.WriteLine(outputString);
    }
}
while( outputString != null );
```

Beispiel 21-9 enthält den vollständigen Code für den Client.

Beispiel 21-9: Implementierung eines Netzwerk-Clients mit Streams

```
#region Using directives

using System;
using System.Collections.Generic;
using System.Net.Sockets;
using System.Text;

#endregion

namespace NetworkStreamingClient
{
   public class Client
   {

      static public void Main( string[] Args )
```

Beispiel 21-9: Implementierung eines Netzwerk-Clients mit Streams (Fortsetzung)

```
      {

         // Lege TcpClient für die Server-Kommunikation an
         TcpClient socketForServer;

         try
         {
            socketForServer =
               new TcpClient("localHost", 65000);
         }
         catch
         {
            Console.WriteLine(
               "Fehler bei der Verbindung mit Server bei {0}:65000",
                  "localhost");
            return;
         }

         // Erzeuge den Netzwerk-Stream und das StreamReader-Objekt
         NetworkStream networkStream =
               socketForServer.GetStream( );
         System.IO.StreamReader streamReader =
            new System.IO.StreamReader(networkStream);

         try
         {
            string outputString;

            // Lies die Daten vom Host und zeige sie an
            do
            {
               outputString = streamReader.ReadLine( );

               if( outputString != null )
               {
                  Console.WriteLine(outputString);
               }
            }
            while( outputString != null );
         }
         catch
         {
            Console.WriteLine(
               "Exception beim Lesen vom Server");
         }

         // Räume auf
         networkStream.Close( );
      }
   }
}
```

Um dies zu testen, habe ich eine einfache Datei namens *meinTest.txt* angelegt:

```
Das ist Zeile eins
Das ist Zeile zwei
Das ist Zeile drei
Das ist Zeile vier
```

Hier ist die Ausgabe vom Server und vom Client:

```
Ausgabe (Server):
Client verbunden
Sende Das ist Zeile eins
Sende Das ist Zeile zwei
Sende Das ist Zeile drei
Sende Das ist Zeile vier
Client-Verbindung wird beendet ...
Ende...

Ausgabe (Client):
Das ist Zeile eins
Das ist Zeile zwei
Das ist Zeile drei
Das ist Zeile vier
```

Wenn Sie dies auf einem einzelnen Rechner testen, sollten Sie den Client und den Server in separaten Kommandofenstern oder in individuellen Instanzen der Entwicklungsumgebung laufen lassen. Starten Sie den Server zuerst, da sonst der Client den Dienst verweigert und mitteilt, dass er sich nicht verbinden kann. Wenn Sie die Programme nicht auf einem einzelnen Rechner laufen lassen, müssen Sie die Stellen, an denen `127.0.0.1` und `localhost` vorkommen, durch die Adresse des Rechners ersetzen, auf dem der Server läuft. Wenn Sie Windows XP Service Pack 2 mit den Standardeinstellungen haben, bekommen Sie einen Windows-Sicherheitsalarm mit der Frage, ob der Port freigegeben werden soll.

Mit mehreren Verbindungen arbeiten

Wie bereits erwähnt, lässt sich dieses Beispiel nicht gut skalieren. Jeder Client erfordert die volle Aufmerksamkeit des Servers. Was benötigt wird, ist ein Server, der die Verbindung akzeptieren kann und sie dann an eine überlappende Ein-/Ausgabe weitergibt. Dadurch wird dieselbe asynchrone Lösung geboten, die Sie vorhin zum Lesen aus der Datei verwendet haben.

Um das zu bewältigen, erstellen Sie einen neuen Server, den `AsynchNetworkServer`, der eine innere Klasse namens `ClientHandler` enthält. Wenn Ihr `AsynchNetworkServer` eine Client-Verbindung erhält, instantiiert er einen `ClientHandler` und gibt das Socket an diese `ClientHandler`-Instanz weiter.

Der Konstruktor von `ClientHandler` erzeugt eine Kopie des Socket sowie einen Puffer und öffnet einen neuen `NetworkStream` auf diesem Socket. Dann verwendet er eine überlappende Ein-/Ausgabe, um asynchron auf diesem Socket zu lesen und zu schreiben. Zur

Veranschaulichung sendet er einfach jeden beliebigen vom Client gesendeten Text zurück an den Client und gibt ihn außerdem auf der Konsole aus.

Um eine asynchrone Ein-/Ausgabe aufzubauen, definiert der `ClientHandler` zwei Delegate-Methoden, `OnReadComplete( )` und `OnWriteComplete( )`, die die überlappende Ein-/Ausgabe der vom Client gesandten Strings übernehmen.

Der Rumpf der Methode `Run( )` ähnelt beim Server sehr dem Methodenrumpf, den Sie bereits in Beispiel 21-8 gesehen haben. Sie erzeugen zuerst einen Listener und rufen dann `Start( )` auf. Anschließend gehen Sie in eine Endlosschleife, in der Sie `AcceptSocket( )` aufrufen. Sobald der Socket verbunden ist, erzeugen Sie jetzt – anstatt über die Verbindung zu kommunizieren – einen neuen `ClientHandler` und rufen `StartRead( )` auf diesem Objekt auf.

Den vollständigen Quellcode für den Server zeigt Beispiel 21-10.

Beispiel 21-10: Implementierung eines asynchronen Netzwerk-Streaming-Servers

```
#region Using directives

using System;
using System.Collections.Generic;
using System.Net;
using System.Net.Sockets;
using System.Text;

#endregion

namespace AsynchNetworkServer
{
   public class AsynchNetworkServer
   {

      class ClientHandler
      {
         private byte[] buffer;
         private Socket socket;
         private NetworkStream networkStream;
         private AsyncCallback callbackRead;
         private AsyncCallback callbackWrite;

         public ClientHandler( Socket socketForClient )
         {
            socket = socketForClient;
            buffer = new byte[256];
            networkStream =
               new NetworkStream(socketForClient);

            callbackRead =
               new AsyncCallback(this.OnReadComplete);

            callbackWrite =
               new AsyncCallback(this.OnWriteComplete);
```

Beispiel 21-10: Implementierung eines asynchronen Netzwerk-Streaming-Servers (Fortsetzung)

```
        }

        // Beginne, den String vom Client zu lesen
        public void StartRead( )
        {
           networkStream.BeginRead(
              buffer, 0, buffer.Length,
              callbackRead, null);
        }

        // Zeige nach dem Lesen den String an
        // und sende ihn zurück an den Client
        private void OnReadComplete( IAsyncResult ar )
        {
           int bytesRead = networkStream.EndRead(ar);

           if( bytesRead > 0 )
           {
              string s =
                 System.Text.Encoding.ASCII.GetString(
                    buffer, 0, bytesRead);
              Console.Write(
                    "{0} Bytes vom Client erhalten: {1}",
                     bytesRead, s );
              networkStream.BeginWrite(
                 buffer, 0, bytesRead, callbackWrite, null);
           }
           else
           {
              Console.WriteLine( "Leseverbindung beendet");
              networkStream.Close( );
              socket.Close( );
              networkStream = null;
              socket = null;
           }
        }

        // Gib nach dem Schreiben des Strings eine Meldung aus und lies erneut
        private void OnWriteComplete( IAsyncResult ar )
        {
           networkStream.EndWrite(ar);
           Console.WriteLine( "Schreiben beendet");
           networkStream.BeginRead(
              buffer, 0, buffer.Length,
              callbackRead, null);
        }
     }

     public static void Main( )
     {
        AsynchNetworkServer app =
           new AsynchNetworkServer( );
```

```
            app.Run( );
        }

        private void Run( )
        {
            // Erzeuge einen neuen TcpListener und lasse ihn an
            // Port 65000 empfangen

            IPAddress localAddr = IPAddress.Parse( "127.0.0.1" );
            TcpListener tcpListener = new TcpListener(localAddr, 65000);
            tcpListener.Start( );

            // Fahre mit dem Empfang bis zum Versand der Datei fort
            for (;;)
            {
                // Wenn sich ein Client verbindet, akzeptiere dies
                // und gib ein neues Socket namens socketForClient
                // zurück, während tcpListener weiter empfängt
                Socket socketForClient =
                    tcpListener.AcceptSocket( );
                Console.WriteLine("Client verbunden");
                ClientHandler handler =
                    new ClientHandler(socketForClient);
                handler.StartRead( );
            }
        }
    }
}
```

Der Server fährt hoch und wartet an Port 65000. Wenn sich ein Client verbindet, instantiiert der Server einen `ClientHandler`, der die Ein-/Ausgabe mit dem Client übernimmt, während der Server auf den nächsten Client wartet.

> In diesem Beispiel geben Sie den vom Client erhaltenen String in `OnReadComplete( )` und `OnWriteComplete( )` auf der Konsole aus. Das Schreiben auf der Konsole kann Ihren Thread so lange blockieren, bis der Schreibvorgang abgeschlossen ist. In einem Produktionsprogramm sollten Sie blockierende Aktionen in diesen Methoden vermeiden, weil Sie im Pool verwaltete Threads verwenden. Wenn `OnReadComplete( )` oder `OnWriteComplete( )` blockiert werden, kann dies dazu führen, dass der Thread-Pool um weitere Threads vergrößert wird, was ineffizient ist und sowohl die Performance als auch die Skalierbarkeit beeinträchtigt.

Der Client-Code ist sehr einfach. Der Client erzeugt ein `tcpSocket` für den Port, an dem der Server empfängt (65000) und erzeugt ein `NetworkStream`-Objekt für dieses Socket. Er schreibt dann eine Nachricht an den Stream und leert den Puffer. Danach erzeugt der Client einen `StreamReader`, um diesen Stream zu lesen, und schreibt alles, was er erhält, auf die Konsole. Den vollständigen Quelltext für den Client zeigt Beispiel 21-11.

Beispiel 21-11: Implementierung eines Clients für die synchrone Netzwerk-Ein-/Ausgabe

```
#region Using directives

using System;
using System.Collections.Generic;
using System.Net.Sockets;
using System.Text;

#endregion

namespace AsynchNetworkClient
{
   public class AsynchNetworkClient
   {
      private NetworkStream streamToServer;

      static public int Main( )
      {

         AsynchNetworkClient client =
            new AsynchNetworkClient( );
         return client.Run( );
      }

      AsynchNetworkClient( )
      {
         string serverName = "localhost";
         Console.WriteLine("Verbinde mit {0}", serverName);
         TcpClient tcpSocket = new TcpClient(serverName, 65000);
         streamToServer = tcpSocket.GetStream( );
      }

      private int Run( )
      {
         string message = "Hallo Programmieren mit C#";
         Console.WriteLine(
             "Sende {0} an den Server.", message);

         // Erzeuge einen StreamWriter und verwende ihn,
         // um einen String an den Server zu senden
         System.IO.StreamWriter writer =
            new System.IO.StreamWriter(streamToServer);
         writer.WriteLine(message);
         writer.Flush( );

         // Lies Antworten
         System.IO.StreamReader reader =
            new System.IO.StreamReader(streamToServer);
         string strResponse = reader.ReadLine( );
         Console.WriteLine("Empfangen: {0}", strResponse);
         streamToServer.Close( );
         return 0;
      }
```

Beispiel 21-11: Implementierung eines Clients für die synchrone Netzwerk-Ein-/Ausgabe (Fortsetzung)

```
   }
}

Ausgabe (Server):
Client verbunden
27 Bytes vom Client erhalten: Hallo Programmieren mit C#
Schreiben beendet
Leseverbindung beendet

Ausgabe (Client):
Verbinde mit localhost
Sende Hallo Programmieren mit C# an Server
Empfangen: Hallo Programmieren mit C#
```

In diesem Beispiel blockiert der Netzwerk-Server nicht, während er die Client-Verbindungen bearbeitet, sondern delegiert den Umgang mit diesen Verbindungen an Instanzen des `ClientHandler`. Clients sollten keine Verzögerung erfahren, während sie darauf warten, dass der Server ihre Verbindungen bearbeitet.

Asynchrones File-Streaming

Sie können Ihr Wissen über das asynchrones Lesen von Dateien und über das Netzwerk-Streaming kombinieren, um ein Programm zu erstellen, das einem Client auf Anfrage eine Datei zusendet.

Ihr Server beginnt mit einem asynchronen Lesen auf dem Socket, bei dem er darauf wartet, einen Dateinamen vom Client zu erhalten. Wenn Sie den Dateinamen haben, können Sie einen asynchronen Lesevorgang für diese Datei auf dem Server anstoßen. Sobald ein Puffer voller Daten verfügbar wird, können Sie mit der asynchronen Übertragung an den Client beginnen. Nachdem diese beendet worden ist, stoßen Sie einen weiteren Lesevorgang der Datei an. Auf diese Weise springen Sie wie ein Pingpongball vor und zurück; dabei füllen Sie den Puffer mit der Datei und schreiben dann den Inhalt zum Client. Der Client muss nichts weiter tun, als den Stream vom Server lesen. Im folgenden Beispiel schreibt der Client den Inhalt der Datei auf die Konsole, aber Sie können leicht mit einem asynchronen Schreibvorgang auf dem Client für eine neue Datei beginnen. Dann haben Sie ein netzwerkbasiertes Programm zum Kopieren von Dateien.

Die Struktur des Servers ähnelt der von Beispiel 21-10. Wieder erzeugen Sie eine `ClientHandler`-Klasse, aber Sie fügen diesmal ein `AsyncCallBack`-Objekt namens `myFileCallBack` hinzu, das Sie im Konstruktor zusammen mit den Callbacks für das Lesen und Schreiben über das Netzwerk initialisieren:

```
myFileCallBack =
   new AsyncCallback(this.OnFileCompletedRead);

callbackRead =
   new AsyncCallback(this.OnReadComplete);
```

```
callbackWrite =
   new AsyncCallback(this.OnWriteComplete);
```

Die Funktion Run( ) der äußeren Klasse, die jetzt AsynchNetworkFileServer heißt, bleibt unverändert. Wiederum erzeugen und starten Sie die Klasse TcpListener, und ebenso beginnen Sie eine Endlosschleife, in der Sie AcceptSocket( ) aufrufen. Wenn Sie ein Socket haben, instantiieren Sie den ClientHandler und rufen StartRead( ) auf. Wie in dem vorhergehenden Beispiel stößt StartRead( ) einen BeginRead( ) an, wobei der Puffer und das Delegate an OnReadComplete übergeben werden.

Wenn das Lesen aus dem Netzwerk-Stream beendet ist, wird Ihre delegierte Methode OnReadComplete( ) aufgerufen, und diese ermittelt den Dateinamen aus dem Puffer. Sofern Text zurückgegeben wird, liest OnReadComplete( ) einen String aus dem Puffer aus, wobei die statische Methode System.Text.Encoding.ASCII.GetString( ) verwendet wird:

```
if( bytesRead > 0 )
{
   string fileName =
      System.Text.Encoding.ASCII.GetString(
      buffer, 0, bytesRead);
```

Sie haben jetzt einen Dateinamen, mit dem Sie einen Stream für eine Datei öffnen und genau dasselbe asynchrone Dateilesen benutzen können, wie es in Beispiel 21-7 angewendet wird.

```
inputStream =
   File.OpenRead(fileName);

inputStream.BeginRead(
   buffer,             // Puffer für das Ergebnis
   0,                  // Offset
   buffer.Length,      // Puffergröße
   myFileCallBack,     // Callback-Delegate
   null);              // Lokales Zustandsobjekt
```

Dieses Lesen aus der Datei besitzt eine eigene Callback-Methode, die aufgerufen wird, wenn der Eingabe-Stream einen Puffer voll aus der Datei gelesen hat, die sich auf der Festplatte des Servers befindet.

> Wie schon gesagt wurde, sollte man normalerweise in einer überlappten Ein-/Ausgabe-Methode nichts unternehmen, was den Thread für eine gewisse Zeit blockieren könnte. Der Aufruf zum Öffnen der Datei und zum Beginnen des Lesevorgangs sollte eher in einen Hilfs-Thread ausgelagert und nicht in OnReadComplete( ) selbst erledigt werden. Das ist in diesem Beispiel etwas vereinfacht worden, um nicht vom eigentlichen Thema abzulenken.

Ist der Puffer voll, wird die Methode OnFileCompletedRead( ) aufgerufen, die überprüft, ob irgendwelche Bytes aus der Datei gelesen wurden. Wenn das der Fall ist, beginnt ein asynchroner Schreibvorgang in das Netzwerk:

```
if (bytesRead > 0)
{
   // Schreibe es an den Client
   networkStream.BeginWrite(
      buffer, 0, bytesRead, callbackWrite, null);
}
```

Wird `OnFileCompletedRead` aufgerufen, ohne dass Bytes gelesen wurden, bedeutet dies, dass bereits die gesamte Datei übersandt wurde. Der Server reagiert, indem er den `NetworkStream` und das Socket schließt. Dadurch erfährt der Client, dass die Transaktion beendet ist:

```
networkStream.Close( );
socket.Close( );
networkStream = null;
socket = null;
```

Wenn das Schreiben über das Netzwerk beendet ist, wird die Methode `OnWriteComplete( )` aufgerufen, die wiederum ein erneutes Lesen der Datei anstößt:

```
private void OnWriteComplete( IAsyncResult ar )
{
   networkStream.EndWrite(ar);
   Console.WriteLine( "Write complete");

   inputStream.BeginRead(
      buffer,             // Puffer für das Ergebnis
      0,                  // Offset
      buffer.Length,      // Puffergröße
      myFileCallBack,     // Callback-Delegate
      null);              // Lokales Zustandsobjekt

}
```

Der Kreislauf beginnt erneut mit einem weiteren Lesen der Datei und fährt so lange fort, bis die Datei vollständig gelesen und an den Client weitergegeben wurde. Der Client-Code schreibt einfach einen Dateinamen in den Netzwerk-Stream, um das Lesen der Datei auszulösen:

```
string message = @"C:\test\source\Tim.txt";
System.IO.StreamWriter writer =
    new System.IO.StreamWriter(streamToServer);
 writer.Write(message);
 writer.Flush( );
```

Der Client geht dann in eine Schleife, wobei er aus dem Netzwerk-Stream liest, bis keine Bytes mehr von dem Server geschickt werden. Wenn der Server fertig ist, wird der Netzwerk-Stream geschlossen. Beginnen Sie mit der Initialisierung einer Boolesche Variable auf `false` und legen Sie einen Puffer an, um die vom Server gesendeten Bytes aufzunehmen:

```
bool fQuit = false;
while (!fQuit)
{
   char[] buffer = new char[BufferSize];
```

Jetzt können Sie einen neuen `StreamReader` aus `streamToServer`, der Member-Variablen vom Typ `NetworkStream`, erzeugen:

```
System.IO.StreamReader reader =
   new System.IO.StreamReader(streamToServer);
```

Der Aufruf von `Read( )` enthält drei Parameter: den Puffer, das Offset, bei dem das Lesen beginnt, und die Puffergröße:

```
int bytesRead = reader.Read(buffer,0, BufferSize);
```

Überprüfen Sie, ob `Read( )` mindestens ein Byte zurückgegeben hat; wenn nicht, sind Sie fertig und können die Boolesche Variable `fQuit` auf `true` setzen, wodurch die Schleife beendet wird:

```
if (bytesRead == 0)
   fQuit = true;
```

Falls Sie Bytes erhalten haben, können Sie diese auf die Konsole oder in eine Datei schreiben oder was auch immer Sie mit den vom Server gesendeten Werten vorhaben:

```
   else
   {
      string theString = new String(buffer);
      Console.WriteLine(theString);
   }
}
```

Nachdem Sie die Schleife verlassen haben, schließen Sie den `NetworkStream`.

```
streamToServer.Close( );
```

Beispiel 21-12 zeigt das vollständige, kommentierte Quellprogramm des Servers, und anschließend zeigt Beispiel 21-13 das Listing des Clients.

Beispiel 21-12: Implementierung eines asynchronen Netzwerk-Fileservers

```
#region Using directives

using System;
using System.Collections.Generic;
using System.IO;
using System.Net;
using System.Net.Sockets;
using System.Text;

#endregion

namespace AsynchNetworkFileServer
{
   public class AsynchNetworkFileServer
   {

      class ClientHandler
      {
         private const int BufferSize = 256;
```

Beispiel 21-12: Implementierung eines asynchronen Netzwerk-Fileservers (Fortsetzung)

```
private byte[] buffer;
private Socket socket;
private NetworkStream networkStream;
private Stream inputStream;
private AsyncCallback callbackRead;
private AsyncCallback callbackWrite;
private AsyncCallback myFileCallBack;

// Konstruktor
public ClientHandler(
   Socket socketForClient )
{
   // Initialisiere die Member-Variable
   socket = socketForClient;

   // Initialisiere den Puffer für den Inhalt
   // der Datei
   buffer = new byte[256];

   // Erzeuge einen Netzwerk-Stream
   networkStream =
      new NetworkStream(socketForClient);

   // Setze das Datei-Callback für das Lesen
   // der Datei
   myFileCallBack =
      new AsyncCallback(this.OnFileCompletedRead);

   // Setze das Callback für das Lesen des
   // Netzwerk-Streams
   callbackRead =
      new AsyncCallback(this.OnReadComplete);

   // Setze das Callback für das Schreiben des
   // Netzwerk-Streams
   callbackWrite =
      new AsyncCallback(this.OnWriteComplete);
}

// Beginne mit dem Lesen des Strings vom Client
public void StartRead( )
{
   // Lies vom Netzwerk und
   // ermittle den Dateinamen
   networkStream.BeginRead(
      buffer, 0, buffer.Length,
      callbackRead, null);
}

// Nach dem Lesen wird der String angezeigt und
// an den Client zurückgesandt
private void OnReadComplete( IAsyncResult ar )
```

Beispiel 21-12: Implementierung eines asynchronen Netzwerk-Fileservers (Fortsetzung)

```
{
   int bytesRead = networkStream.EndRead(ar);

   // Wenn ein String eingegangen ist ...
   if( bytesRead > 0 )
   {
      // Wandle String in Dateinamen um
      string fileName =
         System.Text.Encoding.ASCII.GetString(
         buffer, 0, bytesRead);

      // Gib Status auf der Konsole aus
      Console.WriteLine(
         "Öffne Datei {0}", fileName);

      // Öffne den Stream für die Dateieingabe
      inputStream =
         File.OpenRead(fileName);

      // Beginne mit dem Lesen der Datei
      inputStream.BeginRead(
         buffer,              // Puffer für das Ergebnis
         0,                   // Offset
         buffer.Length,       // Puffergröße
         myFileCallBack,      // Callback-Delegate
         null);               // Lokales Zustandsobjekt

   }
   else
   {
      Console.WriteLine( "Leseverbindung beendet");
      networkStream.Close( );
      socket.Close( );
      networkStream = null;
      socket = null;
   }
}

// Wenn der Puffer für die Datei voll ist
void OnFileCompletedRead(IAsyncResult asyncResult)
{
   int bytesRead =
      inputStream.EndRead(asyncResult);

   // Wenn etwas von der Datei gelesen worden ist
   if (bytesRead > 0)
   {
      // Sende es an den Client
      networkStream.BeginWrite(
         buffer, 0, bytesRead, callbackWrite, null);
   }
   else
```

Beispiel 21-12: Implementierung eines asynchronen Netzwerk-Fileservers (Fortsetzung)

```
            {
               Console.WriteLine("Ende.");
               networkStream.Close( );
               socket.Close( );
               networkStream = null;
               socket = null;
            }
         }

         // Hole nach dem Senden weitere Daten aus der Datei
         private void OnWriteComplete( IAsyncResult ar )
         {
            networkStream.EndWrite(ar);
            Console.WriteLine( "Schreiben beendet");

            // Beginne mit dem Lesen aus der Datei
            inputStream.BeginRead(
               buffer,             // Puffer für das Ergebnis
               0,                  // Offset
               buffer.Length,      // Puffergröße
               myFileCallBack,     // Callback-Delegate
               null);              // Lokales Zustandsobjekt

   }


      public static void Main( )
      {
         AsynchNetworkFileServer app =
            new AsynchNetworkFileServer( );
         app.Run( );
      }

      private void Run( )
      {
         // Erzeuge einen neuen TcpListener und lasse ihn an
         // Port 65000 empfangen

         IPAddress localAddr = IPAddress.Parse( "127.0.0.1" );
         TcpListener tcpListener = new TcpListener(localAddr, 65000);
         tcpListener.Start( );

         // Fahre mit dem Empfang bis zum Versand der Datei fort
         for (;;)
         {
            // Wenn sich ein Client verbindet, akzeptiere dies
            // und gib ein neues Socket namens socketForClient
            // zurück, während tcpListener weiter empfängt
            Socket socketForClient =
               tcpListener.AcceptSocket( );
            if (socketForClient.Connected)
            {
```

Beispiel 21-12: Implementierung eines asynchronen Netzwerk-Fileservers (Fortsetzung)

```
                Console.WriteLine("Client verbunden");
                ClientHandler handler =
                   new ClientHandler( socketForClient );
                handler.StartRead();
             }
          }
       }
    }
}
```

Beispiel 21-13: Implementierung eines Clients für einen asynchronen Netzwerk-Fileserver

```
using System;
using System.Net.Sockets;
using System.Threading;
using System.Text;

public class AsynchNetworkClient
{
   private const int BufferSize = 256;
   private NetworkStream   streamToServer;

   static public int Main( )
   {

      AsynchNetworkClient client =
         new AsynchNetworkClient( );
      return client.Run( );
   }

   AsynchNetworkClient( )
   {
      string serverName = "localhost";
      Console.WriteLine("Verbinde mit {0}", serverName);
      TcpClient tcpSocket = new TcpClient(serverName, 65000);
      streamToServer = tcpSocket.GetStream( );
   }

   private int Run( )
   {
      string message = @"C:\test\source\Tim.txt";
      Console.WriteLine(
         "Sende {0} an den Server.", message);

      // Erzeuge einen StreamWriter und verwende ihn,
      // um einen String an den Server zu senden
      System.IO.StreamWriter writer =
         new System.IO.StreamWriter(streamToServer);
      writer.Write(message);
      writer.Flush( );

      bool fQuit = false;
```

Beispiel 21-13: Implementierung eines Clients für einen asynchronen Netzwerk-Fileserver (Fortsetzung)

```
        // Fahre mit dem Lesen fort, solange
        // Daten vom Server hereinkommen
        while (!fQuit)
        {
           // Puffer für die Antwort
           char[] buffer = new char[BufferSize];

           // Lies die Antwort
           System.IO.StreamReader reader =
              new System.IO.StreamReader(streamToServer);

           // Sieh nach, wie viele Bytes in den
           // Puffer gelesen worden sind
           int bytesRead =
              reader.Read(buffer,0,BufferSize);
           if (bytesRead == 0)  // Keine? Beenden!
              fQuit = true;
           else                 // Welche erhalten?
           {
              // Als String anzeigen
              string theString = new String(buffer);
              Console.WriteLine(theString);
           }
        }
        streamToServer.Close( ); // Aufräumen
        return 0;

    }
}
```

Indem Sie das asynchrone Lesen einer Datei mit dem asynchronen Lesen über das Netzwerk kombinieren, haben Sie eine skalierbare Anwendung erstellt, die Anfragen von mehreren Clients bearbeiten kann.

Web-Streams

Anstatt aus einem von einem spezifischen Server bereitgestellten Stream zu lesen, können Sie genauso einfach irgendeine Webseite aus dem Internet lesen.

Ein `WebRequest` ist ein Objekt, das eine Anfrage nach einer durch einen URI identifizierten Ressource, beispielsweise der URL für eine Webseite, durchführt. Mit einem `WebRequest`-Objekt können Sie ein `WebResponse`-Objekt erzeugen, in dem die Ressource gekapselt ist, auf die der URI verweist. Zu diesem Zweck rufen Sie `GetResponse( )` beim `WebRequest`-Objekt auf und erhalten dann das vom URI bezeichnete Objekt. Was zurückgegeben wird, ist in einem `WebResponse`-Objekt gekapselt. Sie können dann dieses `WebResponse`-Objekt durch Aufruf von `GetResponseStream( )` nach einem `Stream`-Objekt fragen. `GetResponseStream( )` gibt einen Stream zurück, der wiederum den Inhalt der Ressource kapselt (z.B. einen Stream mit dem Inhalt der Webseite).

Das nächste Beispiel liest den Inhalt einer Webseite als Stream. Um die Webseite zu erhalten, können Sie `HttpWebRequest` verwenden. `HttpWebRequest` ist von `WebRequest` abgeleitet und bietet zusätzliche Unterstützung für die Interaktion über das HTTP-Protokoll.

Um einen `HttpWebRequest` zu erzeugen, wandeln Sie den `WebRequest` um, der von der statischen Methode `Create( )` von `WebRequest` geliefert wird:

```
HttpWebRequest webRequest =
    (HttpWebRequest) WebRequest.Create
    ("http://www.libertyassociates.com/book_edit.htm");
```

`Create( )` ist eine statische Methode von `WebRequest`. Wenn Sie einen URI übergeben, wird eine Instanz von `HTTPWebRequest` erzeugt.

> Die Methode ist hinsichtlich des Parametertyps überladen. Sie gibt unterschiedliche, abgeleitete Typen zurück, je nachdem, was übergeben wurde. Wenn Sie zum Beispiel einen URI übergeben, wird ein Objekt des Typs `HttpWebRequest` erzeugt. Der Rückgabetyp ist jedoch immer `WebRequest`, und daher müssen Sie den zurückgegebenen Wert in einen `HttpWebRequest` umwandeln.

Indem Sie `HTTPWebRequest` erzeugen, stellen Sie eine Verbindung zu einer Seite auf Ihrem Webserver her. Was Sie von dem Host zurückbekommen, ist in einem `HttpWebResponse`-Objekt gekapselt, einer Unterklasse der allgemeineren `WebResponse`-Klasse, die für das HTTP-Protokoll spezifisch ist:

```
HttpWebResponse webResponse =
    (HttpWebResponse) webRequest.GetResponse( );
```

Nun können Sie einen `StreamReader` für diese Seite öffnen, indem Sie die Methode `GetResponseStream( )` beim `WebResponse`-Objekt aufrufen:

```
StreamReader streamReader = new StreamReader(
    webResponse.GetResponseStream( ), Encoding.ASCII);
```

Aus diesem Stream lesen Sie genau so, wie Sie es bei einem Netzwerk-Stream tun. Beispiel 21-14 zeigt das vollständige Listing.

Beispiel 21-14: Eine Webseite als HTML-Stream lesen

```
#region Using directives

using System;
using System.Collections.Generic;
using System.IO;
using System.Net;
using System.Net.Sockets;
using System.Text;

#endregion

namespace ReadingWebPageAsHTML
{
```

Beispiel 21-14: Eine Webseite als HTML-Stream lesen (Fortsetzung)

```
    public class Client
    {

        static public void Main( string[] Args )
        {

            // Erzeuge einen WebRequest für eine bestimmte Seite
            HttpWebRequest webRequest =
                (HttpWebRequest) WebRequest.Create
                ("http://www.libertyassociates.com/");

            // Frage den Web-Request nach einer Web-Response, in der
            // diese Seite gekapselt ist
            HttpWebResponse webResponse =
                (HttpWebResponse) webRequest.GetResponse( );

            // Hole den StreamReader für die Antwort
            StreamReader streamReader = new StreamReader(
                webResponse.GetResponseStream( ), Encoding.ASCII);

            try
            {
                string outputString;
                outputString = streamReader.ReadToEnd( );
                Console.WriteLine(outputString);
            }
            catch
            {
                Console.WriteLine("Exception beim Lesen der Webseite");
            }
            streamReader.Close( );
        }
    }
}

Ausgabe (Ausschnitt):
<html>

<head>
<title>Liberty Associates</title>
<meta http-equiv="Content-Type" content="text/html; charset=iso-8859-1">
<script language="JavaScript">
<!--
isNS=(navigator.appName=="Netscape");
activeMenu="";
activeIndex=-1;
activeImg="";

window.onError = null;

function setImage(imgName,index) {
 if(activeImg==imgName)
```

Beispiel 21-14: Eine Webseite als HTML-Stream lesen (Fortsetzung)

```
    return true;
 document.images[imgName].src = rolloverImg[index].src;
 return true;
}

rolloverImg=new Array();
```

Wie die Ausgabe zeigt, wird durch den Stream der HTML-Code der von Ihnen angefragten Seite übersandt. Diese Möglichkeit können Sie für das *Screen-Scraping* benutzen, indem Sie eine Webseite in einen Puffer einlesen und dann die benötigten Informationen herausziehen.

> Alle Beispiele für das Screen-Scraping in diesem Buch gehen davon aus, dass Sie eine Site lesen, für die Sie eine entsprechende Copyright-Erlaubnis besitzen.

Serialisierung

Wenn ein Objekt als Stream auf die Festplatte geschrieben werden soll, müssen die verschiedenen Member-Daten *serialisiert* werden, das heißt, sie werden als eine Folge von Bytes in einen Stream übertragen. Objekte werden auch serialisiert, wenn sie in einer Datenbank gespeichert oder über einen Kontext, eine App-Domain, einen Prozess oder über Rechnergrenzen hinweg gemarshalt werden.

Die CLR bietet Unterstützung für die Serialisierung eines *Objektgraphen* – also eines Objekts einschließlich aller seiner Member-Daten. Wie in Kapitel 19 beschrieben, sind Typen nicht standardmäßig serialisierbar. Um ein Objekt serialisieren zu können, müssen Sie es explizit mit dem Attribut `[Serializable]` markieren.

Die CLR übernimmt die Serialisierung Ihrer Objekte. Da die CLR von allen einfachen Typen weiß, wie sie zu serialisieren sind, ist nichts weiter zu tun, wenn Ihr Objekt ausschließlich aus einfachen Typen besteht (also alle Member-Daten Integer-, Long-, String-Werte usw. sind). Wenn Ihr Objekt dagegen andere, benutzerdefinierte Typen (Klassen) enthält, müssen Sie sicherstellen, dass diese Typen ebenfalls serialisierbar sind. Die CLR versucht, jedes Objekt zu serialisieren, das in Ihrem Objekt enthalten ist (und auch alle darin enthaltenen Objekte), aber alle diese Objekte müssen entweder einfache Typen darstellen oder serialisierbar sein; andernfalls werden sie nicht serialisiert.

Dies war bereits in Kapitel 19 beim Marshaling des `Shape`-Objekts zu sehen, das ein `Point`-Objekt als Member-Daten enthält. Dabei besteht das `Point`-Objekt jedoch aus primitiven Daten. Um das `Shape`-Objekt zu serialisieren (und somit das Marshaling zu ermöglichen), muss also das `Point`-Objekt, das in ihm enthalten ist, ebenfalls als serialisierbar markiert sein.

Ein Objekt muss für das Marshaling by value oder by reference serialisiert werden. Der Unterschied besteht nur darin, ob eine Kopie angelegt oder ob dem Client ein Proxy zur Verfügung gestellt wird. Das Marshaling wird für Objekte, die mit dem Attribut `[Serializable]` markiert sind, by value, und für solche, die von `MarshalByRef` abgeleitet sind, by reference durchgeführt. Beide werden jedoch serialisiert. Weitere Informationen dazu finden Sie in Kapitel 19.

Einen Formatter verwenden

Nachdem Daten serialisiert worden sind, werden sie irgendwann auch wieder gelesen, sei es durch dasselbe Programm oder ein anderes Programm auf demselben oder einem anderen Computer. In jedem Fall setzt der Code zum Lesen der Daten voraus, dass diese ein bestimmtes Format haben. Bei einer .NET-Anwendung ist das vorausgesetzte Format meist entweder ein natives binäres Format oder SOAP.

SOAP ist ein einfaches, leichtgewichtiges Protokoll auf Basis von XML für den Austausch von Informationen über das Web. SOAP ist hochgradig modular und stark erweiterbar. Außerdem baut es auf bestehenden Internet-Technologien wie HTTP und SMTP auf.

Beim Serialisieren von Daten wird das Format durch den von Ihnen angewendeten *Formatter* festgelegt. In Kapitel 19 haben Sie bereits Formatter bei Channels benutzt, um mit einem Remote-Objekt zu kommunizieren. Alle Formatter-Klassen implementieren das Interface `IFormatter`. Sie haben auch die Möglichkeit, eigene Formatter-Klassen zu erstellen, allerdings werden nur sehr wenige Programmierer dies je tun müssen oder wollen! Die CLR bietet sowohl einen `SoapFormatter` für die Verwendung mit Webservices als auch einen `BinaryFormatter`, der für das schnelle lokale Abspeichern oder beim Remoting hilfreich ist.

Sie können diese Objekte mit ihren Standardkonstruktoren instantiieren:

```
BinaryFormatter binaryFormatter =
  New BinaryFormatter( );
```

Sobald Sie eine Instanz für einen Formatter besitzen, rufen Sie die Methode `Serialize( )` auf und übergeben ihr einen Stream und ein zu serialisierendes Objekt. Das nächste Beispiel zeigt Ihnen, wie das funktioniert.

Mit Serialisierung arbeiten

Um zu sehen, wie die Serialisierung abläuft, benötigen Sie eine Beispielklasse, die Sie serialisieren und anschließend deserialisieren können. Beginnen Sie damit, eine Klasse namens `SumOf` mit drei Member-Variablen anzulegen:

```
private int startNumber = 1;
private int endNumber;
private int[] theSums;
```

Das Member-Array theSums enthält die Werte der Summen aller Zahlen von startNumber bis endNumber. Deshalb hat, wenn startNumber den Wert 1 und endNumber den Wert 10 hat, das Array folgenden Inhalt:

```
1,3,6,10,15,21,28,36,45,55
```

Jeder Wert ist die Summe der vorherigen Werte plus dem nächsten in der Folge. Wenn die Folge also 1,2,3,4 lautet, ist der erste Wert in theSums 1. Der zweite Wert ist der vorherige Wert (1) plus dem nächsten in der Folge (2); deshalb enthält theSums[1] den Wert 3. Genauso ist der dritte Wert der vorherige Wert (3) plus dem nächsten in der Folge – theSums[2] ist also 6. Schließlich ist der vierte Wert in theSums der vorherige Wert (6) plus dem nächsten in der Folge (4), das ergibt 10.

Der Konstruktor des Objekts SumOf erwartet zwei Werte: die Anfangszahl und die Endzahl. Er weist diese den lokalen Variablen zu und ruft dann eine Hilfsfunktion auf, mit der das Array berechnet wird:

```
public SumOf(int start, int end)
{
    startNumber = start;
    endNumber = end;
    ComputeSums( );
```

Die Hilfsfunktion ComputeSums trägt die Werte in das Array ein, indem sie die Summen in der Folge von startNumber bis endNumber berechnet:

```
private void ComputeSums( )
{
    int count = endNumber - startNumber + 1;
    theSums = new int[count];
    theSums[0] = startNumber;
    for (int i=1,j=startNumber + 1;i<count;i++,j++)
    {
        theSums[i] =  j + theSums[i-1];
    }
}
```

Sie können den Inhalt des Arrays zu jeder Zeit mit Hilfe einer foreach-Schleife anzeigen:

```
private void DisplaySums( )
{
    foreach(int i in theSums)
    {
        Console.WriteLine("{0}, ",i);
    }
}
```

Das Objekt serialisieren

Kennzeichnen Sie nun die Klasse mit dem Attribut [Serializable] als serialisierbar:

```
[Serializable]
class SumOf
```

Um die Serialisierung auszulösen, benötigen Sie zunächst ein fileStream-Objekt für eine Datei, in die Sie das SumOf-Objekt serialisieren:

```
FileStream fileStream =
   new FileStream("DoSum.out",FileMode.Create);
```

Nun können Sie die Methode Serialize( ) des Formatters aufrufen, indem Sie den Stream und das zu serialisierende Objekt übergeben. Da dies in einer Methode von SumOf geschieht, können Sie this übergeben und damit auf das aktuelle Objekt verweisen:

```
binaryFormatter.Serialize(fileStream,this);
```

Damit wird das Objekt SumOf auf der Festplatte serialisiert.

Das Objekt deserialisieren

Um das Objekt wiederherzustellen, öffnen Sie die Datei und veranlassen einen binären Formatter, es zu deserialisieren:

```
public static SumOf DeSerialize( )
{
    FileStream fileStream =
        new FileStream("DoSum.out",FileMode.Open);
     BinaryFormatter binaryFormatter =
        new BinaryFormatter( );
    SumOf retVal = (SumOf) binaryFormatter.Deserialize(fileStream);
    fileStream.Close( );
    return retVal;
}
```

Um sicher zu sein, dass alles richtig funktioniert, instantiieren Sie zunächst ein neues Objekt des Typs SumOf und beauftragen es damit, sich selbst zu serialisieren. Dann erzeugen Sie eine neue Instanz des Typs SumOf, indem Sie die statische Methode DeSerialize aufrufen, und lassen sich seine Werte anzeigen:

```
public static void Main( )
{
    Console.WriteLine("Erzeuge das erste Objekt mit new ...");
    SumOf app = new SumOf(1,10);

    Console.WriteLine(
       "Erzeuge das zweite durch Deserialisierung ...");
    SumOf newInstance = SumOf.DeSerialize( );
    newInstance.DisplaySums( );
}
```

In Beispiel 21-15 sehen Sie den vollständigen Quellcode, der Serialisierung und Deserialisierung veranschaulicht.

Beispiel 21-15: Ein Objekt serialisieren und deserialisieren

```
#region Using directives

using System;
using System.Collections.Generic;
```

Beispiel 21-15: Ein Objekt serialisieren und deserialisieren (Fortsetzung)

```
using System.IO;
using System.Runtime.Serialization;
using System.Runtime.Serialization.Formatters.Binary;
using System.Text;

#endregion

namespace SerializingDeserialingAnObject
{
   [Serializable]
   class SumOf
   {
      private int startNumber = 1;
      private int endNumber;
      private int[] theSums;

      public static void Main( )
      {
         Console.WriteLine("Erzeuge das erste Objekt mit new ...");
         SumOf app = new SumOf(1,10);

         Console.WriteLine("Erzeuge das zweite durch Deserialisierung ...");
         SumOf newInstance = SumOf.DeSerialize( );
         newInstance.DisplaySums( );
      }

      public SumOf(int start, int end)
      {
         startNumber = start;
         endNumber = end;
         ComputeSums( );
         DisplaySums( );
         Serialize( );
      }

      private void ComputeSums( )
      {
         int count = endNumber - startNumber + 1;
         theSums = new int[count];
         theSums[0] = startNumber;
         for (int i=1,j=startNumber + 1;i<count;i++,j++)
         {
            theSums[i] =  j + theSums[i-1];

         }
      }

      private void DisplaySums( )
      {
         foreach(int i in theSums)
         {
            Console.WriteLine("{0}, ",i);
```

Beispiel 21-15: Ein Objekt serialisieren und deserialisieren (Fortsetzung)

```
            }
        }

        private void Serialize( )
        {
            Console.Write("Serialisiere...");
            // Lege einen Datei-Stream zum Schreiben der Datei an
            FileStream fileStream =
                new FileStream("DoSum.out",FileMode.Create);
            // Verwende den binären Formatter der CLR
            BinaryFormatter binaryFormatter =
                new BinaryFormatter( );
            // Serialisiere auf die Platte
            binaryFormatter.Serialize(fileStream,this);
            Console.WriteLine("...Ende");
            fileStream.Close( );
        }

        public static SumOf DeSerialize( )
        {
            FileStream fileStream =
                new FileStream("DoSum.out",FileMode.Open);
            BinaryFormatter binaryFormatter =
                new BinaryFormatter( );
            SumOf retVal = ( SumOf ) binaryFormatter.Deserialize( fileStream );
            fileStream.Close();
            return retVal;
        }
    }
}

Ausgabe:
Erzeuge das erste Objekt mit new ...
1,
3,
6,
10,
15,
21,
28,
36,
45,
55,
Serialisiere......Ende
Erzeuge das zweite durch Deserialisierung ...
1,
3,
6,
10,
15,
21,
28,
```

Beispiel 21-15: Ein Objekt serialisieren und deserialisieren (Fortsetzung)

```
36,
45,
55,
```

Die Ausgabe zeigt, dass das Objekt erzeugt, angezeigt und dann serialisiert wurde. Anschließend wurde das Objekt deserialisiert und erneut ausgegeben, ohne dass dabei Daten verloren gegangen sind.

Mit transienten Daten umgehen

In gewisser Weise ist das in Beispiel 21-15 gezeigte Vorgehen bei der Serialisierung sehr verschwenderisch. Da Sie den Inhalt des Arrays jederzeit berechnen können, wenn die Anfangs- und die Endzahl bekannt sind, gibt es eigentlich keinen Grund, seine Elemente auf der Festplatte zu speichern. Zwar kostet dies bei einem kleinen Array nicht viel, bei einem sehr großen Array könnte es aber teuer werden.

Sie können den Serialisierer anweisen, einige Daten nicht zu serialisieren, indem Sie diese mit dem Attribut `[NonSerialized]` markieren:

```
[NonSerialized] private int[] theSums;
```

Wenn Sie das Array nicht serialisieren, ist das von Ihnen erzeugte Objekt jedoch nach der Deserialisierung nicht in einem korrekten Zustand. Das Array ist leer. Bedenken Sie, dass Sie beim Deserialisieren das Objekt einfach in seiner serialisierten Form auslesen und dass dabei keine Methoden laufen.

Um das Objekt vor der Rückgabe an den Aufrufer wieder zu vervollständigen, implementieren Sie das Interface `IDeserializationCallback`:

```
[Serializable]
class SumOf : IDeserializationCallback
```

Implementieren Sie außerdem die einzige Methode des Interfaces: `OnDeserialization( )`. Die CLR verspricht, dass nach der vollständigen Deserialisierung des Objekt-Graphen die Methode `OnDeserialization( )` der Klasse aufgerufen wird, wenn dieses Interface implementiert ist. Das ist genau, was Sie brauchen: Die CLR stellt wieder her, was Sie serialisiert haben, und anschließend haben Sie die Gelegenheit, nicht serialisierte Teile nachzubessern.

Diese Implementierung kann sehr einfach sein. Bringen Sie einfach das Objekt dazu, die Folge neu zu berechnen:

```
public virtual void OnDeserialization (Object sender)
{
    ComputeSums( );
}
```

Dies ist eine klassische Wechselwirkung zwischen Raum und Zeit; indem Sie das Array nicht serialisieren, verlangsamen Sie die Deserialisierung (da Sie Zeit für die Neuberechnung des Arrays benötigen), aber verkleinern dabei die Datei. Um zu wissen, welche Wirkung der Verzicht auf die Serialisierung des Arrays hat, ließ ich das Programm mit den Zahlen 1 bis 5000 laufen. Vor der Kennzeichnung des Arrays als [NonSerialized] betrug die Größe der serialisierten Datei 20 K. Nach dem Setzen von [NonSerialized] war die Datei 1 K groß. Nicht schlecht. Beispiel 21-16 zeigt den Quellcode dazu, wobei aber die Zahlen 1 bis 5 verwendet werden (um damit die Ausgabe zu verkürzen).

Beispiel 21-16: Mit einem teilweise serialisierten Objekt arbeiten

```
#region Using directives

using System;
using System.Collections.Generic;
using System.IO;
using System.Runtime.Serialization;
using System.Runtime.Serialization.Formatters.Binary;
using System.Text;

#endregion

namespace WorkingWithNonSerializedObject
{
   [Serializable]
   class SumOf : IDeserializationCallback
   {
      private int startNumber = 1;
      private int endNumber;
      [NonSerialized]
      private int[] theSums;

      public static void Main( )
      {
         Console.WriteLine("Erzeuge das erste Objekt mit new ...");
         SumOf app = new SumOf(1,5);

         Console.WriteLine("Erzeuge das zweite durch Deserialisierung ...");
         SumOf newInstance = SumOf.DeSerialize( );
         newInstance.DisplaySums( );
      }

      public SumOf(int start, int end)
      {
         startNumber = start;
         endNumber = end;
         ComputeSums( );
         DisplaySums( );
         Serialize( );
      }

      private void ComputeSums( )
      {
         int count = endNumber - startNumber + 1;
         theSums = new int[count];
```

Beispiel 21-16: Mit einem teilweise serialisierten Objekt arbeiten (Fortsetzung)

```
            theSums[0] = startNumber;
            for (int i=1,j=startNumber + 1;i<count;i++,j++)
            {
                theSums[i] =  j + theSums[i-1];

            }
        }

        private void DisplaySums( )
        {
            foreach(int i in theSums)
            {
                Console.WriteLine("{0}, ",i);
            }
        }

        private void Serialize( )
        {
            Console.Write("Serialisiere...");
            // Lege einen Datei-Stream zum Schreiben der Datei an
            FileStream fileStream =
                new FileStream("DoSum.out",FileMode.Create);
            // Verwende den binären Formatter der CLR
            BinaryFormatter binaryFormatter =
                new BinaryFormatter( );
            // Serialisiere auf die Platte
            binaryFormatter.Serialize(fileStream,this);
            Console.WriteLine("...Ende");
            fileStream.Close( );
        }

        public static SumOf DeSerialize( )
        {
            FileStream fileStream =
                new FileStream("DoSum.out",FileMode.Open);
            BinaryFormatter binaryFormatter =
                new BinaryFormatter( );
            SumOf retVal = (SumOf) binaryFormatter.Deserialize(fileStream);
            fileStream.Close( );
              return retVal
        }

        // Ergänze die nicht-serialisierten Daten

        public virtual void OnDeserialization
            (Object sender)
        {
            ComputeSums( );
        }

    }
}
```

Beispiel 21-16: Mit einem teilweise serialisierten Objekt arbeiten (Fortsetzung)

```
Ausgabe:
Erzeuge das erste Objekt mit new ...
1,
3,
6,
10,
15,
Serialisiere......Ende
Erzeuge das zweite durch Deserialisierung ...
1,
3,
6,
10,
15,
```

Sie sehen an der Ausgabe, dass die Daten erfolgreich auf der Festplatte serialisiert und dann durch die Deserialisierung wiederhergestellt wurden. Die Abwägung zwischen dem Speicherplatz auf der Festplatte und dem Zeitbedarf macht bei fünf Werten nicht viel Sinn, kann aber bei fünf Millionen schon sehr bedeutsam werden.

Bis jetzt haben Sie Ihre Daten in einen Stream umgewandelt, um sie auf der Festplatte zu speichern oder die Kommunikation mit entfernten Programmen über das Netzwerk zu ermöglichen. Es gibt noch eine weitere Situation, in der es sinnvoll ist, Streams zu erzeugen: um benutzerbezogene Konfigurations- und Statusdaten dauerhaft zu speichern. Zu diesem Zweck bietet das .NET Framework *isolierten Speicher*.

Isolierte Speicher

Die .NET CLR ermöglicht isoliertes Speichern, damit Anwendungsentwickler Daten getrennt für jeden Benutzer speichern können. Isolierte Speicher bieten viel von der Funktionalität der traditionellen *.ini*-Dateien von Windows oder der neueren `HKEY_CURRENT_USER`-Schlüssel in der Windows-Registrierung.

Dazu speichert eine Anwendung Daten in einem *Data-Compartment*, das mit dieser Anwendung eindeutig verknüpft ist. Die CLR implementiert das Data-Compartment durch einen besonderen *Datenspeicher*, der typischerweise ein Verzeichnis im Dateisystem ist.

Administratoren haben die Möglichkeit, die Größe des isolierten Speichers für einzelne Anwendungen zu begrenzen. Außerdem können sie Sicherheitsvorkehrungen treffen, damit nicht Code, der als weniger vertrauenswürdig eingeschätzt wird, vertrauenswürdigeren Code aufrufen kann, um durch diesen auf isolierten Speicher zuzugreifen.

Das Wichtige am isolierten Speicher ist, dass die CLR einen standardmäßigen Ort bietet, wo Ihre Anwendung Daten ablegen kann. Dabei wird aber kein besonderes Layout und keine besondere Syntax für diese Daten verlangt (oder unterstützt). Kurz gesagt, Sie können alles, was Sie möchten, im isolierten Speicher aufbewahren.

Normalerweise speichern Sie Text ab, häufig in Form von Name/Wert-Paaren. Isolierte Speicher bieten einen guten Mechanismus zur Ablage von Konfigurationsinformationen von Benutzern, beispielsweise von Login-Namen, den Positionen diverser Fenster und Widgets sowie von weiteren anwendungsspezifischen und benutzerspezifischen Informationen. Die Daten werden für jeden Benutzer in einer separaten Datei abgelegt, können aber sogar noch weiter isoliert werden, indem man verschiedene Aspekte der Identität des Codes unterscheidet (nach der Assembly oder nach der ursprünglichen Anwendungs-Domain).

Die Verwendung isolierter Speicher ist ziemlich einfach. Um in den isolierten Speicher zu schreiben, erzeugen Sie eine Instanz von `IsolatedStorageFileStream`, die Sie mit einem Dateinamen und einem Dateimodus (erzeugen, anhängen usw.) initialisieren:

```
IsolatedStorageFileStream configFile =
    new IsolatedStorageFileStream
    ("Tester.cfg",FileMode.Create);
```

Erzeugen Sie nun einen `StreamWriter` für diese Datei:

```
StreamWriter writer =
    new StreamWriter(configFile);
```

Schreiben Sie anschließend genau so in diesen Stream, wie Sie es bei jedem anderen tun würden. Beispiel 21-17 veranschaulicht dies:

Beispiel 21-17: In einen isolierten Speicher schreiben

```
#region Using directives

using System;
using System.Collections.Generic;
using System.IO;
using System.IO.IsolatedStorage;
using System.Text;

#endregion

namespace WritingToIsolatedStorage
{
   public class Tester
    {

        public static void Main( )
        {
            Tester app = new Tester( );
            app.Run( );
        }

        private void Run( )
        {
            // Erzeuge einen Stream für die Konfigurationsdatei
            IsolatedStorageFileStream configFile =
                new IsolatedStorageFileStream
```

Beispiel 21-17: In einen isolierten Speicher schreiben (Fortsetzung)

```
                ("Tester.cfg",FileMode.Create);

            // Erzeuge einen Writer, um in die Datei zu schreiben
            StreamWriter writer =
                new StreamWriter(configFile);

            // Schreibe ein paar Daten in die Konfigurationsdatei
            String output;
            System.DateTime currentTime = System.DateTime.Now;
            output = "Letzter Zugriff: " + currentTime.ToString( );
            writer.WriteLine(output);
            output = "Letzte Position: 27,35";
            writer.WriteLine(output);

            // Leere den Puffer und räume auf
            writer.Close( );
            configFile.Close( );
        }
    }
}
```

Nachdem Sie diesen Code haben laufen lassen, können Sie Ihre Festplatte nach *Tester.cfg* durchsuchen. Auf meinem Rechner fand sich die Datei unter:

```
C:\Dokumente und Einstellungen\Jesse\Lokale Einstellungen\Anwendungsdaten\IsolatedStorage
\mipjwcsz.iir\2hzvpjcc.p0y\StrongName.mwoxzllzqpx3u0taclp1dti11kpddwyo\Url.a2f4v2g3ytucsl
mvlpt2wmdxhrhqg1pz\Files
```

Sie können diese Datei in Notepad lesen, wenn Sie nur Text geschrieben haben:

```
Letzter Zugriff: 02.05.2001 10:00:57
Letzte Position: 27,35
```

Sie können auf diese Daten aber auch programmgesteuert zugreifen. Um das zu tun, öffnen Sie die Datei erneut:

```
IsolatedStorageFileStream configFile =
    new IsolatedStorageFileStream
    ("Tester.cfg",FileMode.Open);
```

Erzeugen Sie ein `StreamReader`-Objekt:

```
StreamReader reader =
    new StreamReader(configFile);
```

Benutzen Sie das bei Streams übliche Vorgehen, um die Datei zu lesen:

```
string theEntry;
do
{
    theEntry = reader.ReadLine( );
    Console.WriteLine(theEntry);
} while (theEntry != null);
Console.WriteLine(theEntry);
```

Der Geltungsbereich für isolierte Speicher wird durch die Assembly definiert (beispielsweise können Sie, wenn Sie Ihr Programm heruntergefahren und danach wieder gestartet haben, die von Ihnen erzeugte Konfigurationsdatei lesen, aber Sie können nicht die Konfiguration einer anderen Assembly lesen). Beispiel 21-18 enthält die zum Lesen der Datei benötigte Methode. Ersetzen Sie die Methode `Run( )` in dem vorhergehenden Beispiel, kompilieren Sie es erneut und lassen Sie es laufen. (Ändern Sie aber nicht den Namen des Programms, sonst ist es nicht mehr möglich, auf den von Ihnen zuvor erzeugten isolierten Speicher zuzugreifen.)

Beispiel 21-18: Aus dem isolierten Speicher lesen

```
private void Run( )
{
    // Öffne Stream für die Konfigurationsdatei
    IsolatedStorageFileStream configFile =
        new IsolatedStorageFileStream
        ("Tester.cfg",FileMode.Open);

    // Erzeuge normalen StreamReader
    StreamReader reader =
        new StreamReader(configFile);

    // Lies die Datei und zeige den Inhalt an
    string theEntry;
    do
    {
        theEntry = reader.ReadLine( );
        Console.WriteLine(theEntry);
    } while (theEntry != null);

    reader.Close( );
    configFile.Close( );
}
```

```
Ausgabe:
Letzter Zugriff: 02.05.2001 10:00:57
Letzte Position: 27,35
```

KAPITEL 22

Programmieren mit .NET und COM

Programmierer mögen unbeschriebene Blätter. Sicher wäre es schön, wenn wir einfach alle Programme, die wir jemals geschrieben haben, wegwerfen und neu beginnen könnten. Aber normalerweise ist dies für die meisten Firmen kein gangbarer Weg. Über die letzte Dekade hinweg haben Organisationen, die Software entwickeln, viel Geld in die Entwicklung und den Kauf von COM-Komponenten und ActiveX-Controls investiert. Microsoft hat sich dazu verpflichtet, dafür zu sorgen, dass diese vorhandenen Komponenten aus .NET heraus nutzbar sind und (vielleicht etwas weniger wichtig) .NET-Komponenten aus COM leicht aufrufbar sind.

Dieses Kapitel beschreibt, welche Unterstützung .NET für den Import von ActiveX-Steuerelementen und COM-Komponenten in Ihre Anwendung, für den Export von .NET-Klassen für die Verwendung in COM-basierten Anwendungen sowie für direkte Aufrufe der Win32-API bietet. Sie werden außerdem einiges über C#-Zeiger erfahren sowie über Schlüsselwörter für den direkten Zugriff auf den Arbeitsspeicher – eine Technik, die in manchen Anwendungen unumgänglich ist.

ActiveX-Steuerelemente importieren

ActiveX-Controls (Steuerelemente) sind COM-Komponenten, die typischerweise durch Drag-and-Drop auf Formulare gelegt werden und die eine Benutzerschnittstelle haben können oder auch nicht. Nachdem Microsoft den OCX-Standard entwickelt hatte, der es Entwicklern ermöglichte, ActiveX-Controls unter VB zu erstellen und unter C++ einzusetzen (und umgekehrt), brach die ActiveX-Control-Revolution aus. In den letzten paar Jahren sind tausende solcher Steuerelemente entwickelt, verkauft und eingesetzt worden. Sie sind klein, einfach zu benutzen und stellen ein effektives Beispiel für die Wiederverwendbarkeit von Binaries dar.

ActiveX-Steuerelemente in .NET zu importieren ist überraschend einfach, wenn man bedenkt, wie stark sich COM-Objekte von .NET-Objekten unterscheiden. Visual Studio 2005 ist in der Lage, ActiveX-Steuerelemente »automagisch« zu importieren. Als Alternative zur Verwendung von Visual Studio hat Microsoft ein Befehlszeilen-Hilfsprogramm namens `AxImp` entwickelt, mit dessen Hilfe Sie die in einer .NET-Anwendung für solche Steuerelemente benötigten Assemblies erzeugen können.

Ein ActiveX-Control erstellen

Um zu zeigen, wie ein klassisches ActiveX-Control in einer .NET-Anwendung benutzt wird, entwickeln Sie zunächst unter VB6 einen einfachen Taschenrechner mit vier Funktionen als ActiveX-Control und testen es erst einmal in einer VB6-Anwendung. Wenn Sie VB6 nicht zur Verfügung haben oder sich nicht mit der Erstellung des Steuerelements aufhalten möchten, können Sie es auch von meiner Website herunterladen (*http://www.LibertyAssociates.com*).

Sobald das Steuerelement in der normalen Windows-Umgebung funktioniert, importieren Sie es in Ihre Windows Forms-Anwendung.

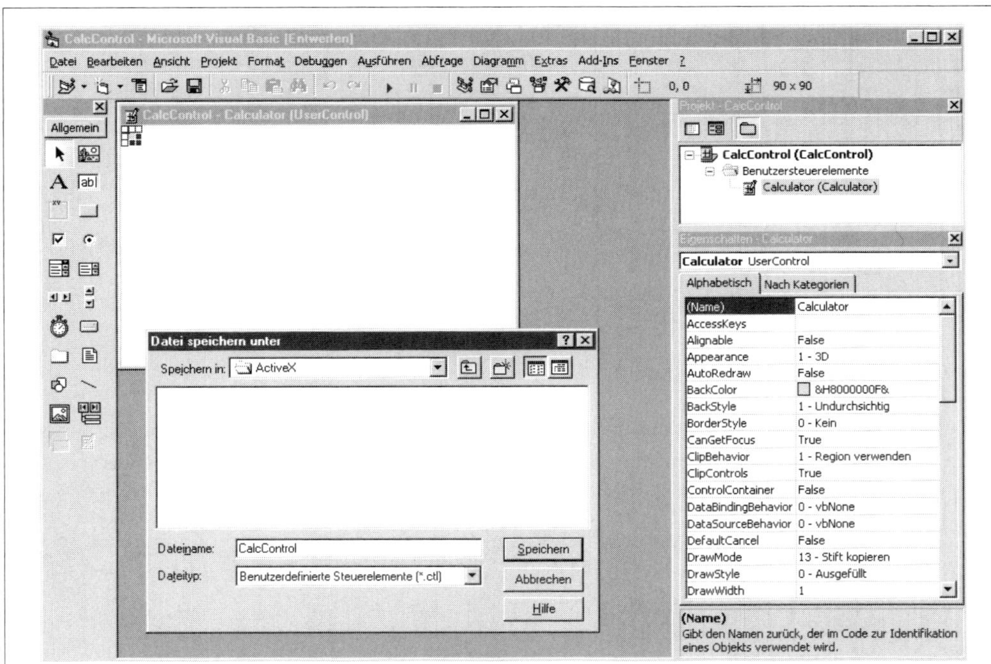

Abbildung 22-1: Ein ActiveX-Control unter Visual Basic erstellen

Um das Steuerelement zu erstellen, öffnen Sie VB6 und wählen als neuen Projekttyp **ActiveX-Steuerelement**. Machen Sie das Projektformular so klein wie möglich, da dieses Steuerelement keine Benutzerschnittstelle benötigt. Klicken Sie mit der rechten Maustaste auf **UserControl1** und wählen Sie **Eigenschaften** aus. Geben Sie ihm im **Eigenschaften**-Fenster den Namen **Calculator**. Klicken Sie dann das Projekt im Projekt-Explorer an und benennen Sie es im **Eigenschaften**-Fenster in **CalcControl** um. Speichern Sie nun das Projekt, wobei Sie sowohl die Datei als auch das Projekt **CalcControl** nennen, wie es Abbildung 22-1 zeigt.

Nun können Sie die vier Rechenfunktionen hinzufügen, indem Sie das **CalcControl**-Formular rechts anklicken, im Pop-Up-Menü **Code anzeigen** auswählen und das in Beispiel 22-1 dargestellte VB-Programm eintippen.

Beispiel 22-1: Implementierung des ActiveX-Controls CalcControl

```
Public Function _
Add(left As Double, right As Double) _
As Double
    Add = left + right
End Function

Public Function _
Subtract(left As Double, right As Double) _
As Double
    Subtract = left - right
End Function

Public Function _
Multiply(left As Double, right As Double) _
As Double
    Multiply = left * right
End Function

Public Function _
Divide(left As Double, right As Double) _
As Double
    Divide = left / right
End Function
```

Dies ist der gesamte Code für das Steuerelement. Kompilieren Sie es in eine Datei namens *CalcControl.ocx*, indem Sie in der Menüleiste von VB6 **Datei → CalcControl.ocx erstellen** anwählen.

Als Nächstes legen Sie in VB ein zweites Projekt für ein normales ausführbares Programm (EXE) an. Nennen Sie das Formular **TestForm** und das Projekt **CalcTest**. Speichern Sie die Datei und das Projekt unter dem Namen **CalcTest**.

Fügen Sie das ActiveX-Control als Komponente hinzu, indem Sie **Strg-T** drücken und in der **Steuerelemente**-Registerkarte **CalcControl** auswählen, wie Abbildung 22-2 zeigt.

Durch diese Aktion wird der Toolbox ein neues Steuerelement hinzugefügt; in Abbildung 22-3 ist es mit einem Kreis gekennzeichnet.

Ziehen Sie auf dem Formular `TestForm` einen Rahmen auf, der das Steuerelement repräsentiert, und nennen Sie es **CalcControl**. Beachten Sie, dass das neue Steuerelement nicht sichtbar ist, da es keine Benutzeroberfläche hat. Fügen Sie zwei Textfelder, vier Buttons und ein Label hinzu, wie Abbildung 22-4 zeigt.

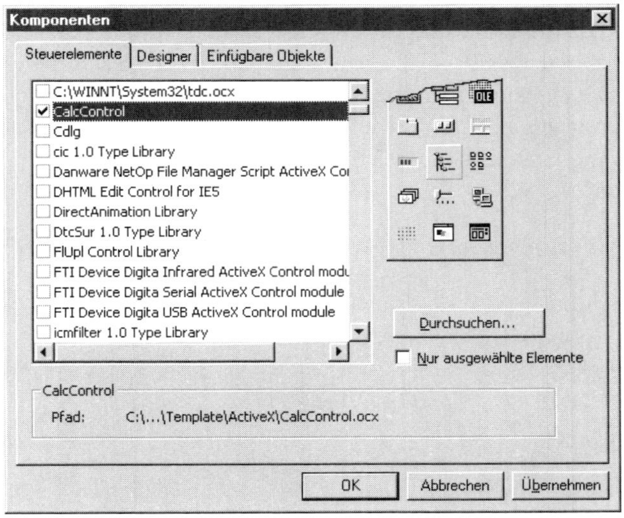

Abbildung 22-2: Das CalcControl in die VB6-Toolbox übernehmen

Abbildung 22-3: Das CalcControl, zu finden in der Toolbox von Visual Basic 6

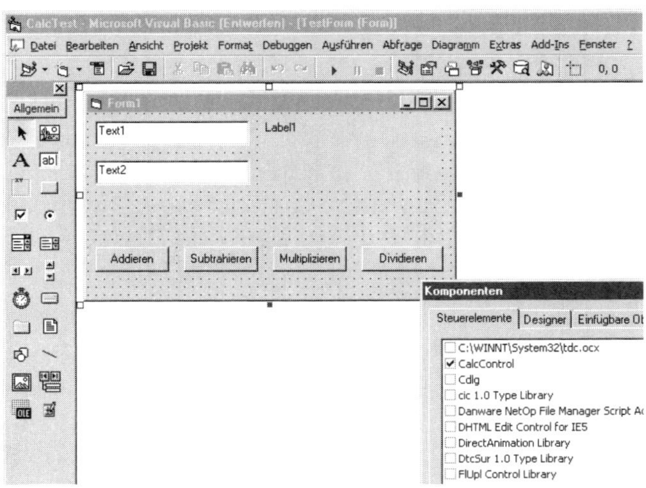

Abbildung 22-4: Die Benutzeroberfläche der TestForm erstellen

Nennen Sie die Buttons `btnAdd`, `btnSubtract`, `btnMultiply` und `btnDivide`. Jetzt müssen nur noch die Methoden zur Behandlung der Klick-Events für die Rechen-Buttons implementiert werden. Jedes Mal, wenn ein Button angeklickt wird, lesen Sie die Werte aus den beiden Textfeldern aus, wandeln sie mit der VB6-Funktion `CDbl` in `double` um (wie es vom CalcControl erwartet wird), rufen die entsprechende Funktion des CalcControl auf und geben das Ergebnis im Label-Steuerelement aus. Beispiel 22-2 enthält das vollständige Quellprogramm dafür.

Beispiel 22-2: Einsatz des ActiveX-Controls CalcControl in einem VB-Programm (TestForm)

```
Private Sub btnAdd_Click( )
    Label1.Caption = _
        calcControl.Add(CDbl(Text1.Text), _
            CDbl(Text2.Text))
End Sub

Private Sub btnDivide_Click( )
    Label1.Caption = _
       calcControl.Divide(CDbl(Text1.Text), _
            CDbl(Text2.Text))
End Sub

Private Sub btnMultiply_Click( )
    Label1.Caption = _
       calcControl.Multiply(CDbl(Text1.Text), _
            CDbl(Text2.Text))
End Sub

Private Sub btnSubtract_Click( )
    Label1.Caption = _
       calcControl.Subtract(CDbl(Text1.Text), _
            CDbl(Text2.Text))
End Sub
```

Ein Steuerelement in .NET importieren

Nachdem Sie festgestellt haben, dass das ActiveX-Control CalcControl funktioniert, können Sie die Datei *CalcControl.ocx* in Ihre .NET-Entwicklungsumgebung kopieren. Nach dem Kopieren erinnern Sie sich daran, dass die *CalcControl.ocx* mit `Regsvr32` registriert werden muss. Dann können Sie ein Testprogramm in .NET schreiben, das den Taschenrechner benutzt:

```
Regsvr32 CalcControl.ocx
```

Als Erstes erstellen Sie in Visual Studio 2005 eine Visual C# Windows-Anwendung (siehe Kapitel 13), nennen die Anwendung **InteropTest** und entwerfen ein Formular (wie das Formular `TestForm`, das Sie unter VB im vorigen Abschnitt erstellt haben), indem Sie die benötigten Steuerelemente darauf ziehen und ablegen. Nennen Sie das Formular **TestForm**. Ein vollständiges Beispiel ist in Abbildung 22-5 zu sehen.

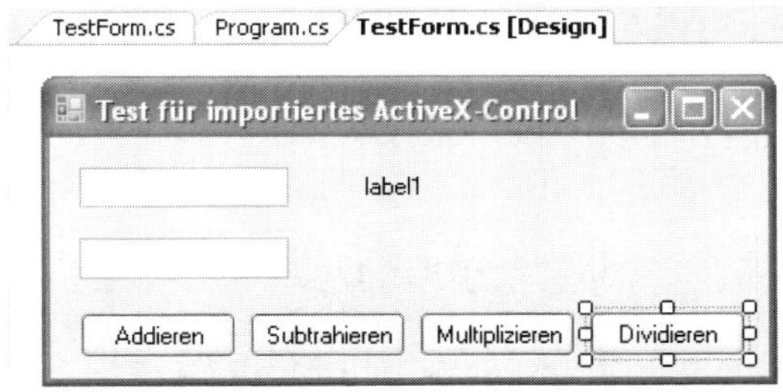

Abbildung 22-5: Ein Windows-Formular zum Test des ActiveX-Controls CalcControl erstellen

Ein Steuerelement importieren

Es gibt zwei Möglichkeiten, ein ActiveX-Control in die Entwicklungsumgebung Visual Studio 2005 zu importieren. Sie können die Werkzeuge von Visual Studio 2005 selbst verwenden oder das Steuerelement manuell mit dem Hilfsprogramm *aximp* importieren, das zusammen mit dem .NET SDK Framework ausgeliefert wird. Wenn Sie Visual Studio 2005 verwenden wollen, wählen Sie im Menü **Tools → Choose Toolbox**. Dadurch öffnen Sie einen Dialog. Auf der Registerkarte **COM-Steuerelemente** finden Sie das zuvor registrierte Objekt `CalcControl.Calculator`, wie es in Abbildung 22-6 zu sehen ist.

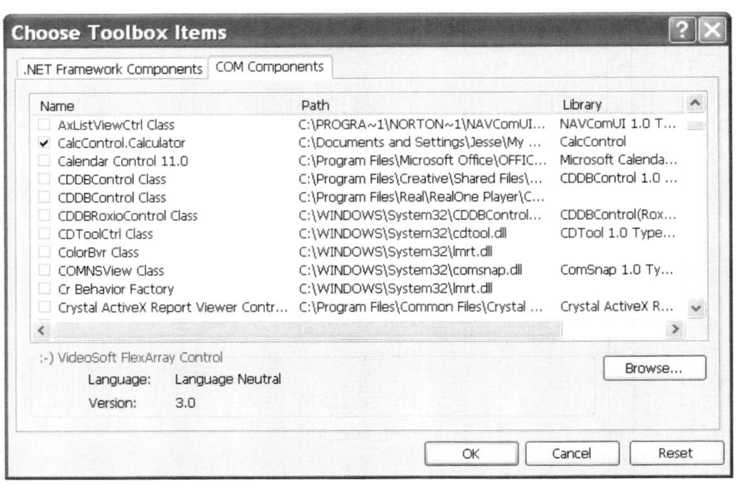

Abbildung 22-6: Das ActiveX-Control CalcControl importieren

Da `CalcControl` auf Ihrem .NET-Rechner registriert ist, kann Visual Studio 2005 es finden. Wenn Sie das Steuerelement in diesem Dialog auswählen, wird es in Ihre Anwendung importiert. Um die Einzelheiten kümmert sich Visual Studio, so auch um das Hinzufügen zu Ihrer Werkzeugleiste.

Das Steuerelement manuell importieren

Als Alternative können Sie auch die Eingabeaufforderung öffnen und das Steuerelement manuell importieren, indem Sie das Hilfsprogramm *aximp.exe* aufrufen, wie es in Abbildung 22-7 gezeigt wird.

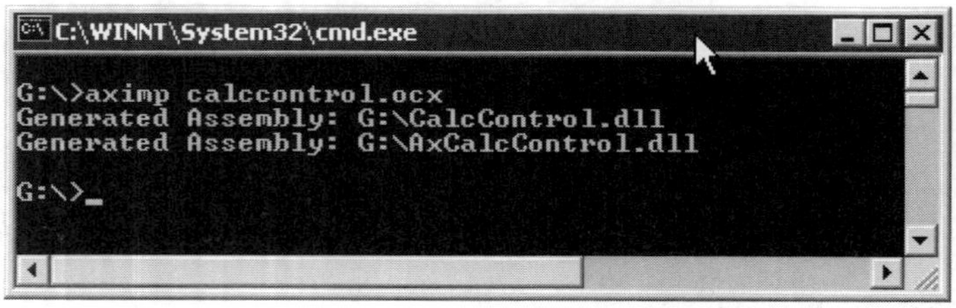

Abbildung 22-7: aximp aufrufen

aximp.exe benötigt ein Argument, und zwar das zu importierende ActiveX-Control (*CalcControl.ocx*). Es entstehen drei Dateien:

AxCalcControl.dll
: ein Windows-Steuerelement für .NET

CalcControl.dll
: eine .NET Proxy-Klassenbibliothek

AxCalcControl.pdb
: eine Debug-Datei

Wenn es so weit ist, können Sie zum Fenster **Choose Toolbox Items** zurückkehren; diesmal wählen Sie jedoch **.NET Framework Components**. Nun können Sie mit **Durchsuchen** zu der Stelle gehen, an der das .NET Windows-Steuerelement *AxCalcControl.dll* generiert wurde, und die Datei in die Toolbox importieren, wie es Abbildung 22-8 zeigt.

Das Steuerelement in das Formular einfügen

Nach dem Import erscheint das Steuerelement im Toolbox-Menü, wie in Abbildung 22-9 gezeigt. Beachten Sie, dass das Steuerelement im unteren Bereich der Toolbox erscheint.

Jetzt können Sie das Steuerelement in Ihr Windows-Formular ziehen und seine Funktionen nutzen, genau wie Sie es beim VB6-Beispiel taten.

Schreiben Sie für jeden der vier Buttons einen Event-Handler. Die Event-Handler delegieren ihre Aufgabe dann an das ActiveX-Control, das Sie in VB6 geschrieben und in .NET importiert haben.

Der Quellcode für die Event-Handler ist Beispiel 22-3 zu entnehmen.

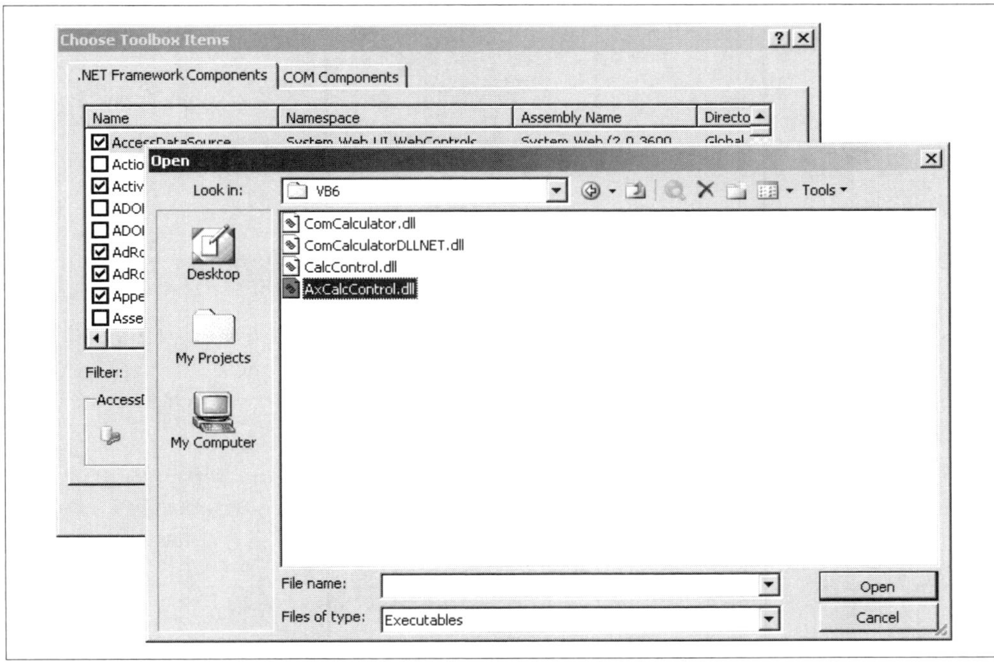

Abbildung 22-8: Das importierte Steuerelement suchen

Abbildung 22-9: Der Taschenrechner AxCalcControl nach dem Import in die Toolbox

Beispiel 22-3: Implementierung der Event-Handler für das Testformular

```
private void btnAdd_Click(object sender, System.EventArgs e)
{
   double left = double.Parse(textBox1.Text);
   double right = double.Parse(textBox2.Text);
   label1.Text = axCalculator1.Add( ref left, ref right).ToString( );
}

private void btnDivide_Click(object sender, System.EventArgs e)
{
   double left = double.Parse(textBox1.Text);
   double right = double.Parse(textBox2.Text);
   label1.Text = axCalculator1.Divide(ref left, ref right).ToString( );
}

private void btnMultiply_Click(object sender, System.EventArgs e)
{
   double left = double.Parse(textBox1.Text);
```

Beispiel 22-3: Implementierung der Event-Handler für das Testformular (Fortsetzung)

```
    double right = double.Parse(textBox2.Text);
    label1.Text = axCalculator1.Multiply(ref left, ref right).ToString( );
}

private void btnSubtract_Click(object sender, System.EventArgs e)
{
    double left = double.Parse(textBox1.Text);
    double right = double.Parse(textBox2.Text);
    label1.Text = axCalculator1.Subtract(ref left, ref right).ToString( );
}
```

Jede der Methoden holt die Werte aus den Textfeldern, konvertiert sie mit Hilfe der statischen Methode `double.Parse( )` in Double-Werte und übergibt diese an die Methoden des Taschenrechners. Die Ergebnisse werden in Strings zurückverwandelt und im Label angezeigt, wie es Abbildung 22-10 zeigt.

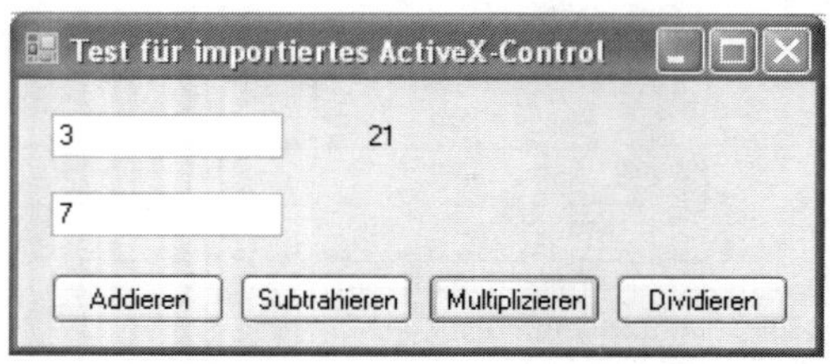

Abbildung 22-10: Das importierte ActiveX-Control läuft in einem Windows-Formular

COM-Komponenten importieren

Der Import von ActiveX-Controls erweist sich als recht einfach. Allerdings sind viele der in Firmen entwickelten COM-Komponenten keine ActiveX-Controls, sondern normale COM-DLL-Dateien. Um zu sehen, wie diese mit .NET verwendet werden, kehren Sie zu VB6 zurück und erstellen ein COM-Geschäftsobjekt, das sich genau so verhält wie die Komponente aus dem vorherigen Abschnitt.

Im ersten Schritt legen Sie ein neues ActiveX-DLL-Projekt an. Auf diese Weise werden mit VB6 COM-DLLs erzeugt. Nennen Sie die Klasse `ComCalc` und das Projekt `ComCalculator`. Speichern Sie dann das Projekt und kopieren Sie die Methoden aus Beispiel 22-4 in das Codefenster.

Beispiel 22-4: Implementierung der Methoden für ComCalc

```
Public Function _
Add(left As Double, right As Double) _
As Double
    Add = left + right
End Function
```

Beispiel 22-4: Implementierung der Methoden für ComCalc (Fortsetzung)

```
Public Function _
Subtract(left As Double, right As Double) _
As Double
    Subtract = left - right
End Function

Public Function _
Multiply(left As Double, right As Double) _
As Double
    Multiply = left * right
End Function

Public Function _
Divide(left As Double, right As Double) _
As Double
    Divide = left / right
End Function
```

Generieren Sie die DLL mit Hilfe der Menüsequenz **File → Make ComCalculator.dll**. Diese können Sie ausprobieren, indem Sie zu Ihrem vorigen Testprogramm zurückkehren und das `Calculator`-Steuerelement aus dem Formular entfernen. Um die neue DLL hinzuzufügen, öffnen Sie das Fenster mit den Verweisen und navigieren zum `ComCalculator`, wie es in Abbildung 22-11 zu sehen ist.

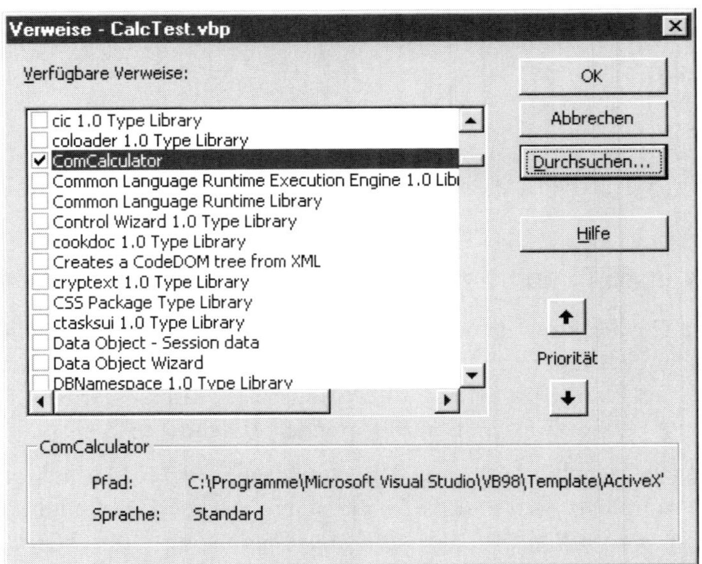

Abbildung 22-11: Eine Referenz für die ComCalculator.dll hinzufügen

Das COMTestForm-Programm codieren

Das Programm zum Testen der COM-Komponente entspricht weitgehend dem vorangehenden Beispiel. Diesmal instantiieren Sie allerdings ein `ComCalc`-Objekt und rufen dessen Methoden auf, wie es Beispiel 22-5 zeigt.

Beispiel 22-5: Das Treiberprogramm für die ComCalc.dll

```
Private Sub btnAdd_Click( )
    Dim theCalc As New ComCalc
    Label1.Caption = _
        theCalc.Add(CDbl(Text1.Text), _
            CDbl(Text2.Text))
End Sub

Private Sub btnDivide_Click( )
    Dim theCalc As New ComCalc
    Label1.Caption = _
      theCalc.Divide(CDbl(Text1.Text), _
          CDbl(Text2.Text))
End Sub

Private Sub btnMultiply_Click( )
    Dim theCalc As New ComCalc
    Label1.Caption = _
      theCalc.Multiply(CDbl(Text1.Text), _
          CDbl(Text2.Text))
End Sub

Private Sub btnSubtract_Click( )
   Dim theCalc As New ComCalc
   Label1.Caption = _
      theCalc.Subtract(CDbl(Text1.Text), _
          CDbl(Text2.Text))
End Sub
```

Die COM .DLL in .NET importieren

Nun haben Sie eine funktionierende `ComCalc`-DLL, die Sie in .NET importieren können. Zuvor müssen Sie sich aber noch für ein *frühes* oder *spätes Binden* entscheiden. Wenn der Client eine Methode auf dem Server aufruft, muss die Adresse der Server-Methode im Arbeitsspeicher aufgelöst werden. Diesen Vorgang bezeichnet man als *Binden*.

Bei *frühem Binden* findet die Auflösung der Adresse einer Server-Methode statt, wenn das Client-Projekt kompiliert wird und die Metadaten in das .NET-Modul des Clients eingefügt werden. Bei *spätem Binden* findet die Auflösung erst zur Laufzeit statt, wenn COM den Server erkundet, um festzustellen, ob dieser die jeweilige Methode unterstützt.

Frühes Binden hat viele Vorteile, von denen die Performance am wichtigsten ist. Früh gebundene Methoden werden weitaus schneller aufgerufen als spät gebundene. Um frühes Binden durchzuführen, muss der Compiler das COM-Objekt abfragen. Falls der

Compiler die Typbibliothek des Servers abfragen wird, muss diese zuerst in .NET importiert werden.

Die Typbibliothek importieren

Die von VB6 erzeugte COM-DLL enthält zwar eine Typbibliothek, aber das Format einer COM-Typbibliothek ist in einer .NET-Anwendung nicht verwendbar. Um dieses Problem zu lösen, müssen Sie nur die COM-Typbibliothek in eine Assembly importieren. Auch hierfür stehen zwei Möglichkeiten zur Verfügung. Sie können die IDE veranlassen, die Klassen durch Registrierung der Komponente zu importieren, wie es im folgenden Abschnitt gezeigt wird, oder Sie können die Typbibliothek manuell importieren, indem Sie das gesonderte Programm *TlbImp.exe* verwenden.

TlbImp.exe erzeugt eine Interop-Assembly. Ein solches .NET-Objekt, mit dem das COM-Objekt eingehüllt wird, bezeichnet man als *Runtime Callable Wrapper* (RCW). Der .NET-Client benutzt den RCW zum Binden der Methoden des COM-Ojekts, wie es im folgenden Abschnitt gezeigt wird.

Manuell importieren

Kopieren Sie zuerst die Datei *ComCalculator.dll* in Ihre .NET-Umgebung und registrieren Sie sie mit `Regsvr32`. Starten Sie danach *TlbImp.exe*, um das COM-Objekt in .NET zu importieren. Die Syntax sieht so aus, dass Sie erst den Namen der COM-Komponente und dann einen optionalen Namen für die zu erzeugende Datei angeben, wie es Abbildung 22-12 zeigt.

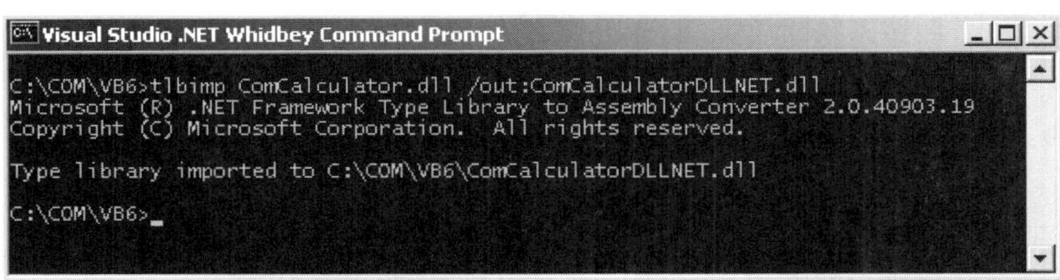

Abbildung 22-12: TlbImp.exe verwenden

Ein Testprogramm erstellen

Nun ist es an der Zeit, ein Treiberprogramm zu erstellen, mit dem das COM-Objekt getestet werden kann. Nennen Sie es `COMDllTest`.

Wenn Sie sich dafür entscheiden, die Bibliothek nicht manuell zu importieren, verwenden Sie die IDE dazu. Hierfür selektieren Sie die Registerkarte **COM** im **Add Reference**-Dialog und wählen das registrierte COM-Objekt aus, wie Abbildung 22-13 zeigt.

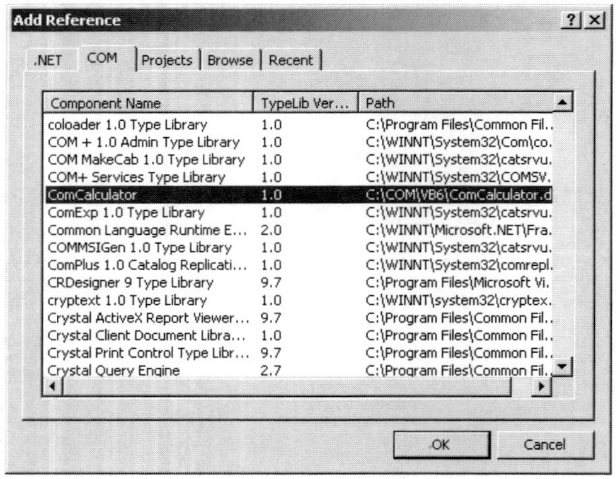

Abbildung 22-13: Einen Verweis für ComCalculator hinzufügen

Dadurch wird *TlbImp* für Sie aufgerufen und der dabei entstehende RCW auf *C:\Dokumente und Einstellungen\Administrator\Anwendungsdaten\Microsoft\VisualStudio\RCW* kopiert.

Seien Sie allerdings vorsichtig, denn die erzeugte DLL hat den gleichen Namen wie die COM-DLL.

Wenn Sie lieber *TlbImp.exe* verwenden möchten, können Sie den Verweis auf der Registerkarte **Projekte** hinzufügen. Gehen Sie in das entsprechende Verzeichnis, in dem die *ComCalculatorDLLNET.dll* erzeugt worden ist, und übernehmen Sie diese in die Verweise.

In jedem Fall können Sie nun die Benutzerschnittstelle erstellen, die wiederum derjenigen ähnelt, die Sie zum Testen des ActiveX-Controls verwendeten, wie Abbildung 22-14 zeigt.

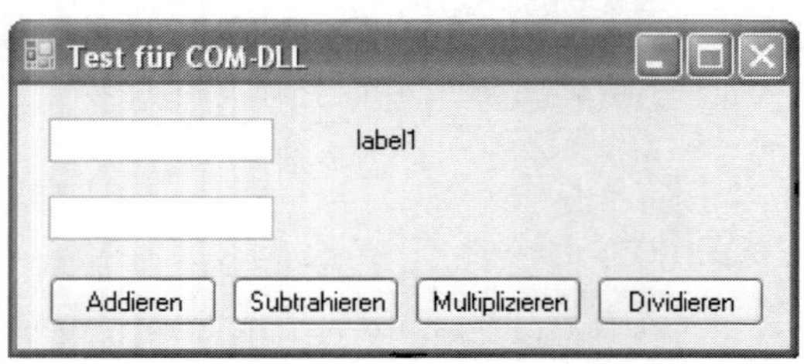

Abbildung 22-14: Das Formular zum Testen des COM-Objekts

Nun müssen nur noch die Event-Handler für alle vier Buttons verdrahtet werden, wie es in Beispiel 22-6 gemacht wird.

Beispiel 22-6: Implementierung der Event-Handler für das VB6-Testformular

```
#region Using directives

using System;
using System.Collections.Generic;
using System.ComponentModel;
using System.Data;
using System.Drawing;
using System.Windows.Forms;

#endregion

namespace ComDLLTest
{
   partial class Form1 : Form
   {
      public Form1()
      {
         InitializeComponent();
      }

      private void btnAdd_Click(
         object sender, System.EventArgs e)
      {
         Double left, right, result;
         left = Double.Parse(textBox1.Text);
         right = Double.Parse(textBox2.Text);

         ComCalculatorDLLNET.ComCalc theCalc =
            new ComCalculatorDLLNET.ComCalc();
         result = theCalc.Add(ref left, ref right);
         label1.Text = result.ToString( );
      }

      private void btnSubtract_Click(
         object sender, System.EventArgs e)
      {
         Double left, right, result;
         left = Double.Parse(textBox1.Text);
         right = Double.Parse(textBox2.Text);
         ComCalculatorDLLNET.ComCalc theCalc =
           new ComCalculatorDLLNET.ComCalc();
         result = theCalc.Subtract(ref left, ref right);
         label1.Text = result.ToString( );

      }

      private void btnMultiply_Click(
         object sender, System.EventArgs e)
      {
         Double left, right, result;
         left = Double.Parse(textBox1.Text);
         right = Double.Parse(textBox2.Text);
```

Beispiel 22-6: Implementierung der Event-Handler für das VB6-Testformular (Fortsetzung)

```
            ComCalculatorDLLNET.ComCalc theCalc =
              new ComCalculatorDLLNET.ComCalc();
            result = theCalc.Multiply(ref left, ref right);
            label1.Text = result.ToString( );
        }

        private void btnDivide_Click(
            object sender, System.EventArgs e)
        {
            Double left, right, result;
            left = Double.Parse(textBox1.Text);
            right = Double.Parse(textBox2.Text);
            ComCalculatorDLLNET.ComCalc theCalc =
              new ComCalculatorDLLNET.ComCalc();
            result = theCalc.Divide(ref left, ref right);
            label1.Text = result.ToString( );
        }
    }
}
```

Anstatt ein im Formular befindliches ActiveX-Control zu referenzieren, müssen Sie nun das `ComCalculator.ComCalc`-Objekt instantiieren. Das COM-Objekt kann danach genau so verwendet werden, als wäre es in einer .NET-Assembly erstellt worden. Wenn Sie das Programm ausführen, verhält es sich wie erwartet; Abbildung 22-15 zeigt dies.

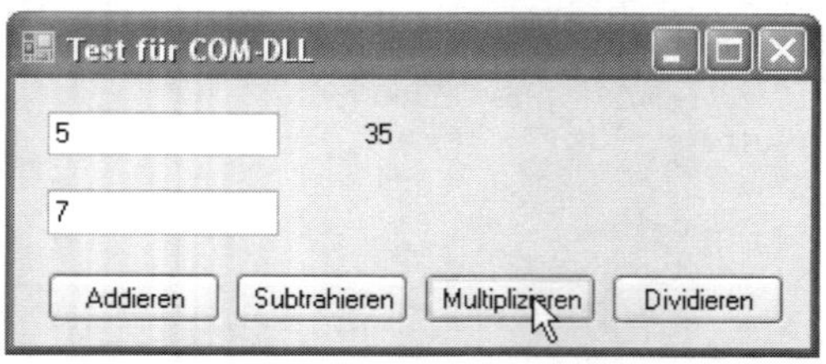

Abbildung 22-15: Das Testtreiber-Programm im Betrieb

Spätes Binden und Reflection verwenden

Wenn Sie keine Typbibliothek für das fremde COM-Objekt besitzen, müssen Sie spätes Binden und Reflection einsetzen. In Kapitel 18 haben Sie gesehen, wie Methoden in .NET-Assemblies dynamisch aufgerufen werden; dieser Vorgang ist bei COM-Objekten nicht wesentlich anders.

Um zu sehen, wie man dies macht, beginnen Sie mit der in Beispiel 22-6 gezeigten Anwendung, entfernen aber die Referenz auf die importierte Bibliothek. Die vier Button-Handler müssen neu geschrieben werden. Da Sie kein `ComCalculator.comCalc`-Objekt mehr instantiieren können, müssen Sie seine Methoden stattdessen dynamisch aufrufen.

Genau wie Sie es in Kapitel 18 gesehen haben, beginnen Sie damit, dass Sie ein Type-Objekt erzeugen, das die benötigten Informationen über das comCalc-Objekt aufnimmt.

```
Type comCalcType;
comCalcType = Type.GetTypeFromProgID("ComCalculator.ComCalc");
```

Durch den Aufruf von GetTypeFromProgID öffnet das .NET Framework die registrierte COM-DLL und liest die erforderlichen Typinformationen für das angegebene Objekt aus. Das entspricht dem Aufruf von GetType in Kapitel 18:

```
Type theMathType = Type.GetType("System.Math");
```

Nun fahren Sie genau so fort, als würden Sie die Methode einer Klasse aufrufen, die in einer .NET-Assembly beschrieben ist. Beginnen Sie mit einem Aufruf von CreateInstance, um eine Instanz des comCalc-Objekts zu erhalten:

```
object comCalcObject = Activator.CreateInstance(comCalcType);
```

Danach legen Sie ein Array für die Argumente an und rufen die Methode mit Hilfe von InvokeMember auf; dabei übergeben Sie die aufzurufende Methode als String sowie ein Binder-Flag, den Binder als Null-Wert, das von CreateInstance gelieferte Objekt und das Array mit den Eingabe-Argumenten:

```
object[] inputArguments = {left, right };
result = (Double) comCalcType.InvokeMember(
    "Subtract",                    // Die aufzurufende Methode
    BindingFlags.InvokeMethod,     // Wie soll gebunden werden?
    null,                          // Binder
    comCalcObject,                 // Das COM-Objekt
    inputArguments);               // Die Methodenargumente
```

Das Ergebnis dieses Aufrufs wird in ein Double umgewandelt und in der lokalen Variablen result gespeichert. Dieses Ergebnis können Sie dann in der Benutzerschnittstelle anzeigen, wie es Abbildung 22-16 zeigt.

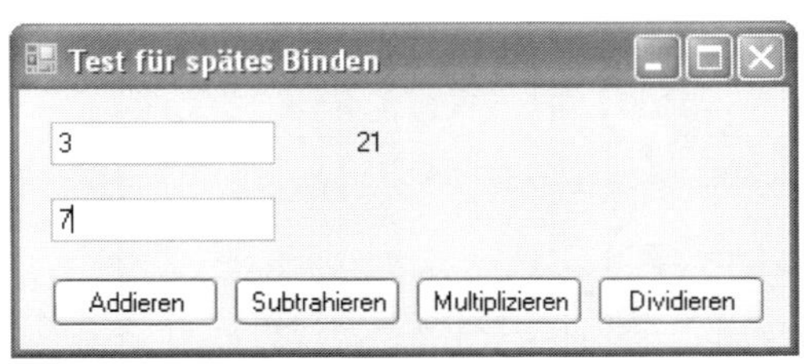

Abbildung 22-16: Test für spätes Binden

Da alle vier Event-Handler diesen Vorgang auf die gleiche Weise ausführen und sich dabei nur durch die aufgerufene Methode unterscheiden, lagern Sie am besten den gemeinsamen Code in eine private Hilfsmethode namens Invoke aus, wie Sie in Beispiel 22-7 sehen. Außerdem müssen Sie noch eine using-Anweisung für System.Reflection in das Quellprogramm einfügen.

Beispiel 22-7: Spätes Binden bei COM-Objekten

```
#region Using directives

using System;
using System.Collections.Generic;
using System.ComponentModel;
using System.Data;
using System.Drawing;
using System.Reflection;
using System.Windows.Forms;

#endregion

namespace LateBinding
{
   partial class Form1 : Form
   {
      public Form1()
      {
         InitializeComponent();
      }

      private void btnAdd_Click(
         object sender, System.EventArgs e)
      {
         Invoke("Add");
      }

      private void btnSubtract_Click(
         object sender, System.EventArgs e)
      {
         Invoke("Subtract");
      }

      private void btnMultiply_Click(
          object sender, System.EventArgs e)
      {
         Invoke("Multiply");
      }

      private void btnDivide_Click(
         object sender, System.EventArgs e)
      {
         Invoke("Divide");
      }

      private void Invoke(string whichMethod)
      {
         Double left, right, result;
         left = Double.Parse(textBox1.Text);
         right = Double.Parse(textBox2.Text);

         // Erzeuge ein Type-Objekt für die Typinformationen
         Type comCalcType;
```

Beispiel 22-7: Spätes Binden bei COM-Objekten (Fortsetzung)

```
            // Ein Array für die Argumente
            object[] inputArguments =
            {left, right };

            // Hole die Typinformationen für das COM-Objekt
            comCalcType =
               Type.GetTypeFromProgID(
                  "ComCalculator.ComCalc");

            // Erzeuge eine Instanz
            object comCalcObject =
               Activator.CreateInstance(comCalcType);

            // Rufe die Methode dynamisch auf und
            // wandle das Ergebnis in einen Double-Wert um
            result = (Double) comCalcType.InvokeMember(
               whichMethod,                // Die aufzurufende Methode
               BindingFlags.InvokeMethod,  // Art der Bindung
               null,                       // Binder
               comCalcObject,              // Das COM-Objekt
               inputArguments);            // Die Argumente der Methode

            label1.Text = result.ToString( );
        }
    }
}
```

.NET-Komponenten exportieren

Sie können auch Ihre .NET-Klassen für die Verwendung durch bestehende COM-Komponenten exportieren. Dazu trägt das Tool `Regasm` die Metadaten aus Ihrer Komponente in die Systemregistrierung ein.

Rufen Sie `Regasm` mit dem Namen der DLL auf, die im GAC (siehe Kapitel 17) installiert sein muss, zum Beispiel:

```
Regasm myAssembly.dll
```

Dadurch werden die Metadaten Ihrer Komponente in die Registrierung exportiert. Beispielsweise können Sie ein neues C#-DLL-Projekt anlegen, das wiederum einen Taschenrechner enthält, wie Beispiel 22-8 zeigt.

Beispiel 22-8: Der Taschenrechner als DLL

```
using System;
using System.Reflection;

[assembly: AssemblyKeyFile("test.key")]
namespace ProgrammierenMitCSharp
{
```

Beispiel 22-8: Der Taschenrechner als DLL (Fortsetzung)

```
    public class Calculator
    {
        public Calculator( )
        {

        }
        public Double Add (Double left, Double right)
        {
            return left + right;
        }
        public Double Subtract (Double left, Double right)
        {
            return left - right;
        }
        public Double Multiply (Double left, Double right)
        {
            return left * right;
        }
        public Double Divide (Double left, Double right)
        {
            return left / right;
        }
    }
}
```

Speichern Sie dies in eine Datei *Calculator.cs* in einem Projekt namens **Programmieren-MitCSharpDLL**. Um einen Strong Name zu erzeugen, klicken Sie auf **Project → ProgrammingCSharpDLL Properties**. Wählen Sie die Registerkarte **Signing** und signieren Sie die Assembly, wie es Abbildung 22-17 zeigt.

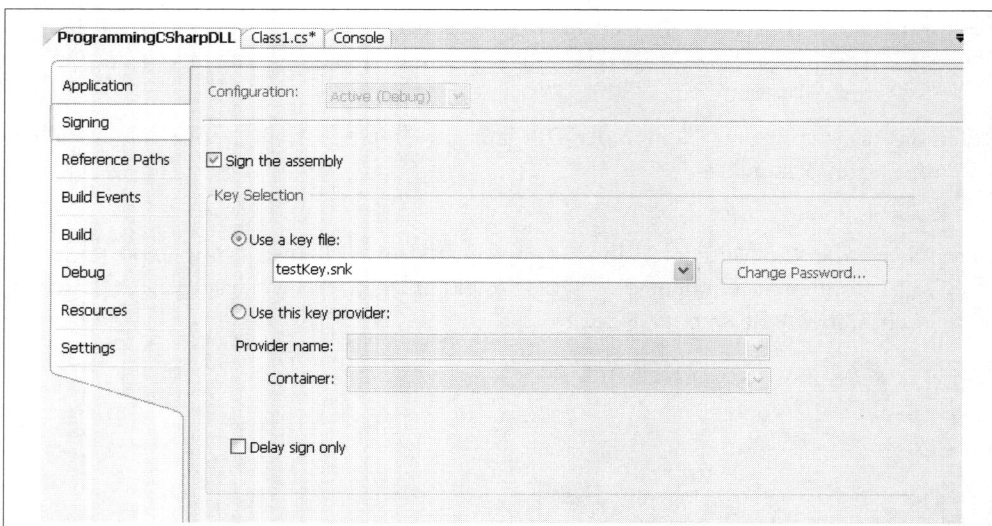

Abbildung 22-17: Mit Visual Studio einen Schlüssel erzeugen

Daraufhin öffnet sich der Dialog **Create Strong Name Key**, der in Abbildung 22-18 zu sehen ist.

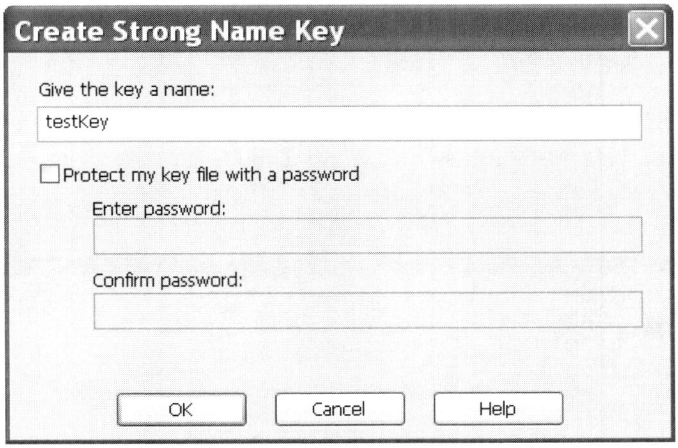

Abbildung 22-18: Einen Strong Name-Schlüssel erzeugen

Fügen Sie Ihr Programm dem GAC hinzu und registrieren Sie es:

```
gacutil /i ProgrammingCSharpDLL.dll
Regasm ProgrammingCSharpDLL.dll
```

Nun können Sie den Taschenrechner als COM-Objekt aus einem Standard-VBScript aufrufen. Beispielsweise können Sie ein kleines Skript wie das in Beispiel 22-9 für den Windows Scripting Host schreiben.

Beispiel 22-9: Aufruf des Taschenrechners als COM-Objekt aus einer VBScript-Datei

```
dim calc
dim msg
dim result
set calc = CreateObject("ProgrammierenMitCSharp.Calculator")
result = calc.Multiply(7,3)
msg = "7 * 3 =" & result & "."
Call MsgBox(msg)
```

Wenn das Skript gestartet wird, erscheint ein Infodialog, der zeigt, dass das Objekt erzeugt und aufgerufen worden ist, wie in Abbildung 22-19 zu sehen.

Eine Typbibliothek erzeugen

Wenn Sie ein frühes Binden mit Ihrer .NET-DLL ermöglichen wollen, müssen Sie üblicherweise eine Typbibliothek erzeugen. Dies können Sie mit dem Hilfsprogramm `TlbExp` (Type Library Export) tun, indem Sie Folgendes eingeben:

```
TlbExp ProgrammierenMitCSharpDLL.dll /out:Calc.tlb
```

Abbildung 22-19: Spätes Binden über COM

Das Ergebnis ist eine Typbibliothek, die Sie mit dem OLE/COM-Objektkatalog durchsuchen und betrachten können, wie Abbildung 22-20 zeigt.

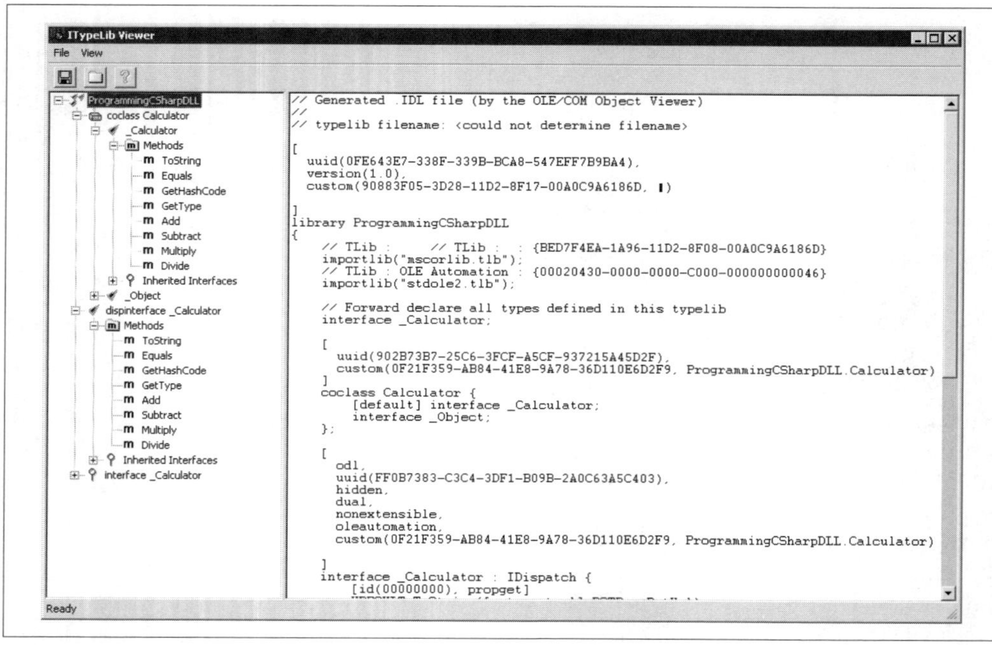

Abbildung 22-20: Den Inhalt der Typbibliothek betrachten

Mit Hilfe dieser Typbibliothek können Sie die Calculator-Klasse in jede beliebige COM-Umgebung importieren.

P/Invoke

Es ist möglich, unmanaged Code aus C# heraus aufzurufen. In der Regel tun Sie das, um etwas zu erreichen, was mit Hilfe der FCL allein nicht möglich ist. Mit der Version 2.0 von .NET wird die Verwendung von P/Invoke jedoch nur noch relativ selten notwendig sein.

Ursprünglich sollte die .NET *platform invoke facility* (P/Invoke) nur den Zugriff auf die Windows-API ermöglichen; mit ihrer Hilfe können Sie aber auch Funktionen aus jeder beliebigen DLL zugänglich machen.

Um zu sehen, wie dies funktioniert, wollen wir uns noch einmal Beispiel 21-3 ansehen. Sie erinnern sich, dass wir die `FileInfo`-Klasse dazu verwendet haben, Dateien durch den Aufruf der Methode `MoveTo( )` umzubenennen:

```
file.MoveTo(fullName + ".bak");
```

Dies können Sie auch dadurch erreichen, dass Sie die *kernel32.dll* von Windows verwenden und die Methode `MoveFile` aufrufen.[1] Dazu müssen Sie die Methode als `static extern` deklarieren und das Attribut `DllImport` anwenden:

```
[DllImport("kernel32.dll", EntryPoint="MoveFile",
    ExactSpelling=false, CharSet=CharSet.Unicode,
     SetLastError=true)]
static extern bool MoveFile(
  string sourceFile, string destinationFile);
```

Durch die Attributklasse `DllImport` wird festgelegt, dass eine Methode, die unmanaged Code enthält, mit Hilfe von P/Invoke aufgerufen werden soll. Die Parameter sind:

DLL-Name
: Der Name der aufzurufenden DLL.

`EntryPoint`
: Gibt den Namen des aufzurufenden DLL-Eintrittspunkts (der Methode) an.

`ExactSpelling`
: Erlaubt der CLR, auf der Basis des Wissens, das die CLR über Namenskonventionen hat, nach übereinstimmenden Methoden mit leicht abweichenden Namen zu suchen.

`CharSet`
: Gibt an, wie das Marshaling von String-Argumenten der Methode durchgeführt werden soll.

`SetLastError`
: Wenn dieser Parameter auf `true` gesetzt ist, besteht die Möglichkeit, `Marshal.GetLastWin32 Error` aufzurufen und dadurch zu prüfen, ob beim Aufruf der Methode ein Fehler aufgetreten ist.

Der Rest des Programms, mit Ausnahme des Methodenaufrufs von `MoveFile( )` selbst, bleibt praktisch unverändert. Beachten Sie, dass `MoveFile( )` als statische Klassenmethode deklariert ist. Daher muss auch die Semantik für den Aufruf statischer Methoden angewendet werden:

```
Tester.MoveFile(file.FullName,file.FullName + ".bak");
```

1 Tatsächlich tut `Fileinfo.Move()` genau dies.

Übergeben Sie den ursprünglichen Dateinamen und den neuen Namen, wird die Datei genau so umbenannt, als hätten Sie `file.MoveTo( )` aufgerufen. Bei diesem Beispiel bringt die Verwendung von P/Invoke keinen Vorteil – wohl aber wesentliche Nachteile. Sie haben den managed Code verlassen, als Ergebnis haben Sie die Typsicherheit aufgegeben, und Ihr Programm läuft nicht mehr in Partial-trusted-Szenarien. Beispiel 22-10 zeigt das vollständige Quellprogramm für die Anwendung von P/Invoke zum Umbenennen von Dateien.

Beispiel 22-10: P/Invoke für den Aufruf einer Methode der Win32-API verwenden

```
#region Using directives

using System;
using System.Collections.Generic;
using System.IO;
using System.Runtime.InteropServices;
using System.Text;

#endregion

namespace UsingPInvoke
{
   class Tester
   {

      // Deklariere die mit P/Invoke aufzurufende WinAPI-Methode
      [DllImport("kernel32.dll", EntryPoint="MoveFile",
          ExactSpelling=false, CharSet=CharSet.Unicode,
          SetLastError=true)]
      static extern bool MoveFile(
         string sourceFile, string destinationFile);

      public static void Main( )
      {
         // Erzeuge eine Instanz und lass sie laufen
         Tester t = new Tester( );
         string theDirectory = @"c:\test\media";
         DirectoryInfo dir =
            new DirectoryInfo(theDirectory);
         t.ExploreDirectory(dir);
      }

      // Ist mit einem Verzeichnisnamen aufzurufen
      private void ExploreDirectory(DirectoryInfo dir)
      {

         // Erzeuge ein neues Unterverzeichnis
         string newDirectory = "newTest";
         DirectoryInfo newSubDir =
            dir.CreateSubdirectory(newDirectory);

         // Ermittle alle Dateien im Verzeichnis und
         // kopiere sie in das neue Verzeichnis
```

Beispiel 22-10: P/Invoke für den Aufruf einer Methode der Win32-API verwenden (Fortsetzung)

```
         FileInfo[] filesInDir = dir.GetFiles( );
         foreach (FileInfo file in filesInDir)
         {
            string fullName = newSubDir.FullName +
               "\\" + file.Name;
            file.CopyTo(fullName);
            Console.WriteLine("{0} copied to newTest",
               file.FullName);
         }

         // Erzeuge eine Collection der hineinkopierten Dateien
         filesInDir = newSubDir.GetFiles( );

         // Lösche einige und benenne andere um
         int counter = 0;
         foreach (FileInfo file in filesInDir)
         {
            string fullName = file.FullName;

            if (counter++ %2 == 0)
            {
               // P/Invoke für die Win-API
               Tester.MoveFile(fullName, fullName + ".bak");

               Console.WriteLine("{0} renamed to {1}",
                  fullName,file.FullName);
            }
            else
            {
               file.Delete( );
               Console.WriteLine("{0} deleted.",
                  fullName);
            }
         }
         // Lösche das Unterverzeichnis
        newSubDir.Delete(true);
      }
   }
}

Ausgabe (Ausschnitt):
c:\test\media\newTest\recycle.wav renamed to
    c:\test\media\newTest\recycle.wav
c:\test\media\newTest\ringin.wav renamed to
   c:\test\media\newTest\ringin.wav
```

Zeiger

In diesem Buch haben Sie bis jetzt noch keinen Code gesehen, der Zeiger im Stil von C/C++ verwendet. Nur hier, in den letzten Absätzen der letzten Seiten, kommt dieses Thema zur Sprache. Und dies sogar, obwohl Zeiger in der Familie der C-Programmiersprachen eine zentrale Rolle spielen. Bei C# sind Zeiger in ungewöhnliche und fortgeschrittene Programmierprobleme verbannt; typischerweise werden sie nur mit P/Invoke verwendet.

C# unterstützt die üblichen C-Zeigeroperatoren, die in Tabelle 22-1 aufgeführt sind.

Tabelle 22-1: C#-Zeigeroperatoren

Operator	Bedeutung
&	Der Operator *Adresse-von* liefert einen Zeiger auf die Adresse eines Werts.
*	Der *Dereferenzierungs*-Operator liefert den Wert an die Adresse eines Zeigers.
->	Der *Member-Zugriffs*-Operator wird für den Zugriff auf einen Member in einem Typ verwendet.

Die Verwendung von Zeigern ist fast nie notwendig, und fast immer ist davon abzuraten. Wollen Sie aber trotzdem Zeiger verwenden, müssen Sie Ihr Programm mit dem C#-Modifikator `unsafe` (unsicher) kennzeichnen. Der Code wird als unsicher gekennzeichnet, da Sie den Arbeitsspeicher mit Zeigern direkt manipulieren können. Normalerweise ist dies innerhalb eines C#-Programms nicht möglich. In unsicherem Code können Sie direkt auf den Arbeitsspeicher zugreifen, Zeiger in Integer-Typen (und umgekehrt) umwandeln, mit Adressen von Variablen arbeiten usw. Im Gegenzug verzichten Sie auf die Garbage Collection sowie auf den Schutz vor nicht-initialisierten Variablen, hängenden Zeigern und dem Zugriff außerhalb der Grenzen von Arrays. Kurz gesagt, unsicherer Code erzeugt eine Insel von C++-Code innerhalb einer ansonsten sicheren C#-Anwendung, und Ihr Programm läuft nicht mehr in Partial-trusted-Szenarien.

Als Beispiel für eine Situation, in der dies sinnvoll sein kann, geben Sie den Inhalt einer Datei auf der Konsole aus und wenden dabei zwei Aufrufe der Win32-API an: `CreateFile` und `ReadFile`. `ReadFile` benötigt als zweiten Parameter einen Zeiger auf einen Pufferbereich. Die Deklaration der beiden importierten Methoden sieht etwa so aus wie in Beispiel 22-11.

Beispiel 22-11: Deklaration von Methoden der Win32-API für den Import in ein C#-Programm

```
[DllImport("kernel32", SetLastError=true)]
static extern unsafe int CreateFile(
   string filename,
   uint desiredAccess,
   uint shareMode,
   uint attributes,
   uint creationDisposition,
   uint flagsAndAttributes,
   uint templateFile);

[DllImport("kernel32", SetLastError=true)]
static extern unsafe bool ReadFile(
   int hFile,
   void* lpBuffer,
   int nBytesToRead,
   int* nBytesRead,
   int overlapped);
```

Sie legen eine neue Klasse APIFileReader an, deren Konstruktor die Methode CreateFile( ) aufruft. Der Konstruktor empfängt als Parameter einen Dateinamen und gibt diesen an die Methode CreateFile( ) weiter:

```
public APIFileReader(string filename)
{
   fileHandle = CreateFile(
      filename,      // filename
      GenericRead,   // desiredAccess
      UseDefault,    // shareMode
      UseDefault,    // attributes
      OpenExisting,  // creationDisposition
      UseDefault,    // flagsAndAttributes
      UseDefault);   // templateFile
}
```

Die Klasse APIFileReader implementiert nur eine einzige weitere Methode namens Read( ), die ihrerseits ReadFile( ) aufruft. Sie übergibt das Datei-Handle, das im Konstruktor der Klasse erzeugt worden ist, zusammen mit einem Zeiger auf einen Puffer, einen Zähler für die zu lesenden Bytes und eine Referenz auf eine Variable, die die Anzahl der gelesenen Bytes aufnehmen soll. An dieser Stelle interessiert uns insbesondere der Zeiger auf den Puffer. Die Verwendung dieses API-Aufrufs ist ohne Zeiger nicht möglich.

Da Sie über einen Zeiger auf den Puffer zugreifen wollen, muss der Puffer im Arbeitsspeicher fixiert werden (diesen Vorgang bezeichnet man als *Pinning*). Das .NET Framework darf den Puffer bei der Garbage Collection nicht verschieben. Dazu verwenden Sie das C#-Schlüsselwort fixed, das es Ihnen ermöglicht, einen Zeiger auf den vom Puffer verwendeten Arbeitsspeicher zu bekommen, und gleichzeitig die Instanz als für den Garbage Collector nicht verschiebbar kennzeichnet.

Durch den auf das Schlüsselwort fixed folgenden Anweisungsblock wird ein Geltungsbereich definiert, in dem der Speicherbereich fixiert sein soll. Durch das Ende dieses fixed-Blocks wird die Instanz wieder als verschiebbar gekennzeichnet. Dies wird als *deklaratives Pinning* bezeichnet:

```
public unsafe int Read(byte[] buffer, int index, int count)
{
   int bytesRead = 0;
   fixed (byte* bytePointer = buffer)
   {
      ReadFile(
        fileHandle,
        bytePointer +     index,
        count,
        &bytesRead, 0);
   }
   return bytesRead;
}
```

Beachten Sie, dass die Methode mit dem Schlüsselwort unsafe gekennzeichnet werden muss. Dadurch wird ein unsicherer Kontext erzeugt, in dem Sie Zeiger anlegen können. Zum Kompilieren müssen Sie die Compiler-Option /unsafe verwenden. Am einfachsten ist es, die Projekteigenschaften zu öffnen, auf die Registerkarte **Build** zu klicken und das Kontrollkästchen **Allow Unsafe Code** zu setzen, wie es in Abbildung 22-21 dargestellt ist.

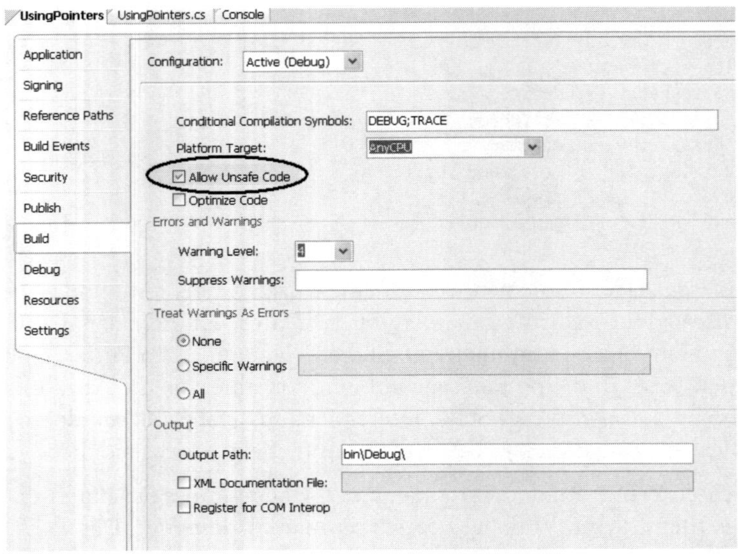

Abbildung 22-21: Unsicheren Code zulassen

Das Testprogramm instantiiert einen `APIFileReader` und ein `ASCIIEncoding`-Objekt. Es übergibt den Dateinamen an den Konstruktor des `APIFileReader` und erzeugt dann eine Schleife, die wiederholt den Puffer durch Aufruf der Methode `Read( )` füllt, die wiederum den API-Aufruf `ReadFile` verwendet. Dabei wird jeweils ein Array von Bytes zurückgegeben, das mit der Methode `GetString( )` des `ASCIIEncoding`-Objekts in einen String konvertiert wird. Dieser String wird wiederum an die Methode `Console.Write( )` weitergereicht, um auf der Konsole ausgegeben zu werden. Das vollständige Quellprogramm finden Sie in Beispiel 22-12.

Beispiel 22-12: Zeiger in einem C#-Programm verwenden

```
#region Using directives

using System;
using System.Collections.Generic;
using System.Runtime.InteropServices;
using System.Text;

#endregion

namespace UsingPointers
{
   class APIFileReader
```

Beispiel 22-12: Zeiger in einem C#-Programm verwenden (Fortsetzung)

```
{
   const uint GenericRead = 0x80000000;
   const uint OpenExisting = 3;
   const uint UseDefault = 0;
   int fileHandle;

   [DllImport("kernel32", SetLastError=true)]
   static extern unsafe int CreateFile(
      string filename,
      uint desiredAccess,
      uint shareMode,
      uint attributes,
      uint creationDisposition,
      uint flagsAndAttributes,
      uint templateFile);

   [DllImport("kernel32", SetLastError=true)]
   static extern unsafe bool ReadFile(
      int hFile,
      void* lpBuffer,
      int nBytesToRead,
      int* nBytesRead,
      int overlapped);

   // Der Konstruktor öffnet eine vorhandene Datei
   // und setzt das Member für das Datei-Handle
   public APIFileReader(string filename)
   {
      fileHandle = CreateFile(
         filename,      // filename
         GenericRead,   // desiredAccess
         UseDefault,    // shareMode
         UseDefault,    // attributes
         OpenExisting,  // creationDisposition
         UseDefault,    // flagsAndAttributes
         UseDefault);   // templateFile
   }

   public unsafe int Read(byte[] buffer, int index, int count)
   {
      int bytesRead = 0;
      fixed (byte* bytePointer = buffer)
      {
         ReadFile(
            fileHandle,             // hfile
            bytePointer + index,    // lpBuffer
            count,                  // nBytesToRead
            &bytesRead,             // nBytesRead
            0);                     // overlapped
      }
      return bytesRead;
   }
```

Beispiel 22-12: Zeiger in einem C#-Programm verwenden (Fortsetzung)

```
      }

   class Test
   {
      public static void Main( )
      {
         // Erzeuge eine Instanz des APIFileReader und
         // übergib den Namen einer vorhandenen Datei
         APIFileReader fileReader =
            new APIFileReader( "myTestFile.txt );

         // Erzeuge einen Puffer und einen ASCII-Kodierer
         const int BuffSize = 128;
         byte[] buffer = new byte[BuffSize];
         ASCIIEncoding asciiEncoder = new ASCIIEncoding( );

         // Lies die Datei in den Puffer und gib sie aus
         while (fileReader.Read(buffer, 0, BuffSize) != 0)
         {
            Console.Write("{0}", asciiEncoder.GetString(buffer));
         }
      }
   }
}
```

Der entscheidende Abschnitt des Programms, in dem Sie den Zeiger für den Puffer anlegen und ihn mit Hilfe des Schlüsselworts `fixed` im Arbeitsspeicher fixieren, ist fett gedruckt. Sie müssen hier einen Zeiger verwenden, da der API-Aufruf einen solchen erwartet.

ANHANG

C#-Schlüsselwörter

`abstract`
: Klassenmodifikator, der festlegt, dass diese Klasse nicht instantiiert werden kann, sondern nur eine von ihr abgeleitete Klasse.

`as`
: Binärer Typ-Operator, der den linken Operanden auf den Typ abbildet, der durch den rechten Operanden angegeben ist. Löst keine Exception aus, sondern liefert `null`, wenn die Abbildung scheitert.

`base`
: Variable mit der gleichen Bedeutung wie `this`, die aber auf die Basisklassen-Implementation eines Member zugreift.

`bool`
: Logischer Datentyp, der die Werte `true` (wahr) oder `false` (falsch) haben kann.

`break`
: Sprunganweisung, die den Block einer Schleife oder einer `switch`-Anweisung verlässt.

`byte`
: Ein Byte langer ganzzahliger Datentyp ohne Vorzeichen.

`case`
: Anweisung, die eine einzelne Auswahlalternative innerhalb einer `switch`-Anweisung kennzeichnet.

`catch`
: Teil einer `try`-Anweisung, in dem Exceptions eines bestimmten Typs abgefangen werden, der durch die `catch`-Klausel definiert ist.

`char`
: Zwei Bytes langer Datentyp für Unicode-Zeichen.

`checked`
: Anweisung oder Operator, der die Prüfung arithmetischer Grenzen in einem Ausdruck oder einem Anweisungsblock erzwingt.

`class`
: Erweiterbarer Referenztyp, der Daten und Funktionalität in einer Einheit kombiniert.

`const`
: Modifikator für lokale Variablen oder Felddeklarationen, der anzeigt, dass dieser Wert eine Konstante ist. Ein `const` wird zur Kompilierzeit ausgewertet und muss einen vordefinierten Typ haben.

`continue`
: Sprunganweisung, die die restlichen Anweisungen eines Anweisungsblocks überspringt und mit dem nächsten Schleifendurchgang fortfährt.

`decimal`
: 16 Bytes genauer dezimaler Datentyp.

`default`
: Marke in einer `switch`-Anweisung, die angibt, welche Aktion durchgeführt werden soll, wenn keine `case`-Anweisung mit dem `switch`-Ausdruck übereinstimmt.

`delegate`
: Typ, der zur Definition einer Methodensignatur dient, so dass Instanzen des Delegate eine Methode oder eine Liste von Methoden enthalten oder aufrufen können, die mit der Signatur übereinstimmen.

`do`
: Schleifenanweisung zur wiederholten Ausführung eines Anweisungsblocks, bis die Auswertung eines Ausdruck am Ende der Schleife `false` ergibt.

`double`
: Acht Bytes langer Fließkomma-Datentyp.

`else`
: Bedingte Anweisung zur Definition einer Aktion, die dann ausgeführt werden soll, wenn die Auswertung eines vorangehenden `if`-Ausdrucks `false` ergibt.

`enum`
: Werttyp, der eine Gruppe benannter numerischer Konstanten definiert.

`event`
: Member-Modifikator für ein Feld oder eine Eigenschaft eines Delegate, der anzeigt, dass nur auf die Methoden += und –= des Delegate zugegriffen werden kann.

`explicit`
: Operator, der eine explizite Konvertierung definiert.

`extern`
: Methodenmodifikator, der anzeigt, dass eine Methode mittels unmanaged Code implementiert ist.

`false`
: Boolesches Literal (falsch).

`finally`
: Teil einer `try`-Anweisung, der in jedem Fall beim Verlassen eines `try`-Blocks ausgeführt wird.

`fixed`
: Eine Anweisung, durch die ein Referenztyp derart im Arbeitsspeicher fixiert wird, dass er vom Garbage Collector bei Operationen mit Zeigerarithmetik nicht verschoben werden kann.

`float`
: Vier Bytes langer Fließkomma-Datentyp.

`for`
: Schleifenanweisung, die eine Initialisierungsanweisung, eine Abbruchbedingung und eine Iterationsanweisung in einer einzigen Anweisung kombiniert.

`foreach`
: Schleifenanweisung, die über eine `IEnumerable` implementierende Collection iteriert.

`get`
: Name der Zugriffsmethode, die den Wert einer Eigenschaft zurückgibt.

`goto`
: Sprunganweisung, die zu einem Label verzweigt, das sich innerhalb derselben Methode und desselben Geltungsbereichs wie die Sprungstelle befindet.

`if`
: Bedingungsanweisung, die ihren Anweisungsblock nur ausführt, wenn die Auswertung eines Ausdrucks `true` ergibt.

`implicit`
: Operator, der eine implizite Konvertierung definiert.

`in`
: Der Operator zwischen einem Typ und einem `IEnumerable` innerhalb einer `foreach`-Anweisung.

`int`
: Vier Bytes langer ganzzahliger Datentyp mit Vorzeichen.

`interface`
: Kontrakt, der die Member festlegt, die eine Klasse oder ein Struct implementieren muss, wenn sie bzw. es die durch das Interface definierten generischen Dienste zur Verfügung stellen soll.

`internal`
: Zugriffsmodifikator, der anzeigt, dass auf einen Typ oder Typ-Member nur von anderen Typen aus derselben Assembly zugegriffen werden kann.

`is`
: Relationaler Operator, der `true` ergibt, wenn der Typ des linken Operanden mit dem des rechten Operanden übereinstimmt, von diesem abgeleitet ist oder diesen implementiert.

`lock`
: Anweisung, die eine Sperre für ein Referenztyp-Objekt anfordert, um die Kooperation zwischen mehreren Threads zu ermöglichen.

`long`
: Acht Bytes langer ganzzahliger Datentyp mit Vorzeichen.

`namespace`
: Bildet eine Gruppe von Typen auf einen gemeinsamen Namen ab.

`new`
: Operator, der den Konstruktor eines Typs aufruft und ein neues Objekt auf dem Heap anlegt, wenn der Typ ein Referenztyp ist, oder der das Objekt initialisiert, wenn es ein Werttyp ist. Das Schlüsselwort wird überladen, um geerbte Member zu verbergen.

`null`
: Referenztyp-Literal, das anzeigt, dass kein Objekt referenziert wird.

`object`
: Typ, von dem alle anderen Typen abgeleitet sind.

`operator`
: Methodenmodifikator zum Überladen von Operatoren.

`out`
: Parametermodifikator, der angibt, dass der Parameter by reference übergeben wird und dass diesem von der aufgerufenen Methode ein Wert zugewiesen werden muss.

`override`
: Methodenmodifikator, der angibt, dass eine Klassenmethode die virtuelle Methode einer Klasse oder eines Interfaces überschreibt.

`params`
: Parametermodifikator, der angibt, dass an den letzten Parameter einer Methode mehrere Parameter desselben Typs übergeben werden können.

`private`
: Zugriffsmodifikator, der angibt, dass nur der Typ, der den Member enthält, darauf zugreifen kann.

`protected`
: Zugriffsmodifikator, der anzeigt, dass nur der Typ, der den Member enthält, sowie davon abgeleitete Typen darauf zugreifen können.

`public`
: Zugriffsmodifikator, der anzeigt, dass auf einen Typ oder Typ-Member von allen andern Typen zugegriffen werden kann.

`readonly`
: Feldmodifikator, der festlegt, dass einem Feld nur einmal ein Wert zugewiesen werden kann. Dies kann entweder direkt bei der Deklaration geschehen oder im Konstruktor des Typs, der das Feld enthält.

`ref`
: Parametermodifikator, der festlegt, dass der Paramter by reference übergeben wird und dass ihm ein Wert zugewiesen werden muss, bevor er der Methode übergeben wird.

`return`
: Sprunganweisung, die eine Methode verlässt. Dabei wird ein Rückgabewert angegeben, wenn die Methode nicht `void` ist.

`sbyte`
: Ein Byte langer ganzzahliger Datentyp mit Vorzeichen.

`sealed`
: Klassenmodifikator, der anzeigt, dass von einer Klasse nicht abgeleitet werden kann.

`set`
: Name der Zugriffsmethode, die den Wert einer Eigenschaft setzt.

`short`
: Zwei Bytes langer ganzzahliger Datentyp.

`sizeof`
: Operator, der die Größe eines Struct in Bytes liefert.

`stackalloc`
: Operator, der die angegebene Anzahl von Exemplaren eines Werttyps auf dem Stack alloziert und einen Zeiger darauf zurückgibt.

`static`
: Modifikator für den Member-Typ, der anzeigt, dass der Member zum Typ gehört und nicht zu einer Instanz des Typs.

`string`
: Vordefinierter Referenztyp, der eine unveränderliche Folge von Unicode-Zeichen enthält.

`struct`
: Werttyp, der Daten und Funktionalität in einer Einheit kombiniert.

`switch`
: Auswahlanweisung, die es ermöglicht, abhängig vom Wert eines vordefinierten Typs eine Auswahl zu treffen.

`this`
: Variable, die die aktuelle Instanz einer Klasse oder eines Struct referenziert.

`throw`
: Sprunganweisung, die eine Exception beim Auftreten einer Unregelmäßigkeit im Programm erzeugt.

`true`
: Boolesches Literal (wahr).

`try`
: Anweisung, die eine Möglichkeit zur Behandlung von Exceptions oder für den vorzeitigen Abbruch eines Anweisungsblocks bietet.

`typeof`
: Operator, der den Typ eines Objekts als `System.Type`-Objekt zurückgibt.

`uint`
: Vier Bytes langer ganzzahliger Datentyp ohne Vorzeichen.

`ulong`
: Acht Bytes langer ganzzahliger Datentyp ohne Vorzeichen.

`unchecked`
: Anweisung oder Operator, der die Überprüfung arithmethischer Überläufe in einem Ausdruck unterdrückt.

`unsafe`
: Methodenmodifikator oder Anweisung, die innerhalb eines definierten Blocks Zeigerarithmetik ermöglicht.

`ushort`
: Zwei Bytes langer ganzzahliger Datentyp ohne Vorzeichen.

`using`
: Gibt an, dass die Typen eines bestimmten Namensraums ohne voll qualifizierte Angabe des Typnamens referenziert werden können. Die Anweisung definiert einen Geltungsbereich. Am Ende des Geltungsbereichs wird das Objekt beseitigt.

`value`
: Name der impliziten Variablen, die von der Zugriffsmethode einer Eigenschaft gesetzt wird.

`virtual`
: Ein Modifikator für Klassenmethoden, der anzeigt, dass eine Methode durch eine abgeleitete Klasse überschrieben werden kann.

`void`
: Ein Schlüsselwort, das an Stelle eines Typs bei Methoden verwendet wird, die keinen Rückgabewert liefern.

`volatile`
: Zeigt an, dass ein Feld durch das Betriebssystem oder einen anderen Thread verändert werden kann.

`while`
: Eine Schleifenanweisung zum wiederholten Durchlaufen eines Anwendungsblocks, bis ein zu Beginn eines jeden Durchlaufs ausgewerteter Ausdruck `false` ergibt.

Index

A

B

C

D

E

F

I

J

K

L

N

O

P

Q

R

S

T

U

V

W

X

Y

Z

Über den Autor

Jesse Liberty ist Autor einer Reihe von Bestsellern zu C++, objektorientierter Programmierung und Webentwicklung, einschließlich des O'Reilly-Titels *Programming ASP.NET*. Er ist Präsident der Firma Liberty Associates, Inc. (*http://www.LibertyAssociates.com*), die .NET-Schulungen, Projektprogrammierung sowie Beratungsdienstleistungen anbietet. Bei der Citibank war er Vice President of Electronic Delivery und zuvor Distinguished Software Engineer und Software-Architekt bei AT&T, Ziff Davis, Xerox und PBS.

Über die Übersetzer

Jörg Staudemeyer, von Hause aus Wirtschaftswissenschaftler und eigentlich per Zufall an die »Computerei« geraten, ist als Senior-Consultant beim Berliner Systemhaus PSI AG tätig. Während seiner fast 20jährigen Beratertätigkeit im Kontext kommerzieller Großprojekte hatte er Gelegenheit, diverse Bereiche der Informationstechnik kennen zu lernen. In letzter Zeit hat sich für ihn die Tätigkeit als Fachübersetzer für den O'Reilly-Verlag (insbesondere zu Java und anderen Enterprise-Computing-Technologien) als willkommene Gelegenheit erwiesen, sprachliche und technische Interessen zu vereinen. Seine Partnerin, die Germanistin und Kreativ-Schreib-Expertin Brigitte Schulte, unterstützt ihn dabei, Texte in korrektem und verständlichem Deutsch zu produzieren. Beide lieben es, auf ausgedehnten Fahrradtouren körperliche Bewegung mit Natur- und Kulturgenuss zu kombinieren.

Dorothea Heymann-Reder ist Übersetzerin (Englisch, Französisch und Spanisch) und Linguistin. Sie übersetzt seit 1996 Informatik-Fachliteratur und betrieb einige Jahre lang das Übersetzungsbüro RederTranslations in Bonn. Seit 2002 arbeitet sie nun wegen Georg (6) und Lucie (5) wieder im Alleingang. Sie hat rund 30 Bücher (mit-)übersetzt, u.a. zu Java, Perl, Tcl/TK, C# und VB.NET, J2EE, UML, Oracle, MySQL, XML und XSLT. Ihre Freizeit verbringt sie am liebsten mit ihrer Familie, mit einem guten Buch oder mit ihrer Geige.

Kolophon

Das Tier auf dem Einband von *Programmieren mit C#, 2. Auflage* ist ein Afrikanischer Kronenkranich. Dieser große, schlanke Vogel stolziert durch die Sümpfe und Graslandschaften West- und Ostafrikas. Man unterscheidet zwischen dem Westafrikanischen Kronenkranich (*Balearica pavonina pavonina*) und dem Ostafrikanischen Kronenkranich (*Balearica regulorum gibbericeps*).

Ausgewachsene Kronenkraniche werden fast einen Meter groß und wiegen drei bis vier Kilogramm. In ihrem langen Hals – und teilweise aufgerollt im Brustbein – befindet sich eine anderthalb Meter lange Luftröhre. Die damit erzeugten Rufe sind über viele Kilometer zu hören. Kronenkraniche werden ca. 22 Jahre alt. Die meiste Zeit ihres Lebens verbringen sie damit, nach verschiedenen Pflanzen, kleinen Tieren, Insekten und anderem

Fressbarem Ausschau zu halten. Eine Technik zur Nahrungssuche, die diese Vogelart in den etwa 38 bis 54 Millionen Jahren ihrer Existenz perfektioniert hat, ist es, beim Herumlaufen mit den Füßen auf den Boden zu stampfen, um schmackhafte Käfer hervorzulocken. Kronenkraniche sind die einzigen Kraniche, die sich auf Bäumen niederlassen, was sie vor allem nachts zum Schlafen tun.

Die sehr sozialen und geschwätzigen Kronenkraniche leben in Paaren oder Familien zusammen. Diese Kleingruppen schließen sich zu großen Schwärmen von mehr als 100 Vögeln zusammen. Der kunstvolle Balztanz der Kronenkraniche diente einigen afrikanischen Völkern als Vorlage für ihre Tänze.

Der Umschlagsentwurf dieses Buches basiert auf dem Reihenlayout von Edie Freedman und stammt von Ellie Volckhausen, die hierfür einen Stich aus dem 19. Jahrhundert verwendet hat. Das Coverlayout der deutschen Ausgabe wurde von Marcia Friedman mit Adobe InDesign CS unter Verwendung der Schriftart ITC Garamond von Adobe erstellt. Als Textschrift verwenden wir die Linotype Birka, die Überschriftenschrift ist die Adobe Myriad Condensed und die Nichtproportionalschrift für Codes ist LucasFont's TheSans Mono Condensed. Die in diesem Buch enthaltenen Abbildungen stammen von Robert Romano, Jessamyn Read und Lesley Borash und wurden mit Adobe Photoshop CS und Macromedia FreeHand MX erzeugt. Leanne Soylemez und Joachim Kurtz haben das Kolophon geschrieben.

XML

Einführung in XML, 2. Auflage

Eric T. Ray
446 Seiten, 2004, 38,- €
ISBN 3-89721-370-2

Hier erfährt der Einsteiger alle wichtigen XML-Grundlagen. Das Buch beschreibt die Syntaxregeln von XML und führt in die wichtigen verwandten Technologien wie XPath, XSLT und XSL-FO ein. In der zweiten Auflage wird auch die Datenmodellierung mit Schemas behandelt.

XML kurz & gut, 2. Auflage

Robert Eckstein & Michel Casabianca
106 Seiten, 2002, 8,- €
ISBN 3-89721-235-8

Die zweite Auflage unseres kleinen Bestsellers ist wieder eine bewährte Kombination aus Kurzeinführung in Terminologie und Syntax von XML und Schnellreferenz aller wichtigen Sprachkonstrukte. In der aktuellen Auflage werden auch XSLT und XPath ausführlich behandelt.

Java & XML, 2. Auflage

Brett McLaughlin
560 Seiten, 2002, 33,- €
ISBN 3-89721-296-X

Java und XML richtet sich an Entwickler, die diese beiden Technologien kombinieren möchten, um komplexe Web- und Enterprise-Anwendungen zu erstellen. Die zweite Auflage gibt einen komprimierten Überblick über die Grundlagen von XML und konzentriert sich dann auf den Einsatz von XML in Java-Anwendungen. Zu den behandelten Themen gehören: DTDs, XML Schema, SAX 2.0, DOM Level 2 und 3, JDOM, JAXP 1.0 und 1.1 sowie SOAP.

Webservice-Programmierung mit SOAP

Doug Tidwell, James Snell & Pavel Kulchenko
280 Seiten, 2002, 34,- €
ISBN 3-89721-159-9

Dieses Buch erklärt die Konzepte von Webservice-Architekturen, führt in SOAP und andere Standards wie WSDL und UDDI ein, stellt die wichtigsten Toolkits zur Entwicklung und zum Einsatz von Webservices vor und behandelt typische Fragen aus der Praxis wie Sicherheit, Debugging und Interoperabilität. Beispiele in Java, Perl, C# und Visual Basic illustrieren die behandelten Themen.

XML in a Nutshell, 3. Auflage

Elliotte Rusty Harold & W. Scott Means
718 Seiten, 2005, 42,- €
ISBN 3-89721-339-7

XML in a Nutshell gibt einen kompakten Überblick über die Möglichkeiten der XML-Familie, sowohl für textorientierten Dokumente wie auch den Einsatz von XML als Datenaustauschformat. In den ausführlichen Schnellreferenzen zu XML 1.0, XPath, XSLT, DOM, SAX und XML Schema lassen sich gewünschte Informationen leicht finden. Die Neue Auflage behandelt auch XML 1.1, XInclude und DOM3.

XSLT

Doug Tidwell
478 Seiten, 2002, 40,- €
ISBN 3-89721-292-7

XSLT ist der Standard der XML-Familie, der die Transformation gegebener XML-Daten in verschiedene Dateiformate wie HTML, SVG oder JPEG ermöglicht und auch komplexe Filter- und Sortierprozesse erlaubt. *XSLT* demonstriert mit Hilfe zahlreicher anschaulicher Beispiele, wie Sie dieses flexible und leistungsstarke, aber nicht ganz unkomplizierte Werkzeug nutzen können.

XML Schema

Eric van der Vlist
432 Seiten, 2003, 40,- €
ISBN 3-89721-345-1

XML Schema erklärt, wie man Schemas entwickelt, weist den Weg durch die W3C-Empfehlung und bietet eine Nachschlagemöglichkeit für die zahlreichen Aspekte der Schema-Erzeugung und -Verarbeitung. Das Buch erlaubt so dem Leser, zügig das grundlegende Rüstzeug zu erwerben, die ersten einfachen Schemas selbst zu entwickeln und dann bei Bedarf bestimmte Punkte zu vertiefen.

O'REILLY®
anfragen@oreilly.de • http://www.oreilly.de • +49 (0)221-97 31 60-0

Nicht nur für die Uni

Praktische C++-Programmierung

Steve Oualline, 592 Seiten, 2003, 42,- €
ISBN 3-89721-358-3

Praktische C++-Programmierung richtet sich an alle, die C++ richtig lernen wollen. Sei es mit Pro grammiervorkenntnissen oder ohne – hier lernen die Leser, saubere und nützliche C++-Programme zu schreiben. Kompakte Kapitel de-cken alle wichtigen Aspekte der Programmierung ab, inklusive Software-Design, objektorientierte Konzepte und Debugging. Am Ende jedes Kapitels lassen sich die erworbenen Kenntnisse durch Übungen und Kontrollfragen überprüfen.

C++ – kurz & gut

Kyle Loudon, 142 Seiten, 2003, 9,90 €
ISBN 3-89721-262-5

C++ ist eine komplexe Sprache mit vielen subtilen Facetten. Insbesondere Programmierer, die auf C++ umsteigen oder nur gelegentlich in C++ programmieren, haben ihre Schwierigkeiten mit ähnlichen und doch nicht identischen Features in C oder Java. Aber auch erfahrene C++-Programmierer müssen manchmal überlegen, wie ein bestimmtes Konstrukt oder Konzept implementiert ist. Sie alle finden in *C++ – kurz & gut* ein kompaktes, kleines Nachschlagewerk.

STL – kurz & gut

Ray Lischner, 134 Seiten, 2004, 9,90 €
ISBN 3-89721-266-8

STL, die »Standard Template Library«, ist ein wichtiger, häufig verwendeter Teil der C++-Standardbibliothek. Da die STL sehr umfangreich ist, können auch Programmierer, die sie häufig verwenden, nicht alle Container, Iteratoren und Algorithmen auswendig kennen. Für sie ist *STL – kurz & gut* eine nützliche Gedächtnisstütze.

C – kurz & gut

Ulla Kirch-Prinz & Peter Prinz, Seiten 120
2002, 8,- €, ISBN 3-89721-238-2

C – kurz & gut ist zweiteilig angelegt: die erste Buchhälfte gibt einen Überblick über die Sprache und ihre Elemente, die zweite Hälfte ist den Standard-Bibliotheken gewidmet. Der neuste ANSI-Standard (C99) wird hierbei berücksichtigt, ein knapper Index hilft beim Finden der Funktionen, Typen und anderer Syntax-Elemente.

Java in a Nutshell, 4. Auflage

David Flanagan, 1104 Seiten, 2002, 46,- €
3-89721-332-X

Die 4. Auflage dieses Bestsellers behandelt Java 1.4 und gibt eine kompakte Einführung in die Programmiersprache und die Core-API. Sie enthält außerdem eine Schnellreferenz zu allen Klassen in den Paketen java-lang, java.io, java. beans, java.math, java.net, java.text, java.util, java. security und javax.crypto.

Einführung in XML, 2. Auflage

Eric T. Ray, 446 Seiten, 2004, 38,- €
ISBN 3-89721-370-2

Hier erfährt der Einsteiger alle wichtigen XML-Grundlagen. Das Buch beschreibt die Syntaxregeln von XML und führt in die wichtigen verwandten Technologien wie XPath, XSLT und XSL-FO ein. In der zweiten Auflage wird auch die Datenmodellierung mit Schemas behandelt.

UML – kurz & gut

Dan Pilone, Seiten 90, 2003, 8,- €
ISBN 3-89721-263-3

Es ist nahezu unmöglich, sich alle Aspekte der UML zu merken, daher sollten UML-Praktiker eine kleine Gedächtnisstütze zum schnellen Nachschlagen zur Hand zu haben: *UML –kurz & gut* bietet einen knappen, aber gut strukturierten Überblick über die grafischen Elemente und Notationen der UML, behandelt UML-Klassifizierungen, Pakete und Stereotypen und erläutert Verwendung, Symbole und Syntax zahlreicher UML-Diagrammtypen.

LaTeX – kurz & gut, 2. Auflage

M. K. Dalheimer, 78 Seiten, 2005, 8,- €
ISBN 3-89721-500-4

Immer wieder benötigte LaTeX-Befehle und ihre Optionen. Die neue Auflage ist aktualisiert worden, beispielsweise wurde der Abschnitt über Enkodierungen erweitert und ein Kapitel über PSTricks hinzugefügt.

Hacks

BSD Hacks

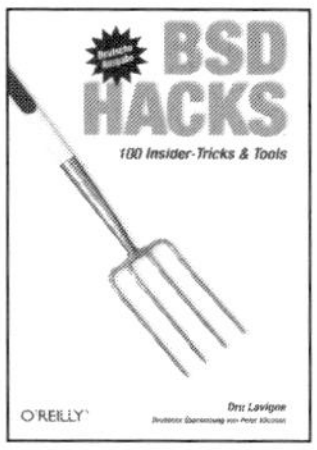

Dru Lavigne, 494 Seiten, 2005, 32,- €
ISBN 3-89721-399-0

Sind Ihnen die Manpages und all die andere trockene Dokumentation zu BSDb auf Dauer doch etwas zu öde? Suchen Sie praktische Tipps, Tricks und Werkzeuge für echte Power-User und SysAdmins? Mit den 100 BSD Hacks zeigt Ihnen Dru Lavigne, wie Sie Ihre Umgebung konfigurieren, Backups machen, das System sichern und vieles mehr – und wie das Ganze auch noch Spaß macht.

Knoppix Hacks

Kyle Rankin
396 Seiten, inkl. CD-ROM
2005, 29,- €
ISBN 3-89721-404-0

Live-CDs werden immer beliebter als ideale Möglichkeit, um Linux anzutesten, ohne sich mit der Installation herumärgern zu müssen. Knoppix ist solch eine transportable Linux-Distribution und mit seinen Hunderten von unentbehrlichen Programmen und Utilities ein regelrechtes Schweizer Taschenmesser in CD-Form. Die praktische und flexible Distribution läuft »on the fly« trotzdem ist sie vollwertig einsetzbar und es stehen uneingeschränkt alle Features zur Verfügung.

Knoppix Hacks ist sowohl für Linux-Anfänger als auch für erfahrene Benutzer und für Systemadministratoren geeignet und zeigt, wie man die enormen Möglichkeiten der Knoppix-Software effektiv nutzen kann.

Mac OS X Hacks

Rael Dornfest &
Kevin Hemenway
476 Seiten, 2004, 32,- €
ISBN 3-89721-363-X

Mac OS X ist gewissermaßen Ketzerei: ein Macintosh mit einer Kommandozeile! Niemand muss sich mit den vielen neuen Möglichkeiten beschäftigen, die OS X bietet. Wer die Wildkatze aber richtig zähmen möchte, hat mit diesen 100 Hacks die Hilfestellung von Experten. Unix-Gurus zeigen Lösungen für all die Aufgaben, mit denen man sich auf einem Unix-Desktop beschäftigen kann: Web, Mail und FTP, SSH, Perl und Shell-Scripting, Kompilieren und Konfigurieren, Prozesskontrolle und Netzwerke. Dazu kommen die Kniffe eingefleischter Mac-Profis zu unerlässlicher Software, Hardware, AppleScript, AppleTalk und vielem mehr.

Linux Desktop Hacks

Nicolas Petreley & Jono Bacon
398 Seiten, September 2005, 28,- €
ISBN 3-89721-420-2

Die 100 Hacks des Buchs zeigen, wie Sie die Features und Anwendungsprogramme auf dem Linux-Desktop optimal nutzen und sogar noch erweitern können. Fortgeschrittene Linux-Anwender erhalten viele nützliche Hinweise und Tricks zur Verwaltung des Systems, für automatisierte Abläufe, für Kernel-Aktualisierungen und für die Einbindung neuer Hardware.

Linux Server Hacks

Rob Flickenger
272 Seiten, 2003, 26,- €
ISBN 3-89721-361-3

Diese Sammlung von 100 thematisch sortierten Tricks und Tools hilft, vertrackte Probleme der Linux-Systemadministration zu lösen. Die ersten Hacks befassen sich mit den Grundlagen des Systems und zeigen beispielsweise, wie man den Kernel tunen kann. In anderen Hacks erfährt man, wie man mit CVS oder RCS Dateiänderungen verfolgen kann. Ein weiteres Kapitel behandelt die verschiedenen Möglichkeiten, Backups effizienter zu organisieren. Systemüberwachungstools, sicheren Netzwerklösungen und Webinstallationen mit Apache und MySQL sind nochmals einige Hacks gewidmet.

Netzwerksicherheit Hacks

Andrew Lockhart
320 Seiten, 2004, 28,- €
ISBN 3-89721-384-2

Mit seinen fortgeschrittenen Hacks für Linux-, OpenBSD- und Windows-Server (einschließlich 2003) beschäftigt sich dieses Buch vor allem mit dem Absichern von TCP/IP-basierten Diensten. Daneben bietet es aber auch eine ganze Reihe von raffinierten hostbasierten Sicherheitstechniken. Systemadministratoren, die schnelle Lösungen für Sicherheitsprobleme benötigen, finden hier prägnante Beispiele für Angewandte Verschlüsselung, Intrusion Detection, sicheres Tunneling, Logging, Monitoring und Trending, Incident Response und vieles mehr.

Weitere Hacks-Titel finden Sie unter:
www.oreilly.de/hacks

O'REILLY®

anfragen@oreilly.de • http://www.oreilly.de • +49 (0)221-97 31 60-0